Martin Kröger

Die Passagierbeförderung auf See

Veröffentlichungen des Instituts für Seerecht und Seehandelsrecht der Universität Hamburg

Herausgegeben von

Rolf Herber, Rainer Lagoni und Marian Paschke

Band 19

LIT

Martin Kröger

Die Passagierbeförderung auf See

Eine rechtsvergleichende Darstellung der internationalen Haftungsregeln in der Luft- und Seefahrt

LIT

∞

Gedruckt auf alterungsbeständigem Werkdruckpapier entsprechend
ANSI Z3948 DIN ISO 9706

Bibliografische Information der Deutschen Nationalbibliothek
Die Deutsche Nationalbibliothek verzeichnet diese Publikation in der Deutschen Nationalbibliografie; detaillierte bibliografische Daten sind im Internet über http://dnb.d-nb.de abrufbar.

ISBN 978-3-643-10052-8
Zugl.: Hamburg, Univ., Diss., 2008

Verlagskontakt:
Fresnostr. 2 D-48159 Münster
Tel. +49 (0) 2 51-620 32 22 Fax +49 (0) 2 51-922 60 99
e-Mail: lit@lit-verlag.de http://www.lit-verlag.de

Auslieferung:

Deutschland: LIT Verlag Fresnostr. 2, D-48159 Münster
Tel. +49 (0) 2 51-620 32 22, Fax +49 (0) 2 51-922 60 99, e-Mail: vertrieb@lit-verlag.de

Österreich: Medienlogistik Pichler-ÖBZ GmbH & Co KG
IZ-NÖ, Süd, Straße 1, Objekt 34, A-2355 Wiener Neudorf
Tel. +43 (0) 22 36-63 53 52 90, Fax +43 (0) 22 36-63 53 52 43, e-Mail: mlo@medien-logistik.at

Schweiz: B + M Buch- und Medienvertriebs AG
Hochstr. 357, CH-8200 Schaffhausen
Tel. +41 (0) 52-643 54 85, Fax +41 (0) 52-643 54 35, e-Mail: order@buch-medien.ch

MEINEN ELTERN

Vorwort

Die vorliegende Arbeit wurde im Jahr 2006 von der Rechtswissenschaftlichen Fakultät der Universität Hamburg als Dissertation angenommen. Das Manuskript wurde im Sommer 2007 abgeschlossen. Rechtsprechung und Literatur konnten bis Mitte 2007 berücksichtigt werden.

Ich nehme das Erscheinen dieser Arbeit zum Anlass, um allen, die mir die Promotion ermöglicht und sie gefördert haben, meinen aufrichtigen und herzlichen Dank auszusprechen. Ich danke meinem Doktorvater, Herrn Prof. Dr. Dr. h.c. Marian Paschke, der sich spontan bereit erklärte, diese Arbeit zu betreuen und der durch die schnelle Anfertigung des Votums den zügigen Abschluss der Arbeit ermöglichte. Ich danke ihm auch für die Aufnahme dieser Arbeit in die Schriftenreihe des Instituts für Seerecht und Seehandelsrecht der Universität Hamburg.
Herrn Prof. Dr. Dr. h.c. Jürgen Basedow danke ich für die schnelle Anfertigung des Zweitgutachtens.

Besonders danken möchte ich meinem hochverehrten Lehrer Herrn Prof. John Hare, Leiter der Shipping Law Unit an der University of Cape Town in Süd Afrika, der mich ein Jahr lang die Faszination des See- und Seehandelsrechts lehrte und damit einen grundlegenden Beitrag zum Gelingen dieser Arbeit leistete.

Von ganzem Herzen danke ich meinen Eltern, Frau Ingeborg Kröger und Herrn Dr. iur. Bernd Kröger, die mich in meiner gesamten Ausbildung mehr als großzügig unterstützt haben. Für ihren Rückhalt und ihren stets festen und beruhigenden Glauben an den erfolgreichen Abschluss meiner Ausbildung und dieser Arbeit, für die vielen motivierenden Gespräche, aber auch für die inspirierende praktische Einführung in das (Eigen-) Leben der IMO danke ich ihnen ganz herzlich. Euch beiden widme ich diese Arbeit.

Nicht zuletzt danke ich meinen Schwestern, Frau Christina Holt und Frau Dr. med. Anne-Kathrin Weidner, für die motivierende Unterstützung während meiner Ausbildung und der Erstellung dieser Arbeit.

Hamburg, im Winter 2008 Martin Kröger

Inhalt

Literaturverzeichnis

Androulidakis-Dimitriadis, Ismene — Der Passagiervertrag auf See
Eine rechtsvergleichende Darstellung
Berlin 1967
(Zit. als: Androulidakis-Dimitriadi, Der Passagiervertrag auf See)

Basedow, Jürgen — Haftungshöchstsummen in internationalen Lufttransport: Gold von gestern und Grundrechte von heute
in: TranspR 1988, S.353
(Zit. als: Basedow, Haftungshöchstsummen im internationalen Lufttransport, TranspR 1988)

Basedow, Jürgen — Passagierschifffahrt
Zur Novellierung des See- und Binnenschifffahrtrechts,
in: ZHR 148-1984, S. 238
(Zit. als: Basedow, Passagierschifffahrt, ZHR 1984)

Basedow, Jürgen — Der Transportvertrag
Tübingen 1987
(Zit. als: Basedow, Der Transportvertrag)

Baudisch, Birgit — Die gesetzgeberischen Haftungsgründe der Gefährdungshaftung
Dissertation, Universität Augsburg
Aachen 1998
(Zit. als: Baudisch, Haftungsgründe der Gefährdungshaftung)

Bauer, Marianne — Erweiterung der Gefährdungshaftung durch Analogie,
in: Festschrift für Kurt Ballerstedt zum 70. Geburtstag 1975, S. 305
(Zit. als: Bauer, Erweiterung der Gefährdungshaftung in: Festschrift für Ballerstedt)

Beaumont, Kenneth M. The Warsaw Convention 1929, as amended by the Protocol signed at the Hague, on 28.9.1955
in: Journal of Air Law and Commerce 1955, S. 414
(Zit. als: Beaumont, Warsaw Convention, Journ. Air L & Com 1955)

Böckelstiegel, Karl-Heinz A Historic Turn in International Air Law: The New IATA Intercarrier-Agreement on Passengers Liability Waives Liability Limits
in: ZLW 1996, S. 18
(Zit. als: Böckelstiegel, A Historic Turn in International Air Law)

Bodenschatz, Manfred Die Fluggast-Unfallversicherung als Möglichkeit der ergänzenden Schadensregelung gemäß Guatemala-Protokoll
in: Beiträge zum Luft- und Weltraumrecht Festschrift für Alex Meyer, S. 45
Köln 1975
(Zit. als: Bodenschatz, Die Fluggast-Unfallversicherung in: Festschrift für Meyer)

Bollweg, Hans-Georg Die Vorauszahlungspflicht in der Luftverkehrshaftung,
in: Müller-Rostin/Schmidt (Hrsg.), Das Luftverkehrsrecht vor neuen Herausforderungen, Festgabe für Edgar Ruhwedel, S. 57 ff.
Neuwied 2004

Bollweg, Hans-Georg Das Montrealer Übereinkommen : Rückblick – Überblick – Ausblick
in: ZLW 2000, S.439
(Zit. als: Bollweg, Das Montrealer Übereinkommen, ZLW 2000)

Bremer, Jürgen — Haftung beim Gefahrguttransport, Karlsruhe 1992
(Zit. als: Bremer, Haftung beim Gefahrguttransport)

Brockhaus Enzyklopädie — Zwölfter Band
(MAI-MOS)
17. Auflage
Wiesbaden 1971

Brüggemeier, Gert — Gesellschaftliche Schadensverteilung und Deliktsrecht
in: AcP 182 (1982), S. 385
(Zit. als: Brüggemeier, Schadensverteilung, AcP 182 (1982))

Buchanan, James M. — The Limits of Liberty: Between Anarchy and Leviathan
Chicago (u.a.) 1993
(Zit. als: Buchanan, The Limits of Liberty)

Büchner, Georg — Zur Theorie der obligatorischen Haftpflichtversicherung
Karlsruhe 1970
(Zit. als: Büchner, Theorie der obligatorischen Haftpflichtversicherung)

Bundesminister der Justiz (Hrsg.) — Bericht der Delegation der Bundesrepublik Deutschland über die diplomatische Konferenz über das Übereinkommen über die Beförderung von Passagieren und ihrem Gepäck vom 2. bis 13. Dezember 1974 in Athen;
BMJ 9322-3-31810/75
(Zit. als : Bericht der Delegation der Bundesrepublik Deutschland über die diplomatische Konferenz in Athen 1974; BMJ 9322-3-31810/75)

Caplan, Harold War and Terrorism Insurance: How to Promote Long-Term International Stability and Affordability,
in: Air & Space Law, Vol. XXIX/1, Februar 2004, S. 3
(Zit. als: Caplan, War and Terrorism Insurance, Air & Space Law, Vol. XXIX/1, (Februar 2004))

Carver, Thomas Gilbert Carriage by Sea
13th Edition
London 1982
(Zit. als: Carver, Carriage by Sea)

Cheng, Bin Fifty Years of the Warsaw Convention: Where Do We Go from Here?
in: ZLW 1979, S. 373
(Zit. als: Cheng, Fifty Years of the Warsaw Convention, ZLW 1979)

Cheng, Bin Air Carriers' Liability for Passengers Injury or Death: The Japanese Initiative and Response to the Recent EC Consultation Paper
in: Air & Space Law, Vol. XVIII, Nr. 3 1993, S. 109
(Zit. als: Bin Cheng, Air Carriers' Liability for Passengers Injury or Death, Air & Space law, 1993)

Cheng, Bin The 1999 Montreal Convention on International Carriage by air concluded on the 17th Anniversary of the 1929 Warsaw Convention (Part I & II), in: ZLW 2000, S. 287 / 484
(Zit. als: Bin Cheng, The 1999 Montreal Convention on International Carriage by Air, ZLW 2000)

Cheng, Bin — The Labyrinth of the Law of international Carriage by Air
Has the Montreal Convention 1999 Slain the Minotaur? in: ZLW 2001, S. 155
(Zit. als : Bin Cheng, The Labyrinth of the Law of international Carriage by Air, ZLW)

Cheng, Bin ; Dutheil de la Rochère, Jacqueline — Draft Convention on an Integrated System of international Aviation Liability Covering International Carriage by Air and Surface Damage by Foreign Aircraft ,
in: Report of the 60th Conference Montreal 1982 of the International Law Association, S.553
London 1983
(Zit. als: Cheng/Dutheil de la Rochère, Draft Convention on an Integrated System of international Aviation Liability Covering International Carriage by Air and Surface Damage by Foreign Aircraft in: I.L.A Report 60th Conference Montreal 1982 (1983))

Chung, Sam-Hyun — Die verschuldensunabhängige Haftung im Luftverkehr
Dissertation, Johann Wolfgang Goethe-Universität
Frankfurt a.M. 1992
(Zit. als: Chung, Die verschuldensunabhängige Haftung, Diss.)

Clarke, Malcom A. — International Carriage of Goods by Road
London 1997
(Zit. als: Clarke, International Carriage of Goods by Road)

Coghlin, T.G. — Protection and Indemnity Clubs
in: LMCLQ 1984, S. 403
(Zit. als: Coghlin, P&I Clubs, LMCLQ 1984)

Cohen, David — Happy Birthday: agreement C.A.B. 18900
in: Air Law 1982, S. 74
(Zit. als: Cohen, C.A.B. Agreement, Air Law 1982)

Cooke, John — The Coverage of Terrorism Risks at National Level,
in: OECD (Hrsg.), Terrorism Risk Insurance in OECD Countries, S.231
Paris 2005
(Zit. als: Cooke, The Coverage of Terrorism Risks, in: OECD (Hrsg.), Terrorism Risk Insurance)

Cosack, Tilmann — Die Gefährdungshaftung im Vordringen – Hintergründe und Entwicklungslinien der aktuellen Tendenzen im deliktischen Haftungsrecht
in: VersR 1992, S. 1439
(Zit. als: Cosack, Die Gefährdungshaftung, VersR 1992)

Cotton, N.G. — The Changing Role of P&I
in: Safety at Sea, 1981, S. 37
(Zit. als: Cotton, The Changing Role of P&I, Safety at Sea 1981)

Crain, James M. — War Exclusion Clauses and undeclared Wars,
in: 39 Tennessee Law Review (1972), S. 328
(Zit. als: Crain, War Exclusion Clauses, 39 Tenn. L. Rev. S. (1972))

Czerwenka, Beate ; Heidersdorf, Christian ; Schönbeck, Martin — Eisenbahnbeförderungsrecht
Kommentar zum deutschen und internationalen Recht des Personen- und Gütertransports
4. Auflage, Berlin 2001
(Zit. als: Czerwenka/Heidersdorf/Schönbeck, Eisenbahnbeförderungsrecht)

De la Motte, Harald

Haftung und Versicherung beim Transport gefährlicher Güter,
Bonn 1989
(Zit. als: De la Motte, Haftung und Versicherung)

Deutsch, Erwin

Haftungsrecht
Band I, 1. Auflage
Köln 1976
(Zit. als: Deutsch, Haftungsrecht I, Bd. I)

Dickstein, Michael

Revitalizing the International Law Governing Concession Agreements,
in: 5/6 Int'l Tax & Bus.Lawy. 1987/88, S. 54 (Zit. als: Dickstein, Revitalizing the International Law, 5/6 Int'l Tax & Bus.Lawy. 1987/88, S. 54)

Dion, Danièle

Cruise Ships and Pleasure Boats : The Law in Canada
in: Journal of Maritime Law and Commerce, 1998, S. 183
(Zit. als.: Dion, Cruise Ships and Pleasure Boats, JMLC 1998)

Dixon, Lloyd, Reville, Robert

National Security and Compensation Policy for Terrorism Losses
in: Catastrophic Risks and Insurance, OECD (Hrsg.), S. 59
Paris 2005
(Zit. als: Dixon/Reville, National Security and Compensation Policy for Terrorism Losses, in: Catastrophic Risks, OECD (Hrsg.))

Dolan, Thomas J.,

Warsaw Convention Liability Limitations Constitutional Issues,
in: Northwestern Journal of International Law & Business, Vol. 6, 1984-85, S. 896
(Zit. als: Dolan, Warsaw Convention Liability Limitations, Northwestern Journal of Int. Law & Business, Vol. 6, 1984-85)

Donovan, James J. The Origins and Development of Limitation of Shipowners' Liability, in: 53 Tulane Law Review 1979, S. 999 (Zit. als: Donovan, Limitation of Shipowners' Liability, 53 Tulane Law Review 1979)

Drion, Huibert Limitation of Liabilities in International Air Law The Hague 1954 (Zit. als: Drion, Limitation of Liabilities)

Eichenberg, Rudolf Der Unfall – eine Übersicht über einen vielfältigen Begriff in: JuS 1996, S. 1078 (Zit. als: Eichenberg, Der Unfall – eine Übersicht über einen vielfältigen Begriff, JuS 1996)

Esser, Josef Die Zweispurigkeit unseres Haftungsrechts in: JZ 1953, S. 129 (Zit. als: Esser, Die Zweispurigkeit unseres Haftungsrechts, JZ 1953)

Esser, Josef Grundlagen und Entwicklung der Gefährdungshaftung 2. Auflage München 1969 (Zit. als: Esser, Grundlagen der Gefährdungshaftung)

Esser, Josef; Weyers, Hans-Leo Schuldrecht, Band II, Besonderer Teil Teilband 2 Gesetzliche Schuldverhältnisse 8. Auflage Heidelberg 2000 (Zit. als: Esser/Weyers, Schuldrecht, Band II BT)

Everett, Daniel J.

The "War" on Terrorism: Do War Exclusions Prevent Insurance Coverage For Losses Due To Acts Of Terrorism?, in: Alabama Law Review, Vol. 54:1, 2002, S. 175
(Zit als: Everett, The "War" on Terrorism, Alb. L. Rev. Vol. 54:1, (2002))

Feldhaus, Heinrich

Zur Entwicklung der Haftung beim Seetransport gefährlicher Güter
Karlsruhe 1985
(Zit. als: Feldhaus, Haftung beim Seetransport)

Ferrari, Franco

Das Verhältnis zwischen den Unidroit-Grundsätzen und den allgemeinen Grundsätzen internationaler Einheitsprivatrechtskonventionen,
in: JZ 1998, S. 9
(Zit. als: Ferrari, Das Verhältnis zwischen den Unidroit-Grundsätzen und den allgemeinen Grundsätzen internationaler Einheitsprivatrechtskonventionen, JZ 1998, S. 9)

Fleming, John G.

The Law of Torts
8th edition
Sydney 1992
(Zit. als: Fleming, The law of Torts)

Flynn, Mark S.

The Interpretation of the Warsaw Convention in Wrongful Death Action
in: Fordham International Law Forum, Vol. 3, 1979-80, S. 71
(Zit. als: Flynn, The Interpretation of the Warsaw Convention, Fordham International Law Forum, Vol. 3, 1979-80)

Francoise, J.-L. Die Versicherung und die Ausarbeitung des internationalen Luftprivatrechts
in: ZLR 1953, S. 230
(Zit. als: Francoise, Versicherung und Ausarbeitung des internationalen Luftprivatrechts, ZLR 1953)

Gaskell, Nicholas Decision Making and the Legal Committee of the International Maritime Organisation
in: Marius Nr. 283, Oktober 2001, S. 41
(Zit. als: Gaskell, Decision Making, Marius Nr. 283, 2001)

Gaskell, Nicholas New limits for passengers and others in the United Kingdom
in: Lloyd's Maritime and Commercial Law Quarterly, 1998, S. 312
(Zit. als.: Gaskell, New Limits for Passengers and others, LMCLQ 1998)

Gaskell, Nicholas The Athens Convention 1974 and Limitation of Liability-II
in: New Law Journal 1987, S. 322
(Zit. als: Gaskell, The Athens Convention, NLJ 1987)

Gaskell, Nicholas The Zeebrugge Disaster : Application of the Athens Convention 1974
in: New Law Journal 1987, S. 285
(Zit. als: Gaskell, The Zeebrugge Disaster, NLJ 1987)

Gaskell, Nicholas Revision of the Athens Convention on the carriage of passengers and their luggage 1974
in: Liability to Pay Damages under Greek and International Maritime Law
4th international conference on maritime law, 6th-9th June 2001, Athens (Piraeus Bar Association, 2001), S. 155;
(Zit. als: Gaskell, Revision of the Athens Convention, in: Liability to Pay Damages under Greek and International Maritime Law)

Geiger, Rudolf EUV/EGV: Vertrag über die Europäische Union und Vertrag zur Gründung der Europäischen Gemeinschaft
4. Auflage
München 2004
(Zit. als: Geiger, EUV/EGV)

Giemulla, Elmar Lastenverteilung nach dem Warschauer Abkommen und Beweislastverteilung
in: Luftverkehrsrecht im Wandel; Festschrift für Werner Guldimann,
S. 115
(Zit. als: Giemulla, Lastenverteilung nach dem Warschauer Abkommen, Luftverkehrsrecht im Wandel; Festschrift für Werner Guldimann)

Giemulla, Elmar ; Schmid, Ronald Luftverkehrsgesetz
Frankfurter Kommentar zum Luftverkehrsrecht
Band 1.2
Neuwied 1997
(Zit. als: Giemulla/Schmid, LuftVG)

Giemulla, Elmar ; Schmid, Ronald
Warschauer Abkommen
Frankfurter Kommentar zum Luftrecht
Band 3
Neuwied 2001
(Zit. als: Giemulla in: Giemulla/Schmid, FrankfKomm WA Bd. 3)

Giemulla, Elmar ; Schmid, Ronald
Warsaw Convention
The Hague, London, New York
2002 , Suppl. 15 (January 2002)
(Zit. als: Giemulla in: Giemulla/Schmid, Warsaw Convention)

Giemulla, Elmar; Schmid, Ronald
Ausgewählte internationale Rechtsprechung zum Warschauer Abkommen in den Jahren 1995 – 1997
in: ZLW 1998, S. 49
(Zit. als: Giemulla/Schmid, Ausgewählte internationale Rechtsprechung zum WA)

Goldhirsch, Lawrence
The Warsaw Convention annotated: a legal handbook
Boston, 1988
(Zit. als: Goldhirsch, The Warsaw Convention Annotated)

Granvik, Lena
Incomplete Mixed Environmental Agreements of the Community and the Principle of Bindingness,
in: International Law Aspects of the European Union, S. 255
(Zit. als: Granvik, Incomplete Mixed Environmental Agreements, in: Int. Law Aspects of the European Union (Marti Koskenniemi ed.))

Grau, Carsten
Havarie-grosse nach YAR und die Neuerungen durch Sydney 1994,
in: TranspR 1998, S. 279
(Zit. als: Grau, Havarie-grosse, TranspR 1998)

Griffin, J. Terrorism from an Underwriter's Point of view,
in: 2nd ABI International Seminar "Terrorism-Policy Wordings", 28.11.1985, London 1986, S. 3
(Zit. als: Griffin, Terrorism from an Underwriter's Point of View)

Haddon-Cave, Charles Limitation against Passenger claims: medieval, unbreakable and unconscionable
in: CMI-Yearbook 2001, Antwerp 2002, S. 234
(Zit. als: Haddon-Cave, Limitation against passenger claims, CMI-Yearbook 2001)

Hakapää, K. / Molenaar, E. J. Innocent passage – past and present,
in: Marine Policy Vol. 23, No. 2, 1999
(Zit. als: Hakapää/Molenaar, Innocent passage – past and present, Marine Policy Vol. 23, No. 2, 1999)

Hannak, Karl Die Verteilung der Schäden aus Gefährlicher Kraft
Tübingen 1960
(Zit. als: Hannak, Verteilung der Schäden aus Gefährlicher Kraft)

Hare, John Shipping Law and Admiralty Jurisdiction in South Africa
1st Edition
Cape Town 1999
(Zit. Als: Hare, Shipping Law)

Hasse, Klaus-Otfried Schutz Dritter durch die Luftfahrt-Haftpflichtversicherung
Dissertation Georg-August-Universität Göttingen
1964
(Zit. als: Hasse, Schutz Dritter durch die Luftfahrt-Haftpflichtversicherung, Diss.)

Hayashida, Kenichiro Waiver of Warsaw Convention and Hague Protocol Limits of Liability on injury or Death of Passengers by Japanese Carriers in: ZLW 1993, S. 144 (Zit. als: Hayashida, Waiver of Warsaw Convention and Hague Protocol Limits of liability, ZLW 1993)

Hayek, Friedrich A. Die Verfassung der Freiheit Wirtschaftswissenschaftliche und wirtschaftsrechtliche Untersichungen Walter Eucken Institut Freiburg i.Br.; 7 Tübingen 1971 (Zit. als: Hayek, Die Verfassung der Freiheit)

Hehl, Susanne Das Verhältnis von Verschuldens- und Gefährdungshaftung Dissertation Universität Augsburg Regensburg 1999 (Zit. als: Hehl, Verschuldens- und Gefährdungshaftung)

Herber, Rolf Die Brüsseler Seerechtskonferenz 1967, in: HANSA 1967, S. 1350 (Zit. als: Herber, Die Brüsseler Seerechtskonferenz 1967)

Herber, Rolf Das internationale Übereinkommen über die Haftung für Schäden durch Ölverschmutzung auf See in: RabelsZ 34, 1970, S. 223 (Zit. als: Herber, Haftung für Schäden durch Ölverschmutzung, RabelsZ 34, 1970)

Herber, Rolf Haftung bei der Beförderung von Personen auf See und mit Binnenschiffen
in: Haftung für Schäden bei der Beförderung von Personen
DVWG B43,
Köln 1979, S. 88
(Zit. als: Herber, Haftung bei der Beförderung von Personen auf See und mit Binnenschiffen, in: Haftung für Schäden)

Herber, Rolf Gegenwärtiger Stand der deutschen und internationalen Gesetzgebung über die Haftung für Schäden bei der Beförderung von Personen
in: Haftung für Schäden bei der Beförderung von Personen
Schriftenreihe der Deutschen Verkehrswissenschaftlichen Gesellschaft, DVWG Band 43, Köln 1979, S. 28
(Zit. als: Herber, Gegenwärtiger Stand der deutschen und internationalen Gesetzgebung, in: Haftung für Schäden)

Herber, Rolf Das Athener Übereinkommen vom 13. Dezember 1974 über die Beförderung von Reisenden und ihrem Gepäck auf See
in: ZEV 1976, S. 150
Fortsetzung in ZEV 1977, S. 2
(Zit. als: Herber, Das Athener Übereinkommen von 1974, ZEV 1977)

Hill, Donald James; Messent, Andrew D. CMR: Contracts for International Carriage of Goods by Road, London 2000
(Zit. als: Hill/Messent, CMR: Contracts for International Carriage of Goods by Road)

Hoeven, Eugene Current State of the Coverage for War and Terrorism Risks in the Aviation Sector in: Catastrophic Risks and Insurance, OECD (Hrsg.), S. 73, Paris 2005 (Zit. als: Hoeven, Current State of the Coverage for War and Terrorism Risks in the Aviation Sector, in: Catastrophic Risks)

Holmes, Oliver Wendell The Common Law Boston 1881 (Zit. Als: Holmes, Common Law)

Horn, Norbert Zur ökonomischen Rationalität des Privatrechts. – Die privatrechtstheoretische Verwertbarkeit der „Economic Analysis of Law“ in: AcP 1976, S. 307 (Zit. als: Horn; Zur ökonomischen Rationalität des Privatrechts, AcP 1976)

Hudson, N.Geoffrey; Allen, J.C. The Institute Clauses Handbook London 1986 (Zit. als: Hudson/Allen, The Institute Clauses Handbook)

Hwang, Cheun-Yen Die Reederhaftung für Ölverschmutzungsschäden (insbesondere auf See) Dissertation Universität Hamburg, 1978 (Zit. als: Hwang, Reederhaftung für Ölverschmutzungsschäden)

Hyun-Chung, Sam Die verschuldensunabhängige Haftung im Luftverkehr Dissertation Johan Wolfgang Goethe-Universität, 1992; (Zit. als: Hyun-Chung, Die verschuldensunabhängige Haftung im Luftverkehr, Diss.)

Johnson, Doug Warsaw Convention Limitations on Aircarrier Liability: A Critical View, in: University of Miami Inter-American Law Review, Vol. 17, 1986 , S. 577
(Zit. als: Johnson, Warsaw Convention Limitations on Aircarrier Liability, University of Miami Inter-American Law Review, Vol. 17, 1986)

Kadletz, Andreas Zur Versicherungspflicht bei internationalen Luftbeförderungen
in: ZLW 1995, S.284
(Zit. als: Kadletz, Zur Versicherungspflicht bei internationalen Luftbeförderungen, ZLW 1995)

Kadletz, Andreas Das neue Montrealer Übereinkommen vom 28.5.1999 über den internationalen Luftbeförderungsvertrag („Neues Warschauer Abkommen)
in: VersR 2000, S. 927
(Zit. als: Kadletz, Das neue Montrealer Übereinkommen, VersR 2000)

Kadletz, Andreas Haftung und Versicherung im internationalen Lufttransportrecht
Frankfurt a.M.; Berlin ;Bern ;New York 1998
(Zit. als: Kadletz, Haftung und Versicherung)

Kadletz, Andreas ; Benkö, Marietta Unfallhaftpflicht in Luftverkehrssachen, Köln 2000
(Zit. als: Kadletz/Benkö, Unfallhaftpflicht in Luftverkehrssachen)

Kahlert, Helmut P.; Hast, Lorenz
Die haftungsrechtlichen Folgen des so genannten „Econnomy-Class-Syndroms“
in: VersR 2000, S. 559
(Zit. als: Kahlert/Hast, Die haftungsrechtlichen Folgen des sog. „Economy-Class-Syndroms“, VersR 2001)

Kebschull, Wolfgang
Grundsätze der Protection- und Indemnity-Versicherung
in: Zeitschrift für die gesamte Versicherungswissenschaft, 1970, S. 561
(Zit. als: Kebschull, Grundsätze der P & I-Versicherung, ZVersWiss 1970)

Kenntner, Markus
Das Subsidiaritätsprotokoll zum Amsterdamer Vertrag – Anmerkungen zum Begrenzungscharakter des gemeinschaftlichen Subsidiaritätsprinzips,
in: NJW 1998, S. 2871
(Zit. als: Kenntner, Subsidiaritätsprotokoll zum Amsterdamer Vertrag, NJW 1998)

Koch, Bernhard A.
Comparative Analysis of Liability for Acts of Terrorism,
in: Koch (Hrsg.), Terrorism, Tort Law and Insurance, S. 282
Wien 2004
(Zit. als: Koch, Comparative Analysis of Liability for Acts of Terrorism, in: Koch (Hrsg.), Terrorism, Tort Law and Insurance)

Koch, Bernhard A.; Strahwald, Stefan
Compensation Schemes for Victims of Terrorism,
in: Koch (Hrsg.), Terrorism, Tort Law and Insurance, S. 260 ff.
Wien 2004
(Zit. als: Koch/Strahwald, Compensation Schemes for Victims of Terrorism, in: Koch (Hrsg.), Terrorism, Tort Law and Insurance)

Köndgen, Johannes Haftpflichtfunktionen und Immaterialschäden, Berlin 1976
(Zit. als: Köndgen, Haftpflichtfunktionen und Immaterialschäden)

Kötz, Hein Gefährdungshaftung – Empfiehlt sich eine Vereinheitlichung und Zusammenfassung der gesetzlichen Vorschriften über die Gefährdungshaftung im BGB und erscheint es erforderlich, das Recht der Gefährdungshaftung weiterzuentwickeln?
in: Gutachten und Vorschläge zur Überarbeitung des Schuldrechts,
Band II, S. 1779
(Zit. als: Kötz, Gefährdungshaftung, in: Gutachten und Vorschläge zur Überarbeitung des Schuldrechts, Band II)

Kötz, Hein Haftung für besondere Gefahr
in: AcP 170 (1970), S.1
(Zit. als: Kötz, Haftung für besondere Gefahr AcP 170 (1970))

Kröger, Bernd Passengers carried by sea – should they be granted the same rights as airline passengers?
in: CMI Yearbook 2001, Antwerp 2002, S. 244
(Zit. als: B. Kröger, Same Rights as airline passengers? CMI Yearbook 2001)

Kropholler, Jan Internationales Einheitsrecht: allgemeine Lehre
in: Beiträge zum ausländischen und internationalen Privatrecht, Nr. 39
Tübingen 1975
(Zit. als: Kropholler, Internationales Einheitsrecht)

Kuhn, Robert — Keine Haftungslimitierung nach Art. 22 I WA, WA/HP vor italienischen Gerichten
in: ZLW 1986, S. 99
(Zit. als: Kuhn, Keine Haftungslimitierung nach Art. 22 I WA, WA/HP vor italienischen Gerichten, ZLW 1986)

Kunreuther, Howard — Insurability of (Mega-)Terrorism Risk: Challenges and Perspectives,
in: OECD (Hrsg.), Terrorism Risk Insurance in OECD Countries, S. 107
Paris 2005
(Zit. als: Kunreuther, Insurability of (Mega-)Terrorism Risk: Challenges and Perspectives, in: OECD (Hrsg.), Terrorism Risk Insurance in OECD Countries)

Lagoni, Nicolai — Die Haftung des Beförderers von Reisenden auf See und im Binnenschiffsverkehr und das Gemeinschaftsrecht –Die EG auf Konfrontationskurs mit dem Völkerrecht –
in: ZeuP 2007, S. 1079
(Zit. als: Lagoni, Die Haftung des Beförderers im Binnenverkehr, ZeuP 2007)

Larenz, Karl ; Canaris, Claus-Wilhelm — Lehrbuch des Schuldrechts
Band II , 2. Teil (besonderer Teil)
13. Auflage
München 1994
(Zit. als: Larenz/Canaris, Schuldrecht II / 2)

Leser, Hans — Zu den Instrumenten des Rechtsgüterschutzes im Delikts- und Gefährdungshaftungsrecht
in: AcP 183, 1983, S. 568
(Zit. als: Leser, Delikts- und Gefährdungshaftungsrecht, AcP 1983)

Lowenfeld, Andreas ; Mendelsohn, Allan

The United States and the Warsaw Convention
in: Harvard Law Review, Volumen 80, 1967, S. 497
(Zit. als: Lowenfeld/Mendelsohn, The United States and the Warsaw Convention, Harv. L. Rev. 80 (1966/67))

Luftrechtforum, Stellungnahme

Das Warschauer Abkommen-nur noch eine Hülse?
in: TranspR 1996, S. 125
(Zit. als: Stellungnahme des Luftrechtsforums, Das Warschauer Abkommen- nur noch eine Hülse?, TranspR 1996)

Mankiewicz, René

The Application of Art. 17 of the Warsaw Convention to Mental Suffering,
in: 4 Annals of Air and Space law 1979, S. 187
(Zit. als: Mankiewicz, The Application of Art. 17 of the Warsaw Convention to Mental Suffering, 4 Annals of Air and Space law (1979))

Mankiewicz, René

Zur Zersplitterung und notwendigen Novellierung des internationalen Haftungssystems der Luftfahrt
in: Karl-Heinz Böckelstieg (Hrsg.), Die Produkthaftung in der internationalen Luft- und Raumfahrt, S. 219
Köln 1997
(Zit. als: Mankiewicz, Zersplitterung und notwendige Novellierung des Haftungssystems der Luftfahrt in: Böckelstieg (Hrsg.), Die Produkthaftung)

Marangos, Hermes L. Legal Aspects of Reinsuring Terrorism, in: Thomann/von der Schulenburg (Hrsg.), War, Terrorism and Insurance in Europe after September 11, 2001, S. 32 Kompetenzzentrum Versicherungswissenschaften Karlsruhe 2004 (Zit. als: Marangos, Legal Aspects of Reinsuring Terrorism, in: War, Terrorism and Insurance in Europe after September 11, 2001)

Margo, Rod Aviation Insurance London 1980 (Zit. als: Margo, Aviation Insurance)

Marsden, Reginald G. A treatise on the law of Collision at Sea 8. Auflage London 1923 (Zit. als: Marsden, Collision at Sea)

Marshall, John G. Marshall, The War Clauses, in: 4 Utah Law Review (1954), S. 120 (Zit. als: Marshall, The War Clauses, 4 Utah L. Rev., (1954))

McGilchrist, Neil Limitation of liability – at sea and in the air in: Lloyd's Maritime and Commercial Law Quarterly, 1975, S .256 (Zit. als.: McGilchrist, Limitation of liability, LMCLQ 1975)

Meyer-Kahlen, Walter Entwicklungslinien der Haftpflichtversicherung, in : Symposion Haftungsrecht und Haftpflichtversicherung, Beiträge und Materialien, 29./30. April 1992 Bad Soden, Heft 10, Karlsruhe 1992, S. 49 (Zit. als: Meyer-Kahlen, Entwicklungslinien, in : Haftungsrecht und Haftpflichtversicherung)

Miller, Michael D.	Marine War Risks 2nd Edition London 1994 (Zit. als: Miller, Marine War Risks)
Möller, Hans	Möller, Hans, Die Grade des Verschuldens des Luftfrachtführers in ihrer Auswirkung auf seine Haftung aus Beförderungsverträgen und in ihrer Beziehung zur Haftpflichtversicherung nach nationalem und internationalem Recht, in: ZLR 1955, S. 247 (Zit. als: Möller, Grade des Verschuldens, ZLR 1955)
Müller, Walter	Passengers carried by sea. Should the Athens Convention 1974 be modified and adapted to the liability system in air-law? in: CMI Yearbook 2000, Antwerp 2001, S. 665 (Zit. als: Müller, Should the Athens Convention 1974 be modified?, CMI Yearbook 2000)
Müller-Rostin, Wolf	Neuregelung der Haftpflicht gegenüber Passagieren im internationalen Luftverkehr in: VersR 1997, S. 1445 (Zit. als: Müller-Rostin, Neuregelung der Haftpflicht, VersR 1997)
Müller-Rostin, Wolf	Haftungsgrenzen für Personenschäden im internationalen Luftverkehr und die Notwendigkeit ihrer Revision in: EuWZ 1993, S.121 (Zit. als: Müller-Rostin, Haftungsgrenzen für Personenschäden im internationalen Luftverkehr und die Notwendigkeit ihrer Revision, EuWZ 1993)

Müller-Rostin, Wolf

Auf dem Weg zu einem neuen Warschauer Abkommen?
in: TranspR 1998, S.229
(Zit. als: Müller-Rostin, Auf dem Weg zu einem neuen Warschauer Abkommen?, TranspR 1998)

Müller-Rostin, Wolf

Neuregelungen im internationalen Luftfrachtverkehr: Montrealer Protokoll Nr. 4 und Montrealer Übereinkommen
in: TranspR 2000, S.234
(Zit. als: Müller-Rostin, Neuregelung im internationalen Luftfrachtverkehr: Montrealer Protokoll Nr.4, TranspR 2000)

Müller-Rostin, Wolf; Schmid, Ronald

Yin und Yang ade?
Zu den Versuchen, die Passagierhaftung im Warschauer Abkommen zu reformieren
in: Luftverkehrsrecht im Wandel, Festschrift für Werner Guldimann
S. 169
(Zit. als: Müller-Rostin/Schmid, Yin und Yang ade?, Luftverkehrsrecht im Wandel, Festschrift für Werner Guldimann)

Müller-Rostin. Wolf

Die internationale Luftrechtskonferenz von Montreal zur Reform des Warschauer Abkommens (10.-28. Mai 1999)
in: ZLW 2000, S. 36
(Zit. als: Müller-Rostin, Die internationale Luftrechtskonferenz von Montreal, ZLW 2000)

Murken, Erich

Die großen transatlantischen Linienreederei-Verbände, Pools und Interessengemeinschaften bis zum Ausbruch des zweiten Weltkrieges
Jena 1922
(Zit. als: Murken, Die großen transatlantischen Linienreederei-Verbände)

Mustill, Lord
Ships are different – or are they?
in: Lloyd´s Maritime and Commercial Law Quarterly 1993, S. 490
(Zit. als: Lord Mustill, Ships are different, LMCLQ 1993)

OECD (Hrsg.)
Summary of Conclusions and Policy Opinions,
in: Terrorism Risk Insurance in OECD Countries, Nr. 9
Paris 2005
(Zit. als: OECD (Hrsg.), Summary of Conclusions, in: Terrorism Risk Insurance in OECD Countries)

Oesch, Thomas
Freizeichnung im schweizerischen vertraglichen Schadensersatzrecht und ihre Schranken
Dissertation Universität Basel 1978
(Zit. als: Oesch, Freizeichnung)

Oftinger, Karl
Gefahr für die Gefährdungshaftung,
in: Schweizer Juristen-Zeitung 1956, S.1
(Zit. als: Oftinger, Gefahr für die Gefährdungshaftung, SJZ 1956)

Oftinger, Karl
Schweizer Haftpflichtrecht
Band I
Allgemeiner Teil
Zürich 1975
(Zit. als: Oftinger, Haftpflichtrecht Bd. I)

Palandt, Otto
Bürgerliches Gesetzbuch,
65. Auflage
München 2006
(Zit. als: Bearbeiter in Palandt, BGB)

Pant, Michael
Gesellschafts- und versicherungsrechtliche Aspekte der englischen Protection and Indemnity Clubs
Karlsruhe 1988
(Zit. als: Pant, P&I Clubs)

Pappenheim, Max — Zwangsversicherung der Seeschiffspassagiere und Haftung der Reeder für Personenschäden
in: Weltwirtschaftliches Archiv, Band 28 (1928 II) S. 196, Jena 1928
(Zit. als: Pappenheim, Zwangsversicherung der Seeschiffspassagiere)

Peltz, Robert; Warger, Vincent — Amendments to the Athens' Convention Threaten US Maritime Law,
in: [2001] 2 International Trade Law Journal, S. 170; (Zit. als: Peltz/Warger, Amendments to the Athens' Convention Threaten US Maritime Law, [2001] 2 Int'l Trade L.J.)

Pipkorn, Jörn — Das Subsidiaritätsprinzip im Vertrag über die Europäische Union,
in: EuZW 1992, S. 697
(Zit. als: Pipkorn, Subsidiaritätsprinzip, EuZW 1992)

Popp, Alfred H.E. — Limitation of Liability in Maritime Law – An Assessment of its Viability from a Canadian Perspective
in: Journal of Maritime Law and Commerce (JMLC) 1993, S. 335
(Zit. als: Popp, Limitation of Liability JMLC 1993)

Popp, Alfred H.E. — „Special Rules for Special Situations": Some Developments in Civil Liability in Maritime Law Over the Last Fifty Years
in: Dreams and Dilemmas, Economic Friction and Dispute Resolution in the Asian-Pacific, S. 339,
Seikei University, Japan 2000
(Zit. als: Popp, Developments in Civil Liability, in: Dreams and Dilemmas)

Prüßman, Heinz ; Rabe, Dieter Seehandelsrecht: Fünftes Buch des Handelsgesetzbuches mit Nebenvorschriften und internationalen Übereinkommen
3. Auflage
München 1992
(Zit. als: Prüßman/Rabe, Seehandelsrecht)

Ramberg, Jan The Law of Carriage of Goods, Attempts at Harmonization
In: European Transport Law 1974
(Zit. als: Ramberg, The Law of Carriage of Goods, European Transport Law 1974)

Reiff, Peter Sinn und Bedeutung von Pflichthaftpflichtversicherungen,
in: TranspR 2006, S. 15
(Zit. als: Reiff, Sinn und Bedeutung von Pflichthaftpflichtversicherungen, TranspR 2006)

Rein, Alex. International Variations on Concepts of Limitation of Liability,
in: 53 Tulane Law Review 1979, S. 1259
(Zit. als: Rein, Concepts of Limitation of Liability, 53 Tulane Law Review 1979)

Richter, Walther Die Konvention über die Beschränkung von Seeforderungen 1976
in: Schriften des Deutschen Vereins für internationalen Seerecht, Hamburg 1978
(Zit. als: Richter, Die Konvention über die Beschränkung der Haftung für Seeforderungen, 1976)

Richter, Walther Das Recht der beschränkten Reederhaftung in der Entwicklung
in: Sonderdruck aus dem „Jahrbuch der Wittheit zu Bremen“
Band XVIII 1974, S. 85
(Zit. als: Richter, Das Recht der beschränkten Reederhaftung)

Riese, Otto	Die internationale Luftrechtskonferenz und das Charterabkommen von Guadalajara (Jal., Mexiko) vom 18. September 1961, in: ZLW, 1962, S.1 (Zit. als: Riese, Die internationale Luftrechtskonferenz von Guadalajara, ZLW, 1962)
Ringbom, Henrik	EU Regulation 44/2001 and its Implications for the International Maritime Liability Conventions, in: Vol. 35, No. 1, JMLC 2004, S. 1 (Zit. als: Ringbom, EU Regulation 44/2001, Vol. 35, No. 1, JMLC 2004)
Rizzo, James G.	Tragedy's Aftermath: The Impact of 9/11 on the Insurance Industry, in: 46 Boston Business Journal 2002, S. 10 (Zit. als: . Rizzo, Tragedy's Aftermath: The Impact of 9/11 on the Insurance Industry, 46 Boston B. J. (2002))
Rodriguez, Antonio; Jaffe, Paul	An overview of U.S. Law of Shipowners' Limitation of Liability in: Il Diritto Marittimo 1992, S. 629 (Zit. als: Rodriguez/Jaffe, An overview of U.S. Law of Shipowners' Limitation of Liability, IDM 1992)
Röhreke, H.G. ; Kröger, Bernd	Vor einer Wende im internationalen Seerecht? (Turn of the Tide in international maritime Law?) in: HANSA 1969, S. 1139 (Zit. als: Röhreke/B. Kröger, Entwicklung des internationalen Seerechts, HANSA 1969)

Roolvink, Martin
Maritime Terrorabwehrmaßnahmen und ihre Auswirkungen auf die internationale Handelsschifffahrt – Schwierigkeiten bei Umsetzung und Betrieb des ISPS Codes sowie Lösungsansätze für das Schiffsmanagement
Diplomarbeit Fachhochschule Oldenburg/Ostfriesland/Wilhelmshaven
2004
(Zit. als: Roolvink, Maritime Terrorabwehrmaßnahmen und ihre Auswirkungen auf die internationale Handelsschifffahrt, (Diplomarbeit Fachhochschule Oldenburg, 2004))

Rosaeg, Erik
The Impact of Insurance Practices on Liability Conventions
in: Scandinavian Institute of Maritime Law, Marius Nr. 283, Oktober 2001,
S. 115
(Zit. als: Rosaeg, The Impact of Insurance Practices, Marius Nr. 283, 2001)

Rosaeg, Erik
Compulsory Maritime Insurance
in: SIMPLY, Scandinavian Institute of Maritime Law Yearbook 2000,
S. 179
(Zit. als: Rosaeg, Compulsory Maritime Insurance, in: SIMPLY, Yearbook 2000)

Rosenfield, Stanley B.
The Warsaw Convention: After fifty years
Work Paper zur Madrid Conference on the Law of the World, 1979
(Zit als: Rosenfield, The Warsaw Convention: Work Paper)

Rothwell, Donald / Bateman, Sam — Navigational Rights and Freedoms and the New Law of the Sea,
London/Boston, 2000
(Zit: als: Rothwell/Bateman, Navigational Rights and Freedoms and the New Law of the Sea)

Ruhwedel, Edgar — Verordnung (EG) Nr. 2027/97 des Rates über die Haftung von Luftfahrtunternehmen bei Unfällen vom 9.10.1997
in: TranspR 1998, S. 13
(Zit. als: Ruhwedel, Verordnung (EG) Nr. 2027/97, TranspR 1997)

Ruhwedel, Edgar — Das „IATA-Intercarrier Agreement on Passenger Liability“ vom 31.10.1995
in: TranspR 1997, S. 1
(Zit. als: Ruhwedel, Das „IATA-Intercarrier Agreement on Passanger Liability“ vom 31.10.1995, TranspR 1997)

Ruhwedel, Edgar — Das Montrealer Übereinkommen zur Vereinheitlichung bestimmter Vorschriften über die Beförderung im internationalen Luftverkehr vom 28.5.1999
in: TranspR 2001, S. 189
(Zit. als: Ruhwedel, Das Montrealer Übereinkommen, TranspR. 2001)

Saad, J.; Benn J. R. — The Revised Warsaw Convention and Other Aviation Disasters,
in: Cumberland Law Review, Vol. 8, 1978, S. 764
(Zit. als: Saad, The Revised Warsaw Convention Cumberland Law Review, Vol. 8, 1978)

Saenger, Ingo — Harmonisierung des internationalen Luftprivatrechts
Vom IATA-Agreement zur Neufassung des WA in der Montrealer Konvention vom Mai 1999
in: NJW 2000, S. 169
(Zit. als: Saenger, Harmonisierung des internationalen Luftprivatrechts, NJW 2000)

Sanborn, Frederic Rockwell — Origins of the early English maritime and commercial law
New York,
London 1930
(Zit. als: Sanborn, Origins of the early English maritime Law)

Sand, Peter — Zum Mythos der Verschuldenshaftung
in: ZLW 1968, S. 103
(Zit. als: Sand, Zum Mythos der Verschuldenshaftung, ZLW 1968)

Schaps, Georg ; Abraham, Hans-Jürgen — Das Seerecht in der Bundesrepublik Deutschland, Kommentar und Materialsammlung
4. Auflage,
Berlin/New York 1978
(Zit. als: Schaps/Abraham, Seerecht)

Schiller, Kaspar — Vom Warschauer zum Montrealer Abkommen
in: SJZ 96 (2000), S. 184
(Zit. als: Schiller, Vom Warschauer zum Montrealer Abkommen, SJZ 2000)

Schleicher, Rüdiger; Reymann, Friedrich; Abraham, Hans-Jürgen
Das Recht der Luftfahrt,
Kommentar und Quellensammlung
Band 1
3. Auflage
Köln/Berlin 1960
(Zit. als: Schleicher/Reymann/Abraham, Recht der Luftfahrt, Bd. 1)

Schmid, Ronald
Neue Haftungsrisiken bei Personenschäden im Luftfahrtbereich
in: VersR 2002, S. 26
(Zit. als: Schmidt, Neue Beförderungsbedingungen im Italienverkehr, ZLW 1989)

Schmidt, Ronald
Die Vorauszahlungspflicht des Luftfrachtführers bei Passagierunfällen im Rahmen von Luftbeförderungsverträgen
in: TranspR 2005, S. 346
(Zit. als: Schmidt, Vorauszahlungspflicht des Luftfrachtführers, TranspR 2005)

Schmidt, Ronald
Neue Beförderungsbedingungen im Italienverkehr
in: ZLW 1989, S.33
(Zit. als: Schmidt, Neue Beförderungsbedingungen im Italienverkehr, ZLW 1989)

Schmidt-Räntsch, Günther
Die nationale Anwendung des Warschauer Abkommens
in: ZHR 1974, S. 113
(Zit. als: Schmidt-Räntsch, Die nationale Anwendung des Warschauer Abkommens, ZHR 1974)

Schmidt-Räntsch, Günther
Die internationale Luftrechtskonferenz von Guatemala
in: ZLW 1972, S. 3
(Zit. als: Schmidt-Räntsch, Die Luftrechtskonferenz von Guatemala, ZLW 1972)

Schmidt-Räntsch, Günther Fragen der Haftung des Luftfrachtführers für Schäden durch widerrechtliche Entführung von Flugzeugen
in: ZLW 1979, S. 429
(Zit. als: Schmidt-Räntsch, Fragen der Haftung des Luftfrachtführers, ZLW 1979)

Schmidt-Salzer, Joachim Die EG Richtlinie Produkthaftung,
in: Betriebsberater 1986, S.1103
(Zit. als: Schmidt-Salzer, Die EG Richtlinie, Betriebsberater 1986)

Schmidt-Salzer, Joachim / Hollmann, Herrmann Kommentar
EG-Richtlinie, Produkthaftung
Band 1 : Deutschland, Heidelberg 1986
(Zit. als: Schmidt-Salzer/Hollmann, Kommentar EG-Richtlinie)

Schneider, Laurenz Haftung und Haftungsbeschränkung bei Personenschäden im internationalen Lufttransport
München u.a. 1999
(Zit. als: Schneider, Haftung und Haftungsbeschränkung im Lufttransport)

Schneider, Peter Die Haftung des Luftfrachtführers bei Flugzeugentführungen und sonstigen kriminellen Eingriffen auf den Luftverkehr
in: ZLW 1989, S. 220
(Zit. als: Schneider, Die Haftung des Luftfrachtführers bei Flugzeugentführungen, ZLW 1989)

Schobel, Beatrix Die Haftungsbegrenzung des Luftfrachtführers nach dem Warschauer Abkommen,
Frankfurt a.M. (u.a.) 1993
(Zit. als: Schobel, Die Haftungsbegrenzung des Luftfrachtführers)

Schönwerth, Erich; Müller-Rostin, Wolf	Die Luftfahrtversicherung in der Praxis in: ZLW 1987, S. 229 (Zit. als: Schönwerth/Müller-Rostin, Die Luftfahrtversicherung in der Praxis, ZLW 1987)
Schuber, Susan	Die Haftung für Reisende und ihr Gepäck auf Schiffen, Frankfurt a.M. 1981 (Zit. als: Schubert, Die Haftung für Reisende und ihr Gepäck auf See)
Schwampe, Dieter	Versicherungen der gewerblichen Seeschifffahrt, in: TranspR 2006, S. 55 (Zit. als: Schwampe, Versicherungen der gewerblichen Seeschifffahrt, TranspR 2006, S. 55)
Seward, R.C.	The Insurance Viewpoint in: The Limitation of Shipowners' Liability: The New Law Sweet & Maxwell Institute of Maritime Law, London 1986 (Zit. als: Seward, The Insurance Viewpoint in: The Limitation of Shipowners' Liability)
Shawcross, Christopher N.; Beaumont, Kenneth M.; Browne, Patrick R.E.	On Air Law 2. Auflage London 1951 (Zit. als: Shawcross/ Beaumont/ Browne, Air Law)
Sieg, Karl ; Gärtner, Rudolf	Haftpflichtversicherung einschließlich Kraftfahrhaftpflichtversicherung: Drittgeschädigter in: Die Rechte Dritter gegen den Versicherer, A.I.D.A. Kongress 1970 Zeitschrift für die gesamte Versicherungswissenschaft, 1970, S.31 (Zit. als: Sieg/Gärtner, Haftpflichtversicherung, Zeitschrift für die gesamte Versicherungswissenschaft, 1970, S.31)

Simon, Sidney I.
The Dilemma of War and Military Exclusion Clauses in Insurance Contracts,
in: 19 American Business Law Journal, (1981), S. 31
(Zit. als: Simon, The Dilemma of War Clauses, 19 Am. Bus. L. J., (1981))

Sotiropoulos, Panayotis
Carriage of Passengers and their luggage by sea – the Athens Convention 1974 and its protocols. Synopsis of the reply to the questionnaire,
in: CMI Yearbook 1998, Antwerp 1999, S. 129
(Zit. als: Sotiropoulos, Carriage of Passengers and their luggage by sea, CMI Yearbook 1998)

Soyer, Baris
Sundry Considerations on the Draft Protocol to the Athens Convention Relating to the Carriage of Passengers and Their Luggage at Sea 1074
in: JMLC 2002, Vol. 33, No.4, S. 519
(Zit. als: Soyer, Considerations on the Draft Protocol to the Athens Convention, JMLC 2002)

Speiser, Stewart ; Krause, Charles
Aviation Tort Law
Vol. I, §§ 1:00-11:45
New York / San Francisco 1978
(Zit. als: Speiser/Krause, Aviation Tort Law I)

Stoll, Hans
Handeln auf eigene Gefahr
Berlin 1961
(Zit. als: Stoll, Handeln auf eigene Gefahr)

Stone, Dennis
The Limitation of Liability Act: Time to Abandon Ship?
in: Journal of maritime law and commerce 2001, S. 317
(Zit. als: Stone, The Limitation of Liability Act, JMLC 2001)

Streinz, Rudolf
Europarecht
7. Auflage
Heidelberg 2005
(Zit. als: Streinz, Europarecht)

Sudhölter, Carsten
M&A Trends in global transportation, 2/2002
DVB Group - VerkehrsBank
Frankfurt am Main 2002
(Zit. als : Sudhölter, DVB Group, M&A Trends in global transportation, 2/2002)

Sudhölter, Carsten
The global cruise industry
Industrial Research
4/2001
DVB Group – VerkehrsBank
Frankfurt am Main 2001
(Zit. als : Sudhölter, DVB Group, the global cruise industry, 4/2001)

Symmers, William G.
Limitation of Shipowners liability,
in: The Institute of London Underwriters
Papers on marine insurance matters
Vol. II, London 1951, S. 1
(Zit. als: Symmers, Limitation of Shipowners liability, in: Papers on marine insurance)

Taschner, Hans Claudius
Begrenzung der Gefährdungshaftung durch Haftungshöchstsummen?
In: Zum Deutschen und Internationalen Schuldrecht
Tübingen 1983
(Zit. als: Taschner, Begrenzung der Gefährdungshaftung in: Zum Deutschen und Internationalen Schuldrecht)

Tetley, William — Shipowners' Limitation of Liability and Conflicts of Law: The Properly Applicable Law
in: JMLC 1992, S. 585
(Zit. als: Tetley, Shipowners' Limitation of Liability, JMLC 1992)

Tobolewski, Alexander — Monetary Limitations of Liability in Air Law,
Montreal 1986
(Zit. als: Tobolewski, Monetary Limitations of Liability)

Tompkins, George — The Aftermath of Hijacking – Passenger claims and insurance
in: Journal of Air Law and Commerce 1973, S. 381
(Zit. als: Tompkins, The Aftermath of Hijacking, Journ. Air L & Com, 1973)

Tunc, André — Introduction.
Chapter 1 of Vol. 11 (Torts) in International Encyclopaedia of
Comparative Law.
Mouton, 1974, The Hague.
(Zit. als: Tunc, Introduction I/11 (Torts) I.E.C.L.)

v. Caemmerer, Ernst — Das Verschuldensprinzip in rechtsvergleichender Sicht
in: RabelsZ 1978, S.5
(Zit. als: v. Caemmerer, Verschuldensprinzip, RabelsZ 1978)

v. Caemmerer, Ernst — Wandlung des Deliktsrechts,
in: Hundert Jahre deutsches Rechtsleben, Festschrift des Deutschen Juristentages, Karlsruhe 1960, Band II, S.49
(Zit. als: v. Caemmerer, Wandlung des Deliktsrechts)

v. Caemmerer, Ernst — Reform der Gefährdungshaftung
in: Schriftenreihe der Juristischen Gesellschaft e.V. Berlin,
Berlin 1971
(Zit. als: v. Caemmerer, Reform der Gefährdungshaftung)

v. Hippel, Eike — Haftungsersetzung durch Versicherungsschutz – Rechtsvergleichendes Generalreferat, in: Haftungsersetzung durch Versicherungsschutz, S. 40, Fleming/v. Hippel/Hellner, Frankfurt a.M. 1980 (Zit. als: v.Hippel, Haftungsersetzung durch Versicherungsschutz in: Fleming/v. Hippel/Hellner)

v. Hippel, Eike — Schadensausgleich bei Verkehrsunfällen
- Haftungsersetzung durch Versicherungsschutz –
Berlin/Tübingen 1968
(Zit. als: v.Hippel, Schadensausgleich bei Verkehrsunfällen)

v. Laun, Kurt — Der Madrider Entwurf eines internationalen Abkommens betreffend die Beförderung von Passagieren zur See
in: HANSA 1956, S.1571
(Zit. als: v.Laun, Kurt, Der Madrider Entwurf, HANSA 1956)

Verdross, Alfred; Simma, Bruno — Universelles Völkerrecht, Theorie und Praxis,
3. Auflage
Berlin 1984
(Zit. als: Verdross / Simma, Universelles Völkerrecht)

Voigt, Fritz — Verkehr, Die Theorie der Verkehrswirtschaft
Erster Band, Erste Hälfte
Berlin 1973
(Zit. als: Voigt, Verkehr I 1)

Weber, Benjamin	Aviation Schemes in: Terrorism Insurance – Pools and Market Solutions in Europe, S. 41, PartnerRe (Hrsg.), Bermuda 2004 (Zit. als: Weber, Aviation Schemes, in: Terrorism Insurance - Pools and Market Solutions in Europe, PartnerRe 2004)
Wetterstein, Peter	The Principles of Limitation and Sharing of Liability, in: Scandinavian Institute of Maritime Law, Marius Nr. 283, Oktober 2001, S. 93 (Zit. als: Wetterstein, Principles of Limitation and Sharing of Liability, Marius Nr. 283, 2001)
Weyers, Hans-Leo	Unfallschäden Praxis und Ziele von Haftpflicht- und Vorsorgesystemen Frankfurt a.M. 1971 (Zit. als: Weyers. Unfallschäden)
Will, Michael	Quellen erhöhter Gefahr München 1980 (Zit. als: Will, Quellen erhöhter Gefahr)
Wodrich, Kurt	Der Schiffsreisevertrag im Seeverkehr, Dissertation Universität Hamburg, Hamburg 1951 (Zit. als: Wodrich, Der Schiffsreisevertrag)
Wolfensberger, Hans-Rudolf	Die summenmäßige Beschränkung der Haftung für Personenschäden Zürich 1966 (Zit. als: Wolfensberger, Beschränkung der Haftung für Personenschäden)

Wolgast, Michael Global Terrorism and the Insurance Industry: New Challenges and Policy Response, in: Thomann/von der Schulenburg (Hrsg.), War, Terrorism and Insurance in Europe after September 11, 2001, S. 52
(Zit. als: Wolgast, Global Terrorism and the Insurance Industrie, in: Thomann/von der Schulenburg (Hrsg.), War, Terrorism and Insurance in Europe after September 11, 2001)

Abkürzungsverzeichnis

A., A.2d.	Atlantic Reporter
a.A.	andere Ansicht
a.a.O.	an angegebenem Ort
ABl.	Amtsblatt
Abt.	Abteilung
A.C.	Appeal Cases (Law Reports)
AcP	Archiv für die civilistische Praxis
ADHGB	Allgemeines Deutsches Handelsgesetzbuch
a.E.	am Ende
a.F.	alte Fassung
AG	Amtsgericht
AGB	Allgemeine Geschäftsbedingungen
Alb.L.Rev.	Alabama Law Review
allg.	allgemeines/r
All E.R.	All England Law Reports
A.L.R.	American Law Reports
Am.Bus.L.J.	American Business Law Journal
AMC	American Maritime Cases
amtl.	amtliche/r
Anh.	Anhang
Anl.	Anlage
Anm.	Anmerkung
App.	Corte d'Appello
Art.	Artikel
AÜ	Athener Übereinkommen von 1974 über die Beförderung von Reisenden und ihrem Gepäck auf See
AÜP	Protokoll vom 1. November 2002 zur Änderung des Athener Übereinkommens von 1974 über die Beförderung von Reisenden und ihrem Gepäck auf See
Avi.	Aviation Reports
Az.	Aktenzeichen
Bd.	Band
Bearb.	Bearbeiter
betr.	betrifft/betreffend
BGB	Bürgerliches Gesetzbuch
BGBl.	Bundesgesetzblatt
BGH	Bundesgerichtshof

BGHZ	Entscheidungen des Bundesgerichtshofes in Zivilsachen
BMJ	Bundesministerium der Justiz
BR	Bundesrat
brit.	britische/r
BT	Bundestag
BT-Drucks.	Bundestagsdrucksache
bzw.	beziehungsweise
C.A.	Court of Appeal
CAB	Civil Aeronautic Board
Cass.	Corte di Cassazione
C.C.	Codice Civile/Code Civile
CCH Avi.	Commerce Clearing House – Aviation Reports
CFR	Code of Federal Regulations
CIM	Einheitliche Rechtsvorschriften für den Vertrag über die internationale Eisenbahnbeförderung von Gütern
Cir.	Circuit
CMI	Comité Maritime International
CMR	Übereinkommen über den Beförderungsvertrag im internationalen Straßengüterverkehr
COGSA	Carriage of Goods by Sea Act
Com.Cas.	Commercial Cases
COTIF	Übereinkommen vom 9.5.1890 über den internationalen Eisenbahnverkehr
D.C.	District court
ders.	derselbe
d.h.	das heißt
dies.	dieselbe
Dig.	Digesten
Dir. Mar.	Il Diritto Marittimo
DMF	Le Droit Maritime Francais
doc.	document / Dokument
dt.	deutsches/r
DVIS	Deutscher Verein für internationales Seerecht
ECAC	European Civil Aviation Conference
E.C.R.	European Court Reports
EGHGB	Einführungsgesetz zum Handelsgesetzbuch
Einf.	Einführung
et al.	et altera
etc.	et cetera

EuWZ	Europäische Zeitschrift für Wirtschaftsrecht
f./ff.	folgende/fortfolgende
F/ F2nd	Federal Reporter
F.D.&D.	Freight, Demurrage and Defence
F. Supp. / F. Supp. 2nd	Federal Supplement
Fn.	Fußnote
foro it.	Il Foro Italiano
foro pad.	Il Foro Padano
frz.	französische/r
gem.	gemäß
Geschz.	Geschäftszeichen
HansOLG	Hanseatisches Oberlandesgericht
Harv.L.Rev.	Harvard Law Review
HBl.	Halbblatt
HBÜ	Reederhaftungsbeschränkungsübeinkommen von 1957
HGB	Handelsgesetzbuch
HHR	Hamburg Regeln
h.L.	herrschende Lehre
h.M.	herrschende Meinung
H&M	Hull and Machinery
HNS	Hazardous and noxious substances /gefährliche und schädliche Stoffe
HP	Haager Protokoll (zum Warschauer Abkommen)
HR	Haager Regeln
HVR	Haag-Visby Regeln
IATA	International Air Transport Association
ICAN	International Commission for Air Navigation
ICAO	International Civil Aviation Organisation
ICC	International Chamber of Commerce
IDM	Il Diritto Marittimo
i.E.	im Ergebnis
I.E.C.L.	International Encyclopaedia of Comperative Law
ILA	International Law Association
IMCO	International Maritime Consultative Organisation
IMO	International Maritime Organisation
inkl.	Inklusive
Ins.	Insurance
insbes.	insbesondere
Int.	international

Int'l Trade L.J.	International Trade Law Journal
i.R.d.	im Rahmen des/der
i.S.v./d.	im Sinne von/des
ital.	italienische/r
ISPS-Code	International Ship and Port Facility Security Code
ITZ	Internationale Transportrechtszeitung
i.V.m.	in Verbindung mit
IWF	Internationaler Währungsfonds
J.	Journal
JA	Juristische Arbeitsblätter
jew.	jeweils
JMLC	Journal on Maritime Law and Commerce
Journ. Air L & Com.	Journal of Air Law and Commerce
JR	Juristische Rundschau
JuS	Juristische Schulung
JW	Juristische Wochenschrift
JZ	Juristen-Zeitung
Kap.	Kapitel
K.B.	Kings Bench (Reports)
LACAC	Latin American Aviation Commission
LEG	Legal Committee (IMO)
LEG/CONF	Legal Committee Conference (IMO)
LG	Landgericht
lib.	Buch
lit.	Buchstabe
Ll.L. Rep.	Lloyd´s List Law Reports
LLR / Ll. Rep.	Lloyd´s Law Reports
LMCLQ	Lloyd´s Maritime and Commerce Law Quarterly
LHÜ 1976	Londoner Reederhaftungsbeschränkungsübereinkommen von 1976
LuftVG	Luftverkehrsgesetz
LuftZVO	Luftverkehrs-Zulassungsornung
MDR	Monatsschrift für Deutsches Recht
MIA	Marine Insurance Act
MÜ	Montrealer Übereinkommen zur Vereinheitlichung bestimmter Vorschriften über die Beförderung im Internationalen Luftverkehr vom 28. Mai 1999
MSA	Merchant Shipping Act

m.w.N.	mit weiteren Nachweisen
m.E.	meines Erachtens
NAIC	National Association of Insurance Commissioners
N.D.	Northern District
n.F.	neue Fassung
NJW	Neue Juristische Wochenschrift
NJW-RR	Rechtsprechungsreport der NJW
NLJ	New Law Journal
N.Y.	New York
N.Y.Supp.	New York Supplement Reports
Nr.	Nummer
OECD	Organisation für wirtschaftliche Zusammenarbeit und Entwicklung
ÖLHÜ	Ölhaftungsübereinkommen 1969
OLG	Oberlandesgericht
P&I	Protection and Indemnity
Prot.	Protokoll/e
Q.B.	Queen's Bench Division (Law Reports)
Q.C.	Queens Council
RabelsZ	Rabels Zeitschrift für ausländisches und internationales Privatrecht
RegBegr.	Regierungsbegründung
Rev.fr.dr. Aérien	Revue française de droit aérien
Rev. Dor.	Revue de Droit maritime comparé
RG	Reichsgericht
RGBl.	Reichsgesetzblatt
RGZ	Entscheidungen des Reichsgerichtes in Zivilsachen
Riv. Dir. Nav.	Rivista del Diritto della Navigazione
Rn.	Randnummer/n
Rspr.	Rechtsprechung
S.	Seite
2. SÄG	Zweites Seerechtsänderungsgesetz
S.Ct.	Supreme Court Reporter
S.D.N.Y.	Southern District New York
SDR	special drawing right
S.E. / S.E.2nd	South Eastern Reporter
sec.	section
SeeG	Seegesetz
SJZ	Schweizer Juristen Zeitung
So./ So.2d.	Southern Reporter
sog.	sogenannte/r

Sp.	Spalte
ss.	subsection
St.	Street
SZR	Sonderziehungsrecht
Tenn.L.Rev.	Tennessee Law Review
T.L.R.	Times Law Reports
TranspR	Transportrecht
TRIA	Terrorism Risk Insurance Act
Trib.	Tribunal
Trib. comm.	Tribunal de commerce
Übk.	Übereinkommen
UN	United Nations
UNCITRAL	United Nations Commission on International Trade Law
UNCTAD	United Nations Conference on Trade and Development
U.S.	United States (Supreme Court Reports)
U.S.C.	United States Code
U.S.C.A	United States Code Annotated
v./vs.	versus
VersR	Versicherungsrecht
vgl.	vergleiche
VO	Verordnung
WA	Warschauer Abkommen zur Vereinheitlichung von Regeln über die Beförderung im internationalen Luftverkehr
WA/HP	Warschauer Abkommen in der Fassung des Haager Protokolls
WP	Working Paper
ZEuP	Zeitschrift für Europäisches Privatrecht
ZHR	Zeitschrift für das gesamte Handelsrecht und Wirtschaftsrecht
Ziff.	Ziffer
ZIP	Zeitschrift für Wirtschaftsrecht
zit.	Zitiert
ZLW	Zeitschrift für Luftrecht und Weltraumrechtsfragen
ZVersWiss	Zeitschrift für die gesamte Versicherungswissenschaft
ZVglRWiss.	Zeitschrift für Vergleichende Rechtswissenschaft

Einleitung

Auf der 83. Sitzung in der Zeit vom 8. bis 12. Oktober 2001 schloss der Rechtsausschuss der Internationalen Seeschifffahrtsorganisation (IMO)[1] seine seit längerem andauernden Beratungen zur Revision des Athener Übereinkommens von 1974 zur Beförderung von Reisenden und ihrem Gepäck auf See[2] ab. Der auf der Sitzung vorgelegte Entwurf eines neuen Protokolls zur Änderung des Athener Übereinkommens von 1974 wurde einer Diplomatischen Konferenz der IMO in der Zeit vom 21. Oktober bis 1. November 2002 zur Beratung und Verabschiedung vorgelegt. Das aus diesem Entwurf entstandene Protokoll 2002[3] sieht gravierende Änderungen des Athener Übereinkommens 1974, im speziellen der Haftungssystematik des Seebeförderers für Personen- und Gepäckschäden vor. Die Gründe für eine Revision des Athener Übereinkommens 1974 durch die in der IMO vertretene Staatengemeinschaft können hauptsächlich in der Entwicklung des Haftungs- und Schadenersatzrechts in der Luftfahrt gesehen werden, aber auch in der allgemein gewachsenen Bedeutung des Verbraucherschutzes und der gesellschaftlichen Forderung, die wichtige Stellung des Verbraucherschutzes in völkerrechtlichen Rechtsinstrumenten verstärkt zum Ausdruck zu bringen. Vor diesem Hintergrund wurde das durch das Athener Übereinkommen 1974 eingeführte Haftungssystem und die Regelungen zum Schadensersatz eines Passagiers für Tod, Körperverletzungen und Gepäckschäden von der Staatengemeinschaft für nicht mehr zeitgemäß erachtet. Im Anschluss an die Vorarbeiten des Rechtsausschusses der IMO für ein neues Protokoll zum Athener Übereinkommen hat sich auch die Europäische Kommission mit den Fragen befasst, ob und inwieweit das Haftungsrecht für den Passagierseeverkehr innereuropäisch modifiziert und insbesondere den Regelungen der Luftfahrt angeglichen werden sollte.

Der starke Einfluss des Luftrechts auf die Neugestaltung des Seetransportrechts folgt aus der engen Verknüpfung, die zwischen diesen beiden Rechtsgebieten besteht. Viele Normen erscheinen sowohl im Seerecht als auch im Luftrecht mit demselben Wortlaut oder zumindest mit demselben Grundtenor. Nicht selten haben Rechtsänderungen in beiden Rechtsgebieten erheblichen Einfluss auf die gegenseitige, moderne Rechtsentwicklung gehabt. Schon bei der Ausarbeitung der rechtlichen Vorgänger des

[1] International Maritime Organisation.
[2] Im Folgenden: Athener Übereinkommen (AÜ).
[3] Protokoll vom 1. November 2002 zur Änderung des Athener Übereinkommens von 1974 über die Beförderung von Reisenden und ihrem Gepäck auf See ; im Folgenden : Protokoll 2002.

Athener Übereinkommens 1974 lehnten sich einzelne Entwürfe[4] der angestrebten neuen Rechtordnung an solche des Luftrechts an. Unter dem Einfluss des Luftrechts wurde in dem Athener Übereinkommen von 1974 erstmals in der Passagierbeförderung auf See zwischen einem ausführenden und einem vertragschließenden Beförderer unterschieden. Die Haftung des ausführenden Beförderers wird dabei der des vertragschließenden gleichgestellt. Diese Differenzierung unter dem Begriff des „ausführenden Beförderers“ stammt aus den Regelungen des Luftrechts[5]. Desgleichen lehnte sich die das Athener Übereinkommen erarbeitende Diplomatische Seerechtskonferenz aus dem Jahr 1974 bei der Festsetzung der Haftungshöchstsummen des Athener Übereinkommen an die neuen Entwicklungen des internationalen Luftrechts an, und beschloss die gleichen Höchstsummen – nämlich 58.000 US-Dollar (im Jahr 1974 entsprach diese Summe 46.666 SZR)- einzuführen[6]. Auch nach der Verabschiedung des Athener Übereinkommens wurden in der IMO Diskussionen um eine weitere Vereinheitlichung des Personentransportrechts der Seefahrt mit dem der Luftfahrt fortgeführt[7]. Dementsprechend übernahm das Luftrecht auch in den Beratungen um eine Revision des Athener Übereinkommens bei der Erarbeitung des neuen Protokolls 2002 eine entscheidende Vorbildfunktion.
Im Luftrecht wurden im Rahmen der Verabschiedung des Übereinkommens zur Vereinheitlichung bestimmter Vorschriften über die Beförderung im Internationalen Luftverkehr vom 28. Mai 1999[8] auf der Diplomatischen Konferenz in Montreal neue Haftungsmaßstäbe für die Beförderung von Reisenden und ihrem Gepäck gesetzt. Diese neuen luftrechtlichen Regelungen weckten eine verschärfte Diskussion um eine Anpassung der Haftungsregelungen des Personentransportrechts auch in der Seefahrt. Es entwickelten sich entsprechende Angleichungsbestrebungen, die schließlich die Erarbeitung des Protokolls 2002 zur Änderung des Athener Übereinkommens von 1974 zur Folge hatten, welches sich be-

---

[4] Nach dem Zweiten Weltkrieg, auf der Konferenz des Comité Maritime International (CMI) in Madrid im Jahr 1955 wurde z.B. der sog. „Madrider Entwurf“ verfasst, welcher sich hinsichtlich eventuell einzuführender Haftungshöchstgrenzen an dem „Abkommen zur Vereinheitlichung von Regeln über die Beförderung im internationalen Luftverkehr“ von 1929 (Warschauer Abkommen) orientierte.

[5] Der Begriff des ausführenden Beförderers stammt aus dem Zusatzabkommen vom 18. September 1961 zum Warschauer Abkommen zur Vereinheitlichung von Regeln über die von einem anderen als dem vertraglichen Luftfrachtführer ausgeführten Beförderung im internationalen Luftverkehr (Zusatzabkommen von Guadalajara) ; BGBl. 1963 II S. 1159; BGBL. 1964 II S. 1317 ; im Folgenden: Zusatzabkommen von Guadalajara.

[6] Müller, Should the Athens Convention 1974 be modified?, CMI Yearbook 2000, S. 665 (666).

[7] Vgl. z.B. IMO Doc. LEG 78/3/1, 13. August 1998.

[8] Im Folgenden: Montrealer Übereinkommen (MÜ), BGBl. 2004 II, S. 459.

züglich der Haftungsmaßstäbe, der Versicherung, der Haftungshöchstsummen und der allgemeinen Prämisse der Verbesserung des Verbraucherschutzes beim Personentransport stark an den Regelungen des für die internationale Luftfahrt geltenden Montrealer Übereinkommens von 1999 orientiert und viele der im Luftrecht gefundenen Rechtsgrundsätze auf das Seerecht überträgt. Besonderes Gewicht im Rahmen der neuen, rechtlichen Regulierung des Passagiertransports auf See durch das Protokoll 2002 wurde dabei der Stärkung des Verbraucherschutzes beigemessen. Wiederum waren es die Entwicklungen im Luftverkehrssektor, die Einfluss auf diese Rechtsentwicklungen nahmen. Die Luftfahrtindustrie hat sich in den letzten Jahrzehnten zu einem hochfrequentierten Massentransportmittel entwickelt. Aufgrund dieser Tendenz wuchs der gesellschaftliche und politische Druck gegenüber dem internationalen Gesetzgeber, die rechtliche Stärkung der Verbraucherinteressen in der Luftfahrt als verbindliches Ziel zu erklären und völkerrechtlich durchzusetzen. Trotz des im Vergleich mit der Luftfahrtindustrie geringeren Passagieraufkommens auf See, setzte sich unter dem Einfluss der luftrechtlichen Regelungen in diesem Transportrechtsbereich ebenfalls eine Entwicklung hin zu einer Stärkung des Verbraucherschutzes durch. Dieses fand seine Gründe vor allem in der wachsenden Bedeutung der Seeschifffahrt auf dem weiten Feld des Tourismusmarktes sowie des Fährverkehrs. In beiden Sektoren konnte bei der Passagierbeförderung in den letzten Jahren eine ökonomisch beachtliche Wachstumsrate verzeichnet werden. Da die Beförderungen auf Seeschiffen regelmäßig internationale Beförderungen sind, erschien es - ähnlich wie in der Luftfahrt - nötig, eine Stärkung des Verbraucherschutzes für den Seeverkehr auf völkerrechtlicher Ebene zu finden, um den modernen Passagierinteressen im Rahmen international harmonisierter Regeln gerecht werden zu können. Seinen wesentlichen Eingang in die rechtlichen Regelungen des internationalen Transportrechts fand die Stärkung des Verbraucherschutzes für die Luftfahrt im Rahmen des Montrealer Übereinkommens von 1999 und für den Seeverkehrssektor im Rahmen des Protokolls 2002.

Im Folgenden wird das Haftungssystem des Beförderers in der Seefahrt in der Parallele zum Haftungssystem des Beförderers in der Luftfahrt aufgezeigt und das neue Protokoll 2002 zum Athener Übereinkommen 1974 im Vergleich zu den Haftungsregeln der Luftfahrt im Rahmen einer kritischen Würdigung dargestellt. Es wird zunächst die Struktur des Personentransportrechts in der See- und Luftfahrt aufgezeigt, wie sie sich bis zu der Verabschiedung des Protokolls 2002 zum Athener Übereinkommen entwickelt hat. Hierbei wird ein rechtlicher Vergleich zwischen den Verkehrssektoren der Luft- und Seefahrt gezogen, um Divergenzen und

Übereinstimmungen der verschiedenen Personentransportrechtssysteme zu erklären.
Anhand der Entwicklungen des Verbraucherschutzes im internationalen Luftrecht wird aufgezeigt, dass die Grundsätze des Athener Übereinkommen 1974 die heutigen Bedürfnisse eines umfassenden Verbraucherschutzes nicht mehr genügend berücksichtigen. Alsdann wird die Frage aufgeworfen, welche rechtlichen Grundsätze der heutigen Situation der Seefahrt und insbesondere der rechtlichen und faktischen Position der Passagiere gerecht werden, ob das Protokoll 2002 diese Grundsätze in seinen Regelungen anerkennt und inwieweit es eine Verbesserung gegenüber dem alten Rechtssystem des Athener Übereinkommens von 1974 bietet, jeweils im Vergleich mit dem Luftrecht. Die Arbeit schließt mit einer Untersuchung der Frage, ob die beschlossenen Änderungen des Athener Übereinkommens den geplanten Zielen der Staatengemeinschaft sowohl der IMO, als auch der Europäischen Union gerecht werden und ob die Anpassung des Athener Übereinkommens durch das Protokoll 2002, bei Abwägung mit den rechtlichen und wirtschaftlichen Interessen der Beförderer und ihrer Versicherer, eine tatsächliche Stärkung der Passagierinteressen darstellt. Dabei wird die Fragestellung eine Rolle spielen, ob und inwieweit eine übereinstimmende Interessenlage eine Gleichstellung der Rechte der Passagiere von Seebeförderern mit Passagieren der Luftbeförderung erzwingt und inwieweit Differenzierungen gerechtfertigt sind oder nötig erscheinen.

§ 1. Das Athener Übereinkommen 1974 im Vergleich mit dem Montrealer Übereinkommen 1999.

Das Athener Übereinkommen von 1974 bietet die rechtliche Grundlage des neuen Protokolls 2002, und bildet für die Vertragsstaaten bis zur Ratifizierung und dem Inkrafttreten des Protokolls 2002 das geltende Recht für internationale Beförderungen von Reisenden und ihrem Gepäck. Wird eine rechtliche Analyse des Protokolls 2002 im Vergleich mit dem Personentransportrecht der Luftfahrt erstellt, so muss zunächst ein Vergleich des geltenden Luftrechts mit dem noch geltenden Athener Übereinkommen von 1974 geführt werden, zumal in diesem Übereinkommen erstmals die rechtlichen Grundstrukturen des Protokolls 2002 festgelegt wurden und von einer Vielzahl von Staaten als verbindliches Recht für den Passagiertransport auf See anerkannt wurden. Insoweit sollen zunächst die rechtlichen Grundsätze des Athener Übereinkommens 1974 im Vergleich mit dem Montrealer Übereinkommen 1999 dargestellt werden, um alsdann in den folgenden Abschnitten dieser Arbeit die Neuregelung die-

ser Grundsätze durch das Protokoll 2002 im Vergleich mit dem Luftrecht darzustellen.
Dabei wird sich zeigen, dass gerade im Rahmen eines Vergleichs des Athener Übereinkommens 1974 mit dem Montrealer Übereinkommen von 1999, erhebliche Divergenzen zwischen den Regelungsstrukturen der Personenbeförderung in Luft- und Seefahrt bestehen. Ein solcher Vergleich wird verschiedene Gründe für die Entstehung dieser Divergenzen erkennen lassen. Hauptsächlich treten in diesem Zusammenhang die unterschiedlichen historischen Entwicklungen und ökonomischen Einflüsse auf die Luft- und Seeverkehrsmärkte hervor. Die zwischen Luft- und Seerecht bestehenden Divergenzen versucht das Protokoll 2002 zur Änderung des Athener Übereinkommens im Rahmen einer teilweisen Angleichung der rechtlichen Bedingungen der Passagierbeförderung der Seefahrt an die luftrechtlichen Regelungen zu überwinden. Inwieweit eine solche Angleichung der Rechtsregeln nötig und möglich erscheint, wird sich anhand einer Analyse der derzeit bestehenden, rechtlichen Regulierung der Passagierbeförderung in der Luft- und Seefahrt entscheiden.

A. Der wesentliche Inhalt des Athener Übereinkommens 1974 und des Montrealer Übereinkommens 1999

In der Seefahrt bildet das Athener Übereinkommen von 1974 - bis zum Inkrafttreten des Protokolls 2002 - für die Staaten welche es ratifiziert haben[9], die derzeitige Grundlage der rechtlichen Regelung der Beförderung von Reisenden und ihrem Gepäck auf See. Dabei hat das Athener Übereinkommen nicht die Vereinheitlichung des Rechts der Personenbeförderung auf See in seiner Gesamtheit zum Ziel[10]. Vielmehr beschränkt sich das Athener Übereinkommen in seinen 28 Artikeln auf die wichtigsten Haftungsprobleme im Rahmen der Beförderung von Reisenden auf

[9] Das Athener Übereinkommen trat am 28 April 1987 in Kraft. Ratifiziert wurde es von den Staaten: Argentinien, Bahamas, Barbados, Belgien, China, Kroatien, Dominikanische Republik, Ägypten, Äquatorial Guinea, Georgien, Griechenland, Guyana, Irland, Jordanien, Lettland, Liberia, Luxemburg, Malawi, Marshall Inseln, Polen, Russland, Spanien, Schweiz, Tonga, Ukraine, England, Vanuatu, Jemen und Hong Kong/China; Deutschland hat das Übereinkommen nicht ratifiziert, sondern im Rahmen einer Anlage zum HGB unter § 664 HGB in das deutsche Recht, mit einigen Modifikationen wie z.B. höheren Haftungssummen, eingearbeitet. Ebenso haben Frankreich, die vier skandinavischen Länder, Niederlande und Vietnam das Athener Übereinkommen ohne es zu ratifizieren mit Änderungen im Wesentlichen bei den Haftungssummen in ihr nationales Recht eingearbeitet.
[10] Schubert, Die Haftung für Reisende und ihr Gepäck auf See, S. 55.

See. Die haftungsrechtlichen Regelungen des Athener Übereinkommens wurden dabei oft als das Äquivalent der Haager Regeln bzw. der Haag-Visby Regeln für die Passagierbeförderung beschrieben[11]. Hingegen werden Fragen, die sich aus der Qualität einer Seereise ergeben (z.B. ob die Räumlichkeiten und der Service wie vereinbart gegeben sind), nicht nach den Normen des Athener Übereinkommen beurteilt sondern im Rahmen des normalen, nationalen Vertragsrechts abgewickelt.
Die vereinheitlichte, rechtliche Grundlage der Beförderung von Passagieren und ihrem Gepäck durch den Luftbeförderer bildet das am 28. Mai 1999 auf der Diplomatischen Konferenz in Montreal unter Federführung der Internationalen Zivilluftfahrt-Organisation (ICAO) beschlossene neue Übereinkommen zur Vereinheitlichung bestimmter Vorschriften über die Beförderung im Internationalen Luftverkehr - auf der Diplomatischen Konferenz allgemein „Montrealer Übereinkommen" genannt[12]. Es baut in seiner rechtlichen Struktur auf der bisherigen Entwicklung im Luftrecht auf, und ist am 4. November 2003 gemäß Art. 53 Abs. 6 MÜ sechzig Tage nach der Hinterlegung der Ratifikationsurkunde der Vereinigten Staaten bei der ICAO am 5. September 2003 in Kraft getreten. Das Montrealer Übereinkommen wurde bisher von insgesamt 71 Staaten und zusätzlich von der Europäischen Union als Organisation der regionalen Wirtschaftsintegration gezeichnet und von bisher 34 Staaten ratifiziert[13]. Die bisherigen Vertragsstaaten des Montrealer Übereinkommens 1999 repräsentieren einen Großteil des Weltluftverkehrs, da sowohl die Europäische Union als auch insbesondere die Vereinigten Staaten als größter Luftverkehrsmarkt der Konvention beigetreten sind[14]. Es wird erwartet, dass insbesondere die Ratifizierung durch die Vereinigten Staaten für

[11] Gaskell, Revision of the Athens Convention on the carriage of passengers and their luggage 1974, in: Liability to Pay Damages under Greek and International Maritime Law; 4th international conference on maritime law;
6th-9th June 2001, Athens (Piraeus Bar Association, 2001), S. 163 (163ff.); Gaskell, The Zeebrugge Disaster: Application of the Athens Convention 1974; New Law Journal 1987; S. 285 (285ff, 322f, 383ff), jew. m.w.N.

[12] Kadletz, Das neue Montrealer Übereinkommen, VersR 2000, S. 927 (928).

[13] Ratifizierungsstand des Montrealer Übereinkommens vom 3. März 2004, der aktuelle Ratifizierungsstand kann im Internet abgerufen werden unter: *http://www.icao.int/icao/en/leb/mtl99.htm* .

[14] Sowohl der amerikanische Präsident, als auch das Department of State und die Departments of Defense, Justice, und Transportation haben schon in dem US-Statedepartment-Report vom 6. September 2000 für den 106. Kongress eine Zustimmung zur Ratifizierung des Montrealer Übereinkommens 1999 durch den amerikanischen Senat empfohlen, welcher schließlich am 31. Juli 2003 seine Zustimmung gab. (vgl. Press Statement Richard Boucher, Spokesman State Department, Washington DC, 5. September 2003, *http://www.state.gov/r/pa/prs/ps/2003/23851.htm* ; 106th Congress, 2nd Session, Senat, Treaty doc. 106-45; *http://www.iata.org/legal/_files/USstatedepartmentreportMC99.pdf* (8. Februar 2005).

viele Länder den entscheidenden Impuls für eine eigene Ratifizierung des Übereinkommens geben wird[15].

I. Inhalt des Athener Übereinkommens 1974

Das Kernstück der Regelungen des Athener Übereinkommens bilden maßgeblich die Voraussetzungen und Beschränkungsmöglichkeiten der Haftung des Beförderers und seiner Leute für Passagierschäden und Schäden am Gepäck des Reisenden, sowie die Haftung des ausführenden Beförderers. Neben den eigentlichen Haftungsregelungen steht die Festlegung von Haftungshöchstbeträge, das Verbot der vertraglichen Freizeichnung von der Haftung, sowie die gerichtliche Geltendmachung und die Verjährung der Ansprüche eines Reisenden.

1. Sachlicher Geltungsbereich

Den sachlichen Geltungsbereich des Athener Übereinkommens bildet die internationale Beförderung von Reisenden und ihrem Gepäck auf See. Dabei ist die Grundlage ein zwischen dem Beförderer und dem Reisenden geschlossener Vertrag über die Beförderung eines Reisenden und seines Gepäcks.
Das Übereinkommen gilt für jede internationale Beförderung, soweit gemäß Art. 1 Abs. 9 AÜ[16] Abfahrts- und Bestimmungsort in zwei verschiedenen Staaten liegen, oder bei einer Rundreise ein Zwischenhafen in einem anderen Staat angelaufen wird. Maßgeblich ist dabei die vereinbarte Strecke nicht die tatsächlich gefahrene[17]. Weiterhin ist gemäß Art. 2 AÜ Voraussetzung für die Anwendbarkeit des Athener Übereinkommens, dass das befördernde Schiff die Flagge eines Vertragsstaates führt, es in einem Vertragsstaat eingetragen ist[18], der Beförderungsvertrag in einem

---

[15] Department of State, US-Statedepartment-Report, 6. September 2000, 106th Congress, 2nd Session, Senate, Treaty doc. 106-45, XII; *http://www.iata.org/legal/_files/USstatedepartmentreportMC99.pdf* (8. Februar 2005).
[16] Im Folgenden sind Artikel mit der Bezeichnung AÜ solche des Athener Übereinkommens.
[17] Schubert, Die Haftung für Reisende und ihr Gepäck auf See, S. 58, § 3.
[18] Ein Vorschlag der deutschen Delegation auf der seerechtlichen Konferenz in Athen, vom 2.-13.Dezember 1974 über die Ausarbeitung des Athener Übereinkommens, auf die Vorraussetzung der „Eintragung" des Schiffs zu verzichten und somit nur auf das Recht zur Führung einer Flagge entsprechend dem Übereinkommen über die Hohe See von 1958 abzustellen, fand auf der Konferenz keinen Zustimmung (Bericht der Delegation der
(Fortsetzung der Fußnote auf nächster Seite)

Vertragsstaat geschlossen wurde oder nach dem Beförderungsvertrag der Abfahrts- oder Bestimmungsort in einem Vertragsstaat liegt.

a) Beförderer

Als Beförderer gilt gemäß Art. 1 Abs. 1 a) AÜ jede Person, durch oder für die ein Beförderungsvertrag geschlossen wurde, wobei es nicht darauf ankommt, dass der vertragschließende Beförderer auch der ausführende Beförderer ist. Eigentums- und Besitzverhältnisse am Seeschiff sind für die vertragliche Beförderereigenschaft unbeachtlich.
Gemäß Art. 21 AÜ gilt das Athener Übereinkommen auch für Staaten oder sonstige öffentlich-rechtliche Körperschaften, die eine gewerbsmäßige Beförderung aufgrund eines Beförderungsvertrages durchführen.
Der „ausführende Beförderer“ ist in Art. 1 Abs. 1 b) ebenfalls erfasst; hier handelt es sich um den Schiffseigentümer, Charterer, Reeder oder Ausrüster eines Schiffes, der die Beförderung ganz oder teilweise tatsächlich durchführt.

b) Reisender

Ein Reisender ist gemäß Art. 1 Abs. 4 a) AÜ eine beförderte Person die auf einem Schiff aufgrund eines Beförderungsvertrages befördert wird, wobei gemäß Art. 1 Abs. 4 b) AÜ auch solche Personen als Reisende anzusehen sind, die mit Zustimmung des Beförderers ein Fahrzeug begleiten, welches aufgrund eines Frachtvertrages befördert wird.
Die Beförderung selbst muss dabei gemäß Art. 1 Abs. 3 AÜ mit einem Seeschiff durchgeführt werden. Im Regelfall geschieht dies gegen Entgelt, wird vom Athener Übereinkommen jedoch nicht gefordert.

c) Gepäck

Der Verlust und die Beschädigung von Gepäck ist in Art. 1 Abs. 5 – 7 AÜ geregelt, wobei das Athener Übereinkommen zwischen „Gepäck“ und „Kabinengepäck“ unterscheidet. Der „Gepäck“-Begriff umschließt dabei gemäß Art. 1 Abs. 5 AÜ alle Gegenstände, die der Beförderer auf-

---

Bundesrepublik Deutschland über die diplomatische Konferenz in Athen 1974, Bundesministerium der Justiz, BMJ 9322-3-31810/75, S. 9).

grund eines Beförderungsvertrages befördert, mit der Ausnahme von lebenden Tieren.
Soweit für bestimmte Gegenstände ein Frachtvertrag abgeschlossen, insbesondere ein Konnossement ausgestellt ist, findet das Athener Übereinkommen keine Anwendung. Vielmehr ist in einem solchen Fall wahrscheinlich, dass die Haager Regeln, die Haag-Visby Regeln oder die Hamburg Regeln Anwendung finden.
„Kabinengepäck" ist gemäß Art. 1 Abs. 6 AÜ solches Gepäck, das der Reisende in seiner Kabine oder sonst in seinem Besitz, in seiner Obhut oder unter seiner Aufsicht hat. Dabei ist auch das in oder auf dem Fahrzeug befindliche Gepäck eingeschlossen.

d) Zeitraum der Beförderung

Der Zeitraum der Beförderung ist in Art. 1 Abs. 8 AÜ geregelt. Er umfasst bezüglich des Reisenden und des Kabinengepäcks den Zeitraum in dem sich der Reisende/das Kabinengepäck an Bord des Schiffes befinden, während der Reisende auf dem Wasserwege vom Land auf das Schiff befördert wird, soweit dies im Beförderungspreis inbegriffen ist oder das benutzte Wasserfahrzeug vom Beförderer zur Verfügung gestellt wurde.
Bei dem vom Beförderer übernommenem Gepäck erstreckt sich der Zeitraum von der Übernahme bis zum Wiederaushändigen an den Reisenden durch den Beförderer oder seine Bediensteten oder Beauftragten. Bei Kabinengepäck ist von der Beförderung auch der Zeitraum umfasst, in welchem sich der Reisende in einer Hafenstation, in einer Hafenanlage oder auf einem Kai befindet.

2. Haftung des Seebeförderers

Von zentraler Bedeutung im Athener Übereinkommen ist die in Art. 3 AÜ geregelte Befördererhaftung. Der Beförderer hat danach für Schäden die durch den Tod oder eine Körperverletzung von Reisenden und durch Verlust oder Beschädigung von Gepäck während der Beförderung i.S.d. Art. 1 Abs. 8 AÜ eintreten, insoweit einzustehen, als sie auf sein Verschulden zurückzuführen sind. Der Schadensbegriff erfährt hierbei durch das Übereinkommen keine weitere Eingrenzung, womit neben körperlichen Schäden auch sog. „mental injuries" (seelische bzw. psychische Schäden) ersatzfähig sind.
Das Prinzip der Verschuldenshaftung ist in Art. 3 Abs. 1 AÜ auch auf die Haftung des Beförderers für seine in Ausübung einer Verrichtung han-

delnden Bediensteten und Beauftragten ausgedehnt. Das sind alle diejenigen, deren sich der Beförderer zur Ausübung des Beförderungsvertrages bedient, und die weisungsabhängig sind. Hierzu gehören die Schiffsbesatzung und die Leute, welche mit der Bedienung des Schiffes und der Abfertigung der Reisenden und ihres Gepäcks betraut ist[19].

3. Haftung des ausführenden Beförderers

Neben dem vertraglichen Beförderer unterliegt gemäß Art. 4 Abs. 1 S. 2 AÜ auch der ausführende Beförderer den Bestimmungen des Athener Übereinkommens. Der „ausführende Beförderer“ ist gemäß Art. 1 Abs. I b) AÜ eine andere Person als der vertragliche Beförderer, gleichgültig ob es sich um den Schiffseigentümer, Charterer, Reeder oder Ausrüster eines Schiffes handelt, der die Beförderung ganz oder teilweise tatsächlich durchführt.

Gemäß Art. 4 AÜ gelten die gleichen Haftungsgrundsätze für den ausführenden Beförderer wie für den vertraglichen Beförderer, allerdings nur für den von ihm durchgeführten Teil der Beförderung. Auch hier gelten die Grundsätze der Verschuldenshaftung für jegliche von dem Schadensbegriff des Athener Übereinkommens umfasste Schäden, die Reisende während der Beförderung erleiden oder die an ihrem Gepäck entstehen.

Ist die Beförderung ganz oder teilweise von einem ausführenden Beförderer durchgeführt worden, so haftet gemäß Art. 4 Abs. 1 AÜ zunächst der vertragsschließende Beförderer für die gesamte Beförderung. Daneben steht gemäß Art. 4 Abs. 4 AÜ die Haftung des ausführenden Beförderers im Rahmen eines Gesamtschuldverhältnisses, welches dem Reisenden eine doppelte Zugriffsmöglichkeit bietet, wobei der jeweils in Anspruch genommene Beförderer im Innenverhältnis gemäß Art. 4 Abs. 5 AÜ Rückgriff nehmen kann.

4. Beweislastregelung

Die Beweislast für die Verursachung eines Schadens liegt gemäß Art. 3 Abs. 2 AÜ zunächst bei dem Anspruchsteller. Dieser hat den Beweis zu erbringen, dass das den Schaden verursachende Ereignis während der Beförderung eingetreten ist und muss den Nachweis des Umfangs des Schadens erbringen. Hinsichtlich des Verschuldens ist die Beweislast dagegen nach Art. 3 Abs. 3 AÜ gespalten. Handelt es sich bei der Tötung

---

[19] Schubert, Die Haftung für Reisende und ihr Gepäck auf See, S. 62f.

oder Körperverletzung eines Reisenden und bei dem Verlust oder der Beschädigung von Kabinengepäck um Ursachen, die das Schiff betreffen – nämlich Schiffbruch, Zusammenstoß, Strandung, Explosion, Feuer oder einen Mangel des Schiffes[20]-, wird ein Verschulden des Beförderers oder seiner Hilfspersonen vermutet. Allerdings hat hier der Anspruchsteller zu beweisen, dass der Schaden aufgrund des nautischen Ereignisses entstanden ist[21]. Nimmt dagegen der Reisende oder sein Gepäck ohne einen solchen Zusammenhang Schaden[22], so muss der Anspruchsteller ein Verschulden des Beförderers beweisen. Dieses schließt jedoch nicht aus, dass im Einzelfall – etwa bei Lebensmittelvergiftungen oder starken Schiffsbewegungen infolge ungewöhnlicher Seemanöver – auf Grundlage der Regeln über den prima-facie-Beweis über die Tatbestände des Athener Übereinkommens hinaus nach einem Satz der Lebenserfahrung auf ein Verschulden des Beförderers oder seiner Leute geschlossen wird, so dass dieser sich wiederum durch den Nachweis einer im konkreten Fall ernsthaften Möglichkeit eines anderweitigen, untypischen Geschehensverlaufs zu entlasten hat[23].
Bei Verlust oder Beschädigung von anderem Gepäck, welches der Reisende nicht in seiner Obhut hat, wird ungeachtet der Art des den Verlust oder die Beschädigung verursachenden Ereignisses ein Verschulden des Beförderers vermutet. Die Verschuldensvermutung kann der Beförderer nur widerlegen, indem er den Beweis dafür erbringt, dass er und seine Bediensteten oder Beauftragten alle erforderlichen Maßnahmen getroffen haben, um den Schaden zu verhindern, oder das sie diese Maßnahmen nicht treffen konnten. Damit reicht es z.B. bei einer Strandung des Schiffs nicht aus, wenn der Beförderer geltend macht, die Strandung sei nicht zu erklären. Vielmehr muss er zu Zwecken seiner Entlastung eine ordnungsgemäße Navigation und Führung des Schiffs beweisen[24]. Diese Umkehr der Beweislast gilt auch bei einem „Fehler am Schiff", also einer Schädigung etwa durch die Seeuntüchtigkeit des Schiffes, nicht aber bei Navigationsfehlern[25]. Die zwingende und differenzierte Beweislastregel des Art. 3 AÜ gilt entsprechend für den vertragschließenden Beförderer.

[20] Sogenannte "shipping incidents".
[21] Schubert, Die Haftung für Reisende und ihr Gepäck auf See, S. 62.
[22] Sogenannte "non-shipping incidents".
[23] Herber, Das Athener Übereinkommen von 1974, ZEV 1977, S.2 (3).
[24] Gaskell, The Zeebrugge Disaster, NLJ 1987, S. 285 (286).
[25] Schubert, Die Haftung für Reisende und ihr Gepäck auf See, S. 63f.

5. Mitverschulden des Reisenden

Das Athener Übereinkommen regelt in Art. 6 die Berücksichtigung eines etwaigen Mitverschuldens des Reisenden. Soweit der Beförderer beweisen kann, dass der Tod, die Körperverletzung, der Verlust oder die Beschädigung von Gepäck von dem Reisenden selbst verschuldet worden ist, oder das ein Verschulden seitens des Reisenden mitgewirkt hat, so kann ein Gericht des angerufenen Gerichtsortes die Haftung mindern oder bei überwiegendem Mitverschulden auch ausschließen.

6. Haftungsbegrenzung

Hat der vertragliche oder der ausführende Beförderer für einen Personen- oder Gepäckschaden einzustehen, ist dessen Haftung immer gemäß Art. 7 AÜ und Art. 8 AÜ kraft Gesetzes begrenzt, ohne das das Athener Übereinkommen zwischen verschiedenen Rechtsgründen unterscheidet, auf welche ein Anspruch gestützt wird. Im Rahmen dieser Begrenzung der Haftung legt das Athener Übereinkommen absolute Haftungshöchstgrenzen fest, welche nur ausnahmsweise durchbrochen werden können.
Für Tod oder Körperverletzung eines Reisenden legt das Übereinkommen die Höchstgrenze für eine Haftung zunächst auf 700.000 Poincaré-Franken fest. Die Größe „Poincaré-Franken" war die ehemals gängige Währungseinheit in internationalen Völkerrechtsabkommen. Durch das Protokoll vom 19.11.1976 zu dem Athener Übereinkommen von 1974 über die Beförderung von Reisenden und ihrem Gepäck auf See[26] wurde die Währungseinheit Poincaré-Franken vor dem Hintergrund einer stetigen Abnahme der Bedeutung des Goldes im internationalen Währungssystem in die Währungseinheit „Sonderziehungsrechte" (SZR) umgewandelt, um gegenüber dem Goldwert einen stabileren Umrechnungskurs für die ausgedrückten Haftungsbeträge zu sichern[27]. Das Verhältnis von

---

[26] Völkerrechtlich in Kraft getreten am 30.04.1989.

[27] Schon im Rahmen der das Athener Übereinkommen erarbeitenden seerechtlichen Konferenz von Athen im Jahr 1974, wurde im Zusammenhang mit den Haftungshöchstsummen auch die Möglichkeit erörtert, die Rechnungseinheit des Poincaré-Franken durch die Rechnungseinheit der Sonderziehungsrechte des Internationalen Währungsfonds (IWF) zu ersetzen. Maßgeblich aufgrund einer Stellungnahme der damaligen UDSSR, welche die Konferenz darauf hinwies, dass die UDSSR nicht Mitglied des IWF sei, wurde jedoch zunächst auf die Einführung einer anderen Währungseinheit als den Poincaré-Franken im Rahmen des Athener Übereinkommens verzichtet (Bericht der Delegation der BRD über die diplomatische Konferenz in Athen 1974, Bundesministerium der Justiz, BMJ 9322-3-31810/75, S. 15).

Poincaré-Franken zu SZR wurde festgelegt auf 15 Poincaré-Franken, die dem Wert eines SZR entsprechen[28].
Nach Art. 7 Abs. 1 AÜ ist die Haftung des vertraglichen und des ausführenden Beförderers bei Tod oder Körperverletzung eines Reisenden entsprechend auf 700.000 Poincaré-Franken (46.666 SZR / ca. 54.442 Euro)[29] begrenzt. Bei den Haftungshöchstsummen für Gepäck ist die Art des Gepäckstückes zu unterscheiden. Für Kabinengepäck ist die Haftung auf 12.500 Poincaré-Franken (833 SZR / ca. 971 Euro) begrenzt, für Kraftfahrzeuge einschließlich des in und auf ihnen befindlichen Gepäcks auf 50.000 Poincaré-Franken (3.333 SZR / ca. 3.888 Euro) und für sonstiges Gepäck auf 18.000 Poincaré-Franken (1.200 SZR / ca. 1399 Euro).

7. Verlust des Rechts auf Haftungsbeschränkung

Der Beförderer verliert gemäß Art. 13 Abs. 1 AÜ das Recht sich auf die Haftungsbegrenzung zu berufen, wenn der Kläger beweisen kann, dass der Schaden durch eine Handlung oder Unterlassung des Beförderers verursacht worden ist, der diese in der Absicht, solchen Schaden herbeizuführen, oder leichtfertig und in dem Bewusstsein begangen hat, dass ein solcher Schaden mit Wahrscheinlichkeit eintreten wird. Der Begriff „leichtfertig" wird unter Auslegung der französischen und englischen Fassung des Athener Übereinkommens – welche die Begriffe „téméraiment" und „recklessly"[30] verwenden - als ein waghalsiges, tollkühnes

---

[28] Ursprünglich war die Einheit SZR als Gegenwert von 0,888671 Gramm Feingold im IWF-Übereinkommen definiert; Dies entsprach seinerzeit einem US-Dollar. Für die Umrechnung von SZR in nationale Währungen war diese Definition nach dem weltweiten Übergang zu flexiblen Wechselkursen und der de-facto-Aufhebung des offiziellen Goldpreises unbrauchbar geworden. Der Umrechung wurde deshalb seit 1. Juni 1974 ein Korb von zunächst 16 Währungen zugrundegelegt. Mit der zweiten Änderung des ab April 1978 wirksamen IWF-Übereinkommens wurde die Definition des SZR aus den IWF-Artikeln gestrichen. Statt dessen wurde der IWF ermächtigt, die Bewertungsmethode selbst zu bestimmen. Danach hat der IWF ein „Korb"-System entwickelt, welches den Wert des SZR in US-Dollar anhand eines Durchschnitts der fünf wichtigsten Weltwährungen ermittelt.

[29] Im Folgenden wird den Umrechnungen der Umrechnungskurs des IWF vom 07. Februar 2005 zugrundegelegt, aus dem sich folgende Werte ergeben: 1 SZR = 1,51980 US-Dollar ; 1 US-Dollar = 0,6579 SZR ; 1 SZR = 1,16665 Euro ; 1 Euro = 0,857154 SZR; der neuste Umrechungskurs kann abgerufen werden auf der IWF-Webseite unter: *http://www.imf.org/external/np/tre/sdr/basket.htm* .

[30] In der englischen Originalfassung des Athener Übereinkommens 1974 lautet Art. 13 Abs. 1 : "The carrier shall not be entitled to benefit of the limits of liability prescribed in Art. 7 and 8 and paragraph 1 of Art. 10, if it is proven that the damage resulted from an act or omission of the carrier done with the intent to cause such damage, or *recklessly* and with the *knowledge* that such damage would probably result". Die englische Bedeutung

(Fortsetzung der Fußnote auf nächster Seite)

Verhalten verstanden. Im Rahmen dieser Auslegung wird nicht gefordert, dass ein vernünftig denkender und handelnder Mensch nach der allgemeinen Lebenserfahrung die Wahrscheinlichkeit des Schadenseintritts hätte erkennen müssen, sondern dass der entsprechende Beförderer die Wahrscheinlichkeit des Schadenseintritts hätte erkennen müssen[31].
Art. 13 Abs. 1 AÜ stellt mit dem Tatbestandsmerkmal der Absicht der Schadensherbeiführung und dem Erfordernis des Bewusstseins, dass ein Schaden mit Wahrscheinlichkeit eintreten werde, sehr hohe Anforderungen an einen Verlust der Haftungsbeschränkung. Einem geschädigten Passagier wird es nur selten gelingen den Nachweis des Vorliegens dieser subjektiven Tatbestandsmerkmale zu erbringen[32]. Im faktischen Sinne lässt sich aufgrund dieser Tatbestandsvoraussetzungen des Art. 13 Abs. 1 AÜ die Haftungsgrenzen des Athener Übereinkommens für einen geschädigten Passagier als absolute Haftungshöchstgrenzen des Beförderers beschreiben.
Neben dem Beförderer verlieren gemäß Art. 13 Abs. 2 AÜ auch die Bediensteten und Beauftragten das Recht auf Haftungsbeschränkung, soweit ihnen ein qualifiziertes Verschulden bei der Schadensentstehung nachgewiesen wird. Auch im Rahmen des Art. 13 Abs. 2 AÜ begegnen dem Anspruchsteller die selben praktischen Beweisschwierigkeiten, wie schon im Rahmen des Art. 13 Abs. 1 AÜ.

8. Globale Haftungsbeschränkung

Gemäß Art. 19 AÜ berührt das Athener Übereinkommen nicht die Rechte und Pflichten des Beförderers, welche sich aus den internationalen Übereinkommen über die Beschränkung der Haftung des Eigentümers von Seeschiffen ergeben. Eine Beschränkung der Reederhaftung richtete sich

---

des Wortes „recklessly“ wurde im Fall *Reed v. London and Rochester Trading Co.* [1954] Vol. II LLR, S. 463 (475f.) von Mr. Justice Devlin beschrieben als „recklessly...means something more than mere negligence or inadvertence...it means deliberately running an unjustifiable risk“. Neben dem Erfordernis von “recklessness” bedarf es jedoch auch “knowledge, that the damage would probably result” (Gaskell, The Athens Convention, NLJ 1987, S. 332 (332)). Diese geforderte Kenntnis (knowledge) wurde von Lord Denning im Fall *Compania Maritima San Basilio v The Oceanus Mutual Underwriting Association* [1976] Vol. II LLR, S. 171 (179) beschrieben, als „when I speak of knowledge, I mean not only positive knowledge, but also the sort of knowledge expressed in the phrase `turning a blind eye´ “ (bewusste Nichtzurkenntnisnahme; Anm. des Autors).

[31] Gaskell, The Athens Convention, NLJ 1987, S. 332 (332).

[32] Ein Beförderer wird in der Praxis der Passagierbeförderung nur höchst selten in der Absicht bzw. in dem Bewusstsein handeln, einen Passagierschaden herbeizuführen, wobei die Möglichkeit eines Nachweis dieser subjektiven Einstellung eines Beförderers für einen Passagier noch seltener bestehen wird.

zunächst nach dem im Jahr 1957 in Brüssel unterzeichneten Internationalen Übereinkommen über die beschränkte Haftung der Eigentümer von Seeschiffen[33]. Dieses Übereinkommen sah vor, dass der Reeder und die ihm gleichgestellten Personen eine Haftung für jeden Schiffsunfall auf einen Gesamtbetrag von 3100 Poincaré-Franken[34] je Tonne des Schiffs für alle aus dem Schadensereignis hervorgegangenen Schäden beschränken kann[35]. Eine solche Haftungsbegrenzung sollte nur dann nicht greifen, wenn das den Anspruch begründende Ereignis auf persönlichem Verschulden beruhte[36]. Während das Athener Übereinkommen den Beförderer vor einer übermäßigen Inanspruchnahme aus dem Einzelvertrag im Rahmen einer Pro-Kopf-Haftungslimitierung schützt, gewährte das Reederhaftungsübereinkommen 1957 dem Reeder Schutz vor einer hohen Gesamtinanspruchnahme im Katastrophenfall.
Da unter anderem die Haftungssummen der Reederhaftungsübereinkommen 1957 angesichts der weltweiten inflationären Entwicklung seit 1957 vor allem bei Personenschäden von der Staatengemeinschaft in den folgenden Jahren als zu niedrig bewertet wurden, beschlossen die Staaten am 19. November 1976 in London durch die Unterzeichnung des Übereinkommens über die Beschränkung der Haftung für Seeforderungen[37] eine Revision des ursprünglichen Reederhaftungsübereinkommen[38]. Im Rahmen des Londoner Haftungsübereinkommens 1976 wird dem Reeder und den ihm gleichgestellten Personen das Recht der globale Haftungsbeschränkung auch gegenüber Ansprüchen der auf einem Schiff beförderten Passagiere gewährt.
Neben der Haftungsbeschränkung für Personen und Sachschäden nach Art. 6 Londoner Haftungsübereinkommen 1976, die sich proportional zur Tonnage des Schiffes erhöht – wobei jeweils bei 3.000, 30.000, und 70.000 BRT Degressionsstufen eingebaut sind[39]- enthält Art. 7 Londoner Haftungsübereinkommen 1976 ein selbstständiges Haftungsbeschränkungssystem für Ansprüche wegen des Todes oder der Körperverletzung einer Person, die aufgrund eines Personenbeförderungsvertrages auf dem Schiff befördert wird, oder mit der Zustimmung des Beförderers ein

[33] Im Folgenden: Reederhaftungsübereinkommen 1957.
[34] 206,66 SZR / ca. 241,1 Euro.
[35] Herber, Das Athener Übereinkommen 1974, ZEV 1977, S.2 (10).
[36] Richter, Die Konvention über die Beschränkung der Haftung für Seeforderungen, 1976, S. 6.
[37] Im Folgenden: Londoner Haftungsübereinkommen 1976 ; Das Übereinkommen trat am 1. Dezember 1986 in Kraft.
[38] Richter, Die Konvention über die Beschränkung der Haftung für Seeforderungen, 1976, S. 6.
[39] Vgl. zu den einzelnen Degressionsstufen die Haftungstabelle in : Hare; Shipping Law, S. 399.

Fahrzeug oder ein lebendes Tier begleitet. Eine Beschränkung der Haftung für Tod oder Körperverletzung eines Passagiers bestimmt sich in einem solchen Fall nach einem Haftungsbetrag, der nicht nach der Tonnage des Schiffes, sondern nach dessen Passagierbeförderungskapazität zu bemessen ist. Dabei ist je (zugelassenem) Passagier der Haftungshöchstbetrag des Athener Übereinkommens von 46.666 SZR[40] anzusetzen, höchstens jedoch ein Gesamtbetrag (je Schiff und Ereignis) von 25 Millionen SZR[41].

Demgemäß enthält das Londoner Haftungsübereinkommen 1976 nur dann eine zusätzliche Haftungsbeschränkung gegenüber dem Athener Übereinkommen 1974, wenn entweder die Ansprüche des Passagiers nicht den Haftungsbegrenzungen des Athener Übereinkommens unterliegen, oder wenn die kumulierte Höchsthaftungsgrenze des Athener Übereinkommens einen Betrag von 25 Millionen SZR in einem Unglücksfall überschreitet[42]. Die Haftungsbegrenzung entfällt nur, wenn der Reeder durch persönliches Handeln oder Unterlassen mit der Absicht der Verursachung eines solchen Schadens oder rücksichtslos und mit der Kenntnis von der Wahrscheinlichkeit des Eintritts eines solchen Schadens handelt[43].

Da sich aufgrund der Inflationsrate zunehmend eine steigende Entwertung der Höchstsummen entwickelte[44], und das Londoner Haftungsübereinkommen 1976 keine automatische Anpassung der Höchstsummen an inflationäre Entwicklungen vorsah[45], wurden die Haftungshöchstsummen des Londoner Haftungsübereinkommens 1976 alsbald nach dessen Erarbeitung von der Staatengemeinschaft wiederum als zu niedrig erachtet. Auch der Gesamthaftungshöchstbetrag von 25 Millionen SZR erschien in Anbetracht der stetig wachsenden Beförderungskapazität von Kreuzfahrtschiffen als nicht mehr zeitgemäß. Diese Bewertung findet Unterstützung vor dem Hintergrund des Beispiels eines Unglücksfalles eines Kreuzfahrtschiffs mit einer Beförderungskapazität von 2000 Passagieren. In einem großen Schadensfall, bei dem alle Passagiere zu Schaden kommen, würde sich unter Zugrundelegung der Haftungshöchstsummen des Athe-

---

[40] Ca. 54.442 Euro.

[41] Ca. 29,1 Millionen Euro.

[42] Die Haftungshöchstsumme von 25 Mio. SZR sichert unter der Geltung des Athener Übereinkommens 1974 eine volle Anspruchsdeckung für etwa 535 Passagiere.

[43] Richter, Die Konvention über die Beschränkung der Haftung für Seeforderungen, 1976, S. 15.

[44] Die durchschnittliche Kaufkraft des SZR fiel zwischen 1976 und 1996 alleine in England um ca. 59 %. Unter Berücksichtigung der Preisschwankungen des SZR gegen das Pfund-Sterling, bedeutete dieses, dass ein Anspruchsberechtigter ca. 5,7 % weniger Ersatz innerhalb dieser Zeitperiode bekam (Gaskell, New Limits for Passengers and others, LMCLQ 1998, S. 312 (314)).

[45] Gaskell, New Limits for Passengers and others, LMCLQ 1998, S. 312 (314).

ner Übereinkommens 1974 und des Londoner Haftungsübereinkommens 1976 ein jedem geschädigten Reisenden zustehender Pro-Kopf-Betrag von lediglich 12.500 SZR[46] errechnen. Vor diesem Hintergrund erschien es notwendig, das Londoner Haftungsübereinkommen 1976 den veränderten Bedürfnissen, insbesondere im Hinblick auf eine Erhöhung der Haftungshöchstsummen, anzupassen. Da Art. 20 des Londoner Haftungsübereinkommens 1976 für eine Anpassung der Haftungssummen die Einberufung einer erneuten Diplomatischen Konferenz forderte, wurde dieser Weg im Jahre 1996 beschritten.

Am 2. Mai 1996 wurde in London im organisatorischen Rahmen der IMO ein Protokoll zur Anpassung des Londoner Haftungsübereinkommens 1976 beschlossen. Das Protokoll sieht drei wesentliche Veränderungen des Londoner Haftungsbeschränkungsübereinkommens 1976 vor. Zum einen wird die Haftungshöchstgrenze von 25 Millionen SZR pro Schiff und Ereignis insgesamt aufgehoben. Zum anderen wird der bisherige Haftungshöchstbetrag des Art. 7 Londoner Haftungsübereinkommen 1976 von 46.666 SZR (54.442 Euro) auf 175.000 SZR (204.163 Euro) angehoben, multipliziert mit der möglichen, autorisierten Passagierbeförderungskapazität des Schiffs. Geht man von einer durchschnittlichen Passagierbeförderungskapazität eines heutigen Kreuzfahrtschiffs von ca.1000 Passagieren aus, liegt der Haftungshöchstbetrag somit bei einem globalen Limit von 175 Millionen SZR[47]. Weiterhin wurden mit dem Protokoll von 1996 auch die unter Art. 6 Londoner Haftungsübereinkommen 1976 eingeführten Summen, sowie die Tonnagegrenze und Degressionsstufen entsprechend angepasst[48].

Ferner wurde durch Art. 6 des Protokolls 1996 dem Londoner Haftungsbeschränkungsübereinkommen ein Art. 15.3*bis* zugefügt, welcher dem einzelnen Vertragsstaat erlaubt, in seinem nationalen Recht höhere Haftungssummen als die des Art. 7 Protokoll 1996 einzuführen.

Nachdem Malta am 13. Februar 2004 als zehnter Staat seine Ratifikationsurkunde bei der IMO hinterlegt hat, trat das Protokoll 1996 gemäß Art. 10 am 13. Mai 2004 in Kraft[49].

---

[46] Ca. 14.583 Euro.

[47] Dabei gilt diese globale Haftungsgrenze auch, wenn nur ein oder zwei Passagiere zu Schaden kommen, während das Athener Übereinkommen in einem solchen Fall eine *percaput* Höchstgrenze für den jeweiligen Passagier vorsieht.

[48] Art. 3ff Protokoll zur Anpassung des Londoner Haftungsübereinkommens 1976.

[49] Das Protokoll wurde inzwischen von 24 Staaten ratifiziert, unter anderem von Australien, Dänemark, Finnland, Deutschland, Malta, Norwegen, Russland, Sierra Leone, Tonga, Bulgarien, Kroatien, Zypern, Japan, Marschallinseln, Spanien, Schweden und England.

9. Haftungsregelung für Wertsachen

Die Haftung des Beförderers entfällt gemäß Art. 5 AÜ bei Verlust oder Beschädigung von Geld, Wertpapieren, Schmuck oder sonstigen Wertsachen, soweit diese nicht dem Beförderer zur Aufbewahrung übergeben worden sind.

10. Himalaya-Klausel

Die sogenannte Himalaya-Klausel[50] des Art. 11 AÜ erklärt die Haftungsbegrenzungen und Haftungsbefreiungen, welche für den vertraglichen und den ausführenden Beförderer gelten, ebenfalls für deren Leute für anwendbar. Allerdings besteht die Möglichkeit einer Haftungsbefreiung beziehungsweise Haftungsbegrenzung für die Leute nur insoweit, als sie nachweisen können, dass sie in Ausübung einer Verrichtung gehandelt haben[51].

11. Ergänzende Bestimmungen über Haftungsgrenzen

Gemäß Art. 10 AÜ sind die festgelegten Beträge für die Parteien des Beförderungsvertrages Mindestbeträge. Sie können vertraglich nicht unterschritten werden, höhere Haftungsbeträge können hingegen im Vertrag in Schriftform festgelegt werden[52].

---

[50] Die sog. Himalaya-Klausel ist heute eine Standardklausel in internationalen Seerechtskonventionen sowie in seerechtlichen Frachtverträgen. Benannt wurde diese Klausel nach dem Fall *The Himalaya: Adler v Dickinson & Another* [1954] 3 All ER 397 (CA), in welchem Lord Denning die grundsätzliche Gültigkeit einer Klausel, welche die Haftungsbegrenzungen und Haftungsbefreiungen des Beförderer auch für dessen Leute für anwendbar erklärt, bestimmte. Allerdings muss eine entsprechende Klausel ihrem Wortlaut nach eindeutig sein und die Möglichkeit einer Haftungsbefreiung bzw. Haftungsbegrenzung für die Leute des Beförderers soll nur insoweit Geltung finden, als diese nachweisen können, dass sie in Ausübung einer Verrichtung gehandelt haben. (Vgl. zur grundsätzlichen Anerkennung und Anwendbarkeit der Himalaya-Klausel: Hare, Shipping Law, S. 402ff.).

[51] Schubert, Die Haftung für Reisende und ihr Gepäck auf See, S. 77.

[52] Herber, Das Athener Übereinkommen 1974, ZEV 1977, S. 2 (7).

12. Verjährungsfristen

Alle Klagen aus Gesundheits- oder Körperschäden oder wegen Beschädigung oder Verlusts von Gepäck verjähren gemäß Art. 16 AÜ nach zwei Jahren[53]. Die Frist kann gemäß Art. 16 Abs. 4 AÜ nach Entstehung des Schadens durch schriftliche Erklärung des Beförderers verlängert werden[54]. Hemmung und Unterbrechung richtet sich nach nationalem Recht der Vertragsstaaten des Übereinkommens. Der Beginn der Verjährung liegt im Zeitpunkt der Ausschiffung beziehungsweise in dem Zeitpunkt in dem die Ausschiffung hätte erfolgen müssen.

13. Gerichtsstand

Gemäß Art. 17 AÜ werden dem Geschädigten mehrere Gerichtsstände gewährt[55]. Eine Klage kann nach Wahl des Geschädigten an dem Gericht des gewöhnlichen Aufenthalts oder der Hauptniederlassung des Beklagten, dem Gericht des Abfahrts- und Bestimmungshafens, dem Gericht des Wohnsitzes des Klägers und dem Gericht des Vertragsschlusses erhoben werden.

Die ausdrücklichen Nennung und Begrenzung der Gerichtsstände innerhalb der Regelungen des Athener Übereinkommens drückt die Berücksichtigung des Interesses des Geschädigten aus, welches insbesondere dadurch Unterstützung erfahren sollte, dass es dem Beförderer verwehrt

---

[53] Anträge einzelner Staaten, für Sachschäden eine kürzere Verjährungsfrist als für Körperschäden einzuführen, fanden auf der Athener Konferenz 1974 nicht die nötige 2/3 Mehrheit (Bericht der Delegation der Bundesrepublik Deutschland über die diplomatische Konferenz in Athen 1974, Bundesministerium der Justiz, BMJ 9322-3-31810/75, S. 20).

[54] Die Mehrheit der Athener Konferenz lehnte einen Antrag der UdSSR, den Absatz 4 des Art. 16 AÜ zu streichen, ab, da allgemein die Auffassung vertreten wurde, dass die Möglichkeit einer Verlängerung der Verjährungsfrist durch Vereinbarung oder durch Erklärung des Beförderers nach Entstehung des Schadens Härten ausschließe. (Bericht der Delegation der Bundesrepublik Deutschland über die diplomatische Konferenz in Athen 1974, Bundesministerium der Justiz, BMJ 9322-3-31810/75, S. 20).

[55] Zu der Regelung der Gerichtsstände durch Art. 17 AÜ gab es auf der das Athener Übereinkommen festlegenden Konferenz verschiedene Vorschläge, welche allerdings jeweils keine geeignete Mehrheit fanden und somit keinen Eingang in das Athener Übereinkommen gefunden haben. Zunächst schlug die polnische Delegation vor, als weiteren Gerichtsstand den von den Parteien vereinbarten anzuerkennen. Die Mehrheit der Athener Konferenz war jedoch der Auffassung, dass eine solche Vorschrift Missbrauchsmöglichkeiten eröffne. Hingegen stellten die Vereinigten Staaten den Antrag der kompletten Streichung des Art. 17 AÜ, welches allerdings mit 26 Gegenstimmen abgelehnt wurde. (Bericht der Delegation der Bundesrepublik Deutschland über die diplomatische Konferenz in Athen 1974, Bundesministerium der Justiz, BMJ 9322-3-31810/75, S. 21).

wird, einseitig im Vertrag einen ihm zusagenden Gerichtsstand zu bestimmen[56].

II. Inhalt des Montrealer Übereinkommens 1999

Im Mittelpunkt des Montrealer Übereinkommens[57] vom 28. Mai 1999 steht ein auf weltweite Wirkung angelegter Rechtsrahmen für die Haftung von Luftfrachtführern für Schäden bei Beförderungen von Passagieren, Gepäck und Fracht[58] im internationalen Luftverkehr. Das Übereinkommen verfolgt das Ziel einer Modernisierung und Konsolidierung der bestehenden Regeln über die Beförderung von Reisenden, ihrem Gepäck und der Beförderung von Frachtgütern in der internationalen Luftfahrt, unter Berücksichtigung der Bedeutung des Schutzes der Verbraucherinteressen bei der Beförderung und eines angemessenen Schadensersatzes nach dem Grundsatz des vollen Ausgleichs[59].
Mit dem Montrealer Übereinkommen soll im internationalen Luftverkehr auf der Basis des bisherigen, in Warschau beschlossenen Abkommens zur Vereinheitlichung von Regeln über die Beförderung im internationalen Luftverkehr vom 12. Oktober 1929 [60] wie zugleich auch hinsichtlich dessen verschiedener Folgeabkommen eine neu konzipierte Rechtsgrundlage gebildet werden[61]. Dabei integriert das Montrealer Übereinkommen nicht nur das Warschauer Abkommen in seiner Fassung von 1929 und seiner teilweise novellierten Fassung durch das Haager Protokoll vom 28. September 1955[62], sondern zugleich auch das Zusatzabkommen von Guada-

---

[56] Herber, Das Athener Übereinkommen 1974, ZEV 1977, S. 2 (9).

[57] Der Text des Montrealer Übereinkommens ist verbindlich in den Sprachen Englisch, Arabisch, Chinesisch, Französisch, Russisch und Spanisch. Die englische Fassung des Montrealer Übereinkommens ist abgedruckt in: Transportrecht, Heft 7/8 1999, S.315 ff. Nachstehend ist das Übereinkommen in der amtlichen deutschen Übersetzung zitiert (Endfassung vom 17.3.2000 [105 – 9900975]).

[58] Anders als im internationalen Seerecht, in welchem die Haftung des Beförderers für Frachtschäden nicht durch das Athener Übereinkommen sondern durch die Haager Regeln, die Haag-Visby Regeln oder die Hamburg Regeln reguliert wird, fasst das internationale Luftrecht durch das Montrealer Übereinkommen 1999 die Haftung des Beförderers für Frachtschäden mit dessen Haftung für Gepäck- und Passagierschäden in einem Regelungswerk zusammen.

[59] Vgl. Präambel des Montrealer Übereinkommens.

[60] RGBl. II 1933, S. 1039; BGBl. 1958 II S. 312, im Folgenden: Warschauer Abkommen (WA).

[61] Ruhwedel, Das Montrealer Übereinkommen, TranspR. 2001, S. 189 (190).

[62] Protokoll zur Änderung des Abkommens zur Vereinheitlichung von Regeln über die Beförderung im internationalen Flugverkehr, unterzeichnet in Warschau am 12. Oktober 1929, abgeschlossen in Den Haag am 28. September 1955 (BGBl. 1958 II S. 291); im Folgenden: Haager Protokoll.

lajara vom 18. September 1961[63]. Auch die nur zum Teil in Kraft getretenen Ergänzungsprotokolle zum Warschauer Abkommen in Gestalt des Zusatzabkommens von Guatemala City vom 8. März 1971[64] sowie der Montrealer Protokolle Nr. 1-4 vom 25. September 1975 sind in das Montrealer Übereinkommen inhaltlich mit eingebunden.
Das Montrealer Übereinkommen 1999 trat auf der Grundlage des Art. 53 Abs. 6 MÜ[65] sechzig Tage nach der Hinterlegung der Ratifikationsurkunde der Vereinigten Staaten bei der ICAO am 4. November 2003 in Kraft. Das Übereinkommen wurde bisher von insgesamt 34 Staaten[66] ratifiziert, welche einen Großteil des Weltluftverkehrs repräsentieren, da sowohl die Europäische Union als auch insbesondere die Vereinigten Staaten als größter Luftverkehrsmarkt und auch dem Völkerrechtsübereinkommen beigetreten sind[67]. Es wird erwartet, dass insbesondere die Ratifizierung durch die Vereinigten Staaten für viele Länder den entscheidenden Impuls für eine eigene Ratifizierung des Übereinkommens geben wird[68].

1. Sachlicher Geltungsbereich

Das Montrealer Übereinkommen gilt gemäß Art. 1 Abs. 1 MÜ für die internationale Beförderung von Personen, Reisegepäck und Gütern durch Luftfahrzeuge gegen Entgelt. Eine „internationale Beförderung" liegt gemäß Art. 1 Abs. 2 MÜ vor, soweit der Abgangs- und Bestimmungsort vereinbarungsgemäß in zwei unterschiedlichen Vertragsstaaten liegen, oder eine Zwischenlandung in dem Hoheitsgebiet eines anderen Staates vorgesehen ist, selbst wenn dieser Staat kein Vertragsstaat ist.

---

[63] Siehe Fn. 5.
[64] Protokoll zur Änderung des Abkommens zur Vereinheitlichung von Regeln über die Beförderung im internationalen Flugverkehr, unterzeichnet in Warschau am 12. Oktober 1929, geändert durch das Protokoll von Den Haag am 28. September 1955, unterzeichnet in Guatemala City, am 8. März 1971; im Folgenden: Zusatzabkommen von Guatemala City.
[65] Im Folgenden sind Artikel mit der Bezeichnung MÜ solche des Montrealer Übereinkommen 1999.
[66] Das Montrealer Übereinkommen wurde bisher von 71 Staaten gezeichnet und von folgenden Länder ratifiziert: Bahrain, Barbados, Belize, Bulgarien, Kamerun, Kanada, Kolumbien, Estonia, Griechenland, Tschechische Republik, Kenia, Kuwait, Mexiko, Namibia, Nigeria, Neuseeland, Slowakei, Slowenien, Peru, Rumänien, Paraguay, Mazedonien, Japan, Vereinigte Arabische Emirate, Jordanien, Zypern, Botswana, Panama, Portugal, Saudi Arabien, Syrien, Tonga, Tansania und den Vereinigte Staaten von Amerika. (Ratifikationsstand 4. März 2004; der neuste Ratifikationsstand kann abgerufen werden unter: *http://www.icao.int/icao/en/leb/mtl99.htm*).
[67] Vgl. Fn. 14.
[68] Vgl. Fn. 15.

Zwischen den Vertragsstaaten geht das Montrealer Übereinkommen gemäß Art. 55 MÜ allen Vorschriften des sogenannten „Warschauer Systems“[69] vor, womit das Montrealer Übereinkommen dieses sukzessiv ablösen wird[70].

2. Haftung des Luftfrachtführers

Das Kernstück des Montrealer Übereinkommens bildet das Haftungsregime seines dritten Kapitels (Art. 17-31 MÜ). Hier steht der Luftfrachtführer als Hauptschuldner im Mittelpunkt der rechtlichen Regelungen des Ersatzes von Personen- , Reisegepäck- und Frachtschäden.

a) Luftfrachtführer

Die in den Art. 17-19 MÜ geregelten Schadensersatzansprüche sind gegen den Luftfrachtführer geltend zu machen. Der Begriff „Luftfrachtführer“ ist weder im Montrealer Übereinkommen noch in seinem völkerrechtlichen Vorgänger, dem Warschauer Abkommen, definiert, obgleich er einen der Kernbegriffe beider Völkerrechtsinstrumente darstellt. Eine Erklärung dieses Verzichts auf eine Definitionsausgestaltung in den völkerrechtlichen Normen findet sich vor dem Hintergrund des Warschauer Abkommens. Im Rahmen der Erarbeitung des völkerrechtlichen Vorgängers des Montrealer Übereinkommens wurde bereits wurde auf der Luftrechtskonferenz von Warschau 1929 von einer näheren Definition des Begriffs „Luftfrachtführer“ abgesehen, um dieser als komplex eingeschätzten Materie die Möglichkeit der Weiterentwicklung zu lassen[71].
Im angloamerikanischen Rechtskreis wird der Luftfrachtführer im Sinne des Warschauer Abkommens als diejenige Person definiert, die eine Beförderung tatsächlich ausführt[72]. Im Gegensatz zu dieser Ansicht legt die

---

[69] Das sogenannte „Warschauer System“ bildet sich aus dem Warschauer Abkommen von 1929, dem Haager Protokoll von 1955, dem Zusatzabkommen von Guadalajara von 1961, dem Protokoll von Guatemala City von 1971 sowie aus den Montrealer Protokollen Nr. 1-4 von 1975.

[70] Schiller, Vom Warschauer zum Montrealer Abkommen, SJZ 2000, S. 184 (184).

[71] Giemulla in: Giemulla/Schmid, Warsaw Convention, Art. 1 WC, Rn. 36.

[72] *Pflug v. Egyptair Corp.*, 961 F.2d 26, S. 31f. (2d Cir. 1992) (“only the airline engaged in the actual transportation of an injured passenger can be held liable as ‘the carrier’ within the meaning of Article 17”); *Kapar v. Kuwait Airways Corp.,* 845 F.2d S. 1100, (1103) (D.C. Cir. 1988) ("the manner in which [the term carrier] is employed . . . makes clear that the Convention’s drafters were referring only to those airlines that actually transport passengers or baggage (‘actual carriers’)"). Vgl. auch Giemulla in: Giemulla/Schmid, FrankfKomm WA Bd. 3, Art. 1 WA, Rn. 36 m.w.N.

Rechtsprechung und herrschende Meinung in Deutschland wie auch in einigen anderen Staaten eine rein schuldrechtliche Betrachtungsweise zugrunde und versteht unter dem Luftfrachtführer diejenige – natürliche oder juristische - Person, die sich vertraglich verpflichtet hat, Personen oder Sachen auf dem Luftweg als Leistung zu befördern[73]. Nach dieser Ansicht kann jede natürliche oder juristische Person durch das vertragliche Versprechen einer Luftbeförderung unter den Begriff Luftfrachtführer fallen.

Ihre Begründung findet diese Ansicht in einer Gesamtbetrachtung des Warschauer Abkommens, welche dahingehend interpretiert wird, dass der Abschluss eines Beförderungsvertrags zwingend voraussetzt ist[74]. Diese Voraussetzung findet in dem Warschauer Abkommen zwar keine ausdrückliche Erwähnung, aber das Vorhandensein eines Vertrages wird an verschiedenen Stellen als selbstverständlich angenommen, unter anderem in der Erwähnung der Vereinbarungen der Parteien in Art. 1 Abs. 2, des Bestands und der Wirksamkeit des Beförderungsvertrages oder Frachtvertrages in Art. 3 Abs. 2, Art. 4, Art. 5 Abs. 2, des Abschlusses des Vertrages in Art. 11 Abs. 1, des Frachtvertrags in Art. 12 Abs. 1, Art. 13 Abs. 3, des Luftbeförderungsvertrags in Art. 18 Abs. 3, des Vertrags in Art. 28 sowie des Beförderungsvertrag in Art. 30 Abs. 1 und Art. 33 MÜ[75].

Da allerdings, wie *Schmidt-Räntsch* zutreffend feststellt, seit dem Zusatzabkommen von Guadalajara der vertragliche und der tatsächliche Luftfrachtführer im Sinne des Warschauer Abkommens gleichwertig anerkannt sind, wurde der Auslegungsstreit zwischen kontinentalem und angelsächsischem Rechtsdenken in diesem Punkt zwar nicht systematisch, aber praktisch durch das Zusatzabkommen von Guadalajara erledigt[76].

Ist eine Beförderung von mehreren aufeinanderfolgenden Luftfrachtführern auszuführen, so gilt sie gemäß Art. 1 Abs. 3 MÜ als eine einzige Beförderung, ungeachtet der Anzahl der abgeschlossenen Beförderungsverträge, sofern sie von den Parteien als einheitliche Leistung vereinbart worden ist.

---

[73] BGHZ 52, S. 194 = VersR 1969, S. 942 = NJW 1969, S. 2008 (2011); BGH TranspR 1989, S. 275 = VersR 1989, S. 522; Cour d'Apelle de Paris, 3.2.1971, Sté S.A.S. c. Cie La Fortune et autre, Revue Française de Droit Aérien 1972, S. 49 (51ff); Kronke in: MünchKommHGB, Bd.7. 1997, Art. 1 WA 1955, Rn. 34; Ruhwedel in: MünchKommHGB. Bd.7a, 2000, § 44 LuftVG, Rn.6f.; Giemulla in: Giemulla/Schmid, FrankfKomm WA Bd. 3, Art. 1 WA, Rn. 37; – jew. m.w.N.

[74] Giemulla in: Giemulla/Schmid, FrankfKomm WA Bd. 3, Art. 1 WA, Rn. 37, m.w.N.

[75] Schmidt-Räntsch, Die nationale Anwendung des Warschauer Abkommens, ZHR 1974, S. 113 (114f.).

[76] Schmidt-Räntsch, a.a.O., S. 113 (115).

Neben den vertraglichen Luftfrachtführer kann bei Schäden im Sinne des Art. 17 bis 19 MÜ zusätzlich noch ein ausführender Luftfrachtführer gemäß Art. 39 MÜ treten.
Bei dem „ausführende“ Beförderer handelt es sich gemäß Art. 39 MÜ um den aufgrund einer Vereinbarung mit dem vertraglichen Luftfrachtführer Berechtigten der die Beförderung ganz oder teilweise tatsächlich ausführt, wobei die Berechtigung bis zum Beweis des Gegenteils vermutet wird.

b) Personenschäden

Die zentrale Norm für Passagierschäden bildet Art. 17 Abs. 1 MÜ. Danach hat der Luftfrachtführer den Schaden zu ersetzen, der dadurch entsteht, dass ein Reisender getötet oder verletzt wird, jedoch nur, wenn sich der Unfall , durch den der Tod oder die Körperverletzung verursacht wurde, an Bord des Luftfahrzeugs oder beim Ein- oder Aussteigen ereignet hat.

aa) Unfall

Anknüpfungspunkt für eine Haftung des Luftfrachtführers ist stets ein dem jeweiligen Personenschaden vorausgegangener „Unfall“. Eine Definition des Begriffs enthält das Montrealer Übereinkommen nicht. Auch in dem Warschauer Abkommen von 1929 sind keine Ausführungen zum Begriff „Unfall“ enthalten. Grundsätzlich kann aber bei der Auslegung des Unfall-Begriffs des Montrealer Übereinkommens auf die, durch die entsprechende Judikatur zum Warschauer Abkommen entwickelten Auslegungen zurückgegriffen werden, um eine rechtliche Definition zu finden[77].
Im deutschen Rechtskreis wird der Unfall-Begriff überwiegend definiert als „ein auf einer äußeren Einwirkung beruhendes, plötzliches, örtlich und zeitlich bestimmtes Ereignis, welches unvorhersehbar ist und einen Personen- oder Sachschaden verursacht“[78]. Diese Auslegung des Unfall-Begriffs steht im Einklang mit der Rechtsprechung des französischen

[77] Ruhwedel, Das Montrealer Übereinkommen, TranspR 2001, S.189 (193).
[78] OLG Oldenburg, NJW-RR 1990, 992 (992); OLG Celle, VersR 1992, 1480 (1481), Eichenberg, Der Unfall – eine Übersicht über einen vielfältigen Begriff, JuS 1996, S. 1078 (1079f.), Schmidt-Räntsch, Die nationale Anwendung des Warschauer Abkommens, ZHR 1974, S. 113 (118).

Kassationshofs[79], des US Supreme Court[80] und des British Court of Appeal[81], welche zu einer ähnlichen Bewertung gelangen.
Neben dieser eher weiten Auslegung des Unfall-Begriffs haben sich Stimmen in der Literatur gebildet, die eine engere Interpretation fordern. Dabei wird hauptsächlich auf die unterschiedliche Begriffswahl in dem Warschauer Abkommen und dem Protokoll von Guatemala City 1971 abgestellt. Das Protokoll von Guatemala City verwendet nicht den Begriff „Unfall", sondern führt stattdessen das Tatbestandsmerkmal „Ereignis" (event) als schadensauslösende Begebenheit ein. Einzelne Stimmen in der Literatur vertreten die Ansicht, die Einführung des Begriffs Ereignis stelle vor diesem Hintergrund eine Erweiterung der von den Mitgliedsstaaten als zu eng empfundenen Haftung dar[82]. Daraus wird im Umkehrschluss geschlossen, dass der Begriff Unfall nicht jedes Ereignis als haftungsbegründendes Tatbestandsmerkmal zulässt, sondern nur ein „besonderes Ereignis"[83]. Dabei sollen sogenannte typische Vorkommnisse nicht dem Unfallbegriff unterliegen. Dem Passagier eines Flugzeugs sei es bewusst, das bestimmte Vorkommnisse wie zum Beispiel Turbulenzen, Luftlöcher, Schlechtwetter, eine „harte" Landung oder Druckveränderungen bei einer Luftbeförderung unvermeidlich seien. Durch die bewusste Vorhersehbarkeit solcher Vorkommnisse nehme der Passagier diese in Kauf, wodurch solche Ereignisse keinen Unfall begründen sollen[84]. In der überwiegend einheitlichen Interpretation des Begriffs Unfall durch die internationalen Rechtsprechung konnte sich diese Ansicht jedoch bislang nicht durchsetzen.
Anders als bei der Definitionsfindung des Unfall-Begriffs wird die Frage, ob zu dem eigentlichen Unfall-Begriff ein Kausalzusammenhang zwischen Schadensursache und dem Betrieb des Luftfahrzeugs zu fordern ist,

---

[79] Cour de Cassation vom 29.11.1989 (*Sanches c. Air France*), Rev. fr. dr. Aérien 1989, S. 539 (540), (…"un quelconque événement extérieur à sa personne…").
[80] U.S. Supreme Court, *Air France v. Saks*, [1985] 470 US S. 392 (405); Air Law 1986, S. 99 Nr. 10 [1985] ; Der U.S. Supreme Court legte fest, dass ein Unfall (accident) etwas anderes bedeuten muss, als ein Ereignis (occurrence) in einem Flugzeug. Der Begriff "accident" wurde beschrieben als "an unexpected or unusual event or happening that is external to the passenger". Diese Ansicht wurde unter anderem in dem Fall Abramson v. Japan Airlines Co Ltd. (1984) 739 F 2d 130 bestätigt.
[81] British Court of Appeal, Urteil vom 16. April 1997 (unveröffentlicht), vgl. Giemulla/Schmid, Ausgewählte internationale Rechtsprechung zum WA, ZLW 1998, S. 49 (52).
[82] Schmid in: Giemulla/Schmid, FrankfKomm Bd. 3, Warschauer Abkommen, Art. 17 WA, Rn. 9a.
[83] Schneider, Die Haftung des Luftfrachtführers bei Flugzeugentführungen, ZLW 1989, S. 220 (223) ; Schmid in: Giemulla/Schmid, FrankfKomm Bd. 3, Warschauer Abkommen, Art. 17 WA, Rn. 10.
[84] Schmid in: Giemulla/Schmid, FrankfKomm Bd. 3, Warschauer Abkommen, Art. 17 WA, Rn. 11.

in der internationalen Rechtsprechung zum Warschauer Abkommen nicht einheitlich beurteilt.
In Deutschland wird sowohl in der Rechtsprechung als auch in der Literatur die nahezu einheitliche Auffassung[85] vertreten, dass im Rahmen der Zurechnung eines durch einen Unfall verursachten Körperschadens ein Kausalzusammenhang zwischen der Schadensursache und dem Betrieb des Luftfahrzeugs bestehen muss. Mit dem „Unfall" muss sich eine gerade für den Luftverkehr eigentümliche Gefahr realisiert haben[86], was insbesondere für den Unfallbegriff des Montrealer Übereinkommens gelten soll und durch Art. 28 MÜ mit seiner ausdrücklichen Anknüpfung an Luftfahrzeugunfälle nochmals besonders hervorgehoben wird[87]. Schäden die nur zufällig bei einer Luftbeförderung entstehen und somit auch in allen anderen Lebensbereichen auftreten können, sollen nicht erfasst werden[88]. Die Notwendigkeit der Verwirklichung eines solchen luftfahrtspezifischen Risikos zur Erfüllung des Tatbestandmerkmals Unfall ergibt sich nach dieser Ansicht aus der Teleologie des Warschauer Haftungssystems als Vorgänger des Montrealer Übereinkommens. Der Haftungskompromiss des Warschauer Abkommens im Rahmen einer Verschuldenshaftung des Luftfrachtführers mit Begrenzung der Haftung auf bestimmte Höchstsummen als Kern der internationalen vereinheitlichten Regelung hatte den Zweck, die – im Jahre 1929 noch junge – Luftfahrtindustrie vor starken finanziellen Belastungen aufgrund luftfahrtspezifischer Risiken zu schützen[89]. Dem Passagier dieser Jahre war es durchaus bewusst, dass diese Industrie bezüglich der Sicherheit der Luftfahrzeuge, und damit auch der Sicherheit der Passagiere, einen erheblichen Risikofaktor barg. Im Jahre 1929 war ein Flugzeug für den Passagier eher ein Abenteuer als ein sicheres Verkehrsmittel.

---

[85] BGH NJW 1979, S. 495 (495) ; LG Berlin ZLW 1982, S. 84 (87) ; OLG München ZLW 1983, S. 60 (61); OLG Frankfurt TranspR 1984, S. 21 (22) ; Schmidt-Räntsch, Fragen der Haftung des Luftfrachtführers, ZLW 1979, S. 429 (432) ; Schneider, Die Haftung des Luftfrachtführers bei Flugzeugentführungen, ZLW 1989, S.220 (224) ; Schmid in: Giemulla/Schmid, FrankfKomm Bd. 3, Warschauer Abkommen, Art. 17 WA, Rn. 12 ff. m.w.N. Zu den wenigen, gegenteiligen Stimmen in der deutschen Literatur, vgl. Schmid in: Giemulla/Schmid, FrankfKomm Bd. 3, Warschauer Abkommen, Art. 17 WA, Rn. 12 ff. ; Schneider, Die Haftung des Luftfrachtführers bei Flugzeugentführungen, ZLW 1989, S. 220 (S.223) spez. Fn. 26 ; - jeweils m.w.N.
[86] OLG Frankfurt a.M., NJW-RR 1997, S. 930 (931); LG Düsseldorf, TranspR 1992, S. 29 (29f.); AG Frankfurt a.M., TranspR 1992, S. 30 (30) ; Schmid in: Giemulla/Schmid, FrankfKomm Bd. 3, Warschauer Abkommen, Art. 17 WA, Rn. 12 ff. m.w.N.
[87] Ruhwedel, Das Montrealer Übereinkommen, TranspR 2001, S.189 (193).
[88] Schmid in: Giemulla/Schmid, FrankfKomm Bd. 3, Warschauer Abkommen, Art. 17 WA, Rn. 12.
[89] Kadletz, Das neue Montrealer Übereinkommen, VersR 2000, S. 927, (929ff).

Für Risiken, welche nicht in einem luftfahrtspezifischen Zusammenhang standen, galten nicht die internationalen Konventionen sondern vielmehr die normalen Prinzipien der Vertragshaftung. Diese Zweiteilung zwischen luftfahrtspezifischen Risiken und solchen, die eben nicht luftfahrtspezifischer Natur sind, soll auch in der heutigen Zeit Geltung finden[90]. Das allgemeine Lebensrisiko, das jeder Mensch trägt, soll bei einer Luftbeförderung nicht auf den Luftfrachtführer abgewälzt werden, denn das Warschauer Abkommen und damit auch sein Nachfolger in Form des Montrealer Übereinkommens würde nicht als „Ersatzlebensversicherung für Fluggäste" dienen[91]. Außer Betracht bleiben insoweit Personenschäden ohne jeden charakteristischen Bezug zum Flugbetrieb, beispielsweise bei Schäden durch die Verabreichung verdorbener Nahrung an Bord eines Flugzeugs, beim Stolpern eines Fluggastes im Mittelgang des Flugzeugs[92] oder bei einem behördlich vorgeschriebenen Versprühen von Desinfektionsmittel vor dessen Landung[93]. Auch wird ein so genannter Summationsschaden - welcher vorliegt, wenn erst aufgrund der Summe der Beeinträchtigungen über einen längeren Zeitraum ein Schaden herbeigeführt worden ist[94] - von diesem Unfallbegriff nicht erfasst[95].
In der internationalen Rechtsprechung findet das Erfordernis eines spezifischen Kausalzusammenhangs nur vereinzelt Berücksichtigung. Lediglich einige US-amerikanische bzw. kanadische Gerichte[96] sehen den Kausalzusammenhang zwischen Schadensursache und Betrieb des Flugzeugs als notwendige Tatbestandsvoraussetzung. Eine ähnliche Auffassung vertrat das Tribunal de Premiére Instance de Bruxelles[97]. Die Mehrheit der internationalen, gerichtlichen Entscheidungen berücksichtigt ein solches Erfordernis jedoch nicht[98].

---

[90] Kadletz, a.a.O., S. 927, (929ff).
[91] Schmid in: Giemulla/Schmid, FrankfKomm Bd. 3, Warschauer Abkommen, Art. 17 WA, Rn. 12c.
[92] LG Frankfurt a.M., TranspR 1991, S. 443 (443).
[93] OLG Frankfurt a.M., TranspR 1998, S. 362 (362f.).
[94] Kahlert/Hast, Die haftungsrechtlichen Folgen des sog. „Economy-Class-Syndroms", VersR 2001, S. 559 (559).
[95] Zum Beispiel Gesundheitsschäden durch Passivrauchen (AG Köln, ZLW 1981, S. 315 (315) m.w.N.).
[96] *Hendler c. Iberia*, Canadian Provincial Court, Revue Française de Droit Aérien, 1980, S. 215 (217ff.); Warshaw et Al. v. Trans World Airlines, Inc., US District Court [EDP], ZLW 1979, S. 15 (18f.); *Abramson v. Japan Airlines Co Ltd.* (1984) 739 F 2d 130, TranspR 1985, S. 391 (391) ; Schmid in: Giemulla/Schmid, FrankfKomm Bd. 3, Warschauer Abkommen, Art. 17 WA, Rn. 12. m.w.N.
[97] Vgl. Schmid in: Giemulla/Schmid, FrankfKomm Bd. 3, Warschauer Abkommen, Art. 17 WA, Rn. 12. m.w.N.
[98] Vgl. statt vieler: *Krystal v. BOAC* 403 F. Supp. 1332 (DC Cal, 1975); *Day v. TWA*, 13 CCH Avi. 18, 144 (C.A.2, 1975); *Hernandez v. Air France, 545* F. 2d 279 (1st Cir.
(Fortsetzung der Fußnote auf nächster Seite)

Unabhängig von einem solchen Kausalitätserfordernis wird von der internationalen Rechtsprechung einheitlich vorausgesetzt, dass zwischen einem Unfall und dem entstandenen Schaden eine Kausalität gegeben sein muss. Der Personenschaden muss sowohl nach dem Wortlaut des Art. 17 WA als auch nach dem Wortlaut des Art. 17 MÜ durch den Unfall „verursacht" worden sein. Eine entsprechende Verursachung liegt immer dann vor, wenn das Unfallereignis nicht hinweggedacht werden kann, ohne dass nicht zugleich auch der eingetretene Schaden entfiele und die Unfallfolge nicht außerhalb gewöhnlicher Geschehensabläufe liegt[99].

bb) Tod oder Körperverletzung

Der Luftfrachtführer kann gemäß Art. 17 Abs. 1 MÜ für den Schaden haftbar gehalten werden, welcher durch den Tod oder die Körperverletzung eines Reisenden entsteht. Von der Aufnahme einer ausdrückliche Definition der Körperverletzung wurde im Rahmen des Übereinkommentextes abgesehen. Vor diesem Hintergrund stellt sich die Frage der Interpretation der Körperverletzung und der Reichweite dieses Begriffs, insbesondere in Bezug auf Schäden, die keine direkten körperlichen Auswirkungen tragen sondern dem Bereich der psychischen Schäden zuzuordnen sind.
Einen Ansatzpunkt für eine entsprechende Interpretation bildet die englische Originalfassung[100] des Montrealer Übereinkommens, welche für den Begriffs Körperverletzung das englische Wort „bodily injury" nennt. Ursprünglich war neben „bodily injury" auch der Begriff „mental injury" (seelischer, psychischer Schaden) als selbstständiges Schadenselement in dem Entwurftext des Montrealer Protokolls vorgesehen, dann jedoch von der Arbeitsgruppe der ICAO, die den Entwurfstext zum Montrealer Übereinkommen erarbeitete, wieder aus dem Entwurf gestrichen worden[101].
Ursprünglich entstammt der Begriff „bodily injury" dem authentischen Text des völkerrechtlichen Vorgängers des Montrealer Übereinkommens, dem Warschauer Abkommen von 1929. Der Urtext des Warschauer Ab-

---

1976), 14 Avi 17, 421; *Borham v. Pan American World Airways Inc.* 19 Avi 18, 236 (SD NY 1986).

[99] Schmid in: Giemulla/Schmid, FrankfKomm Bd. 3, Warschauer Abkommen, Art. 17 WA, Rn. 16, m.w.N.; US Supreme Court, 18 Avi 18, 543; NY City Court of Appeals, 13 Avi 17, 23; *Darras v. TWA*, 20 Avi 17, 441.

[100] Siehe Fn. 57.

[101] Müller-Rostin, Die internationale Luftrechtskonferenz, ZLW 2000, S. 36 (39) m.w.N.

kommens wurde als verbindliche Sprachform in Französisch verfasst[102] und die Tatbestandsmerkmale eines Schadens an Reisenden als „mort, blessure ou de toute autre lésion corporell". Diese französischen Begriffe wurde in der englischen Sprache übersetzt als „death, wounding...or any other bodily injury"[103]. Im Deutschen fand die Übersetzung „körperlich verletzt...oder sonst gesundheitlich geschädigt" Eingang in den Konventionstext des Warschauer Abkommens[104]. Andere Schadensarten als solche des Begriffs „bodily injury" fanden keine Aufnahme in den Urtext des Warschauer Abkommens 1929. Insbesondere ließ das Warschauer Abkommen die Rechtssprechung im unklaren darüber, ob sogenannte „mental injury" wie z.B. ein von einem Passagier bei der Beförderung erlebtes Trauma und ein Schock, von dem Begriff „bodily injury" mitumfasst sein sollte. Die internationale Rechtsprechung legte den Wortlaut des Art. 17 WA in diesem Zusammenhang zunächst weit aus und befürwortete teilweise die Einbeziehung von seelischen Beeinträchtigungen ohne eine weitere Notwendigkeit einer körperlichen Schädigung in den Tatbestand des Art. 17 WA zu interpretieren[105]. Weltweit setzte sich mit der Zeit jedoch eine abweichende Tendenz in der Rechtsprechung durch. Im Jahr 1991 entschied der US Supreme Court in der Sache *Eastern Airlines v. Floyd*, dass Art. 17 WA keine Ansprüche gewähre, wenn nur seelische, nicht aber körperliche Schäden eingetreten sind[106]. Auch der australische New South Wales Court of Appeal entschied mit Urteil vom 13. August 1997, dass rein psychische Schäden nicht von Art. 17 WA

---

[102] Gemäß Art. 36 WA ist der Urtext des Warschauer Abkommens in der französischen Sprache verfasst und stellt somit die einzig verbindliche Sprachform dar.

[103] Bin Cheng, The 1999 Montreal Convention, ZLW 2000, S. 287 (297).

[104] Art. 17 Warschauer Abkommen.

[105] Vgl. z.B. *Husserl v. Swissair II*, Air Law 1976, S. 262 (262); bestätigt vom US Court of Appeals 2nd Cir., 1973 F 2d 1240.

[106] *Eastern Airlines v. Floyd*, 499 U.S. 530; 111 S.Ct.; 23 Avi 17, 367; 1991 WL 54896; ASL 992, 318 Nr. 50 (1991). Nachdem zunächst der U.S. District Court ([S.D.Fla.] 629 F.Supp. 307; 19 Avi 18, 136) die Klage abgewiesen hatte, weil rein psychische Schäden ohne Zusammenhang mit einem körperlichen Schaden nicht ersetzbar seien, hatte der U.S. Court of Appeals (11th Cir. 872 F.2d 1462; 21 Avi 18, 041) im Berufungsverfahren die damals herrschende Meinung in der amerikanischen Rechtsprechung aufgenommen und der Klage stattgegeben, da nach seiner Ansicht auch ausschließlich psychische Schäden in dem Anwendungsbereich des Art. 17 WA lägen und ersatzfähig seien. Mit dem Urteil im Fall *Eastern Airlines v. Floyd* hat der U.S. Supreme Court entschieden, dass das Warschauer Abkommen eine Entschädigung für bloße seelische Schäden nicht vorsieht. Nach einer für amerikanische Gerichte zu dieser Zeit nicht selbstverständlichen Untersuchung des französischen Originaltextes und des Begriffes „lésion corporelle" und der Entstehungsgeschichte des Warschauer Abkommens kam das Gericht zu dem Schluss, dass der Begriff „bodily injury" (Körperschaden) i.S.d. Art. 17 WA eng auszulegen sei.

erfasst werden[107]. Dieser Sicht schloss sich auch das Scottish Outer House an[108]. In der internationalen Rechtsprechung setzte sich somit die Ansicht durch, dass seelische Schäden zwar geltend gemacht werden können, jedoch nur in Verbindung mit einem körperlich erlittenen Schaden.
Das 1971 verfasste Zusatzprotokoll zum Warschauer Abkommen von Guatemala City sollte zu einer geänderten Interpretation von „bodily injury" beitragen und verkürzte und änderte in seinem Protokolltext den Satz „death, wounding...or any other bodily injury" in „personal injury"[109]. Dieser Begriff sollte signalisieren, dass „mental injuries" nunmehr ebenfalls ersatzfähig sein sollten, da eine umfassende Interpretation des französischen Ausdrucks „lésion corporelle" ergab, dass psychische und seelische Schäden von der Idee und Vorstellung des französischen Begriffs mit umfasst sein sollten, jetzt ebenfalls ersatzfähig sind[110]. Das Zusatzprotokoll von Guatemala City trat jedoch nicht in Kraft.
Auf der Luftrechtskonferenz zum Montrealer Übereinkommen 1999 trat diese Frage der Interpretation des Begriffs „bodily injury" erneut in den Vordergrund. Während die lateinamerikanischen Staaten[111], Norwegen und Schweden sich dafür aussprachen, auch „mental injuries" im Rahmen einer ausdrücklichen Nennung in den Anwendungsbereich von Art. 17 Abs. 1 MÜ einzubeziehen, trat die International Union of Aviation Insurers (IUAI) für die letztendlich in den Übereinkommenstext übernommene, enge und von der Luftrechtskonferenz für eindeutig gehaltene Fassung von „bodily injury" ein, um einer wegen der Unschärfe des Begriffs und des Schadensbildes von „mental injuries" angenommenen Aufweichung und ungewollte Ausweitung des Begriffs durch die Rechtsprechung vorzubeugen[112].
Auch nach der Verabschiedung des Montrealer Übereinkommens 1999 bleibt aber beachtlich, dass das Montrealer Übereinkommen kein ausdrückliches Verbot der Ersatzfähigkeit von „mental injuries" vorsieht.

---

[107] New South Wales Court of Appeal, *Kotsambasis v. Singapore Airlines*, Urteil vom 13. August 1997 (Urteil unveröffentlicht), vgl. Giemulla/Schmid, Ausgewählte internationale Rechtsprechung zum WA, ZLW 1998, S. 49 (53).
[108] Schmid in: Giemulla/Schmid, FrankfKomm Bd. 3, Warschauer Abkommen, Art. 17 WA, Rn. 4a m.w.N.
[109] Artikel IV, Zusatzprotokoll Guatemala City 1971.
[110] „Lésion corporelle" bedeutet im französischen juristischen Sprachgebrauch eine Verletzung des Körpers, die abzugrenzen ist von der Verletzung sonstiger Rechtsgüter eines Menschen, nicht aber von einer psychischen Verletzung (Mankiewicz, The Application of Art. 17 of the Warsaw Convention to Mental Suffering, 4 Annals of Air and Space law (1979) S. 187 (200ff), Giesen, Haftung im Flugverkehr, ZvglRWiss 82, S. 31 (40); Bin Cheng, The 1999 Montreal Convention, ZLW 2000, S. 287 (297)).
[111] Die Mitgliedstaaten der Latin American Civil Aviation Commission.
[112] Bollweg, Das Montrealer Übereinkommen, ZLW 2000, S. 439 (444); Kadletz, Das neue Montrealer Übereinkommen, VersR 2000, S. 927 (932). m.w.N.

Insoweit bleibt erneut abzuwarten, ob und in wie weit die nationale Rechtsprechung der Ratifikationsstaaten des Montrealer Übereinkommens der aufgezeigten Entstehungsgeschichte und historischen Auslegung des Verhältnisses von „bodily injury“ zu „mental injury“ folgt, oder ob die Tatsache, dass der Wortlaut des Montrealer Protokolls psychische Schäden nicht ausdrücklich ausschließt, die nationalen Gerichte dazu veranlasst, eine abweichende Interpretation zu wählen. Inwieweit sich eine Änderung in der Rechtsprechung durchsetzen könnte muss abgewartet werden[113].

c) Reisegepäckschäden

Der Verlust und die Beschädigung von Reisegepäck ist ebenfalls in Art. 17 MÜ geregelt. Hierbei unterscheidet das Montrealer Übereinkommen zwischen aufgegebenem und nicht aufgegebenem Reisegepäck, wobei der Begriff Reisegepäck gemäß Art. 17 Abs. 4 MÜ grundsätzlich sowohl aufgegebenes als auch nicht aufgegebenes Reisegepäck bezeichnet, während die Haftungsregeln hinsichtlich der Definitionen von Reisegepäck differenzieren.
Für die Zerstörung, den Verlust oder die Beschädigung von aufgegebenem Reisegepäck haftet der Luftfrachtführer nach Art. 17 Abs. 2 MÜ verschuldensunabhängig im Rahmen einer Gefährdungshaftung, wenn die Schadenstatbestände an Bord oder während der Zeit eingetreten sind, in der sich das aufgegebene Gepäck unter der Obhut des Luftfrachtführers befunden hat. In der Annahme des Gepäcks am Abfertigungsschalter ist dessen Annahme durch den Luftfrachtführer zu sehen, wodurch das Reisegepäck in seine Obhut übergeht[114]. Beachtlich erscheint, dass das schadensauslösende Ereignis für die Gepäckhaftung ein Ereignis (in der englischen Fassung als „event“ bezeichnet) – und nicht, wie bei der Haftung für Passagierschäden gemäß Art. 17 Abs. 1 MÜ, ein Unfall („accident“) – ist[115]. Der Begriff „Ereignis“ hat eine weniger einschränkende Bedeutung als der Begriff „Unfall“. Im Gegensatz zum Unfall[116] setzt ein Ereignis weder eine Plötzlichkeit, noch eine Unvorhersehbarkeit voraus, und fordert auch kein dem Schadensereignis zugrundeliegende Handlung oder

---

[113] Schmid in: Giemulla/Schmid, FrankfKomm Bd. 3, Warschauer Abkommen, Art. 17 WA, Rn. 5 ; Müller-Rostin, Die internationale Luftrechtskonferenz von Montreal, ZLW 2000 S. 36 (40).
[114] So die auf das Montrealer Übereinkommen übertragbare deutsche Rechtsprechung zum Warschauer Abkommen: AG Bad Homburg, RRa 1998, S. 5 (6) ; LG Hannover, RRa 2000, S. 230, (232), Ruhwedel, Montrealer Übereinkommen, TranspR 2001, S. 189 (195).
[115] Vgl. hierzu auch die englische Fassung des Montrealer Übereinkommens, Fn. 79.
[116] Vgl. zur Unfall-Definition in dieser Arbeit: § 1, A, II, 2, b), aa).

Unterlassung des Luftfrachtführers oder seiner Leute. Die Begründung für die Verwendung des weiten Ereignis-Begriffs wird in der gegenüber dem Versender bzw. Reisenden sehr viel stärkeren Obhutsverpflichtung des Luftfrachtführers gesehen[117].
Eine Haftung des Luftfrachtführers entfällt, wenn und soweit der Schaden auf die Eigenart des Reisegepäcks oder einen ihm innewohnenden Mangel zurückzuführen ist.
Entsteht einen Schaden an nicht aufgegebenem Reisegepäck - einschließlich persönlicher Gegenstände des Passagiers - ist der Luftfrachtführer nur für solche Schäden haftbar zu halten, die auf sein Verschulden oder auf das Verschulden seiner Leute zurückzuführen sind, wobei die Beweislast in solchen Fällen bei dem Anspruchsteller liegt.

d) Güterschäden

Für Frachtschäden sieht Art. 18 MÜ eine strikte, verschuldensunabhängige Haftung für Zerstörung, Beschädigung oder Verlust von in der Obhut – also dem Zeitpunkt der Übernahme bis zur Ablieferung - des Luftfrachtführers befindlichen Gütern vor. Haftungsauslösendes Begebenheit ist auch hier nicht ein „Unfall“, sondern ein „Ereignis“. Der Luftfrachtführer kann sich allerdings von der Haftpflicht befreien, wenn er beweist, das der Schaden durch ein dem Frachtgut innewohnenden Umstand („inherent defect“), durch mangelhafte Verpackung oder durch einen dazwischentretenden Dritten verursacht wurde. Einen weitergehenden Entlastungsbeweis sieht das Montrealer Übereinkommen nicht vor.
Der Haftung des Art. 18 MÜ werden nicht nur Schäden unterworfen, die sich ereignen, während sich die Güter an Bord des Flugzeugs oder auf dem Flughafen befinden, sondern auch solche, die entstehen, wenn Güter außerhalb desselben in einem Lager untergebracht sind[118].

e) Verspätungsschäden

Nach Art. 19 MÜ haftet der Luftbeförderer bei der Beförderung von Fluggästen, Reisegepäck und Frachtgut auf dem Luftwege auch für Verspätung. Für Verspätungsschäden ist es noch bei der nach dem Warschauer Abkommen allgemein geltenden Regel geblieben, dass der Luft-

---

[117] Müller-Rostin in: Giemulla/Schmid, FrankfKomm Bd. 3, Warschauer Abkommen, Art. 18 WA, Rn. 14.
[118] Saenger, Harmonisierung des internationalen Luftprivatrechts, NJW 2000 S. 169 (173) ; Ruhwedel, Montrealer Übereinkommen, TranspR 2001, S. 189 (197).

frachtführer aus vermutetem Verschulden haftet, wobei er sich durch den Nachweis, alle Maßnahmen zur Schadensverhinderung ergriffen zu haben, entlasten kann. Eine Definition des Begriffs „Verspätung" enthält das Montrealer Übereinkommen nicht. Damit verbleibt es bei den von der Rechtsprechung zum ursprünglichen Rechtsregime des Warschauer Abkommen 1929 gefundenen Begriffsbestimmungen[119]. In der Rechtsprechung zum Warschauer Abkommen wird das Vorliegen eine Verspätung angenommen, wenn das befördernde Flugzeug nicht rechtzeitig am Zielort ankommt[120], wobei sich die Rechtzeitigkeit aus dem Inhalt des Luftbeförderungsvertrags in Gestalt des vom Luftbeförderer ausgestellten Flugscheins bzw. Frachtbriefs ergibt[121]. Die Interpretation einer Verspätung enthält jedoch die Einschränkung, dass diese nur dann zu einer Haftung führt, wenn sie auf einer für den Luftverkehr typischen Gefahr beruht[122].

Gelingt es dem Luftfrachtführer nachzuweisen, dass er und seine Leute alle zumutbaren Maßnahmen zur Vermeidung eines Verspätungsschadens getroffen haben oder dass es ihm oder ihnen nicht möglich war, solche Maßnahmen zu ergreifen, ist eine Befreiung des Luftfrachtführers von der Haftung für Verspätungsschäden möglich.

3. Haftungshöchstsummen und System der Stufenregelung

Das Montrealer Übereinkommen 1999 sieht für die verschiedenen Bereiche der Haftung des Luftfrachtführers getrennte Haftungshöchstsummen vor, wobei im Rahmen von Personenschäden ein spezielles Haftungsbeschränkungssystem Eingang in den völkerrechtlichen Vertragstext gefunden hat.

Beachtlich erscheint, dass Art. 29 MÜ betont, das sowohl bei Personenschäden, als auch bei Gepäck- und Frachtschäden die Geltendmachung von Ansprüchen auf Schadensersatz mit Strafcharakter (sogenannten „punitive damages"), verschärften oder auf nicht-kompensatorischen

---

[119] Müller-Rostin, Die internationale Luftrechtskonferenz von Montreal, ZLW 2000, S. 36 (42).

[120] OLG Frankfurt a.M., TranspR 1984, S. 21 (21).

[121] OLG Frankfurt a.M. TranspR 1993, S. 103 (105).

[122] Ruhwedel, Montrealer Übereinkommen, TranspR 2001, S. 189 (198).
Das Vorliegen eines Verspätungstatbetsandes wurde jedenfalls abgelehnt wenn die Verzögerung der Beförderung auf eine Überbuchung zurückgeht, durch einen Triebwerkschaden verursacht wurde (OLG Düsseldorf, TranspR 1997, 150, (151)), ein Defekt im Tankverschluss behoben werden muss (OLG Frankfurt a.M., TranspR 1997, 372 (373) oder ein technischer Defekt in der Bordelektronik den Start verzögert (LG Bonn, RRa 1998, 121 (122)).

Schadensersatz ausgeschlossen ist[123]. Dabei trägt Art. 29 MÜ dem Gedanken der Präambel des Montrealer Übereinkommens Rechnung, dass in Anerkennung des Verbraucherschutzes die Notwendigkeit eines angemessenen Schadensersatzes nach dem Grundsatz des vollen Ausgleichs im Montrealer Übereinkommen vorherrschend ist, darüber hinausgehende Ansprüche wie etwa Strafschadensersatzansprüche jedoch ausgeschlossen sind und durch das Montrealer Übereinkommen nicht gesichert werden sollen[124].

a) Haftungshöchstsummen und System der Stufenregelung bei Personenschäden

Das Haftungssystem des Montrealer Übereinkommens bei Personenschäden sieht eine zweistufige Gliederung der Obergrenzen vor, bis zu denen ein Beförderer in Anspruch genommen werden kann. Die erste Stufe dieser Obergrenzen regelt Ansprüche bis zu einer Summe von 100.000 SZR[125]. Im Rahmen der Haftung wird ist in dieser Stufe ein etwaiges Verschulden auf Seiten des Luftbeförderers nach Art. 21 Abs. 1 MÜ unbeachtlich, dieser unterliegt vielmehr einer strikten, verschuldensunabhängigen und zwingenden Haftung. Bis zu einem Schadenbetrag von 100.000 SZR ist dem Luftfrachtführer somit die Möglichkeit eines Nachweises verwehrt, dass ihn kein Verschulden trifft und er daher auch nicht zu haften hat. Eine Reduzierung der Haftung des Luftbeförderers in der ersten Stufe ist nur möglich, wenn er gemäß Art. 20 MÜ nachweist, dass den Geschädigten eine Mitverantwortlichkeit an dem Eintritt oder der Höhe des Schaden trifft.

Überschreitet ein geltend gemachte Schadensersatzanspruch die Summe von 100.000 SZR, haftet der Luftfrachtführer in der zweiten Stufe der Gliederung der Haftungsobergrenzen gemäß Art. 21 Abs. 2 MÜ unbegrenzt. Diese zweite Stufe geht im Rahmen der Haftung von vermutetem Verschulden des Beförderers aus. Der Luftfrachtführer kann nach Art. 21 Abs. 2 MÜ den Nachweis zu führen versuchen, dass der in Betracht stehende Schadenfall nicht auf sein Verschulden zurückzuführen ist. Gelingt dies, ist er von der Haftung frei, soweit der Schaden den Betrag von 100.000 SZR überschreitet. Dabei ist entscheidend, dass dem Luftfrachtführer der Nachweis gelingt, dass der Schaden des Reisenden nicht auf eine unrechtmäßig, zumindest fahrlässig begangenen Handlung oder Unterlassung des Luftfrachtführers oder seiner Leute zurückzuführen ist,

---

[123] Kadletz, Haftung und Versicherung, S. 313ff m.w.N.
[124] Kadletz, Das neue Montrealer Übereinkommen, VersR 2000, S. 927 (931).
[125] Ca. 116 665 EURO / 151 980 US-Dollar.

oder das der Schaden ausschließlich auf eine unrechtmäßige und zumindest fahrlässig begangene Handlung oder Unterlassung eines Dritten zurückzuführen ist. Ein bloßes Mitverschulden eines Dritten reicht nicht aus, um den Entlastungsbeweis zu führen. Beruht der Schaden teilweise auf dem Mitverschulden eines Dritten, bleibt dem Luftfrachtführer nach Art. 37 MÜ ein Rückgriffsrecht gegen den Dritten.
Eine weitere Reduktion seiner Haftung gelingt nur, wenn der Luftfrachtführer auf die Möglichkeit des oben genannten Art. 20 MÜ zurückgreifen und beweisen kann, dass der Schaden auf ein unrechtmäßiges und zumindest fahrlässiges Verhalten des Reisenden zurückzuführen ist.

b) Haftungshöchstsummen bei Reisegepäckschäden

Die Haftungshöchstbeträge für die Beschädigung von Reisegepäck[126] beurteilt sich einheitlich, ohne Unterscheidung zwischen aufgegebenem und nichtaufgegebenem Reisegepäck[127], nach Art. 22 Abs. 2 MÜ, welcher eine maximale Haftungshöchstgrenze von jeweils 1000 SZR[128] festlegt. Werden in einem Schadenfall sowohl aufgegebenes als auch sonstiges Reisegepäck gleichzeitig beschädigt, so ist die Haftungshöchstgrenze jeder Gepäckart separat zu berechnen[129].
Das Haftungslimit des Art. 22 Abs. 2 MÜ ist unbeachtlich, soweit der Luftfrachtführer nach Art. 25 MÜ eine Erhöhung der Haftungssumme mit dem Reisenden vereinbart. Hier wird der Reisende im Regelfall ein besonderes Entgelt leisten müssen.
Die Haftungshöchstgrenzen des Art. 22 Abs. 2 MÜ finden bei Gepäckschäden gemäß Art. 22 Abs. 5 MÜ keine Anwendung, soweit nachgewiesen wird, dass der Schaden durch eine Handlung oder Unterlassung des Luftfrachtführers oder seiner Leute verursacht worden ist, die entweder in der Absicht, Schaden herbeizuführen, oder leichtfertig und in dem Bewusstsein begangen wurde, dass wahrscheinlich ein Schaden eintreten wird; im Falle einer Handlung oder Unterlassung der Leute ist außerdem nachzuweisen, dass diese in Ausübung ihrer Verrichtung gehandelt haben. Diese dem Beförderer entgegenkommende Klausel zur Durchbrechung der Haftungsobergrenzen findet sich nahezu wortgleich in vielen modernen internationalen Transportrechtskonventionen[130]. Sie dürfte

---

[126] Vgl. zur Definition von Reisegepäck in dieser Arbeit: § 1, A, II, 2, c).
[127] Gemäß Art. 17 Abs. 4 MÜ.
[128] Ca. 1166 Euro.
[129] Ruhwedel, Montrealer Übereinkommen, TranspR 2001, S. 189 (195).
[130] Zum Beispiel Art. 44 CIM, Uniform Rules concerning the Contract for International Carriage of Goods by Rail (CMI), Appendix B to the Convention concerning International Carriage by Rail (COTIF) of 9 May 1980 ; Art. 42 CIV, Uniform Rules concerning the Contract for International Carriage of Passengers and Luggage by Rail (CIV), Appendix
(Fortsetzung der Fußnote auf nächster Seite)

heute als moderner Rechtsstandart im internationalen Beförderungsrecht zu bewerten sein und ist insoweit Rechtfertigung für relativ hohe Haftungsobergrenzen.

c) Haftungshöchstsummen bei Güterschäden

Die Haftung des Luftfrachtführers für Zerstörung, Beschädigung oder Verlust von Gütern[131] ist gemäß Art. 22 Abs. 3 MÜ auf 17 SZR[132] je Kilogramm beschränkt.
Möchte sich der Absender der Fracht jedoch nicht mit der Haftungsbeschränkung auf 17 SZR pro Kg zufrieden geben, besteht gemäß Art. 22 Abs. 3 MÜ die rechtliche Möglichkeit, mit Hilfe einer Wertdeklaration und eines Frachtzuschlags den realen Haftungswert des beförderten Guts in den Frachtvertrag einzubeziehen. Damit liegt es in der Initiative des Absenders der Fracht, ob der Luftfrachtführer im Schadensfall vollen Wertersatz zu leisten hat[133].
Beachtlich ist, dass die Haftungsbeschränkung des Art. 22 Abs. 3 MÜ selbst dann noch gilt, wenn dem Luftfrachtführer oder seinen Leuten Vorsatz oder Fahrlässigkeit bei der Schadensverursachung vorzuwerfen ist. Die Undurchbrechbarkeit des Haftungslimitierungen wird als Ausgleich für die strikte Haftung des Luftfrachtführers nach Art. 18 MÜ gesehen[134].

d) Haftungshöchstsummen bei Verspätungsschäden

Eine Haftung des Luftbeförderers für Verspätungsschäden unterteilt das Montrealer Übereinkommen in Personen-, Gepäck- und Frachtgutbeförderung. Im Falle eines eintretenden Verspätungsschadens im Rahmen einer Personenbeförderung ist nach Art. 22 Abs. 1 MÜ die Schadensersatzsumme auf einen maximalen Betrag von 4150 SZR[135] je Fluggast beschränkt.
Bei der Beförderung von jeglichem Reisegepäck haftet der Luftfrachtführer nach Art. 22 Abs. 2 MÜ für Verspätungsschäden nur bis zu einem

---

A to the Convention concerning International Carriage by Rail (COTIF) of 9 May 1980; Art. 13 Athener Übereinkommen 1974; Art. 29 CMR, Convention on the Contract for the International Carriage of Goods by Road (CMR).
[131] Vgl. in dieser Arbeit: § 1, A, II, 2, d).
[132] Ca. 20 Euro.
[133] Ruhwedel, Montrealer Übereinkommen, TranspR 2001, S. 189 (197).
[134] Ruhwedel, Montrealer Übereinkommen, TranspR 2001, S. 189 (197).
[135] Ca. 4841 Euro.

Betrag von 1000 SZR[136] je Reisenden. Es besteht für den Fluggast allerdings die Möglichkeit einer Wertdeklaration des aufgegebenen Reisegepäcks und die Zahlung eines Zuschlags.
Bei der Beförderung von Personen und von Reisegepäck finden diese Haftungshöchstgrenzen gemäß Art. 22 Abs. 5 MÜ keine Anwendung, soweit nachgewiesen wird, dass der Schaden durch eine Handlung oder Unterlassung des Luftfrachtführers oder seiner Leute verursacht worden ist, die entweder in der Absicht, Schaden herbeizuführen, oder leichtfertig und in dem Bewusstsein begangen wurde, dass wahrscheinlich ein Schaden eintreten wird. Im Falle einer Handlung oder Unterlassung der Leute ist außerdem nachzuweisen, dass diese in Ausübung ihrer Verrichtung gehandelt haben.
Bei der Beförderung von Frachtgut gilt gemäß Art. 22 Abs. 3 MÜ der maximale Schadensbetrag von 17 SZR je Kilogramm, auch hier mit der Möglichkeit einer Wertdeklaration für den Absender.

4. Haftungsbefreiung

Das Haftungsregime des Montrealer Übereinkommens wird als ein System der strikten, aber nicht der absoluten Haftung beschrieben[137]. Gemäß Art. 20 MÜ kann sich der Luftfrachtführer teils oder gänzlich enthaften, soweit er beweist, dass der Schaden durch eine mitwirkendes Verschulden des Anspruchstellers, sei es vorsätzlich oder fahrlässig, entstanden ist. Dem Luftfrachtführer kommt dabei der Einwand eines vorwerfbaren Dazwischentretens des Passagiers auch bei der ihm auferlegten, verschuldensunabhängigen Haftung für Personenschäden bis 100.000 SZR zu, welches ausdrücklich in Art. 20, letzter Halbsatz MÜ Erwähnung findet.

5. Gerichtsstand

Nach Art. 33 MÜ werden fünf Gerichtsstände festgelegt, die an dem Sitz des Luftfrachtführers, dem Ort der Hauptniederlassung, dem Ort der Geschäftsstelle durch die der Vertrag abgeschlossen wurde und an dem Bestimmungsort des Beförderungsvertrags liegen. Zusätzlich wird in Art. 33 Abs. 2 MÜ für Schadensersatzansprüche, die aus Tod oder Verletzung des Passagiers herrühren, als weitere Gerichtsstand der Wohnort des Passagiers begründet, soweit der Luftfrachtführer dort Dienste mit eigenen

---

[136] Ca. 1166 Euro.
[137] Kadletz, Das neue Montrealer Übereinkommen, VersR 2000, S. 927 (933).

Flugzeugen oder aber in Zusammenarbeit mit anderen Gesellschaften anbietet. Nach der Fassung des Art. 33 Abs. 2 MÜ ist dabei ausschlaggebend, dass der Luftfrachtführer zu dem oder von dem Wohnort des Passagiers Leistungen im Passagiergeschäft entweder mit eigenen Flugzeugen, oder aufgrund einer „geschäftlichen Vereinbarung“ mit denen eines anderen Luftfrachtführers erbringt und der Luftfrachtführer das Passagiergeschäft an diesem Ort in angemieteten oder eigenen Geschäftsräumen oder solchen eines anderen Luftfrachtführers betreibt, mit dem eine entsprechende „geschäftliche Vereinbarung“ besteht[138]. Art. 33 Abs. 3 MÜ enthält ergänzend die Definitionen des „ständigen Wohnsitzes“ und der „geschäftlichen Vereinbarung“.

6. Versicherung

Gemäß Art. 50 MÜ müssen die Vertragsstaaten ihre Luftfrachtführer zu einer angemessenen Versicherungsdeckung gegen sie gerichtete Haftungsansprüche nach dem Montrealer Übereinkommen verpflichten. Der Begriff „angemessen“ ist in seiner Bedeutung nicht im Montrealer Übereinkommen definiert.

In Deutschland ist nach § 8 Abs. 2, S. 3 LuftZVO der Nachweis einer Versicherung bei Antragstellung auf Zulassung von Flugzeugen zu erbringen. Dabei bestimmt sich die Mindesthöhe der Versicherung gemäß § 103 Abs. 2 LuftZVO für den Luftfahrtzeughalter für Tod und Körperverletzung von Personen nach § 37 Abs. 2 LuftVG, der eine Haftungsgrenze von 600.000 Euro[139] festlegt[140]. Für den Luftfahrzeugunternehmer bestimmt sich die Mindesthöhe der Versicherung gem. § 103 Abs. 2 LuftZVO nach § 46 LuftVG, der in Absatz 1 ebenfalls eine Haftungssumme von 600.000 Euro vorsieht. Vor diesem Hintergrund bildet für Deutschland die Summe von 600.000 Euro die „angemessene“ Versicherungssummen. Für die Europäische Union wird durch Art. 6 der Verordnung (EG) Nr. 785/2004 über Versicherungsanforderungen an Luftfahrtunternehmen und Luftfahrzeugbetreiber[141] die Mindestversicherungs-

---

[138] Saenger, Harmonisierung des internationalen Luftprivatrechts, NJW 2000, S.169 (174).

[139] Ca. 514.293 SZR.

[140] Die LuftZVO wurde durch Art. 7 und das LuftVG wurde durch Art. 6 des „Zweiten Gesetzes zur Änderung schadensersatzrechtlicher Vorschriften“ vom 19. Juli 2002 geändert, welches unter anderem den Betrag von 600.000 Euro einführte (BGBl. 2002 I S. 2674).

[141] Verordnung (EG) Nr. 785/2004 des Europäischen Parlaments und des Rates über Versicherungsanforderungen an Luftfahrtunternehmen und Luftfahrzeugbetreiber vom 21. April 2004, ABl. L 138/1, 30. April 2004.

summe hinsichtlich der Haftung für Fluggäste auf einen Wert von 250.000 SRZ[142] je Fluggast, hinsichtlich der Haftung für Reisegepäck auf 1000 SZR[143] und hinsichtlich der Haftung für Güter 17 SZR[144] je Kilogramm festgelegt. Die Regelungen der Verordnung (EG) Nr. 785/2004 gelten nach deren Art. 2 Abs. 1 für alle Luftfahrtunternehmen und Luftfahrzeugbetreiber, die innerhalb des Hoheitsgebiets, in das Hoheitsgebiet, aus dem Hoheitsgebiet oder über das Hoheitsgebiet eines europäischen Mitgliedstaats fliegen, für das der Vertrag gilt.

7. Vorauszahlungspflicht

Mit Art. 28 des Montrealer Übereinkommens 1999 wird auf völkerrechtlicher Ebene ein Luftfrachtführer verpflichtet, für den Fall, dass er nach nationalem Recht des jeweiligen Vertragsstaates Vorauszahlungen leisten muss, diese unverzüglich vorzunehmen. Art. 28 MÜ legt in diesem Rahmen fest, dass eine Vorauszahlung keine Haftungsanerkennung darstellt und mit späteren Schadensersatzleistungen des Luftfrachtführers verrechnet werden kann. Beachtlich ist, dass mit Art. 28 MÜ Luftfrachtführer nicht schon auf völkerrechtlicher Ebene verpflichtet werden, bei Unfällen die den Tod oder die Körperverletzung eines Reisenden zur Folge haben, Vorauszahlungen an schadensersatzberechtigte natürliche Personen zur Befriedigung ihrer unmittelbaren Bedürfnisse zu leisten. Der Luftfrachtführer ist zu einer Vorauszahlung nur verpflichtet, soweit das nationale Recht eines ratifizierenden Staates eine solche Verpflichtung begründet[145].

8. Ergänzende Bestimmungen über Haftungsgrenzen

Gemäß Art. 26 MÜ sind die im Montrealer Übereinkommen festgelegten Beträge für die Parteien des Beförderungsvertrages Mindestbeträge und können vertraglich nicht unterschritten werden. Allerdings können gemäß Art. 25 MÜ im Vertrag höhere Haftungsbeträge festgelegt werden. Er-

---

[142] Ca. 291.662 Euro.
[143] Ca. 1166 Euro
[144] Ca. 20 Euro.
[145] Im Geltungsbereich des Rechts der Europäischen Union ist die Vorauszahlungspflicht in Artikel 5 der Verordnung (EG) Nr. 2027/97 über die Haftung von Luftfahrtuntenehmen bei Unfällen geregelt, welcher gemäß Absatz 2 eine zu zahlende Mindestsumme von 16.000 SZR (ca. 19.000 Euro) vorschreibt und Art. 28 MÜ entsprechend ergänzt.

gänzend erlaubt Art. 27 MÜ dem Luftfrachtführer auf Einwendungen, welche ihm nach dem Montrealer Übereinkommen zur Verfügung stehen, zu verzichten, soweit dieses nicht im Widerspruch zu den Regeln des Übereinkommens stehen.

B. Die wesentlichen Regelungen des Athener Übereinkommens 1974 und des Montrealer Übereinkommens 1999 im Vergleich.

Die rechtliche Entwicklung der Personentransportrechte der Luftfahrt und der Seefahrt sind geprägt von einer erheblichen gegenseitigen Einflussnahme. Beide Rechtsgebiete werden als mit einander verwandt und eng verbunden angesehen, woraus sich eine ständig erstrebte Angleichung der rechtlichen Maßstäbe ergibt. Wird zwischen den einzelnen Regelungen des Luft- und des Seerechts im Rahmen der internationalen Personen- und Gepäckbeförderung ein Vergleich gezogen, so ergeben sich jedoch trotz der Ähnlichkeit der Rechtsgebiete und der Ähnlichkeit der zu regelnden Materie, beachtliche Unterschiede in der gewählten Regelungsstruktur.
Grundsätzlich scheint dabei dem Reisenden unter dem Rechtsregime des Montrealer Übereinkommens ein erheblich weitergehender Schutz gewährt zu werden, als dieses unter dem Athener Übereinkommen als geltender Rechtsstandart der Personen- und Gepäckbeförderung auf See bis zum Inkrafttreten des Protokolls 2002 der Fall ist. Die Gründe für eine solche Ungleichbehandlung der Möglichkeit eines Anspruchsberechtigten, Schadensausgleich für Personen- und Gepäckschäden in Luft- und Seefahrt zu erlangen sind vielfältig, hauptsächlich stützen sie sich auf historisch bedingte Entwicklungsunterschiede der Transportrechtsgebiete und auf die ökonomischen und faktischen Unterschiede im Luft- und Seetransport von Passagieren. Unter Anerkennung der heutigen, gesteigerten Schutzbedürftigkeit eines Passagiers im luft- und seerechtlichen Transportwesen erscheint eine Angleichung der Rechtsstandards der unterschiedlichen Transportträger jedoch nötig und erforderlich. Im Rahmen einer solchen Angleichung bedarf es aber einer gesteigerten Berücksichtigung der faktischen Unterschiede, die sich aus dem Passagiertransport in der Luft- und Seefahrt ergeben.

I. Übereinstimmungen und entscheidende Divergenzen zwischen dem Athener Übereinkommen und dem Montrealer Übereinkommen

Im Rahmen eines Vergleichs der Regelungen des Athener Übereinkommens und des Montrealer Übereinkommens zeigen sich sowohl Übereinstimmungen als auch entscheidende Divergenzen in Regelungsstruktur, Wortlaut und Rechtssystematik. Dabei erscheint auffällig das zwischen dem Transportrecht der Seefahrt und der Luftfahrt die Divergenzen der einzelnen rechtlichen Regelungen dominieren. Insbesondere die Systematik der Haftung und die mit ihr geregelten Haftungshöchstsummen erfahren eine sehr unterschiedliche Ausgestaltung in den beiden Übereinkommen.

1. Wesentliche Übereinstimmungen zwischen den Übereinkommen

Wird zwischen dem Athener Übereinkommen und dem Montrealer Übereinkommen ein Vergleich gezogen, so treten auf den ersten Blick einige wesentliche Übereinstimmungen hervor.
Dabei ergibt sich zunächst eine oberflächlich-einfache Kongruenz im Rahmen der von den Übereinkommen geregelten, grundsätzlichen Rechtsmaterie, nämlich der Haftung des Beförderers für Personen- und Gepäckschäden im Rahmen einer internationalen Beförderung. Hier zeigen sich teilweise Übereinstimmungen in Wortlaut und Bedeutung bestimmter Regelungen.

a) Ausführender Beförderer

In Art. 1 Nr. 1 b des Athener Übereinkommens findet sich der Begriff des „ausführenden Beförderers“. Der ausführende Beförderer ist eine Konstruktion des Luftrechts, welche erstmalig mit dem Athener Übereinkommen Eingang in das Personentransportrecht der Seefahrt gefunden hat. Der Begriff entstammt dem Art. I c) des Zusatzabkommens von Guadalajara vom 18. September 1961, welcher im Luftrecht alsdann in den Artikeln des fünften Kapitels in das Montrealer Übereinkommen übernommen wurde. Auch die mit der Konstruktion verbundene Gleichstellung des ausführenden Beförderers mit dem Beförderer[146] im Rahmen der Haftungsregeln für Passagier- und Gepäckschäden sind den entsprechenden Bestimmungen des Zusatzabkommens von Guadalajara in der Regelung des Art. 4 des Athener Übereinkommen nachgebildet. Im Seerecht wurden jedoch insoweit Änderungen vorgenommen, als dass eine Haftung des ausführenden Beförderers für den von ihm tatsächlich ausgeführten Teil der Beförderung auch für die Handlungen und Unterlassun-

[146] Im Luftrecht wird der Beförderer, als Komplementärbegriff des „ausführenden“ Beförderers, als „vertraglicher“ Beförderer bezeichnet, während das Athener Übereinkommen nur den Begriff „Beförderer“ nennt.

gen des Beförderers und seiner Leute gemäß Art. III Abs. 2 Satz 1 des Zusatzabkommens von Guadalajara, keinen Eingang in das Athener Übereinkommen gefunden hat. Die Definition und die Gleichstellung bezüglich der Haftungsregelung des ausführenden Beförderers mit denen des eigentlichen Beförderers stellt jedoch grundsätzlich eine Orientierung des Seerechts an den Regelungen des Luftrechts dar.

b) Haftungshöchstsummen

Eine Vorbildfunktion des Luftrechts gegenüber dem Seerecht findet sich auch im Rahmen der Festlegung der Haftungshöchstsummen des Athener Übereinkommens. Die das Athener Übereinkommen erarbeitende Diplomatische Seerechtskonferenz aus dem Jahr 1974 lehnte sich bei der Festsetzung der Haftungshöchstsummen des Athener Übereinkommens an die im Jahr 1974 neuen Entwicklungen des internationalen Luftrechts an, und beschloss die gleichen Höchstsummen – nämlich den in der Zeit mit dem Wert von 46.666 SZR gleichgestellten Betrag von 58.000 US-Dollar – einzuführen[147].

c) Mitverschuldens des Reisenden

Auch mit der Berücksichtigung eines Mitverschuldens des Reisenden bei Haftungsfragen im Rahmen des Art. 6 AÜ bedient sich das Athener Übereinkommen einer Regelung, die schon in verschiedene internationale Transportrechtsabkommen eingegliedert wurde[148]. Hier übten die luftrechtlichen Regelungen ebenfalls Vorbildfunktionen aus. Das Athener Übereinkommen orientierte sich dementsprechend an den luftrechtlichen Maßstäben.

2. Entscheidende Divergenzen zwischen den Übereinkommen

Neben den beschriebenen inhaltlichen Gleichförmigkeiten und Orientierungen des Athener Übereinkommens an den Regelungen des Luftrechts, dominieren im Rahmen eines Vergleichs zwischen dem Athener Über-

---

[147] Müller, Should the Athens Convention 1974 be modified?, CMI Yearbook 2000, S. 665 (666).

[148] Vgl. z.B. Art. 21 des Warschauer Abkommens für das Luftrecht und Art. 17 Abs. 1 des Übereinkommens über den Beförderungsvertrag für die internationale Beförderung von Reisenden und Gepäck auf der Straße (CVR).

einkommen und dem Montrealer Übereinkommen die Differenzen. Dieses zeigt sich besonders in der Haftungssystematik der Übereinkommen, der Interpretation des Schadensbegriffs, in der allgemeinen Interpretation von Begrifflichkeiten sowie in der Beurteilung des einen Schaden verursachenden, unrechtmäßigen Verhaltens Dritter.

a) Haftungssystematik

Bestehende Divergenzen zwischen den Übereinkommen der Luftfahrt und der Seefahrt werden besonders deutlich im Rahmen eines Vergleichs der Haftungssystematik des Athener Übereinkommens mit der des Montrealer Übereinkommens.

Es sind grundsätzlich drei verschiedenen Regelungsmodelle in den beiden Übereinkommen zu unterscheiden. Zum einen wird das Modell einer Verschuldenshaftung des Beförderers zugrundegelegt, bei dem der Geschädigte den Kausalzusammenhang und das Verschulden des Beförderers nachzuweisen hat. Dieses Modell wurde im Passagierverkehr der Seeschifffahrt bei Tod oder Körperverletzung des Reisenden und bei Gepäckschäden verwirklicht, soweit der Schaden auf „non-shipping incidents“[149] zurückzuführen ist. Im Montrealer Übereinkommen ist ebenfalls eine Verschuldenshaftung integriert, diese ist jedoch nur einschlägig soweit es sich um Schäden an vom Reisenden mitgeführtem Gepäck handelt.

Neben diesem Haftungsmodell steht eine Haftung für vermutetes Verschulden des Beförderers, bei der dieser beweisen muss, dass ihn kein Verschulden trifft. Dieses Haftungsmodell hat Eingang in das Athener Übereinkommen wie auch in das Montrealer Übereinkommen gefunden. So haftet der Beförderer im Luftverkehrsrecht nach diesem Modell, soweit im Schadensfall eine Haftungssumme von 100.000 SZR überschritten wird. Die Verschuldenshaftung spielt also eine Rolle für die Höhe der Haftungsbegründung, während im Recht des Passagierverkehrs der Seefahrt eine solche Haftung einschlägig ist, soweit es sich bei dem schadenauslösenden Ereignis gemäß Artikel 3 Abs. 3 AÜ um ein „shipping incident“[150] handelt. Damit ist die Verschuldenshaftung mit umgekehrter Beweislast im Athener Übereinkommen schon für die Entstehung der Haftung, nicht erst für ihre Begründung, maßgebend.

Wiederum im Luftverkehrsrecht hat eine verschuldensunabhängige Gefährdungshaftung Eingang in die Regelungssystematik des Montrealer Übereinkommens gefunden, mit der Ausnahme, das ein Schaden auf ein

---

[149] Vgl. in dieser Arbeit: § 1, A, I, 4.
[150] Vgl. in dieser Arbeit: § 1, A, I, 4.

Verschulden des Geschädigten oder ein unabwendbares Ereignis zurückzuführen ist. Dieses Haftungsmodell gilt für den Luftfrachtführer, bis zu einer Schadenssumme von 100.000 SZR. Eine gleichwertige Regelung existiert für den Personenverkehr der Schifffahrt im Rahmen des Athener Übereinkommens nicht. Damit entsteht ein erheblicher Unterschied in der Haftungssystematik der Übereinkommen. Während das Montrealer Übereinkommen als Kernelement der neuen Haftungsregelung des Beförderers eine verschuldensunabhängige Gefährdungshaftung in der ersten Haftungsstufe vorsieht, knüpft das Athener Übereinkommen die Haftungsregelungen grundsätzlich an das Prinzip der Verschuldenshaftung.

b) Ausgestaltung der Haftungshöchstsummen

Auch im Rahmen der Ausgestaltung der Haftungshöchstsummen lassen sich erhebliche Unterschiede in den zwei Übereinkommen erkennen. Im Montrealer Übereinkommen ist die Haftung zweistufig geregelt, wobei eine erste Haftungsgrenze von 100.000 SZR eingeführt wird, welche die Begrenzung der Gefährdungshaftung darstellt. Für Schadensersatzansprüche die diese Grenze überschreiten werden keine weiteren Höchstgrenzen vorgegeben, vielmehr führt das Montrealer Übereinkommen auf völkerrechtlicher Ebene eine unlimitierte Haftung ein. Die Haftungshöchstbeträge für die Beschädigung von Reisegepäck werden im Rahmen des Art. 22 Abs. 2 MÜ auf eine maximale Haftungshöchstgrenze von jeweils 1000 SZR[151] festlegt.
Im Gegensatz zum Montrealer Übereinkommen sind sämtliche Schadensersatzansprüche für Tod oder Körperverletzung eines Reisenden im Rahmen des Seeverkehrs auf eine im Vergleich niedrige Höchstsumme von 46.666 SZR begrenzt, ohne dass dabei eine mit dem Luftrecht vergleichbare Stufen-Struktur der Höchstsummen beziehungsweise der Haftung des Beförderers besteht. Eine unlimitierte Haftung findet sich im Athener Übereinkommen nicht.
Bei den Haftungshöchstsummen für Gepäck unterscheidet das Athener Übereinkommen nach der Art der Gepäckstücke. Für Kabinengepäck ist die Haftung auf 833 SZR[152] begrenzt, für Kraftfahrzeuge einschließlich des in und auf ihnen befindlichen Gepäcks auf 3.333 SZR[153] und für sonstiges Gepäck auf 1.200 SZR[154]. Damit stehen die Höchstsummen für

---

151 Ca. 1166 Euro.
152 Ca. 972 Euro.
153 Ca. 3888 Euro.
154 Ca. 1400 Euro.

Gepäckschäden des Athener Übereinkommens in einem ausgewogenen Verhältnis zu denen des Montrealer Übereinkommens.

c) Schadenbegriff

Weiterhin erfährt der Schadenbegriffs, insbesondere bei Tod oder Körperverletzung eines Reisenden, eine unterschiedliche Auslegung im Personentransportrecht der Luft- und der Seefahrt. Das Athener Übereinkommen in seiner englischen Originalfassung spricht in Art. 3 Abs. 1 AÜ von „damage suffered as the result of the death or personal injury to a passenger". Hingegen nennt das Montrealer Übereinkommen in seiner englischen Originalfassung im Rahmen des Art. 17 Abs. 1 MÜ den Begriff „bodily injury" welcher den durch das Zusatzprotokoll zum Warschauer Abkommen von Guatemala City eingeführten Begriff „personal injury" ablöst[155]. Die Einführung von „bodily injury" sollte eine klare Abgrenzung zu „mental injury" begründen und alleinige Schadensersatzansprüche für seelische und psychische Schäden ausschließen[156]. Dieser Ausschluss von „mental injury" hatte mehrere Gründe. Zum einen sollte wegen der Unschärfe des Begriffs und des Schadensbildes eine Aufnahme in das Montrealer Übereinkommen ausgeschlossen werden[157]. Andererseits wurden die drei wesentlichen Eckpunkte der Haftung des Luftfrachtführers im Rahmen des Montrealer Übereinkommens, nämlich die Frage der Einbeziehung der Haftung auch für psychische Schäden, die Frage der Beweislastverteilung bei Schäden über 100.000 SZR (Art. 21 MÜ) und der Gewährung eines fünften Gerichtsstandes (Art. 33 MÜ)[158], im Wege einer Gesamtschau betrachtet. Dabei ergab sich, dass die ausdrückliche Nennung der Ersatzfähigkeit psychischer Schäden die Gesamtbelastung der Regelungen des Montrealer Übereinkommens einseitig zu Lasten des Luftfrachtführers verschieben würde, denn der Beförderer wurde schon neben der eigentlichen Gefährdungshaftung bis zu 100.000 SZR mit der Entlastungspflicht für den Beweis des Nichtvorliegens seines Verschuldens soweit eine Haftungssumme von 100.000 SZR über-

---

[155] Vgl. in dieser Arbeit: § 1, A, II, 2, bb).

[156] Neben dem eigentlichen Begriff der psychischen Schänden sollen durch die ausdrückliche Bezeichnung von "bodily injury" auf Schadensersatzansprüche ausgeschlossen sein, die sich unter den englischen Begriffen „loss of society", „loss of companionship", „loss of support" und „loss of inheritance and decendants concious pain and suffering" subsumieren.

[157] Bollweg, Das Montrealer Übereinkommen, ZLW 2000, S. 439 (444).

[158] Art. 33 Abs. 2 MÜ führt den sog. Fünften Gerichtsstand ein und erweitert damit die bisher bestehenden Gerichtsstände (Wohnsitz des Luftfrachtführers, Sitz seiner Hauptniederlassung, Sitz der Geschäftsstelle, durch die der Vertrag geschlossen wurde, und Bestimmungsort) um den Gerichtsstand am Heimatort des Passagiers.

stiegen würde, belastet, und dem geschädigten Passagier wurde zusätzlich ein fünfter Gerichtsstand zuerkannt[159]. Um unter anderem eine rechtliche Überbelastung der Luftfrachtführer zu vermeiden, wurden entsprechend der Begriff „mental injuries“ aus dem Montrealer Übereinkommen ausgeschlossen. Daraus lässt sich folgern, dass der Schadensbegriffs des Montrealer Übereinkommens einer engen Interpretation unterliegen soll, welches durch die Präambel des Montrealer Übereinkommens und der in ihr beschriebenen Anerkennung eines angemessenen Schadensersatzes nach dem Grundsatz des vollen Ausgleichs noch einmal hervorgehoben wird[160].

Das Athener Übereinkommen enthält, im Gegensatz zum Montrealer Übereinkommen, keine inhaltliche Einschränkung des Schadenbegriffs. Es verwendet den Begriff „personal injury“ und biete damit einen erkennbar weiten Interpretationsspielraum, ohne ausdrücklich eine bestimmte Schadensart auszuschließen. Die Ermittlung des zu ersetzenden Schadens richtet sich vielmehr nach innerstaatlichem Recht[161].

d) Interpretation von Begrifflichkeiten

Neben dem Schadenbegriff finden sich weitere, erhebliche Differenzen in der Interpretation und Anwendung von Begrifflichkeiten des Montrealer Übereinkommen und des Athener Übereinkommen. Beide Regelungswerke enthalten Normen, die den Umgang mit einem Schadenfall während des Ein- und Aussteigens des Passagiers bestimmen. Das Montrealer Übereinkommen sieht in Artikel 17 Abs. 1 eine Haftung des Luftfrachtführers für einen Unfall des Reisenden, der seinen Tod oder eine körperliche Verletzung zur Folge hat und sich während des Ein- und Aussteigens ereignet hat, in Art. 17 Abs. 1 MÜ vor. Das Athener Übereinkommen regelt eine solche Haftung des Beförderers in Art. 3 Abs. 1 i.V.m. Art. 1 Nr. 1 a) AÜ. Außer der Gemeinsamkeit, dass beide Übereinkommen eine Regelung für einen Schadensfall beim Ein- und Aussteigen

---

159 Müller-Rostin, Die internationale Luftrechtskonferenz von Montreal, ZLW 2000, S. 36 (40).

160 B. Kröger, Same rights as airlines passengers?, CMI Yearbook 2001, S. 244 (248f.).

161 Bemerkenswert ist, dass sich in den USA, welche das Athener Übereinkommen nicht ratifiziert haben, allgemein eine Änderung der Einstellung gegenüber einem weitinterpretierten Schadenbegriff im amerikanischen Seerecht abzeichnete. Im Jahr 1996 überzeugte die Kreuzfahrtindustrie den Kongress der Vereinigten Staaten eine Vorschrift zu erlassen, welche es den Beförderern auf Kreuzfahrschiffen erlaubte, ihre Haftung für “infliction of emotional distress, mental suffering or psychological injury”, also grundsätzlich für “mental injuries” gegenüber dem Reisenden im Rahmen des Beförderungsvertrags auszuschließen [46 U.S.C. 183c (b) (1)]. Allerdings hatte diese amerikanische Entwicklung keinen Einfluss auf die Interpretation des Schadensbegriffs des Athener Übereinkommens.

vorsehen, besteht jedoch keine Wertungskonsistenz dieser Fallgruppe. Verletzt sich ein Schiffsreisender beispielsweise durch Ausrutschen auf einer Gangway beim Ein- und Aussteigen, muss dieser ein Verschulden des Beförderers nachweisen, da insoweit kein „shipping incident“ vorliegt. Ein solcher Nachweis kann im Einzelfall sehr schwierig und manchmal fast unmöglich sein, wird jedoch durch die Möglichkeit des Prima-facie-Beweises erleichtert[162].
In der Luftfahrt, nach dem Sturz eines Reisenden beispielsweise auf der Flugzeugtreppe oder im Einstiegsbereich eines Flugzeuges, haftet der Luftfrachtführer bis zu einer Summe von 100.000 SZR zunächst strikt, mit der einzigen Möglichkeit sich über Art. 20 MÜ zu entlasten, soweit er nachweisen kann, dass der Schaden durch eine unrechtmäßige Handlung oder Unterlassung der anspruchsberechtigten Person oder ihres Rechtsvorgängers -sei es auch nur fahrlässig- verursacht wurde, oder deren Verhalten zum schädigenden Ereignis beigetragen hat. Beim Übersteigen der Summe von 100.000 SZR ist es Sache des Luftfrachtführers sich zu exkulpieren. Allerdings haben die zuständigen Gerichte die Entlastung des Luftfrachtführers unter Geltung der rechtlichen Vorgänger des Montrealer Übereinkommens in solchen Fallkonstellationen selten erschwert und es in der Regel als ausreichend erachtet, das die Umstände des Einzelfalles wie zum Beispiel die Beschaffenheit des Bodens oder einer Treppe den üblichen Gegebenheiten entsprachen[163].

e) Unrechtmäßige Schadenhandlungen Dritter

Divergenzen zwischen den Übereinkommen zeigen sich auch, soweit ein Schaden auf eine unrechtmäßige Handlung oder Unterlassung Dritter zurückzuführen ist, also zum Beispiel auf kriminelle Eingriffe Dritter durch Attentate, Sabotageakte oder Entführungen des Verkehrsmittels. Das Prinzip der Verschuldenshaftung des Athener Übereinkommens erlaubt es dem Beförderer sich, soweit eine solche Ursache für den Schaden verantwortlich ist und den Beförderer kein Verschulden trifft, durch Führung des Entlastungsbeweises zu entlasten und somit einer Haftung zu entgehen[164].

---

[162] Vgl. in dieser Arbeit: § 1, A, I. 4.
[163] Basedow, Der Transportvertrag, S.442, m.w.N.; LG Köln, VersR 1981, S. 90 (91); Trib.com.Nice 07.05.1973, Revue Française de Droit Aérien, 1973, S. 345 (345ff.); Cour Aix-en-Provence, Urteil vom 14.11.1967, *Fratani-Bassaler c. Air France*, Revue Française de Droit Aérien, 1968, S. 201 (202f.).
[164] So ist es z.B. Passagieren von entführten Flugzeugen unter dem von der Verschuldenshaftung geleiteten System der Haftung des Luftfrachtführers im Rahmen des Warschauer Abkommens, welche die gleichen Haftungsstrukturen aufweist wie das Athener Überein-
(Fortsetzung der Fußnote auf nächster Seite)

Die Haftungsregelungen des Montrealer Übereinkommen hingegen sehen zwar vor, dass den Luftfrachtführer nach Art. 21 Abs. 2 MÜ keine Haftung trifft, soweit der Schaden nicht auf einer unrechtmäßigen Handlung seiner Person oder seiner Leute zurückzuführen ist, beziehungsweise ausschließlich auf die Handlungen oder Unterlassungen einer dritten Person zurückzuführen ist, diese Freistellung der Haftung des Luftfrachtführers gilt jedoch nur ab einer Schadenssumme von 100.000 SZR. Damit bleibt wiederum die Haftung bis 100.000 SZR für den Luftfrachtführer bestehen, ohne das eine weitere Exkulpationsmöglichkeit (abgesehen von Art. 20 MÜ) besteht. Insoweit muss der Luftfrachtführer unter der Geltung des Montrealer Übereinkommens auch für höhere Gewalt einstehen, insbesondere für Schäden, die durch Sabotage oder Flugzeugentführungen verursacht wurden[165].

3. Zusammenfassende Feststellungen zu den Übereinstimmungen und den entscheidenden Divergenzen zwischen dem Athener Übereinkommen und dem Montrealer Übereinkommen

Wird das Athener Übereinkommen und das Montrealer Übereinkommen im Vergleich miteinander betrachtet, so dominieren - trotz teilweiser gegenseitiger Orientierung der Übereinkommen an systematischen Rechtsgrundsätzen des jeweiligen Verkehrsrechts wie etwa dem System der Haftungslimitierung durch Höchstsummen und der Festsetzung dieser Beträge, der Definition des ausführenden Beförderers sowie der Beurteilung eines Mitverschuldens des Reisenden im Rahmen der Beförderungshaftung - die Divergenzen der einzelnen rechtlichen Regelungen. Insbesondere die Systematik der Haftung und die mit ihr geregelten Haftungs-

---

kommen, nur selten gelungen, von Fluggesellschaften Schadenersatz für die erlittenen physischen und psychischen Schäden zu erlangen. Hier wird dem Luftfrachtführern größtenteils der Entlastungsbeweis nach Art. 20 WA gelingen, dass er alle erforderlichen Maßnahmen zur Verhütung des Schadens getroffen hat bzw. diese Maßnahmen nicht treffen konnte. (Schmidt-Ränsch, Fragen der Haftung des Luftfrachtführers, ZLW 1979, S. 429 (433f) m.w.N.). Diese Grundsätze lassen sich ebenfalls auf den Geltungsbereich des Athener Übereinkommens übertragen.

[165] Schon unter der Geltung der Montrealer Zwischenvereinbarung - in deren Rahmen die Fluggesellschaften im Luftverkehr mit den USA auf den Art. 20 WA, und damit auf die Exkulpationsmöglichkeit verzichtet haben, die ihnen gewährt wurde soweit sie alle erforderlichen Maßnahmen zu Schadensverhütung getroffen haben – wurde eine strikte Haftung der Luftfrachtführer in Entführungsfällen bestätigt. (Basedow, Der Transportvertrag, S.444 m.w.N.; Husserl v. Swiss Air Transport Company Ltd., 351 F. Supp. 702 (707), (S.D.N.Y. 1972); 485 F 2d 1240 (2nd Cir. 1973); Tompkins, The Aftermath of Hijacking, Journ. Air Law & Com., 1973, S. 381 (388f.); Speiser/Krause, Aviation Tort Law I, § 11:19, S. 679).

höchstsummen erfahren eine sehr unterschiedliche Ausgestaltung in den beiden Übereinkommen. Während das Athener Übereinkommen seine Haftungssystematik auf die Grundsätze der Verschuldenshaftung gründet, ergibt sich der grundlegendste Unterschied zum Montrealer Übereinkommen aus der von diesem geregelten Befördererhaftung nach dem Prinzip der Gefährdungshaftung bis zu einer Summe von 100.000 SZR.

II. Hintergrund der Divergenzen zwischen dem Athener Übereinkommen und dem Montrealer Übereinkommen

Die äußerliche Kongruenz der durch das Athener Übereinkommen und das Montrealer Übereinkommen geregelten Materie der internationalen Beförderung von Reisenden und ihrem Gepäck und die oberflächliche Vergleichbarkeit der Verkehrsträger Schiff und Flugzeug sowie der ihnen innewohnenden Problematiken einer Schadensregulierung bei Personen- und Gepäckschäden, erscheinen im Rahmen einer detaillierten Analyse der rechtlichen Strukturen
der beiden Übereinkommen in ihr Gegenteil verkehrt zu werden, die Divergenzen der rechtlichen Regelungen dominieren über die Gemeinsamkeiten von Luft- und Seerecht. Gleichwohl werden die beiden Rechts- bzw. Verkehrsgebiete als eng mit einander verwandt angesehen. Das sich trotz der äußerlichen Verwandtschaft und der gegenseitigen Orientierung der Rechtsgebiete bei der Ausgestaltung internationaler Regelungswerke eine divergente Entwicklung der rechtlichen Beurteilung und Regelung der Beförderung von Reisenden und ihrem Gepäck in der Luft- und Seefahrt durchsetzen konnte, begründet sich hauptsächlich in der unterschiedlichen historischen und politischen Entwicklung der luft- und seerechtlichen Übereinkommen, sowie in den unterschiedlichen ökonomischen Hintergründen der Verkehrsträger Flugzeug und Seeschiff, die Einfluss auf die rechtlichen Regulierungen übten.

1. Historische und politische Entwicklung des Athener Übereinkommens 1974 und des Montrealer Übereinkommens 1999

Zunächst kann ein Grund für die unterschiedliche, rechtliche Beurteilung der Beförderung von Reisenden und ihrem Gepäck in der See- und Luftfahrt in der historischen Entwicklung des Athener und des Montrealer Übereinkommens gesehen werden. Maßgeblich im Rahmen dieser Entwicklung wirkten dabei die politischen Hintergründen und Einflüssen, sowie die unterschiedlichen Träger der Rechtsentwicklung, welche die rechtliche Normierung dieser Bereiche prägten. Die historischen Entwicklungen vollzogen sich in den Rechtsgebieten der Luftfahrt und der Seefahrt auf sehr unterschiedliche Weise, wobei das Montrealer Übereinkommen für das Luftrecht sowie das Protokoll 2002 zum Athener Übereinkommen 1974 den jeweiligen, vorläufigen Endpunkt eines langwierigen Strebens nach Rechtvereinheitlichung in den entsprechenden Rechtsgebieten bilden. Im Rahmen der historischen Analyse des Personentransports im Luft- und Seerecht soll im Luftrecht zunächst die Entwicklung bis zu dem Montrealer Übereinkommen aufgezeigt werden, während im Personentransportrecht der Seefahrt im Schwerpunkt die Entwicklung des inkraftgetretenen Athener Übereinkommens aufgezeigt werden soll. Dabei findet das neu beschlossene Protokoll 2002 zum Athener Übereinkommen zunächst Berücksichtigung, eine nähere Analyse des Protokolls 2002 erfolgt im zweiten Teil dieser Arbeit.

a) Träger der Rechtsentwicklung

Inhalt und Gestalt der Entwicklung des See- und Luftrechts ist wesentlich durch die Träger der Rechtsentwicklung geprägt worden. Im Rahmen einer Analyse der historischen Entwicklung der rechtlichen Normierung der Personenbeförderung in der Luft- und Seefahrt, soll daher zunächst auf die wichtigsten Träger der jeweiligen Rechtsentwicklung und deren Funktion hingewiesen werden.

aa) Träger der Rechtsentwicklung im Seerecht

Den wichtigsten und einflussreichsten Träger der seerechtlichen Entwicklung stellte zunächst das Comité Maritime International (CMI) dar. Das CMI ist ein in Belgien ansässiger Verein privaten Rechts, dessen Mitglieder nationale Seerechtsvereine sind[166]. In diesen nationalen Vereinen haben sich die an der Entwicklung des Seerechts und Seehandelsrechts interessierten Wirtschafts- und Rechtskreise zusammengeschlossen. Das CMI umfasst heute 55 nationale Mitgliedvereine und zwei „vorübergehende“ (temporary) Mitglieder. Die Mitgliedvereine sind in allen wesentlichen Schifffahrtsländern vertreten. Sie definierten in den Jahrzehnten seit der Gründung des CMI im internationalen Konsens diejenigen Felder, auf denen eine internationale Rechtsvereinheitlichung wünschenswert erschien und bereiteten dafür internationale Konventionsentwürfe

[166]Als Beispiel ist dies in Deutschland der „Deutsche Verein für internationales Seerecht“ mit Sitz in Hamburg, in England die „British Maritime Law Association“ und in Amerika die „Maritime Law Association of the United States“.

vor. Diese wurden auf vom CMI veranstalteten Konferenzen beschlossen und anschließend den Regierungen zugeleitet, um dann auf Diplomatischen Seerechtskonferenzen als Staatenkonventionen verabschiedet zu werden. Das diplomatische Bindeglied zwischen der privaten CMI-Organisation und den Staaten bildete die belgische Regierung, die auf der Basis von Vorarbeiten des CMI diplomatische Seerechtskonferenzen einberief. Diese enge Verzahnung von wirtschaftlichen und politischen Interessen sicherte den Erfolg der Konferenzen, und führte zugleich zu einem starken Einfluss der am Seeverkehr interessierten wirtschaftlichen Kräfte. Diese Entwicklung kehrte sich im Jahre 1968 um. Auf Grund des Unglücksfalls des Tankschiffs „Torrey Canyon" im Ärmelkanal wurde das politische Interesse an einer Neuregelung der Haftung für Tankerunfälle so stark, dass die Regierungen selbst die Vorbereitungen eines dafür geeigneten Rechtsinstruments in die Hand nehmen mussten[167]. Die Intergovernmental Maritime Consultative Organisation (IMCO)[168], eine Sonderorganisation der Vereinten Nationen, erschien als ein dafür geeignetes Gremium. In diesem Rahmen wurde ein Rechtsausschuss zur Entwicklung internationaler Standards für den Seeverkehr und der Umweltsicherheit von Schiffen gegründet. Er entwickelte 1969 ein Abkommen über die Haftung des Tankerreeders für Ölverschmutzungsschäden, das auf einer Diplomatischen Konferenz der IMCO angenommen wurde. Dieser Erfolg trug dazu bei, in die Arbeitbereiche des Rechtsausschusses auch weitere seeprivatrechtliche Fragen des Transportrechts einzubeziehen. Zu diesen gehörte die Haftung für den Passagiertransport in der Seeschifffahrt.
Die Entwürfe des CMI für internationale Konventionen wurden seitdem nicht mehr einer Brüsseler Seerechtskonferenz zugeleitet, sondern dem Rechtsausschuss der IMCO (heute IMO). Die Zeit der Brüsseler Seerechtskonferenzen hatte damit ihr Ende gefunden. Die politischen Initiativen zur weiteren Entwicklung und Vereinheitlichung des Seeprivatrechts gingen zunehmend in staatliche regierungsamtliche Hände über.

---

[167] Es zeigte sich in dieser Zeit, dass das Verfahren der Brüsseler Konferenzen den Regierungen nicht immer hinreichend Gelegenheit bot, die – von ihnen gesetzgeberisch zu vertretenen – Übereinkommen rechtzeitig zu prüfen und zu beeinflussen. Dieses führte vor allem in Ländern, die keine Landesgruppe des CMI hatten oder deren Regierungen mit diesen nicht in enger Beziehung standen, zu einem gewissen Misstrauen gegenüber der Arbeit des CMI. Insoweit verstärkte sich das Interesse von staatlicher Seite, die Erarbeitung von internationalen Abkommen auf eine zwischenstaatliche Ebene zu verlagern. Allerdings wurde durch den Unfall der „Torrey Canyon" und dessen rechtlicher Behandlung auch deutlich, dass das CMI zwar geeignet war, Interessenausgleiche zwischen Seewirtschaftszweigen zu erarbeiten, Drittinteressen jedoch nur begrenzte Berücksichtigung im CMI fanden (vgl. Herber, Haftung für Schäden durch Ölverschmutzung, RabelsZ 34, 1970, S. 223 (224f.)).

[168] Die „Intergovernmental Maritime Consultative Organization" (IMCO) wurde später in „International Maritime Organization" (IMO) umbenannt.

Das CMI – nach wie vor als eine sachverständige und marktnah agierende Organisation geschätzt – sah sich aus der Rolle des Initiators in die des agierenden Beobachters und des beratenden Sachverständigen versetzt. Politische und gesellschaftliche Einflüsse, die bisdahin im CMI geringer repräsentiert waren, wie beispielsweise Verbraucherschutzinteressen, gewannen größeres Gewicht für die Rechtsentwicklung[169]. Dies lässt sich insbesondere an der Entwicklung der Passagierbeförderung erkennen.

bb) Träger der Rechtsentwicklung im Luftrecht

Die luftrechtliche Entwicklung ist geprägt von zweit nebeneinander existierenden Organisationen, der „International Civil Aviation Organization" (ICAO) und der „International Air Transport Association" (IATA). Nach dem Ersten Weltkrieg wurde in Paris im Jahr 1919 die Pariser Friedenskonferenz abgehalten. Auf dieser Konferenz nahmen sich die teilnehmenden Staaten auch der Frage um die Regelung der zivilen Luftfahrt an und übertrugen die Kompetenzen der Regelung dieses Bereichs auf eine spezielle aeronautische Kommission. Die Arbeiten dieser Kommission resultierten in einer internationalen Luft-Konvention, die von 38 Staaten ratifiziert wurde. Diese Konvention sah die Gründung der „International Commission for Air Navigation" (ICAN) vor. Die ICAN hatte die Aufgabe, Entwicklungen der zivilen Luftfahrt zu beobachten und die jeweiligen Staaten über diese Entwicklungen zu unterrichten.
Nachdem der Zweite Weltkrieg sich seinem Ende näherte, und die Luftfahrt sich technisch schnell entwickelte, wurde aufgrund einer amerikanischen Initiative eine internationale Konferenz zur zivilen Luftfahrt in Chicago einberufen, deren Ergebnis die Verabschiedung einer internationale Konvention zur zivilen Luftfahrt war (Chicago Konvention). Diese Konvention sah die Errichtung der permanenten „International Civil Aviation Organization" (ICAO) vor, um eine internationale Kooperation im Luftrecht zu schaffen. Da das Inkrafttreten der Konvention längere Zeit in Anspruch nahm, wurde zunächst die "International Organization of a technical and advisory nature with the purpose of collaboration in the field of international civil aviation" (PICAO) durch eine Zwischenvereinbarung geschaffen, die dann schließlich mit Inkrafttreten der Chicago Konvention durch die ICAO abgelöst wurde. In die Organisationsstrukturen der ICAO wurde auch deren Vorgänger, die ICAN integriert, wo-

[169] Im CMI dominierten hauptsächlich die Interessen von Reedern und Seeversicherern, weniger jedoch Verbraucherinteressen (Wetterstein, Principles of Limitation and Sharing of Liability, Marius Nr. 283, 2001, S. 93 (102)).

durch eine einheitliche Organisation der zivilen Luftfahrt auf internationaler Ebene sichergestellt werden sollte.
Die ICAO hatte unter anderem – ähnlich der IMO im Seerecht – die rechtliche Entwicklung der zivilen Luftfahrt zur Aufgabe. Sie erarbeitete Entwürfe für internationale Konventionen und lud zu internationalen Luftrechtskonferenzen, so zum Beispiel zu der Luftrechtskonferenz von Montreal 1999, auf der das Montrealer Übereinkommen 1999 beschlossen wurde.
Neben der zwischenstaatlichen ICAO steht die 1945 gegründete IATA, der Interessenverband der internationalen Zivilluftfahrt. Ihre Mitglieder wickeln derzeit rund 98 % des Weltluftverkehrs ab. Als Interessenverband ist die IATA an Beschlüssen von internationalen Konventionen des Luftrechts beteiligt, und versucht die Beförderinteressen beziehungsweise die Interessen der Luftfahrtindustrie auf internationale Ebene durchzusetzen. Als private Organisation hat sie dabei jedoch nur beratende Funktion. Zusätzlich unterstützt die IATA die Industrie bei der Einführung von Sicherheitsstandards, Navigationsmöglichkeiten und technischen Entwicklungen, sowie bei der Festlegung von Regelungswerken, die nicht auf völkerrechtlicher Ebene einer Ratifikation bedürfen. In dieser Funktion kommt der IATA erhebliche Bedeutung in der luftrechtlichen Entwicklung zu, da sie als Interessenverband der zivilen Luftfahrt sogenannte „freiwillige Maßnahmen“ der Luftfahrtindustrie erarbeiten kann. So war die IATA unter anderem direkt in die Entwicklung des „CAB/IATA Agreements“ von 1966 miteinbezogen. Die Verhandlungen fanden damals mit dem amerikanischen Civil Aeronautics Board (CAB)[170] statt.
In der luftrechtlichen Entwicklung bestehen somit zwei nebeneinander existierende Organisationen, die beide Einfluss auf die rechtliche Gestaltung dieses Bereichs ausüben. Die ICAO auf völkerrechtlicher Ebene und die IATA im Rahmen von privatrechtlichen Vereinbarungen[171].

b) Historische und politische Entwicklung des Athener Übereinkommens 1974

In der Zeit vom 2. bis zum 13. Dezember 1974 hat in Athen auf Einladung der griechischen Regierung eine von der IMCO veranstaltete Dip-

---

[170] Im Jahr 1940 wurde in Amerika das „Air Safety Board“ mit der „Civil Aeronautics Authority“ zusammengeschlossen zum „Civil Aeronautics Board“. Diese Behörde hatte die Aufgabe der Regulierung der Luftfahrtindustrie, bis sie 1985 abgeschafft wurde und ihre Funktionen auf das U.S. Department of Transportation und das Department of Justice transferiert wurden.
[171] Zur Bedeutung der privatrechtlichen Vereinbarungen in der luftrechtlichen Entwicklung siehe im Folgenden in dieser Arbeit unter § 1, B, II, 1, c).

lomatische Seerechtskonferenz stattgefunden, welche die Ausarbeitung eines Übereinkommens über die Beförderung von Reisenden und ihrem Gepäck auf See zum Gegenstand hatte. Das am letzten Tag der Konferenz beschlossene Athener Übereinkommen stellt den vorläufigen Schlusspunkt einer langen Reihe von Vorentwürfen und Vorübereinkommen und dem jahrzehnte langen Bemühen des CMI dar, ein solches Übereinkommen zustande zubringen[172]. Durch das Athener Übereinkommen wurden erstmals die zwei Bereiche der Haftung des Beförderers für Personenschäden und dessen Haftung für Gepäckschäden in einem Übereinkommen zusammengefasst. Vor diesem Zusammenschluss vollzog sich die Entwicklung dieser zwei Bereiche zunächst recht unterschiedlich.
Nach 1974 wurde das Athener Übereinkommen durch eine Reihe von Protokollen ergänzt und geändert. Das letzte Protokoll wurde im Jahr 2002 erarbeitet, ist aber noch nicht in Kraft getreten.

aa) Entwicklung der Haftung für Personenschäden

Die Frage der Vereinheitlichung des Rechts der Ansprüche wegen Tötung und Körperverletzung von Personen an Bord eines Schiffs beschäftigte das CMI erstmals auf dessen Konferenz in Bremen im Jahre 1909. Vor dem damaligen Hintergrund der ständig steigenden Zahl der mit Schiffen transportierten Auswanderer[173], schien es dem CMI nötig, eine ausreichende Sicherstellung der Ersatzansprüche von Passagieren zu schaffen[174]. Bedingt durch den Ersten Weltkrieg verloren die Diskussionen um die Regelung dieses Rechtsgebiets aber zunächst an Intensität. Im Jahr 1917 veröffentlichte der englische Schifffahrtsexperte Sir Norman Hill[175] ein Memorandum in dem er den Gedanken vertrat, dass ein System der obligatorischen Passagierversicherung an Stelle einer diskutierten Entschädigung aus Verschulden treten solle[176]. Nach dem Hill'schen Entwurf

---

[172] Vgl. Herber, Das Athener Übereinkommen von 1974, ZEV 1976, S. 150 (150).
[173] Während von 1776 bis 1820 etwa 250 000 Menschen unter Benutzung von Schiffen auswanderten, waren es zwischen 1820 und 1920 ca 72 Millionen Menschen die allein von Europa nach Amerika auswanderten, darunter 34 Millionen nach Nord Amerika (vgl. Androulidakis-Dimitriadi, Der Passagiervertrag auf See, S. 199, Fn. 8).
[174] Herber, Das Athener Übereinkommen von 1974, ZEV 1976, S. 150 (151).
[175] Sir Norman Hill war im Jahr 1917 Vorsitzender des „Merchant Shipping Advisory Committee“ in England. Seit 1894 bekleidete er das Amt des “Secretary of the Liverpool Steamship Owners' Association” und war seit 1896 Mitglied des englischen „Shipowners' Parliamentary Committee“.
[176] Schubert, Die Haftung für Reisende und ihr Gepäck auf Schiffen, S. 51 ; Herber, Das Athener Übereinkommen von 1974, ZEV 1976, S. 150 (151), Androulidakis-Dimitriadi, Der Passagiervertrag auf See, S. 210.

sollte jeder Reeder eines Schiffes, das nicht ausschließlich dem Verkehr auf Flüssen und Binnengewässern diente, verpflichtet sein, im Sinne einer Haftpflichtversicherung alle Reisenden in Form einer Eigenversicherung gegen Gefahren des Todes oder der persönlichen Verletzung während einer Reise zu versichern[177]. Dabei sollte eine strikte, auch bei schwerem Verschulden geltende Begrenzung der Haftung Eingang in die Regelungssystematik finden[178]. Die in diesem Entwurf angestrebte Neuregelung der Reederhaftung stellte sich als eine Annäherung an das Prinzip der Gefährdungshaftung dar, insoweit als das eine schuldhafte Verursachung des Unfalls durch den Beförderer oder seiner Leute nicht gefordert wurde, und diesen auch für Zufall und Schadensfälle höherer Gewalt haften ließ[179]. Dieser Vorschlag wurde nach dem Ersten Weltkrieg dem CMI durch englische Reeder vorgelegt [180]. Als die Diskussionen um den Hill'schen Entwurf zu keinem Ergebnis führten, wurde dem CMI ein Gegenentwurf vorgestellt, der vorsah, die Haftung des Reeders für Personenschäden auf internationaler Grundlage durch Ausschaltung des Versicherungsgedankens zu regeln[181]. Auf einer CMI Konferenz in Antwerpen im Jahr 1930 wurden jedoch beide Vorschläge abgelehnt. Es wurde die Meinung vertreten, dass eine Haftung für Personenschäden nicht durch eine Zwangsversicherung zu lösen sei, einem Beförderer die Rechtstellung eines Versicherers nicht aufgezwungen werden konnte und dass der Gegenentwurf zu dem Hill'schen Lösungsmodell dem Beförderer eine unzumutbare Belastung brächte[182]. Die Diskussionen um diese Vorschläge sollten auf einer Konferenz in Hamburg im Jahr 1939 fortgesetzt werden, diese Konferenz fand aufgrund des Zweiten Weltkriegs jedoch nicht mehr statt.

---

[177] Wodrich, Der Schiffsreisevertrag, S. 143.

[178] Herber, Das Athener Übereinkommen von 1974, ZEV 1976, S. 150 (151).

[179] Schubert, Die Haftung für Reisende und ihr Gepäck auf Schiffen, S. 51; Herber, Das Athener Übereinkommen von 1974, ZEV 1976, S. 150 (151), Androulidakis-Dimitriadi, Der Passagiervertrag auf See, S. 210 ; Wodrich, Der Schiffsreisevertrag, S. 143.

[180] Die englischen Reeder sahen sich von einigen politischen Bestrebungen einer eventuellen Einführung einer Zwangsversicherung für Auswanderer in ihren wirtschaftlichen Interessen bedroht und wollten diesen mit dem Hill'schen Vorschlag begegnen. Dabei hatten die englischen Reeder -angesichts einiger auf den Schutz von Auswanderern gerichteten Bestrebungen der englischen Regierung- beschlossen, die Führung in diesen rechtlichen und wirtschaftlichen Fragen selbst in die Hand zu nehmen. Ein Abwarten, bis von anderer Seite in diese Materie eingegriffen wird, barg nach Meinung der englischen Reeder die Gefahr einer nicht ihren Interessen entsprechenden Lösung (vgl. Pappenheim, Zwangsversicherung der Seeschiffspassagiere, S. 196 (202)).

[181] Wodrich, Der Schiffsreisevertrag, S. 149f.; Pappenheim, Zwangsversicherung der Seeschiffspassagiere, S. 196 (213f.; 234f.); Androulidakis-Dimitriadi, Der Passagiervertrag auf See, S. 214, m.w.N.

[182] Schubert, Die Haftung für Reisende und ihr Gepäck auf Schiffen, S. 51; Androulidakis-Dimitriadi, Der Passagiervertrag auf See, S. 214, m.w.N.

Vielmehr entwickelten sich eine Reihe nationaler Bestrebungen, den Reeder in eine zwingende Mindesthaftung einzubinden. So wurden unter anderem in den Niederlanden und in Italien nationale Regelungen geschaffen, welche dem Beförderer eine zwingende Haftung für Personenschäden an Bord eines Schiffes auferlegten.
Nach dem Zweiten Weltkrieg stieg die Bedeutung des Passagierverkehrs innerhalb der Seeschifffahrt wieder erheblich an[183]. Die Beförderung von Auswanderern wurde dabei allmählich von der wachsenden Bedeutung der Vergnügungsreisen verdrängt. Schon im Jahr 1963 bot die Welthandelsflotte über 300.000 Passagieren Platz, verteilt auf mehr als 500 Passagierschiffe. Vor diesem Hintergrund entwickelte sich der allgemeine Wunsch nach einer international einheitlichen Regelung für das Recht der Passagierbeförderung oder mindestens einiger Regeln über die Haftung des Beförderers beim Passagiertransport auf See. Dieser Gegenstand wurde nach dem Zweiten Weltkrieg erneut vom CMI aufgegriffen. Zunächst wurde auf einer Konferenz in Neapel 1951 eine Arbeitsgruppe ins Leben gerufen, welche einen ersten Entwurf für eine internationale Regelung dieses Rechtsbereiches ausarbeiten sollte. Dieser Entwurf, welcher sich weitgehend an die Haager Regeln von 1924 über den Gütertransport auf See anlehnte, wurde 1955 auf der CMI Konferenz von Madrid vorgestellt[184]. Er sah als Voraussetzung der Haftung des Beförderers ein Verschulden desselben bzw. seiner Leute vor, wobei die Beweislast, dass ein solches Verschulden vorliegt, weitestgehend den Geschädigten traf. Im Falle der Seeuntüchtigkeit des Schiffes hatte der Beförderer zu beweisen, dass er die notwendige Sorgfalt ausgeübt hat, dass Schiff seetüchtig zu halten. Bei einem Selbst- oder Mitverschulden des Passagiers sollte die Haftung des Beförderers entfallen. Es wurde eine Haftungshöchstgrenze der Haftung des Beförderers bei Tod oder Körperverletzung eines Passagiers von 125.000 Poincaré-Franken[185] festgelegt, welche angelehnt wurde an die damaligen Höchstgrenze in der Luftfahrt im Rahmen des Warschauer Abkommen[186]. Allerdings sprachen sich die Mitgliederverbände des CMI aus den USA und England gegen den Entwurf aus. Vor allem die englischen Reeder wandten sich gegen eine entsprechende internationale Konvention, da sie befürchteten der bis dahin im englischen Recht geltenden Grundsatz der Vertragsfreiheit würde zu ihren Lasten einge-

[183] Zwischen 1951 und 1957 stieg die Zahl der beförderten Passagiere von ca. 800 000 auf geschätzte 1.040.000 an (vgl. Androulidakis-Dimitriadi, Der Passagiervertrag auf See, S. 214, m.w.N.)
[184] Herber, Das Athener Übereinkommen von 1974, ZEV 1976, S. 150 (152); v.Laun, Kurt, Der Madrider Entwurf, HANSA 1956, S. 1571 (1571).
[185] Der Wert von 125.000 Poincaré-Franken entspricht in etwa einer Summe von 8333 SZR / 9722 Euro.
[186] Androulidakis-Dimitriadi, Der Passagiervertrag auf See, S. 222.

schränkt. Das Prinzip der Vertragsfreiheit war insbesondere in England ein über lange Zeit anerkannter Grundsatz[187]. Die Vertragsfreiheit des Reeders, die ihm erlaubte sich von jeder Haftung freizuzeichnen, wurde sowohl im Passagiertransport, aber auch im Gütertransport zur See als wichtiger und schützenswerter Rechtsgrundsatz erachtet. Eine Abänderung dieses Grundsatzes wurde von England über Jahrzehnte abgelehnt. Auch in den USA war das Prinzip der Vertragsfreiheit lange Zeit ein das Recht dominierender Grundsatz. Im Gegensatz zur englischen Auffassung wurden jedoch in der späten Hälfte des 18. Jahrhunderts Vertragsklausel, die einen Reeder von jeder Haftung freizeichneten, von amerikanischen Gerichten zunehmend als unwirksam betrachtet, da sie gegen die allgemeine gesellschaftliche Rechtsauffassung verstießen[188]. Das amerikanische Recht nahm vielmehr eine Entwicklung hin zu einer stärkeren Anerkennung des Verbraucherschutzes[189]. Anders als die englischen Meinungen zum Entwurf von Madrid, sahen die Vertreter der USA, geprägt von den nationalen Bestrebungen der Stärkung des Verbraucherschutzes, in dem 1955 vorgestellten Konzept eine Schlechterstellung der Rechte des Passagiers[190]. Eine Einigung über den Entwurf von Madrid konnte im Rahmen des CMI nicht erzielt werden.
Auf einer weiteren Konferenz im Jahre 1957 in Brüssel wurde ein erneuter Entwurf erarbeitet, welcher auf der Diplomatischen Konferenz 1961 wiederum in Brüssel vorgelegt wurde. Dieser Entwurf wurde von den teilnehmenden Regierungen als internationales Übereinkommen verabschiedet[191]. Das Übereinkommen sah eine begrenzte Mindesthaftung des Beförderers auf einen bestimmten Höchstbetrag nach dem Vorbild des Warschauer Abkommens der Luftfahrt vor. Dabei machte das Übereinkommen die Schadensersatzpflicht des Beförderers von seinem Verschulden abhängig, welches der Geschädigte beweisen musste (Art. 4

---

[187] Vgl. z.B. den von Thomas Carver zitierten Bericht des Imperial Shipping Committee, Februar 1921: „There is nothing in English law to stop a ship owner from contracting out of the whole or any part of his liability, and, via a practice which has gradually extended since about 1880, British shipowners do habitually in their bill so lading contract themselves out of their common law liability to a large extend" (Carver, Carriage by Sea, § 443).

[188] Vgl. Hare, Shipping Law, S. 485ff..

[189] Ein entsprechender Beleg dieser Tendenz kann in der amerikanischen Entwicklung der Haftung des Beförderers von Gütern auf See gesehen werden. Für diesen Bereich wurde in den USA der „Harter Act 1893" erarbeitet, welcher im Gegensatz zu früheren Rechtsansichten die Stellung des „shippers" gegenüber dem „carrier" erheblich zu stärken vermochte indem unter anderem eine Freizeichnung der Befördererhaftung nicht mehr anerkannt wurde.

[190] Androulidakis-Dimitriadi, Der Passagiervertrag auf See, S. 222.

[191] Internationales Übereinkommen für die Vereinheitlichung bestimmter Regeln über den Transport von Passagieren auf See vom 29. April 1961 ; im Folgenden: Brüsseler Übereinkommen 1961.

Abs. 1 und Abs. 3). Allerdings wurde ein Verschulden des Beförderers vermutet, soweit ein Passagier durch Strandung, Schiffbruch, Schiffzusammenstoß, Explosion oder Feuer auf dem Schiff zu Schaden kam (Art. 4 Abs. 2). Dem Beförderer oblag in diesem Fall die Führung des Entlastungsbeweises.
Weiterhin wurde die Haftung des Beförderers auf 250.000 Goldfranken[192] beschränkt (Art. 6). Diese Haftungsbeschränkung konnte durchbrochen werden, wenn es dem Geschädigte nachzuweisen gelang, dass der Beförderer den Schaden durch eigenes, vorsätzliches Verhalten oder leichtfertig in dem Bewusstsein einen Schaden herbeizuführen, herbeigeführt hatte (Art. 7). Das Brüsseler Übereinkommen 1961 führte jedoch nicht zu der erstrebten internationalen Vereinheitlichung, da große an der Fahrgastschifffahrt beteiligte Schifffahrtsnationen wie die Vereinigten Staaten, Großbritannien und die Niederlande es weder gezeichnet noch ratifiziert haben. Grund hierfür war insbesondere die fehlende Regelung der Haftung für Gepäckschäden, die von vielen Staaten für eine wirksame Vereinheitlichung der Haftung bei der Beförderung auf See als unbedingt erforderlich angesehen wurde[193].
Dennoch trat das Brüsseler Übereinkommen 1961 am 4. Juli 1965 völkerrechtlich in Kraft, nachdem Algerien, Kuba, Frankreich[194], Haiti, Iran, Republik Malaga, Marokko, Peru, Schweiz, Tunesien, Vereinigte Arabische Emirate und Zaire das Übereinkommen ratifizierten. Es hatte dennoch keinen nennenswerten Erfolg, da die großen Passagierschiffnationen und in der Fahrgastschifffahrt wichtigen Märkte wie unter anderem die Vereinigten Staaten, Europa, aber auch die Märkte in Fernost dem Abkommen fern blieben.

bb) Entwicklung der Haftung für Gepäckschäden

Der Madrider Entwurf des Jahres 1955 enthielt das erste Mal Regelungen über die Haftung des Seebeförderers für Reisegepäck. Allerdings bestanden zwischen den an der Konferenz von Madrid teilnehmenden nationalen Mitgliedsvereinen des CMI Meinungsverschiedenheiten über die Regelung der Haftung, die nicht beigelegt werden konnten. Deshalb wurde die Thematik des Reisegepäcks auf den folgenden Konferenzen von Brüssel in den Jahren 1957 und 1961 zunächst ausgeklammert. Auf der Athener Konferenz im Jahre 1962 präsentierte das CMI einen überarbei-

---

[192] Der Wert entspricht ungefähr einer Summe von 16.666 SZR / 19.444 Euro.
[193] Herber, Das Athener Übereinkommen von 1974, ZEV 1976, S. 150 (152); Schubert, Die Haftung für Reisende und ihr Gepäck auf Schiffen, S. 52.
[194] Frankreich kündigte das Übereinkommen zum 3. Dezember 1976.

teten Entwurf über die Regelung der Haftung des Beförderers für Gepäckschäden. Erneut wurde keine Einigung über eine eventuelle Regelung der Haftungsmaterie zwischen den an der Konferenz teilnehmenden Delegationen erreicht. Die Diskussion wurde vielmehr auf der CMI-Konferenz in Stockholm 1963 fortgesetzt. Auf dieser Konferenz gelang es einen Konsens zu finden, und es wurde ein endgültiger Text für ein internationales Übereinkommen, welches neben dem Brüsseler Übereinkommen von 1961 stehen sollte, beschlossen[195]. Dieser Text wurde der zwölften Diplomatischen Seerechtskonferenz in Brüssel 1967 vorgelegt. Nach weiteren Veränderungen[196] wurde dort das Übereinkommen über die Vereinheitlichung von Regeln über die Beförderung von Reisegepäck auf See vom 27. Mai 1967 (Brüsseler Übereinkommen 1967) verabschiedet. Danach haftete der Beförderer unabdingbar für Schäden am Gepäck, welche durch sein oder seiner Leute Verschulden verursacht wurden. Die Haftung des Beförderers und seiner Leute wurde durch das Übereinkommen begrenzt auf 1000 Poincaré-Franken[197] für Schäden an Kabinengepäck, 30.000 Poincaré-Franken[198] für Kraftfahrzeuge und das Gepäck welches sich in und auf dem Fahrzeug befindet, und 16.000 Poincaré-Franken[199] für Schäden an allem übrigen Gepäck eines Reisenden. Die Haftungsbegrenzung entfiel, wenn eine vorsätzliche oder grob fahrlässige Handlung des Beförderers oder seiner Leute den Schaden verursacht hatte. Die Beweislast für Eintritt und Umfang des Schadens und für den Kausalzusammenhang zwischen Schaden und schadenauslösendem Ereignis lag bei dem Reisenden. Das Verschulden des Beförderers wurde vermutet, bei Kabinengepäck jedoch nur bei Seeunfällen.
Trotz des allgemein Konsenses zwischen den Nationen, konnte eine wirkliche Vereinheitlichung der Regeln noch nicht gefunden werden. So erklärte die britische Delegation, eine Zeichnung ihrerseits würde nicht in Betracht gezogen, bevor nicht das Brüsseler Übereinkommen von 1961 einer Revision unterzogen würde. Dieser Meinung schlossen sich die USA und die Sowjetunion an[200]. Als Gründe wurden angeführt, dass das Brüsseler Übereinkommen von 1961 dem Passagier weniger Schutz biete, als das gerade beschlossene Brüsseler Übereinkommen von 1967. Wie-

---

[195] Androulidakis-Dimitriadi, Der Passagiervertrag auf See, S. 251.

[196] Der Entwurf sah z.B. Höchstsummen von 6000 Poincaré-Franken für Kabinengepäckschäden, 20 000 Poincaré-Franken für Kraftwagenschäden und 10 000 Poincaré-Franken für sonstige Gepäckschäden vor. Diese Summen wurden überarbeitet und entsprechend angepasst. (vgl. Herber, Die Brüsseler Seerechtskonferenz 1967, HANSA 1967, S. 1350 (1350)).

[197] Ca. 66 SZR / 77 Euro.

[198] Ca. 2000 SZR / 2333 Euro.

[199] Ca. 1066 SZR / 1244 Euro.

[200] Herber, Die Brüsseler Seerechtskonferenz 1967, HANSA 1967, S. 1350 (1351).

derum spielte die Rechtsentwicklung in der Luftfahrt eine Rolle, denn auf der Konferenz wurde verschiedentlich darauf hingewiesen, dass die Haftungshöchstgrenzen in der Luftfahrt sich in der Zwischenzeit erhöht hätten und das Brüsseler Übereinkommen von 1961 an diese angepasst werden müsse[201].
Das Brüsseler Übereinkommen von 1967 bedurfte fünf Ratifizierungen, um in Kraft zu treten. Es wurde aber nur von Algerien und Cuba ratifiziert, alle anderen Staaten sahen von einer Ratifizierung ab. Das Brüsseler Übereinkommen von 1967 trat entsprechend nie in Kraft.

cc) Zusammenschluss der Haftung für Personen- und Gepäckschäden durch das Athener Übereinkommen 1974

Angesichts der offenkundigen Misserfolge der Bemühungen um eine internationale Rechtsvereinheitlichung im Personenbeförderungsrecht der Seeschifffahrt entwickelte das CMI einen weiteren Entwurf, welcher erneut das Ziel der Vereinheitlichung der Haftungsregeln für Passagier- und Gepäckschäden verfolgte. Auf der Vollversammlung des CMI in Tokio 1969 wurde dieser Entwurf, welcher das Brüsseler Übereinkommen von 1961 und 1967 miteinander verbinden sollte und gleichzeitig eine Verdoppelung der Haftungshöchstsummen vorsah, beschlossen[202].
Der Tokioer Entwurf bildete alsdann die Grundlage für einen Entwurf des Rechtsausschusses der IMO[203], welcher auf der Athener Seerechtskonferenz 1974 vorgelegt wurde.
Im Rahmen der Diskussion um die endgültige Fassung des Entwurfs war insbesondere die Haftungssystematik streitig. Speziell die USA vertraten die Auffassung, dass eine Verschuldenshaftung bei der Beförderung von Passagieren nicht mehr sachgerecht erschiene und dass die Haftungssystematik des Athener Übereinkommens die Haftung vom Verschulden des Beförderers unabhängig machen sollte[204]. Weiterhin wiesen die USA darauf hin, dass es in der Personenbeförderung wesentlich sei, dass Rechtstreitigkeiten schnell beigelegt werden würden, dieses jedoch im Rahmen eines nachzuweisenden Verschuldens oder einer Verschuldens-

---

[201] Herber, Das Athener Übereinkommen von 1974, ZEV 1976, S. 150 (152) ; Herber, Die Brüsseler Seerechtskonferenz 1967, HANSA 1967, S. 1350 (1350).
[202] Sog. „Tokioer Entwurf" ; Schubert, Die Haftung für Reisende und ihr Gepäck auf Schiffen, S. 54 ; Herber, Das Athener Übereinkommen von 1974, ZEV 1976, S. 150 (152).
[203] An die Stelle der Brüsseler Diplomatischen Seerechtskonferenzen vorbereitet durch das CMI sind seit der Konferenz von 1969 über die Tankerhaftung für Ölschäden Konferenzen der IMCO (später IMO) getreten.
[204] Bericht des Bundesministeriums der Justiz, 17. 7. 1975, Dok. 9322-3-31810/75, S. 10.

vermutung nicht möglich sei. Der Vorschlag der USA fand jedoch auf der Konferenz keine Mehrheit. Auch der Versuch Deutschlands, die Verschuldensvermutung auf Navigationsfehler auszudehnen, wurde von der Mehrheit der Konferenz abgelehnt[205].

Daneben erwies sich die Höhe der Haftungshöchstsummen als ein sehr streitiges Moment der Konferenz in Athen. Die USA forderten eine Haftung von 5 Millionen Poincaré-Franken[206], während Griechenland es für unmöglich hielt, eine Summe die über 400.000 Poincaré-Franken[207] liege, zu versichern. Japan sprach sich für eine Haftungshöchstgrenze von 500.000 Poincaré-Franken[208] aus, dagegen hielt Großbritannien eine Summe von 700.000 Poincaré-Franken[209] für möglich, allerdings nur, wenn die Haftungshöchstgrenze auch bei qualifiziertem Verschulden des Beförderers nicht entfallen würde, sonst würde nur eine Höchstgrenze von 400.000 bis 500.000 Poincaré-Franken annehmbar sein[210]. Beschlossen wurde letztendlich ein Betrag von 700.000 Poincaré-Franken, welcher Eingang in Art. 7 AÜ gefunden hat.

Auch der Vorschlag der USA, dem Art. 7 AÜ einen dritten Absatz hinzuzufügen, welcher jedem Vertragsstaat die Möglichkeit einräumen sollte, höhere Haftungssummen mit dem Reisenden zu vereinbaren, wurde mit großer Mehrheit abgelehnt, da dieses den Vereinheitlichungszweck des Übereinkommens verfehlen würde[211].

Ebenfalls stark diskutiert wurde die Beschränkbarkeit der Haftung des Beförderers im Sinne des Art. 13 AÜ. Während die USA und Kanada sich dafür einsetzten, dass eine Haftungsbeschränkung bei persönlichem Verschulden des Beförderers ganz entfällt, und der Meinung waren, dass nur so ein gerechter Ausgleich zwischen den Beförderer- und Passagierinteressen erreicht werden könne, vertrat vor allem Großbritannien die Auffassung, dass eine weitergehende Undurchbrechbarkeit der Haftung auch im Interesse des Reisenden läge. Es wurde darauf hingewiesen, dass die Versicherungsprämien für die Haftung des Beförderers und entsprechend auch das Entgelt für die Reise erheblich erhöht werden müssten, wenn bei jedem Verschulden eine Haftungsbegrenzung entfalle[212]. Der Standpunkt Großbritanniens setzte sich unter den Nationen durch und wurde in den Übereinkommenstext aufgenommen.

---

[205] Siehe vorherige FN. 204.
[206] Ca. 333.333 SZR / 388.888 Euro.
[207] Ca. 26.666 SZR / 31.110 Euro.
[208] Ca. 33.333 SZR / 38.888 Euro.
[209] Ca. 46.666 SZR / 54.443 Euro.
[210] Bericht des Bundesministeriums der Justiz, 17. 7. 1975, Dok. 9322-3-31810/75, S. 13.
[211] Bericht des BmJ, a.a.O., S. 14.
[212] Bericht des BmJ, a.a.O., S. 18.

Nach der Überarbeitung des Entwurfs auf dieser Konferenz wurde das „Athener Übereinkommen von 1974 über die Beförderung von Reisenden und ihrem Gepäck auf See“ beschlossen. Dabei wurde durch das Athener Übereinkommen erstmals ein internationales Übereinkommen in der Passagierschifffahrt erarbeitet, welches die Haftung des Beförderers für Körper- und Sachschäden weltweit zu regeln versucht. Insbesondere durch die gefundenen Haftungsgrundsätze sowohl für Körper- als auch für Sachschäden und dem gleichzeitigen Verbot der vertraglichen Freizeichnung des Beförderers von dieser Haftung, bildete das Athener Übereinkommen eine fortschrittliche Sicherung und Verbesserung der Rechtstellung des Reisenden. Dadurch, dass wichtige Schifffahrtsnationen wie unter anderem Russland, Spanien und England das Übereinkommen zeichneten und ratifizierten, erhielten diese neuen Rechtsstandards internationale Geltung. Trotzdem stellte das Athener Übereinkommen eine Kompromisslösung dar. Mehrere Staaten brachten im Verlauf der Athener Konferenz, aber auch in der Zeit nach dem Beschluss des Übereinkommens zum Ausdruck, dass insbesondere die Haftungshöchstsummen als zu niedrig empfunden wurden, während andere Staaten wegen des hohen Kumulationsrisikos bei Passagierbeförderungen auf Seeschiffen niedrigere Haftungssummen bevorzugten[213]. Die allgemeine Unzufriedenheit mit der Regelung der Haftungshöchstsummen drückte sich schließlich in einer relativ geringen Zahl der Ratifikationen aus.
Staaten wie Deutschland, Frankreich, die vier skandinavischen Länder, Niederlande und Vietnam haben von einer Ratifikation abgesehen und stattdessen das Athener Übereinkommen in nationales Recht eingearbeitet, mit entsprechenden Erhöhungen der Haftungssummen. Die USA sahen ebenfalls von einer Ratifikation des Übereinkommens ab, hauptsächlich aufgrund der vorgeschriebenen Limitierung der Haftung auf zu niedrig empfundene Höchstsummen[214], aber auch weil eine Ratifikation des Athener Übereinkommens eine Abkehr der USA von ihrem bisherigen, das amerikanische Seerecht regelnden Rechtssystem bedeutet hätte. Da in den USA grundsätzlich keine Haftungslimitierung im Seerecht anerkannt war, schienen die Unterschiede zum Athener Übereinkommen für eine Ratifikation als zu groß, das eigene Rechtssystem wurde als wesentlich verbraucherfreundlicher angesehen[215].

---

[213] Herber, Das Athener Übereinkommen von 1974, ZEV 1977, S. 2 (13).

[214] Hierzu trug die Entwicklung der Haftungssummen in der Luftfahrt bei, die für den amerikanischen Flugverkehrsmarkt einschließlich des internationalen Ein- und Ausflugverkehrs inzwischen durch das CAB/IATA-Agreement von 1966 auf 75.000 U.S. $ angehoben wurden.

[215] Die Haftung des Beförderers richtet sich im amerikanischen Recht nach dem “Traditional Common Law” und dem “Maritime Tort Concept“, basierend auf dem Grundsatz, dass der Beförderer nur für Verschulden einzustehen hat. Haftungsobergrenzen für Perso-

(Fortsetzung der Fußnote auf nächster Seite)

Das Athener Übereinkommen trat dreizehn Jahre nach dessen Beschluss, am 28 April 1987 in Kraft[216]. Trotz der Kritik an den Haftungssummen und der zurückhaltenden Ratifikation des Übereinkommens durch die Staaten der Welt ist das Athener Übereinkommen in der heutigen Zeit in wichtigen Schifffahrtsnationen und Flaggenstaaten in Kraft, wie z.B. England, Russland, Spanien, Griechenland, Bahamas, China, Liberia und Vanuatu.

dd) Ergänzende Protokolle zum Athener Übereinkommen 1974

Die Frage der Haftungshöchstsummen und deren Anpassung machte alsbald nach dem Zustandekommen des Athener Übereinkommens ergänzende Protokolle erforderlich, die sich dieser Frage annahmen.
Zunächst wurde am 19. November 1976 im Rahmen einer Konferenz der IMO anlässlich der Verabschiedung eines Übereinkommens für die Beschränkung der Haftung für Seeforderungen in London, gleichzeitig ein erstes Protokoll zur Revision des Athener Übereinkommens beschlossen[217], welches am 30. April 1989 in Kraft trat[218]. Dabei beruhte das Protokoll 1976 auf einem mehr formalen Gedanken, es regelte die Ersetzung der Währungseinheit Poincaré-Franken in Sonderziehungsrechte, der Währung des Internationale Währungsfonds. Die Umstellung der Währungseinheit auf Sonderziehungsrechte erschien nötig, da sich der Wert eines Poincaré-Franken nach einem bestimmten Goldwert ausrichtete[219]. Die Umrechnung des Wertes einer bestimmten nationalen Währung hatte nach dem Verhältnis des amtlichen Wertes der betreffenden Währung zu dem angegebenen Goldwert zu erfolgen. Die Umrechnung ging dabei von den Grundsätzen des internationalen Währungsübereinkommens von

---

nenschäden in der Passagierbeförderung auf See sind nicht vorhanden, es sei denn der Beförderer nutzt die Möglichkeit sich auf den „Limitation of Liability Act“ (46 U.S.C. § 183) zu berufen.

[216] Ratifiziert wurde das Athener Übereinkommen von den Staaten: Argentinien, Bahamas, Barbados, Belgien, China, Kroatien, Dominikanische Republik, Ägypten, Äquatorial Guinea, Georgien, Griechenland, Guyana, Irland, Jordanien, Lettland, Liberia, Luxemburg, Malawi, Marshall Inseln, Polen, Russland, Spanien, Schweiz, Tonga, Ukraine, England, Vanuatu, Jemen und Hong Kong/China.

[217] Protokoll vom 19.11.1976 zu dem Athener Übereinkommen von 1974 über die Beförderung von Reisenden und ihrem Gepäck auf See (im Folgenden: Protokoll 1976).

[218] Das Protokoll 1976 wurde ratifiziert von den Ländern: Argentinien, Bahamas, Barbados, Belgien, China, Kroatien, Dominikanische Republik, Georgien, Griechenland, Irland, Liberia, Luxemburg, Marschall Inseln, Polen, Russland, Spanien, Schweiz, Ukraine, England, Vanuatu und Jemen.

[219] Ein Poincaré-Franken hatte den Wert von 65,5 mg Gold von 900 tausendstel Feingehalt.

Bretton Woods (1944) aus, das feste Paritäten vorsah, die nur innerhalb bestimmter Bandbreiten variabel waren[220]. Mit der Auflösung dieses Systems fester Wechselkurse und durch die Entwertung des Goldpreises auf den internationalen Goldmärkten sowie den dadurch auftretenden Schwankungen der Umrechnungskurse, wurde beschlossen die wesentlich stabilere und leichter zu berechnende internationale Währungseinheit des SZR einzuführen.

Das Protokoll 1976 rechnete die Haftungssumme für Personenschäden von 700.000 Poincaré-Franken auf 46.666 SZR, die Haftungssumme für Kabinengepäck von 12.500 Poincaré-Franken auf 833 SZR, für Fahrzeuge einschließlich des in und auf ihnen befindlichen Gepäcks von 50.000 Poincaré-Franken auf 3.333 SZR und die Haftungssumme für anderes Gepäck von 18.000 Poincaré-Franken auf 1.200 SZR um.

Das zweite Protokoll – drei Jahre nach dem völkerrechtlichen Inkrafttreten des Athener Übereinkommen von 1974 am 29.03.1990 beschlossen – versuchte die Zahl der Ratifikationen durch Anpassung der Haftungshöchstsummen an die zwischenzeitlich veränderte Anschauung vom Verbraucherschutz anzupassen. Die Haftungssummen des Athener Übereinkommens, speziell die Haftungssumme von 46.666 SZR für Personenschäden, erschienen den meisten Staaten inzwischen als zu niedrig[221]. Im Rahmen des Protokolls vom 29.03.1990 wurden die Haftungshöchstsumme für Personenschäden dementsprechend auf 175.000 SZR angehoben, sowie die Haftungssummen für Kabinengepäck auf 1.800 SZR, die Haftungssumme für Kraftfahrzeuge inklusive des auf und in ihnen befindlichen Gepäcks auf 10.000 SZR und schließlich die Haftungssumme für sonstiges Gepäck auf 2.700 SZR erhöht.

Das Protokoll ist jedoch bis heute nicht in Kraft getreten[222]. Die USA, der weltweit größte Markt für Kreuzfahrtschiffe, sah keinen Grund, dem Protokoll beizutreten. Das nationale Recht wurde als wesentlich verbraucherfreundlicher betrachtet und die internationale Rechtsvereinheitlichung demgegenüber als nachrangig eingestuft. In Europa wurden die Haftungshöchstsummen, speziell die Höchstsumme von 175.000 SZR für Körper- und Personenschäden, teilweise immer noch als zu niedrig betrachtet [223]. Da das nationale Recht – wie z.B. in Deutschland – sich an den rechtlichen Standards des Athener Übereinkommens ausgerichtet hatte, erschien die Freiheit, im nationalen Recht beliebig hohe Haftungs-

---

[220] Herber, Gegenwärtiger Stand der deutschen und internationalen Gesetzgebung, in: Haftung für Schäden, S. 28 (37).

[221] Popp, Limitation of Liability in Maritime Law, JMLC, 1993, S. 335 (345).

[222] Von den benötigten zehn Ratifikationen, wurde das Protokoll 1990 nur von drei Staaten ratifiziert (Kroatien, Ägypten und Spanien).

[223] Gaskell, Revision of the Athens Convention, in: Liability to Pay Damages under Greek and International Maritime Law, S. 155 (175).

summen ohne völkerrechtliche Bindung festlegen zu können, gegenüber einer Ratifikation als höherrangig. Ein Druck zur Ratifizierung des Übereinkommens in der Form des Protokolls 1990 wurde daher weder von der Politik, noch von der Wirtschaft entwickelt.

Eine neue Bewertung des Problems der Höhe der Haftungshöchstsummen begann mit den Unglücken der Fährschiffe „*Herald of Free Enterprice*“ im Jahr 1987 und der „*Estonia*“ im Jahr 1994 in der Nord- und Ostsee. Insbesondere der Untergang der „*Estonia*“, der 782 Passagieren das Leben kostete, ließ die Haftungssummen für Passagierschäden in einem neuen Licht erscheinen. Die Schadensabwicklung durch die Reederei und ihre Versicherer ging über die Haftungshöchstsummen hinaus und warf auch unter ökonomischen Gesichtspunkten die Frage auf, welchen Sinn Haftungsbegrenzungen haben können, wenn sie im Katastrophenfall keinen sicheren Schutz, weder für die Geschädigten noch für die Haftenden und ihre Versicherer bieten.

Da im Rechtsausschuss der IMO ohnehin über die Frage diskutiert wurde, ob und gegebenenfalls wie ein Versicherungsschutz gegenüber Haftpflichtansprüchen Dritter gegenüber Reedereien empfohlen oder vorgeschrieben werden können, griff der Ausschuss die Frage der Haftung im Passagiertransportrecht erneut auf und weitete sie über die Diskussion der Haftungshöchstsummen auch auf das Haftungssystem im Passagiertransport der Schifffahrt aus.

Politische Unterstützung erhielt diese Diskussion durch die Europäische Kommission. Sie nahm sich – beeinflusst durch die genannten Fährschiffunglücke in Europa und durch die vorangegangen Entwicklungen im Luftrecht – erstmals der Haftungsfragen im europäischen Seetransportrecht für Passagiere an. Sie kündigte eigene Harmonisierungsinitiativen für diesen Rechtsbereich in Europa an und gab damit wesentliche politische Anstöße für eine Neuregelung durch ein weiteres Protokoll zum Athener Übereinkommen. Auch hier spielte die Entwicklung im Luftrecht und dabei insbesondere das Montrealer Übereinkommen eine besondere Rolle[224].

[224] Zur detaillierten Analyse des neuen Protokolls 2002 zum Athener Übereinkommen 1974 im Vergleich mit den luftrechtlichen Regelungen des Montrealer Übereinkommens, sowie den einzelnen, durch das Protokoll 2002 neu eingeführten Regelungen, siehe im Folgenden den zweiten Teil dieser Arbeit.

c) Historische und politische Entwicklung des Montrealer Übereinkommens 1999

Das Montrealer Übereinkommen von 1999 stellt den vorläufigen Schlusspunkt einer langen Reihe von Vorübereinkommen, Protokollen, Zusatzprotokollen sowie regionalen, unilateralen Verträgen und freiwilligen Maßnahmen dar. Dabei wurde das internationale Luftprivatrecht im Rahmen seiner Entwicklung durch unterschiedlichste historische und politische Entwicklungen beeinflusst, deren Ergebnis letztlich das Montrealer Übereinkommen bildet.

aa) Warschauer Abkommen von 1929 und Haager Protokoll von 1955

Den Anfang der rechtlichen Regelung der wesentlichen Bereiche des internationalen Luftprivatrechts stellt das Warschauer Abkommen dar[225]. Es wurde auf den internationalen Luftrechtskonferenzen in Paris 1925 und in Warschau 1929 vorbereitet und am 12. Oktober 1929 in Warschau beschlossen. Es trat am 29. Februar 1933 in Kraft[226]. Ziel des Warschauer Abkommens war es vor allem, durch internationales Einheitsrecht allgemein gültige, klare und verlässliche Vorschriften zu schaffen, die eine Haftung des Luftfrachtführers allgemein kalkulierbar machten und das Gleichgewicht des Wettbewerbs im internationalen Luftverkehr sicherstellten[227]. Im Wesentlichen beinhaltet dabei das Warschauer Abkommen Regelungen über Beförderungsdokumente (Art. 3-11 WA[228]), über Verfügungsrechte bei der Beförderung von Gütern und Nebenpflichten der Parteien (Art. 12-16 WA) sowie die Haftung des Luftfrachtführers für bei der Beförderung entstandene Personen- , Reisegepäck- und Güterschäden (Art. 17ff. WA). Von entscheidender Bedeutung sowohl für den Luftfrachtführer als auch für den Passagier ist dabei das im Warschauer Abkommen verankerte Haftungssystem für Tod und Körperverletzungen von Passagieren während der Beförderung. Nach Art. 17 WA haftet der Luftfrachtführer für Schäden die durch die Tötung oder Körperverletzung

[225] Abkommen zur Vereinheitlichung von Regeln über die Beförderung im internationalen Luftverkehr vom 12. Oktober 1929 (Warschauer Abkommen). RGBl.1933 II S. 1039 ; BGBl. 1958 II S, 312.

[226] Insgesamt wurde das Warschauer Abkommen von 150 Staaten ratifiziert.

[227] Saenger, NJW 2000, S. 169 (170), Kronke in: MünchKomm HGB, Bd. 7, Art. 1 WA, Rn. 1; Bollweg, Das Montrealer Übereinkommen, ZLW 2000, S.439 (439).

[228] Artikel mit der Bezeichnung WA sind im Folgenden solche des Warschauer Abkommens.

eines Reisenden entstehen, wenn der zum Schaden führenden Unfall sich an Bord eines Luftfahrzeuges, oder während des Ein- und Aussteigens ereignet. Dabei wird das Verschulden des Luftfrachtführers vermutet, den Reisenden trifft insoweit keine Beweislast bezüglich des Verschuldens, sondern nur die Beweislast bezüglich des Kausalzusammenhangs zwischen dem Schaden und dem schadenauslösenden Ereignis. Der Luftfrachtführer wird vielmehr mit der Pflicht belastet, nachzuweisen, dass ihn kein Verschulden trifft. Als Ausgleich für diese Belastung wurde die Haftung des Luftfrachtführers der Höhe nach begrenzt[229]. Eine unbegrenzte Haftung ist nur im Falle eines qualifizierten Verschuldens vorgesehen.

Ziel und Hintergrund der Konstruktion einer solchen Haftungssystematik im Jahre 1929 war es, einen Ausgleich zwischen den durch die Neuregelungen entstehenden Belastungen der Luftfahrtindustrie sowie den Bedürfnissen der Reisenden zu finden[230]. Durch die Einführung der neuen Haftungssystematik im Luftrecht durch das Warschauer Abkommen gelang es, einen solchen Ausgleich zu schaffen. Einerseits fanden die Interessen der in den 30er Jahren noch neuen und wachsenden Luftfahrtindustrie Beachtung. Zwei Jahre nach der Überquerung des Atlantiks durch Charles Lindberg steckte die Luftfahrtindustrie noch in den Kinderschuhen. Die Luftfahrt war 1929 nicht nur ein völlig neuer Wirtschaftszweig, aufgrund ihres jungen Entwicklungsstands zeigten sich noch zahlreiche technische Unzulänglichkeiten. Dieser junge Wirtschaftszweig sollte vor eventuell erheblichen Schadensersatzforderungen und nicht mehr finanzierbaren Versicherungsprämien - wobei es für sehr hohe Haftungsrisiken zu jener Zeit auf den Versicherungsmärkten noch keine Deckung gab[231] - bewahrt werden[232]. Es wurde zu dieser Zeit allgemein befürchtet, dass hohe finanzielle Haftungsbelastungen Luftfahrtunternehmen beziehungsweise den gesamten Industriezweig der Luftfahrt in den finanziellen Ruin treiben könnte. Als „infant industry" erschien ihr wirtschaftliches Überleben dementsprechend nur bei einem haftungsrechtlichen Schutz gewährleistet, der Schadensersatzansprüche ihrer Kunden selbst noch bei Katastrophenfällen wirksam abfangen konnte[233]. Insoweit war

[229] Müller-Rostin/Schmid, Yin und Yan ade?, Festschrift für Guldimann, S. 169 (170).

[230] Saenger, Harmonisierung des internationalen Luftprivatrechts, NJW 2000, S. 169 (170) ; Stellungnahme des Luftrechtsforums, Das Warschauer Abkommen- nur noch eine Hülse?, TranspR 1996, S.125 (125).

[231] Basedow, Haftungshöchstsummen im internationalen Lufttransport, TranspR 1988, S.353 (353).

[232] Müller-Rostin/Schmid, Yin und Yan ade?, Festschrift für Guldimann, S. 169 (170) ; Giemulla in: Giemulla/Schmid, Frankf.Komm. Warschauer Abkommen Bd.3, Einleitung, Rdnr.1.

[233] Ruhwedel, Das Montrealer Übereinkommen, TranspR 2001, S.189 (189).

Ziel der Haftungssystematik des Warschauer Abkommens im Interesse der Luftfahrtindustrie die Haftung bei Luftbeförderungen möglichst berechenbar und unternehmenssichernd zu begrenzen. Neben der eigentlichen Haftungsregelung des Luftbeförderers fanden diese Grundsätze eine Ausprägung vor allem in der Limitierung der Haftung des Luftbeförderers im Rahmen der Einführung von bestimmten Haftungshöchstsummen. Nach Art. 22 WA wurde dessen Haftung für Personenschäden auf 125.000 Poincaré-Franken[234] begrenzt, was heute einem Betrag von ca. 9722 Euro entsprechen würde. Nur wenn der Luftfrachtführer einen Schaden vorsätzlich oder einem nach dem Recht des angerufenen Gerichts dem Vorsatz gleichstehenden Grad an Fahrlässigkeit herbeigeführt hat, kommt nach Art. 25 WA eine unbegrenzte Haftung in Betracht.

Andererseits wurde dem Interesse des Fluggastes insoweit gedient, als dass die Geltendmachung von Schadensersatzforderungen erheblich vereinfacht wurde, insbesondere durch die Einführung der Verschuldensvermutung für den Luftfrachtführer, verknüpft mit der Beweislastregelung, welche seitens des Geschädigten (zu seinen Gunsten) keinen Verschuldensnachweis fordert. Im Rahmen dieser Konstruktion wird den Interessen des Geschädigten insoweit gedient, als das eine faktische Anspruchsvernichtung vermieden wird. Ein Verschuldensnachweis würde dem Geschädigten schon aufgrund seiner natürlichen Sachferne zu den Einzelheiten des Beförderungsvorgangs in der Regel kaum gelingen[235].

Kritisiert wurde das Warschauer Abkommen vor allem von den Vereinigten Staaten aufgrund seiner zu niedrig empfundenen Haftungsgrenzen für Personenschäden[236]. Dieses führte im Jahre 1955 zu einer weiteren Staatenkonferenz in Den Haag. Ergebnis dieser Konferenz war das Haager Protokoll[237], welches seit dem 1. August 1963 in Kraft ist[238].

Das Haager Protokoll sah keine Generalrevision des Warschauer Abkommens vor, sondern modifizierte lediglich einige seiner Vorschriften[239]. Das Warschauer Abkommen behielt neben dem Haager Protokoll weiterhin Geltung, und wurde nicht durch dieses ersetzt.

---

[234] Ca. 8333 SZR.

[235] Giemulla, Lastenverteilung nach dem Warschauer Abkommen, Luftverkehrsrecht im Wandel; Festschrift für Werner Guldimann S. 115 (119).

[236] Giemulla in: Giemulla/Schmid, Frankf.Komm. Warschauer Abkommen Bd.3, Einleitung, Rdnr.3.

[237] Haager Protokoll vom 28.9.1955 zur Änderung des Abkommens zur Vereinheitlichung von Regeln über die Beförderung im internationalen Luftverkehr unterzeichnet in Warschau am 12.10.1929, BGBl. 1958 II 292.

[238] Insgesamt wurde das Haager Protokoll von 133 Staaten ratifiziert.

[239] Müller-Rostin, Auf dem Weg zu einem neuen Warschauer Abkommen?, TranspR 1998, S. 229 (229).

Als wesentliche Modifikation sah das Haager Protokoll eine Verdoppelung der Haftungsgrenzen für Personenschäden vor. Der vom Warschauer Abkommen eingeführte Betrag von 125.000 Poincaré-Franken wurde im Rahmen des Art. 22 Abs. 2 WA/HP[240] auf eine Summe von 250.000 Poincaré-Franken[241] angehoben. Ein Versuch der Vereinigten Staaten, die Haftungshöchstsumme für Personenschäden auf 375.000 Poincaré-Franken anzuheben, blieb ohne Erfolg und fand keine mehrheitliche Zustimmung auf der Konferenz[242].
Ebenfalls modifiziert wurde die Vorschrift des Art. 25 WA über die unbegrenzte Haftung bei qualifiziertem Verschulden. Während der Art. 25 WA ursprünglich auf die schädigende Handlung selbst abstellte, sah Art. 25 WA/HP nun vor, dass Haftungsbeschränkungen nicht bestehen, wenn nachgewiesen wird, dass der Schaden durch eine Handlung oder Unterlassung des Luftfrachtführers oder seiner Leute verursacht worden ist, die entweder in der Absicht, Schaden herbeizuführen, oder leichtfertig oder in dem Bewusstsein begangen wurde, dass der Schaden mit Wahrscheinlichkeit eintreten werde. Damit verlagerte Art. 25 WA/HP seinen Schwerpunkt auf den schädigenden Erfolg, welches vielfach als Haftungsmilderung zugunsten des Luftfrachtführers gesehen wurde[243].
Weiterhin sah das Haager Protokoll eine bedeutende Änderung der Vorschriften über die Reisedokumente vor. So haftete nun der Luftfrachtführer nach dem neu eingeführten Art. 3 Abs. 2 WA/HP unbegrenzt, wenn er dem Fluggast keinen Flugschein vor Antritt des Fluges aushändigte oder wenn der Flugschein nicht die unter Art. 3 Abs. 2c WA/HP vorgesehenen Hinweise enthielt.

bb) Zusatzabkommen von Guadalajara von 1961

Im Jahre 1961 sollte ein weiteres Mal das Warschauer Abkommen ergänzt werden. Das Zusatzabkommen von Guadalajara[244] ist das Ergebnis einer Luftrechtskonferenz im mexikanischen Guadalajara, welche 1961 abgehalten wurde. Das am 01.05.1963 in Kraft getretene Zusatzabkom-

---

[240] Artikel mit der Kennzeichnung WA/HP sind im folgenden solche des Warschauer Abkommens in der Fassung des Haager Protokolls von 1955.

[241] Ca. 16.666 SZR / 19.444 Euro.

[242] Giemulla in: Giemulla/Schmid, Frankf.Komm. Warschauer Abkommen Bd.3, Einleitung, Rdnr.4.

[243] Giemulla in: Giemulla/Schmid, Frankf.Komm., a.a.O., Rdnr.4. m.w.N.

[244] Zusatzabkommen zum Warschauer Abkommen zur Vereinheitlichung von Regeln über die von einem anderen als dem vertraglichen Luftfrachtführer ausgeführten Beförderung im internationalen Luftverkehr vom 18. 09. 1961 (BGBl. 1963 II S. 1159 ; BGBl. 1964 II S. 1317).

men von Guadalajara[245] regelt die im Warschauer Abkommen ungeregelt gebliebenen, insbesondere haftungsrechtlichen Fragen bei Miete und Charter von Flugzeugen, soweit der vertragliche und der tatsächlich ausführenden Beförderer nicht personenidentisch sind. Das Zusatzabkommen bestimmt dabei, das beide Luftfrachtführer den Haftungsregeln des Warschauer Abkommens unterworfen sind und gesamtschuldnerisch haften sollen, womit der Geschädigte die Möglichkeit erhält, neben dem vertragschließenden Luftfrachtführer auch den ausführenden Beförderer auf Schadenersatz in Anspruch zu nehmen[246].

cc) CAB / IATA Agreement (Montrealer Zwischenvereinbarung) von 1966

Einige Jahre nach Abschluss des Haager Protokolls von 1955 wurden die von diesem Protokoll erhöhten Haftungssummen als nicht mehr ausreichend angesehen. Insbesondere die Vereinigten Staaten sahen eine Haftungshöchstsumme von 250.000 Poincaré-Franken als nicht mehr akzeptabel an. Dieses hat seinen Grund in der spezifischen Entwicklung der amerikanischen Luftfahrtindustrie und den Eigentümlichkeiten des amerikanischen Rechtssystems, speziell im Rahmen des Schadensersatzrechts. Amerika entwickelte sich in der Zeit nach dem Zweiten Weltkrieg zu einer führenden Luftfahrtnation. Dabei war die Rechtslage in den Vereinigten Staaten dadurch geprägt, dass es für den inneramerikanischen Luftverkehr keine Haftungsbegrenzung für Personenschäden gab. Weiterhin bestimmte in einem Schadensersatzprozess vor Gericht eine „Jury“ die Schadensfestsetzung, die Anwälte arbeiten auf der Basis von Erfolgshonoraren und eine soziale Absicherung von Unfallopfern im Rahmen eines Sozialversicherungssystems war nur bedingt entwickelt[247]. Alle diese Entwicklungen trugen dazu bei, dass die von amerikanischen Gerichten zuerkannten Schadensersatzsummen für Personenschäden nach einem Flugzeugunglück gegenüber den Höchstsummen des Warschauer Abkommens in der Fassung des Haager Protokolls erheblich anstiegen[248]. Nach einem gescheiterten Versuch der Vereinigten Staaten auf einer Sonderkonferenz der ICAO in Montreal im Jahre 1966 eine Erhöhung der

---

245 Das Zusatzabkommen von Guadalajara wurde von 82 Staaten ratifiziert.

246 Riese, Die internationale Luftrechtskonferenz von Guadalajara, ZLW, 1962, S.1 (3).

247 Basedow, Haftungshöchstsummen im internationalen Lufttransport, TranspR 1988, S.353 (353) ; Müller-Rostin/Schmid, Yin und Yang ade?, Luftverkehrsrecht im Wandel, Festschrift für Werner Guldimann S. 169 (172).

248 Lowenfeld/Mendelsohn, The United States and the Warsaw Convention, Harv. L. Rev. 80 (1966/67) S. 497 (507 ff) ; Basedow, Haftungshöchstsummen im internationalen Lufttransport, TranspR 1988, S. 353 (353).

Haftungsgrenzen des Haager Protokolls von 1955 auf 375.000 Poincaré-Franken zu erreichen[249], traten die USA dem Haager Protokoll nicht bei und kündigten sogar das von ihnen ratifizierte Warschauer Abkommen zum 15. Mai 1966, allerdings mit der Aussicht, diese Kündigung zurückzuziehen, sobald eine Haftungsbegrenzung von 100.000 US-Dollar eingeführt würde[250].
Unter dem Druck der Regierung der Vereinigten Staaten und der großen wirtschaftlichen Bedeutung des amerikanischen Luftverkehrs sahen sich eine Vielzahl von internationalen Luftfahrtgesellschaften veranlasst, die sogenannte „Montrealer Zwischenvereinbarung"[251] zu unterzeichnen. Diese Vereinbarung zwischen Luftfrachtführern der IATA und dem Civil Aeronautics Board (CAB) der Vereinigten Staaten verpflichtete die Fluggesellschaften, die einen Lande- bzw. Zwischenlandepunkt in Amerika anflogen, in ihren allgemeinen Beförderungsbedingungen die Haftung für Personenschäden auf 75.000 U.S.-Dollar zu erhöhen. Ebenso verzichteten die Luftfahrtgesellschaften auf die in Art. 20 WA geregelte Möglichkeit der Beweisführung, dass zur Schadensvermeidung alle notwendigen Maßnahmen getroffen wurden beziehungsweise nicht getroffen werden konnten[252]. Für Ansprüche von Geschädigten, welche die Summe von 75.000 US-Dollar überstiegen, hafteten die Fluggesellschaften nur bei erwiesenem qualifiziertem Verschulden[253]. Damit änderte die Montrealer Zwischenvereinbarung die vom Warschauer Abkommen eingeführte Verschuldenshaftung mit umgekehrter Beweislast in eine - zumindest bis zur Summengrenze von 75.000 US-$ geltenden - verschuldensunabhängige Gefährdungshaftung[254].

---

[249] Der Versuch Amerikas scheiterte, da ein Grossteil der an der Konferenz beteiligten Staaten eine Erhöhung der Haftungssummen auf 100.000 US-Dollar als zu weitgehend betrachteten. Es wurde befürchtet, dass eine entsprechend hohe Versicherungsprämie die Fluggesellschaften wirtschaftlich unerträglich belasten würde und außerdem wurde es als ungerecht angesehen, die Höhe der Haftungssummen nach den Bedürfnissen der amerikanischen Fluggäste auszurichten (vgl. Schmidt-Räntsch, Die Luftrechtskonferenz von Guatemala, ZLW 1972, S. 3 (4)).

[250] Müller-Rostin/Schmid, Yin und Yang ade?, Luftverkehrsrecht im Wandel, Festschrift für Werner Guldimann
S. 169 (172).

[251] Montreal Interim Agreement CAB 18.900 vom 4. Mai 1966, 49 United States Code Annotated (U.S.C.A.), § 1502, S. 437 (1967), auch abgedruckt bei: Giemulla/Schmid, FrankfKomm., Bd. 3: Anhang I-11.

[252] Müller-Rostin/Schmid, Yin und Yang ade?, Luftverkehrsrecht im Wandel; Festschrift für Werner Guldimann
S. 169 (173).

[253] Sand, Zum Mythos der Verschuldenshaftung, ZLW 1968, S. 103 (104).

[254] Giemulla in: Giemulla/Schmid, Frankf.Komm. Warschauer Abkommen Bd.3, Einleitung, Rdnr.6. ; Lowenfeld/Mendelsohn, The United States and the Warsaw Convention, Harv. L. Rev. 80 (1966/67) S. 497 (599).

Mit der Unterzeichnung der Montrealer Zwischenvereinbarung zogen die USA ihre Kündigung des Warschauer Abkommen zurück. Das CAB/IATA Agreement stellt jedoch kein völkerrechtliches Rechtsinstrument dar, sondern vielmehr eine privatrechtliche Vereinbarung zwischen Reisendem und Luftfrachtführer nach Art. 22 Abs. 2 S. 3 WA. Es hat insoweit keinen Einfluss auf den Bestand oder die Wirksamkeit des Warschauer Abkommen und seiner Zusatzprotokolle.

dd) Protokoll von Guatemala City von 1971

Auf einer Luftrechtskonferenz in Guatemala City 1971 wurde ein weiterer Versuch unternommen, das Warschauer Abkommen, speziell die Regelungen der Haftung des Luftfrachtführers und die Haftungshöchstsummen zu ändern. In dem Protokoll von Guatemala City von 1971[255] wurde zunächst die Haftungssumme des Luftfrachtführers für Personenschäden auf 1,5 Mio. Poincaré-Franken (damals 100.000 U.S.-Dollar) angehoben. Weiterhin wurde das Modell der Erfolgshaftung, welches in der Montrealer Zwischenvereinbarung erstmalig geschaffen wurde[256], in das Protokoll von Guatemala City übernommen, jedoch unter Verzicht auf die Möglichkeit einer Durchbrechung der Haftungshöchstsumme von 1,5 Mio. Poincaré-Franken , auch bei qualifiziertem Verschulden[257].
Das Protokoll von Guatemala City trat jedoch bis heute nicht in Kraft, da es nicht durch die gemäß Art. XX des Protokolls von Guatemala City benötigten 30 Staaten ratifiziert wurde, von denen fünf wenigstens 40 Prozent der Lufttransportleistung im internationalen Linienverkehr erbringen müssen[258]. Insbesondere die USA versagten, trotz der Anhebung der Haftungshöchstsummen, ihre Ratifizierung, da die festgelegte Haftungshöchstsumme nach amerikanischer Meinung aufgrund der Erhöhung der allgemeinen Lebenshaltungskosten und des Lebensstandards nicht mehr zeitgemäß schien[259]. Wiederum spielten bei dem Entschluss

---

[255] Protocol signed at Guatemala City on 8.3.1971 to amend the Convention for the Unification of Certain Rules Relating to International Carriage by Air, signed at Warsaw 12.10.1929 as amended by the Protocol done at Den Hague on 28.9.1955 ; abgedruckt bei: Giemulla/Schmid, Frankf.Komm. Warschauer Abkommen Bd.3, Anhänge II-1 und 2.

[256] Vgl. in dieser Arbeit: § 1, B, II, 1, b), cc).

[257] Müller-Rostin/Schmid, Yin und Yang ade?, Luftverkehrsrecht im Wandel; Festschrift für Werner Guldimann
S. 169 (173).

[258] Insgesamt ratifizierten nur sieben Staaten das Protokoll von Guatemala City.

[259] Müller-Rostin/Schmid, Yin und Yang ade?, Luftverkehrsrecht im Wandel; Festschrift für Werner Guldimann
S. 169 (174) ; Giemulla in: Giemulla/Schmid, Frankf.Komm. Warschauer Abkommen Bd.3, Einleitung, Rdnr.9.

der USA die nationale Rechtsprechung eine erhebliche Rolle. Diese gestand nämlich inzwischen einem Reisenden, der bei einem Flugzeugunglück zu Tode kam, durchschnittlich eine Summe von 200.000 U.S.-Dollar zu[260]. Während 1966 nur 27.9 Prozent der bezahlten Schäden in Amerika über 100.000 US-Dollar lagen, waren es 1970 schon 63,2 Prozent[261]. Aber auch die Vereinigung der amerikanischen Prozessanwälte (American Trial Lawyers' Association) übte Einfluss auf die Entscheidung der Vereinigten Staaten aus, das Protokoll nicht zu ratifizieren. Die Vereinigung der Prozessanwälte war zwar grundsätzlich nicht gegen eine neue Festlegung der Haftungssumme, sie befürworteten jedoch nicht die im Protokoll von Guatemala City vorgesehene Unverbrüchlichkeit der Haftungsgrenzen für den Fall von Vorsatz und groben Verschulden des Luftfrachtführers[262]. Das Protokoll wurde als zu sehr an den Interessen der Beförderer und Versicherer orientiert angesehen[263]. Ein Grund für die Orientierung an den Interessen der Beförderer wurde darin gesehen, dass viele nationale Luftfahrtgesellschaften weltweit noch in staatlichem Besitz waren, und nur wenige einer Privatisierung unterzogen wurden. Insoweit hatten die das Protokoll von Guatemala City aushandelnden Staaten ein Eigeninteresse an der Unterstützung und Stärkung der Position des Beförderers gegenüber Schadensersatzansprüchen der Passagiere.
Ein In-Kraft-Treten des Protokolls von Guatemala City und eine Ratifizierung desselben durch die USA blieb aufgrund dieser Kritik aus.

ee) Malta Agreement von 1974

Ein weiterer Versuch, auf freiwilliger Basis außerhalb des völkerrechtlichen Systems des Warschauer Abkommens verbesserte Regelungen für die Beförderung von Reisenden und ihrem Gepäck in der internationalen Luftfahrt zu schaffen bildet das sogenannte Malta Agreement von 1974, welches nie schriftlich fixiert wurde. Auf der Sitzung der sogenannten Malta Gruppe[264] am 30./31. Mai 1974 in London wurde vereinbart, die

[260] Giemulla in: Giemulla/Schmid, FrankfKomm. Warschauer Abkommen Bd. 3, Einleitung, Rdnr. 9 m.w.N.
[261] Bodenschatz, Die Fluggast-Unfallversicherung, in: Beiträge zum Luft- und Weltraumrecht, Festschrift für Meyer, S. 45 (47).
[262] Basedow, Haftungshöchstsummen im internationalen Lufttransport, TranspR 1988, S. 353 (354).
[263] Bin Cheng, The 1999 Montreal Convention on International Carriage by Air, ZLW 2000, S. 484 (485).
[264] Die Malte Gruppe setzte sich zusammen aus den Luftfahrtbehörden von neun europäischen Staaten, nämlich Belgien, Dänemark, Bundesrepublik Deutschland, Frankreich, Großbritannien, Holland, Norwegen, Schweden und Schweiz.

Haftungsgrenzen des Warschauer Abkommens für Passagierschäden auf freiwilliger Basis anzuheben. Im Rahmen ihrer Beförderungsbedingungen erhöhten die jeweiligen, nationalen Fluggesellschaften der Malta Gruppe die Haftungssummen für Passagierschäden auf internationalen Flügen - mit Ausnahme derjenigen, welche von der Montrealer Zwischenvereinbarung von 1966 erfasst wurden - auf 750.000 Poincaré-Franken[265].

ff) Montrealer Zusatzprotokolle von 1975

Im Jahre 1975 wurden die Montrealer Protokolle Nr. 1-4 vereinbart. Das Protokoll Nr. 1[266] setzte die ursprüngliche Haftungssumme des Warschauer Abkommens von 125.000 Poincaré-Franken auf 8300 SZR fest. Das Protokoll Nr. 2[267] ersetzte die Haftungssumme von 125.000 Poincaré-Franken der revidierten Fassung des Warschauer Abkommen in Form des Haager Protokolls von 1955, durch die Summen von 16.600 SZR, und das Protokoll Nr. 3[268] schrieb die Haftung für Personenschäden, wie sie vom Guatemala City Protokoll festgelegt wurde, von 1,5 Mio. Poincaré-Franken auf 100.000 SZR[269] fest. Das Protokoll Nr. 4[270] befasste sich mit den Frachtbestimmungen des Warschauer Abkommens.
Die Protokolle Nr. 1, 2 und 4 sind jeweils in Kraft getreten, während das Protokoll Nr. 3 bis heute nicht in Kraft getreten ist. Ursache hierfür ist, dass das Protokoll Nr. 3 eine Haftungssumme von 100.000 SZR vorsah. Dieser Betrag war den Vereinigten Staaten und einigen anderen Ländern zu niedrig, während insbesondere die Drittweltstaaten diese Summe als weitaus überhöht ansahen[271]. Außerdem hatte das Montrealer Protokoll Nr. 3 den Inhalt des Protokolls von Guatemala City ohne jegliche Veränderung übernommen, insbesondere die Undurchbrechbarkeit der Haftungssumme von (jetzt) 100.000 SZR.
Damit zog das Montrealer Protokoll Nr. 3 die selbe Kritik auf sich, wie schon das Protokoll von Guatemala City, nämlich die zu stark an den

---

[265] Müller-Rostin/Schmid, Yin und Yang ade?, Luftverkehrsrecht im Wandel; Festschrift für Werner Guldimann, S. 169 (175).
[266] Abgedruckt bei Giemulla/Schmid, FrankfKomm. Bd. 3, Anhang II-3; in Kraft seit 15.2.1996, (47 Ratifikationen).
[267] Abgedruckt bei Giemulla/Schmid, FrankfKomm. Bd. 3, Anhang II-4; in Kraft seit 15.2.1996, (48 Ratifikationen).
[268] Abgedruckt bei Giemulla/Schmid, FrankfKomm. Bd. 3, Anhang II-5; nicht in Kraft getreten, (Nur 23 von den benötigten 30 Staaten ratifizierten das Protokoll).
[269] Ca. 116.665 Euro.
[270] Abgedruckt bei Giemulla/Schmid, FrankfKomm. Bd. 3, Anhang II-6; in Kraft seit 14.6.1998, (51 Ratifikationen).
[271] Müller-Rostin, Neuregelung im internationalen Luftfrachtverkehr: Montrealer Protokoll Nr.4, TranspR 2000, S. 234 (234).

Interessen der Beförderer und Versicherer orientierte Normierung der Haftung, welches speziell von den USA abgelehnt wurde[272].
Ein Konsens über eine Änderung des Protokolls Nr. 3 wurde nicht erreicht, es erschien wenig sinnvoll, das Protokoll in anderen Ländern der Welt wirksam werden zu lassen, wenn der mit Abstand größte Luftverkehrsmarkt der Welt, nämlich der der USA, ausgeschlossen bleibt[273].
Insoweit blieb es im völkerrechtlichen Sinne bei den vom Warschauer Abkommen festgelegten Haftungshöchstsummen.

gg) Italienisches Verfassungsgerichtshofurteil „Ugo Coccia et al v. Turkish Airlines" vom 6. Mai 1985

Am 7. Juli 1988 hat die italienische Regierung durch das Gesetz Nr. 274 die bestehenden Haftungsgrenzen des Warschauer Abkommens angehoben und eine neue Haftungsgrenze von 100.000 SZR für Italien eingeführt[274]. Die neue Haftungsgrenze von 100.000 SZR wurde verbindlich für alle internationalen Beförderungen von italienischen Luftverkehrsgesellschaften, sowie für Luftverkehrsgesellschaften, die einen Landepunkt in Italien anflogen.
Zuvor hatte der italienische Verfassungsgerichtshof in der Entscheidung 132/85 vom 2. Mai 1985 in der Sache *Ugo Coccia gegen THY Tuk Hava Yollari (Turkish Airlines)*[275] die in Italien im Rahmen des italienischen Transformationsgesetzes zum Warschauer Abkommen/Haager Protokoll in Bezug auf Art. 22 WA/HP bestehenden Haftungsgrenzen für Personenschäden wegen Verstoßes gegen die Verfassung für nichtig erklärt. Gründe hiefür wurden in einem Verstoß der derzeitigen Haftungssummen gegen die Menschenwürde gesehen. Zwar sprach sich der Verfassungsgerichtshof nicht generell gegen eine Haftungslimitierung aus, forderte jedoch für die Verfassungsmäßigkeit von Haftungsobergrenzen, dass sie die Ansprüche der Hinterbliebenen eines Unfallopfers sicherstellen und angemessen befriedigen[276]. Dabei wurde eine Grenze von 100.000 SZR als angemessen betrachtet.
Als Begründung der Forderung nach dieser erhöhten Haftungssumme wurde angeführt, dass aufgrund der enormen Verbesserung der Flugsi-

---

272 Bin Cheng, The 1999 Montreal Convention on International Carriage by Air, ZLW 2000, S. 484 (485).
273 Müller-Rostin, Haftungsgrenzen für Personenschäden im internationalen Luftverkehr und die Notwendigkeit ihrer Revision, EuWZ 1993, S.121 (123).
274 Schmidt, Neue Beförderungsbedingungen im Italienverkehr, ZLW 1989, S.33 (33).
275 Abgedruckt in deutscher Sprache in: TranspR 1988, S. 374 ff.
276 Müller-Rostin, Neue Entwicklungen bei den Passagierhaftpflichtgrenzen, TranspR 1996, S. 5 (6).

cherheit ebenfalls die Möglichkeit der Versicherbarkeit dieser Summe bestehe. Ebenso zeigte die Entwicklung des Warschauer Haftungssystems durch die Montrealer Zwischenvereinbarung von 1966 und dem Protokoll von Guatemala City von 1971, dass international eine deutliche Tendenz zur Einführung einer Gefährdungshaftung des Luftfrachtführers, verknüpft mit deutlich höheren Haftungsgrenzen zu erkennen sei[277].

hh) „Japanische Initiative“ von 1992

Am 1. April 1982 wurden in Japan die bisherige Haftungshöchstsumme für Personenschäden im nationalen Luftverkehr, die einem Betrag von ca. 75.000 US-Dollar entsprachen[278], durch eine unlimitierte Haftung ersetzt. Im Durchschnitt wurden daraufhin für Unfälle im Personentransport, welche den Tod eines Passagiers zur Folge hatten, innerhalb Japans eine Summe von 100.000.000 Yen ausgezahlt, wobei diese Summe Schwankungen unterlag und vom Einkommen, Alter, Geschlecht, und anderen den Verstorbenen betreffenden Faktoren abhing. Weiterhin wurde ein Kondolenzgeld von 18.000.000 Yen bis 24.000.000 Yen an die Hinterbliebenen gezahlt[279]. Innerhalb Japans war es damit undenkbar, dass eine Schadensersatzsumme für den Tod eines Passagiers nicht die Summe von 100.000 SZR übersteigen würde. Diese Disparität zwischen den nationalen und den internationalen Regelungen der Haftungshöchstsummen wurde in Japan nicht toleriert[280]. Im Jahre 1989 ereignete sich dann ein Flugzeugabsturz, der die japanische Bevölkerung verunsicherte. Ein Flugzeug der „Japan Airlines“ (JAL) hatte technische Probleme am Heck festgestellt und kreiste eine halbe Stunde in japanischem Luftraum, bevor es schließlich in einen Berg stürzte. In dieser halben Stunde schrieben viele der Passagiere an Bord der Maschine Briefe an ihre Angehörigen, welche nach dem Absturz veröffentlicht wurden und starke Emotionen und Diskussionen um Haftungslimitierungen in der Bevölkerung Japans auslösten[281]. In der direkten Folge beantragten die „Japan Airlines“ und ihre sechs Tochtergesellschaften – ob durch staatlichen Druck oder aus freien Stücken - beim japanischen Transportminister, die Haftungslimitie-

---

[277] Kuhn, Keine Haftungslimitierung nach Art. 22 I WA, WA/HP vor italienischen Gerichten, ZLW 1986 S. 99 (101f.).

[278] Das Haftungslimit lag vor dem Jahr 1982 bei 23.000.000 Yen und orientierte sich an den Summen des Montrealer Zwischenabkommens von 1966, wobei der Umrechnungskurs bei 1 US-Dollar = 307 Yen lag.

[279] Hayashida, Waiver of Warsaw Convention and Hague Protocol Limits of liability, ZLW 1993, S.144 (144).

[280] Hayashida, a.a.O., S.144 (144).

[281] Haddon-Cave, Limitation against passenger claims, CMI Yearbook 2001, S. 234 (239).

rung im internationalen Flugverkehr den nationalen Regeln insoweit anzupassen, als dass eine Limitierung abgeschafft werden sollte[282]. Nach der Zustimmung des Ministeriums trat die neue japanische „Convention of Carriage“ am 20. November 1992 in Kraft. Es wurde der Weg über Art. 22 Abs. 1 Satz 3 WA gewählt, wonach der Luftfrachtführer mit dem Passagier im Wege eines besonderen Vertrages höhere Haftungsgrenzen vereinbaren kann. Vor diesem Hintergrund wurde die neue japanische Regelung durch ihre Aufnahme in die Beförderungsbedingungen der Fluggesellschaften wirksam. Im einzelnen wurde festgeschrieben, dass die japanischen Luftverkehrsgesellschaften bis zu einer Summe von 100.000 SZR auf den Entlastungsbeweis des Art. 20 WA verzichteten, während ihnen bei höheren Ansprüchen dessen Führung nicht verwehrt ist. Ansonsten besteht keine weitere summenmäßige Haftungsbeschränkung. Diese Neuregelung beschränkt sich jedoch auf japanische Luftverkehrsgesellschaften und gilt für diese für sämtliche internationalen Beförderungen. Die Auswirkungen der Neuregelung waren jedoch weitaus größer, so hat unter anderem die Deutsche Lufthansa AG im Verkehr von und nach Japan ebenfalls auf eine Haftungslimitierung verzichtet[283].

ii) Australische Gesetzgebung vom 27. Juli 1995

Auch Australien entschloss sich 1995 eine eigene Lösung der Probleme um die Haftungshöchstsummen zu suchen und erließ am 27. Juli 1995 ein Gesetz, welches die Haftungshöchstsumme auf 260.000 SZR[284] anhob und welches Fluggesellschaften, die eine entsprechende Passagier-Haftpflichtversicherung nicht nachweisen konnten, die Ein- und Ausfluggenehmigung versagte[285].

jj) IATA-Intercarrier Agreements (1995/96)

Im Jahre 1995 hielt die International Air Transport Association (IATA) in Washington eine „Airline Liability Conference“ ab. Auf dieser Konferenz wurden Möglichkeiten der Neuregelung der Haftungshöchstsummen und

---

[282] Bin Cheng, Air Carriers’ Liability for Passengers Injury or Death, Air & Space law, 1993, S. 109 (109).
[283] Müller-Rostin, Neue Entwicklungen bei den Passagierhaftpflichtgrenzen, TranspR 1996, S. 5 (6).
[284] Ca. 303.329 Euro / 379.950 US-Dollar.
[285] Müller-Rostin/Schmid, Yin und Yang ade?, Luftverkehrsrecht im Wandel; Festschrift für Werner Guldimann, S. 169 (176).

der grundsätzlichen Haftungssystematiken in der zivilen Luftfahrt besprochen. Damit gab die Konferenz den Anstoß für die Erstellung der IATA-Intercarrier Agreements, welche bereits im Oktober 1995 auf der Vollversammlung der IATA in Kuala Lumpur zur Abstimmung gestellt wurden[286]. Diese neuen Intercarrier-Agreements sollten die Montrealer Zwischenvereinbarung von 1966 ersetzen[287]. Die IATA-Agreements bestehen aus drei Abkommen, nämlich dem „Intercarrier Agreement on Passenger Liability"[288] (IIA), dem „Agreement on Measures to Implement the IATA Intercarrier Agreement"[289] (MIA) und dem „Agreement on Provisions Implementing the IATA Intercarrier Agreement to be included in Conditions of Carriage and Tariffs"[290] (IPA).

Die IATA-Intercarrier Agreements verfolgen das Ziel einer inhaltlichen Fortschreibung des nicht mehr als zeitgemäß empfundenen Haftungssystems des Warschauer Abkommens[291].

Die Regelungen kommen zur Anwendung, soweit eine Fluggesellschaft sie in ihre Beförderungsbedingungen aufgenommen hat[292] und sind somit kein völkerrechtlicher Standard, ihr Medium ist vielmehr das AGB-Recht.

Das IIA hob zunächst die durch das Warschauer Abkommen eingeführten Haftungsgrundsätze für den Tod und die Körperverletzung von Reisenden auf. Nach den Regelungen des IIA verpflichten sich die Fluggesellschaften, sich nicht auf die Haftungsbegrenzungen des Art. 22 WA zu berufen, soweit Ansprüche aus Art. 17 WA geltend gemacht werden (Ansprüche aus Körperverletzung oder Tod von Passagieren)[293]. Vielmehr soll für den tatsächlich entstandenen Schaden in vollem Umfang – allerdings unter Berücksichtigung eines eventuellen Mitverschuldens des Geschädigten - Ersatz geleistet werden[294]. Weiterhin sieht das IIA in Ziffer 1 vor, dass der Schadensersatz bestimmt werden kann nach dem „law of

---

286 Saenger, Harmonisierung des internationalen Luftprivatrechts; NJW 2000, S.169 (171).

287 Böckelstiegel, A Historic Turn in International Air Law, ZLW 1996, S. 18 (21).

288 Abgedruckt in: ZLW 1996, S. 23 ; Giemulla/Schmid, FrankfKomm, Bd.3, Warschauer Abk., Anhang III-9.

289 Abgedruckt in: Giemulla/Schmid, FrankfKomm, Bd.3, Warschauer Abk., Anhang III-10.

290 Abgedruckt in: TAQ 1996/97, S. 122 (zit. nach Müller-Rostin/Schmid, Yin und Yang ade?, Luftverkehrsrecht im Wandel; Festschrift für Werner Guldimann S. 169 [181 Fußn. 37]).

291 Ruhwedel, Das „IATA-Intercarrier Agreement on Passanger Liability" vom 31.10.1995, TranspR 1997, S. 1 (3).

292 Saenger, Harmonisierung des internationalen Luftprivatrechts, NJW 2000, S. 169 (171).

293 Saenger, a.a.O., S. 169 (171).

294 Müller-Rostin/Schmid, Yin und Yang ade?, Luftverkehrsrecht im Wandel; Festschrift für Werner Guldimann, S. 169 (180).

the domicil of the passenger", damit nach dem am Wohnsitz des Passagiers anwendbarem Recht.
Im Rahmen des MIA verpflichten sich die Fluggesellschaften, für Schadensersatzansprüche bis zu 100.000 SZR auf die Einrede des fehlenden Verschuldens gemäß Art. 20 WA zu verzichten, wobei dieses durch die Fluggesellschaften auch nur für bestimmte Flugstrecken eingeführt werden kann[295]. Damit wird erstmals im Luftrecht eine Gefährdungshaftung garantiert[296]. Zudem wird den Luftverkehrsgesellschaften das Recht zuerkannt, den Verzicht auf die Anwendung der Haftungsbegrenzung nicht gegenüber Sozialversicherungsträgern geltend zu machen.
Das IPA verpflichtet die Fluggesellschaften, das Wohnsitzrecht des Passagiers Anwendung finden zu lassen und dem Passagier einen fünften Gerichtsstand an seinem Wohnsitz zu gewähren. Das IPA gilt jedoch nur für amerikanische Fluggesellschaften[297].
Die IATA-Intercarrier Agreements setzten sich vielfach starker Kritik aus. Es wurden Zweifel an der Versicherbarkeit des erweiterten Haftungsrisikos ausgesprochen, speziell in Hinsicht auf die Luftfahrtgesellschaften der Länder der Dritten Welt. Für diese wurde befürchtet, dass eine Aufhebung der Höchstsummen zur Folge hätte, dass Routen in Länder, in denen hohe Schadensersatzleistungen zu erwarten waren, wirtschaftlich nicht mehr tragbar wären und somit eine Wettbewerbsverzerrung gefördert würde[298]. Ebenso wurde kritisiert, dass die IATA-Intercarrier Agreements zu stark an den Vereinigten Staaten und ihrem schwachen Sozialversicherungssystem orientiert seien, und dass andere Länder, mit einem ausgebauten Sozialversicherungssystem, keine Vorteile aus einer Erhöhung beziehungsweise dem Wegfall der Haftungshöchstsummen erzielen würden[299]. Auch die Einführung des fünften Gerichtsstandes stieß auf Kritik. Ihr wurde die Förderung von Rechtszersplitterung vorgeworfen[300].
Trotz der Kritik an den Regelungen der IATA-Intercarrier Agreements, fanden diese weltweite Anerkennung. Bis heute sind ihnen mehr als 110 Fluggesellschaften beigetreten, welche weit über 90 % des Linienflugverkehrs der Welt repräsentieren[301]. Eine so breite Anerkennung der Re-

---

295 Müller-Rostin/Schmid, Yin und Yang ade?, Luftverkehrsrecht im Wandel; Festschrift für Werner Guldimann, S. 169 (181).
296 Saenger, a.a.O., S. 169 (172).
297 Müller-Rostin/Schmid, a.a.O., S. 169 (181) ; Saenger, Harmonisierung des internationalen Luftprivatrechts, NJW 2000, S. 169 (172).
298 Saenger, a.a.O., S. 169 (172), m.w.N.
299 Müller-Rostin/Schmid, a.a.O., S. 169 (183f.).
300 Stellungnahme des Luftrechtsforums, Das Warschauer Abkommen, Nur noch eine Hülse?, TranspR 1996, S. 125 (126).
301 Saenger, a.a.O., S. 169 (171), m.w.N.

gelungen der IATA-Intercarrier Agreements wurde unterschiedlichen Gründen zugeschrieben. Eine große Anzahl von Staaten hatte ihre nationalen Luftfahrtgesellschaften privatisiert und somit kein eigenes Interesse mehr an der „Besserstellung“ des Beförderers, wie es noch bei dem Abschluss des Protokolls von Guatemala City vorherrschte. Dem gegenüber wuchs die politische Unterstützung des Verbraucherschutzes, welche eine Stärkung der Passagierinteressen forderte[302].

kk) Europäische Verordnung (EG) Nr. 2027/97 über die Haftung von Luftfahrtunternehmen bei Unfällen vom 9.10.1997

Die IATA-Intercarrier Agreements konnten generell keine vertragliche Einbeziehung gewährleisten, es wurde vielmehr den Fluggesellschaften freigestellt, ob sie diese Regelungen in ihre Beförderungsverträge aufnehmen wollten oder nicht, da es sich gerade um eine freiwillige Regelung handelte. Ein solches gegensätzliches Marktgeschehen von teilweise unbeschränkt haftenden und teilweise nach dem Warschauer Abkommen beschränkt haftenden Fluggesellschaften, widersprach den Zielen der Europäischen Union, die durch das „dritte Luftpaket“ einen einheitlichen Binnenmarkt auch auf dem Sektor des Luftverkehrs schaffen wollte[303]. Am 9. Oktober 1997 wurde schließlich die Verordnung (EG) Nr. 2027/97 über die Haftung von Luftfahrtunternehmen bei Unfällen erlassen[304]. Diese sieht in Art. 3 Abs. I a eine unbegrenzte Haftung des Luftfahrtunternehmens für Tod und Körperverletzungen eines Passagiers vor. Nach Art. 3 Abs. II der Verordnung wird dem Luftfahrtunternehmen versagt, sich bei Schäden bis zu einer Summen von 100.000 SZR zu entlasten. Eine Haftungsmilderung nach den nationalen Vorschriften ist nach Art. 3 Abs. III nur möglich, soweit ein Mitverschulden des Geschädigten vorliegt. Ergänzend sieht die Verordnung in Art. 5 eine Pflicht des Luftfahrtunternehmen zur unverzüglichen Vorauszahlung eines bestimmten Betrags auf den Schadensersatz vor, zur Befriedigung der unmittelbaren Bedürfnisse von Betroffenen. Dabei ist die Vorauszahlung im Todesfall durch Art. 5 Abs. II auf eine Mindestsumme von wenigstens 16.000 SZR festgelegt. Außer in den Fällen des Mitverschuldens des Geschädigten, ist

---

[302] Bin Cheng, The 1999 Montreal Convention on international Carriage by Air, ZLW 2000, S. 484 (487).

[303] Ruhwedel, Verordnung (EG) Nr. 2027/97, TranspR 1997, S. 13 (15).

[304] Verordnung (EG) Nr. 2027/97 des Rates vom 9. Oktober 1997 über die Haftung von Luftfahrtunternehmen bei Unfällen, ABl. Nr. L 285 vom 17.10.1997, S. 1. in der geänderten Fassung der Verordnung (EG) Nr. 889/2002 des Parlaments und des Rates vom 13. Mai 2002 zur Änderung der Verordnung (EG) Nr. 2027/97 des Rates über die Haftung von Luftfahrtunternehmen bei Unfällen, ABl. Nr. L 140/2 vom 30.05.2002.

diese Vorauszahlung nicht rückzahlbar. Die Verordnung (EG) Nr. 2027/97 gilt verbindlich für Luftfahrtunternehmen der Gemeinschaft im Sinne des Art. 2 Abs. 1 b. Das sind Luftfahrtunternehmen mit einer gültigen Betriebsgenehmigung nach der Verordnung (EG) Nr. 2407/92, Eine solche Betriebsgenehmigung erhalten nach Art. 1 Abs. 2 und Art. 4 Abs. 1 und 2 der Verordnung (EG) Nr. 2407/92 nur solche Unternehmen, die in einem Mitgliedstaat der Europäischen Union ansässig sind (Art. 4 Abs. 1 a), sich zumindest mehrheitlich im Eigentum eines Mitgliedstaates oder seiner Staatsangehörigen befinden und von diesen tatsächlich kontrolliert werden (Art. 4 Abs. 2), Luftverkehr gewerblich und als Hauptaktivität betreiben (Art. 4 Abs. 1 b) und die Luftbeförderung nicht mit Luftfahrzeugen ohne Motorantrieb, nicht mit Ultraleichtflugzeugen und nicht als Rundflug vornehmen (Art. 1 Abs. 2).

ll) Montrealer Übereinkommen 1999

Alle diese zahlreichen Reformbemühungen des Warschauer Systems, welche sich neben den unterschiedlichen Regelungensystematiken auch noch durch unterschiedliche Normadressaten, unterschiedliche Anwendungsbereiche, unterschiedliche Akzeptanz und unterschiedliche Inkraftsetzungen auszeichnen, führten zu einer unübersichtlichen Rechtszersplitterung des internationalen Luftprivatrechts. Insbesondere das Haftungsrecht wurde zu einer unübersichtlichen Materie dieses Rechtsgebiets[305]. Nach einer groben Schätzung von *Bin Cheng* existierten im Luftverkehr bis 1999 etwa 109 Kombinationsmöglichkeiten der verschiedenen Abkommen und freiwilligen Maßnahmen, immer davon abhängend, was ratifiziert oder freiwillig aufgenommen wurde[306]. Hinzu kam, dass das ursprüngliche Warschauer Abkommen von 1929, dessen Grundlagen noch auf die ersten Aufbauphase der kommerziellen Luftbeförderung abgestimmt waren, in weiten Bereichen nicht mehr den technischen, wirtschaftlichen und verbraucherschützenden Anforderungen einer weltumspannenden, sich ständig weiterentwickelnden Zivilluftfahrt entsprach[307].
Vor diesem Hintergrund fand vom 11. bis zum 28.5.1999 in Montreal unter der Schirmherrschaft der ICAO eine Diplomatische Konferenz statt, an der 121 Mitgliedstaaten der ICAO und interessierte Organisationen

[305] Statt vieler: Saenger, Harmonisierung des internationalen Luftprivatrechts, NJW 200, S. 169 (169) ; Kadletz, Das neue Montrealer Übereinkommen, VersR 2000, S. 927 (928); Bollweg, Das Montrealer Übereinkommen, ZLW 2000, S. 439 (441).
[306] Bin Cheng, The Labyrinth of the Law of international Carriage by Air, ZLW 2001, S. 155 (164).
[307] Bollweg, a.a.O., S. 439 (441f.).

teilnahmen. Ziel der Konferenz war es, ein neues Übereinkommen zu schaffen und die soeben bezeichneten Missstände des bestehenden Warschauer Systems zu beseitigen[308]. Es sollte ein neues, modernes und umfassendes Regelungswerk geschaffen werden, dass zum einen den geänderten technischen, wirtschaftlichen und verbraucherschützenden Anforderungen gerecht wird, und zum anderen durch die Integration von Vorschriften des Warschauer Abkommens und seiner abgeänderten und ergänzenden Protokolle, Zusatzprotokolle und Zusatzabkommen wieder ein einheitliches und übersichtliches Recht garantiert[309].

Auf der Konferenz in Montreal bildeten sich mehrere, stark diskutierte Problempunkte heraus. Zunächst entspann sich eine ausführliche Diskussion um die Integration des Begriffs „mental injury“ (seelische, psychische Schäden) in den Übereinkommentext[310]. Von einer ausdrückliche Nennung von „mental injury“ im Übereinkommentext wurde jedoch schließlich abgesehen. Weiterhin wurde die vorgesehene Zweistufigkeit der Haftung des Luftfrachtführers für Personenschäden ausführlich diskutiert. Insbesondere Japan, die Vereinigten Staaten und Deutschland begrüßten die vom Verschulden unabhängige, bis zu einem Betrag von 100.000 SZR beschränkte Haftung mit der Möglichkeit der parallelen vertragsmäßigen unbeschränkten Haftung für Verschulden. Dieses fand seinen Grund darin, dass sich in der entsprechenden Haftungssystematik letztlich das Prinzip der oben bereits angesprochenen „Japanese Initiative“, des „IATA Intercarrier-Agreement“ und der EG-Ratsverordnung Nr. 2027/97 wiederfindet[311]. Gegen diesen Vorschlag stellte sich der von Indien formulierte Standpunkt vieler Entwicklungs- und Schwellenländer, zwar eine vom Verschulden des Luftfrachtführers unabhängige Haftung bis zu einem Betrag von 100.000 SZR einzuführen, allerdings sollte dieser Betrag nur durchbrochen werden können, soweit dem Passagier der Nachweis des vorsätzlichen oder leichtfertigen Handelns des Luftfrachtführers gelänge. In diesem Vorschlag kam die insbesondere von den afrikanischen Staaten vertretene Ansicht zum Ausdruck, dass, soweit die Zweistufigkeit der Haftung mit einer nach oben offenen Haftungssumme bei vermutetem Verschulden des Luftfrachtführers eingeführt wird, diese ein erhebliches Ansteigen der Prämien einer Haftpflichtversicherung bedeuten würde, welches insbesondere kleine und mittelgroße Luftfahrt-

---

[308] Kadletz, Das neue Montrealer Übereinkommen, VersR 2000, S. 927 (930).

[309] Bollweg, a.a.O., S. 439 (442) ; Schiller, Vom Warschauer zum Montrealer Abkommen, SJZ 2000, S. 184 (184) ; Müller-Rostin, Die internationale Luftrechtskonferenz von Montreal, ZLW 2000, S. 36 (36).

[310] Vgl. in dieser Arbeit: § 1, A, II, 2, b), bb).

[311] Kadletz, Das neue Montrealer Übereinkommen, VersR 2000, S. 927 (933) ; Müller-Rostin, Die internationale Luftrechtskonferenz von Montreal, ZLW 2000, S. 36 (43).

gesellschaften unzumutbar belasten könnte[312]. Die Konferenz entschied sich letztlich für den ersten Vorschlag. Dieses fand seinen Grund maßgeblich in der Ansicht, dass das Montrealer Übereinkommen in einer Gesamtschau betrachtet werden sollte, im Zusammenspiel der neu einzuführenden Haftungsstrukturen mit den übrigen Regelungen, insbesondere derjenigen zur Frage des Einschlusses der psychischen Schäden in Art. 17 MÜ und der Gewährung des fünften Gerichtsstandes in Art. 33 MÜ. Diese Vorschriften seien nach Ansicht der Mehrzahl der an der Konferenz beteiligten Staaten bemüht einen Belastungs- und Vorteilsausgleich zwischen Passagier und Luftfrachtführer zu finden, welcher mit Einführung der zweistufigen Haftung gewährleistet würde. Allerdings wurde die Führung des Entlastungsbeweises für den Luftfrachtführer im Vergleich mit dem IATA Intercarrier-Agreement und der EG-Ratsverordnung durch den Entschluss der Konferenz insoweit abgemildert, als dass der Luftfrachtführer nicht mehr beweisen muss, alle erforderlichen Maßnahmen zur Verhütung des Schadens getroffen zu haben, sondern lediglich den Nachweis, dass der Schaden nicht durch sein Verschulden verursacht worden ist bzw. der Schaden allein durch das Verschulden eines Dritten verursacht worden ist, zu führen hat.
Weiterhin war in dem Entwurfstext des Montrealer Übereinkommens, neben der Regelung des mitwirkenden Verschuldens des Anspruchstellers im jetzigen Art. 20 MÜ, noch eine weitere Exkulpationsmöglichkeit für den Luftfrachtführer vorgesehen. Dieser sollte sich ebenfalls enthaften könne, wenn Tod oder Körperverletzung des Passagiers auf dessen Gesundheitszustand zurückzuführen sei[313]. Diese Exkulpationsmöglichkeit des Luftbeförderers fand jedoch nur wenig Zuspruch im Rahmen der Luftrechtskonferenz von Montreal und wurde aus dem Entwurfstext gestrichen[314]. Ein weiteren Streitpunkt entstand um die Einführung des fünften Gerichtstandes im Rahmen des Art. 33 MÜ. Insbesondere die Vereinigten Staaten traten für die Gewährung eines fünften Gerichtsstandes ein. Diese Forderung wurde begründet mit dem Hinweis, dass das Gericht am Hauptwohnsitz des Passagiers am besten in der Lage sei, unter Berücksichtigung der Lebensumstände des Passagiers den Umfang einer Entschädigungsleistung zu beurteilen[315]. Außerdem müsse auch dem Passagier, welcher einen Flugschein ohne Bezug zu seinem Hauptwohn-

---

312 Müller-Rostin, a.a.O., S. 36 (43).
313 Der Entwurfstext sah den Satz „However, the carrier is not liable to the extend that the death or injury resulted from the state of health of the passenger" vor.
314 Müller-Rostin, Die internationale Luftrechtskonferenz von Montreal, ZLW 2000, S. 36 (40f).
315 Müller-Rostin, a.a.O., S. 36 (46).

sitz erwerbe[316], die Möglichkeit der Durchsetzung eines Schadensersatzanspruchs entsprechend seinen persönlichen Verhältnissen an seinem Hauptwohnsitz gegeben sein.
Gegen diesen Vorschlag sprach sich insbesondere Frankreich aus, welches genügend Schutz für den Passagier in den derzeitigen vier Gerichtsständen des Warschauer Abkommens sah. Frankreich sah als Folge der Einführung des fünften Gerichtsstandes ein „Forum Shopping“. Der fünfte Gerichtsstand würde nur solche Passagiere begünstigen, die aus Staaten stammen, in denen hohe Schadensersatzleistungen zugesprochen werden, während für Passagiere aus Staaten bei denen Schadensersatzleistungen niedriger ausfallen, ein finanzieller Mehraufwand beim Kauf eines Beförderungsscheins auftauchen könnten und diese die bevorteilten Passagiere somit noch finanziell unterstützen würden[317]. Die Kritik Frankreichs konnte sich letztlich jedoch nicht durchsetzen, da ein Verzicht auf den fünften Gerichtsstand erneut die Aufgabe des vereinheitlichten, gezielt ausgewogenen Systems bedeutet hätte.
Am 28.5.1999 wurde schließlich das Montrealer Übereinkommen zur Harmonisierung des internationalen Luftprivatrechts verabschiedet und trat auf der Grundlage
seines Art. 53 Abs. 6, sechzig Tage nach der Hinterlegung der Ratifikationsurkunde der Vereinigten Staaten bei der ICAO, am 4. November 2003 in Kraft.

d) Zusammenfassende Feststellungen zu den historischen und politischen Entwicklung des Montrealer Übereinkommens und des Athener Übereinkommens

Die Entwicklung der rechtlichen Beurteilung der Beförderung von Reisenden und ihrem Gepäck in der See- und Luftfahrt zeigt sich vor dem historischen Hintergrund und den Einwirkungen politischer Einflüsse auf die rechtliche Regelung dieses Bereichs als eine höchst unterschiedliche.
Die Entwicklung des Montrealer Übereinkommens ist sehr stark geprägt von privatrechtlichen Vereinbarungen, die keinerlei völkerrechtliche Wirkung entfalten. Dennoch haben diese Vereinbarungen (Agreements) einen sehr starken Zuspruch innerhalb des globalen Luftrechtssystems und durch die Fluggesellschaften erfahren. Dieser Umstand erscheint auf den ersten Blick recht ungewöhnlich, da die meisten freiwilligen Vereinbarungen eine Verschärfung der Haftung oder eine Erhöhung der Haf-

---

[316] Sog. „Wandering American“ (vgl. Bin Cheng, The 1999 Montreal Convention, ZLW 2000, S. 484 (493)).
[317] Müller-Rostin, a.a.O., S. 36 (47).

tungssummen beinhalteten, welches für die Luftfahrtindustrie und die einzelnen Luftfrachtführer eher eine zusätzliche Belastung als eine Unterstützung ihrer Position im internationalen Rechtsgefüge darstellen. Ein entscheidender Grund, dass sich diese unilateralen, „freiwilligen" Abkommen in der Luftfahrt einer so großen Anerkennung erfreuen ist in dem Umstand zu sehen, dass diese oft verknüpft werden mit der Erteilung einer Ein- bzw. Ausfluggenehmigung in ein bestimmtes Land. Sobald eine Ein- und Ausfluggenehmigung eines Landes mit einem wichtigen Flugverkehrsmarkt von bestimmten Bedingungen abhängig gemacht wird, besteht für die Fluggesellschaften und Luftfrachtführer keine anderer Wahl, als diese Bedingungen anzuerkennen, soweit sie nicht auf diesen, mit den Genehmigungen verbundenen Wirtschaftsmarkt, verzichten möchten. Dabei mag den Luftfrachtführern die Aufnahme einer verschärfte Haftung in ihre Beförderungsbedingungen als geringerer Nachteil erscheinen, als der Verlust eines lukrativen Marktes. Als Beispiel kann die von der amerikanischen Zivilluftfahrtbehörde und der IATA vereinbarten Regelung, die sogenannte Montrealer Zwischenvereinbarung von 1966 dienen, durch welche die amerikanische Regierung in Kombination mit der Androhung der Kündigung des Warschauer Abkommens die Anerkennung von höheren Haftungssummen und damit ihren Interessen erreichte. Dabei war die Anerkennung der Regelungen der Montrealer Zwischenvereinbarung Voraussetzung für die Erteilung für eine Ein- und Ausfluggenehmigung in beziehungsweise aus dem amerikanischen Luftverkehrsmarkt benannt. Die Freiwilligkeit der Übernahme der Regelungen erschöpfte sich für die Fluggesellschaften in der Realität der hohen wirtschaftlichen Bedeutsamkeit des amerikanischen Flugverkehrsmarktes[318], auf den fast keine international agierende Fluggesellschaft verzichten konnte. Insoweit erfuhr auch die Montrealer Zwischenvereinbarung eine große Anerkennung.
Ein solcher Hintergrund existiert in der Normierung des Personentransportrechts der Seefahrt nicht. Die Ein- und Ausfuhr in und aus Häfen wird in der Seefahrt nicht von einer mit dem Luftrecht vergleichbaren Ein- und Ausreisegenehmigung abhängig gemacht. Zwar wurde das Seerecht in seiner Historie lange Zeit von einer protektionistischen Politik bestimmt[319], im 19. Jahrhundert setzte sich in Europa jedoch die liberale

[318] Der amerikanische Flugverkehrsmarkt nahm um 1966 in seiner wirtschaftlichen Bedeutung 25 % des gesamten, unter dem Warschauer Abkommen abgewickelten Flugverkehrs ein. (vgl. Hyun-Chung, Die verschuldensunabhängige Haftung im Luftverkehr, Diss., S. 71, Fn. 27)

[319] Die Cromwellsche Navigationsakte von 1651 behielt z.B. als erste wichtige Regelung den Handel von und nach englischen Häfen der englischen Flotte vor. Andere Staaten folgten diesem Beispiel und schlossen ausländische Seeschiffe von den eigenen Häfen
(Fortsetzung der Fußnote auf nächster Seite)

Überzeugung durch, nach der ein freier Zugang zum Handel durch Seefahrt allen offen stehen müsste[320]. So gewann in der Folgezeit der offene Verkehrsweg für Seeschiffe hohe Priorität in der rechtspolitischen Handhabung der Seerechtsregelung, und wurde schließlich auch in multilateralen Verträgen festgelegt, die unter anderem den Durchgangsverkehr durch Territorialgewässer[321] und die Benutzung von Seehäfen[322] garantierten. Weiterhin wurde in der internationalen Seeschifffahrt das Recht der freien Durchfahrt durch Meerengen und insbesondere der friedlichen Durchfahrt[323] durch territoriale Gewässer geschaffen, welches zu einem wichtigen und unverzichtbaren Grundsatz wurde, um einen ungestörten Seehandel zu garantieren[324]. Durch das Prinzip der friedlichen Durchfahrt wird einem Schiff das Recht zuerkannt, ungehindert territoriale Gewässer eines fremden Staates zu durchqueren, solange die Passage „friedlich" gemäß Art. 19 UNCLOS ist[325]. Eine solche „Friedlichkeit" der Durchfahrt ist gegeben, soweit die Passage nicht schädlich für den Frieden, die Ordnung oder die Sicherheit des durchfahrenen Territoriums des Küstenstaates ist[326]. Einem Schiff wird so durch die gesetzlich festgeschriebene Garantie der „innocent passage" grundsätzlich eine genehmigungsfreie Passage durch fremde, territoriale Gewässer gewährt wird. Das Prinzip der friedlichen Durchfahrt ist global und allgemein anerkannt[327]. Insoweit besteht in der Seefahrt nicht die entscheidende Möglichkeit, eine Ein- oder Ausfuhrgenehmigung als Druckmittel zur Durchsetzung von „freiwilligen" Regelungswerken auf der Basis allgemeiner Geschäfts- und Beförderungsbedingungen zu benutzen. Vielmehr ist der Gesetzgeber in der Seefahrt gezwungen für solche Materien einen Lösungsweg über internationale Konventionen, oder über die nationale Gesetzgebung zu

---

entweder expressis verbis oder aber indirekt durch erhöhte Schifffahrtsabgaben und andere diskriminierende Praktiken aus. (Basedow, Der Transportvertrag, S. 164 m.w.N.)

320 Basedow, Der Transportvertrag, S. 165.

321 Übereinkommen und Statut von Barcelona vom 20.4.1921 über die Freiheit des Durchgangsverkehrs, RGBl. 1928 II S. 387.

322 Genfer Übereinkommen und Statut vom 9.12.1923 über die internationale Rechtsordnung von Seehäfen, RGBl. 1928 II S. 22.

323 Sog. „innocent passage".

324 Art. 17 ff. United Nations Convention on the law of the sea on the territorial sea, the right of innocent passage through the territorial sea and the contiguous zone, (UNCLOS).

325 Rothwell/Bateman, Navigational Rights and Freedoms and the New Law of the Sea, S. 74.

326 Art. 19 Abs. 1 UNCLOS.

327 Hakapää/Molenaar, Innocent passage – past and present, Marine Policy Vol. 23, No. 2, 1999, S. 131 (132). Die genaue Interpretation des Rechts der friedlichen Durchfahrt, wie z.B. ob eine Friedlichkeit gegeben ist soweit ein Kriegsschiff territoriale Gewässer kreuzt oder ob die Ladung eines Handelsschiffs Einfluss auf die Beurteilung der Friedlichkeit nehmen kann, wird international nicht einheitlich betrachtet. Eine Darstellung dieser Problematik soll jedoch nicht Teil dieser Arbeit sein.

suchen, welche allerdings die Grundzüge des offenen Seeverkehrsmarktes nicht außer Acht lassen können.
Das verstärkte Streben in der Luftfahrt, Rechtsproblemen über freiwillige Maßnahmen auf der Basis allgemeiner Beförderungsbedingungen zu begegnen und die Nichtexistenz von solchen privatrechtlichen Regelungswerken im Personentransportrecht der Seefahrt birgt für die rechtliche Entwicklung des Personentransports in der Luft- und Seefahrt jeweils verschiedenwertige Konsequenzen.
Im Personentransportrecht der Luftfahrt stellen die „freiwilligen" Maßnahmen größtenteils aus der Sicht des Luftfrachtführers eine Schlechterstellung gegenüber den für ihn geltenden Regelungen des Warschauer Abkommens von 1929 dar. Dieses findet vor allem Ausdruck in der stetigen Erhöhung der Haftungshöchstsummen bis hin zu deren Wegfall und der ständigen Verschärfung der Haftung des Luftfrachtführers gegenüber dem einzelnen Passagier. Gleichzeitig wirken sich diese Haftungsverschärfungen vorteilhaft auf die Rechtsstellung des Verbrauchers und der Passagiere aus. Ihre Position erfährt eine erhebliche Stärkung durch die von den freiwilligen Maßnahmen eingeführten Grundsätze, welches sich vor allem in dem Wechsel von einer Verschuldenshaftung des Beförderers hin zu einer strikten Erfolgshaftung ausdrückt.
Für die Luftfahrtgesellschaften wirkten die freiwilligen Maßnahmen oft als Ausübung hoheitlichen Zwangs zu einer freiwilligen Erhöhung der Haftungsgrenzen, denn letztlich sind die Gesellschaften von bestimmten Märkten abhängig und es bleibt ihnen keine andere Wahl als die Maßnahmen anzuerkennen, solange der Zugang zu bestimmten Märkten gesichert bleiben soll[328]. Andererseits hatten die freiwilligen Maßnahmen erheblichen Einfluss auf die rechtliche Gestaltung der völkerrechtlichen Rechtsentwicklung im Rahmen von internationalen Übereinkommen. Das Montrealer Übereinkommen stellt sich als ein Zusammenschluss der durch die freiwilligen Maßnahmen und internationalen Konventionen geregelten Materie und deren Neuerungen dar. Die freiwilligen Maßnahmen übten bei der Ausarbeitung der Rechtsregeln des Montrealer Übereinkommens 1999 erheblichen Einfluss aus. Sie besaßen eine Vorbildfunktion, die den internationalen Gesetzgeber im Rahmen einer Neuordnung der Rechtsregeln leitete. Die freiwilligen Maßnahmen in Kombination stellen gewissermaßen ein Stimmungsbild der Mehrzahl von Staaten dar, wie eine Neuregelung der Rechtsmaterie im internationalen Rahmen erfolgen könnte oder sollte. Dabei zeigen sich im Luftrecht vor allem unterschiedliche gesellschaftliche Hintergründe, welche in den freiwilligen Maßnahmen und regionalen Initiativen zum Ausdruck kommen und

[328] Müller-Rostin, Neue Entwicklungen bei den Passagierhaftpflichtgrenzen, TranspR 1996, S. 5 (5f.).

starken Einfluss auf die rechtliche Entwicklung der Regelungsmaterien ausüben. Versucht ein bestimmter Staat, seinen Interessen an einer Änderung der Luftrechtsregeln Ausdruck zu verleihen, wird oftmals der Weg der rechtlichen Anpassung zunächst auf nationaler oder regionaler Ebene gesucht, und nicht nach einer Anpassung der internationalen Regelungswerken gestrebt. Dabei stehen weniger der internationale Flugverkehr und eine einheitliche, weltweite Lösung von Problemen der Luftfahrt im Vordergrund, als vielmehr die regionalen Interessen an einer Lösung von Rechtsproblemen. Hier treten speziell das Italien-Urteil, die australische Gesetzgebung, aber auch die „Japanische Initiative" und die EG-Ratsverordnung Nr. 2027/97 hervor. Alle diese Regelungsansätze konzentrieren sich auf einen hoheitlich abgrenzbaren Bereich und sind nur insoweit auf internationale Wirkung ausgelegt, als sie die Ein- und Ausreise von ausländischen Fluggesellschaften regeln oder an diese bestimmte Anforderungen stellen. Grundsätzlich regeln diese Initiativen und Abkommen einen bestimmten Rechtsbereich für eine bestimmte Region. So wird versucht zumindest für den „Eigenbedarf" innerhalb eines klar abgrenzbaren territorialen Bereichs eine eigene, regionale Lösung für Rechtsprobleme als verbindlich zu erklären. Dieses geschieht zumeist vor dem Hintergrund eines bestimmten gesellschaftlichen Drucks, der sich im nationalen und somit regional begrenzten Bereich aufbaut und zumeist den entsprechenden Staat auffordert, eine schnelle und effiziente Lösung für gesellschaftliche Probleme zu suchen.
In der „Japanischen Initiative" wird dieser regionale Regelungsgedanke besonders deutlich. Hier wird die Einstellung des Landes und seiner Bevölkerung, dass Haftungshöchstsummen gesellschaftlich nicht mehr akzeptabel sind, in ein Regelungswerk geformt, welches ausschließlich für das Land Japan und territorial nur für seine Luftverkehrsgesellschaften als verbindlich gelten soll. Im Gegensatz zu einer Lösungssuche im Rahmen einer internationalen Konvention garantierte eine regionale Maßnahme dem Land Japan, dass die vorgesehenen Änderungen schnell und einheitlich im nationalen Rahmen umgesetzt werden konnten. Dieses ist vor allem dann für ein Land erstrebenswert, wenn der politische Druck auf eine Regierung, ausgelöst durch eine gesellschaftlichen Ansichten des Volkes, eine Rechtsangleichung fordert die einer schneller Umsetzung bedarf. Ein solcher Hintergrund zeigt sich bei der Schaffung der „Japanischen Initiative", wo insbesondere die japanische Bevölkerung eine schnelle Änderung der Haftungslimitierung forderte. Die japanische Regierung wählte den regionalen Weg zu Schaffung neuer Rechtsregeln, wodurch sie gegenüber der Bevölkerung eine schnelle Umsetzung ihrer Vorstellungen erreichen konnte. Regionale Maßnahmen entstehen somit meistens vor dem Hintergrund, dass die Bevölkerung eines Landes oder

einer Region politischen und gesellschaftlichen Druck aufbaut und eine Änderung bestimmter Rechtsstrukturen fordert.
Ein ähnlicher Hintergrund lässt sich bei der Erarbeitung der EG-Ratsverordnung Nr. 2027/97 erkennen. Auch hier bildete der regionale Regelungsgedanke die Triebfeder zur Neugestaltung der luftrechtlichen Regelungen. Dabei trat insbesondere der rechtliche Einheitsgedanke Europas in den Vordergrund. Im Rahmen eines einheitlichen, europäischen Binnenmarktes und eines angestrebten einheitlichen europäischen Luftraums konnte eine Geltung verschiedener Rechtsregeln im Luftfahrtbereich innerhalb der Länder der Europäischen Union nicht mehr akzeptiert werden. Es zeigte sich für den europäischen Gesetzgeber auch, dass die politischen Interessen der europäischen Bevölkerung im Luftverkehr eine grundsätzliche Erhöhung des Verbraucherschutzes forderten. Daraufhin wurde in der Europäischen Union – ähnlich der „Japanischen Initiative“ - der Weg über ein regionales Gesetzeswerk gesucht, denn auch hier konnte so eine effizientere und schnellere Lösung durchgesetzt werden, als im Rahmen einer Lösungssuche auf internationaler Ebene.
Die große Anzahl von freiwilligen Maßnahmen und regionalen Regelungswerken im Personentransportrecht der Luftfahrt hatte aber auch zur Folge, dass das erklärte Ziel des Warschauer Abkommens, nämlich die Vereinheitlichung von Regeln über die Beförderung im Luftverkehr, nur bedingt von Bestand war. Vor dem Erlass des Montrealer Übereinkommens 1999 existierte vielmehr ein gegenteiliges System bestehend aus vielen, höchst uneinheitlichen Abkommen, Übereinkommen, Protokollen und Maßnahmen. Erst durch das Montrealer Übereinkommen ist eine erneute Einheit der Regelung der Beförderung von Passagieren und ihrem Gepäck in der Luftfahrt geschaffen worden.
Der Nachteil der Rechtszersplitterung der Regeln über die Beförderung von Reisenden und ihrem Gepäck wurde in der Seefahrt umgangen. Hier besteht ein zusammenhängendes System, welches stetig ausgebaut wurde und dem insbesondere durch die Initiative des CMI und der IMO zu rechtlicher Gestallt verholfen wurde. Das System der Haftung des Beförderers wurde hier vor Rechtszersplitterung bewahrt, im Gegenteil lässt sich vielmehr erkennen, dass das Prinzip der Einheit der rechtlichen Regelung dieses Bereiches leitende Funktion bei der Schaffung und Überarbeitung der Normierung der Beförderungsmaterie übernahm. Als Beispiel sei der Zusammenschluss der Brüsseler Übereinkommen 1961 und 1969 genannt, welcher die Bereiche der Haftung des Beförderers für Personen und Gepäckschäden zusammenführte und somit eine Rechtsvereinheitlichung vorantrieb.
Es wurden keine „freiwilligen Maßnahmen“ innerhalb der Normierung der Beförderung von Reisenden und ihrem Gepäck auf See durch staatlichen Druck geschaffen. Auch wurden von regionalen Initiativen inner-

halb der Länder, welche das Athener Übereinkommen ratifiziert hatten, größtenteils abgesehen und vielmehr der internationale Gedanke der einheitlichen Regelung verfolgt. Zwar lassen sich bestimmte, nationale Bestrebungen, unter anderem in England und Deutschland erkennen, die Haftungshöchstgrenzen des Athener Übereinkommens den nationalen Bedürfnissen durch deren Erhöhung anzupassen, die grundlegenden Strukturen, und hier speziell die Haftungssystematik des Athener Übereinkommens wurden jedoch beibehalten und im nationalen und regionalen Rahmen keiner Änderung unterzogen.
Nicht außer Acht gelassen werden darf allerdings, dass in den Staaten, welche das Athener Übereinkommen nicht ratifiziert haben, sich die rechtlichen Verhältnisse der Beförderehaftung teilweise anders entwickelten. So haben sich zum Beispiel die Vereinigten Staaten zwar immer an den Diskussionen um eine Regelung der Beförderung von Reisenden und ihrem Gepäck auf See beteiligt, jedoch keines der Abkommen je ratifiziert. Vielmehr richtet sich die Beförderung von Reisenden und ihrem Gepäck in den Vereinigten Staaten nach eigenen Rechtsregeln[329]. Anderen Ländern, die von einer Ratifikation des Übereinkommens aus verschiedenen Gründen absahen, diente das Athener Übereinkommen als Leitbild bei der Schaffung eigener, nationaler Regeln. Deutschland hat das Athener Übereinkommen nicht ratifiziert, seine Artikel aber unter leichten Veränderungen - speziell der Haftungssummen - in das nationale Recht eingearbeitet. Ebenso haben Frankreich, die vier skandinavischen Länder, Niederlande und Vietnam die Athener Konvention in ihr nationales Recht übernommen oder das Übereinkommen als Vorbild für nationale Regelungen benutzt. Allerdings sind diese nationalen Bestrebungen nicht gleichzusetzen mit den freiwilligen Maßnahmen und regionalen Initiativen im Luftrecht.
Wie im Rahmen der Regelung der Beförderung von Reisenden und Ihrem Gepäck auf See keine regionalen und unilateralen Maßnahmen getroffen wurden[330], sondern vielmehr an den Strukturen des Übereinkommens festgehalten wurde, bildeten sich neben dem Vorteil der bestehenden Rechtseinheit innerhalb des Systems des Athener Übereinkommens und der daraus folgenden Verhütung von Rechtszersplitterung, jedoch auch Nachteile für das seerechtliche Regelungssystem. So verläuft der Entwicklungsprozess des Rechtssystems im Gegensatz zum Luftrecht oberflächlich betrachtet eher langsam voran, die Einführung von Neuerungen und Anpassungen auf internationaler Ebene bedarf längerer Zeit.

---

[329] Siehe FN. 215.
[330] Mit der Ausnahme der teilweisen Anpassung der Haftungshöchstsummen des Athener Übereinkommens in einzelnen, nationalen Bereichen.

Während im Luftrecht die Entwicklungen von 1974 bis zum Erlass des Montrealer Übereinkommens 1999 eine geradezu rasante Entwicklung nahm und das ursprüngliche Haftungssystem des Warschauer Abkommens grundlegend erneuerte, so sind seit dem Erlass des Athener Übereinkommens 1974 nur zwei Protokolle verabschiedet worden, von denen eines noch nicht in Kraft ist und das andere lediglich die Währungseinheit von Poincaré-Franken in Sonderziehungsrechte ersetzte. Bedingt durch die große Anzahl von freiwilligen Maßnahmen und regionalen Regelungsversuchen war es dem Luftrecht möglich, eine größere Anpassung in kürzerer Zeit an das sich aus der Vielzahl von Regelungen ergebende, globale Stimmungsbild zu erarbeiten. Gleichzeitig übten die vielen freiwilligen und regionalen Initiativen Druck auf die Staatengemeinschaft aus, eine einheitliche Lösung auf völkerrechtlicher Ebene zu finden, da die Divergenzen innerhalb des Luftrechtsystems zwischen der völkerrechtlichen Regelungsebene und der Ebene der regionalen und freiwilligen Maßnahmen immer größer wurde[331].
Ein solches Umfeld herrschte im Seerecht nicht vor. Es entwickelten sich keine freiwilligen Maßnahmen oder regionalen Initiativen, die genügend Einfluss auf die Regelungsstrukturen der Befördererhaftung nahmen, um diese auf völkerrechtlicher Ebene einer Änderung zu unterziehen[332]. Auch scheint im direkten Vergleich mit der Struktur des Luftrechts das gesellschaftliche Bedürfnis nach einer Änderung der seerechtlichen Strukturen weniger stark. Diese mag seinen Grund in der Möglichkeit finden, dass das bisherige Haftungssystem des Beförderers in der Seefahrt zufriedenstellende Ergebnisse liefert, ein anderer Grund könnte auch darin gesehen werden, dass das Flugzeug allgemein eine Entwicklung zu einem Massenverkehrsmittel gefunden hat, während das Seeschiff als Beförderungsmittel im Überseeverkehr in den letzten Jahrzehnten an Bedeutung verloren hat und so vor dem ökonomischen Hintergrund die Risikoeinschätzung des Verkehrsmittels Seeschiff im Verhältnis zum Flugzeug eine Änderung erfahren hat[333]. Eine im zeitlichen Sinne mit dem Luftrecht vergleichbare Entwicklung verhinderte sich im Seerecht jedenfalls durch das Fehlen von „freiwilligen“ und regionalen Regelungsversuchen.
Grundsätzlich lässt sich somit zunächst feststellen, dass die historische Entwicklung des Personentransportrechts der See- und der Luftfahrt höchst unterschiedliche Wege beschritten hat. Es entstanden unterschied-

[331] Schließlich dominierte auf völkerrechtlicher Ebene immer noch das Warschauer Abkommen und die mit ihm eingeführte Verschuldenshaftung, während die freiwilligen Maßnahmen und regionalen Initiativen eine strikte Haftung, teilweise ohne Haftungslimitierung eingeführt hatten.
[332] Wiederum mit der Ausnahme der Anpassung der Haftungshöchstsummen durch das Protokoll 1990.
[333] Dazu sogleich im Folgenden.

liche politische Strömungen und Interessen, welche ihren Einfluss auf die Normierung des Personentransportrechts nahmen und zu unterschiedlichen Regelungen, speziell der Haftung des Beförderers beziehungsweise Luftfrachtführers für Personen- und Gepäckschäden führten. Dabei erfuhr das Luftrecht eine wesentlich schnellere Entwicklung als das Personentransportrecht der Seefahrt. Regionale Interessen und bereichsspezifische Rechtsorientierungen wurden durch die Vielzahl freiwilliger Maßnahmen umgesetzt und verhalfen dem Luftrecht zu einer weitreichenderen Entwicklung. Durch die Abwesenheit solcher freiwilligen Maßnahmen im Personentransportrecht der Seefahrt entstand schließlich eine entscheidende Divergenz in den Regelungen bezüglich der Beförderung von Reisenden und ihrem Gepäck.

2. Einfluss der ökonomischen Hintergründe der Luft- und Seeverkehrsmärkte und der potentielle Risikoeinschätzung der Verkehrsträger auf ihre rechtlichen Regelungsstrukturen

Weitere Gründe für eine divergente Entwicklung der rechtlichen Beurteilung und Regelung der Beförderung von Reisenden und ihrem Gepäck in der Luft- und Seefahrt können in den ökonomischen Hintergründen der See- und Luftfahrtmärkte sowie in der damit zusammenhängenden, jeweiligen potentiellen Risikoeinschätzung der einzelnen Verkehrsträger gesehen werde. In der Luft- und Seefahrt ergaben sich sehr unterschiedliche ökonomische Marktentwicklungen, welche sich nicht nur auf die technischen Weiterentwicklungen der jeweiligen Transportmittel auswirkten, sondern auch einen starken Einfluss auf die rechtliche Regulierung der einzelnen Verkehrsträger nahmen und entscheidend zu einer divergenten Entwicklung der jeweiligen Rechtsinstrumente führten.

a) Entwicklung der Passagierbeförderung im Luftverkehr

Zunächst ist im Rahmen einer ökonomischen Betrachtung des Luftfahrtmarktes der Blick erneut in die Vergangenheit zu richten. Im Jahre 1929, als erstmals eine internationale Rechtsvereinheitlichung der Regeln über die Beförderung von Reisenden und ihrem Gepäck in der Luftfahrt durch das Warschauer Abkommen eingeführt wurde, stellte die Luftfahrtindustrie einen neuen Wirtschaftszweig dar, welcher in seiner wirtschaftlichen Entwicklung noch am Anfang stand. Der technische wie auch der Sicherheitsstandard der zivilen Flugzeuge dieser Zeit war in seiner Entwicklung noch nicht sehr weit fortgeschritten und das Risiko eines Passagiers während einer Luftbeförderung einen Schaden zu erleiden war hoch. Die

Beförderungskapazität betrug in der damaligen Zeit etwa 15 bis 20 Passagiere pro Flugzeug. In einer Fünfjahresperiode – von 1925 bis 1929 – betrug die Anzahl der durch die gesamte Luftfahrtindustrie sowohl im inländischen als auch im internationalen Flugverkehr zurückgelegten Meilen im Rahmen der Passagierbeförderung nur rund 400 Millionen. Hierbei lag die Unglücksrate bei 45 pro 100 Millionen Passagiermeilen. Im Vergleich hierzu sank die Rate 1965 schon auf 0,55 Unglücke pro 100 Millionen Passagiermeilen[334]. Diesen Anfangsentwicklungen steht in der heutigen Zeit eine Luftfahrtindustrie gegenüber, die sich zu einem unverzichtbaren Verkehrsträger für den Langstreckenverkehr entwickelt hat. So wurden im Jahr 1999 allein im grenzüberschreitenden Luftverkehr aus den und in die europäischen Mitgliedstaaten insgesamt 374.8 Millionen Fluggäste befördert. Dieses Ergebnis stellt im Vergleich zum Vorjahr 1998 einen Zuwachs von 7,5 Prozent dar, wobei sich dieser Zuwachs aufschlüsselt in 9,3 Prozent mehr beförderte Passagiere im Intra-EU-Verkehr und 5,6 Prozent mehr beförderte Passagiere im Extra-EU-Verkehr[335]. Im nationalen Rahmen lag das Personen-Luftverkehrsaufkommen in Deutschland, einschließlich des nationalen und des internationalen Luftverkehrs, im Jahre 2001 bei einer Gesamtrelation von 117,8 Millionen und wird für das Jahr 2005 auf 136,7 Millionen geschätzt[336]. Weltweit wird heute die Zahl der beförderten Passagiere pro Jahr auf ca. 1000 Millionen festgelegt, wobei die durchschnittliche Zahl der jährlich weltweit verunglückten Passagiere auf etwa 700 geschätzt wird[337].
Vor diesem Hintergrund wird deutlich, dass seit dem Jahr 1929 ist die Beförderungskapazität der Flugzeuge und die weltweit beförderten Passagierzahlen sehr stark gestiegen sind. Im Vergleich zu der Beförderungskapazität pro Flugzeug im Jahr 1929 können derzeit mit dem Flugzeugtyp Boing 747 insgesamt 390 Passagiere befördern werden, mit einer steigenden Entwicklung der Flugzeugtypen zu einer höheren Beförderungskapazität. Das Flugzeug entwickelte sich entsprechend zu einem Transportmittel, welches im Verhältnis der möglichen, zu befördernden Passagiere und der benötigten Zeit für den Passagiertransport außerhalb jeder Konkurrenz zu anderen internationalen Transportmittel wie einem Seeschiff oder der Eisenbahn steht. Unterstützung fand diese Entwick-

---

[334] Lowenfeld/Mendelsohn, The United States and the Warsaw Convention, Harv. L. Rev. 80 (1966/67) S. 497 (498).
[335] Statistisches Bundesamt, Europäischer Datenservice, Verkehr, im Internet einsehbar unter: *http://www.eu-datashop.de/de/theme7/theme7.php?th=7* (08.02.2005).
[336] Statistik des Statistischen Bundesamt, Prognos (2002), im Internet einsehbar unter: *http://konzern.lufthansa.com/de/html/ueber_uns/mobilitaet/mobil/mobilegesellschaft/entwicklung.html* (08.02.2005).
[337] Haddon-Cave, Limitation against passenger claims, CMI Yearbook 2001, S. 234 (241).

lung der Luftfahrt in der gesamten Tourismusindustrie. Reiseanbieter, Hotels und Resorts boten dem Flugpassagier zunehmend Angebote, die eine Kombination aus Flug und Hotelunterkunft vorsahen.
Die Entwicklung der Luftfahrt von einem unsicheren, ökonomisch risikoreichen Transportmittel hin zu einem Verkehrsträger, der Passagiere aus allen sozialen Schichten befördert und welcher im Langstreckenverkehr außer Konkurrenz zum Schiff oder zur Eisenbahn steht, findet auch Ausdruck in der gewählten, rechtlichen Regelungsstruktur für den luftrechtlichen Bereich der Beförderung von Reisenden und ihrem Gepäck.
Das Warschauer Abkommen führte im internationalen Luftverkehr die vermutete Verschuldenshaftung ein. Gleichzeitig wurde die Haftung des Beförderers auf einen Betrag von 125.000 Poincaré-Franken limitiert. Ziel dieser Systematik war es, der gesamten Luftfahrtindustrie einen gewissen finanzielle Schutz zu bieten. Es sollten die Luftfrachtführer nicht einem extrem hohen Haftungsrisiko ausgesetzt werden, welches für die noch junge Luftfahrtindustrie ruinöse finanzielle Folgen hätte haben können. Es wurde gehofft, dass die Regelungen des Warschauer Abkommens die Kapitalbeschaffung für die Fluggesellschaften erleichtern würde. Speziell die Haftungsregelungen des Warschauer Abkommens für den Luftfrachtführer bei Personenschäden sollten als Hilfe für den international agierenden Luftfrachtführer dienen, damit dieser gerechte und finanzierbare Versicherungsmöglichkeiten nutzen konnte[338]. Schon aufgrund der dem Luftfrachtführer gestatteten Exkulpationsmöglichkeit bei fehlendem Verschulden bot sich vor diesem Hintergrund eine Integration des Prinzips der Verschuldenshaftung in die luftrechtlichen Regelungsstrukturen an, da der Luftfrachtführer, solange er sich im Sinne der Rechtsnormen bewegte, den Nachweis führen konnte, dass er oder seine Leute alle erforderlichen Maßnahmen zur Schadensverhütung getroffen hatten beziehungsweise nicht treffen konnten, womit sich der Luftfrachtführer eine Freistellung von einer Haftung sicher konnte[339]. Das Warschauer Abkommen von 1929 kann somit als ein Regelungswerk bewertet werden, welches neben dem erklärten Ziel der Rechtsvereinheitlichung letztlich der Sicherung der finanziellen Unterstützung der Luftfahrtindustrie

---

[338] Lowenfeld/Mendelsohn, The United States and the Warsaw Convention, Harv. L. Rev. 80 (1966/67) S. 497 (499f.).
[339] Ein französischer Mitarbeiter an den Diskussionen um die Regelungen des Warschauer Abkommens in den 20er Jahren – M. Pittard – erklärte, dass „in Wahrnehmung der Risiken, die diesem Transportmittel innewohnen, welches noch nicht den gleichen Standard an Perfektion erlangt hat, wie es hundert Jahre (Entwicklung) für die Eisenbahn ermöglichten, erscheint es fair ihn (den Luftfrachtführer) von jeder Haftung zu befreien, soweit er angemessene und moralisch einwandfreie Maßnahmen getroffen hat, um einen Schaden zu vermeiden“ (vgl. McGilchrist, Limitation of liability, LMCLQ 1975, S.256 (259)).

diente[340]. Die grundsätzliche Orientierung an den Interessen der Luftfrachtführer hielt auch nach 1929 im Rahmen Entwicklung ergänzender völkerrechtlicher Übereinkommen an. Das Protokoll von Guatemala City führte zwar eine höhere Haftungssumme von 1,5 Millionen Poincaré-Franken ein, schrieb aber gleichzeitig eine absolute Undurchbrechbarkeit dieser Summe vor. Grundsätzlich lässt sich die Einführung dieser Schadenssumme auf an Verbraucherinteressen orientierten Bestrebungen der Vereinigten Staaten zurückführen[341], während die überwiegende Zahl der übrigen an dem Abschluss des Protokolls von Guatemala beteiligten Regierungen im Gegensatz zu den Vereinigten Staaten das Interesse verfolgten, den Schutz der Luftfrachtführer zu verstärken. Maßgeblich findet dieses Interesse an einem gesteigerten Befördererschutz Ausdruck in der beschlossenen Undurchbrechbarkeit der Haftungshöchstsumme. Gründe für diese luftfrachtführerfreundliche Haltung der beteiligten Staaten wurden darin gesehen, dass die meisten Luftverkehrsgesellschaften in staatlichem Besitz standen, und die Regierungen somit direkte Eigeninteressen mit der völkerrechtlichen Regelung der Haftung des Luftfrachtführers für Personen- und Gepäckschäden verbanden[342]. Auch die Montrealer Zusatzprotokolle bewirkten keine Änderung dieses Systems, da das Montrealer Protokoll Nr. 3 den Inhalt des Protokolls von Guatemala City ohne jegliche Veränderung übernommen hatte. Zu einem ausschlaggebenden Wechsel der globalen völkerrechtlichen Strukturen der Beförderung von Passagieren und ihrem Gepäck kam es letztlich erst durch das Montrealer Übereinkommen 1999.

Im Gegensatz dazu stehen die im zeitlichen Sinne nach dem Haager Protokoll von 1955 entwickelten, privatrechtlichen Vereinbarungen und die regionalen Initiativen und Gesetzgebungen, welche eine weite Anerkennung im internationalen Raum fanden und schließlich auf völkerrechtlicher Ebene durch die Übernahme der von ihnen entwickelten Grundlinien in das Montrealer Übereinkommen 1999 anerkannt wurden. Hier vollzog sich neben den völkerrechtlichen Instrumentarien ein Wechsel von einer Orientierung an den Interessen der Luftfrachtführer und Luftverkehrsgesellschaften hin zu einer Erhöhung des Schutzes des Passagiers. Dabei trat die soziale Dimension der Unfallentschädigung immer stärker in den Vordergrund. Dieses zeigt sich insbesondere an dem Wechsel von der Haftung des Luftfrachtführers für vermutetes Verschulden begrenzt durch eine Summe von 125.000 Poincaré-Franken zu einer auf 100.000 SZR

---

[340] Das Warschauer Abkommen orientierte sich aber nicht ausschließlich an Befördererinteressen. Indem der Beförderer im Rahmen des Art. 20 WA die Beweislast für ein Nichtverschulden trägt, wurde gleichzeitig versucht die Passagierinteressen zu wahren.

[341] Vgl. in dieser Arbeit: § 1, B, II, 1, c), dd).

[342] Bin Cheng, The 1999 Montreal Convention, ZLW 2000, S.487 (487).

limitierten Gefährdungshaftung in Kombination mit einer unbegrenzten Haftung für vermutetes Verschulden, soweit diese Summe überschritten wird.
Dieser in vielen Rechtsbereichen zum Ausdruck kommende Wechsel von der Stärkung der Industrieinteressen hin zu einer wachsenden Unterstützung der Verbraucher- und Passagierinteressen lässt sich auf eine weltweite, grundlegende Tendenz zurückführen. Die Einstellung zu der Frage, unter welchen Voraussetzungen ein Unfall von dem Verletzten entschädigungslos oder begrenzt auf eine bestimmte Summe hingenommen werden muss, hat sich grundlegend verändert. Die kontinentaleuropäische und angloamerikanischen Rechtsordnungen im 19. Jahrhundert waren von der Auffassung beherrscht, dass ein Schadensausgleich nur bei einem fahrlässigen Handeln des Schädigers stattfinden solle, somit nur in den Fällen, in denen die im Verkehr erforderliche Sorgfalt außer Acht gelassen wurde und den Unfall verursachte. War der Schaden nicht auf eine Fahrlässigkeit des Beklagten zurückzuführen, so musste der Verletzte oder seine Angehörigen den Schaden wie einen Zufall hinnehmen[343].
In diesem Grundschema verkörperte sich die Weltanschauung des Liberalismus, welcher von der Idee des eigenverantwortlich handelnden Einzelnen ausging und der freien wirtschaftlichen Entfaltung gegenüber einer „Bevormundung" des Staates. Besonders im ökonomischen Bereich stand der einzelne, wirtschaftende Mensch im Vordergrund. Bei der Durchsetzung der Verschuldenshaftung im 19. Jahrhundert spielten vor diesem Hintergrund wirtschaftspolitische Motive eine besonderer Rolle. In der Zeit der Industrialisierung verlangte der Liberalismus Handlungsspielraum für die aufstrebende Industrie[344]. Aufgabe des Staates war es, der Initiative und dem Unternehmergeist des Einzelnen als treibenden Kraft des Wirtschaftssystems möglichst großen Bewegungsspielraum zu gewähren wobei sich der Staat jeglicher Intervention zu enthalten hatte. Die wachsende Industrie und das sich schnell entwickelnde Verkehrswesen als treibende Kraft des gesellschaftlichen Fortschritts sollten so vor einer strikten Haftung und den damit verbundenen Kosten geschützt werden[345]. Von den industriellen Unternehmern sollte vor diesem Hintergrund lediglich die Anwendung der gebotenen Sorgfalt bei der Vermeidung von Schäden verlangt werden[346]. In diesem Zusammenhang schien das Opfer des Individuums im Rahmen der Sicherung der wirtschaftlichen Verhältnisse der Gesellschaft als gerechtfertigt.

---

[343] Kötz, Haftung für besondere Gefahr, AcP 1970, S. 1 (2).
[344] v. Caemmerer, Verschuldensprinzip, RabelsZ 1978, S. 5 (8).
[345] Kötz, a.a.O., S. 1 (2ff.).
[346] v. Caemmerer, a.a.O., S. 5 (8).

Dieser Gedanke setzte sich fort und prägte das Rechtsverständnis in den Regelungen der Haftung im Luftrecht, wo der staatliche Schutz der finanziell schwächeren Luftfahrtindustrie eine entscheidende Rolle in der rechtlichen Regelungsstrategie übernahm.
Im Ganzen ist heute der Gedanke, die Entwicklung von Unternehmen durch Haftungsbegrenzungen fördern zu müssen, durch die Einsicht als überwunden anzusehen, dass die Risiken der mit dem Betrieb des Unternehmens verbundenen Unfälle diesem als Kosten zur Last fallen müssen[347]. Eine wichtige Rolle im Rahmen dieser Entwicklung spielt das gesteigerte soziale Schutzbedürfnis der Menschen und die damit gewachsene Empfindsamkeit für Ausgleichsnotwendigkeiten oder Ausgleichswürdigkeiten eingetretener Schäden[348]. Während früher im Mittelpunkt der rechtlichen wie gesellschaftlichen Überlegungen zum Schadensausgleich das vorwerfbare Verhalten des Schädigers stand, bildet heute das Unfallopfer den Mittelpunkt des rechtlichen Regelungsinteresses, wobei sich die Bereitschaft des Einzelnen zur Hinnahme von Nachteilen oder auch von „Unglück" gewandelt hat in ein Bedürfnis nach sozialer Absicherung gegen die Risiken von Unfällen[349]. Hieraus lässt sich folgern, dass die heutigen Entschädigungsregelungen der Gewährleistung sozialer Sicherheit dienen unter Gewährung eines optimalen Ausgleichs für entstandene Schäden[350]. Im Rahmen dieser Entwicklung wurde das Modell der Verschuldenshaftung immer weiter zurückgedrängt und durch eine strikte Haftung abgelöst, welche den gewachsenen Anforderungen an die soziale Sicherheit des einzelnen Menschen gerechter zu werden schien[351]. Diese Entwicklung zeichnete sich in vielen Rechtsbereichen ab, unter anderem auch in der Haftung des Herstellers für fehlerhafte Produkte und der damit verbundenen Stärkung des Verbraucherschutzes. Hier begann sich weltweit das Modell der strikten Gefährdungshaftung durchzusetzen[352]. Der Schutz des Verbrauchers erhielt vor diesem Hintergrund einen immer größeren Stellenwert und verlangte zunehmend nach der Sicherung eines hohen Schutzniveaus, und einem durch rechtliche Strukturen gesicherten Vorrang von Verbraucherinteressen gegenüber sonstigen Interessen. Ein Beispiel für diese Entwicklung stellt der für die Europäische Union seit 1999 geltende Amsterdamer Vertrag dar, welcher in seinem Artikel 153 dem Schutz der Verbraucherinteressen und der finanziel-

[347] v. Caemmerer, a.a.O., S. 5 (9).
[348] Leser, Delikts- und Gefährdungshaftungsrecht, AcP 1983, S. 568 (569).
[349] Basedow, Der Transportvertrag, S.431, m.w.N.; v. Hippel, Haftungsersetzung durch Versicherungsschutz, S. 40 (57).
[350] Basedow, a.a.O., S. 431.
[351] Kropholler, Internationales Einheitsrecht, S. 13.
[352] v. Hippel, Haftungsersetzung durch Versicherungsschutz, S. 40 (42).

len Interessen der Verbraucher einen besonders hervorgehobenen Stellenwert einräumt[353].
Auch im Luftrecht wurde diese Entwicklung, zeitversetzt aufgrund der „späten“ Evolution der Luftfahrt, spürbar vorangetrieben, hauptsächlich durch die privatrechtlichen Vereinbarungen und regionalen Initiativen. Die technischen Unzulänglichkeiten des Flugverkehrs schienen mit der Zeit weitgehend gebannt, die Luftverkehrsindustrie hatte gelernt mit einem Restrisiko zu leben. Die technische Entwicklung im Flugverkehr schritt schnell voran und endete in der wirtschaftlichen Wandlung des Flugzeugs vom elitären Transportträger zum Massenverkehrsmittel. Wurde das Verkehrsmittel Flugzeug nun zu einem von Reisenden aus allen sozialen Gesellschaftsschichten hoch-frequentierten Transportmittel, so entwickelte sich der Grundgedanke einer Entschädigung von Passagierunfällen zu einer gesellschaftlichen Aufgabe, bei der nicht mehr die wirtschaftlichen Befördererinteressen im Vordergrund der rechtlichen Regelungsstrukturen standen, sondern die finanzielle und soziale Sicherheit der Passagiere. Je mehr sich der ökonomische Hintergrund des Luftrechts änderte und sich die Luftfahrt zu einem unverzichtbaren Verkehrsträger für den Langstreckenverkehr entwickelte, desto mehr trat im Luftverkehr die soziale Dimension der Unfallentschädigung in den Vordergrund[354]. Im neuzeitlichen Haftungsrecht bedeutet diese Entwicklung die Einführung einer strikten Haftung des Beförderers mit nur wenig Haftungsausschlüssen und ständig sich erweiternden Haftungshöchstbeträgen bis hin zur unlimitierten Haftung. Diente die Einführung der Verschuldenshaftung noch der Sicherung der Interessen des Luftfrachtführers und der durch ihn repräsentierten Luftverkehrsindustrie, so schien sich durch die Einführung der Prinzipien der Gefährdungshaftung die neue Interessenlage - orientiert an der Stärkung der Verbraucher- bzw. Passagierinteressen - rechtlich präzise ausdrücken zu lassen. Basierend auf dem Gedanken, dass von einem Flugzeug eine Betriebsgefahr ausgeht, und der Luftfrachtführer gegenüber dem Passagier den gefährlichen Verkehr eröffnet, und dem Gedanken, dass eine Schadensvermeidung in der Beherrschungssphäre des Luftfrachtführers zu sehen ist, nicht aber in der Beherrschungssphäre des Passagiers, ermöglichten die Grundsätze der strik-

---

[353] Amsterdam Vertrag, Artikel 153:

1. Um die Verbraucherinteressen zu fördern und ein hohes Niveau von Verbraucherschutz zu gewährleisten, soll die Gemeinschaft die Gesundheit, die Sicherheit und die finanziellen Interessen der Verbraucher sowie das Recht auf Information, Ausbildung und Schaffung von Verbraucherschutzorganisationen fördern.
2. Bei Definition und Durchführung anderer gemeinschaftlicher Politiken und Aktivitäten sollen Verbraucherschutzanforderungen berücksichtigt werden.

[354] B. Kröger, Same rights as airline passengers?, CMI Yearbook 2001, S. 244 (245).

ten Haftung unter Verzicht auf eine Exkulpationsmöglichkeit im Sinne des Art. 20 WA/HP, die Rechtsstellung des Passagiers erheblich zu verbessern. Wird im Schadensfall auf eine Verschuldensvoraussetzung und auf eine Exkulpationsmöglichkeit im Sinne des Art. 20 WA/HP verzichtet, so wird automatisch der finanziellen und sozialen Sicherheit der Passagiere Vorrang eingeräumt und diesen eine schnelle und effiziente Schadensabwicklung durch Gesetz garantiert.

Diese Hintergründe der finanziellen und sozialen Sicherheit der Passagiere als Zweck hinter der mit dem Montrealer Übereinkommen von 1999 eingeführten, strikten Haftung des Luftfrachtführers, kamen schon in der Diskussion im Rahmen des Beschlusses der Montrealer Zwischenvereinbarung 1966 zum Ausdruck. Es wurde die Frage erörtert, ob dem Luftfrachtführer im Rahmen der strikten Haftung nicht wenigstens die Möglichkeit der Exkulpation bei Sabotagefällen erhalten bleiben solle. Von einer Haftungsbefreiung wurde jedoch aus sozialpolitischen Gründen verzichtet[355].
Mit der Verabschiedung des Montrealer Übereinkommens 1999 fanden schließlich die privatrechtlichen und regionalen Maßnahmen und Vereinbarungen und damit die von ihnen verfolgten Ziele der Erhöhung des Passagierschutzes und die sozialen Dimensionen einer Unfallentschädigung völkerrechtliche Anerkennung[356].

b) Entwicklung der Passagierbeförderung im Seeverkehr bis zum Beschluss des Athener Übereinkommens 1974

In der Seefahrt herrschten zunächst dieselben Bemühungen vor, die Schifffahrt und hier speziell die Reedereien vor übermäßigen, finanziellen Belastungen durch Erarbeitung eines den wirtschaftlichen Interessen von Reedern entsprechenden Rechtssystems zu bewahren. Allerdings setzte sich das Prinzip der Verschuldenshaftung als zwingender Mindeststandard der Passagierbeförderung in der Seefahrt erst zögerlich durch.
Die Passagierbeförderung auf See hatte zu Beginn des 18. Jahrhunderts durch die Auswanderung einen großen Aufschwung erlebt[357]. Speziell im transatlantischen Seeverkehr nahm die Passagierbeförderung auf See-

[355] Den Hintergrund bildete der Gedanke, dass soweit der Vorteil einer strikten Haftung für jeden wenigstens etwas Wiedergutmachung sicherte, dieses auch die unschuldigen Opfer eines Sabotageaktes einschließen sollte. (Lowenfeld/Mendelsohn, The United States and the Warsaw Convention, Harv. L. Rev. 80 (1966/67) S. 497 (593); Basedow, Der Transportvertrag, S. 437f.).
[356] Vgl. in dieser Arbeit: § 1, B, II, 1, c), ll) und d).
[357] Vgl. in dieser Arbeit: § 1, B, II, 1, a), aa) und d).

schiffen stark zu und hatte die Errichtung einer Reihe von Passagierlinien zur Folge[358]. Dabei stellte das Seeschiff das einzige Transportmittel dar, welches Passagiere über lange Strecken befördern konnte. Die Zunahme der Passagierbeförderung auf See zeigte auch, dass dieser Verkehrsbereich einer rechtlichen Regelung bedurfte. Vorherrschend in der rechtlichen Beziehung zwischen Beförderer und Passagier war das Prinzip der Vertragsfreiheit. Es waren die Beförderungsbedingungen in den Passageverträgen, die sich der Frage um die Regulierung der Passagierbeförderung und den daraus folgenden Haftungsfragen des Beförderers gegenüber seinen Passagieren annahmen. Dabei dominierte international das „common law“ mit dem Grundsatz der Vertragsfreiheit und der Möglichkeit der Freizeichnung von Haftungsverpflichtungen in den Passageverträgen[359]. In Deutschland nahm sich das Gesetz vom 9. Juni 1897 über das Auswanderungswesen, welches in einigen späteren Verordnungen näher ausgeführt wurde, der gesetzlichen Regelung des Seebeförderungsvertrages an. Es verlangte die Schriftform für Passageverträge, das Verbot der Abarbeitung des Überfahrtgeldes, das Gebot des Einschlusses von Verpflegung in den Beförderungsvertrag und die Gewährung von Verpflegung und Unterkunft bei Reiseverzögerungen und Reiseunterbrechungen. Auf weitergehende Schutzvorschriften zugunsten des Reisenden wurde verzichtet[360]. Die Frage, inwieweit der Seebeförderer für Passagierschäden - insbesondere für Tod oder Körperverletzungen von Reisenden auf einem Seeschiff - einzustehen hat, blieb lange Zeit auf internationaler Ebene unberücksichtigt. Vielmehr wurde die Bewertung und Regelung dieses Rechtsproblems den Beförderern und ihren Beförderungsbedingungen überlassen[361]. Dieser Umstand wurde von den meisten Beförderern genutzt, um eine eventuelle Haftung im Rahmen des Beförde-

---

[358] Diese Entwicklung fand ihre Gründe sowohl in der Entwicklung der Dampfschiffe, welche eine schnellere Überfahrt als die bisher verwendeten Segelschiffe ermöglichten, als auch in der hohen Bereitschaft der Vereinigten Staaten, ausländische Einwanderer aufzunehmen und in die amerikanische Gesellschaft zu integrieren.

[359] Die Freizeichnungsmöglichkeit war in den meisten Ländern anerkannt, so z.B. in Deutschland, Belgien, Frankreich, Norwegen, Griechenland und Holland, mit der Ausnahme der Freizeichnung aus Vorsatz und grober Fahrlässigkeit (vgl. Androulidakis-Dimitriadi, Der Passagiervertrag auf See, S. 209).

[360] Herber, Haftung bei der Beförderung von Personen auf See und mit Binnenschiffen, in: Haftung für Schäden, S. 88 (90f).

[361] Die damaligen Beförderungsbedingungen gestalteten sich in einem international größtenteils einheitlichen Rahmen, da die Beförderer immer mehr bestrebt waren, ihre Beförderungsbedingungen gegenseitig anzupassen. Dies zeigte sich schon 1880 in dem durch britische Passagierlinien geschlossenen Poolabkommen, der vertraglichen Gründung des Nord-Atlantischen Dampferlinien Verbandes im Jahr 1892 und der Bildung des amerikanischen Schifffahrtstrusts im Jahr 1902 (vgl. Murken, Die großen transatlantischen Linienreederei-Verbände, S. 26 ff, 51ff.).

rungsvertrags gegenüber dem Passagier gänzlich auszuschließen[362]. Eine Änderung des Prinzips der Vertragsfreiheit mit der Möglichkeit der Freizeichnung von Haftungsverpflichtungen erwies sich als schwierig, da sowohl die maritime Wirtschaft verstärkt ihren rechtspolitischen Einfluss nutzte, um sich die ihr gewährte Vertragsfreiheiten zu erhalten[363], als auch einzelne, das „common law“ als tragendes Rechtsprinzip anwendende Nationen wenig Interesse zeigten, die durch die Vertragsfreiheit garantierten Vorzüge für Beförderer aufzugeben. Hintergrund hierfür bildeten wirtschaftspolitische Ziele, die sich insbesondere am Beispiel Englands erkennen lassen.

In England wurde schon 1733 der „Responsibility of Shipowners Act“ erlassen. Die Präambel dieses Gesetzeswerkes besagt, es wäre für das Königreich von größter Bedeutung, die Zahl der Schiffe zu erhöhen und eine Entmutigung von in diesem Bereich tätigen Kaufläuten und Anderen ... zu vermeiden ...welches sich notwendigerweise nachteilig auf Handel und Schifffahrt des Königreichs auswirken würde[364]. Schon in dieser frühen Zeitperiode drückt sich das staatliche Interesse Englands aus, die eigene Industrie und den Handel zu unterstützen und Investitionen in die Schifffahrtsindustrie zu fördern[365]. In Seehandelsgeschäfte zu investieren war risikoreich, und zukünftige Investoren sollten nicht schon durch strenge Rechtsregeln von entsprechenden Geschäften mit der maritimen Wirtschaft abgeschreckt werden. Das Modell der vertraglichen Freizeichnung von einer Befördererhaftung wirkte vor diesem Hintergrund in die gewünschte wirtschaftspolitische Richtung[366]. Neben dem Grundsatz der

---

[362] Müller, Should the Athens Convention 1974 be modified?, CMI Yearbook 2000, S. 665 (667) ; Basedow, Passagierschifffahrt, ZHR 1984, S. 238 (245).

[363] Gründe für die starke Dominanz des englischen „common law“ , dem für die Reeder günstigen Prinzip der Freizeichnung von jeglicher Haftung und dem hohen rechtspolitischen Einfluss der Reeder dieser Zeit finden sich vornehmlich in dem starken Einfluss des englischen Rechts auf das internationale Seegeschäft. Die englischen Dampfschifffahrtslinien bildeten in der damaligen Zeit ein gewichtiges und einflussreiches Monopol (vgl. zur Geschichte der britischen Seefahrt: Davies, Believe in the Sea, 1992, (Zit. in Hare, Shipping Law, S. 486 N. 55) speziell Kapitel 3 und 4. *Davies* schreibt (S. 70): „There was no gainsaying the supremacy of British shipping in terms of both quantity and quality“ und das um 1914 England „had the largest, the most up to date and the most efficient of all the merchant navies in the world“.).

[364] “[An Act]...of the greatest consequence and importance to this kingdom, to promote the increase of number of ships and vessels, and to prevent any discouragement to merchants and others from being interested and concerned theirein...which will necessarily tend to the prejudice of trade and navigation of this kingdom.” (vgl. Haddon-Cave, Limitation against passenger claims, CMI-Yearbook 2001, S. 234 (236).

[365] Stone, The Limitation of Liability Act, JMLC 2001, S. 317 (322).

[366] *Basedow* beschreibt zu dieser Entwicklung, dass das Modell der vertraglichen Freizeichnung nicht auf das Seerecht beschränkt war, sondern sich in vielen transportrechtlichen Bereichen fand. Insbesondere in den frühen Entwicklungsphasen der Transporttech-

(Fortsetzung der Fußnote auf nächster Seite)

Vertragsfreiheit als Ausdruck des staatlichen Strebens zur „Subventionierung“ der Schifffahrtsindustrie entwickelte sich der Grundsatz der Beschränkung der Reederhaftung, welcher als ein gleichsam wirksames Rechtsmittel betrachtet wurde, Investition in Schifffahrtsbetriebe zu fördern[367]. In England fand dieses Interesse rechtliche Anerkennung, als 1854 der „Merchant Shipping Act“ erlassen wurde, welcher die Haftung des Reeders auch für Tod und Körperverletzungen von Passagieren auf den Wert des Schiffs und seiner Ladung beschränkte[368]. Auch die Vereinigten Staaten erließen im Jahr 1851 einen „Limitation of Liability Act“, der vor allem die amerikanische Handelsflotte nach englischem Vorbild fördern sollte. Die Konsequenz dieser einseitig die Schifffahrtsindustrie unterstützenden Maßnahmen war nicht nur eine allgemeine Beschneidung des Verbraucherschutzes. Durch die vielen, in der Regel auf nationale Interessen ausgelegten Rechtsregeln entfernte sich das Seerecht auch von einer international uniformen Rechtsgrundlage für den Seehandel[369]. Dieser Umstand wirkte wiederum wirtschaftlich kontraproduktiv, da der Seehandel und der Transport von Passagieren auf See ein internationales Geschäft ist und für eine langfristige Stabilität dieses Wirtschaftszweiges eine international einheitliche Rechtsregelung von besonderer Bedeutung ist.

---

nologien war es sowohl für die Beförderer der Eisenbahn, als auch für die Luftfrachtführer im Luftverkehr zunächst gängige Praxis, sich im Rahmen der Beförderungsverträge von jeglicher Haftungsverpflichtung freizuzeichnen. Diese Freizeichnungsmöglichkeit wurde von staatlicher Seite in den meisten Ländern mit dem Wissen toleriert, dass die Beförderer regen Gebrauch von ihr machten. Das Entwicklungsrisiko wurde so auf die Benutzer des Transportmittels verlagert. Wer als Fahr- oder Fluggast ein Transportmittel nutzen wollte, handelte haftungsrechtlich auf eigene Gefahr. Damit wurde von staatlicher Seite eine Entwicklung der Transportindustrie gefördert, indem diese vor hohen Schadensersatzforderungen geschützt wurde. Erst als die insbesondere finanziellen Risiken für die jeweilige Industrie durch zunehmende Entwicklung und Gebrauch des Transportmittels sanken, wurden gesetzgeberische Maßnahmen zur Beschränkung der Freizeichnungsmöglichkeit getroffen (Basedow, Der Transportvertrag, S. 249 ff.).

[367] Rodriguez/Jaffe, An overview of U.S. Law of Shipowners' Limitation of Liability, IDM 1992, S. 629 (629).

[368] Stone, The Limitation of Liability Act, JMLC 2001, S. 317 (322).

[369] Eine solche Uneinheitlichkeit der geltenden Rechtsgrundsätze im internationalen Seehandel fand insbesondere Ausdruck in der Beförderung von Frachtgütern zwischen Amerika und England Ende des 19. Jahrhunderts. Während in England immer noch das Prinzip der Haftungsfreizeichnung des Beförderers einschlägig war, erklärte die Mehrheit amerikanischer Gerichte ab ca. 1870 entsprechende Freizeichnungsklauseln in einem Konnossement als nichtig. Da der Großteil des transatlantischen Seehandels durch die britische Handelsflotte abgewickelt wurde, ergab sich eine rechtliche Monopolstellung Englands und dem Prinzip der Freizeichnung. Eine Vereinheitlichung begann erst, als Amerika 1893 den „Harters Act“ erließ, welcher per Gesetz eine Haftungsfreizeichnung für nichtig erklärte, weltweit große Anerkennung fand und schließlich als Grundsatz für die Erarbeitung der internationalen Haager Regeln diente (vgl. Hare, Shipping law, S. 486ff.).

Entsprechend wurde in den folgenden Jahrzehnten das Bestreben immer stärker, eine international einheitliche Regelung dieses Rechtsbereiches zu finden. Unglücke wie das der „*Titanic*“, bei dem 1062 Menschen ihr Leben verloren, erhöhten den politischen Druck zur Erarbeitung einer Neuregelung der Beförderrerhaftung. Im Jahre 1912 lud das CMI zu einer Konferenz in Bremen, um eine Vereinheitlichung des Rechts der Ansprüche wegen Tötung und Körperverletzung von Personen an Bord von Seeschiffen zu diskutieren. Eine Einigung über die rechtlichen Verhältnisse konnte jedoch weder auf dieser Konferenz, noch in den nächsten Jahrzehnten auf internationaler Ebene erreicht werden. Die starken wirtschaftspolitischen Interessen, die in der Vergangenheit eine einheitliche Regulierung der Passagierbeförderung im internationalen Seerechts verhinderten, waren immer noch vorherrschend.
Erst im Jahre 1961 gelang es, das Internationale Übereinkommen für die Vereinheitlichung bestimmter Regeln über den Transport von Passagieren auf See zu erarbeiten. Aber selbst dieses Übereinkommen erreichte nur eine niedrige Akzeptanz durch die verhandelnden Nationen. Es sah vor, das Prinzip der Freizeichnung von Haftungsverpflichtungen für den Beförderer abzuschaffen. Speziell für England war aber auch im Jahr 1961 die Beibehaltung der Vertragsfreiheit für den Beförderer immer noch ein wichtiges wirtschaftspolitisch motiviertes Anliegen, England zeichnete das Brüsseler Übereinkommen 1961 daher nicht[370]. Auch andere wichtige Passagierschiffnationen wie die Vereinigten Staaten, die meisten europäischen Staaten, aber auch die Märkte in Fernost ratifizierten das Übereinkommen nicht.
Ihre internationale, völkerrechtliche Anerkennung durch die Staatenmehrheit fand die Verschuldenshaftung des Beförderers erst 1974 durch das Athener Übereinkommen. Erstmals gaben die ratifizierenden Staaten einheitlich das Prinzip der Freizeichnung des Beförderers von Haftungsverpflichtungen auf und akzeptierten eine Verschuldenshaftung als nicht abdingbaren Mindeststandard. Passagierinteressen wurden erstmals in den Vordergrund gerückt, wenngleich die Definition der Verschuldensvoraussetzungen und die enge Haftungslimitierung den Interessen der Beförderer nach wie vor breiten Raum gewährte.

[370] Androulidakis-Dimitriadi, Der Passagiervertrag auf See, S. 222.

c) Entwicklung und Tendenzen der Passagierbeförderung im Seeverkehr seit dem Beschluss des Athener Übereinkommens 1974

Die stärkere Berücksichtigung der Verbraucherinteressen im Rahmen des Athener Übereinkommens deutete zunächst auf eine Parallelentwicklung von See- und Luftbeförderungsrecht für die Zeitperiode nach der Erarbeitung des Athener Übereinkommens 1974 hin. Das Luftrecht stand in den Jahrzehnten nach 1974 unter dem Eindruck eines starken ökonomischen Wachstum des Flugverkehrsmarktes, einhergehend mit der geänderten und inzwischen an den Verbraucherinteressen orientierten gesellschaftlichen Ansicht über Ausgleichs- und Entschädigungsregeln bei Unfällen[371]. Der Grundsatz, nicht mehr die Industrieinteressen in den Mittelpunkt der Rechtsregeln zu stellen, sondern einem Passagier durch international gültige Rechtsstandards finanzielle und soziale Sicherheit zu gewähren, setzte sich, eingeführt und stetig verstärkt durch die freiwilligen und regionalen Maßnahmen, im Luftrecht schließlich auf völkerrechtlicher Ebene durch und löste die Verschuldenshaftung zumindest bis zu einer Summe von 100.000 SZR durch die Einführung einer Gefährdungshaftung des Beförderers ab. Entscheidend für die Ausbildung dieses an den Interessen der Flugzeugpassagiere ausgerichteten Rechtssystems war der fortgeschrittene Entwicklungsstand der Luftfahrtindustrie. Das Flugzeug hat sich von einem technisch unausgereiften und risikoreichen Transportmittel zu einem Massentransportmittel entwickelt, welches in seinen Beförderungsleistungen vergleichbar ist mit der Eisenbahn. Entwickelt sich ein Transportmittel zu einem die „Massen" befördernden Verkehrsträger, trifft die Beförderer und deren Industrien eine soziale Verantwortung gegenüber den Passagieren, die sich im rechtlichen Sinne durch eine Gefährdungshaftung ausdrückt. Entsteht ein für die Gesellschaft unverzichtbarer Verkehrsträger, tritt wie beschrieben die soziale Dimension der Unfallentschädigung in den Vordergrund des rechtlichen Regelungsinteresses. Eben diese Entwicklung zum Massentransportmittel ist es, welche ausschlaggebend für die Abkehr von dem rechtlichen Modell der Verschuldenshaftung im Luftrecht war, und die Entschädigung von Unfallopfern zu einer gesellschaftlichen Aufgabe machte[372].
Im Gegensatz zu dieser luftrechtlichen Entwicklung bildete das Prinzip der Verschuldenshaftung des Athener Übereinkommens seit 1974 den unveränderten, zwingenden Rechtsstandard für eine Befördererhaftung im Personentransport der Seefahrt. Eine sich zunächst andeutende gleichgerichtete Entwicklung der Haftungssysteme von Luft- und Seebeförderungsrecht setzte sich insoweit nicht fort, vielmehr stand der Verschul-

---

[371] Vgl. in dieser Arbeit: § 1, B, II, 2, a).
[372] Vgl. in dieser Arbeit: § 1, B, II, 2, a).

denshaftung des Seerechts alsbald eine in der sozialen Dimension weitreichendere Gefährdungshaftung im Luftrecht gegenüber.

Trotz dieser im sozialen Verantwortungssinne gegensätzlichen Haftungsformen des Seerechts gegenüber dem Luftrecht, lassen sich im Rahmen einer Betrachtung der ökonomischen Hintergründe der Seeverkehrsmärkte und der heutigen Entwicklung des Seeschiffs als Verkehrsträger zunächst ähnliche Tendenzen feststellen, wie sie in den Luftverkehrsmärkten zu finden sind. Auch das Seeschiff entwickelte sich nach 1974 immer mehr zu einem die „Massen“ transportierenden Verkehrsträger - wenn auch in teilweise divergierender Form zum Flugzeug - welches zunächst die rechtliche Unterscheidung der Befördererhaftung in den letzten Jahrzehnten in Luft- und Seerecht in Frage stellt.

Im Rahmen einer ökonomischen Betrachtung lassen sich die Seeverkehrsmärkte der Personenbeförderung in drei unterschiedliche Marktsektoren aufteilen. Im Kurzstreckenverkehr sind für die Schifffahrt der nationale und der internationale Fährverkehr zu unterscheiden, im Langstreckenverkehr hat sich für die Personenbeförderung auf See der Sektor des Kreuzfahrtmarktes gebildet. Nachdem die interkontinentale Fahrgastbeförderung mit Seeschiffen zu einem bestimmten Zielgebiet vollständig von der Luftfahrt abgelöst worden ist, wird heute reine Personenbeförderungen zwischen zwei Regionen hauptsächlich im Kurzstreckenverkehr mit Fährschiffen durchgeführt. Dieser Bereich hat für die Schifffahrt im ökonomischen Rahmen in den letzten Jahrzehnten erheblich an Bedeutung gewonnen. Dabei spaltet sich der Kurzstreckenverkehr in zwei Marktsektoren auf. Zum einen besteht der nationale Fährverkehr, der mit überwiegend kleineren Schiffen Personen zwischen dem nationalen Festland und vorgelagerten Inseln, zwischen diesen Inseln oder innerhalb von Archipelen befördert. Da dieser Verkehr regelmäßig innerhalb der Territorialgewässer eines Staates stattfindet, richten sich der Vertragsabschluss und eine eventuelle Haftung des Beförderers nach dem nationalen Recht. Die gesellschaftliche Anschauung des jeweiligen Rechtsraumes entscheidet, inwieweit der Beförderer für Personen- und Gepäckschäden haftbar gehalten werden soll. Daneben besteht der internationale Fährverkehr, welcher Personen zwischen Anrainerstaaten derselben Meeresregion befördert. Der internationale Fährverkehr findet sich unter anderem zwischen England und Frankreich, in der Irischen See, in der Mittelmeerregion, in der Nord- und Ostsee, in asiatischen Archipelen und vielen anderen vergleichbaren Gewässern. Im internationalen Verkehr wurden mit Fährschiffen (sowie RoRo-Fähren und RoPax-Fähren) alleine im Jahr 2000 ca. 675 Millionen Passagiere, 122 Millionen Kraftfahrzeuge und etwa 848.000 Busse weltweit befördert[373].

---

[373] Sudhölter, DVB Group, M&A Trends in global transportation, 2/2002, S. 59.

Im internationalen Fährverkehr richtet sich die Haftung des Beförderers nach dem nationalen Recht, das auf Grund des jeweiligen anwendbaren internationalen Privatrechts auf den Beförderungsvertrag Anwendung findet. Dieses Recht wird in Europa zunehmend von den Grundsätzen des Athener Übereinkommens von 1974 geprägt, soweit dessen Prinzipien (mit Ausnahmen der Haftungshöchstsummen) über Ratifizierungen oder durch schlichte Übernahme seiner Haftungsgrundsätze in das nationale Recht gelten. In den USA gilt auch insoweit das verbraucherorientierte nationale Recht. Auch in Asien hat sich das Athener Übereinkommen bislang nicht vollen Umfangs durchsetzen können. Insbesondere in Europa aber setzen sich die Mindeststandards und damit das internationale Einheitsrecht durch, das vom Athener Übereinkommen geprägt worden ist.

Neben dem internationalen Fährverkehr hat sich der in der Passagierbeförderung zur See der ökonomisch sehr wichtige Markt der Kreuzschifffahrt herausgebildet. Die Kreuzfahrt ist ein relativ neues Phänomen. Seinen Anfang nahm dieser Industriezweig um 1970[374]. Zunächst entwickelte sich die Kreuzfahrt als Nebenprodukt der traditionellen Passagierbeförderung auf den „Ocean Liners", welche den Fahrgast - vornehmlich im transatlantischen Verkehr - von einem Abfahrtspunkt zu einem bestimmten Zielhafen beförderten. Je mehr die internationale Passagierbeförderung, speziell über den Atlantik, von der Luftfahrtindustrie übernommen wurde, desto bedeutsamer wurde die Kreuzfahrtindustrie. Wurden in den sechziger Jahren noch rund 100 Millionen Passagiere von den „Ocean Liners" über den Atlantic befördert, sank die Zahl durch die Erstarkung der Luftfahrtindustrie um 1970 auf nur noch 250.000 Passagiere, die eine Beförderung durch Seeschiffe in Anspruch nahmen[375]. Vor diesem Hintergrund suchte die Schifffahrtsindustrie zunehmend nach neuen Möglichkeiten für den Einsatz ihrer Flotten. Dieser Umstand traf auf eine beginnende Nachfrage nach touristischen Leistungen im Seeverkehr. Aus dieser Situation entwickelten sich Märkte für Kreuzfahrtschiffe, welche dem Passagier neue Standards boten, die über eine reine Beförderungsleistung hinausgingen.

War der Kreuzfahrtmarkt in seiner Anfangszeit noch ein kleiner, ökonomisch eher unbedeutender Bestandteil der Passagierbeförderung auf See, so weisen diese Marktsektoren heute hohe Wachstumsraten auf. Im Jahre 2001 bedienten weltweit 294 Kreuzfahrtschiffe diesen Markt, mit einer Kapazität von 231.619 Betten[376]. Es werden in den nächsten Jahren mehr als 50 Neubauten erwartet mit einer zusätzlichen Bettenkapazität von

[374] Sudhölter, DVB Group, The global cruise industry, 4/2001, S. 11.
[375] Sudhölter, DVB Group, The global cruise industry, 4/2001, S. 11.
[376] Sudhölter, DVB Group, The global cruise industry, 4/2001, S. 4.

mehr als 100.000[377]. In den letzten zwei Jahrzehnten wurden schätzungsweise 60 Millionen Passagiere im Rahmen einer Kreuzfahrt befördert[378]. Dabei betrug die Passagierzahl im Rahmen einer Kreuzfahrtbeförderung 1997 noch 8.322.258, im Vergleich dazu wurden 10.668.341 Passagiere im Jahr 1999 und im Jahr 2000 schon 12.008.527 Passagiere weltweit befördert.
Damit stieg die Zahl der Passagierbeförderung im Kreuzfahrtsektor von 1999 zu 2000 um 12.6 Prozent. Zu den „top-ranking" Cruise Shipping Companies gehören sechs Reedereien aus den Vereinigten Staaten, zwei aus England, zwei aus Monaco, die viertgrößte aus Singapur und je eine weitere aus Griechenland und Zypern. Die drei größten „Global Player" erfassen etwa 70 Prozent des Weltmarktes, dessen Schwerpunkt in Nordamerika (ca. 67 Prozent des Marktes), in Europa (ca. 22 Prozent des Marktes) und in Asien (ca.10 Prozent des Marktes) liegt[379].
Der Kreuzfahrtmarkt bildet etwa ein Prozent des internationalen Tourismusmarktes. Trotz des relativ kleinen Anteils an der weltweiten Freizeitindustrie, stellt der Kreuzfahrtmarkt einen der am schnellsten wachsenden Marktsektoren dieses Bereichs dar. Zwischen den Jahren 1989 und 1998 wuchs der weltweite Tourismus um 47 Prozent, während die Kreuzfahrtindustrie einen Zuwachs von 104 Prozent verzeichnen konnte[380]. Diese Entwicklung findet auch Ausdruck in dem Größenwachstum der Kreuzfahrtschiffe. Hatte das 1968 gebaute Kreuzfahrtschiff „Princesa Cypria" der „Louis Cruise Lines" noch eine Bettenkapazität von 633, entwickelte sich die Tendenz zu immer größeren Schiffen, wie zum Beispiel dem Kreuzfahrschiff „Grand Princess" der „Princess Cruise"-Reederei mit 2600 Betten an Bord. Die Reederei Carnival vergab 1993 den ersten Konstruktionsauftrag für eine Reihe von Kreuzfahrtschiffen, jeweils mit einer Passagierbeförderungskapazität von 3.360 pro Schiff. Der Bau des derzeit größten Kreuzfahrtschiffs der Welt mit einer Beförderungskapazität von 5400 Passagieren wurde unlängst von der Reederei „Royal Caribbean" in Auftrag gegeben.
Diese Entwicklungen zeigen, dass der Kreuzfahrtmarkt einen immer größeren Stellenwert in der Passagierbeförderung zur See erlangt. Die ökonomisch wichtige Rolle dieses Marktsektors lässt sich am Beispiel der Vereinigten Staaten aufzeigen. Hier wird dem Kreuzfahrtmarkt für das Jahr 2001 die Erwirtschaftung eines Gesamtertrages von 17.9 Milliarden

---

[377] B. Kröger, Same rights as airline passengers?, CMI Yearbook 2001, S. 244 (246).
[378] William Dorsey III, The Proposed Protocol to the Athens Convention relating to the Carriage of Passengers by Sea, *http://www.houstonmarineseminar.com/pdfs/2001/Dorsey_speech.pdf* (08.02.2005).
[379] B. Kröger, a.a.O., S. 246 ; Sudhölter, DVB Group, The global cruise industry, 4/2001, S. 4.
[380] Sudhölter, DVB Group, The global cruise industry, 4/2001, S. 4.

US-Dollar zugeschrieben, wobei mehr als 257.000 Arbeitsplätze von der amerikanischen Kreuzfahrtindustrie abhängig waren und eine Gesamtsumme von 8,7 Milliarden US-Dollar in Arbeitslöhnen umgesetzt wurden[381].

Vor diesem Hintergrund wird deutlich, dass sich die ökonomische Struktur des Seeverkehrsmarktes im Rahmen der Passagierbeförderung in den letzten Jahrzehnten nach der Erarbeitung des Athener Übereinkommens 1974 grundlegend gewandelt hat. Der Fährverkehr als beförderungsstärkster Sektor der Passagierschifffahrt befördert im internationalen Bereich jährlich eine Anzahl von ca. 675 Millionen Passagieren. Mit dieser Entwicklung nähert sich in der Summe die Beförderungsleistung des Fährverkehrs den Zahlen der beförderten Passagiere durch das Transportmittel Flugzeug. Insoweit könnte für den Fährverkehr eine ähnliche Bewertung vorgenommen werden wie für die Entwicklung des Flugzeugs, nämlich dass der Fährschiffverkehr sich zu einem Massenverkehr entwickelt. Dieses würde rechtlich bedeuten, dass eine Anpassung der Haftungsstrukturen des Personentransports des Seeverkehrs an die entsprechenden Strukturen des Luftrechts durchaus hätte erfolgen können und unter Berücksichtigung der heutigen sozialen Verantwortung von Entschädigungsregeln auch hätte erfolgen müssen. Maßgebend ist im Rahmen einer solchen Betrachtung, wie sich der Begriff „Massenverkehr“ zuordnen lässt.

Soziologisch definiert sich der Begriff „Masse“ als „eine Vielzahl von nicht unmittelbar verbundenen Menschen, die durch eine nationale oder soziale Struktur, durch gleiche Bedürfnisse oder Forderungen ein Potential bilden, das auf die politische und kulturelle Lage wirkt“[382]. Neben dem eigentlichen „Masse“-Begriff beschreibt sich die „Massenkultur“ als „die Teilhabe der sozialen Unter- und Mittelschichten der Industriegesellschaft am Konsum kultureller Erzeugnisse, die sie im Gegensatz zur Volkskultur nicht selbst geschaffen haben“[383]. Der „Verkehr“ als eigenständiger Begriff lässt sich als „die Überwindung von Raum durch Personen, Güter oder Nachrichten“ beschreiben[384]. Werden diese Definitionen verbunden und auf den verkehrsrechtlichen Personentransportbereich übertragen, beschreibt sich der Begriff Massenverkehr als eine Vielzahl

---

[381] Jahresbericht 2001 des International Council of Cruise Lines (ICCL), The Contribution of the North American Cruise Industry to the U.S Economy in 2000, S. 3, (Business Research & Economic Advisors, Oktober 2001, The Contribution of the North American Cruise Industry to the U.S Economy in 2000, *http://www.iccl.org/resources/econstudy00.pdf* [08.02.2005]).

[382] Brockhaus Enzyklopädie, Zwölfter Band (MAI-MOS), S. 228.

[383] Brockhaus Enzyklopädie, a.a.O., S. 229.

[384] So die Begriffsbestimmung bei Basedow, Der Transportvertrag, S. 10 und Voigt, Verkehr I 1 , S. 34.

von Personen, die sich in ihrer Gesamtheit aus allen sozialen Gesellschaftsschichten zusammensetzt und durch das Bedürfnis der Überwindung von Raum unter Benutzung eines bestimmten Transportmittels ein Potential bilden, welches auf die kulturelle und politische Verkehrslage wirkt. Um somit einen Verkehr als Massenverkehr einstufen zu können erscheint bedeutend, dass gerade eine Vielzahl von Menschen einen speziellen Verkehr in Anspruch nimmt. Eine solche Vielzahl lässt sich erkennen, sobald sämtliche sozialen Schichten, also auch die sozialen Unter- und Mittelschichten einer Gesellschaft, einen bestimmten Verkehr nutzen.

Unzweifelhaft lässt sich die gefundene Definition von Massenverkehr auf den Luftverkehr übertragen. Das Flugzeug wird heute ohne Rücksicht auf soziale Schichtgrenzen von den meisten Menschen als Transportmittel frequentiert, insbesondere im Langstreckenverkehr. Diese Entwicklung wird von der Luftfahrtindustrie gefördert mit sinkenden Beförderungspreisen, günstigen „Paketangeboten“ die eine Flugbeförderung mit Unterkunftsangeboten in Hotels kombinieren und diversen anderen Marketingmaßnahmen.

Eine ähnliche Bewertung lässt sich für den internationalen Fährverkehr des Seefahrt finden. Auch hier nutzen eine Vielzahl von Personen aus allen sozialen Gesellschaftsschichten das Transportmittel Fähre, um räumliche Distanzen zu überwinden. Die Beförderungsverträge haben nicht mehr individuellen Charakter, sondern stellen vielmehr einen Fahrkartenkauf auf der Basis von allgemeinen Geschäfts- und Beförderungsbedingungen dar, der auf einen Massenverkehr ausgelegt ist. Auch die Preisstrukturen und Marketingmaßnahmen[385] der Reedereien in der Fährbeförderung passen sich immer mehr den Verhältnissen eines Massenverkehrs an. Die Fahrtkosten des einzelnen Passagiers werden reduziert, während gleichzeitig die Beförderungskapazitäten der Fährschiffe steigen. Damit wird die Benutzung des Verkehrsmittels Fähre durch ein angemessenes Preisniveau für den einzelnen Reisenden attraktiver, während der ökonomische Gewinn der Reederei durch die beförderte Masse an Passagieren erzielt und gesichert werden soll.

Lässt sich vor diesem Hintergrund der Fährverkehr wirtschaftlich somit als Teil eines „Massenverkehrs“ verstehen, oder würdigt man das Fährschiff zumindest als ein Transportmittel, welches sich in seiner Entwicklung auf den „Massen“-Transport einstellt, bedeutet diese Bewertung für die rechtlichen Haftungsstrukturen der Personenbeförderung dieses Transportbereiches, dass dessen Kunden vergleichbare soziologische

---

[385] Dem Passagier eines Fährschiffs werden derzeit immer mehr Möglichkeiten geboten, seine Freizeit auf Fährschiffen zu gestalten, sei es durch einen Besuch des Bordrestaurants, der schiffseigenen Diskothek oder einer Spielhalle.

Strukturen aufweisen und damit ein ähnliches soziales Schutzbedürfnis der Passagiere entsteht, wie es auch schon in anderen Massentransportsektoren - speziell in der Luftfahrt - vorherrschend ist.
Eine zum Luftverkehr unterschiedliche Entwicklung lässt sich hingegen im Bereich der Kreuzfahrt feststellen. Hier dominieren nicht die Elemente eines Massenverkehrs. Der Kreuzfahrtmarkt richtet sich, aufgrund des im Vergleich zum Massenverkehrswesen als hoch erscheinenden Kostenaufwandes eines Passagiers für eine Beförderung, nicht an alle sozialen Schichten als ein unvermeidliches Transportmittel zur räumlichen Streckenüberwindung. Die Kreuzfahrt ist vielmehr dem ökonomischen Feld des Tourismus zuzuordnen. Der Passagier genießt seinen Urlaub an Bord eines Kreuzfahrschiffs, die räumliche Streckenüberwindung ist nur ein Nebenelement zu der gebotenen Leistung der Kreuzfahrt. Einen Massenverkehr in der gefundenen Definitionsform stellt die Kreuzfahrt nicht dar. Die Struktur des Tourismus hat sich in den letzten Jahrzehnten jedoch Elementen des Massenverkehrs angenähert. Auch im Tourismus verschwimmen die sozialen Schichtgrenzen der Gesellschaft immer mehr. Es ist nicht länger ein Privileg wohlhabender Gesellschaftsschichten, eine Reise zu unternehmen. Vielmehr bedient der Tourismusmarkt ein aus sozialer Sicht immer breiter werdendes Kundenfeld. Auch die Kreuzfahrtreedereien stellen sich auf diese Strukturänderung ein und versuchen mit niedrigeren Preisen und einem auf breite Schichten ausgerichteten Angeboten neue Kunden für eine Kreuzfahrt zu werben. Die stetig steigenden Passagierzahlen im Kreuzfahrtmarkt zeigen, dass das Kundenfeld einer Kreuzfahrt sich erweitert. Somit weichen die Grenzen zwischen Massenverkehr und Tourismusmarkt immer weiter zurück. Dieses bedeutet aus haftungsrechtlicher Sicht, dass die Grundsätze die für den Massenverkehr gefunden wurden, auch Wirkung in dem Transportwesen des Tourismusbereichs entfalten können.
Lassen sich entsprechend sowohl der Fährverkehr, als auch der Kreuzfahrbereich dem nahen Umfeld des Massenverkehrs zuordnen, hätte im Rahmen einer solchen Sichtweise der soziale Schutzgedanke, der Ausdruck in den Haftungsstrukturen des Luftrechts findet, auch eine Übertragung auf den Personentransport der Seefahrt erfahren können und die vom Athener Übereinkommen 1974 festgelegte Verschuldenshaftung des Beförderers an eine dem Luftrecht ähnliche Gefährdungshaftung annähern können. Für die Möglichkeit der Übertragung von Rechtsstrukturen der Luftfahrt auf das Seerecht musste aber auch das tatsächliche Umfeld und die Beurteilung des faktischen Passagierverhaltens an Bord der Verkehrsträger eine übereinstimmende Bewertung finden. Es zeigt sich jedoch, dass das Verhalten von Passagieren eines Seeschiffs und die Bedeutung der Leistung des Beförderers in der Beziehung zu einem Passagier an Bord einer anderen faktischen wie rechtlichen Beurteilung unter-

liegt, als das Verhalten eines Reisenden in einem Flugzeug. Dabei wurde die Aufmerksamkeit vor allem auf das Verhalten der auf einem Kreuzfahrtschiff beförderten Passagiere gerichtet.
In den Anfängen der Kreuzfahrtindustrie war die eigentliche Kreuzfahrt für den Passagier eine zielorientierte Reise. Das Hauptanliegen der Passagiere bildete der Besuch fremder Länder, das eigentliche Schiff bildete lediglich ein Nebenprodukt zu den erstrebten Sightseeing-Ferien[386]. Als die Kreuzfahrtindustrie zu wachsen begann und immer mehr Konkurrenten die gleichen Häfen mit ihren Schiffen anliefen, strebten die Reeder nach einer Neupositionierung ihrer Schiffe auf dem Kreuzfahrtmarkt. Es entwickelte sich das eigentliche und hauptsächliche „Ferienerlebnis Kreuzfahrtschiff". Für den Passagier stand nun im Rahmen einer Kreuzfahrtreise nicht mehr nur die Beförderung zwischen zwei Orten im Vordergrund der Interessen. Es ging dem Passagier weniger darum, ein bestimmtes, örtliches Ziel zu erreichen, als vielmehr die Beförderung an sich zu erleben. Für den Passagier bildet heute entsprechend dieser Entwicklung der Weg das Ziel der Reise. Die Beförderung auf See bildet insoweit die Basisleistung des Beförderers im Rahmen des Reisevertrages mit dem Passagier. Dabei ist die Beförderungsleistung kombiniert mit einer Vielzahl von Zusatzleistungen. Dem Passagier wird eine Hotelunterkunft an Bord des Schiffs geboten, er nutzt zahlreiche Bewirtungsmöglichkeiten und trifft auf eine Reihe von Unterhaltungs- Sport- und Freizeitprogrammen. Dabei wird dem Passagier an Bord eines Kreuzfahrtschiffs größtmögliche Bewegungsfreiheit garantiert. Der Reisende wird anders als in der Luftfahrt nicht als weitgehend unbeweglich unter der Obhut des Beförderers erachtet, sondern vielmehr als Individuum, welches mit eigenem Tagesplan die zahlreichen Unterhaltungsmöglichkeiten nutzen soll[387]. Dabei werden Sportangebote vom Tennisplatz über Tontaubenschießen und Golfanlagen bis hin zum Freeclimbing und Eislaufbahnen geboten, sowie diverse Beauty-Salons, Friseure, Restaurants, Bars, Theater, Diskotheken und Spielhallen. Der Passagier nutzt Treppen, Aufzüge und Hotelräume. Ein modernes Passagierschiff lässt sich dabei grundsätzlich mit einem „schwimmenden Hotel" vergleichen[388], wobei die modernen, neuen „Mega Cruise Ships" dem Passagier Freizeitmöglichkeiten bieten, die vergleichbar sind mit solchen der großen amerikanischen Tourismuszentren wie etwa Las Vegas oder Orlando[389]. Im Rahmen der Beförderung ist der Passagier solcher Schiffe nicht nur angehal-

[386] Sudhölter, DVB Group, The global cruise industry, 4/2001, S. 15.
[387] Müller, Should the Athens Convention 1974 be modified?, CMI Yearbook 2000, S. 665 (667).
[388] Müller, a.a.O., S. 665 (667).
[389] Sudhölter, DVB Group, The global cruise industry, 4/2001, S. 10.

ten die dargebotenen Freizeitmöglichkeiten zu nutzen, es steht ihm auch frei über sein Gepäck zu verfügen, ohne einer Aufsicht des Beförderers zu unterliegen.
Dieser Grundsatz wurde nicht nur für die Kreuzfahrtschiffe als wichtig erachtet, sondern auch für international agierende Fährschiffe. Hier wird der Passagier zwar weniger dazu angehalten, Sporteinrichtungen zu nutzen. Es finden sich jedoch auch auf größeren Fährschiffen[390] immer mehr Möglichkeiten für den Passagier, die Zeit an Bord mit Aktivitäten wie zum Beispiel dem Besuch eines Restaurants, eines Kinos, eines Casinos oder einer Diskothek zu nutzen. Dabei steigt ein solches Angebot auf Fährschiffen mit der zurückzulegenden Distanz zwischen Ab- und Anfahrhafen. Nicht selten werden dem Passagier von Fährschiffen auch Übernachtungsmöglichkeiten geboten, wenn die Beförderung eine längere Zeitperiode erfordert. Das Marketing der Fährschifffahrt verwendet hierfür den Begriff „Mini-Kreuzfahrt" („Mini-Cruise").
Im Gegensatz dazu steht der Passagier eines Flugzeugs. Dieser wird angehalten, während des Starts und der Landung eines Flugzeugs den Sicherheitsgurt anzulegen. Auch während der Beförderung wird vom Luftfrachtführer empfohlen, den Sicherheitsgurt angelegt zu lassen. Die Bewegungsfreiheit des Passagiers eines Flugzeugs beschränkt sich auf gelegentliches Aufstehen und einem kleinen „Spaziergang" zwischen den Sitzreihen, welcher jedoch meistens abrupt nach wenigen Metern an der unüberwindbaren Grenze zur nächsthöheren Sitzpreisklasse endet.
Entsprechend wurde das Passagierumfeld auf einem Schiff im Vergleich zur Luftfahrt als höchst unterschiedlich qualifiziert. Der Bedeutung von Eigenverantwortung, Selbstbestimmung, Handeln auf eigene Gefahr bis hin zu dem selbstverantwortlichen Abschluss von Unfallversicherungen wurde ein wesentlich größerer Stellenwert eingeräumt, als dieses in der Luftfahrt üblich war und ist[391]. Es schien als eine übermäßige Belastung des Beförderers, diesem für jegliche Aktivitäten eines Passagiers an Bord eine strikte Haftung in Form der Gefährdungshaftung aufzuerlegen, allenfalls mit der Möglichkeit des Entlastungsbeweises soweit der Beförderer ein Verschulden des Passagiers nachweisen kann. Erleidet ein Passagier körperlichen Schaden, beispielsweise aufgrund einer durch ein unvorsichtiges Verhalten des Bordfriseurs herbeigeführten verbrannte Kopfhaut oder erstellt der Bordarzt eine Fehldiagnose mit schadhaften Folgen für den Passagier, so würde es dem Beförderer in den meisten Fällen unmög-

[390] Zumindest auf Fährschiffen die in der westlichen Hemisphäre den Passagierbeförderungsmarkt bedienen.
[391] B. Kröger, Same rights as airline passengers?, CMI Yearbook 2001, S. 244 (246).

lich sein, ein Verschulden des Passagiers zu beweisen[392]. Ebenso wurden die - sowohl auf Kreuzfahrtschiffe als auch auf Fähren - möglichen Fälle beurteilt, in denen ein Passagier sich leichtsinnig über die Reling beugt, hastig über eine rutschige Gangway läuft oder sich an steilen Schiffstreppen nicht richtig festhält, und in der Folge zu körperlichem Schaden kommt. Auch hier wurde es für den Beförderer und seine Schiffsbesatzung als unmöglich angesehen, einen Schaden des Passagiers zu verhindern oder nur zu beobachten, so dass ein Entlastungsbeweis des Selbstverschuldens im Rahmen einer strikten Beförderhaftung nicht gelingen würde[393].
Vor diesen Hintergründen schien der Grundsatz der Verschuldenshaftung im Athener Übereinkommen sowohl für den Beförderer als auch für den Passagier als eine ausgewogene Interessenberücksichtigung. Der Gedanke der sozialen Verantwortung der Haftungsregeln des Seerechts gegenüber den Passagierinteressen, der aufgrund der Annäherung des Verkehrsträgers Seeschiff an ein Massenverkehrsmittel immer stärker zum Tragen kommt, wurde durch die Beurteilung des faktischen Passagierverhaltens an Bord des Verkehrsträgers als relativiert betrachtet. Daraus lässt sich schließen, dass das Bedürfnis einer rechtlichen Stärkung der Passagierinteressen gegenüber der rechtlichen Stellung des Beförderers aufgrund des anders gearteten Umfeldes an Bord eines Seeschiffs, der Beurteilung des faktischen Passagierverhaltens an Bord eines Schiffs und der Risikoeinschätzung des Verkehrsträgers Seeschiff nicht als so dringlich empfunden wurde, wie es in der Luftfahrt eingeschätzt wurde. Insoweit erscheint es schlüssig, wenn im Personentransport der Seefahrt an den Prinzipien der Verschuldenshaftung festgehalten wurde, trotz teilweiser Übereinstimmungen in der Struktur der luft- und seerechtlichen Regelungsmaterie und einer teilweisen Annäherung der ökonomischen Entwicklungen der Seeverkehrsmärkte an den Massenverkehr der Luftfahrt.

III. Notwendigkeit einer Neuregelung des Athener Übereinkommens 1974 im Vergleich mit den luftrechtlichen Regelungen

Die im Rahmen des analytischen Vergleichs zwischen den Haftungsregime des Athener Übereinkommen 1974 und dem Montrealer Übereinkommen 1999 auffallende, überwiegend divergente Entwicklung des Personentransportrechts der Luft- und der Seefahrt ist im Ergebnis auf die historischen Zusammenhänge, die ökonomischen Entwicklungen der

[392] Müller, Should the Athens Convention 1974 be modified?, CMI Yearbook 2000, S. 665 (667).
[393] Basedow, Der Transportvertrag, S. 440.

jeweiligen Verkehrsmärkte und auf die unterschiedliche Beurteilung der faktische Bedeutung des Passagierverhaltens an Bord der jeweiligen Verkehrsträger zurückzuführen. Dabei tritt insbesondere der Unterschied in den Vordergrund, dass das Montrealer Übereinkommen ein weitergehendes und moderneres Schutzsystem für den Passagier bietet, als es im Seerecht durch das Athener Übereinkommen gewährleistet wird. Trotz einer strukturellen Angleichung der ökonomischen Verhältnisse des Luft- und Seepassagiertransportmarktes wurden in der Vergangenheit die Unterschiede im faktischen Verhalten der Passagiere an Bord der Verkehrsträger Flugzeug und Seeschiff als zu unterschiedlich betrachtet, als das eine Angleichung der rechtlichen Regelungsstrukturen, und hier speziell der Ersetzung der Verschuldenshaftung des Seebeförderers durch die Grundsätze der im Luftrecht geltenden Gefährdungshaftung, möglich und nötig schienen. Vor dem Hintergrund der luftrechtlichen Entwicklungen und insbesondere der gesellschaftlichen Forderung nach einer Stärkung des Verbraucherschutzes in der internationalen Passagierbeförderung mit dem Flugzeug zeigte sich aber, dass die Regelungen zur Passagierbeförderung im Seerecht den modernen Ansprüchen des Verbrauchers nicht mehr gerecht werden. Die heutige politische und gesellschaftliche Interessenlage, die in den luftrechtlichen Regulierungen zum Ausdruck kommt, findet in der seerechtlichen Beurteilung der Passagierbeförderung durch das Athener Übereinkommen 1974 keine ausreichende Berücksichtigung mehr. Vielmehr zeigt ein Vergleich der Luft- und Seerechtsregeln, dass für die Passagierbeförderung in der Seefahrt ein dringendes Anpassungsbedürfnis an den verstärkt zu berücksichtigenden Verbraucherschutzstandard des Luftrechts besteht. Das Argument des unterschiedlichen faktischen Passagierverhaltens in der Luft- und Seefahrt als Rechtfertigung für ein Beibehalten der Rechtsstrukturen des Athener Übereinkommens 1974 stand nach der Erarbeitung der neuen luftrechtlichen Regulierungen der gesellschaftlichen und politischen Forderung nach einem gesteigerten Verbraucherschutz gegenüber, orientiert an den luftrechtlichen Maßstäben des Montrealer Übereinkommens. Eine entsprechende Notwendigkeit der Stärkung der Passagierinteressen im Seerecht zeigt sich maßgeblich anhand einer Gegenüberstellung der Akzeptanz des Montrealer Übereinkommens und des Athener Übereinkommens, sowie im Rahmen eines Vergleichs der geltenden Haftungsstrukturen der beiden Übereinkommen.

1. Akzeptanz der Übereinkommen

Ein erster Hinweis auf ein grundsätzliches Anpassungsbedürfnis des Athener Übereinkommens an die Regelungen der Luftfahrt, kann zunächst

an der heutigen, weltweiten Akzeptanz der geltenden Rechtsregeln gefunden werden.
Das Montrealer Übereinkommen wurde von bisher 34 Staaten ratifiziert und ist am 4. November 2003 gemäß Art. 53 Abs. 6 MÜ sechzig Tage nach der Hinterlegung der Ratifikationsurkunde der Vereinigten Staaten am 5. September 2003 bei der ICAO in Kraft getreten. Schon auf der Montrealer Luftrechtskonferenz 1999 wurde das Übereinkommen von 52 Staaten und inzwischen insgesamt von 71 Staaten sowie zusätzlich von der Europäischen Union als Organisation der regionalen Wirtschaftsintegration gezeichnet[394]. Diese rege staatliche Beteiligung zeugte schon bei der Verabschiedung des Regelungswerkes im Jahre 1999 von hoher weltweiter Akzeptanz[395]. Zudem ist das Montrealer Übereinkommen in einem relativ kurzen Zeitraum nach dessen Erarbeitung in Kraft getreten, wobei die Ratifizierungsstaaten einen Großteil des internationalen Luftverkehrsmarktes repräsentieren, und es allgemein erwartet wird, dass insbesondere die Ratifizierung durch die Vereinigten Staaten für viele weitere Länder den entscheidenden Impuls für eine eigene Ratifizierung des Übereinkommens geben wird[396].
Im Gegensatz zum Montrealer Übereinkommen steht die geringe internationale Akzeptanz des seerechtlichen Athener Übereinkommens, welches bis heute von nur 26 Staaten ratifiziert worden ist, wobei die Staaten insgesamt nur ein Drittel der gesamten Welttonnage repräsentieren. Es hat fast dreizehn Jahre gedauert bis das 1974 beschlossene Athener Übereinkommen in Kraft trat. Einer der Hauptgründe für die geringe Anzahl der Ratifikationen wird in den von vielen Staaten als zu niedrig erachteten Haftungshöchstsummen des Athener Übereinkommens für Personenschäden gesehen[397].
Wird ein Vergleich zwischen den Haftungshöchstsummen des Montrealer Übereinkommens und des Athener Übereinkommens gezogen, so zeigt sich, dass das Athener Übereinkommen mit einer Haftungshöchstsumme von 46.666 SZR schon weit hinter der ersten Stufe des Montrealer Übereinkommen von 100.000 SZR liegt. Der Versuch einer Erhöhung der Haftungssummen des Athener Übereinkommen durch die Erarbeitung des

---

[394] Ratifizierungsstand des Montrealer Übereinkommens vom 3. März 2004, der aktuelle Ratifizierungsstand kann im Internet abgerufen werden unter: *http://www.icao.int/icao/en/leb/mtl99.htm* .
[395] Bollweg, Das Montrealer Übereinkommen, ZLW 2000, S. 439 (447).
[396] Vgl. FN. 15; Deutschland hat das Montrealer Übereinkommen am 29. April 2004 ratifiziert, am 28. Juni 2004 wurde es für die Bundesrepublik wirksam.
[397] Mitteilung der Europäischen Kommission – Erhöhung der Sicherheit von Fahrgastschiffen in der Gemeinschaft, KOM(2002) 158 endg., S. 9 ; Müller, Should the Athens Convention 1974 be modified?, CMI Yearbook 2000 S. 665 (666) ; CMI Newsletter, September 1990, S. 7.

Protokolls von 1990 schlug fehl. Das Protokoll von 1990 ist bis heute nicht in Kraft getreten, maßgeblich weil viele Staaten die vorgesehene Erhöhung der Haftungssummen von 46.666 SZR auf 175.000 SZR als nicht ausreichend und immer noch zu niedrig erachteten[398]. Dabei lässt sich diese Unzulänglichkeit der Haftungshöchstsumme nicht nur am Beispiel des Luftrechts erkennen, welches in seiner historischen Entwicklung anschaulich zeigt, dass eine untere Haftungshöchstsumme von 100.000 SZR für Körperschäden im Rahmen einer Luftbeförderung in der heutigen Zeit einen zwingenden Mindeststandard an finanzieller Ersatzleistung darstellt. Ein Vergleich der Haftungshöchstsummen, die für Personenschäden bei anderen internationalen Verkehrsträgern gelten, zeigt den ausschlaggebenden Grund für die weltweit niedrige Akzeptanz des Athener Übereinkommens, nämlich dass die sehr niedrige Pro-Kopf-Haftungshöchstsumme von 46.666 SZR den heutigen Bedürfnissen eines verunglückten Passagiers nicht mehr gerecht wird. Die Entwicklung von Haftungshöchstsummen in anderen internationalen Transportrechtsbereichen belegt, dass sich die gesellschaftliche Ansicht über die Höhe von Haftungshöchstsummen im Vergleich zum Erarbeitungsjahr des Athener Übereinkommens 1974 geändert hat und dass sie heute wesentlich höhere Summenwerte als Mindeststandard fordert, als sie unter dem Athener Übereinkommen gelten.
Im internationalen Eisenbahnrecht wurde bisher eine Mindesthaftungshöchstsumme von 70.000 SZR bei Tod oder Körperverletzung eines Reisenden im Rahmen des Art. 30 § 2 CIV vorgeschrieben[399]. Durch ein das " Übereinkommen über den internationalen Eisenbahnverkehr " (COTIF) änderndes Protokoll aus dem Jahr 1999 wird diese Mindesthaftungshöchstgrenze auf eine Summe von 175.000 SZR erhöht[400].

---

[398] Müller, Should the Athens Convention 1974 be modified?, CMI Yearbook 2000, S.665 (666); Gaskell, Revision of the Athens Convention, in: Liability to Pay Damages under Greek and International Maritime Law, S. 155 (175); Dion, Cruise Ships and Pleasure Boats, JMLC 1998, S. 183 (192f.).

[399] Einheitliche Rechtsvorschriften für den Vertrag über die internationale Eisenbahnbeförderung von Personen und Gepäck (CIV), Anhang A zum Übereinkommen über den internationalen Eisenbahnverkehr.

[400] Protokoll vom 3. Juni 1999 (Protokoll von Vilnius) zur Änderung des COTIF. Das Protokoll ist bisher noch nicht in Kraft getreten. Das Protokoll 1999, und damit die neue Fassung des COTIF, treten erst in Kraft, wenn sie von mehr als zwei Dritteln der Mitgliedstaaten der OTIF, also von mindestens 27 Staaten ratifiziert, angenommen oder genehmigt sind (Artikel 20 § 2 COTIF 1980). Bulgarien hat am 29.11.2004 als 23. Staat das Protokoll 1999 ratifiziert. Ratifikationsstand abrufbar unter: *http://www.otif.org* .

Damit haftet der Beförderer nach der CIV mindestens bis zu dieser Summe, soweit das Landesrecht keine höhere Haftungsgrenze festlegt[401].
Auch die „Convention on the Contract for the International Carriage of Passengers and Luggage by Inland Waterway“ (CVN) aus dem Jahr 1976, welche auf internationaler Ebene den Passagiertransport auf inländischen Wasserwegen regelt, legt höhere Haftungssummen als das Athener Übereinkommen fest. Die ursprüngliche Haftungssumme des Art. 7 Abs. 1 CVN von 200.000 Franc wurde schon 1978 durch ein die CVN änderndes Protokoll[402] auf eine die Höchstsumme des Athener Übereinkommens übersteigenen Wert von 66.667 SZR umgerechnet. Eine ähnliche Entwicklung zeigt sich auch im internationalen Personentransport auf der Straße. Die „Convention on the Contract for the international Carriage of Passengers and Luggage by Road" (CVR) legte 1973 eine Haftungshöchstsumme für Tod und Körperverletzungen von Personen im Rahmen des Art. 13 Abs. 1 von 250.000 Franc fest. 1978 wurde diese Summe durch ein die CVR entsprechend ergänzendes Protokoll[403] in 83.333 SZR umgerechnet. Auch diese Summe liegt über der Haftungssumme des Athener Übereinkommen.
Aber nicht nur im internationalen Transportrechtsbereich lassen sich Belege für die Änderung der gesellschaftlichen Ansicht über die Höhe von Haftungshöchstsummen finden. Auch in verschiedenen nationalen Rechtskreisen zeigt sich eine deutliche Tendenz zu Haftungshöchstsummen, deren Wert den der Haftungssumme des Art. 7 Abs. 1 AÜ deutlich übersteigt.
England hat das Athener Übereinkommen und das Protokoll 1990 ratifiziert. Die Haftungshöchstsummen des Athener Übereinkommens schienen in England jedoch alsbald nicht mehr angemessen. Zunächst wurden die inländisch geltenden Haftungshöchstsummen für Tod und Körperverletzung von Passagieren auf Seeschiffen im Jahr 1987 – als unmittelbare Folge des Fährschiffsunglücks der „Herald of Free Enterprise“ - vom englischen Secretary of State auf eine Summe von 100.000 SZR angehoben[404]. Als sich im Jahr 1998 das Unglück mit dem Fährschiff „Estonia“ ereignete, wurde als Reaktion auf den tragischen Schadenfall für engli-

---

[401] Die Haftungshöhe im CIV bestimm sich gemäß Art. 30 § 2 S. 1 zunächst nach dem jeweilig einschlägigen Landesrecht. Art. 30 § 2 S. 2 CIV setzt die vorgesehen Haftungshöchstgrenze an die Stelle einer etwa niedrigeren in der landesrechtlichen Regelung (vgl. Czerwenka/Heidersdorf/Schönbeck, Eisenbahnbeförderungsrecht, 87, CIV Art. 30.).
[402] Protocol to the Convention on the Contract for the International Carriage of Passengers and Luggage by Inland Waterway, 5. Juli 1978.
[403] Protocol to the Convention on the Contract for the international Carriage of Passengers and Luggage by Road, 5. Juli 1978.
[404] Carriage of Passengers and their Luggage by Sea (United Kingdom Carriers) Order 1987 (S.I. No. 855).

sche Beförderer[405] die Haftungslimitierung auf 300.000 SZR erhöht[406]. Auch Dänemark, Norwegen, Finnland und Schweden haben ein eigenes maritimes Haftungssystem entwickelt, welches sich am Athener Übereinkommen orientiert und die Haftungssummen des Protokolls 1990 übernommen hat (175.000 SZR pro Passagier). Belgien hat das Athener Übereinkommen ratifiziert, aber die Haftungshöchstsumme des Art. 7 AÜ auf damals 5.500.000 BF[407] erhöht. Deutschland, welches das Übereinkommen nicht ratifiziert, aber in das nationale Recht eingearbeitet hat, erhöhte die Haftungssumme des Art. 7 AÜ auf damals 320.000 DM[408].
In Deutschland zeigen sich auch in anderen Rechtsbereichen deutliche Bestrebungen nach höheren Haftungssummen. Mit dem Erlass des „Zweiten Gesetzes zur Änderung schadensrechtlicher Vorschriften" am 19. Juli 2002[409] wurden eine Reihe von Änderungen der nationalen schadensrechtlichen Vorschriften eingeführt, die speziell die Haftungshöchstsummen einzelner Gesetze um ein Vielfaches anheben[410].
Auch in anderen Wirtschaftsbereichen zeigt sich eine Tendenz zu hohen Haftungshöchstsummen. Auf europäischer Ebene erließ der Rat der Europäischen Gemeinschaft im Jahr 1985 eine EG-Richtlinie zur Produkthaftung[411]. In Anbetracht der Rechtstradition einiger Mitgliedsstaaten der Europäischen Union wurde in der Richtlinie die Möglichkeit der Einfüh-

---

[405] Im Originaltext bezeichnet als "ferry operators, travel agents and tour operators" mit ihrem Hauptgeschäftssitz in England.

[406] Carriage of Passengers and their Luggage by Sea (United Kingdom Carriers) Order 1998 (S.I. No. 2917).

[407] Ca. 136 400 € / 116 916 SZR.

[408] Ca. 163 631 € / 140 275 SZR; Vgl. zu den nationalen Summenregelungen der Länder: Sotiropoulos, Carriage of Passengers and their luggage by sea, CMI Yearbook 1998, S. 129 (130f.).

[409] BGBl. 2002 I Nr. 50, S. 2674; inkraftgetreten am 1. August 2002.

[410] Durch das „Zweite Gesetzes zur Änderung schadensrechtlicher Vorschriften" vom 19. Juli 2002 wurden in Deutschland z.B. die Haftungshöchstbeträge des Straßenverkehrsgesetzes im Rahmen des § 12 StVG für den Fall der Tötung oder Verletzung eines Menschen von 500.000 DM auf 600.000 € angehoben. Der Haftungshöchstbetrag für die Tötung oder Verletzung von mehreren Menschen nach § 12 Nr. 2 StVG wurde von 750.000 DM auf 3.000.000 € angehoben, und der Höchstbetrag für Sachschäden von 100.000 DM in 300.000 € geändert. Außerdem wurde dem Höchstbetrag des § 9 Haftpflichtgesetzes, der bisher einen Haftungshöchstbetrag im Rahmen einer Geldrente von 30.000 DM vorsah, eine Höchstgrenze von 600.000 € hinzugefügt und gleichzeitig der Rentenbetrag auf 36.000 € erhöht. Auch die Haftungshöchstbeträge des Luftverkehrsgesetzes wurden erhöht, wobei die Höchstgrenze bei Tod und Körperverletzung einer Person nunmehr bei 600.000 € liegt. Damit wurden insgesamt die Haftungshöchstbeträge teilweise mehr als verdoppelt.

[411] Richtlinie des Rates vom 25. Juli 1985 zur Angleichung der Rechts- und Verwaltungsvorschriften der Mitgliedsstaaten über die Haftung für fehlerhafte Produkte, (85/374/EWG), ABl. Nr. L 210/29-33.

rung einer Haftungshöchstgrenze für Personenschäden vorgesehen[412]. Deutschland setzte dabei im Rahmen des § 10 Produkthaftungsgesetz den Höchstbetrag auf 160 Millionen DM fest[413]. Diese im Vergleich zu anderen Haftungssummen sehr hohe Höchstgrenze entstand nicht zuletzt durch die Anerkennung der hohen Bedeutung des Verbraucherschutzes und der rechtlichen Schutzbedürftigkeit des Verbrauchers[414].
Auch in den internationalen Konventionen, die eine Haftung und den Schadensersatz bei Drittschäden regeln, wurden die Haftungshöchstsummen in den letzten Jahrzehnten stark angehoben. Die Haftungshöchstgrenzen der Haftung des Schiffseigners für Ölschäden, erstmals geregelt durch die „International Convention on Civil Liability for Oil Pollution Damage" von 1969, wurden durch mehrere Protokolle - nach einer Umrechnung der Summen von Poincaré-Franken auf SZR – von zunächst 14 Millionen SZR[415] über 59,7 Millionen SZR[416] auf eine Höchstgrenze von 89,77 Millionen SZR[417] angehoben[418].
Im Rahmen eines Vergleichs dieser unterschiedlichen nationalen, regionalen und internationalen Rechtsbereiche und den durch die jeweiligen Gesetze und Konventionen geregelten Haftungshöchstsummen wird deutlich, dass ein stetiges generelles Bestreben vorherrscht, die Haftungssummen den jeweiligen gesellschaftlichen Ansichten über Haftung und Höchstsummen anzupassen. Dabei stellen die verschiedenen Rechtsbereiche ein Spiegelbild der gesellschaftlichen Ansicht über akzeptable Haftungshöchstsummen dar, die nicht auf das Transportrecht beschränkt ist. Die gesellschaftliche Forderung nach hohen Haftungssummen drückt sich auch in den Bereichen der Drittschäden und des Verbraucherschutzes aus. Dabei lässt sich diese Entwicklung nicht auf nationale oder regionale Initiativen beschränken, sondern muss auch auf internationaler Ebene Berücksichtigung finden. Im Vergleich der Haftungshöchstsummen des

---

412 Erwägungsgrund Nr. 17 und Art. 16 der EG-Richtlinie „Produkthaftung".
413 Durch Art. 9 Abs. 3 des „Zweiten Gesetzes zur Änderung schadensrechtlicher Vorschriften" vom 19. Juli 2002 wurde die Summe in 85 Millionen Euro umgerechnet.
414 Vgl. auch Art. 153 Amsterdam Vertrag.
415 Ca. 16 Millionen € / 21,3 Millionen US-Dollar.
416 Ca. 69 Millionen € / 90 Millionen US-Dollar.
417 Ca. 105 Millionen € / 136,4 Millionen US-Dollar.
418 Das Protokoll 1976 rechnete zunächst die Haftungshöchstgrenze der Ölhaftungskonvention von 1969 von Poincaré-Franken in SZR um. Daraus ergab sich eine maximale Haftungshöchstgrenze von 14 Millionen SZR. Ein weiteres Protokoll von 1984 änderte die Haftungsbeträge, trat aber nie in Kraft. Vielmehr übernahm das Protokoll von 1992 die schon 1984 erarbeiteten Haftungssummen und änderte die maximale Haftungshöchstgrenze in einen Betrag von 59,7 Millionen SZR. Im Jahr 2002 wurde eine weitere Änderung der Ölhaftungskonvention 1969 erarbeitet, die wiederum eine Erhöhung der maximalen Haftungsgrenze auf nunmehr 89,77 Millionen SZR vorsieht. Diese Änderung ist seit dem 1. November 2003 in Kraft.

Athener Übereinkommens mit den Haftungssummen in anderen Rechtsmaterien zeigt sich, dass ein dringendes Anpassungsbedürfnis besteht und die momentane völkerrechtliche Regelung der Haftungshöchstsummen insbesondere bei Personenschäden im Seetransport, den gesellschaftlichen Ansichten nicht mehr gerecht werden.

2. Haftungsstruktur der Übereinkommen

Ein weiterer Hinweis auf eine Notwendigkeit der Revision und Neugestaltung der Regeln des Athener Übereinkommens wird im Vergleich der jeweiligen Haftungsstrukturen des Seerechts und des Luftrechts deutlich. Es zeigt sich dabei, dass der Passagierschutz und die Handhabung des Schadensersatzes für Tod oder Körperverletzung eines Passagiers auf einem Seeschiff hinter den durch das Montrealer Übereinkommen neu eingeführten Grundsätzen zurück bleibt und nicht mehr den modernen Grundsätzen des Haftungsrechts entspricht.
Der Passagier eines Flugzeugs erhält durch das Montrealer Übereinkommen erheblich mehr Schutz und Möglichkeiten, einen Schadensersatzanspruch gegenüber dem Luftfrachtführer durchzusetzen, als dieses einem Passagier unter dem System des Athener Übereinkommens möglich ist. Dabei drückt sich der erhöhte Schutz des Passagiers im Luftrecht vor allem durch die Anerkennung seines Bedürfnisses nach Gewährleistung sozialer Sicherheit unter Gewährung eines optimalen Ausgleichs für entstandene Schäden aus. Das Montrealer Übereinkommen erreicht eine solche Berücksichtigung der Passagierinteressen vor allem durch die Einführung einer strikten Haftung des Luftfrachtführers in der ersten Haftungsstufe bis zu einer Summe von 100.000 SZR, wie auch durch die unlimitierte Haftung für vermutetes Verschulden in der zweiten Stufe des Übereinkommens. Zusätzlich gesichert werden Passagieransprüche durch die Einführung einer Vorauszahlungspflicht des Luftfrachtführers im Rahmen des Art. 28 MÜ. Danach muss der Luftfrachtführer, soweit Luftfahrzeugunfälle den Tod oder die Körperverletzung von Reisenden zur Folge haben und er nach nationalem Recht einer Vorauszahlungspflicht unterliegt, unverzüglich eine Vorauszahlung an die Schadensersatzberechtigte natürliche Person zur Befriedigung ihrer unmittelbaren wirtschaftlichen Bedürfnisse leisten. Auch in dieser Norm lässt sich das Streben des Montrealer Übereinkommens nach Gewährleistung sozialer Sicherheit unter Gewährung eines optimalen Ausgleichs für entstandene Schäden erkennen.
Diese Hintergründe der luftrechtlichen Entwicklung drängten zu einem erneuten Überdenken der Regelungsstrukturen des Athener Übereinkommens. Wird allgemein im Transportrecht ein erstarkendes Bestreben

nach einer Verbesserung der Position des Passagiers verfolgt, und wird dieses im dem Seerecht verwandten Luftrecht durch die Einführung einer strikten Haftung, zumindest bis zu einer Summe von 100.000 SZR verwirklicht, dann besteht die Möglichkeit, dass die Position des Passagiers an Bord eines Seeschiffs durch eine solche Interessenstärkung ebenfalls verbesserungsfähig ist. Das Instrument der strikten Haftung des Beförderers erscheint vor diesem Hintergrund als wirkungsvolle Maßnahme. Dadurch, dass es nicht auf ein Verschulden seitens eines Beförderers ankommt, wird die zeitliche Schadensabwicklung für einen Passagier wie auch die Durchsetzungskraft der jeweiligen Ansprüche gegenüber dem Beförderer erheblich erleichtert. Es wird so möglich, einen Schadensersatzanspruch ohne langwierige Beweisfindungen oder Entlastungsbeweisführungen, schnell und effizient durchzusetzen. Eine strikte Haftung im allgemeinen zielt insoweit grundsätzlich auf eine Verbesserung der Position eines Anspruchsberechtigten ab[419]. Mit einer Übertragung dieser Grundsätze kann in der Passagierbeförderung auf See der gleiche Effekt erzielt werden, wie er sich schon in der Luftfahrt durchgesetzt hat, nämlich die rechtliche Anerkennung und Förderung der Interessen des Passagiers. Vor diesem Hintergrund bietet eine Anpassung des Athener Übereinkommens dem Seepassagier nicht nur eine gewisse Gleichstellung mit Passagieren im Luftverkehr, vielmehr kann das Personentransportrecht der Seefahrt eine Integration in die derzeit anhaltende Stärkung des Verbraucherschutzes erfahren. Im diesem Rechtsbereich, insbesondere in der Produkthaftung, hat sich das Prinzip der Gefährdungshaftung[420] weltweit als befriedigende Lösung durchgesetzt[421].

Im Gegensatz zum luftrechtlichen Haftungssystem hat keines der anwendbaren maritimen Passagierhaftungsabkommen bisher einen Haftungstatbestand für den Beförderer berücksichtigt, welcher unabhängig

---

[419] Mitteilung der Europäischen Kommission – Erhöhung der Sicherheit von Fahrgastschiffen in der Gemeinschaft, KOM(2002) 158 endg., S. 11.

[420] In Deutschland ist der Charakter der Haftung des Herstellers aus dem Produkthaftungsgesetz nicht einheitlich beurteilt worden. Der Gesetzgeber bezeichnete die Haftung des Produkthaftungsgesetzes als Gefährdungshaftung (z.B. BT-Drucksache, 11.WP., Nr. 2447, S. 8, 26 ; BT-Drucksache, 11.WP., Nr. 5520, S. 12), während Stimmen der Literatur die Produkthaftung als Unrechtstatbestand qualifizierten (Schmidt-Salzer, Die EG Richtlinie, Betriebsberater 1986, S. 1103 (1107f.) ; Schmidt-Salzer/Hollmann, Kommentar EG-Richtlinie, Art. 1 Rn. 5 ff.). Grundsätzlich ist jedoch *Baudisch* in seiner Feststellung zuzustimmen, dass der Hersteller - nach dem Produkthaftungsgesetz in Deutschland – der in erster Linie zu seinem Vorteil durch das Inverkehrbringen von Produkten Risiken für andere schafft, im Falle des Schadenseintritts haften soll, unabhängig davon, ob vertragliche Beziehungen bestehen oder ob er schuldhaft gehandelt hat. Daraus lässt sich schließen, dass die Produkthaftung dem Charakter einer Gefährdungshaftung zuzuordnen ist (Baudisch, Haftungsgründe der Gefährdungshaftung, S. 146f. m.w.N.).

[421] v. Hippel, Haftungsersetzung durch Versicherungsschutz, S. 40 (42).

von einem Befördererverschulden dem geschädigten Passagier einen Schadensersatz gewährt. Auch im Seetransport soll der Schaden primär derjenigen Partei angelastet werden, die am ehesten Maßnahmen zu seiner Verhütung ergreifen kann. Dieses gilt zunächst für die Reedereien beziehungsweise die Beförderer. Sie sind verantwortlich für alle Schäden, die mit der Sicherheit des Seeschiffs selbst zusammenhängen[422]. Hierfür sieht das Athener Übereinkommen bisher eine Haftung für vermutetes Verschulden vor mit der Möglichkeit des Beförderers, einen Entlastungsbeweis zu führen. Der Vergleich mit den auf dem Prinzip der Gefährdungshaftung beruhenden Grundsätzen des Montrealer Übereinkommen zeigt, dass das Haftungsmodell des Athener Übereinkommen die Interessenposition des Passagiers gegenüber dem Beförderer im Schadensfall nicht genügend zu berücksichtigen vermag. Der Passagier eines Seeschiffs hat keinerlei Einfluss und Kontrolle über technische Risiken, die im Zusammenhang mit dem eigentlichen Schiffsbetrieb stehen. Vielmehr liegen die aus dem Betrieb des Schiffes resultierenden, sogenannten „shipping incidents" und die sich aus diesem Betrieb ergebenden Gefahren allein in der Beherrschungssphäre des Beförderers. Für solche Schadensursachen deutet sich eine Parallele mit dem Luftrecht an. Auch im Rahmen einer Luftbeförderung hat der Passagier keinen Einfluss auf und Kontrolle über technische Risiken, die im Zusammenhang mit dem eigentlichen Flugzeugbetrieb stehen. Vielmehr finden sich diese Risiken ausschließlich in der Beherrschungssphäre des Beförderers. Vor diesem Hintergrund bietet sich die Einführung einer Gefährdungshaftung im Bereich der „shipping-incidents" in diesen Fällen als Verbesserung der Passagierposition gegenüber den Regelungen des Athener Übereinkommen 1974 an, und würde dem Passagier eines Seeschiffs neben einer Interessenstärkung auch eine Vereinfachung der Schadensabwicklung gewähren, da Ansprüche schneller durchsetzbar sind. Eine entsprechende Orientierung an den Rechtsregeln der Luftfahrt wäre in diesem Bereich eine Möglichkeit, um eine Erhöhung des Passagierschutzes zu erreichen. Die luftrechtlichen Haftungsregelungen des Montrealer Übereinkommens zeigen insofern, dass eine Notwendigkeit der Anpassung der Regeln des Athener Übereinkommens an die modernen Rechtsverhältnisse und Passagierbedürfnisse besteht.

Allerdings wird eine solche Notwendigkeit teilweise eingeschränkt durch die Unterschiedlichkeit der Luft- und Seeverkehrsmärkte, der Beförderungsleistung sowie durch die Bewertung des faktischen Passagierverhaltens an Bord im Rahmen eines Vergleichs zwischen Luft- und Seefahrt. Der technische Zustand des Schiffs und der auf diesem befindlichen Ein-

[422] Also für die in Art. 3 Abs. 3 AÜ aufgezählten Schäden: Schiffbruch, Zusammenstoß, Strandung, Explosion, Feuer und Mangel des Schiffs.

richtungen liegt in der Beherrschungssphäre des Beförderers. Die Nutzung der Freizeiteinrichtungen an Bord eines Schiffs liegt jedoch weitgehend in der Beherrschungssphäre des Passagiers. Anders als in der Luftfahrt unterliegt der Passagier eines Seeschiffs nicht der Obhut des Beförderers in dem Sinne, dass der Passagier sich möglichst wenig in der Umgebung des Verkehrsmittels bewegt. Vielmehr soll der Passagier eines Seeschiffs die vorgefundenen Örtlichkeiten nach seinem Belieben nutzen[423]. Viele Dienstleistungen werden erst durch den Passagier und sein Verhalten aktiviert. Damit zeigen sich in diesen Bereichen Parallelen eher zur Nutzung von Hotels, Gaststätten, Theatern und Sportstätten, für die eine Gefährdungshaftung nicht einschlägig ist.

Deutet sich grundsätzlich im Rahmen eines Vergleichs der Luft- und Seerechtsregeln an, dass für die Passagierbeförderung in der Seefahrt ein dringendes Anpassungsbedürfnis an den verstärkt zu berücksichtigenden Verbraucherschutzstandard des Luftrechts besteht, müssen gleichwohl im Rahmen einer Angleichung der rechtlichen Regelungen der Haftung im Luft- und Seerecht die Unterschiedlichkeiten der faktischen Passagebedingungen berücksichtigt werden. Eine dem Montrealer Übereinkommen entsprechende Einführung einer abstufungslosen, globalen Gefährdungshaftung des Beförderers auch für die vom Passagier selbstverantwortlich genutzten Bereiche auf einem Seeschiff, birgt die Gefahr, der faktischen Risikoverteilung im Seeverkehr nicht gerecht zu werden. Eine Neuregelung des Athener Übereinkommens kann vor diesem Hintergrund nicht durch eine Übernahme eines Regelwerkes aus einem anderen Rechtsgebiet vollzogen werden, vielmehr muss eine den im Seeverkehr typischen Verhältnissen angepasste Neuorientierung der Seerechtsregeln geschaffen werden. Soll eine Orientierung an den Regelungen der Luftfahrt stattfinden, so muss auch das unterschiedliche Umfeld und das unterschiedliche faktische Passagierverhalten an Bord der einzelnen Verkehrsträger beachtet werden.

Entsprechend kann im Ergebnis zunächst festgehalten werden, dass ein Vergleich der Haftungsstrukturen des Montrealer Übereinkommens und des Athener Übereinkommens eine Notwendigkeit der Neuregelung der Seerechtsregeln über die Beförderung von Passagieren offen legt, da die Haftungsstrukturen des Athener Übereinkommens im Vergleich mit dem modernen Luftrecht nicht mehr dem gesteigerten Schutzbedürfnis eines Passagiers und der gesellschaftlichen Forderung nach einer verstärkten Berücksichtigung von Verbraucherinteressen entsprechen.

---

[423] Vgl. in dieser Arbeit: § 1, B, II, 2.

3. Zusammenfassende Feststellungen zu der Notwendigkeit einer Neuregelung des Athener Übereinkommens im Vergleich mit den luftrechtlichen Regelungen

Der Vergleich der rechtlichen Beförderer-Passagierbeziehungen im Schadenfall zwischen Luft- und Seefahrt zeigt, dass dieser Regelungsbereich im Athener Übereinkommen nicht mehr den Erfordernissen der heutigen Zeit entspricht. Der im Luftrecht vorherrschende Leitgedanke der Befriedigung des umfassenden Sicherheitsbedürfnisses des Verkehrsmittelnutzers, lässt sich in den Regelungen des Athener Übereinkommens nicht mehr in der gleichen Intensität erkennen. Wie aufgezeigt wurde, finden sich für diese Divergenz zwischen Luft- und Seerecht verschiedene Gründe, die maßgeblich auf historischen Zusammenhängen, den ökonomischen Entwicklungen der jeweiligen Verkehrsmärkte und auf der unterschiedlichen Beurteilung der faktische Bedeutung des Passagierverhaltens an Bord der jeweiligen Verkehrsträger basieren. In einer Zeit, in der das Unfallopfer und die Stärkung der Interessen des Verbrauchers in den Mittelpunkt des rechtlichen Regelungsinteresses gerückt sind, und die Seeverkehrsmärkte sich im ökonomischen Rahmen immer stärker an den Maßstäben eines Massenverkehrs orientieren, muss jedoch auch das Personentransportrecht der Seefahrt eine Anpassung erfahren, bei der die finanzielle und soziale Sicherheit der Passagiere das oberste Regelungsziel bildet. Stellte das Athener Übereinkommen im Jahr 1974 eine Verbesserung der Passagierrechte dar, da es dem Beförderer verboten wurde, seine Haftung - wie bis dahin vielfach üblich - im Passagevertrag wesentlich einzuschränken oder gar auszuschließen, wirken Teile des Athener Übereinkommens in der heutigen Zeit nicht mehr als fortschrittliche Lösung, sondern als ein überholtes Regelungswerk. Ein Bedürfnis für eine Anpassung der Haftungsregelungen des Athener Übereinkommens von 1974 wird noch unterstrichen durch die Tatsache, dass die Größe und Passagierbeförderungskapazität der Fähren und Kreuzfahrtschiffe stetig ansteigt. Der Markt um die Passagierbeförderung auf See unterliegt einem ökonomischen Wachstum, das sich proportional zu den steigenden Passagierzahlen entwickelt und voraussichtlich auch in den nächsten Jahren zu steigenden Investitionen in diesem Sektor führen wird. Immer mehr Beförderer drängen in das Marktsegment der Personenbeförderung in der Seefahrt, da die Prognosen zeigen, dass viele Menschen in den Marktregionen der Industrieländer mehr Zeit und Geld zur Verfügung haben und gewillt sind, dieses für Reisen und Ferien auszugeben[424]. Dabei nimmt die Beförderungskapazität der einzelnen Schiffe

[424] Vgl. Mitteilung der Europäischen Kommission – Erhöhung der Sicherheit von Fahrgastschiffen in der Gemeinschaft, KOM(2002) 158 endg., S. 8.

im Vergleich mit dem Verkehrsmittel Flugzeug in einem erheblich größeren Rahmen stetig zu. Geht man von einer maximalen Beförderungskapazität eines Boing 747-Flugzeugs von etwa 390 Passagieren aus, steht dieser Zahl eine Beförderungskapazität von teilweise über 3.300 Passagieren gegenüber, die mit einem einzigen modernen Kreuzfahrtschiff reisen können. Das derzeit im Bauprozess stehende größte Kreuzfahrtschiff wird eine Passagierbeförderungskapazität von insgesamt 5.400 haben, zuzüglich der Schiffsbesatzung. Das Risiko eines Schadensfalles im Rahmen eines Schiffsunglücks auf See kann somit eine weitaus größere Zahl an Passagieren betreffen, als dieses bei einem Flugzeugunglück der Fall ist[425]. Als Beispiel mag hier das Unglück der „Estonia“ im September 1994 genannt werden, bei welchem 728 Passagiere ihr Leben verloren. Im Dezember 1991 sank die „Salem Express“ im Roten Meer wobei mehr als 1400 Passagiere um ihr Leben kamen und im Februar 1993 kenterte die „Neptun“ vor Tahiti mit 2000 Toten als Folge[426].
Vor diesem Hintergrund des wirtschaftlichen Wachstums und der steigenden Beförderungskapazität der Passagierschiffe muss ein weitestgehender Schutz der Passagierinteressen erhöhte Berücksichtigung in den Regelungsstrukturen der Seefahrt finden. Trat in der Luftfahrt, als sich das Flugzeug zu einem unverzichtbaren Verkehrsträger für den Langstreckenverkehr entwickelte, die soziale Dimension der Unfallentschädigung in den Vordergrund der rechtspolitischen Regelungsinteressen, so muss die heutige teilweise parallele ökonomische Wachstumsentwicklung der Seeverkehrsmärkte auch im Seetransportrecht Berücksichtigung finden. Dabei müssen sich sowohl die Haftungshöchstsummen des Athener Übereinkommens, als auch die Strukturen der Befördererhaftung an die Änderungen der gesellschaftlichen Ansicht über die Stärkung des Verbraucherschutzes anpassen. Die rechtliche Entwicklung in der Personenbeförderung im Luftrecht zeigt deutlich, dass die gesellschaftliche und soziale Verantwortung die Haftungs- und Entschädigungsregeln in der heutigen Zeit im internationalen Transportrecht zukommen, eine solche Anpassung für den Personentransport auch im Seerecht zwingend erforderlich machen. Bildet die internationale Rechtsvereinheitlichung das grundlegende Ziel des Athener Übereinkommen, und werden durch das Übereinkommen Mindeststandards für die Personen- und Gepäckbeförderung auf See festgesetzt, müssen diese Mindeststandards auch die sich gegen-überstehenden Interessen von Beförderer und Passagier in einem

---

[425] Diese Betrachtung bezieht sich nur auf Passagierschäden und schließt entsprechend nicht das Risiko von Drittschäden, welches insbesondere in der Luftfahrt ein hohes Risikopotential trägt, ein.

[426] Roger Ingles, Elysian Insurance Services, Ferry incidents with significant passenger losses, 13. Februar 2002, *http://folk.uio.no/erikro/WWW/corrgr/insurance/PassengerLosses.pdf* (09.02.2005).

größtmöglichen Umfang berücksichtigen. Diese Voraussetzungen erfüllen die Regelungen des Athener Übereinkommens nicht mehr in vollem Maße, welches der Vergleich zu den luftrechtlichen Regelungen deutlich zeigt. Die rechtlichen Regelungen der Beförderung von Passagieren auf See müssen somit ihre Haftungs- und Entschädigungsstandards verstärkt dem Ziel der Gewährleistung sozialer Sicherheit unter Gewährung eines optimalen Ausgleichs für entstandene Passagierschäden unterstellen.

§ 2. Das Protokoll vom 1. November 2002 zur Änderung des Athener Übereinkommens von 1974 im Vergleich mit dem Montrealer Übereinkommen von 1999.

Am 1. November 2002 wurde im Rahmen einer Diplomatischen Konferenz[427] der IMO das neue Protokoll 2002 zur Änderung des Athener Übereinkommen von 1974 verabschiedet. Das Protokoll 2002 stellt den vorläufigen Endpunkt langwieriger Diskussionen der Staatengemeinschaft dar und verändert die rechtlichen Strukturen der Haftung des Beförderers von Reisenden und ihrem Gepäck auf See grundlegend. Zum ersten Mal seit der Erarbeitung des Athener Übereinkommens 1974 werden durch ein ergänzendes Protokoll nicht nur die Haftungshöchstsummen erhöht, sondern die gesamte rechtliche Grundlage der Beförderung von Reisenden und ihrem Gepäck auf See verändert. Ihren Ausgang nahm die Einführung dieser Veränderungen im Oktober 1997 auf der 76. Sitzung des Rechtsausschusses der IMO. Dabei konzentrierten sich die Diskussionen zunächst weniger auf eine grundlegende Änderung der rechtlichen Maßstäbe einer Seebefördererhaftung als vielmehr auf das Bedürfnis der Einführung einer Versicherungspflicht in der Passagierbeförderung auf See. Der Rechtsausschuss der IMO hatte in der Zeit vor 1997 hauptsächlich Grundgedanken um die Beseitigung von Bunkeröl und Schiffswracks auf der hohen See, aber auch Fragen um die Einführung einer Pflichtversicherung generell für Seeschiffe behandelt. Im Rahmen dieser Diskussionen wurde deutlich, dass das Modell einer gesetzlich vorgeschriebenen Pflichtversicherung zwar in vielen Gebieten des Seerechts Eingang in die entsprechenden internationalen Konventio-

[427] International Conference on the Revision of the Athens Convention Relating to the Carriage of Passengers and their Luggage by Sea, 1974, in London vom 21. 10. bis 1. 11. 2002 ; im Folgenden „Londoner Konferenz“

nen gefunden hatte[428], ein Beförderer von Passagieren auf See allerdings bisher keiner vergleichbaren Versicherungspflicht unterlag. Daraufhin verdichteten sich die Diskussionen in der IMO um die allgemeine Pflichtversicherung eines Seeschiffs auf die Einführung einer Pflichtversicherung für die Haftung eines Seebeförderer für Passagierschäden.

Den Hintergrund dieser Diskussionen bildete unter anderem die historischen Entwicklung des Modells der gesetzlich vorgeschriebenen Pflichtversicherung, welches in internationalen Seerechtskonventionen zunächst wenig Berücksichtigung fand[429]. Erst im Rahmen der Erarbeitung des Ölhaftungsübereinkommens von 1969[430] wurde das Erfordernis einer Pflichtversicherung als festgeschriebener Mindeststandard für den Schiffseigner anerkannt. Gemäß Art. VII des Ölhaftungsübereinkommens 1969 wird dem Eigentümer eines Öltankers eine Zwangshaftpflichtversicherung für seine Haftung aus dem Übereinkommen auferlegt, mit der Voraussetzung, dass ein Flaggenstaat das unter seiner Flagge registrierte Schiff ohne einen entsprechenden Versicherungsnachweis nicht fahren lassen darf. Diese Regelung war auf der Konferenz zum Ölhaftungsübereinkommen stark umstritten. Insbesondere wurde befürchtet, dass durch die Einführung eines Versicherungszwangs das Wettbewerbsverhältnis zwischen Schiffen von Vertragsstaaten und Nichtvertragsstaaten verzerrt werden würde[431]. Die Mehrheit der auf der Konferenz zum Ölhaftungsübereinkommen beratenden Staaten sprach sich jedoch für die Einführung einer gesetzlich vorgeschriebenen Versicherungspflicht aus.

Nachdem schließlich das Ölhaftungsübereinkommen 1969 mit der geltenden Regelung einer Zwangshaftpflichtversicherung für den Eigentümer eines Öltankschiffs verabschiedet wurde, entwickelte sich das Erfordernis der gesetzlich vorgeschriebenen Pflichtversicherung in den folgenden Jahren zu einem wichtigen und allgemein anerkannten Rechtsinstru-

---

[428] Eine gesetzlich vorgeschriebene Pflichtversicherung findet sich z.B. in Art. VII des „ Internationalen Übereinkommens über die zivilrechtliche Haftung für Ölverschmutzungsschäden" (Ölhaftungsübereinkommen) 1969/1992 und in Art. 12 des „Internationalen Übereinkommens über die Haftung und Entschädigung für Schäden bei der Beförderung gefährlicher und schädlicher Stoffe auf See" 1996 (HNS-Übereinkommen).

[429] Beispiele für eine gesetzlich vorgeschriebene Pflichtversicherung fanden sich in der „Convention on Liability of Operators of Nuclear Ships" 1962, welche eine Zwangshaftpflichtversicherung für den Betreiber eine Schiffs mit nuklearem Antrieb vorsah. Die Konvention trat jedoch nie in Kraft. In der Konvention, die sich mit der Haftung im Rahmen der Beförderung von nuklearem Material auseinandersetzt (Convention relating to Civil Liability in the Field of Maritime Carriage of Nuclear Material, Brüssel, 17.12.1971), wurde eine Haftung, und auch das Erfordernis Aftung Heiner Pflichtversicherung, zunächst dem Betreiber der nuklearen Anlage auferlegt, nicht aber dem Beförderer des nuklearen Materials.

[430] Internationales Übereinkommen über die zivilrechtliche Haftung für Ölverschmutzungsschäden , 29. November 1969 (BGBL. 1975 II S. 305).

[431] Herber, Haftung für Schäden durch Ölverschmutzung, RabelsZ 34, 1970, S. 223 (244).

ment zur Erhöhung des Schutzes der Allgemeinheit vor besonderen Gefahren. Im Rahmen der späteren Revisionen des Ölhaftungsabkommens durch die Protokolle von 1984[432], 1992[433] und 2002[434] wurde das Modell der gesetzlich vorgeschriebene Pflichtversicherung zu einem als Selbstverständlichkeit angesehenen Mindeststandard im Rahmen der Haftung für Ölschäden[435].

Auch außerhalb der Haftung für Ölschäden entwickelte sich das Modell der Zwangshaftpflichtversicherung zu einem allgemein anerkannten Rechtsinstrument zur finanziellen Sicherung von Schadensersatzforderungen und damit zu einem Mindeststandard für den Schutz der Allgemeinheit. Schon 1969 bildete sich in vielen Staaten die Meinung, dass nicht nur Ölschäden, sondern alle Schäden die durch den Seetransport von gefährlichen und schädlichen Stoffen[436] verursacht wurden, einer neuen Haftungs- und Zwangsversicherungsbewertung unterliegen müssten [437]. Nachdem im Jahr 1984 der erster, ernsthafte Versuch der Regulierung dieses Bereichs auf internationaler Ebene unternommen wurde, brauchte es weitere zwölf Jahre, bis 1996 ein entsprechendes Übereinkommen[438] von der IMO erarbeitet werden konnte. Dabei orientierten sich die Regelungen dieses sogenannten HNS-Übereinkommens stark an den Normen des Ölhaftungsübereinkommens von 1969. Insbesondere sah auch das HNS-Übereinkommen in Art. 12 eine Zwangshaftpflichtversicherung des Schiffseigners vor.

Die Einführung eines entsprechenden Modells der gesetzlich vorgeschriebenen Pflichtversicherung wurde dabei inzwischen - anders als noch im Rahmen der Diskussionen um das Ölhaftungsübereinkommen

---

[432] Das Protokoll 1984 ist nicht inkraftgetreten, hauptsächlich aufgrund der Haltung der Vereinigten Staaten von Amerika, die eine Ratifikation ablehnten, da das nationale Recht der USA im Rahmen des „Oil Pollution Acts 1990"- im Gegensatz zum Protokoll 1984 - inzwischen eine unlimitierte Haftung eingeführt hatte. Die Vorraussetzung der Zwangshaftpflichtversicherung spielte für das Nichtinkrafttreten keine Rolle.

[433] BGBL. 1996 II S. 670.

[434] Im Jahr 2002 wurde eine weitere Änderung der Ölhaftungskonvention 1969 erarbeitet, die eine Erhöhung der maximalen Haftungsgrenze auf nunmehr 89,77 Millionen SZR vorsieht. Diese Änderung ist seit dem 1. November 2003 in Kraft.

[435] Es wurden auf den Revisionskonferenzen, die dem Ölhaftungsübereinkommen folgten, lediglich verfahrensrechtliche Änderungen vorgenommen, die Regelung der Zwangshaftpflichtversicherung wurde keiner Änderung unterzogen (Bremer, Die Haftung beim Gefahrenguttransport, S. 227 ; Rosaeg, Compulsory Maritime Insurance, in: SIMPLY, Yearbook 2000, S. 179 (179)).

[436] "Hazardous and Noxious Substances" (im Folgenden : HNS).

[437] Popp, Developments in Civil Liability, in: Dreams and Dilemmas, S. 339 (352).

[438] Internationales Übereinkommen über die Haftung und Entschädigung für Schäden bei der Beförderung gefährlicher und schädlicher Stoffe auf See, 1996 (HNS-Übereinkommen); noch nicht in Kraft getreten.

1969 – von den verhandelnden Staaten als unabdingbarer Mindeststandard angesehen[439].
Nach der erfolgreichen Erarbeitung des HNS-Übereinkommens richtete sich die Aufmerksamkeit der IMO unter anderem auf die Fragen der Einführung einer generellen Pflichtversicherung für Seeschiffe. Allerdings konnte sich zunächst, insbesondere im Rahmen der Revision des Londoner Haftungsübereinkommens 1976 durch das Protokoll von 1996, die Einführung einer allgemeine Pflichtversicherung für Reeder nicht durchsetzen. Die Gründe für die zurückhaltende Initiative in diesem Bereich bildeten dabei nicht ein fehlendes Bedürfnis nach einer allgemeinen Zwangshaftpflichtversicherung für Reeder, sondern vielmehr die Tatsache, dass durch das Londoner Haftungsbeschränkungsübereinkommen keine Haftungsgrundsätze geregelt wurden und vor diesem Hintergrund das Modell einer Pflichtversicherung rechtlich nicht in das Übereinkommen integriert werden konnte[440]. In der Folge beschränkten sich die Diskussionen in der IMO zunächst auf die Erarbeitung einer Resolution, die im Rahmen der 21. Versammlung der IMO im Jahr 1999 verabschiedet wurde und Schiffseigner dazu anhielt, eigene Maßnahmen zur Sicherung etwaiger Schadenersatzforderungen die ihr Schiff betreffen zu beschließen, insbesondere eine Versicherungsdeckung für entsprechende Fälle abzuschließen[441]. Da Resolutionen der IMO aber keinen rechtlich verpflichtenden Charakter haben, sondern in ihrer Wirkung einer Empfehlung zuzuordnen sind, blieb es dem einzelnen Reeder überlassen, ob und in welchem Umfang er sich nach der Resolution richtet.

Die zunehmende Bedeutung der Zwangshaftpflichtversicherung blieb nicht auf das internationale Seerecht beschränkt. Auch in anderen Rechtsbereichen zeigte sich dieses Versicherungsmodell als befriedigende Lösung zur finanzielle Sicherung von Schadensersatzansprüchen. So entwickelten sich im Rahmen der Diskussionen um die Erarbeitung eines neuen Protokolls zu der „Basel Convention on the Transboundary Movements of Hazardous Waste and their Disposal“ vom 22. März 1989[442] auch in diesem Bereich der Gedanke, eine Haftung für Schäden aus grenzüberschreitend befördertem, gefährlichem Abfall durch eine Zwangsversicherung zu sichern[443]. Das Modell der gesetzlich vorge-

[439] Rosaeg, Compulsory Maritime Insurance, in: SIMPLY, Yearbook 2000, S. 179 (179).
[440] Rosaeg, a.a.O., S. 179 (179).
[441] IMO Assembly Resolution A.898(21) 1999 : Guidelines on Shipowners' responsibility in respect of maritime claims.
[442] In Kraft getreten am 5. Mai 1992.
[443] Vgl. Bocken/de Kezel/Bernauw, Limitation of liability and compulsory insurance under the Protocol on liability for transboundary movements of hazardous waste and other waste, *http://www.basel.int/Protocol/Report%20financial%20limits.pdf* (25.01.2007).

schriebenen Pflichtversicherung fand im Rahmen des Art. 14 des Protokolls 1999 zur Baseler Konvention[444] Eingang in den Vertragstext. Einer ähnlichen Entwicklung unterliegt das „Antarctic Treaty"-System und die „London Dumping Convention 1972" [445], in deren rechtlicher Fortentwicklung ebenfalls Haftungssysteme diskutiert werden, die eine gesetzliche Pflichtversicherung zu Sicherung von Schadensersatzforderungen voraussetzen könnte[446]. Auch aufgrund dieser außerseerechtlichen Entwicklungen wurden die Beratungen in der IMO zur Einführung einer gesetzlichen Pflichtversicherung für Seeschiffe weiter verstärkt. In der Folge wurde im Rahmen des durch die Staatengemeinschaft in der IMO erarbeitete internationalen Übereinkommen aus dem Jahr 2001 über die zivilrechtliche Haftung für Bunkerölverschmutzungsschäden eine Verpflichtung des Schiffseigentümers zum Abschluss einer Haftpflichtversicherung mit Direktanspruch gegen den Versicherer integriert, und vergleichbare Verpflichtungen auch in den Entwurf eines in der IMO diskutierten Überkommens zur Wrackbeseitigung aufgenommen[447]. Diesen Rechtsentwicklungen um die Integration gesetzlich vorgeschriebener Pflichtversicherung war gemeinsam, dass sie sich ausschließlich auf den Schutz Dritter beziehen, die in keinen vertraglichen Beziehungen zum Seeschiff und zu dem Schiffseigentümer stehen, aber Schäden erleiden, die durch das Gefährdungspotential des Schiffsbetriebes verursacht werden. Das Beispiel von Ölverschmutzungsschäden zeigt dieses sinnfällig.
Vor diesem Hintergrund lag es nahe, auch zu prüfen, ob und unter welchen Voraussetzungen vertragliche Schuldverhältnisse in den Schutz einer Zwangshaftpflichtversicherung des Seebeförderers einbezogen werden sollten. Daraufhin wurden im Rechtsausschuss der IMO Vorschläge unterbreitet, welche die Einführung einer Pflichtversicherung der Haftung des Seebeförderers von Passagieren vorsahen[448]. Dabei wurden mehrere Möglichkeiten zur Einführung einer solchen Versicherungspflicht betrachtet. Als Lösung boten sich sowohl die Erarbeitung einer eigenständigen Konvention, welche sich den Fragen um eine generelle Pflichtversicherung für Seeschiffe annahm, als auch die Konzentration auf die eigenständige Erarbeitung einer Pflichtversicherung speziell für einen Beförderer von Passagieren auf See im Rahmen einer Modifikation des Athener

[444] Protocol on Liability and Compensation for Damage resulting from transboundary movements of hazardous waste and their disposal, 1999.
[445] Convention on the Prevention of Maritime Pollution by Dumping of Waste and other Matter (London Dumping Convention 1972).
[446] Rosaeg, Compulsory Maritime Insurance, in: SIMPLY, Yearbook 2000, S. 179 (181).
[447] Vgl. die derzeit aktuelle Fassung des Entwurfs "Draft Convention on Wreck Removal", Annex zum IMO Dok. LEG 92/4, 21. Juli 2006.
[448] Gaskell, Revision of the Athens Convention, in: Liability to Pay Damages under Greek and International Maritime Law, S. 155 (159).

Übereinkommens 1974 an. Unabhängig von dem eingeschlagenen Lösungsweg, sollte eine weite, globale Akzeptanz das Ziel einer solchen Konvention sein[449].

Nachdem inzwischen eine Vielzahl von Staaten an den laufenden Diskussionen in der IMO teilnahmen, konzentrierten sich die Gespräche immer mehr auf eine Revision des Athener Übereinkommens 1974. Dabei wurde nunmehr, aufgrund der in den Diskussionen um das Protokoll 1996 zum Reederhaftungsübereinkommen festgestellten, engen Beziehung von Pflichtversicherungsregelungen und Haftungsnormen, nicht nur eine allgemeine Versicherungspflicht des Beförderers erörtert, vielmehr wurde das gesamte System, und hier speziell die Haftungssystematik des Athener Übereinkommens 1974 in die Diskussionen um eine Revision mit einbezogen. Die beratenden Staaten stellten fest, dass zwar ein durchaus beachtliches Bedürfnis zur Einführung einer Pflichtversicherung besteht, eine Neuregelung der Haftungsgrundsätze und der Haftungslimitierung des Athener Übereinkommens 1974 vor dem Hintergrund der allgemeinen Tendenz zur Stärkung von Verbraucherrechten aber ebenso wichtig schien[450]. Beeinflusst durch die Revision des Warschauer Abkommens im Rahmen der Erarbeitung des Montrealer Übereinkommen 1999 im Luftrecht, vertraten viele Delegationen die Ansicht, das Athener Übereinkommen bedürfe einer entsprechenden Anpassung, insbesondere müsste der Beförderer von Passagieren einer strikten Haftung unterliegen[451]. Im Rahmen dieser Diskussionen wurde deutlich, dass es nicht nur einer Revision des Athener Übereinkommens 1974 durch die Einführung einer gesetzlichen Pflichtversicherung des Seebeförderers bedurfte, sondern dass vielmehr das gesamte Athener Übereinkommen 1974 durch eine neuen Konventionsentwurf überarbeitet werden musste.

Auf der 79. Sitzung des Rechtsausschusses der IMO wurde erstmals von Norwegen ein entsprechender Protokollentwurf zum Athener Übereinkommen vorgelegt[452]. Die Arbeiten an diesem Entwurfstext wurden in der folgenden Zeit fortgesetzt, bis die Beratungen schließlich auf der 83. Sitzung des Rechtsausschusses in der Zeit vom 8. bis 12. Oktober 2001 abgeschlossen wurden. Der auf dieser Sitzung vorgelegte, überarbeitete Entwurf eines neuen Protokolls zur Änderung des Athener Übereinkommens von 1974 wurde einer Diplomatischen Konferenz der IMO in der Zeit vom 21. Oktober bis 1. November 2002 zur Beratung und Verabschiedung vorgelegt.

---

[449] Gaskell, Revision of the Athens Convention, in: Liability to Pay Damages under Greek and International Maritime Law, S. 155 (159f.).

[450] Zusammenfassung der Diskussion in: IMO Doc. LEG 81/23/Nr. 123.

[451] Gaskell, a.a.O. S. 155 (160).

[452] IMO Doc. LEG 79/4/3, 12. Februar 1999.

Das aus diesem Entwurf entstandene Protokoll 2002[453] sieht gravierende Änderungen des Athener Übereinkommens 1974, im speziellen der Haftungssystematik des Seebeförderers für Personen- und Gepäckschäden, der Erhöhung der Haftungshöchstsummen, wie auch die Einführung einer Pflichtversicherung für den Beförderer vor.

A. Die wesentlichen Neuregelungen des Protokolls 2002 zur Änderung des Athener Übereinkommens von 1974

Das Protokoll 2002 zur Änderung des Athener Übereinkommens 1974 sieht eine Reihe von wesentlichen Änderungen des durch das Athener Übereinkommen 1974 eingeführten Systems der rechtlichen Regulierung der Beförderung von Reisenden und ihrem Gepäck auf See vor. Dabei verfolgt das Protokoll 2002 als wesentliche Ziele die Ersetzung der bestehenden Verschuldenshaftung durch eine teilweise Gefährdungshaftung, die Einführung einer Versicherungspflicht des Beförderers zugunsten des Reisenden sowie eine Erhöhung der Haftungshöchstsummen[454].

I. Sachlicher Geltungsbereich

Grundsätzlich entspricht der Geltungsbereich des Protokolls 2002 dem schon durch das Athener Übereinkommen 1974 festgelegten Anwendungsrahmen[455]. Die Definitionen des vertraglichen und des ausführenden Beförderers entsprechen denen des Athener Übereinkommens, Art. 2 AÜP[456] ergänzt Art. 1 Abs. 1 AÜ lediglich um eine Definition des „Beförderers, der die Beförderung ganz oder teilweise tatsächlich ausführt", welcher entweder der ausführender Beförderer ist, oder der vertraglicher Beförderer, wenn dieser die Beförderung tatsächlich ausführt.

---

[453] Protokoll vom 1. November 2002 zur Änderung des Athener Übereinkommens von 1974 über die Beförderung von Reisenden und ihrem Gepäck auf See ; im Folgenden : Protokoll 2002.
[454] Vgl. Präambel des Protokolls 2002.
[455] Vgl. in dieser Arbeit: § 1, A, I, 1.
[456] Im Folgenden sind Artikel mit der Bezeichnung AÜP solch des Protokolls 2002 zur Änderung des Athener Übereinkommens 1974.

II. Haftungsgrundsätze

Eine der wesentlichsten Änderungen die das Protokoll 2002 an den rechtlichen Grundsätzen des Athener Übereinkommens 1974 vornimmt, liegt im Bereich der durch das Protokoll 2002 neu geregelten Haftung des Seebeförderers für Personen- und Gepäckschäden. Die zentrale Haftungsnorm bildet Art. 4 AÜP, welcher den ursprünglichen Art. 3 AÜ ersetzt.
Durch Art. 4 AÜP wird die Beförderhaftung sowohl für Personen- als auch für Gepäckschäden geregelt, wobei im Rahmen der Haftung für Personenschäden zunächst das schadensverursachende Ereignis nach Schifffahrtsereignissen („shipping incidents") und einen nicht durch ein Schifffahrtsereignis verursachten Verlust („non-shipping incidents")[457] unterschieden wird.

1. Personenschäden verursacht durch „shipping incidents"

Für den durch ein Schifffahrtsereignis („shipping incident") verursachten Verlust infolge des Todes oder der Körperverletzung eines Reisenden haftet der Beförderer, soweit der Verlust in Bezug auf den betreffenden Reisenden bei einem Vorfall nicht die Summe von 250.000 SZR überschreitet, gemäß Art. 4 Abs. 1 AÜP nach den Grundsätzen einer Gefährdungshaftung. Ein eventuelles Verschulden des Beförderers ist unbeachtlich. Dem Begriff „shipping incident" unterliegen gemäß Art. 4 Abs. 5 AÜP Schiffbruch, Kentern, Kollision, Strandung des Schiffs, Explosion und Feuer im Schiff, sowie ein Mangel des Schiffes. Der Begriff „Mangel des Schiffes" wird durch Art. 4 Abs. 5 c) AÜP definiert als jede Funktionsstörung, jedes Versagen oder jede Nichteinhaltung von anzuwendenden Sicherheitsvorschriften in Hinsicht auf irgendeinen Teil des Schiffs oder seiner Ausrüstung, sofern er für das Verlassen, die Evakuierung der Fahrgäste, oder das Ein- und Ausschiffung der Fahrgäste verwendet wird, oder für den Schiffsantrieb, die Steuerung, die sichere Schiffsführung, das Festmachen, Ankern, das Ankommen am oder Verlassen des Liege- oder Ankerplatzes, oder die Lecksicherung nach Wassereinbruch, oder sofern sie zur Inbetriebnahme von Einrichtungen für die Lebensrettung

---

[457] Der Artikel 4 Protokoll 2002 verwendet nicht den Begriff „non-shipping incidents", sondern beschreibt das Antonym zu „shipping incidents" als „...den nicht durch ein Schifffahrtsereignis verursachten Verlust...". Zur vereinfachten Darstellung wird in dieser Arbeit der Begriff „non-shipping incident" verwendet.

benutzt wird[458]. Eine Haftung des Beförderers umfasst gemäß Art. 4 Abs. 6 AÜP nur den Verlust, der durch Ereignisse während der Beförderung eingetreten ist, wobei die „Beförderung" sich weiterhin durch die in Art. 1 Nr. 8 und 9 Athener Übereinkommen 1974 festgelegten Grundsätze definiert. Die Beweislast sowohl hinsichtlich des Kausalzusammenhangs zwischen dem einen Verlust verursachenden Ereignis und der Beförderung, als auch für das Ausmaß des Verlustes, liegt beim Anspruchsteller.
Weist der Beförderer gemäß Art. 4 Abs.1 a) und b) AÜP nach, dass das schadensverursachende Ereignis infolge von Kriegshandlungen, Feindseligkeiten, Bürgerkrieg, Aufstand oder einem außergewöhnlichen, unvermeidlichen und unabwendbaren Naturereignis eingetreten ist, oder ausschließlich durch eine Handlung oder Unterlassung verursacht wurde, die von einem Dritten in der Absicht, das Ereignis zu verursachen, begangen wurde, entfällt seine Haftung[459].
Die Gefährdungshaftung des Beförderers ist auf den Betrag von 250.000 SZR beschränkt. Übersteigt der Verlust diesen Betrag, haftet der Beförderer gemäß Art. 4 Abs. 1 S. 2 AÜP nach dem Grundsatz der Verschuldenshaftung, wobei ein Verschulden vermutet wird. Die Beweislast wird in diesen Fällen durch Art. 4 Abs. 1 S. 2 AÜP umgekehrt, dem Beförderer obliegt es somit zu beweisen, dass ein den Verlust verursachendes Ereignis ohne sein Verschulden eingetreten ist.
Weiterhin werden gemäß Art. 4 Abs. 5 d) AÜP Ansprüche auf Strafschadensersatz oder der Abschreckung dienende Schadensersatzansprüche ausdrücklich ausgeschlossen.

2. Personenschäden verursacht durch „non-shipping incidents"

Für den nicht durch ein Schifffahrtsereignis verursachten Verlust infolge Todes oder Körperverletzung eines Reisenden[460] haften der Beförderer

[458] Im Rahmen der Definitionsfindung für einen „Mangel des Schiffs" i.S.d. Art. 4 Abs. 5 c) wurde auf der Londoner Konferenz zur Erarbeitung des Protokolls 2002 auch die Integration von Fehlfunktionen an Feuerbekämpfungsmitteln wie z.B. Sprinkleranlagen erörtert. Auf eine Erweiterung des Begriffs „Mangel des Schiffs" wurde jedoch verzichtet, um die Grenze zwischen „shipping incidents" und „non-shipping incidents" nicht verschwimmen zu lassen, und da Vorraussetzung eines schadensauslösenden Fehlbetriebes von Feuerbekämpfungsmittel ein Feuer an Bord des Schiffes wäre, welches ohnehin unter den Begriff der „shipping incidents" fällt. (IMO Doc. LEG/CONF 13/4, 5. Juni 2002 ; IMO Doc. LEG/CONF 13/13, 12. September 2002 ; IMO Doc. LEG/CONF 13/14, 18. September 2002 ; IMO Doc. LEG/CONF 13/16, 18. September 2002).

[459] Zu den Auswirkungen der Haftungsausschlussregelungen der Art. 4 Abs.1 a) und b) AÜP auf die Versicherbarkeit der Befördererhaftung siehe im Folgenden in dieser Arbeit: § 2, B, II, 3, b) und c).

[460] Sog. „non-shipping incidents".

gemäß Art. 4 Abs. 2 AÜP, wenn das den Verlust verursachende Ereignis auf ein Verschulden des Beförderers zurückzuführen ist, wobei die Beweislast für ein entsprechendes Verschulden beim Anspruchsteller liegt. Damit hält das Protokoll 2002 im Rahmen der Befördererhaftung für Verluste durch „non-shipping incidents“ an den durch Art. 3 Abs. 1 Athener Übereinkommen 1974 gefundenen Grundsätzen der Verschuldenshaftung fest. Ein Verschulden des Beförderers wird in Art. 4 Abs. 5 b) AÜP auch auf ein Verschulden der in Ausübung einer Verrichtung handelnden Bediensteten und Beauftragten ausgedehnt. Dieses sind entsprechend den schon im Athener Übereinkommen 1974 festgelegten Grundsätzen alle diejenigen, deren sich der Beförderer zur Ausübung des Beförderungsvertrages bedient, und die weisungsabhängig sind[461].

3. Gepäckschäden

Das Gepäck eines Reisenden wird im Rahmen des Protokolls 2002 nach den durch Art. 1 Abs. 5-7 Athener Übereinkommen 1974 festgelegten Grundsätzen in „Gepäck“ und „Kabinengepäck“ unterschieden[462].
Für einen Schaden infolge des Verlustes oder der Beschädigung von Kabinengepäck haftet der Beförderer nach den Grundsätzen der Verschuldenshaftung, wobei ein Verschulden vermutet wird, soweit der Verlust auf einen „shipping incident“ zurückzuführen ist. Für den Schaden infolge des Verlustes oder der Beschädigung von anderem Gepäck als Kabinengepäck haftet der Beförderer, sofern dieser nicht nachweist, dass das den Verlust verursachende Ereignis ohne Verschulden des Beförderers eingetreten ist.
Auch im Rahmen der Haftung für Gepäckschäden wird das Verschuldens des Beförderers gemäß Art. 4 Abs. 5 b) AÜP auf ein Verschulden der in Ausübung einer Verrichtung handelnden Bediensteten und Beauftragten ausgedehnt.

4. Haftung des ausführenden Beförderers

Die Haftung des ausführenden Beförderers wird im Rahmen des Protokolls 2002 nicht verändert, es gelten weiterhin die durch das Athener Übereinkommen 1974 festgelegten Grundsätzen des Art. 4 AÜ[463].

---

[461] Vgl. in dieser Arbeit: § 1, A, I, 2.
[462] Vgl. in dieser Arbeit: § 1, A, I, 1, c).
[463] Vgl. in dieser Arbeit: § 1, A, I, 3.

5. Mitverschulden des Reisenden

Die Möglichkeit des Beförderers den Beweis zu führen, dass der Tod oder die Körperverletzung eines Reisenden oder der Verlust oder die Beschädigung seines Gepäcks durch Verschulden des Reisenden selbst verursacht oder mitverursacht wurde, und so eine ganze oder teilweise Befreiung von seiner Haftung zu erreichen, bleibt dem Beförderer auch unter der Geltung des Protokolls 2002 erhalten. Der Art. 6 AÜ gilt entsprechend fort.

III. Haftungsbegrenzungen

Die Haftungsbegrenzungen des Protokolls 2002 unterteilen sich in verschiedene Stufen. Zunächst führt das Protokoll 2002 durch Art. 4 Abs. 1 die Summe von 250.000 SZR[464] als Begrenzung für die strikte Haftung des Beförderers ein. Übersteigt ein Verlust infolge des Todes oder der Körperverletzung eines Reisenden diesen Betrag, haftet der Beförderer nach den Grundsätzen der Verschuldenshaftung. Diese weiterführende Haftung für vermutetes Verschulden bei Personenschäden verursacht durch „shipping incidents", aber auch die Haftung des Beförderers für Personenschäden verursacht durch „non-shipping incidents" (Art. 4 Abs. 2 AÜP) wird durch Art. 6 AÜP - der den Art. 7 AÜ ersetzt - auf eine absolute Pro-Kopf-Summe von 400.000 SZR[465] für jeden einzelnen Vorfall begrenzt. Dabei stellt der Haftungshöchstbetrag von 400.000 SZR einen unabdingbaren Mindestbetrag dar, der nach der sogenannten „Opt-out Klausel" des Art. 6 Abs. 2 AÜP von einen Vertragsstaat durch besondere innerstaatliche Regeln erhöht oder durch die generelle Abschaffung einer Betragslimitierung geregelt werden kann. Beachtenswert ist, dass der Art. 19 AÜ nicht vom Protokoll 2002 geändert wird, womit weiterhin das Londoner Haftungsbeschränkungsübereinkommen und seine Protokolle für die jeweiligen Vertragsstaaten anwendbar bleibt und somit eine globale Haftungslimitierung auch weiterhin bestehet[466].
Die Haftungshöchstsummen des Art. 8 AÜ für den Verlust oder die Beschädigung von Gepäck werden durch Art. 7 AÜP angehoben auf eine Höchstsummen von 2.250 SZR[467] für den Verlust oder die Beschädigung von Kabinengepäck, ein Summe von 12.700 SZR[468] für den Verlust oder

[464] Ca. 291.662 €.
[465] Ca. 466.660 €.
[466] Vgl. in dieser Arbeit: § 1, A, I., 8.
[467] Ca. 2.624 €.
[468] Ca. 14.816 €.

die Beschädigung von Fahrzeugen, einschließlich des in oder auf dem Fahrzeug beförderten Gepäck und eine Summen von 3.375[469] SZR für den Verlust oder die Beschädigung von allem anderen Gepäck. Das Protokoll 2002 sieht weiterhin in Art. 7 Abs. 4 die Möglichkeit vor, dass zwischen dem Beförderer und dem Reisenden vereinbart werden kann, dass der Beförderer nur unter Abzug eines Betrages haftet, der bei Beschädigung eines Fahrzeugs 330 SZR[470], und bei Verlust oder Beschädigung anderen Gepäcks 149 SZR[471] je Reisenden nicht übersteigen darf.
Der im Rahmen des Protokolls 2002 weiterhin geltende Art. 12 AÜ beschreibt, dass sich die Haftungshöchstbeträge des durch Art. 6 und 7 AÜP geänderten Art. 7 und 8 AÜ nicht auf einzelne Schadenereignisse während der Beförderung des Reisenden beziehen, sondern auf alle während einer Reise eintretenden Schadenereignisse. Dass in Art. 12 nicht der Haftungsbegrenzungsbetrag der Gefährdungshaftung von 250.000 SZR genannt wird, dürfte als Redaktionsversehen zu werten sein, da eine entsprechende Regelung auch für diesen Haftungsbetrag geboten erscheint.

VI. Verlust des Rechts auf Haftungsbegrenzung

Die Regelung des Verlustes des Rechts auf Haftungsbegrenzung des Art. 13 AÜ wird vom Protokoll 2002 nicht geändert und gilt entsprechend den im Athener Übereinkommen 1974 festgelegten Grundsätzen fort[472].

V. Gesetzliche Pflichtversicherung

Das Protokoll 2002 fügt dem Athener Übereinkommen durch Art. 5 AÜP einen neuen Artikel 4a hinzu, der die Pflichtversicherung des Beförderers regelt. Diese Vorschrift orientiert sich an Art. 12 des HNS-Übereinkommens von 1996 und an Art. VII des internationalen Ölhaftungsübereinkommens in der Fassung von 1969 und 1992[473].
Gemäß Art. 4a Abs. 1 (in der Fassung des Art. 5 AÜP) [474] wird der die Beförderung tatsächlich ausführende Beförderer verpflichtet, seine nach dem Übereinkommen bestehende Haftung für Tod oder Körperverletzung

---

469 Ca. 3.937 €.
470 Ca. 385 €.
471 Ca. 174 €.
472 Vgl. in dieser Arbeit: § 1, A, I, 7.
473 Informationsschreiben Bundesministerium der Justiz, 24. Januar 2002, Geschz.: III A 4-9322-3-3426/2002, S.5; Gaskell, Revision of the Athens Convention, in: Liability to Pay Damages under Greek and International Maritime Law, S. 155 (163).
474 Im Folgenden wird dieser Artikel als „Art. 4 a AÜP“ bezeichnet.

von Reisenden bis zu einem Mindestbetrag von 250.000 SZR durch eine Versicherung oder sonstige finanzielle Sicherheit abzudecken. Der Abschluss einer solchen Versicherung ist durch eine amtliche Versicherungsbescheinigung nachzuweisen, die von der zuständigen Behörde des Vertragsstaates ausgestellt wird und die gemäß Art. 4a Abs. 5 AÜP an Bord des Schiffes mitzuführen ist.
Gemäß Art. 4a Abs. 10 S.1 AÜP wird dem Reisenden als Geschädigten ein Direktanspruch gegen den Versicherer zuerkannt, wobei die Summe von 250.000 SZR für den Versicherer oder die andere finanzielle Sicherheiten leistende Person selbst dann als Haftungsbegrenzung gilt, wenn der Beförderer oder der ausführende Beförderer nicht berechtigt ist, die Haftung zu beschränken. Ferner steht dem Anspruchsgegner im Rahmen des Direktanspruchs, neben den Einreden die auch der Beförderer im Rahmen des Übereinkommen hätte geltend machen können[475], die Geltendmachung der Einrede zu, dass der Schaden durch „absichtliche Verfehlung" [476] des Versicherten verursacht worden sei. Somit steht dem Reisenden bei vorsätzlicher Schadensherbeiführung durch den Beförderer kein direkter Anspruch gegen den Versicherer zur Verfügung, vielmehr muss sich ein Schadensersatzanspruch des Geschädigte gegen den Beförderer wenden.

VI. Verjährungsfristen

Die Verjährungsfristen für eine Klage nach dem Athener Übereinkommen werden im Rahmen des Art. 9 AÜP geändert. Die ursprüngliche Klagefrist des Art. 16 Abs. 3 AÜ von drei Jahren, gerechnet vom Tag der Ausschiffung des Reisenden, oder vom Tag, an dem die Ausschiffung hätte erfolgen sollen, je nachdem, welches der spätere Zeitpunkt ist, wird gemäß Art. 9 AÜP in einen Zeitraum von fünf Jahren geändert, wobei, wenn dies der frühere Zeitpunkt ist, eine Verjährungsfrist von drei Jahren gilt, gerechnet von dem Tag, an dem der Kläger von der Verletzung, dem Verlust oder der Beschädigung infolge des Ereignisses Kenntnis hatte oder normalerweise Kenntnis hätte haben müssen[477].

---

[475] Mit Ausnahme des Konkurses und der Liquidation.
[476] Sog. „wilful misconduct".
[477] Die Gründe für die Verlängerung der Verjährungsfrist werden zum einen in einer steigenden Zahl von Fällen gesehen, in denen Passagieren aufgrund der kurzen Verjährungsfrist ein Schadensersatzanspruch versagt wurde, und zum anderen in der durch den verstärkten Gebrauch von Hochgeschwindigkeitsschiffen steigenden Gefahr eines intensiveren Auftretens von Schleudertraumata bei Passagieren, welche aufgrund verschiedener medizinischer Umstände längere Zeit in Anspruch nehmen, um als Verletzung diagnostiziert werden zu können (Soyer, Considerations on the Draft Protocol to the Athens Con-
(Fortsetzung der Fußnote auf nächster Seite)

VII. Gerichtsstand

Die Regelung der Gerichtsstände des ursprünglichen Art. 17 AÜ wird im Rahmen der Revision des Athener Übereinkommen durch Art. 10 AÜP um eine Absatz ergänzt. Dieser neu eingefügte Absatz 2 regelt die Wahl des Gerichtsstandes im Rahmen der Klagen des neuen Art. 4a, der durch Art. 5 AÜP dem Athener Übereinkommen beigefügt wird. Klagen nach Art. 4a (in der Fassung des Art. 5 AÜP) sind nach Wahl des Klägers vor einem der Gerichte zu erheben, vor denen eine Klage gegen den Beförderer oder den ausführenden Beförderer nach Art. 17 Abs. 1 erhoben werden können. Damit gelten die durch das Athener Übereinkommen in Art. 17 Abs. 1 festgelegten Gerichtsstände auch für Klagen gegen den Versicherer des Beförderers und gegen eine andere finanzielle Sicherheit leistende Person.

VIII. Beitritt regionaler Organisationen zur wirtschaftlichen Integration; Anerkennung und Vollstreckung von Entscheidungen

Das Protokoll 2002 enthält in Art. 19 AÜP erstmals im internationalen Seebeförderungsrecht eine Klausel, die es regionalen Organisationen zur wirtschaftlichen Integration erlaubt, dem Protokoll ihrerseits selbstständig beizutreten[478]. Art. 19 Abs. 1 AÜP gewährt einer regionalen Organisation zur wirtschaftlichen Integration, die sich aus souveränen Staaten zusammensetzt, das Recht, das Protokoll 2002 zu zeichnen, zu ratifizieren, anzunehmen, zu genehmigen oder ihm beizutreten, wobei die Organisation die Rechte und Pflichten eines Vertragsstaates hat, sofern sie Kompetenzen in den rechtlichen Regelungsbereichen des Protokolls besitzt. Die Regelungen des Art. 19 AÜP findet in der rechtlichen Regulierung der internationalen Passagierbeförderung ihr völkerrechtliches Vorbild in Art. 53 des Montrealer Übereinkommen 1999. Für das internationale Luftrecht und insgesamt für das Recht der Passagierbeförderung wurde erstmals durch das Montrealer Übereinkommen einer regionalen Organi-

---

vention, JMLC 2002, S. 519 (535)). In der Bewertung bietet die Verlängerung der Verjährungsfristen des Athener Übereinkommens 1974 durch das Protokoll 2002 dem Passagier bessere Möglichkeiten einen Schadensersatzanspruch gelten zu machen und erhöht damit den Passagierschutz.

[478] Im Rahmen der Erarbeitung des Protokolls 2002 wurde von der IMO eine Resolution verabschiedet (IMO Resolution on Economic Integration Organizations, IMO Doc. LEG/CONF 13/DC/2, 1. November 2002), für zukünftige seerechtliche Übereinkommen eine Studie und gegebenenfalls Richtlinien zu entwickeln, die einer regionalen Organisationen zur wirtschaftlichen Integration erlauben, Partei eines internationalen IMO-Übereinkommens zu werden.

sationen zur wirtschaftlichen Integration ein eigenes Ratifikationsrecht zuerkannt, um bestehenden Kompetenzteilungen zwischen einer solchen Organisation und ihren Mitgliedstaaten begegnen zu können[479].

1. Hintergrund der Einführung des Art. 19 AÜP

Den rechtlichen Hintergrund der Einführung des Art. 19 AÜP bilden die im Protokoll 2002 geregelten Vorschriften über die Gerichtsstände sowie die Anerkennung und Vollstreckung von Urteilen. Art. 10 AÜP regelt die oben beschriebene Wahl des Gerichtsstandes und ergänzt die entsprechende Regelung des Athener Übereinkommen 1974 um einen weiteren Gerichtsstand für Klagen nach Art. 4 a AÜP. In Art. 11 AÜP fügt das Protokoll 2002 dem ursprünglichen Athener Übereinkommen einen weiteren Artikel hinzu (Art. 17 a), welcher sich der Regulierung um die Anerkennung und Vollstreckung von Entscheidungen annimmt. Dabei legt Art. 11 AÜP fest, dass von nach dem Protokoll 2002 zuständigen Gerichten erlassene Urteile in jedem Vertragsstaat anerkannt werden, es sei denn das Urteil wurde durch „betrügerisches Handeln" erwirkt[480], oder der Beklagte wurde nicht in angemessener Frist unterrichtet und ihm wurde keine Gelegenheit zur Vertretung seiner Sache vor Gericht gegeben[481]. Weiterhin sind nach diesen Grundsätzen anerkannte Urteile in jedem Vertragstaat vollstreckbar, soweit die in dem betreffenden Staat vorgeschriebenen Förmlichkeiten erfüllt sind[482].
Die Klausel des Art. 19 AÜP ist auf Antrag der Europäischen Union mit Unterstützung der Mitgliedsstaaten in das Protokoll 2002 aufgenommen worden[483]. Eine entsprechende Integration der Regelung des Art. 19 in das Protokoll 2002 ist für die Europäische Union und ihre Mitgliedsstaaten von entscheidender Bedeutung, da seit dem 1. März 2002 die Anerkennung und Vollstreckung von Entscheidungen in Zivil- und Handelssachen auf europäischer Ebene durch die EG-Rats-Verordnung Nr. 44/2001 neugeregelt ist[484]. Die Verordnung (EG) Nr. 44/2001 trat am 1. März 2002 in Kraft und ersetzte das Brüsseler Übereinkommen von 1968 (EuGVÜ). Die Verordnung ist im Geltungsbereich der Europäischen Union direkt anwendbar, wobei Dänemark eine Ausnahme bildet, da sich

[479] IMO Doc. LEG/CONF 13/7, Annex 1, S. 1, 18. Juli 2002.
[480] Art. 11 Abs. 1 a) AÜP.
[481] Art. 11 Abs. 1 b) AÜP.
[482] Art. 11 Abs. 2 AÜP.
[483] IMO Doc. LEG/CONF 13/7, 18. Juli 2002.
[484] Verordnung (EG) Nr. 44/2001 des Rates vom 22. Dezember 2000 über die gerichtliche Zuständigkeit und die Anerkennung und Vollstreckung von Entscheidungen in Zivil- und Handelssachen, ABl. EG Nr. L12/1, (16.01.2001), S.1.

das Land nicht an den auf europäischer Ebene eingerichteten Verfahren der justiziellen Zusammenarbeit beteiligt[485]. Ziel der Verordnung (EG) Nr. 44/2001 ist es, die für die Anerkennung und rasche Vollstreckung von Entscheidungen eines Gerichts eines Mitgliedstaats notwendigen Formalitäten mittels eines unkomplizierten, einheitlichen Verfahrens zu vereinfachen. Die Verordnung sieht vor, dass jede Entscheidung, die in einem Mitgliedstaat ergeht, direkt in vollem Umfang und ohne gesondertes Verfahren in allen anderen Mitgliedstaaten anerkannt wird[486]. Bei Anfechtungen kann jede betroffene Partei ein besonderes Verfahren anwenden, um die Vollstreckbarkeitserklärung einer Entscheidung zu erwirken, die durch einen anderen Mitgliedstaat getroffen wurde. Zuständig sind grundsätzlich die Gerichte des Mitgliedstaats, in dem der Beklagte seinen Wohnsitz oder ein Unternehmen seinen satzungsmäßigen Sitz, seine Zentralverwaltung oder Hauptniederlassung hat. Dieses in erster Instanz einseitige Verfahren ist sehr effizient und zügig. Das von jedem Mitgliedstaat zur Prüfung der Anträge bestimmte Gericht oder die hiezu bestimmte Behörde (ein diesbezügliches Verzeichnis findet sich im Anhang zur Verordnung) prüft die mit dem Antrag eingereichten Unterlagen nur formal[487]. Zu diesem Zweck ist der Verordnung eine Musterbescheinigung mit allen für eine zügige Entscheidung über die Anerkennung oder Vollstreckung erforderlichen Angaben beigefügt, womit eine zusätzliche Legalisation der Dokumente entfällt somit.
Rechtsbehelfe können im Weiteren von einer der Parteien bei einem der im Anhang zur Verordnung genannten Gerichte eingelegt werden. Der Rechtsbehelf betrifft ausschließlich die Vollstreckung der Entscheidung. Ferner sind die Fälle, in denen ein Gericht die Vollstreckbarkeitserklärung versagen oder aufheben kann, eindeutig festgelegt, beispielsweise bei Entscheidungen, die gegen die öffentliche Ordnung verstoßen.
Durch die Annahme der EG-Rats-Verordnung Nr. 44/2001 von allen Mitgliedstaaten der Europäischen Union mit der Ausnahme von Dänemark, wurde die Kompetenz der Mitgliedstaaten, internationale Regelungen über die Gerichtsbarkeit, die Anerkennung und die Vollstreckung von Urteilen zu vereinbaren, auf die Europäischen Union übertragen.
Die Mitgliedstaaten bewahren ihre Zuständigkeit im Verhältnis zu Drittstaaten allein in denjenigen Rechtsbereichen, die das Gemeinschaftsrecht nicht berühren. Die Übertragung der Kompetenzen auf die Europäische

---

[485] Dänemark hat sich gemäß Art. 1 und 2 des dem Vertag über die Europäische Union und dem Vertrag zur Gründung der Europäischen Gemeinschaft beigefügten Protokolls über die Position Dänemarks nicht an der Annahme der Verordnung (EG) Nr. 44/2001 beteiligt und ist somit an die Regelungen der Verordnung weder gebunden noch von ihnen betroffen.
[486] Art. 33 Abs. 1 Verordnung (EG) Nr. 44/2001.
[487] Art. 33 bis 42 Verordnung (EG) Nr. 44/2001.

Gemeinschaft gilt gemäß der vom Europäischen Gerichtshofe entwickelten AETR-Doktrin nicht nur innerhalb der Europäischen Union, sondern auch gegenüber Drittstaaten[488].

Die Regelung der Gerichtsstände und der Anerkennung und Vollstreckung von Entscheidungen innerhalb der Normen des Protokolls 2002 unterfällt damit den Regelungen der EG-Rats-Verordnung Nr. 44/2001. Da die Europäische Gemeinschaft durch den Erlass der Verordnung ausschließlich in den Bereichen der Anerkennung und Vollstreckung von Entscheidungen zuständig ist, besteht für die Mitgliedstaaten ein rechtliches Hindernis, das Protokoll 2002 zu ratifizieren, solange keine Verbindung zwischen dem Protokoll 2002 (Art. 10 AÜP und Art. 11 AÜP), und dem europäischen Recht hergestellt ist[489]. Durch die eigenständige Rati-

---

[488] In der Rechtssache *Kommission der Europäischen Gemeinschaft gegen Rat der Europäischen Gemeinschaft* (AETR-Entscheidung) entschied der Europäische Gerichtshof: „...in den Bereichen, in denen die Gemeinschaft zur Verwirklichung einer vom Vertrag vorgesehenen gemeinsamen Politik Vorschriften erlassen hat, die in irgendeiner Form gemeinsame Rechtsnormen vorsehen, [sind] die Mitgliedstaaten weder einzeln noch selbst gemeinsam handelnd berechtigt, mit Dritten Staaten Verpflichtungen einzugehen, die diese Normen beieinträchtigen. ...In der Masse, wie diese Gemeinschaftsrechtsetzung fortschreitet, kann nur die Gemeinschaft mit Wirkung für die gesamten Geltungsbereiche der Gemeinschaftsrechtsordnung vertragliche Verpflichtungen gegenüber Dritten Staaten übernehmen und erfüllen. ...Zusammengenommen ergeben die Bestimmungen [des EG-Vertrages], dass die Mitgliedstaaten außerhalb des Rahmens der Gemeinschaftsorgane keine Verpflichtungen eingehen können, welche Gemeinschaftsrechtsnormen, die zur Verwirklichung der Vertragsziele ergangen sind, beieinträchtigen oder in ihrer Tragweite ändern können". (Urteil des Gerichtshofes vom 31. März 1971. *Kommission der Europäischen Gemeinschaft gegen Rat der Europäischen Gemeinschaft*; Rechtssache 22/70, [1971] E.C.R. 263, S. 17-22.; Diese Position wurde durch verschiedene Gerichtsentscheidungen bestätigt, zuletzt im „*Open Skies*" Urteil vom 5. November 2002, Rechtssache C-466-469/98, C-471/98, C-475/98 und C-476/98, [2002] E.C.R. I-9427. Siehe auch Art. I-13.2 des Vertrages über eine Verfassung für Europa vom 16.12. 2004, ABl. Nr. C 310/11: "Die Union hat ausschließliche Zuständigkeit für den Abschluss internationaler Übereinkünfte, wenn der Abschluss einer solchen Übereinkunft in einem Gesetzgebungsakt der Union vorgesehen ist, wenn er notwendig ist, damit sie ihre interne Zuständigkeit ausüben kann, oder soweit er gemeinsame Regeln beeinträchtigt oder deren Tragweite verändern könnte." (vgl. auch: Entscheidung des Rates vom 19. September 2002 (2002/762/EG) ABl. EG Nr. L256/7, 25.9.2002, S. 7.; vgl. zur Natur und Herleitung der exklusiven Kompetenz der EU die ausführlichen Darstellungen in : David O'Keeffe, Community and Member State Competence in External Relations Agreements of the EU, 1999 4 Eur. Foreign Aff. Rev. S. 7-36; I. MacLeod, I. D. Hendry & Stephen Hyett: The External Relations of the European Communities, (1996) S. 56-74; Ringbom, EU Regulation 44/2001, Vol. 35, No. 1, JMLC 2004, S. 1 (4ff.) m.w.N.).

[489] Im Rahmen der Ratifizierung des Bunkeröl-Übereinkommens von 2001 bestand ein ähnliches Hindernis für die Mitgliedstaaten der Europäischen Gemeinschaft. Die Vorschriften des Bunkeröl-Übereinkommens enthalten in Art. 9 und Art. 10 Regelungen der Gerichtsbarkeit und der Anerkennung und Vollstreckung von Entscheidungen, ohne jedoch einer regionalen Organisation zur wirtschaftlichen Integration ein eigenes Ratifikationsrecht zu gewähren. Auch in diesem Fall fehlte den Mitgliedstaaten eine Ratifikati-

(Fortsetzung der Fußnote auf nächster Seite)

fikationsmöglichkeit, die der Europäischen Gemeinschaft als regionale Organisation zur wirtschaftlichen Integration durch Art. 19 AÜP gegeben wird, können die Regelungen, für die eine Ratifikationskompetenz der Mitgliedstaaten fehlt, in europäisches Recht integriert werden. Dabei beschränkt sich eine Kompetenz der Europäischen Gemeinschaft ausschließlich auf die Bereiche der Gerichtsbarkeit und der Anerkennung und Vollstreckung von Entscheidungen im Sinne der Art. 10 AÜP und Art. 11 AÜP, nur in diesen Bereich kann die Europäische Gemeinschaft als regionale Organisation zur wirtschaftlichen Integration das Protokoll 2002 ratifizieren, alle weiteren Bereiche des Protokolls 2002 werden eigenständig durch die Mitgliedstaaten ratifiziert.
Neben der Anerkennung einer Ratifikationskompetenzteilung durch Art. 19 AÜP, die durch das Inkrafttreten der EG-Rats-Verordnung Nr. 44/2001 für den europäischen Rechtsraum nötig ist, bedurfte auch das Verhältnis zwischen den Normen der Anerkennung und Vollstreckung von Urteilen des Protokolls 2002 und nationalen beziehungsweise regionalen Regulierungen dieses Bereichs einer ausdrücklichen rechtlichen Regelung innerhalb des Protokolls 2002, um einen einheitlichen internationalen Standard zu gewährleisten. Ein solches Bedürfnis wurde insbesondere deutlich aufgrund bestehender inhaltlicher Divergenzen zwischen den Regelungen des Art.11 AÜP und der Regulierung der Anerkennung und Vollstreckung durch die EG-Rats-Verordnung Nr. 44/2001[490]. Nach Art. 11 Abs. 1 AÜP wird ein Urteil nur dann anerkannt, wenn es im Ursprungsstaat nicht mehr mit ordentlichen Rechtsmitteln angefochten werden kann. Die EG-Rats-Verordnung Nr. 44/2001 stellt keinen solchen Anspruch an ein Urteil, vielmehr kann ein Urteil auch dann vollstreckt werden, wenn es nur auf vorläufiger Basis vollstreckbar ist[491].
Desweiteren sieht das Protokoll 2002 vor, dass ein Urteil dann nicht anerkannt werden darf, wenn es durch „betrügerisches Handeln“ erwirkt worden ist. Eine entsprechende ausdrückliche Regelung sieht die EG-

---

onskompetenz, da Art. 9 und 10 des Bunkeröl-Übereinkommen nach der Verordnung (EG) Nr. 44/2001 in die ausschließliche Kompetenz der Europäischen Gemeinschaft fällt. Da der vom Bunkeröl-Übereinkommen geregelte Rechtsbereich als außerordentlich wichtig für die Gemeinschaft angesehen wurde, eine nachträgliche Integration einer Ratifikationskompetenzregelung für die Europäische Gemeinschaft in das Abkommen jedoch nicht mehr möglich war, ermächtigte der Rat der Europäischen Gemeinschaft die Mitgliedstaaten, im Interesse der Gemeinschaft das Übereinkommen zu unterzeichnen und zu ratifizieren. Ohne eine solche „Ausnahmeermächtigung“ wäre eine Ratifikation des Bunkeröl-Übereinkommens durch die einzelnen Mitgliedstaaten aufgrund fehlender Kompetenzen nicht möglich gewesen (Entscheidung des Rates vom 19. September 2002 (2002/762/EG) ABl. EG Nr. L256/7, 25.9.2002, S. 7), siehe auch KOM 2001 (675) endg. und IMO Doc. LEG/CONF.12/CW/WP.3.

[490] IMO Doc. LEG/CONF 13/7, 18. Juli 2002, S. 4.

[491] IMO Doc. LEG/CONF 13/7, Annex 2, 18. Juli 2002, S. 2.

Rats-Verordnung Nr. 44/2001 nicht vor. Auch Gründe für eine Ablehnung der Anerkennung und Vollstreckung eines Urteils unterscheiden sich, wobei das Protokoll 2002 in Art. 11 Abs. 1 b entsprechende Gründe wesentlich allgemeiner hält, als es die EG-Rats-Verordnung Nr. 44/2001 vorschreibt[492]. Diese inhaltlichen Divergenzen haben jedoch insofern keine Auswirkung auf eine gegenseitige Wirksamkeit und Anwendbarkeit der jeweiligen Regelungen des Protokolls 2002 und der EG-Rats-Verordnung Nr. 44/2001, als das Art. 11 Abs. 3 AÜP vorsieht, dass nationale oder regionale Regelungen der Anerkennung und Vollstreckung von Urteilen neben den Normen des Protokolls 2002 Anwendung finden können, sofern diese effektiv wenigstens denselben Rechtsstandard der Anerkennung und Vollstreckung bieten, wie die Regelungen des Art. 11 AÜP. Das Protokoll 2002 schreibt somit einen rechtlichen Mindeststandard der Anerkennung und Vollstreckung von Urteilen vor, der bei einer Ratifizierung des Protokolls durch die Gemeinschaft und ihre Mitgliedstaaten durch die EG-Rats-Verordnung Nr. 44/2001 für den europäischen Rechtsbereich ergänzt werden kann und in den meisten Fällen eine Anwendung der Verordnung Nr. 44/2001 zwischen den Mitgliedstaaten der Europäischen Union erlaubt[493].

2. Verhältnis zwischen Art. 19 AÜP und der Verordnung (EG) Nr. 44/2001

Da Regulierungen über die Festlegung von Gerichtsständen, der Anerkennung sowie der Vollstreckung von Entscheidungen regelmäßig Bestandteil von internationalen Konventionen sind und insbesondere in internationalen Haftungs- und Entschädigungskonvention mitgeregelt werden, führt das Inkrafttreten der Verordnung Nr. 44/2001 in einem Rechtsbereich, der früher ausschließlich in der Kompetenz der Mitgliedsstaaten lag, nunmehr zu einer „gemischten" Kompetenzverteilung zwischen den einzelnen Mitgliedsstaaten der EU und der Europäischen Gemeinschaft an sich. Wie oben unter Ziffer 1 dargestellt, ist die Europäi-

---

[492] Vgl. Art. 34 und 35 Verordnung (EG) Nr. 44/2001.

[493] Die Aufnahme des Artikel 19 und des Artikel 11 in das Protokoll 2002 hat wesentlich dazu beigetragen, dass die Europäische Union von einer regionalen Regelungsinitiative in dem Bereich der Passagierbeförderung auf See außerhalb der IMO abgesehen hat. Die Präferenz eine rein europäischen Regulierung der Beförderung von Passagieren auf Seeschiffen wurde noch im März 2002 durch die Kommission ausdrücklich geäußert, für den Fall, dass eine befriedigende (den europäischen Interessen nicht entsprechende) internationale Lösung nicht erreicht werden kann (vgl. Mitteilung der Europäischen Kommission – Erhöhung der Sicherheit von Fahrgastschiffen in der Gemeinschaft, KOM(2002) 158 endg., S. 14f.).

sche Union ist im Verhältnis zu Drittstaaten allein zuständig in allen Bereichen welche die Verordnung Nr. 44/2001 betreffen, während die Mitgliedsstaaten ihre ausschließliche Kompetenz in allen anderen Rechtsbereichen behalten. Im Rahmen der Geltung des Protokolls 2002 bedeutet dies, dass gemäß der Verordnung Nr. 44/2001 die Regelungen über die Anerkennung und Vollstreckung von Urteilen sowie die Regelung der Gerichtsstände in der ausschließlichen Kompetenz der Europäischen Union liegen, alle anderen Regelungen des Protokolls 2002 stehen in der alleinigen Kompetenz der Mitgliedstaaten. Aus dieser „gemischten“ Kompetenzverteilung ergibt sich die Frage, wie eine Ratifizierung eines internationalen Rechtsinstrumentes, welches einer regionalen Organisation zur wirtschaftlichen Integration ein eigenes Ratifikationsrecht zuspricht, zwischen der Europäischen Union an sich und den einzelnen Mitgliedsstaaten vollzogen wird. Maßgeblich erscheint dabei zunächst, ob alle Mitgliedstaaten ein solches Rechtsinstrument ratifizieren müssen, oder ob sich einzelne Staaten einer Ratifikation enthalten können.
Beschließt ein Mitgliedstaat der Europäischen Union, das Athener Protokoll 2002 nicht zu ratifizieren, könnte ein solcher Umstand bedeuten, dass im Rahmen der Neuregulierung der Anerkennung und Vollstreckung von Urteilen durch die Verordnung Nr. 44/2001 Probleme zwischen den einzelnen Mitgliedstaaten entstehen. Es besteht zum Beispiel die Möglichkeit, dass zwei konkurrierende Urteile ergehen, eines in einem europäischen Staat der das Protokoll 2002 ratifiziert hat, und eines in einem Europäischen Staat welcher von einer entsprechenden Ratifizierung des Protokolls abgesehen hat. In einem solchen Fall erscheint es unklar, welchem der beiden Urteile im Rahmen der Anerkennung und Vollstreckung unter Geltung der Verordnung Nr. 44/2001 Vorrang eingeräumt werden soll. Das Protokoll 2002 enthält zu diesem Problem keine speziellen Regelungen.
Ein Lösungsansatz könnte in der bisherigen Praxis der Europäischen Union und ihrer Mitgliedstaaten gesehen werden, welche sich bei anderen Übereinkommen in denen eine „gemischte“ Kompetenzverteilung vorliegt, erkennen lässt. In mehreren Übereinkommen, insbesondere solchen die in ihrer rechtlichen Zielsetzung und Reichweite auf spezifisch-abgrenzbare territoriale Bereiche beschränkt wurden oder sich auf den Umweltschutz bestimmter Seegebiete beziehen, war es bisher gängige Praxis, dass die Europäische Union und nur einige ihrer Mitgliedstaaten eine Ratifizierung vornehmen können[494]. Es bestand dementsprechend

[494] Vgl. z.B. der 1996 unterzeichnete und am 28.04.1999 in Kraft getretene "Vertrag über die Internationale Kommission zum Schutz der Oder gegen Verunreinigung (BGBl. 1997 II, S.1708), die Konvention von 1992 zum Schutz der Meeresumwelt des Ostseegebietes (in Kraft getreten am 17.01.2000), sowie die „Convention for the Protection of the Medi-
(Fortsetzung der Fußnote auf nächster Seite)

keine „Pflicht" aller Mitgliedstaaten ein solches Übereinkommen zu ratifizieren um einheitliches europäisches Recht zu schaffen, da die allgemeinen und politischen Interessen der einzelnen Mitgliedstaaten als zu unterschiedlich gewertet wurden[495]. Auch in anderen „gemischten" Übereinkommen wurde es akzeptiert, dass nicht alle Mitgliedstaaten der Union eine Ratifizierung vornahmen, insbesondere bei solchen internationalen Übereinkommen, bei denen eine eigenständige Kompetenz der Europäischen Union einerseits, und eine Kompetenz der Mitgliedstaaten andererseits klar abgrenzbar war[496]. In diesen Fällen ist eine Unterscheidung und Zweiteilung der Kompetenzen zwischen der Europäischen Union und ihren Mitgliedstaaten auf „sektorale" Faktoren gestützt, die es in der Theorie möglich erscheinen lassen, ein Übereinkommen zu unterteilen in Bereiche, welche in die Kompetenz der Union fallen und Bereiche, welche in der ausschließlich nationalen Kompetenz der Mitgliedstaaten liegt. Im Rahmen von internationalen Übereinkommen, die sich (fast) ausschließlich mit Haftungsfragen auseinandersetzen, erscheint eine solche Unterscheidung und Zweiteilung jedoch schwierig. Eine Ratifizierung von internationalen Haftungsvorschriften durch einen Staat erscheint schwer trennbar von den dazugehörigen Regelungen der Durchsetzung, Anerkennung und Vollstreckung entsprechender Haftungsregelungen, zumal das Haftungsübereinkommen gerade eine einheitliche inhaltliche Basis für Gerichtsentscheidungen in den Vertragsstaaten schaffen will, die eine inhaltliche Überprüfung eines Urteils in anderen Vertragstaaten ausschließen soll.

Auch macht es wenig Sinn für die Europäische Union als eigenständige Partei eines Haftungsübereinkommens, Regelungen über Anerkennung und Vollstreckung von Urteilen zu ratifizieren für welche eine ausschließliche Kompetenz der Union besteht, ohne gleichzeitig die wesentlichen Haftungsvorschriften zur Anwendung kommen lassen zu können, wenn diese von den Mitgliedstaaten nicht ratifiziert wurden. Unterstrichen wird dieser Gedanke durch die insbesondere im internationalen Seerecht vorherrschende Bestrebung nach einer Harmonisierung des Rechts[497].

---

terranean Sea against pollution, 1995"; siehe Granvik, Incomplete Mixed Environmental Agreements, in: Int. Law Aspects of the European Union, S. 255ff.

[495] Vgl. auch: Ringbom, EU Regulation 44/2001, Vol. 35, No. 1, JMLC 2004, S. 1 (16).

[496] So z.B. im Rahmen des Seerechtsübereinkommen der Vereinten Nationen 1982, welches sowohl ausschließliche Kompetenzen der Europäischen Union (wie z.B. Fischerei) als auch die ausschließlichen Kompetenzen der Mitgliedstaaten (z.B. Grenzlinienfestlegungen in Gewässern) berührt. Die Europäische Union beschloss das Übereinkommen 1998 währen einzelne Mitgliedstaaten bis heute das Übereinkommen nicht ratifiziert haben.

[497] Ringbom, EU Regulation 44/2001, Vol. 35, No. 1, JMLC 2004, S. 1 (5, 16).

Das internationale Seerecht ist bestimmt von dem Gedanken, dass eine globale Wirtschaft wie die des Seehandels und des Seeverkehrs, in welcher die involvierten Personen normalerweise Gerichtsstände wählen können, auf einer globalen und entsprechend einheitlichen Ebene reguliert werden sollte. Regionale Regelungsversuche werden unter diesem Gesichtspunkt als kontraproduktiv erachtet[498]. Es erscheint somit schwierig, aus einem theoretischen Ansatz über den bisherigen Umgang mit „gemischten" Kompetenzverteilungen in internationalen Übereinkommen abzuleiten, dass im Bereich der internationalen Haftungskonventionen einzelne Mitgliedstaaten der Europäischen Union sich einer Ratifikation enthalten könnten, ein entsprechendes Übereinkommen somit nur von der Europäischen Union und einigen ihrer Mitgliedstaaten ratifiziert wird. Allerdings kann aus dem Umstand, dass eine Kompetenzteilung im Rahmen von internationalen Haftungskonventionen schwierig erscheint, keine allgemeingültige Pflicht für Mitgliedstaaten der Europäischen Union geschlossen werden, gemeinsam eine solche Konvention zu ratifizieren.
Der Europäische Gerichtshof hat die europäischen Mitgliedstaaten direkt auf die Schwierigkeiten einer Ratifikation von internationalen Konventionen die auch das Gemeinschaftsrecht berühren, hingewiesen und festgestellt, dass Mitgliedstaaten sich in den entsprechenden Bereichen nicht außerhalb der europäischen Institutionen verpflichten können[499]. Weiterhin hat der Gerichtshof, in Anerkennung des Erfordernisses der einheitlichen Repräsentation der Europäischen Union auf internationaler Ebene - besonders im Hinblick auf „gemischte" Kompetenzverteilungen in Übereinkommen - anerkannt, dass es wichtig ist sicherzustellen, dass eine enge Beziehung zwischen den Institutionen der Europäischen Union und den Mitgliedstaaten besteht, sowohl im Prozess der Verhandlungen und deren Schlussfolgerungen, sowie im Rahmen der Erfüllung von eingegangenen Verpflichtungen und dass sowohl die Institutionen der Europäischen Union als auch die Mitgliedstaaten alle nötigen Schritte unternehmen sollen, um eine bestmögliche Kooperation in diesen Bereichen zu sichern[500]. Es besteht insofern eine Kooperationspflicht aller Mitglied-

---

[498] Einige Haftungskonventionen des Transportrechts sehen eine Akzeptanz einer „Zweiteilung" der Kompetenzen vor. So z.B. Art. 21 der „Convention on Civil Liability for Damages caused during Carriage of Dangerous Goods by Rail, Road and Inland Navigation Vessels, 1989", der besagt: "[w]henever two or more States are bound by international Convention establishing rules of jurisdiction or providing for recognition and execution of judgments given by a court of another State, the provisions of those instruments replace the corresponding provisions...of this convention."

[499] Siehe in dieser Arbeit: Fn. 488 (AETR-Entscheidung).

[500] Opinion 2/91, [1993] E.C.R. I-1061, S. 36ff.; Siehe auch die Rechtssache 1/78, [1978] E.C.R. 2151, S. 34ff.; Opinion 1/94, [1994] E.C.R. I-5267, S. 107ff.; sowie die Rechtssache 25/94, [1996] E.C.R. I-1469, S. 48ff.

staaten, die aber nicht gleichzeitig als eine Pflicht der Mitgliedstaaten gewertet werden kann, ein „gemischtes" Übereinkommen ratifizieren zu müssen[501]. Die Wirkung eines Beitritts der Europäischen Union als eigenständige Vertragspartei zu einem internationalen Übereinkommen muss vielmehr im Verhältnis zu ihren in diesem Übereinkommen geregelten Kompetenzen stehen.

Im Rahmen des Protokolls 2002 sind die Kompetenzen der Union begrenzt auf einzelne Rechtsbereiche. Die Rechte und Pflichten einer Organisation zur wirtschaftlichen Integration gelten im Sinne des Artikel 19 Nr. 1 AÜP nur in Bereichen in denen eine solche Organisation auch Kompetenzen besitzt, welche durch eine abschließende und vollständige Erklärung spezifiziert sein soll und zum Zeitpunkt des Abschlusses der Verhandlungen vorliegen muss. Auch Nr. 5 des Artikels 19 AÜP besagt, dass Kompetenzen der Mitgliedstaaten in allen Bereichen des Protokolls 2002 vermutet werden, bei welchen nicht ausdrücklich eine Erklärung über die Übertragung von Kompetenzen auf die Organisation vorliegt. Weiterhin bestätigte die Europäische Kommission im Namen der Europäischen Union, dass ein Beitritt der Union zum Protokoll 2002 limitiert ist auf die rechtlichen Bereiche, in denen die Union (ausschließliche) Kompetenzen besitzt[502]. Eine allgemeine Pflicht zur europaweiten Anwendung des gesamten Protokolls 2002 lässt sich aus seinen Regelungen nicht abgeleitet[503].

Kann eine Pflicht aller Mitgliedstaaten zur Ratifikation des Protokolls 2002 somit nicht bestätigt werden, bleiben die Mitgliedstaaten dennoch im Rahmen des Artikel 10 des EG-Vertrages verpflichtet, mit der Europäischen Union umfassend zu kooperieren, wobei sich diese Pflicht auch auf Bereiche bezieht, in denen die Europäische Union keine ausschließlichen Kompetenzen besitzt[504]. Aus der Ratifizierung des Protokolls 2002 durch die Europäische Union können in diesem Sinne auch Verpflichtun-

---

501 Ringbom, EU Regulation 44/2001, Vol. 35, No. 1, JMLC 2004, S. 1 (5, 17).

502 IMO Doc. LEG/CONF. 13/7, Annex 1, S. 3.

503 Dieses ergibt sich auch aus dem Umkehrschluss eines kürzlich ergangenen Urteils des Europäischen Gerichtshofs, in welchem die Pflicht Irlands festgestellt wurde, Ratifikationspartei der „1971 Berne Convention for the Protection of Literary and Artistic Works" zu bleiben, mit der Begründung, dass sich die Konvention unter anderem auf Rechtsgebiete bezieht, die in großen Teilen in den Kompetenzbereich der Europäischen Union fallen und von Europäischer Gesetzgebung bestimmt werden (Rechtssache C-13/00, Kommission v. Ireland, E.C.R. 2002 I-2943, S. 15f).

504 Siehe z.B. die Entscheidung zum „UN Fishery Conservation Agreement", Rechtssache C-25/94, Commission v. Council [1996] E.C.R. I-1469, S. 48, sowie in dieser Arbeit: Fn. 498 (AETR-Entscheidung). Eine präzise rechtliche Eingrenzung dieser Pflicht ist jedoch bislang schwer zu bestimmen (vgl. Ringbom, EU Regulation 44/2001, Vol. 35, No. 1, JMLC 2004, S. 1 (28), Fn. 66 m.w.N).

gen für Mitgliedstaaten entstehen, die von einer Ratifikation des Protokolls absehen[505].
Eine weitere Frage, die sich aus dem Verhältnis des europäischen Rechts mit dem Protokoll 2002 ergibt, ist, ob diejenigen Staaten, die das Protokoll ratifizieren, die entsprechende Ratifikation im zeitlichen Sinne simultan vornehmen müssen, und ob eine gleichzeitige Hinterlegung der Ratifikationsurkunden der Mitgliedstaaten wiederum simultan mit der Ratifikation der Europäischen Union erfolgen muss. Ratifiziert die Europäische Union als eigenständige Vertragspartei das Protokoll 2002 bevor die europäischen Mitgliedstaaten ihre Ratifikationsurkunden hinterlegen, könnte dieser Umstand zumindest in der Theorie bedeuten, dass die Vorschriften des Protokolls 2002 über die Anerkennung und Vollstreckung von Urteilen in der Europäischen Union gelten, obwohl die restlichen Vorschriften des Protokolls welche in den Kompetenzbereich der Mitgliedstaaten fallen, von diesen noch nicht ratifiziert wurden. Dieser Umstand spricht für das Bedürfnis einer simultanen Ratifikation des Protokolls 2002 durch die Mitgliedstaaten und die Europäische Union. Eine simultane Ratifikation birgt jedoch Nachteile für Mitgliedstaaten sowie für die Europäische Union, die indirekt erhebliche Folgen haben könnten. Sehen einige Mitgliedstaaten eine dringende Notwendigkeit in der Ratifikation eines internationalen Rechtsinstrumentes, könnte die Voraussetzung einer simultanen Ratifikation in signifikanter Weise den Ratifikationsprozess solcher Mitgliedstaaten verzögern, wenn sie auf Mitgliedstaaten Rücksicht nehmen müssen, die für eine Ratifikation längere Zeit benötigen. Ein solcher Umstand kann sich insbesondere dann bilden, wenn bestimmte Mitgliedstaaten kein größeres politisches Interesse an einer Ratifikation bestimmter Rechtsinstrumente haben. Auf der anderen Seite wären es diese Mitgliedstaaten, welche leicht unter erheblichen Druck solcher Mitgliedstaaten gelangen könnten, die eine möglichst schnelle Ratifikation anstreben. Aber auch aus der Sicht der Europäischen Union birgt die Voraussetzung einer Simultanratifikation erhebliche Nachteile. Jedem einzelnen Mitgliedstaat würde so indirekt ein Veto-Recht gewährt, welches es einem Mitgliedstaat ermöglichen würde, allein zu entscheiden, ob und insbesondere wann die Europäische Gemeinschaft ein entsprechendes Rechtsinstrument ratifizieren soll. In „gemischten“ Übereinkommen, in denen die Europäische Union ausgedehnte Kompetenzen besitzt, würde dieses bedeuten, das ein Interessenkonflikt entstehen könn-

---

[505] Das Entstehen solcher Verpflichtungen erscheint unter anderem in Bereichen möglich, in denen eine entsprechende Verpflichtung von Mitgliedstaaten die das Protokoll 2002 nicht ratifiziert haben, nötig ist, um eine effektive Anwendung des Protokolls 2002 durch Mitgliedstaaten die eine Ratifizierung unternommen haben, zu garantieren (Ringbom, EU Regulation 44/2001, Vol. 35, No. 1, JMLC 2004, S. 1 (28)).

te[506]. Insofern muss den Mitgliedstaaten eine gewisse Flexibilität bezüglich des Zeitpunktes einer Ratifikation zuerkannt werden. Eine Simultanratifikation durch alle Mitgliedstaaten als Voraussetzung für eine Ratifizierung durch die Europäische Union oder einzelner Mitgliedstaaten würde sowohl der alleinigen Kompetenz jedes Mitgliedstaates wiedersprechen, über das Haftungsrecht in nationaler Zuständigkeit zu entscheiden, als auch dem Gebot des EG-Vertrages, die ausschließlichen Kompetenzen der Europäischen Union zu beachten[507].
Als Ergebnis bleibt festzuhalten, dass ein Mitgliedstaat der Europäischen Union das Protokoll 2002 nur gemeinsam mit der Europäischen Kommission ratifizieren kann. Die Europäische Kommission ihrerseits bedarf für eine Ratifikation die zeitgleiche Ratifikation mindestens eines Mitgliedstaates. Eine Simultanratifikation aller Mitgliedstaaten als Voraussetzung für die Ratifizierung des Protokolls 2002 durch einige Mitgliedstaaten oder durch die Europäische Union kann dem EG-Vertrag nicht entnommen werden.

IX. Nichtige Vereinbarungen

Der ursprüngliche Art. 18 AÜ wird im Rahmen des Art. 12 AÜP neu verfasst. Danach sind alle Vereinbarungen, die vor Eintritt des Ereignisses getroffen wurden, das den Tod oder die Körperverletzung eines Reisenden zur Folge hat, und die bezwecken, den Beförderer von seiner Haftung gegenüber dem Reisenden zu befreien oder einen niedrigeren Haftungshöchstbetrag als den des Übereinkommen festgelegt zu bestimmen, sowie alle Vereinbarung, die bezweckt beim Beförderer oder - nach der neuen Fassung des Art. 18 durch Art. 12 AÜP - beim ausführenden Beförderer liegende Beweislast umzukehren, oder bewirkt, dass die Wahlmöglichkeit des Art. 17 Abs. 1 oder des durch Art. 10 AÜP neu eingefügten Art. 17 Abs. 2 eingeschränkt werden, nichtig. Die in Art. 7 und 8 AÜP festgeschriebenen Höchstbeträge sind gemäß dem unverändert geltenden Art. 10 AÜ für die Parteien des Beförderungsvertrages Mindestbeträge. Sie können wie schon unter der Geltung des Athener Übereinkommen 1974 vertraglich nicht unterschritten werden. Dagegen können im Vertrag, welcher der Schriftform bedarf, höhere Haftungsbeträge festge-

---

506 Ringbom, EU Regulation 44/2001, Vol. 35, No. 1, JMLC 2004, S. 1 (19).
507 Dem Problem der Simultanratifikation kann durch die Festlegung eines Ratifikationszeitraums mit Enddatum entgegengewirkt werden. Diese Form der zeitlichen Vorgabe wurde schon im Rahmen der Ratifikation des Bunker-Öl Übereinkommen angestrebt, bei welchem die Europäische Union den Mitgliedstaaten einen „angemessenen Zeitraum" zur Ratifikation gewährte und, wenn möglich, eine Ratifikation vor dem 30. Juni 2006 vorsah.

legt werden. Der Art. 10 verweist lediglich auf die in Art. 7 und 8 genannten Höchstbeträge in Form der Maximalhaftungsgrenze von 400.000 SZR sowie die Höchstbeträge für den Verlust von Gepäck und Fahrzeugen, nicht jedoch auf die in Art. 4 AÜP vorgesehene Begrenzung der Gefährdungshaftung auf 250.000 SZR. Auch diese Haftungsbegrenzung sollte jedoch den Regelungen des Art. 10 unterliegen, so dass zwischen Passagier und Beförderer schriftlich eine höhere Haftungssumme vereinbart werden kann. Bei der Außerachtlassung der Höchstgrenze des Art. 4 AÜP im Rahmen des Art. 10 dürfte es sich jedoch um ein redaktionelles Versehen handeln, denn es scheint geboten, den geltenden Grundsatz, dass es sich bei allen genannten Höchstbeträgen um zwingend festgesetzte Mindestbeträge handelt, auch auf den in Art. 4 AÜP bestimmten Betrag zu erstrecken.

B. Auswirkungen der Neuregelungen des Protokolls 2002 im Vergleich mit der Neuregulierung des internationalen Luftrechts durch das Montrealer Übereinkommen 1999

Das Protokoll 2002 nimmt im Rahmen der Revision des Athener Übereinkommens eine Reihe von wichtigen und gravierenden Änderungen der rechtlichen Regelungsstruktur der Beförderung von Reisenden und ihrem Gepäck auf See vor. Die weitestgehenden Modifikationen finden sich im Rahmen der Neuregelung der Haftungsgrundsätze des Beförderers, der Einführung einer Pflichtversicherung mit Direktanspruch des Klägers gegen den Versicherer und der Erhöhung der Haftungshöchstsummen des Athener Übereinkommens. Das Hauptanliegen dieser Modifikationen ist die Garantie eines erhöhten Passagierschutzes unter gleichzeitiger, weitestgehender Vereinheitlichung der internationalen Rechtsstandards für Passagierbeförderungen auf See.

Die entsprechenden Regelungen des Protokolls 2002 unterliegen in ihrer Struktur und in ihren Zielen einer starken Orientierung an den luftrechtlichen Regelungsgrundsätzen und Entwicklungen des Montrealer Übereinkommens von 1999. Die in der IMO um eine Neugestaltung des seerechtlichen Bereichs der Personenbeförderung beratenden Delegationen wurden bei der Erarbeitung des Protokolls 2002 stark von den entsprechenden luftrechtlichen Tendenzen beeinflusst, und übertrugen Teilstücke der für das Luftrecht durch das Montrealer Übereinkommen gefundenen Rechtsstandards auf die Personenbeförderung in der Seefahrt.

Aus dieser Orientierung und der Übertragung verschiedener luftrechtlicher Regelungsansätze der Beförderer-Passagierbeziehung auf das Seerecht, aber auch allgemein aus den für das Seerecht neuerarbeiteten Regelungen des Protokolls 2002 ergeben sich grundlegende Änderungen der rechtliche Beziehung zwischen dem Seebeförderer, dem Reisenden und den Versicherern. Die aus diesen Änderungen folgenden rechtlichen, rechtspolitischen und ökonomischen Auswirkungen für die einzelnen Interessengruppen sollen im Folgenden, im Rahmen einer kritischen Würdigung der Rechtsstrukturen des Protokolls 2002, Beachtung finden.

I. Haftungsstrukturen des Protokolls 2002

Eine der wesentlichsten Änderungen gegenüber den ursprünglichen Regelungen des Athener Übereinkommen 1974 nimmt das Protokoll 2002 durch die Neustrukturierung der Haftungsgrundsätze des Seebeförderers für Tod oder Körperverletzungen von Reisenden vor. Eine entscheidende Vorbildfunktion bei der Erarbeitung der Neuregelung dieses Bereichs übernahm dabei das Luftrecht, speziell die Regelungen des Montrealer Übereinkommens 1999. Die in der IMO beratenden Staaten waren der Überzeugung, dass die für das Luftrecht gefundenen Haftungsgrundsätze in diesem Bereich auch im Seerecht Eingang in die Regelungssystematik finden müssten. Daraufhin wurde – in gegenüber dem Luftrecht modifizierter Form – eine Gefährdungshaftung für den Seebeförderer bei „shipping incidents“ eingeführt. Für andere Schadensursachen die zum Tode oder einer Körperverletzung von Reisenden führen, wurde das Prinzip der Verschuldenshaftung aufrechterhalten. Durch diese Haftungsstrukturierung soll dem Reisenden auf einem Schiff ein weitestgehender Schutz unter dem neuen Haftungsregime des Protokolls 2002 garantiert werden, allerdings unter Berücksichtigung der unterschiedlichen Umgebung und des unterschiedlichen faktischen Passagierverhaltens an Bord der Verkehrsträger in Luft- und Seefahrt.
Die gewählte Struktur der neuen Regulierung der Haftung des Seebeförderers wirft jedoch die Frage auf, ob die Angleichung der Befördererhaftung des Seerechts an die entsprechende Haftung des Luftfrachtführers im Luftrechts den faktischen Verhältnissen des Seeverkehrs gerecht wird, insbesondere in Bezug auf die Anerkennung eines Interessenausgleichs zwischen Beförderer und Passagier in der Seefahrt und die allgemeinen Auswirkungen dieser Rechtsentwicklung auf die entsprechenden Interessengruppen.

1. Angleichung der Haftungsstrukturen der Personenbeförderung in Luft- und Seerecht

Das Protokoll 2002 sieht eine weitreichende Änderung der Haftungsgrundsätze des ursprünglichen Art. 3 AÜ vor. Durch Art. 4 Abs. 1 AÜP findet zunächst für den Tod oder eine Körperverletzung von Reisenden aufgrund eines Schifffahrtsereignisses ein zweistufiges Haftungssystem Eingang in den Übereinkommentext. Danach haftet der Beförderer für Personenschäden die durch ein „shipping incident" verursacht wurden in der ersten Stufe im Rahmen einer auf die Summe von 250.000 SZR limitierten Gefährdungshaftung. Übersteigt ein Personenschaden diese Höchstgrenze, haftet der Beförderer in der zweiten Stufe im Rahmen einer Verschuldenshaftung mit umgekehrter Beweislast bis zu einer in Art. 6 Abs. I AÜP festgelegten Höchstgrenze von 400.000 SZR[508]. Um sich von einer Haftung zu befreien, steht dem Beförderer die Möglichkeit zu, den Beweis nach Art. 4 Abs. 1 a) und b) AÜP zu führen, oder ein Verschulden des Reisenden nach Art. 6 AÜ[509] zu belegen. Für den nicht durch ein Schifffahrtsereignis verursachten Verlust infolge Todes oder Körperverletzung eines Reisenden haftet der Beförderer gemäß Art. 4 Abs. 2 AÜP im Rahmen einer Verschuldenshaftung, wobei die Beweislast in diesen Fällen beim Anspruchsteller liegt. Mit der Einführung eines solchen Haftungssystems für die Personenbeförderung in der internationalen Seefahrt findet eine starke Angleichung der rechtlichen Grundsätze der Befördererhaftung für Personenschäden zwischen Luft- und Seerecht statt. Die luftrechtlichen Regelungen sehen im Rahmen des Art. 17 Abs. 1 MÜ iVm Art. 21 Abs. 1 MÜ eine Gefährdungshaftung des Luftfrachtführers bis zu einer Schadenssumme von 100.000 SZR vor, mit der (einzigen) Möglichkeit, sich von dieser Haftung durch die Führung des Beweises des Mit- oder Alleinverschuldens des Passagiers gemäß Art. 20 MÜ zu befeien. Übersteigt die Schadenssumme den Betrag von 100.000 SZR, haftet der Luftfrachtführer ab dieser Summe nach den Grundsätzen der Verschuldenshaftung mit umgekehrter Beweislast, wobei er sich von einer Haftung befreien kann, soweit dem Luftfrachtführer der Nachweis gelingt, dass der Schaden nicht auf eine unrechtmäßige oder fahrlässige Handlung oder Unterlassung seinerseits zurückzuführen ist, oder der Schaden ausschließlich durch eine Handlung oder Unterlassung Dritter verursacht wurde (Art. 21 Abs. 2 MÜ).
Zwischen den Haftungsstrukturen des Beförderers für Tod oder Körper-

[508] Beachtlich ist, dass ein Vertragsstaat die Höchstgrenze des Art. 6 Abs. 1 AÜP gemäß der „Opt-out-Klausel" des Art. 6 Abs. 2 AÜP durch eine Beseitigung der Limitierung aufheben kann.
[509] Das Protokoll 2002 lässt den ursprünglichen Art. 6 AÜ unverändert weitergelten.

verletzung von Passagieren bestehen, wenn man das Montrealer Übereinkommen mit dem Protokoll 2002 vergleicht, offensichtlich starke Gemeinsamkeiten sowohl in der Wahl eines zweistufigen Haftungssystems, als auch in der rechtlichen Ausgestaltung der Stufen durch die Einführung einer auf eine bestimmte Summe limitierten Gefährdungshaftung[510], welcher in der zweiten Stufe eine Haftung des Beförderers für vermutetes Verschulden folgt. Für diese Gemeinsamkeiten zwischen Luft- und Seerecht finden sich verschiedene Gründe.

Die Diskussionen um eine völkerrechtliche Änderung der Haftung des Luftfrachtführers, die 1999 auf der Luftrechtskonferenz von Montreal zu neuen Haftungsgrundsätzen im Rahmen der Erarbeitung des Montrealer Übereinkommens führten, fanden in einer Zeit statt, in der die IMO für das Personenbeförderungsrecht der Seefahrt ebenfalls nach neuen Grundsätzen für eine Befördererhaftung suchte. Die Erarbeitung des Montrealer Übereinkommens setzte für die Luftfahrt neue, völkerrechtliche Maßstäbe. Erstmals in der Geschichte des internationalen Luftrechts wurde dem Verbraucherschutz auf der völkerrechtlichen Ebene eine stärkere Stellung zuerkannt, als den Interessen des Luftfrachtführers und der hinter ihm stehenden Luftfahrtindustrie. Dieses bedeutete für das Lufttransportrecht nicht nur die völkerrechtliche Anerkennung der Bedeutsamkeit des Verbraucherschutzes, sondern die Überwindung von veralteten, von der allgemeinen gesellschaftlichen Ansicht nicht mehr als ausreichend anerkannten völkerrechtlichen Haftungsstrukturen[511]. Insbesondere durch die Einführung einer strikten Beförderererhaftung erreichte das Lufttransportrecht, die allgemeine gesteigerte soziale Schutzbedürftigkeit und die gewachsene Empfindsamkeit für Ausgleichsnotwendigkeiten der Passagiere für eintretende Schäden rechtlich zu berücksichtigen. Gegenüber den noch durch protektionistische Hintergründe der Luftfahrtindustrie geprägten Rechtsgrundsätzen des Warschauer Abkommens als völkerrechtlichem Vorgänger des Montrealer Übereinkommens, steht im Rahmen des Montrealer Übereinkommens nunmehr das Unfallopfer und die soziale Dimension der Unfallentschädigung im Vordergrund des rechtlichen Regelungsinteresses. Dabei übernimmt das Montrealer Übereinkommen mit der Neugestaltung der Luftfrachtführerhaftung gegenüber den Passagieren die soziale Verantwortung der Anerkennung und Siche-

[510] Im Protokoll 2002 gilt allerdings, anders als im Luftrecht, wie beschrieben die Gefährdungshaftung nur für „shipping incidents".

[511] Das die allgemeine gesellschaftliche Ansicht die vor der Erarbeitung des Montrealer Übereinkommens 1999 geltenden völkerrechtlichen Haftungsstrukturen des Luftfrachtführers für nicht mehr ausreichend hielt zeigt sich deutlich in der Entwicklung der freiwilligen Maßnahmen, sowie in den regionalen und nationalen Entwicklungen des Luftrechts vor dem Erlass des Montrealer Übereinkommens (vgl. in dieser Arbeit: § 1, B, II, 1, c) und d) sowie 2, a)).

rung des Anspruchs auf angemessenen Schadensersatz nach dem Grundsatz des vollen Ausgleichs[512]. Diese Vorzüge des luftrechtlichen Haftungssystems für die Interessenposition der Passagiere, bewirkten vor dem Hintergrund der allgemeinen Entwicklung der Stärkung des Verbraucherschutzes in nationalen wie auch internationalen Rechtskreisen, ebenfalls eine Anpassung der Haftungsgrundsätze des Personentransportrechts der Seefahrt[513]. Unter dem Einfluss der luftrechtlichen Entwicklungen konzentrierte die im Rahmen der IMO beratende Staatengemeinschaft ihre Diskussionen um eine gesteigerte Anerkennung von Passagierrechten darauf, dem Passagier eines Seeschiffs ein möglichst gleiches und den Grundsätzen des luftrechtlichen Haftungsregimes des Montrealer Übereinkommen angepasstes Schutzniveau zu bieten[514]. Dabei wurden die Verkehrsträger Flugzeug und Seeschiff als ausreichend verwand angesehen, um die seerechtlichen Regulierung der Personenbeförderung den Strukturen des Luftrechts anzugleichen[515]. Die Regelungen des Montrealer Übereinkommens wurden zum Vorbild für die Regulierung der Haftung des Beförderers für Personenschäden beim Transport von Reisenden auf See[516]. Allerdings wurde die Frage der Einführung einer strikten Beförderershaftung nach den Grundsätzen des Montrealer Übereinkommens für die Seebeförderung im Rahmen des Protokolls 2002 in der IMO nicht einheitlich beurteilt[517].

Einige der beratenden Delegationen sahen eine Änderung des bestehenden Haftungssystems des Athener Übereinkommen für unnötig an, zum Teil weil das bestehende System des Athener Übereinkommen als ausreichend betrachtet wurde, zum Teil aber auch, da die Delegationen eine Ausweitung von „betrügerisch-motivierten" Klagen unter der Geltung

---

[512] Vgl. Präambel des Montrealer Übereinkommens.

[513] Vgl. in dieser Arbeit: § 1, B, III, 2 und 3; Zur Entwicklung des Verbraucherschutzes und dessen Einfluss vor allem auf die luftrechtliche Haftungsentwicklung des Luftfrachtführers, vgl. § 1, B, II, 2, a).

[514] Mitteilung der Europäischen Kommission – Erhöhung der Sicherheit von Fahrgastschiffen in der Gemeinschaft, KOM(2002) 158 endg., S. 9.

[515] Informationsschreiben Bundesministerium der Justiz, 24. Januar 2002, Geschz.: III A 4-9322-3-3426/2002, S. 4 ; Müller, Should the Athens Convention 1974 be modified?, CMI Yearbook 2000, S. 665 (666) ; Mitteilung der Europäischen Kommission – Erhöhung der Sicherheit von Fahrgastschiffen in der Gemeinschaft, KOM(2002) 158 endg., S. 9.

[516] IMO, Draft Report of the Legal Committee, LEG 81/WP.2, S. 22.

[517] In einem Fragebogen des CMI aus dem Jahr 1998 an seine Mitglieder zum Thema der Anpassung des Athener Übereinkommen sprachen sich noch elf Mitgliederverbände gegen die Einführung einer Gefährdungshaftung aus, fünf Mitgliederverbände stimmten dafür; vgl. Sotiropoulos, Carriage of Passengers and their luggage by sea, CMI Yearbook 1998, S. 129 (134); IMO, Draft Report of the Legal Committee, LEG 81/WP.2, S. 22.).

einer Gefährdungshaftung für den Beförderer fürchteten[518].
Ein Kompromiss konnte in der IMO insofern gefunden werden, als dass ein neues Haftungssystem im Protokoll 2002 nicht nur aus dem Luftrecht übernommen wurde, sondern den Verhältnissen der Seefahrt angepasst wurde. In diesem Rahmen wurde die Gefährdungshaftung des Beförderers auf „shipping incidents" beschränkt. Die Gefährdungshaftung wurde weiterhin, wie im Luftrecht, in der Schadenssumme limitiert und in einer zweiten Haftungsstufe durch eine Haftung für vermutetes Verschulden mit umgekehrter Beweislast ergänzt. Damit wird ein entscheidender Grundsatz des luftrechtlichen Haftungssystems in das Seetransportrecht übertragen. Eine solche Angleichung der Rechtsstandards erschien möglich, da der Einfluss eines Passagiers auf einem Seeschiff und in einem Flugzeug, auf die technischen Risiken, die von dem jeweiligen Betrieb des Verkehrsträgers ausgehen, als gleich eingeschätzt wurde. Die Kontrolle über technischen Risiken und betriebsbedingten Gefahren des Verkehrsträgers wurden im see- wie auch im luftrechtlichen Bereich, ausschließlich der Beherrschungssphäre des jeweiligen Beförderers zugerechnet. Dadurch, dass dem Passagier keinerlei Kontrollmöglichkeiten über solche Risiken und Gefahren zugerechnet werden konnten, erschien die Einführung einer Gefährdungshaftung des Beförderers für diesen Bereich als gerechtfertigt.
Für den nicht durch ein Schifffahrtsereignis verursachten Verlust infolge Todes oder Körperverletzung eines Reisenden wurde im Seerecht das bewährte System der Beförderhaftung im Rahmen einer Verschuldenshaftung beibehalten, wobei die Beweislast in diesen Fällen gemäß Art. 4 Abs. 2 AÜP beim Kläger liegt. Mit der im Protokoll 2002 geltenden Unterscheidung zwischen „shipping incidents" und „non-shipping incidents" findet zugleich auch die immer noch unterschiedliche Beurteilung der Umgebung eines Passagiers auf einem Seeschiff und die unterschiedliche Beurteilung des faktischen Passagierverhaltens an Bord eines Seeschiffs gegenüber Passagieren der Luftfahrt Berücksichtigung in den neuen seerechtlichen Haftungsstrukturen[519].
Dieses spezielle Passagierverhalten an Bord eines Seeschiffs wurde auch bei der Erarbeitung des Protokolls 2002 in der selben Weise eingeschätzt, wie es schon während und nach der Erarbeitung des Athener Überein-

---

[518] Eine Zunahme von „betrügerisch-motivierten" Klagen wurden beispielsweise in solchen Fällen befürchtet, bei denen ein betrunkener Passagier behauptet auf einer Treppe ausgerutscht zu sein, und hierfür Schadensersatz beansprucht, vgl. Gaskell, Revision of the Athens Convention, in: Liability to Pay Damages under Greek and International Maritime Law, S. 155 (170).
[519] Vgl. zu der Beurteilung des Passagierverhaltens an Bord eines Seeschiffs und zu der Beurteilung des Umfelds in dem sich der Passagier eines Seeschiffs bewegt, in dieser Arbeit: § 1, B, II, 2 und III, 2.

kommens 1974 beurteilt wurde. Eine entsprechende Unterscheidung in der Bewertung des Passagierverhaltens kennt das Luftrecht nicht. In diesem Bereich wurde vielmehr versucht, eine für das Seerecht angepasste Haftungsstruktur zu finden.
Die Haftungsgrundsätzen des Seebeförderers haben durch die neuen Haftungsstrukturen des Protokolls 2002 grundsätzlich eine wesentliche Angleichung an die Rechtsstrukturen der Luftfahrt im Rahmen des Montrealer Übereinkommens 1999 erfahren, allerdings unter der Geltung einer Kompromisslösung der teilweisen Modifizierungen der Befördererhaftung an die besonderen Umstände eines Passagiers auf einem Seeschiff. Im Rahmen dieser Anpassung der seerechtlichen Haftungsstrukturen an die Grundsätze der limitierten Gefährdungshaftung mit nachfolgender Haftung für vermutetes Verschulden, soweit der Limitierungsbetrag überschritten wird, hat das Protokoll 2002 die wesentlichen zwischen See- und Lufttransportrecht bestehenden strukturellen Divergenzen überwunden. Die Befördererhaftung beruht grundsätzlich auf den selben Grundstrukturen, wobei das Protokoll 2002 die luftrechtlichen Haftungsgrundlagen an die seerechtlichen Verhältnisse eines Passagiers an Bord eines Seeschiffs anpasst und unter Berücksichtigung des faktischen Passagierverhaltens und der unterschiedlichen Umgebung in der sich Passagiere von Flugzeug und Seeschiff bewegen, modifiziert.

2. Bewertung der Haftungsstrukturen des Protokolls 2002

Die Strukturerneuerung der Haftungssystematik des Seebeförderers durch das Protokoll 2002 verfolgt grundsätzlich die selben Ziele, wie die neuen Haftungsgrundsätze des Montrealer Übereinkommens. Im Wesentlichen soll der Verbraucherschutz eine rechtliche Stärkung erfahren. Den Reisenden eines Seeschiffs sollen Anspruchsbegründung und Anspruchsdurchsetzung bei Körper- oder Sachschäden erleichtert werden, und es wird versucht auch im zeitlichen Sinne einem Geschädigten eine schnelle Schadensabwicklung zu garantieren. Den Hintergrund der Änderung der Haftungsstrukturen des Seebeförderers bildet die allgemeine gesellschaftliche und politische Ansicht, dass ein Unfallopfer im Schadensfall nicht nur einen finanziellen Ausgleich für erlittene Schäden erhält, sondern dass dem Geschädigte durch die gesamte Rechtsstruktur eines internationalen Übereinkommen, insbesondere der Struktur der Haftungssystematik des Beförderers, eine soziale Absicherung gewährleistet wird, und er den größtmöglichen Schutz des Rechtssystems genießt.

Im Luftrecht fand diese gesellschaftliche und politische Ansicht zunächst Ausdruck in den diversen freiwilligen und regionalen Maßnahmen, die von einzelnen Staaten oder von den Fluggesellschaften selbst umgesetzt wurden. Auf völkerrechtlicher Ebene wurde diese verbraucherfreundliche Auffassung schließlich, insbesondere durch die Haftungsstruktur des Beförderers im Rahmen einer Gefährdungshaftung mit nachfolgenden Haftung für vermutetes Verschulden, durch das Montrealer Übereinkommen anerkannt.
Eine gesellschaftliche und politische Forderung nach einer verbesserten, den Verbraucherschutz stärkenden Neupositionierung der Rechte eines Reisenden auf einem Seeschiff war in der Vergangenheit, im Gegensatz zu der entsprechenden Entwicklung im Luftrecht, im seerechtlichen Bereich kaum vorhanden. Die Gründe für diese Zurückhaltung finden sich sowohl in der historischen Entwicklung des Personentransportrechts der Seefahrt, als auch in den unterschiedlichen ökonomischen Hintergründen der Luft- und Seeverkehrsmärkte[520]. Die allgemeine gesellschaftliche wie politische Forderung nach einer Verbesserung des Passagierschutzes gegenüber den Beförderinteressen in der Luftfahrt nahm jedoch nach der Erarbeitung des Montrealer Übereinkommens auch in dem seerechtlichen Bereich der Personenbeförderung Einfluss auf die Rechtsgestaltung. Aufgrund der Verwandtschaft der Personenbeförderung in der See- und Luftfahrt forderten die Entwicklungen des Luftrechts, und speziell die Neuerung des Personenbeförderungsrechts durch das Montrealer Übereinkommen, nunmehr eine Angleichung der Rechtsstrukturen der Personenbeförderung auf See, da eine divergente Rechtsstellung der Passagiere dieser beiden Verkehrsträger aufgrund der Ähnlichkeiten der Rechtsbeziehungen zwischen Befördere und Passagier in Luft- und Seefahrt nicht mehr akzeptabel schien[521]. Damit nahm der politische und gesellschaftliche Druck, der die Staaten im luftrechtlichen Bereich dazu veranlasst hat, die verbraucherschützenden Interessen auf völkerrechtlicher Ebene durch eine neue Konvention erheblich zu stärken, indirekt auch Einfluss auf die seerechtliche Regelungsstruktur.
Das Protokoll 2002 versucht, entsprechend den luftrechtlichen Regelungen des Montrealer Übereinkommens, den Verbraucherschutz und allgemein die Rechtsstellung der Reisenden gegenüber dem Seebeförderer unter dem Eindruck dieser gesellschaftlichen und politischen Forderungen zu stärken. Als Mittel zur Erreichung dieses rechtspolitischen Ziels, bedient sich das Protokoll 2002 des am Beispiel des Montrealer Übereinkommens entwickelten mehrstufigen Haftungssystems für „shipping incidents“ und dem Modell der Verschuldenshaftung bei „non-shipping

[520] Vgl. in dieser Arbeit: § 1, B, II.
[521] IMO, Draft Report of the Legal Committee, LEG 81/WP.2, S. 22.

incidents". Eine solche Strukturierung und teilweise Angleichung von luft- und seerechtlichen Regelungen der Beförderhaftung vor dem rechtspolitischen Hintergrund der Stärkung des Verbraucherschutzes begegnet jedoch in der praktischen Umsetzung der neuregulierten Rechtsregeln einem nicht unproblematischen Konflikt. Soll ein Rechtsinstrument nicht nur in der Rechtstheorie sondern auch in der Praxis seiner Anwendung die gewünschte, verbraucherschützende Wirkung entfalten, bedarf die gewählte Rechtsstruktur eines dem Transportmittel und dessen Besonderheiten angepassten Interessenausgleichs, der nicht nur die Passagierinteressen, sondern auch die Interessen und ökonomischen Möglichkeiten der Beförderer berücksichtigt. Den Beförderern muss, trotz des erhöhten Passagierschutzes, ein bestimmter, insbesondere ökonomischer Spielraum zuerkannt werden, in dem das Risiko einer Haftung berechnet und vorhergesehen werden kann. Dieser Umstand ist für einen Beförderer nicht nur wichtig, damit er seine Investitionsaufwendungen berechnen kann, sondern hauptsächlich auch, um eine Versicherungsdeckung für eine potentielle Haftung erlangen zu können, welche sowohl für den Beförderer als auch den Passagier entscheidend ist. Soll ein internationales Übereinkommen in seiner praktischen Anwendung Erfolg haben, muss es alle Parteien die in das Beförderungsgeschäft involviert sind mit ihren Interessen berücksichtigen und eine faire Interessenabwägung und gegebenenfalls Interesseneinschränkung treffen. Wird hingegen ein in der Interessenbeschränkung unausgeglichenes Regelungswerk erarbeitet, besteht die Gefahr, dass in der Theorie der Verbraucherschutz eine Stärkung erfährt, eine praktische Anwendung der Rechtsregeln allerdings einen gegenteiligen Effekt ausübt, da der Beförderer eventuell keinen Versicherungsschutz für seine Haftung erlangen kann, die Haftungsgrundsätze sich als ökonomisch zu sehr belastend herausstellen oder sich Staaten mit einer ausgeprägten Beförderungsindustrie einer Ratifikation des völkerrechtlichen Rechtsinstrumentes enthalten. Insbesondere der Umstand, dass Staaten von einer Ratifikation absehen könnten, widerspricht jedoch den Grundsätzen nach denen ein internationales Seerechtsübereinkommen geschlossen wird. Sowohl die maritime Wirtschaft als auch eine große Anzahl von Staaten vertreten die Ansicht, dass in einem global agierenden Wirtschaftszweig wie dem Seeverkehr, in welchem es den Beteiligten möglich ist, die Länder und Gerichtsstände in welchen Handel und Verkehr betrieben wird „frei" zu wählen, die rechtlichen Regelungswerke auf globaler Ebene beschlossen und akzeptiert werden müssen, um international möglichst einheitliche Rechtsstandards zu schaffen und so eine Verzerrung des Wettbewerbs durch lokale oder regionale Regelungswerke zu vermeiden[522]. Ein Rechtsinstrument muss

[522] Ringbom, EU Regulation 44/2001, Vol. 35, No. 1, JMLC 2004, S. 1 (5).

somit einen den entsprechenden Transportverhältnissen angepassten, beidseitigen Interessenausgleich schaffen, der auch in der Praxis der Personenbeförderung Anwendung finden kann und im Rahmen der Stärkung des Verbraucherschutzes eine ausgewogene Interessenberücksichtigung von Passagieren und Beförderern darstellt. Das Protokoll 2002 versucht einen solchen Interessenausgleich insbesondere durch die Einführung einer Unterscheidung des schadenauslösenden Ereignisses in „shipping incidents" und „non-shipping incidents" im Rahmen der Befördererhaftung zu erreichen.

a) Haftung des Beförderers bei „shipping incidents"

Das Protokoll 2002 ersetzt gemäß Art. 4 Abs. 1 AÜP die Verschuldenshaftung des Beförderers für „shipping incidents" nach dem Athener Übereinkommen 1974 durch eine Gefährdungshaftung. Das Modell der strikten Befördererhaftung findet wie beschrieben sein Vorbild in dem Montrealer Übereinkommen, und legte im Luftrecht den entscheidenden „Grundstein" für eine Erhöhung des Schutzes der Passagiere im Schadensfall gegenüber einem Beförderer. Die in der IMO über die Erarbeitung des Protokolls 2002 beratenden Staaten entschieden sich für eine Übertragung der Gefährdungshaftung auf den Bereich der Personenbeförderung im Seerecht. Aus dieser Angleichung der Haftungsstrukturen von Luft- und Seerecht ergeben sich strukturell-theoretische wie auch praktische Auswirkungen, die einer näheren Betrachtung bedürfen.
Wird durch das Protokoll 2002 der Grundsatz der Gefährdungshaftung eingeführt, so muss dieses Haftungsmodell dem Beförderer zunächst grundsätzlich zurechenbar sein.
Der allgemeine Geltungsgrund einer Gefährdungshaftung wird in sehr unterschiedlicher Weise beurteilt. Zum einen wird hinter der Gefährdungshaftung die Idee der distributiven Gerechtigkeit, der sozial gerechten Verteilung unvermeidbarer Wagnisse gesehen[523]. Damit ist zwar das Ziel unter denen eine Gefährdungshaftung eingreifen soll umschrieben, nicht jedoch die Voraussetzungen einer solchen Haftung[524]. Weiterhin wird als häufiger Zurechnungsgrund der Gefährdungshaftung die Erlaubtheit der Gefährdung genannt, welche nur bei Schadloshaltung gege-

[523] Esser, Grundlagen der Gefährdungshaftung, S. 42f., 72f.; Esser, Die Zweispurigkeit unseres Haftungsrechts, JZ 1953, S. 129 (129).
[524] Köndgen, Haftpflichtfunktionen und Immaterialschäden, S. 28; Hehl, Verschuldens- und Gefährdungshaftung, S. 86 (m.w.N.).

ben sein soll[525]. Dafür, dass eine Gefahr eine Zulassung erfährt, soll nach dieser Ansicht der Gefahrenverursacher auch für die Folgen aufkommen und bei Unfällen Ersatz leisten[526]. Allerdings wird ein Abstellen auf ein Erlaubt- oder Verbotensein einer Gefahr verschiedentlich als problematisch bewertet, da die Gefährdungshaftung die Frage nach einem Erlaubt- oder Verbotensein des schadenstiftenden Ereignisses nicht stelle, denn derjenige welcher „gefährdet" müsse unabhängig von Rechtswidrigkeiten oder Verschulden für den Schaden einstehen[527]. Ein Urteil über Erlaubt- oder Verbotensein einer Gefahrverursachung sei mit dem Eingreifen der Gefährdungshaftung nicht gesprochen[528]. Neben diesen Geltungsgründen finden sich auch Zurechnungsgründe in der Beherrschung einer Gefahrenquelle, verknüpft mit der daraus resultierenden Vorteilsziehung des Gefahrverursachers und der Verursachung der Gefährdung[529]. Ein ähnlicher Ansatz findet sich in der Ansicht, die Gefährdungshaftung auf eine besondere Gefahr zurückzuführen, die über eine solche des täglichen Lebens hinausgeht, wobei diese Gefahr in einer besonders großen Schadenswahrscheinlichkeit, einem potentiellen Betroffensein einer Vielzahl von Personen oder der Bedrohung als besonders wichtig erachteter Schutzgüter bestehen kann[530]. Die „besondere Gefahr" soll dabei unter Zuhilfenahme des Merkmals der Ausgeliefertheit des „Publikums" betrachtet werden, ohne dass sie zum allgemeinen Lebensrisiko des Betroffenen gezählt werden könne[531]. Der potentiell Geschädigte sei demjenigen, der die Gefahrenquelle unterhält ausgeliefert, soweit eigene Einflussmöglichkeiten auf die Gefahr fehlen, ein sozialer Zwang zur Teilnahme gegeben ist, oder aus sonstigen Gründen keine Abwehrmöglich-

---

[525] Will, Quellen erhöhter Gefahr, S. 105; Esser, Grundlagen der Gefährdungshaftung, S. 90; Bauer, Erweiterung der Gefährdungshaftung in: Festschrift für Ballerstedt, S. 305, (312ff., 318); Deutsch, Haftungsrecht I, Bd. I, Rn. 636; Cosack, Die Gefährdungshaftung, VersR 1992, S. 1439 (1440); v. Caemmerer, Reform der Gefährdungshaftung, S. 15.

[526] Hehl, Verschuldens- und Gefährdungshaftung, S. 87.

[527] Blaschczok, Gefährdungshaftung, S. 48; Kötz, Haftung für besondere Gefahr AcP 170 (1970) S. 1, (21); Stoll, Handeln auf eigene Gefahr, S. 345f.; Hehl, Verschuldens- und Gefährdungshaftung, S. 87.

[528] Kötz, Haftung für besondere Gefahr AcP 170 (1970) S. 1, (29 Fn. 72); Hehl, Verschuldens- und Gefährdungshaftung, S. 88.

[529] Esser, Grundlagen der Gefährdungshaftung, S. 98f.; Kötz, Haftung für besondere Gefahr AcP 170 (1970) S. 1, (21); Cosack, Die Gefährdungshaftung, VersR 1992, S. 1439 (1439f.); Hehl, Verschuldens- und Gefährdungshaftung, S. 89 (m.w.N.).

[530] Deutsch, Haftungsrecht I, Bd. I, Rn. 640; v.Caemmerer, Reform der Gefährdungshaftung, S. 15; Kötz, Haftung für besondere Gefahr AcP 170 (1970) S. 1, (24ff.); Will, Quellen erhöhter Gefahr, S. 105; Hehl, Verschuldens- und Gefährdungshaftung, S. 90 (m.w.N.).

[531] Hehl, Verschuldens- und Gefährdungshaftung, S. 91 (m.w.N.) ; vgl. auch: v.Caemmerer, Reform der Gefährdungshaftung, S. 11.

keit bestehe[532]. Entfällt danach die Möglichkeit des Selbstschutzes, soll ein an die Gefahr angeknüpfter Schadensersatzanspruch bestehen[533].

Diese letztgenannten Ansätze erscheinen als Zurechnungsgrund einer Gefährdungshaftung des Seebeförderers am plausibelsten. Der Reisende auf einem Seeschiff ist von jeglichen Einwirkungen auf den eigentlichen Betrieb des Schiffes ausgeschlossen. Die Kontrolle der nautischen Funktion und Funktionstüchtigkeit des Seeschiffs, die Steuerung, der maschinelle Betrieb sowie alle Umstände, die mit der Fahrt und dem technischen Betrieb des Schiffs auf See zusammenhängen[534], stehen in keiner Weise unter der Einflussmöglichkeit eines Passagiers. Im Gegenteil, der Reisende auf einem Schiff wird – in der Regel von dem Beförderer selbst - von jeglicher Einflussnahme auf diese Bereiche durch ein entsprechendes Verbot, zumeist schon bezüglich seines Aufenthaltes in den Räumlichkeiten die eine Einflussnahme ermöglichen könnten, ausgeschlossen. Dabei stellt der Schiffsbetrieb und die sich aus diesem Betrieb ergebenden möglichen Folgen eine Gefahr für die Passagiere eines Seeschiffs dar, die gemessen an der modernen Beförderungskapazität eines Schiffs, eine besonders hohe Zahl von Reisenden betreffen können. Diese Gefahren liegen ausschließlich in der alleinigen Beherrschungs- und Kontrollsphäre des Beförderers. Gleichzeitig erlangt der Beförderer durch die Eröffnung der Gefahrenquelle gegenüber einem breiten Publikum, und durch die Nutzungsmöglichkeit der Gefahrenquelle durch den Reisenden einen – finanziellen – Vorteil. Vor diesem Hintergrund ist der Passagier gegenüber dem Beförderer erhöht schutzwürdig.

Das ursprüngliche Haftungsmodell des Athener Übereinkommens, welches im Bereich der „shipping incidents“ eine Verschuldenshaftung des Beförderers vorsieht, wird diesem Schutzbedürfnis der Passagiere in der heutigen Zeit nicht mehr gerecht[535]. In einem Gefahrenbereich, auf den ein Passagier keinerlei Einfluss ausüben kann, und der ausschließlich in der Beherrschungssphäre des Beförderers liegt, müssen die Haftungsstrukturen das passive Verhältnis des Passagiers gegenüber der Gefahr berücksichtigen. Durch die Eröffnung des Zugangs zu der Gefahrenquelle gegenüber einem breiten Publikum, geht der Beförderer gegenüber den Passagieren ein Risiko ein, welches für die Passagiere selbst im Rahmen ihres eigenverantwortlichen Handelns nur begrenzt abschätzbar ist. In

[532] Esser, Grundlagen der Gefährdungshaftung, S. 90f; Köndgen, Haftpflichtfunktionen und Immaterialschäden, S. 27; Brüggemeier, Schadensverteilung, AcP 182 (1982), S. 385 (400f.); Larenz/Canaris, Schuldrecht II / 2, § 84 I 2 a; v. Caemmerer, Wandlung des Deliktsrechts, S. 49 (63).

[533] Hehl, Verschuldens- und Gefährdungshaftung, S. 92.

[534] Zum Beispiel Schiffbruch, Zusammenstoß, Kentern, Strandung des Schiffs, Explosion oder Feuer im Schiff oder ein Mangel des Schiffs.

[535] Vgl. auch in dieser Arbeit: § 1, B, III, 2.

diesem Sinne muss der Beförderer durch die Struktur der Haftungsregelung angehalten werden, jeglichen Schaden zu vermeiden und das Risiko und die Gefahr für die Passagiere auf ein absolutes Minimum zu begrenzen. Das Modell der Verschuldenshaftung gewährt, gemessen an der heutigen Stellung des Verbraucherschutzes, den Passagieren unter diesen Gesichtspunkten einen nicht mehr ausreichenden Schutz. Hingegen schafft eine strikte Befördererhaftung eine diesen Erfordernissen gerechtwerdende Berücksichtigung der Verbraucher- beziehungsweise Passagierinteressen. Die Gefährdungshaftung des Seebeförderer gegenüber Reisenden stellt in diesem Zusammenhang ein zurechenbares Haftungsmodell dar. Es ist schlüssig, den Beförderer für die in seiner ausschließlichen Beherrschungssphäre liegenden Gefahren ohne eine Verschuldensvoraussetzung haften zu lassen.
Ist das Modell der Gefährdungshaftung dem Beförderer somit grundsätzlich zurechenbar, und ist es auch strukturell möglich und angemessen, diese Haftungsmodell nach dem luftrechtlichen Vorbild in ein internationales Seerechtsübereinkommen zu übertragen, bedürfen die inhaltlichen Auswirkungen einer solchen Einführung, insbesondere im Hinblick auf ein ausgewogenes Interessenberücksichtigung von Passagieren und Beförderer, einer gesonderten Betrachtung. Eine Anpassung der Haftungsgrundsätze des Seebeförderers an solche des Luftrechts, und insbesondere die Einführung einer Gefährdungshaftung für den Seebeförderer, muss im Rahmen einer Bewertung sowohl aus der Sicht des Passagiers, als auch aus der Interessenlage des Beförderers betrachtet werden. Ziel einer Strukturerneuerung der Haftungsgrundsätze kann nicht die ausschließliche Stärkung einer Interessengruppe sein, vielmehr bedarf eine Modifizierung des Haftungssystems des Seerechts einer in sich ausgewogenen Lösung, die beide Interessengruppen, sowohl den Beförderern als auch den Reisenden, berücksichtigt und einen fairen Interessenausgleich schafft. Dieses gilt um so mehr, wenn das erklärte Regelungsziel des internationalen seerechtlichen Übereinkommen die Vereinheitlichung der Regeln über die internationale Beförderung von Reisenden und ihrem Gepäck auf See darstellt. Soll ein verbraucherorientiertes Regelungssystem international effektiv sein und Bestand haben, muss zwischen allen betroffenen Parteien ein fairer Interessenausgleich durch das Regelungssystem geschaffen werden[536]. Eine effektive internationale Rechtsvereinheitlichung wird nur möglich sein, wenn das Übereinkommen einen entsprechend ausgewogene Interessenausgleich zwischen Passagier und

---

[536] So schon die Feststellung von *Cheng* für luftrechtliche Übereinkommen auf völkerrechtlicher Ebene (Cheng, Fifty Years of the Warsaw Convention, ZLW 1979, S. 373 (379)).

Beförderer bietet. Werden Regelungen des Luftrechts auf den seerechtlichen Bereich übertragen, muss dieser Gedanke Berücksichtigung finden. Die Einführung der Gefährdungshaftung im Personentransport der Seefahrt bietet einem Reisenden grundsätzlich einen weitreichenderen Schutz, als es die im Athener Übereinkommen 1974 geregelte Verschuldenshaftung vermochte. Dieses ergibt sich nicht nur aus den Geltungsgründen der Gefährdungshaftung, die den Beförderer für von dem Passagier nicht zu kontrollierende Risiken haften lässt. Vielmehr garantiert die Gefährdungshaftung, dass Schadensersatzansprüche schnell und effizient - insbesondere aufgrund des Fehlens der Verschuldensvoraussetzung im Rahmen dieses Haftungsmodells - von Reisenden gegenüber dem Beförderer durchgesetzt werden können. Damit gewährt die Gefährdungshaftung dem Geschädigten eine weitreichende Berücksichtigung des sozialen Schutzgedankens in den Haftungsstrukturen, und zugleich wird der finanziellen und sozialen Absicherung des Passagiers Vorrang vor den Befördererinteressen eingeräumt. Die Gefährdungshaftung bietet dem Passagier den größtmöglichen Schutz vor Gefahren, die außerhalb seiner Beherrschungssphäre liegen. Wie schon im Luftrecht steht somit, durch die Einführung der Gefährdungshaftung nun auch im Personentransportrecht der Seefahrt das Unfallopfer in dem Mittelpunkt des rechtlichen Regelungsinteresses, der Verbraucherschutz erfährt damit in der Passagierschifffahrt eine erhebliche Stärkung. Parallel zu dieser Interessenstärkung der Passagiere wird der Beförderer durch den Wegfall einer Verschuldensvoraussetzung in seinen Interessen belastet. Die Beförderer selbst streben naturgemäß nach einer Reduktion des Kostenfaktors Haftung[537]. Allgemein wird eine Schadensregulierung - und insbesondere ein Wechsel der Haftungsstrukturen von einer Verschuldenshaftung hin zu einer Gefährdungshaftung - aus der Sicht eines Beförderers als finanzielle Belastung wirken, da für ihn, unabhängig von höheren Haftungssummen, zumindest höhere Fixkosten für Sachbearbeiter, Rechtsabteilungen und ähnliche interne Prozesse entstehen. Eine entsprechende Belastung der Befördererinteressen rechtfertigt sich durch die Tatsache, dass der Passagier auf Schadensursachen die aus „shipping incidents“ resultieren, keinerlei Einflussmöglichkeiten besitzt, vielmehr fallen die Schadensursachen und deren Kontrolle in die alleinige Beherrschungssphäre des Beförderers. Gleichzeitig erfährt das Prinzip der Gefährdungshaftung des Beförderers durch die Zweistufigkeit der Befördererhaftung für „shipping incidents“ einen Ausgleich, durch die Limitierung der strikten Haftung auf einen Betrag von 250.000 SZR, und der nachfolgenden Haftung für vermutetes Verschulden. Das Haftungsrisiko des Beförderers wird durch die Limitierung für ihn kalkulierbar und ermöglicht gleichzeitig das Haf-

[537] Basedow, Der Transportvertrag, S. 494.

tungsrisiko durch eine Versicherung zu annehmbaren Konditionen zu decken. Zugleich wird die strenge Gefährdungshaftung in einem Schadensfall der 250.000 SZR übersteigt, durch das Modell der Verschuldenshaftung ergänzt. Speziell diese Ergänzung der limitierten Gefährdungshaftung bildet einen Ausgleich zwischen den Passagier- und Befördererinteressen. Der Passagier wird durch die Umkehr der Beweislast aber auch durch die Verschuldensvermutung in seinen Interessen an einem schnellen und gerechten Schadensausgleich auch in dieser zweiten Haftungsstufe gestärkt, aus den gleichen Gründen wie schon im Rahmen der Gefährdungshaftung der ersten Haftungsstufe des Protokolls 2002. Parallel erreicht die Einführung der Verschuldenshaftung in der zweiten Stufe, die ebenfalls durch einen Höchstbetrag von 400.000 SZR[538] begrenzt ist[539], dass der Beförderer keinem unkalkulierbaren Haftungsrisiko unterliegt. Solange sich der Beförderer mit seinem Verhalten innerhalb der Rechtsnormen bewegt, einen Schaden also nicht verschuldet und ein entsprechendes Nichtverschulden auch beweisen kann, wird er einer Haftung unter der Geltung der Verschuldenshaftung entgehen können. Damit wird ein Haftungsrisiko für den Beförderer oberhalb der Limitierungsgrenze der Gefährdungshaftung von 250.000 SZR, kalkulier- und vorhersehbar. Ebenso wird die Verschuldenshaftung dazu beitragen, dass die Gefahr von „leichtfertig“ geführten oder „betrügerisch“ angelegten Klagen, die aufgrund der fehlenden Verschuldensvoraussetzung des Beförderers im Rahmen der Gefährdungshaftung bestehen kann, gebannt wird. Neben diesen die Beförderer- und Passagierinteressen ausgleichenden Grundsätzen steht dem Beförderer bei Passagierschäden aus „shipping incidents“ die schon Art. 6 AÜ geregelte Möglichkeit zu, den Entlastungsbeweis zu führen, dass ein Schaden durch ein Verschulden des Reisenden ausschließlich oder mitverursacht wurde. Durch die Beibehaltung dieser Regelung erfährt der Beförderer eine weitere Berücksichtigung seiner Interessen, die ausgleichend zu der ihm auferlegten Gefährdungshaftung wirkt[540].

Die Regelung der Befördererhaftung des Protokolls 2002 bei „shipping incidents“ bildet insoweit eine in sich ausgeglichene Regelung, die nicht nur unter strukturellen Gesichtspunkten möglich und angemessen ist, sondern zugleich sowohl die Passagierinteressen stärkt, als auch die Interessen des Beförderers berücksichtigt.

---

538 Art. 6 Abs. 1 AÜP.

539 Die Begrenzung kann jedoch durch die Nutzung der Möglichkeit der Einführung einer unlimitierten Haftung gemäß Art. 6 Abs. 2 AÜP von Vertragsstaaten aufgehoben werden.

540 Vgl. auch: IMO, Report of the Legal Committee, LEG 82/12/6, 15. September 2000.

b) Haftung des Beförderers bei „non-shipping incidents"

Die Neugestaltung der Haftungsgrundsätze des Personentransport im Seerecht hat, trotz der Orientierung an den luftrechtlichen Regelungen, eine eigenes Haftungssystem entwickelt, das einen weitgehenden Interessenausgleich zwischen Passagieren und Beförderern schafft. Das entscheidende Instrument bildet im Rahmen der beidseitigen Interessenberücksichtigung die Unterscheidung, die das Protokoll 2002 innerhalb des schadenverursachenden Ereignisses vornimmt. Nach welchem Haftungsmodell ein Passagierschaden im Rahmen des Protokoll 2002 beurteilt wird, ist davon abhängig ob ein „shipping incidents" oder „non-shipping incidents" den Schaden verursacht.
Das Prinzip der Gefährdungshaftung des Beförderers bei „shipping incidents" berücksichtigt zunächst das Ziel der Erhöhung des Verbraucherschutzes, indem es die Befördererhaftung von jeglichem Verschulden unabhängig macht. Damit stellt sich die Gefährdungshaftung als eines der entscheidenden Instrumente des Protokolls 2002 zur Stärkung der Passagierinteressen dar. Wird ein Schaden durch ein Ereignis verursacht, welches nicht dem Einflussbereich des Beförderers, sondern dem des Passagiers im Rahmen der „non-shipping incidents" zuzurechnen ist, gelten im Gegensatz zu der Haftung des Beförderers bei „shipping incidents" im Rahmen des Protokolls 2002 die Voraussetzungen der normalen Verschuldenshaftung. Der Grund für die Unterscheidung innerhalb des schadensverursachenden Ereignisses, welche das luftrechtliche Montrealer Übereinkommen nicht vornimmt, findet sich in der unterschiedlichen Beurteilung des faktischen Passagierverhaltens und der unterschiedlichen Bewertung der Umgebung, in der sich ein Reisender auf einem Seeschiff im Vergleich zu einem Passagier eines Flugzeugs bewegt[541]. Im Rahmen eines Kompromisses zwischen den über das Protokoll 2002 beratenden Staaten wurde es als unfair angesehen, Schäden die durch das Verhalten des Passagiers beeinflusst werden und auf die der Beförderer keinerlei Einfluss hat, im Rahmen einer am luftrechtlichen Montrealer Protokoll orientierten strikten Haftung zu regeln[542].
Der technische Zustand des Schiffs und der auf diesem befindlichen Einrichtungen wird dabei der Beherrschungssphäre des Beförderers zugerechnet, die Nutzung der Freizeiteinrichtungen an Bord eines Schiffs jedoch weitgehend der Beherrschungssphäre des Passagiers.
Der Passagier eines Seeschiffs unterliegt nicht der Obhut des Beförderers

[541] Vgl. bezüglich der unterschiedlichen Einschätzung der Umgebung und des Verhaltens von Passagieren an Bord eines Seeschiffs und an Bord eines Flugzeugs, in dieser Arbeit: § 1, B, II, 2, b) und c) sowie III, 2.
[542] Vgl. auch: IMO, Draft Report of the Legal Committee, LEG 81/WP.2, S. 22.

in dem Sinne, dass der Passagier sich möglichst wenig in der Umgebung des Verkehrsmittels bewegt. Vielmehr soll der Passagier eines Seeschiffs die vorgefundenen Örtlichkeiten nach seinem Belieben nutzen, wobei entscheidend ist, dass die einzelnen, angebotenen Dienstleitungen an Bord eines Schiffs erst durch das Verhalten des Passagiers aktiviert werden. Im Bereich der „non-shipping incidents“ zeigen sich somit eher Parallelen zur Nutzung von Hotels, Gaststätten, Theatern und Sportstätten, für die eine Gefährdungshaftung nicht geeignet ist.

Für diesen vom Passagier selbstverantwortlich genutzten Bereich auf einem Seeschiff wirkt das Modell der Verschuldenshaftung des Beförderers als befriedigender Schutz der Passagierinteressen, welches die faktische Risikoverteilung zwischen Passagier und Beförderer in ein ausgeglichenes Verhältnis stellt. Eine Übertragung der im Montrealer Übereinkommen geltenden Gefährdungshaftung des Beförderers auch auf den Bereich der „non-shipping incidents“, würde den faktischen Verhältnissen an Bord eines Schiffs nicht gerecht werden, und die Haftungslast einseitig zu Ungunsten des Beförderers verschieben. Insoweit stellt der in dem Protokoll 2002 gewählte Haftungsgrundsatz der Verschuldenshaftung eine sowohl den Beförderer als auch den Passagier in ihren jeweiligen Interessenbereichen berücksichtigende Lösung dar.

Als problematisch erweist sich jedoch die Beweislast, die das Protokoll 2002 im Rahmen der Verschuldenshaftung des Beförderers bei „non-shipping incidents“ gemäß Art. 4 Abs. 2 AÜP dem Passagier auferlegt. Eine solche Beweislastverteilung kann für den Passagier, unter dem Grundsatzes eines gerechten Interessenausgleichs der Haftungsregeln des Protokolls 2002, eine durchaus nachteilige Wirkung entfalten. Die sogenannten „non-shipping incidents“ treten in Umgebungen wie zum Beispiel Treppen, Bars, Swimming-pools, den Schlaf- und Aufenthaltsräumen des Passagiers oder den Bordrestaurants auf, die alle auf dem eigentlichen Beförderungsmittel Schiff zu finden sind. Nur der Beförderer selbst hat die maßgebliche Kontrolle über diese Einrichtungen. Zwar werden viele der genannten Einrichtungen und der ihnen innewohnenden Gefahren erst durch ein Verhalten des Passagiers aktiviert, dem Reisenden werden entsprechende Gefahren jedoch nur selten bewusst sein, da er sich in einer ungewohnten Umgebung bewegt und die Folgen des eigenen Verhaltens auf einem Seeschiff nur begrenzt wird nachvollziehen und einschätzen können.

Weiterhin hat der Passagier, bevor er an Bord des Seeschiffs gelangt, keinerlei Möglichkeiten, die verschiedenen Umgebungen in denen er sich bewegen wird auf eventuelle Fehler oder ihnen innewohnenden Gefahren zu prüfen. Eine entsprechende Einschätzung der von den durch einen Passagier nutzbaren Einrichtungen ausgehenden Gefährdungspotentiale, kann der Reisende erst während der eigentlichen Beförderung vornehmen, wenn er die Umgebungen durch sein Verhalten aktiviert. Tritt in einer solchen Umgebung nun ein Schadenfall auf, dürfte es dem Passagier entsprechend schwer fallen, dem Beförderer ein Verschulden nachzuweisen, insbesondere da der Reisende sich nur für einen begrenzten Zeitraum auf dem Schiff aufhält, und ihm nachdem der Aufenthalt beendet ist, ein erneuter Zugang zu dem Schiff zwecks einer Beweisfindung nur unter erheblichem Aufwand gelingen dürfte. Dem Passagier bleibt somit nur der Zeitraum der tatsächlichen Beförderung an Bord eines Schiffs, um einen Beweis für ein eventuelles Befördererverschulden zu finden. Vor diesem Hintergrund könnte es als unausgeglichen gewertet werden, dass der Passagier im Rahmen der „non-shipping incidents" die Beweislast zu tragen hat. Der Bereich der Schadensfälle, die aufgrund von „non-shipping incidents" auftreten, muss jedoch ebenfalls unter dem Grundsatz eines angemessenen Interessenausgleich zwischen Beförderer und Passagier betrachtet werden. In diesem Zusammenhang ist beachtenswert, dass die Schadensursachen der „non-shipping incidents" zumeist aufgrund eines fehlerhaften Passagierverhaltens auftreten. Der Reisende rutscht beispielsweise auf einer Treppe aus oder fällt in einem Restaurant, welches zu einer Körperverletzung des Passagiers führt. Entsprechende Zwischenfälle werden in der Praxis der Passagierbeförderung von dem Beförderer oder seinen Leuten überwiegend nicht zu bemerken sein. Vor diesem Hintergrund ist zu bedenken, dass die Beweislast bei demjenigen liegen soll, der am ehesten Maßnahmen zur Schadensverhütung ergreifen kann. In den Fällen der „non-shipping incidents" wird ein Schaden zum größten Teil aber nicht aus einem fehlerhaften Befördererverhalten resultieren, sondern aus dem eigenen Verhalten der Passagiere. Der Passagier wiederum ist zunächst für sein eigenes Verhalten selbst verantwortlich, und die Beweislast sollte ihn dazu veranlassen, sich umsichtig und aufmerksam in den Umgebungen eines Seeschiffs zu bewegen. Würde nun der Beförderer im Rahmen der „non-shipping incidents" die Beweislast zu tragen haben, dass ein Schadenfall eines Passagiers nicht auf einem Befördererverschulden beruht, obwohl der Beförderer das schadenverursachende Ereignis nicht bezeugen kann und im Zeitpunkt des Eintritts des Ereignisses von diesem in den meisten Fällen auch keine Kenntnis hatte, würde eine umgekehrte Beweislast den Beförderer über das Maß eines angemessenen Interessenausgleichs zwischen Beförderer und Passagier belastet. Die Zielsetzung des Protokolls 2002 ist aber gerade in der Förderung eines solchen Interessenausgleich innerhalb der Haftungsstrukturen zu sehen. Eine übermäßige Belastung einer Vertragspartei soll möglichst vermieden werden. Vor diesem Hintergrund ist auch die Beweislastverteilung des Art. 4 Abs. 2 AÜP bei „non-shipping incidents" als eine die Beförderer- und Passagierinteressen ausgleichende Regelung zu bewerten.

c) Gesamtbewertung der Haftungsstruktur

Im Rahmen einer Gesamtschau der Haftungsregelungen des Protokoll 2002 zeigt sich, dass die Interessen der Passagiere durch das zweistufige Haftungssystem bei „shipping incidents" eine erhebliche Stärkung gegenüber den Haftungsgrundsätzen des Athener Übereinkommens erfahren. Nach dem luftrechtlichen Vorbild des Montrealer Übereinkommens wird durch diese Haftungsregelung auch in der Personenbeförderung mit Seeschiffen erreicht, dass der Verbraucherschutz in den Vordergrund des rechtlichen Regelungsinteresses rückt. Im Gegensatz zum Montrealer Übereinkommen zeigt sich jedoch auch, dass das im Protokoll 2002 erarbeitete Haftungssystem die Erhöhung des Verbraucherschutzes nicht auf Kosten der Interessen des Beförderers vornimmt, sondern vielmehr eine ausgewogene, an die Verhältnisse in der Seefahrt angepasste Lösung darstellt, die sowohl den Passagier- als auch den Beförderererinteressen gerecht wird.

Das Montrealer Übereinkommen ist grundsätzlich geprägt von den Bemühungen, ein ausgeglichenes Verhältnis zwischen der Interessenstärkung der Passagiere und der Interessenbeschränkung der Beförderer zu finden. Dabei wurde für das Montrealer Übereinkommen eine „Paketlösung" erarbeitet, die sich um einen solchen Ausgleich bemüht. Im Rahmen einer Gesamtschau des Montrealer Übereinkommens wurden den Passagierinteressen der Wertungsvorrang gegenüber den Beförderinteressen bei der Einführung der Gefährdungshaftung als erste Haftungsstufe und der ihr folgenden Verschuldenshaftung mit umgekehrter Beweislast der zweiten Haftungsstufe eingeräumt. Die erhöhte Berücksichtigung der Verbraucherinteressen fand ebenfalls Ausdruck in der Gewährung eines fünften Gerichtsstandes gemäß Art. 33 MÜ[543]. Andererseits wurde versucht den Luftfrachtführer nicht über diese Neuerungen hinausgehende Belastungen zuzumuten. Dieses Bestreben wurde insbesondere deutlich, bei der Frage der Einbeziehung und ausdrücklichen Nennung von „mental injuries" im Rahmen der Haftungsvoraussetzungen des Art. 17 MÜ. Dabei ergab sich, dass die ausdrückliche Nennung der Ersatzfähigkeit psychischer Schäden die Belastung einseitig zu Lasten des Luft-

[543] Art. 33 Abs. 2 MÜ führt den sog. Fünften Gerichtsstand ein und erweitert damit die bisher bestehenden Gerichtsstände (Wohnsitz des Luftfrachtführers, Sitz seiner Hauptniederlassung, Sitz der Geschäftsstelle, durch die der Vertrag geschlossen wurde, und Bestimmungsort) um den Gerichtsstand am Heimatort des Passagiers.

frachtführers verschieben würde[544]. Um eine Überbelastung des Luftfrachtführers zu vermeiden, wurde der Begriff „mental injuries" entsprechend aus dem Montrealer Übereinkommen ausgeschlossen[545].
Auch die zweite Haftungsstufe des Montrealer Übereinkommens, und hier insbesondere die Beweislastverteilung, wurden im Rahmen einer Gesamtschau der Regelungen des Übereinkommens betrachtet. Als Ausgleich für die den Beförderer treffende Beweislast im Rahmen der Verschuldenshaftung der zweiten Haftungsstufe - soweit ein Schaden den Betrag von 100.000 SZR überschreitet - wurde der zu führende Entlastungsbeweis im Vergleich zum „Intercarrier-Agreement" und der europäischen Verordnung (EG) 2027/97 abgemildert[546]. Der Luftfrachtführer muss nicht mehr den Nachweis führen, alle erforderlichen Maßnahmen zur Verhütung des Schadens (Art. 20 WA) getroffen zu haben habe, um einer Haftung zu entgehen, sondern lediglich den Nachweis, dass der Schaden nicht durch sein Verschulden oder das seiner Leute verursacht worden sein oder dass der Schaden alleine durch Verschulden Dritter verursacht worden sei.
Trotz dieser Versuche, die neuen luftrechtlichen Regelungen des Montrealer Übereinkommens in ihren Belastungen und Vorteilen für den Beförderer und den Passagier ausgeglichen zu gestallten, verwirklicht sich dieser Ansatz in den Regelungsstrukturen nur bedingt. Durch den Ausschluss der ausdrücklichen Nennung des Begriffs „mental injuries" wird zwar deutlich, dass sich das Montrealer Übereinkommen grundsätzlich gegen eine Berücksichtigung dieser Schäden ausspricht, die Auslegung, ob „mental injuries" ersatzfähig sind wird jedoch den jeweiligen Gerichten überlassen, die über Einzelfälle zu entscheiden haben. Damit findet ein wirkliche Entlastung des Luftfrachtführers nicht durch das Übereinkommen selbst statt, sondern ist vielmehr abhängig von der Interpretation nationaler Gerichte. Allgemein stellt das Montrealer Übereinkommen für den Passagier eine erhebliche Schutzsteigerung dar, nicht zu verkennen ist aber die sehr einseitige Belastung des Luftfrachtführers. Seine Interessen scheinen zurückzutreten, was sich schon durch die besondere Hervorhebung des Verbraucherschutzes beim internationalen Lufttransport in der Präambel des Montrealer Übereinkommen zeigt, in der die Interessen des Luftfrachtführers keine Erwähnung finden. So wurde für die Luftfahrt ein im Rahmen des Passagierschutzes vorbildliches Haftungssystem geschaffen, allerdings ohne einen effektiven Interessenausgleich zwischen

---

[544] Müller-Rostin, Die internationale Luftrechtskonferenz von Montreal, ZLW 2000, S. 36 (40).

[545] Vgl. in dieser Arbeit: § 1, A, II, 2, b), bb).

[546] Müller-Rostin, Die internationale Luftrechtskonferenz von Montreal, ZLW 2000, S. 36 (44).

Passagier und Luftfrachtführer zu berücksichtigen.
Eine solche einseitig wirkende Belastung des Beförderers wird in den Haftungsstrukturen des Protokolls 2002 vermieden. Eine Berücksichtigung der Beförderinteressen trotz Erweiterung des Verbraucher- und Passagierschutzes erreicht das Protokoll 2002 maßgeblich durch die Unterscheidung innerhalb des schadenverursachenden Ereignisses in „shipping incident" und „non-shipping incidents", und hier insbesondere durch die vorgesehene Verschuldenshaftung ohne umgekehrte Beweislast bei nicht durch Schifffahrtsereignisse verursachten Personenschäden. Die Berücksichtigung von „non-shipping incidents" gegenüber „shipping incidents" findet wie beschrieben ihre Begründung in der Beurteilung des faktischen Passagierverhaltens an Bord des Schiffs und in der Bewertung der speziellen Umgebung, in der sich ein Schiffsreisender bewegt. Eine solche Unterscheidung in der Zurechnung einzelner Risiko- und Gefahrenbereiche des Beförderer- und Passagierverhaltens kennt das Montrealer Übereinkommen nicht. Das Luftrecht beurteil das Beförderer- und Passagierverhalten einheitlich, ohne eine Selbstverantwortlichkeit des Passagiers für sein Verhalten im Sinne der „non-shipping incidents" in den luftrechtlichen Haftungsstrukturen zu berücksichtigen. Dieser Umstand findet seine Begründung hauptsächlich in der rechtlichen Bewertung der Tatsache, das der Passagier eines Flugzeugs nicht die gleiche Bewegungsfreiheit im Rahmen eines selbstverantwortlichen Handelns genießt, wie der Passagier eines Seeschiffs. Für das Seerecht wurde dem eigenverantwortlichen Handeln des Passagiers an Bord eines Schiffs weitaus größere Bedeutung zugerechnet. Es wirkt unausgeglichen, den luftrechtlichen Grundsätzen entsprechend einen Seebeförderer mit einer strikten Haftung für ein Passagierverhalten zu belasten, auf das er weitestgehend keinen Einfluss ausüben kann.
Die Unterscheidung zwischen „shipping incidents" und „non-shipping incidents" in den Haftungsstrukturen des Protokolls 2002 schafft vor diesem Hintergrund in der im zeitlichen Sinne gegenwärtigen Situation der Personenbeförderung auf See einen notwendig und überzeugenden Interessenausgleich zwischen Beförderer und Passagier. Ohne eine solche Unterscheidung würde sich das ausgewogene Verhältnis der gegenseitigen Interessenberücksichtigung zu Ungunsten des Beförderers in einer Weise verschieben, die außer Verhältnis zu dem damit zu erreichenden Verbraucher- und Passagierschutz stehen würde, und in der praktischen Durchsetzung der Rechtsregeln zu erheblichen Problematiken führen könnte. Das Protokoll 2002 ist jedoch nicht nur ein Rechtsinstrument der Gegenwart, sondern soll – wie jedes internationale Übereinkommen in dem Bereich der Personenbeförderung – für eine möglichst lange Zeitperiode den rechtlichen Mindeststandard für die Verhältnisse zwischen Seebeförderer und Passagier bilden. Gerade im Rahmen dieser „Zu-

kunftswirkung" des Protokolls 2002 muss dessen Haftungsstruktur aber nicht nur die Bedürfnisse der Gegenwart befriedigen, sondern auch die entsprechenden Verhältnisse, zumindest in der nahen Zukunft, berücksichtigen. Wird unter diesem Gesichtspunkt ein Vergleich der Haftungsstrukturen des luftrechtlichen Montrealer Übereinkommens und des seerechtlichen Protokolls 2002 vorgenommen, zeigt sich, dass das Luftrecht im Rahmen der Haftungsstruktur des Montrealer Übereinkommens, insbesondere durch die Vermeidung einer rechtlichen Unterscheidung innerhalb der Bewertung des Passagierverhaltens im Rahmen des schadenverursachenden Ereignisses, dem Passagier einen weitaus größeren Schutzbereich bietet.

Die gegenwärtige Bewertung des Passagierverhaltens an Bord eines Flugzeugs ist geprägt von der Annahme, dass dem Passagier nur in sehr begrenztem Maß eine Möglichkeit zur selbstständigen Bewegung auf oder in dem Verkehrsträger zur Verfügung steht. Der Flugzeugpassagier kann zwar seinen Sitz während der Beförderung verlassen, mehr als die Möglichkeit eines gelegentlichen, kleinen „Spaziergangs" zwischen den Sitzreihen wird dem Passagier im Rahmen seiner Bewegungsfreiheit jedoch nicht möglich sein. Hauptgründe für diese Einschränkung finden sich in der beengten Beschaffenheit der Passagierkabine eines Flugzeugs, aber auch in den Sicherheitsbestimmungen beim Flugtransport, in denen dem Passagier empfohlen wird, die meiste Zeit der Beförderung angeschnallt und sicher in seinem Sitz zu verbringen. Die technische Weiterentwicklungen der Luftfahrt zeigen jedoch, dass sich das Verhalten eines Passagiers an Bord eines Flugzeugs in den nächsten Jahren ändern wird. Diese Bewertung offenbart sich an dem Beispiel der derzeitigen Entwicklung des Flugzeugtyps A 380 von Airbus. Dieses Flugzeugmodell, welches in den kommenden Jahren in den regelmäßigen Flugbetrieb verschiedener Fluggesellschaften gestellt wird und das bisher größte zivile Passagierflugzeug, die Boing 747 ablösen soll, bietet dem Passagier im Gegensatz zu herkömmlichen Flugzeugen ein geändertes und auf seine Bedürfnisse abgestimmtes Umfeld. Bei einer Beförderungskapazität des A 380 von 555 bis maximal 840 Passagieren bietet der Hersteller Airbus den Fluggesellschaften die Möglichkeit, das Innenleben des Flugzeugs nach verschiedene Nutzungsmöglichkeiten aufzuteilen. Für eine den A 380 bestellenden Fluggesellschaft ist vorgesehen, auf Wunsch in den unteren Flugdecks einen Kindergarten, Bars, Konferenzräume oder sogar Schlafkabinen für Passagiere einzurichten[547]. Grundsätzlich wird der A 380 mit der Aussage beworben, dass dem Reisenden durch das Angebot

[547] Vgl. Information von Airbus: *http://www.airbus.com/product/a380_cabin_layouts.asp* und *http://www.airbus.com/product/a380_comfort.asp* (09.02.2005).

des A 380 ein erhöhter Komfort, mehr Platz und eine weitgehende Bewegungsfreiheit geboten werden kann[548].
Es zeigt sich an diesem Beispiel der technischen Weiterentwicklung des Verkehrsträgers Flugzeug, dass nicht nur die Beförderungskapazität der Flugzeuge wachsen wird, vielmehr wird sich auch das Verhalten eines Passagiers an Bord des Verkehrsträgers ändern. Wurde das Passagierverhalten in einem Flugzeug bisher als passiv und unter der Obhut des Beförderers stehend ausgelegt, finden sich in den zukünftigen Entwicklungen des Verkehrsträgers Flugzeug Tendenzen, dass sich das faktische Passagierverhalten und die Umgebung in der sich die Passagiere bewegen, an die Beurteilung der Verhältnisse der Seefahrt annähren werden. Ein Flugzeugpassagier wird in Zukunft die Möglichkeit haben, in einem Flugzeug selbstständig verschiedene Umgebungen nutzen zu können. Der Passagier wird sich frei bewegen, kann Räumlichkeiten nutzen oder Dienstleistungen durch sein Verhalten aktivieren. Zwar wird ein entsprechendes Angebot in naher Zukunft nicht die Vielfalt erreichen, die dem Passagier eines Kreuzfahrtschiffs geboten werden kann, der Vergleich mit der Beförderung auf einem Fährschiff wird jedoch zumindest in bestimmten Bereichen möglich sein. Wurde bisher das faktische Passagierverhalten auf einem Seeschiff als Rechtfertigungsgrund für eine Unterscheidung der Haftungsvoraussetzungen in „shipping incidents“ und „non-shipping incidents“ angeführt, könnte sich nunmehr eine ähnliche, faktische Passagiersituation in der Luftfahrt darstellen, ohne dass das rechtliche Regelungswerk des Montrealer Übereinkommens eine Unterscheidung im Verhalten der Passagiere im Rahmen der Haftung des Luftfrachtführers trifft. Vielmehr unterliegt der Beförderer einer limitierten Gefährdungshaftung, welche durch eine Haftung für vermutetes Verschulden in der zweiten Stufe fortgeführt wird. Die Haftung ist unabhängig von jeglichen Unterschieden in der Bewertung des Passagierverhaltens. Damit wird dem Passagier unter dem Haftungsregime des Montrealer Übereinkommens auch in Zukunft ein sehr weitreichender Schutz geboten.
In dem seerechtlichen Bereich der Personenbeförderung wird ungeachtet dieser luftrechtlichen und lufttechnischen Entwicklung zwischen „shipping incidents“ und „non-shipping incidents“ unterschieden. Das Protokoll 2002 vermeidet, die aufgezeigten Entwicklungen des Luftrechts in seinen Haftungsregeln auf die Personenbeförderung in der Seefahrt anzuwenden. Unter Sicht auf die Zukunft könnte dieses erneut zu einer erheblichen Abweichung der Passagierrechte zwischen Luft- und Seerecht führen. Allerdings besteht, auch wenn sich das faktische Passagier-

[548] Vgl. Information von Airbus: *http://www.airbus.com/product/a380_comfort.asp* (09.02.2005).

verhalten in der Zukunft annähern wird, immer noch eine wesentliche Unterscheidung in der Umgebung der Verkehrsträger, in der sich ein Passagier bewegt. Einer solchen Umgebung sind in einem Flugzeug erheblich mehr Grenzen gesetzt, als auf einem Schiff. Aufgrund des weiterhin begrenzt bleibenden Raumangebots in einem Flugzeug, wird es dem Luftfrachtführer und seinen Leuten auch unter den genannten Zukunftsbedingungen möglich sein, eine gewisse Kontrolle über ein Passagierverhalten auszuüben. Dieses stellt sich auf einem Seeschiff anders dar. Wird ein Passagier im Rahmen der „non-shipping incidents" verletzt, wird schon aufgrund der Größe eines Seeschiffs und der Anzahl von bis zu 5400 beförderten Passagieren, dem Beförderer in den meisten Fällen die Möglichkeit genommen sein, eine weitgehende Kontrolle über das Passagierverhalten ausüben zu können. Auftretende Unfälle werden von dem Beförderer größtenteils unbeobachtet bleiben. Damit werden an den Passagier eines Seeschiffs auch erheblich höhere Anforderungen an die Eigenverantwortung und eigene Umsichtigkeit gestellt. Insofern würde es sich als unausgeglichen darstellen, eine Unterscheidung zwischen „shipping incidents" und „non-shipping incidents" im Rahmen der Haftungsstrukturen aufzugeben und den Bereich der „non-shipping incidents" in Betrachtung zukünftiger Entwicklungen des Passagierverhaltens an Bord eines Flugzeugs, dem Luftrecht entsprechend durch eine Gefährdungshaftung des Beförderers zu regeln. Der Passagier eines Seeschiffs erhält somit in Anbetracht der zukünftigen Bewertung des Passagierverhaltens im Luftrecht zwar im Verhältnis zum Montrealer Übereinkommen einen „geringeren" Rechtsschutz durch die Haftungsstrukturen des Protokolls 2002, allerdings ist dieser aufgrund der auch in der Zukunft vorherrschenden, unterschiedlichen Bewertung von Verhalten und Umgebung der Passagiere gerechtfertigt.
Weiterhin muss beachtet werden, dass die Haftungsstruktur des Protokolls 2002 eine Kompromisslösung darstellt. Dabei ist neben dem Ziel der Erhöhung des Passagierschutzes der Interessenausgleich zwischen Beförderer und Passagier eine wesentliche Priorität der Haftungsregeln. Eine kompromisslose Erhöhung des Verbraucherschutzes in der Personenbeförderung auf See durch die Einführung einer für jegliche Körperschäden geltenden Gefährdungshaftung würde zu einer einseitigen Belastung des Beförderers führen, was letztendlich zur Folge hätte, dass viele Staaten von einer Ratifizierung des Protokolls absehen könnten. Insbesondere die Entwicklungs- und Schwellenländer - in denen das Fährschiff intensiv für Personenbeförderungen auf See genutzt wird - würden vermutlich von einer solchen Regelung Abstand nehmen, da die aus einer für jegliche Körperschäden geltenden Gefährdungshaftung erstehenden Versicherungsproblematiken des Beförderers einen sehr hohen Kostenaufwand fordern würde. Eine solche Regelung würde insbesondere kleine

und mittelgroße Reedereibetriebe belasten und entsprechend in Entwicklungs- und Schwellenländer keine Unterstützung finden. Ziel des Protokolls 2002 muss jedoch sein, eine möglichst hohe weltweite Akzeptanz zu erreichen, um die Durchsetzung eines erhöhten Verbraucherschutzes zu erreichen. Aufgrund der hohen Bedeutung des Fährverkehrs im Rahmen des Passagiertransports in Entwicklungs- und Schwellenländer, ist eine Ratifizierungsbereitschaft dieser Staaten für das Protokoll 2002 ein wichtiges Anliegen.
Die Haftungsstrukturen des Protokolls 2002 erweisen sich somit auch für die zukünftige Passagiersituation auf Seeschiffen als befriedigende Lösung. Das Montrealer Übereinkommen gewährt dem Passagier eines Flugzeugs durch die Haftungsregulierung des Beförderers zwar einen weitergehenden Schutz der Passagierinteressen, jedoch bildet der im Protokoll 2002 gefundene Kompromiss der Belastungsverteilung innerhalb der Haftungsgrundsätze für die Verhältnisse in der Personenbeförderung auf See eine ausgewogenere, sowohl den Beförderer- als auch den Passagierinteressen gerecht werdende Lösung. Ein solcher Kompromiss ist gerechtfertig, da dem Reisenden mit dem neuen Haftungssystem ein weitaus größerer Schutz geboten wird, als es die Haftungsgrundsätze des Athener Übereinkommens von 1974 vermochten. Im Hinblick auf eine möglichst breite, weltweite Akzeptanz und eine hohe Ratifikationszahl können die im Protokoll 2002 geregelten Haftungsstrukturen als ein erheblicher Fortschritt für die Stärkung des Verbraucherschutzes im Personentransport auf See bewertet werden. Eine kompromisslose Angleichung der Haftungsstrukturen von See- und Luftrecht hätte zwar den Verbraucherschutz im Personentransport auf See auf ein sehr hohes Niveau geführt, allerdings auf Kosten eines angemessenen, ausgeglichenen Interessenverhältnisses zwischen Passagier und Beförderer. Eine solche Maßnahme würde auf internationaler Ebene zu einer geringen Ratifikationszahl des Protokolls 2002 führen, und damit gleichzeitig eine Schwächung der Berücksichtigung der Passagierinteressen bewirken, da eine effektive Schutzerhöhung für Passagiere erst erreicht werden kann, wenn sich die entsprechenden Verbraucherschutzregelungen international einheitlich als geltendes Recht durchsetzen.

II. Einführung einer gesetzlichen Zwangshaftpflichtversicherung im Protokoll 2002

Neben das Element der Neustrukturierung der Haftungsgrundsätze des Seebeförderers im Protokoll 2002 zur Erhöhung des Schutzes der Passagiere an Bord eines Seeschiffs, tritt die Einführung einer Pflichtversicherung des Beförderers durch Art. 4 a AÜP[549], welche die zweite, wesentliche Änderung gegenüber den Rechtsstandards des Athener Übereinkommen 1974 darstellt. Auch diese Modifikationen orientieren sich in ihren Grundsätzen an den im Luftrecht durch das Montrealer Übereinkommen gefundenen Neuregelungen, insbesondere an Art. 50 MÜ, der den Vertragsstaaten vorschreibt, ihre Luftfrachtführer zu verpflichten, sich zur Deckung ihrer Haftung nach dem Montrealer Übereinkommen zu versichern. Wie schon im Rahmen der Anpassung der Haftungsgrundsätze an solche des internationalen Luftrechts, werden durch das Protokoll 2002 auch im Bereich der Regelung einer Pflichtversicherung nicht nur Strukturen des Luftrechts auf das Seerecht übertragen, sondern die jeweiligen Regelungen den entsprechenden seerechtlichen Verhältnissen angepasst.

Das mit der Einführung einer Pflichtversicherung der Haftung des Beförderers verfolgte Ziel des Gesetzgebers ist in Luft- und Seerecht gleich. Die Verbraucherinteressen sollen auf völkerrechtlicher Ebene eine weitreichende Stärkung erfahren. Vor diesem Hintergrund ist das Modell der Versicherung der Haftung von tragender Bedeutung, da eine entsprechende Versicherung nicht nur einem Schädiger das Risiko nimmt, auftretenden Schadensersatzansprüche aufgrund finanzieller Überforderung nicht befriedigen zu können, sondern gleichzeitig insbesondere dem Geschädigten die Sicherheit bietet, dass seine Ersatzansprüche Befriedigung finden, selbst wenn der Schädiger nicht mehr in der Lage ist einen finanziellen Ausgleich zu leisten. Eine Versicherung der Haftung bildet entsprechend ein wichtiges Instrument der Schadensregulierung, insbesondere im Bereich von Transportschäden.

Eine Versicherung gegen Personenschäden kann im Personentransportverkehr in dreierlei Gestalt bestehen. Die Beförderer können sich gegen ihre gesetzliche Haftpflicht versichern, die Kunden gegen Körper- und/oder Gepäck- und Frachtschäden, oder der Beförderer schließt unmittelbar zugunsten seiner Kunden eine Versicherung gegen Unfallschäden ab, die ihn von seiner Haftpflicht befreit[550].

Das Protokoll 2002 wählt im Rahmen des Art. 4 a AÜP die Möglichkeit der Einführung einer gesetzlich geregelten Zwangshaftpflichtversicherung des Beförderer. Für den die Beförderung tatsächlich ausführenden Beförderer besteht gemäß Art. 4 a AÜP die Pflicht, seine nach dem Übereinkommen bestehende Haftung für Tod oder Körperverletzung von Rei-

[549] In der Fassung des Art. 5 AÜP, im Folgenden wird dieser Artikel als „Art. 4 a AÜP“ bezeichnet.

[550] Neben diesen Versicherungsmodellen bestehen weiteren Versicherungsmöglichkeiten, z.B. die Kaskoversicherung des Beförderers für Schäden an seinem Transportmittel. Da diese Modelle jedoch nicht die Beziehung zwischen Passagier und Beförderer betreffen, finden sie in diesem Teil der Arbeit keine weitere Erläuterung.

senden bis zu einem Mindestbetrag von 250.000 SZR durch eine Versicherung oder sonstige finanzielle Sicherheit abzudecken. Diese Einführung der Zwangshaftpflichtversicherung des ausführenden Beförderers entstammt dem Gedanken, dass dem Passagier ein größtmöglichen Schutz unter der Geltung des Protokolls 2002 geboten werden sollte. Im Rahmen der rechtlichen Ausgestaltung des Protokolls 2002 wurde deutlich, dass in vielen seerechtlichen Bereichen, aber auch in anderen Transportrechtsgebieten, die Einführung einer Zwangshaftpflichtversicherung den Schutz eines Geschädigten gegenüber einem Schädiger erheblich zu stärken vermochte. Das Fehlen einer Versicherungspflicht des Seebeförderers gegenüber den von ihm beförderten Passagieren erschien den über das Protokoll 2002 beratenden Staaten als eine Schutzlücke, die unter der Geltung der erhöhten Berücksichtigung der allgemeinen Verbraucherinteressen geschlossen werden musste. Das Modell der gesetzlich geregelten Zwangshaftpflichtversicherung wurde vor diesem Hintergrund als den entsprechenden Ansprüchen der Stärkung des Verbraucher- bzw. Passagierschutzes am besten gerecht werdende Versicherungslösung betrachtet[551].

Sowohl aus der Wahl des Modells der Zwangshaftpflichtversicherung für die vertragliche Beziehung zwischen Beförderer und Passagier, als auch aus deren rechtlichen Ausgestaltung im Rahmen des Art. 4 a AÜP ergeben sich aber rechtliche als auch ökonomische Auswirkungen für den Seebeförderer und den Seeversicherungsmarkt, die teilweise sehr weitgehende Belastungen der einzelnen Parteien erkennen lassen. Insbesondere der Seeversicherungsmarkt, der hauptsächlich durch die P&I-Clubs gedeckt wird, muss sich in seiner Struktur auf teilweise grundlegende Änderungen vorbereiten, soweit das Protokoll 2002 in Kraft tritt.

1. Das Modell der Zwangshaftpflichtversicherung in der vertraglichen Beförderer-Passagier-Beziehung

Im Allgemeinen stellen Rechtsordnungen es jedermann frei, sich gegen das Risiko einer finanziellen Inanspruchnahme bei Schädigung eines anderen zu versichern, oder dieses Risiko selber zu tragen. Die Ausnahme zu dieser Freiheit bildet die Zwangshaftpflichtversicherung, also eine Versicherung, deren Abschluss durch Gesetz vorgeschrieben ist. Die Grundsätze der Zwangshaftpflichtversicherung stammen aus dem Bereich der Drittschadensregulierung. Das Modell der Versicherung, zu deren

[551] Gaskell, Revision of the Athens Convention, in: Liability to Pay Damages under Greek and International Maritime Law, S. 155 (159ff).

Abschluss eine gesetzliche Verpflichtung besteht, entwickelte sich aus dem Prinzip der allgemeinen Haftpflichtversicherung.
Ursprünglich diente die allgemeine Haftpflichtversicherung dem Schutz des Versicherungsnehmers, und zwar vor einer Inanspruchnahme seines Vermögens aufgrund seiner gesetzlichen Verantwortlichkeit für bestimmte Tatsachen, die während der Versicherungszeit eintreten[552]. Die Haftpflichtversicherung, deren Abschluss nach dem Grundsatz der Vertragsfreiheit der Wahl des künftig Haftpflichtigen überlassen ist, kam dem Geschädigten allenfalls wirtschaftlich durch ihr Vorhandensein zugute[553]. Selbst wenn der Haftpflichtversicherer seinem Versicherungsnehmer gegenüber leistungsverpflichtet war, entstand hieraus noch kein Vorteil für den Dritten, da es sich bei der Haftpflichtversicherung nicht um eine Versicherung auf fremde Rechnung handelte, die dem Geschädigte Versicherungsansprüche gewährte. Dementsprechend wurde der Haftpflichtversicherungsschutz zunächst als ausschließlich den Interessen des Versicherungsnehmers dienend verstanden[554].
Im Laufe der Zeit ist dieser Standpunkt jedoch mehr und mehr verlassen worden. Schon früh rückte in der Entwicklung der Haftpflichtversicherung der soziale Schutzgedanke und die Idee des Opferschutzes in der Vordergrund[555]. Neben dem Versicherungsnehmer wurde der Geschädigte zum eigentlichen Schutzobjekt der Versicherung[556]. Das Verständnis der Haftpflichtversicherung änderte sich dahingehend, dass sie sicherstellen sollte, dass der Geschädigte für den erlittenen Schaden auch tatsächlich Ersatz erhält und nicht etwa wegen finanziellen Unvermögens des Schädigers ganz oder teilweise einen begründeten Ersatzanspruch nicht realisieren kann[557]. Diese Sicherungsfunktion der Versicherung wurde im Laufe der Zeit durch verschiedene Maßnahmen erreicht. Zum einen wurden gesetzliche Regelungen erlassen, die eine Zwangshaftpflichtersiche-

---

[552] Sog. „egoistische Haftpflichtversicherung", vgl. Hwang, Die Reederhaftung, Diss, S. 108f.; Hannak, Verteilung der Schäden aus Gefährlicher Kraft, S. 41; Meyer-Kahlen, Entwicklungslinien, in: Haftungsrecht und Haftpflichtversicherung, S. 49 (56); Möller, Grade des Verschuldens, ZLR 1955, S. 247 (264).
[553] Möller, Grade des Verschuldens, ZLR 1955, S. 247 (264); Oftinger, Haftpflichtrecht Bd. I, S. 452.
[554] Statt Vieler: Sieg/Gärtner, Haftpflichtversicherung, Zeitschrift für die gesamte Versicherungswissenschaft, 1970, S. 31 (37).
[555] Meyer-Kahlen, Entwicklungslinien, in : Haftungsrecht und Haftpflichtversicherung, S. 49 (56).
[556] Sog. „altruistische Haftpflichtversicherung", vgl. Hwang, Die Reederhaftung, Diss, S. 108f.; Hannak, Verteilung der Schäden aus Gefährlicher Kraft, S. 41 und Reiff, Sinn und Bedeutung von Pflichthaftpflichtversicherungen, TranspR 2006, S. 15 (16) m.w.N., der den „altruistischen Moment der Haftpflichtversicherung" insbesondere auf *Manes* zurückführt.
[557] Meyer-Kahlen, Entwicklungslinien, in : Haftungsrecht und Haftpflichtversicherung, S. 49 (56).

rung vorsahen. Damit erreichte der Gesetzgeber, dass der Geschädigte nicht mehr Gefahr lief, dass mangels Zahlungsfähigkeit oder Guten Willens des Haftpflichtigen, seine Forderungen nicht gedeckt werden konnten[558]. Ein solcher Zwang zum Abschluss von Haftpflichtversicherungen stellte die normative Sicherung von Ansprüchen der Geschädigten sicher und führte in der Folge zu einer Verbesserung des Schutzes des Geschädigten gegenüber seiner Stellung unter der Geltung von nicht obligatorischen Haftpflichtversicherungen.

Zum Anderen entwickelten sich verschiedenste rechtliche Möglichkeiten für den Geschädigten, das bisher in der Beurteilung der Haftpflichtversicherung vorherrschende sogenannte Trennungsprinzip, wonach zwischen dem Geschädigten und dem Haftpflichtversicherer keine unmittelbare Rechtsbeziehung bestand und die Versicherung hauptsächlich den Interessen des Versicherten diente[559], zu durchbrechen. Die wohl stärkste Ausprägung einer solchen Durchbrechung findet sich in der „direct action", einem Direktanspruch des Geschädigten gegenüber dem Versicherer, der sich heute in vielen internationalen Übereinkommen im Rahmen Ausgestaltung der gesetzlichen Zwangshaftpflichtversicherungen findet[560]. Funktionell gesehen wurde damit die Haftpflichtversicherung zu einer Versicherung zugunsten des Unfallopfers[561], sie wurde dem Schutze des Geschädigten dienstbar gemacht[562]. Durch die Verbindung von Haftpflicht und Versicherung zu einem Sicherungsmittel für den Anspruch des Geschädigten erlangte die Haftpflichtversicherung soziale Bedeutung, mit dem hauptsächlichen Ziel, unbeteiligte dritte Personen oder Sachen schützen[563]. Der Personenkreis der unbeteiligten Dritten wurde als besonders schutzwürdig betrachtet, mit der Begründung, dass Dritte meistens völlig unvorbereitet und insbesondere unversichert in eine schadenauslösende Situation gelangen. Dieser Gedanke fand im internationalen See-

---

[558] Oftinger, Haftpflichtrecht Bd. I, S. 452.

[559] Basedow, Der Transportvertrag, S. 471; Büchner, Theorie der obligatorischen Haftpflichtversicherung , S. 14 ff., jew. m.w.N.

[560] Zum Beispiel Art. 12 Abs. 8 HNS-Übereinkommen 1996; Art. VII Abs. 8 Ölhaftungsübereinkommen 1969 ; Art. 7 Abs. 10 Bunkeröl-Übereinkommen; Art. 16 Abs. 5 Römer Haftungsübereinkommen 1952 (das Römer Haftungsübereinkommen 1952 überlässt die Regelung eines direkten Anspruchs gegen den Versicherer grundsätzlich dem entsprechenden nationalen Recht der Vertragsstaaten, schließt einen solchen Direktanspruch aber nicht grundsätzlich aus, sondern regelt vielmehr im Rahmen des Art. 16 Abs. 5 bestimmte Voraussetzungen für dessen Bestehen).

[561] v. Hippel, Haftungsersetzung durch Versicherungsschutz, in: Fleming/v. Hippel/Hellner, S. 40 (48).

[562] Oftinger, Haftpflichtrecht Bd. I, S. 452.

[563] De la Motte, Haftung und Versicherung, S.11; Chung, Die verschuldensunabhängige Haftung im Luftverkehr, Diss., S. 150; Hannak, Verteilung der Schäden aus Gefährlicher Kraft, S. 41.

recht erstmals im Rahmen der Erarbeitung des Ölhaftungsübereinkommens von 1969 (ÖLHÜ) Berücksichtigung. Zur Sicherung der Ansprüche Drittgeschädigter wurde in Art. VII ÖLHÜ eine Versicherungspflicht für den Schiffseigentümer eingeführt, soweit sein Schiff mehr als 2000 Tonnen Öl als Bulkladung befördert. Für die Drittgeschädigten, die grundsätzlich unvorbereitet und unversichert einem durch Öl verursachten Schaden gegenüberstehen, wurde nicht nur das Bestehen eines Anspruchs gegen den Schädiger als wichtige Regelung erachtet, sondern zusätzlich auch die Sicherung der tatsächliche Durchsetzbarkeit dieser Ansprüche. Der Grund für die Einführung einer solchen Zwangshaftpflichtversicherung war dementsprechend, dass ein wirksamer Schutz der Drittgeschädigten nur dadurch erreicht werden konnte, dass die Haftung des Schiffseigentümers durch eine Zwangspflichtversicherung oder sonstige finanzielle Sicherheit gedeckt wird[564]. Dieser soziale Schutzgedanke gegenüber Drittgeschädigten wurde nach dessen Übernahme in das Ölhaftungsübereinkommen von 1969 auch auf anderen seerechtlichen Konventionen übertragen und setzte für Drittschäden auf internationaler Ebene einen grundlegenden Mindeststandard[565].

a) Die gesetzliche Zwangshaftpflichtversicherung in der Luft- und Seefahrt

Auch im Luftrecht wurde die besondere, aus dem Betrieb von Flugzeugen resultierende Gefährdung und Schutzbedürftigkeit Dritter erkannt. Ein entsprechender Drittschutz wurde durch die Luftfahrzeughalter-Haftpflichtversicherung geschaffen, die erstmals im „1. Römer Haftungsübereinkommen“[566] eingeführt wurde. Dieses Übereinkommen regelte die Haftung des Luftfahrzeughalters für Schäden an Personen oder Eigentum auf der Erde, verursacht durch ein Flugzeug während des Fluges. Dabei haftet der Luftfahrzeughalter gemäß dem Römer Haftungsübereinkommen nach den Grundsätzen einer verschuldensunabhängigen Gefährdungshaftung, bis zu einem bestimmten, in dem Übereinkommen festge-

---

[564] Denkschrift zu dem Ölhaftungsübereinkommen von 1969 und dem Fonds-Übereinkommen von 1971, BT-Drucksache 7/2299, S. 58 (63) ; Bremer, Haftung beim Gefahrguttransport, S. 227.

[565] Zur Sicherung der Ansprüche Drittgeschädigter übernahmen z.B. das HNS Übereinkommen in Art. 12 und das Bunkeröl-Übereinkommen in Art. 7 die Grundsätze des Modells der Zwangspflichtversicherung, nach der Maßgabe des Art. VII ÖLHÜ (Vgl. auch in dieser Arbeit: § 2, B, 1).

[566] Internationales Abkommen zur Vereinheitlichung von Regeln bezüglich der Schäden, die Dritten auf der Erde durch Luftfahrzeuge zugefügt werden, beschlossen in Rom am 29. Mai 1933 (im Folgenden: Römer Haftungsübereinkommen).

legten Betrag[567]. Das Römer Haftungsübereinkommen setzte in Art. 12 Abs. 1 fest, dass jeder Flugzeughalter haftpflichtversichert gegenüber den in dem Übereinkommen geregelten Haftungstatbeständen sein muss, beziehungsweise eine entsprechende finanzielle Sicherheit bestehen muss, bis zu den vorgeschriebenen Höchstsummen[568]. Das Römer Haftungsübereinkommen wurde 1938 ergänzt durch das Brüsseler Versicherungsprotokoll[569], und schließlich 1952 durch eine überarbeitete Fassung[570] ersetzt[571]. Dieses 2. Römer Haftungsübereinkommen sah eine Reihe von Änderungen der bisherigen Regelungen des Drittschadensbereichs vor, die Verpflichtung zur Versicherung der Haftpflicht des Luftfahrzeughalters bestand jedoch fort[572]. Da die Haftungssummen des 2. Römer Haftungsübereinkommens im Laufe der Zeit als nicht mehr angemessen schienen, wurde durch die ICAO eine Diplomatische Konferenz in Montreal einberufen zur Überarbeitung des Haftungsübereinkommens[573]. Auf dieser Konferenz wurde das Montrealer Protokoll 1978[574] beschlossen, welches das 2. Römer Haftungsübereinkommen entsprechend ergänzt. Die hauptsächlichen Änderungen die das Montrealer Protokoll 1978 vornimmt, sind die Erhöhung der Haftungshöchstsummen und deren Umrechnung von Poincaré-Franken in SZR[575], die Ersetzung des Begriffs „Sicherheit“ im Rahmen der Versicherungsregelungen durch den Begriff „Garantie“[576], die teilweise Ergänzung und Änderung bestimmter Voraussetzungen und Wirksamkeiten der Zwangshaftpflichtversicherung[577] sowie die Erweiterung des Anwendungsbereichs des 2. Römer Haftungsübereinkommens[578].

---

567 Art. 2 Abs. 3 Römer Haftungsübereinkommen 1933.

568 Art. 8 Abs. 2 legt fest, dass die Haftungslimitierung nicht weniger als 600.000 Poincaré-Franken, und nicht mehr als 2 Millionen Poincaré-Franken sein soll.

569 Ergänzendes Protokoll zum Internationalen Abkommen zur Vereinheitlichung von Regeln bezüglich der Schäden, die Dritten auf der Erde durch Luftfahrzeuge zugefügt werden, Rom, 1933, beschlossen in Brüssel September 1938.

570 Abkommen betreffend Schäden, die Dritten auf der Erde durch ausländische Luftfahrzeuge zugefügt werden (sog. 2. Römer Haftungsübereinkommen), zustande gekommen am 7.10.1952, inkraftgetreten am 4.2.1958.

571 Gemäß Art. 29 Römer Haftungsübereinkommen 1952.

572 Art. 15 bis Art. 18 beschreiben die Form und Voraussetzung der Zwangshaftpflichtversicherung.

573 Margo, Aviation Insurance, S. 11 ff.

574 Protocol to amend the Convention on Damage Caused by Foreign Aircraft to Third Parties on the Surface at Rome on 7 October 1952, beschlossen am 23 September 1978, inkraftgetreten am 25. Juli 2002.

575 Art. III Montrealer Protokoll 1978.

576 Art. V Montrealer Protokoll 1978.

577 Vgl. Art. VI Montrealer Protokoll 1978.

578 Art. XII Montrealer Protokoll 1978.

Die wesentlichen Strukturen der Zwangshaftpflichtversicherung wurden aber auch durch das Montrealer Protokoll 1978 gewahrt. Seit dem 1. Römer Haftungsübereinkommen unverändert geblieben ist, dass in den Anwendungsbereich der entsprechende Zwangshaftpflichtversicherung zum Schutze nicht am Luftverkehr beteiligter Dritter nur der Luftfahrzeughalter einbezogen ist, nicht aber für den Luftfrachtführer. Sämtliche Ansprüche aus Personen- oder Gepäckschäden der Insassen des Flugzeugs sowie Schäden der an Bord transportierten Güter blieben im Rahmen der Zwangshaftpflichtversicherung ausgeschlossen[579]. Im Gegensatz zu Schädigungen unbeteiligter Dritter wurde der Bereich einer Zwangshaftpflichtversicherung des Luftfrachtführers für Passagier- und Gepäckschäden im internationalen, völkerrechtlichen Bereich lange Zeit ungeregelt belassen. Dieser Verzicht auf eine international einheitliche Regulierung der Haftpflichtversicherung des Luftfrachtführers beziehungsweise Beförderers beschränkte sich nicht nur auf den Bereich des Luftrechts, auch das internationale Seerecht sah keinerlei Regelungen vor, im vertraglichen Verhältnis zwischen Passagier und Beförderer diesem eine Zwangsversicherung seiner Haftung vorzuschreiben[580].

Dieser Umstand findet seine Ursache in der unterschiedlichen rechtlichen Bewertung der Schadensrisiken bei Transportkunden – also den Benutzern des Verkehrsmittels – einerseits und Drittgeschädigten andererseits. Den Transportkunden wurden – speziell in der Luftfahrt – haftungsrechtlich nicht nur geringerer Schutz zugestanden, man betrachtete ihre Ansprüche vielmehr als keines Sicherungsmittels würdig[581]. Im

---

[579] Schönwerth/Müller-Rostin, Die Luftfahrtversicherung in der Praxis, ZLW 1987, S. 229 (236) ; Margo, Aviation Insurance, S. 14.

[580] Weder im seerechtlichen Athener Übereinkommen 1974 und den das Übereinkommen ergänzenden Protokollen, noch im luftrechtlichen Warschauer Abkommen von 1929 und seinen ergänzenden Protokollen findet sich eine Zwangshaftpflichtversicherung des Beförderers/Luftfrachtführers.

[581] Der Lufttransportkunde wurde in den Anfangszeiten der Luftfahrt in wirtschaftlich-sozialer Hinsicht als wohlhabendes Individuum betrachtet. Vor diesem Hintergrund wurde einer besondere Schutzbedürftigkeit des Passagiers in finanzieller Hinsicht wenig Bedeutung beigemessen. Weiterhin wurde der Passagier eines Flugzeugs - wie auch der Passagier an Bord eines Seeschiffs - als ein Verkehrsmittelnutzer angesehen, der Kenntnis der Gefahren einer Benutzung der entsprechenden Verkehrsmittel besaß. Schon durch das Vorliegen dieser „Kenntnis“ wurde einem Passagier eine besondere Würdigung der Schutzbedürftigkeit abgesprochen (vgl. Kadletz, Zur Versicherungspflicht bei internationalen Luftbeförderungen, ZLW 1995, S. 284 (287) m.w.N.; Francoise, Versicherung und Ausarbeitung des internationalen Luftprivatrechts, ZLR 1953, S. 230 (231ff), hier besonders die beschriebenen Berichte der Arbeiten der C.I.T.E.J.A. und der ICAO, wo insbesondere in einem Bericht von *Beaumont* betont wird, dass bei einer Revision des Warschauer Abkommens bezüglich der vertraglichen Haftpflicht gegenüber Fluggästen „mit Vorbedacht jede Behandlung einer Sicherstellung und damit einer Versicherung auszuschalten“ ist.).

Gegensatz zu dieser Bewertung stand die Berücksichtigung Dritter[582], die als dem eigentlichen Verkehrsmittel fernstehende, unschuldige Opfer eines zufälligen Unfalls charakterisiert wurden und entsprechend einer stärkeren Berücksichtigung unterlagen als die eigentlichen Transportkunden, denen ein Bewusstsein über die Gefährlichkeit der Benutzung des Verkehrsmittels und des sich daraus ergebenden Risikos zugerechnet wurde[583]. Neben der Bewertung, dass Dritte an dem eigentlichen Verkehr und damit auch am Risiko das von dem Verkehrsträger ausgeht, nicht unmittelbar beteiligt sind, fand die besondere Schutzbedürftigkeit Drittgeschädigter auch Ausdruck in dem Umstand, dass diese einen ordnungsgemäßen, im Einklang mit den Verkehrsregeln stattfindenden Verkehr - wie beispielsweise den Überflug eines Flugzeugs - widerspruchslos hinnehmen müssen[584]. Ähnliche Verhältnisse zeigten sich in der Seefahrt. Auch hier wurde der Drittschutz, bedingt durch die gleichen Gründe wie in der Luftfahrt, gegenüber der Interessensicherung der Passagiere an Bord des Verkehrsträgers als wichtiger erachtet. Passagiere eines Seeschiffs wurden im Rahmen des vertraglichen Verhältnisses mit dem Beförderer als genügend geschützt beurteilt. Drittgeschädigte hingegen bedurften aufgrund ihrer passiven Stellung gegenüber Schädigungen durch das Verkehrsmittel vergleichbar dem Luftrecht eines besonderen Schutzes ihrer Ansprüche. Auch hier standen die Drittgeschädigten einem dem Luftverkehr entsprechenden Risiko ungeschützt gegenüber. Dementsprechend forderte die gesellschaftliche Ansicht, Ansprüche der Drittgeschädigten im Seeverkehr wie auch im Luftverkehr durch besondere Versicherungsmodelle zu sichern[585].

---

[582] Im Luftrecht bildet sich die Gruppe der Drittgeschädigten hauptsächlich aus Personen auf der Erde, die durch z.B. den Absturz eines Flugzeugs, oder durch von dem Verkehrsmittel auf die Erde fallende Teile als gefährdet gelten. Im seerechtlichen Bereich bildet sich die Gruppe der Drittgeschädigte aus an Schadensfällen unbeteiligten Personen wie z.B. Küstenbewohnern oder Fischern, die durch einen Schiffsunfall, oder durch aus dem Schiff austretende, gefährliche Substanzen oder Stoffe gefährdet werden.

[583] Francoise, Versicherung und Ausarbeitung des internationalen Luftprivatrechts, ZLR 1953, S. 230 (231).

[584] Für den Luftverkehr: Hasse, Schutz Dritter durch die Luftfahrthaftpflichtversicherung, Diss., S. 8.

[585] Andere Sicherungsmittel wie die Hinterlegung einer gewissen Geldsumme, die Bürgschaft oder ein Garantiefond sind –zumindest in der Luftfahrt- praktisch unbedeutend (vgl. Kadletz, Zur Versicherungspflicht bei internationalen Luftbeförderungen, ZLW 1995, S. 284 (287; Fn. 36) und auch schon die Berichte in: Francoise, Versicherung und Ausarbeitung des internationalen Luftprivatrechts, ZLR 1953, S. 230 (230ff.)). In der Seefahrt kommt der Hinterlegung von Geldsummen sowie insbesondere von Garantieerklärung der P&I Clubs (sog. „Letter of undertaking“) besondere Bedeutung zu, zumindest in Umständen in denen ein Schiff wegen ausstehender Forderungen in Arrest genommen wurde.

Die Bewertung der minderen Schutzwürdigkeit der eigentlichen Transportkunden gegenüber Drittgeschädigten erfuhr im Laufe der Zeit eine gravierende Änderung. Im gesamten Transportrecht gewann zunehmend die Erkenntnis Bedeutung, dass der vertragliche Verkehrsnutzer selbst ein umfassendes Sicherheitsbedürfnis besitzt und das dieses Bedürfnis eine entsprechend erhöhte Berücksichtigung in den rechtlichen Regelungsstrukturen finden müsse. Deutlich wurde diese Bewertung in der Reformierung und Modifikation der Haftung des Beförderers für Personenschäden sowohl im internationalen Luftrecht, als auch im Rahmen der Produkthaftung sowie schließlich in der Erarbeitung der Haftungsgrundsätze des Protokolls 2002 für das internationale Seerecht[586]. Im Rahmen der Entwicklung des Haftungsrecht hin zu einem den Verbraucherschutz stärkenden Recht, in dem das Unfallopfer und der Gedanke der sozialen Schutzgewährung der Rechtsregeln gegenüber dem Verbraucher der das Recht in seiner Entwicklung leitende Grundsatz wurde, wirkte sich diese Rechtsevolution auch auf die Versicherungssystematik der Haftpflicht des Beförderers aus. Auf internationaler Ebene wurde dieser verbraucherschutzorientierte Ansatz besonders deutlich im Rahmen der Entwicklungen der Versicherungssystematik des Haftpflichtigen im Luftrecht. Wurde der am Verkehr unbeteiligte Drittgeschädigte im Luftrecht schon früh als besonders schutzwürdig anerkannt, galt derjenige, der sich freiwillig in den Gefahrenbereich eines Flugzeugs begab, zunächst als nicht besonders schutzwürdig[587]. Alle internationalen Regelungswerke die sich mit der Haftung des Luftfrachtführers bei Passagierschäden auseinander setzten, sahen vor diesem Hintergrund von einer Zwangshaftpflichtversicherung ab. Im Zuge der globalen Stärkung der Verbraucherinteressen erschien dieser Umstand im Laufe der Zeit als unzureichend. Getragen von den luftrechtlichen Entwicklungen, die den verbraucherschützenden Grundgedanken insbesondere im Rahmen einer stetige Verschärfung der Haftung des Luftfrachtführers durchsetzten, wurde die Anerkennung der Verbraucherinteressen in den internationalen Regelungswerken immer wichtiger, und mit dieser Entwicklung nicht nur das Bestehen eines Anspruchs des Passagiers gegenüber dem Luftfrachtführer, sondern auch dessen rechtliche Sicherung. Im Rahmen dieser verbraucherfreundlichere Rechtsentwicklung wurde eine Trennung zwischen den Schutzbedürfnissen von Drittgeschädigten und Passagieren als nicht mehr zeitgemäß erachtet. In den achtziger Jahren wurde im Luftrecht zunehmend die entsprechende Forderung geäußert, auf völkerrechtlicher Ebene die Haftung

[586] Vgl. zu dieser Entwicklung insbesondere die erhöhte Orientierung der Rechtsstrukturen des Luftrechts an Verbraucherinteressen: in dieser Arbeit: § 1, B, II, 2, a) sowie die Verbraucherorientierten Haftungsstrukturen des Protokolls 2002: §2, B, I.
[587] Müller-Rostin, Neuregelung der Haftpflicht, VersR 1997, S. 1445 (1447).

des Beförderers gegenüber Passagieren und Dritten auf der Grundlage der selben Prinzipien zu integrieren. Dabei wurde ein neues Rechtssystem diskutiert, welches eine gänzliche Integration aller Parteien der Luftfahrt vornehmen sollte. Die Haftung des Beförderers gegenüber den Passagieren und die Haftung des Flugzeughalters gegenüber Dritten sollte dabei eine einheitliche Bewertung finden, insbesondere unter dem Grundsatz der Anspruchssicherung für Passagiere und Dritte aufgrund einer gleichen Schutzbedürftigkeitsbeurteilung[588].
Allerdings setzte sich eine entsprechende Angleichung der Rechtsregeln zur verstärkten Sicherung von Schadensersatzansprüchen auf internationaler Ebene nur zögerlich durch. Im Rahmen der Erarbeitung des Protokolls von Guatemala City 1971 wurden auf internationaler Ebene für den Passagiertransport mit dem Flugzeug eine Reihe von Möglichkeiten einer ergänzenden Schadensersatzregelung zugunsten der Passagiere diskutiert, wobei unter anderem die Möglichkeit der Einführung einer obligatorischen Passagier-Unfallversicherung Berücksichtigung fand[589]. Allerdings trat das Protokoll von Guatemala City nicht in Kraft, so dass die Überlegungen zur individuellen Vorsorge nicht umgesetzt wurden[590]. Die Ansprüche eines Flugzeugpassagiers waren jedoch trotz fehlender gesetzlicher Regelungen nicht völlig schutzlos. Die gewerblichen Luftfrachtführer hatten fast ausnahmslos ihre gesetzliche Haftung aus dem Transportvertrag – d.h. die Befördererhaftung nach dem Warschauer System und ihre freiwillig erweiterte Haftung (Montrealer Zwischenvereinbarung, Malta Agreement, IATA-Intercarrier Agreement) - auf „freiwilliger“ Basis versichert[591]. Dieser Schritt der Luftfrachtführer war jedoch weniger motiviert durch die Maßgabe, dass der Verbraucherschutz erhöht werden müsste, als vielmehr durch die Einschätzung des Ausmaßes des

---

[588] Cheng, Fifty Years of the Warsaw Convention, ZLW 1979, S. 373 (378); Cheng/Dutheil de la Rochère, Draft Convention on an Integrated System of international Aviation Liability Covering International Carriage by Air and Surface Damage by Foreign Aircraft in: I.L.A Report 60th Conference Montreal 1982 (1983) S. 553 (553 f. und 555ff.); Mankiewicz, Zersplitterung und notwendige Novellierung des Haftungssystems der Luftfahrt in: Böckelstieg (Hrsg.), Die Produkthaftung, S. 219 (244ff.); Basedow, Der Transportvertrag, S. 500; jew. m.w.N.

[589] Bodenschatz, Die Fluggast-Unfallversicherung in: Festschrift für Meyer, S. 45 (45ff.) m.w.N.

[590] Giemulla/Schmid, LuftVG, § 50, Rn. 7.

[591] Kadletz, Zur Versicherungspflicht bei internationalen Luftbeförderungen, ZLW 1995, S. 284 (289) ; Giemulla/Schmid, LuftVG, § 50, Rn. 23 ; Basedow, Der Transportvertrag, S. 469.

Kumulrisikos, welches so groß schien, dass Schadensersatzansprüche die Kapitalkraft der Luftfrachtführer bedrohten[592].

Im Gegensatz zum Völkerrecht entwickelte sich die luftrechtliche Versicherungssystematik auf nationaler und regionaler Ebene im zeitlichen Sinne schneller. Im Hinblick auf die erheblichen Risiken und das große Schadenspotential wurde in vielen Luftfahrt betreibenden Staaten von den nationalen Luftfahrtbehörden den Luftfahrtunternehmen, die um eine Betriebsgenehmigung oder Landegenehmigung nachsuchten, der Nachweis hinreichenden Haftpflichtversicherungsschutzes zur Auflage gemacht[593]. In Deutschland wurde schon früh beschlossen, den Schutz der Fluggäste im Luftverkehr zu erhöhen. Dabei wurde den Luftfahrtunternehmen zunächst im Wege einer Auflage[594], dann durch die Einführung des § 29 g LuftVG[595] (heute § 50 LuftVG), der Abschluss einer Fluggast-Unfallversicherung zwingend vorgeschrieben und zur Auflage für die Zulassung deutscher und internationaler Luftfahrtunternehmen mit dem Hauptsitz im Bundesgebiet, zur innerstaatlichen und internationalen Beförderung gemacht[596]. Durch die obligatorische Passagier-Unfallversicherung sollte sichergestellt werden, dass der Fluggast oder seine Hinterbliebenen die Versicherungssumme erhalten, ohne dass zuvor eine Schadensersatzpflicht festgestellt werden musste. Damit sollte hauptsächlich eine möglichst schnelle Befriedigung der Ansprüche des Geschädigten erreicht werden, ohne langwierige Prüfung von bestehenden Haftungsfragen[597]. Ansonsten bestand jedoch zwischen der Haftung des Luftfrachtführers aus dem Beförderungsvertrag und der obligatorischen Unfallversicherung kein Zusammenhang, vielmehr stand ein Haftungsanspruch selbstständig neben der Unfallversicherung[598]. Ähnliche Regelungen fanden sich in Österreich[599], Italien[600] und Spanien[601]. Ein

---

[592] Schönwerth/Müller-Rostin, Die Luftfahrtversicherung in der Praxis, ZLW 1987, S. 229 (229ff) ; Kadletz, Zur Versicherungspflicht bei internationalen Luftbeförderungen, ZLW 1995, S. 284 (289) ; Basedow, Der Transportvertrag, S. 469.

[593] Müller-Rostin, Neuregelung der Haftpflicht, VersR 1997, S. 1445 (1447).

[594] Vgl. dazu: „Auflagen für Deutsche Luftfahrtunternehmen, die mit Genehmigung des Reichsverkehrsministers Fluglinien des öffentlichen Verkehrs betreiben", abgedruckt in: Nachrichten für Luftfahrer vom 27. Dezember 1930, S. 461 f.

[595] Eingeführt durch das 4. Gesetz zur Änderung des Luftverkehrsgesetzes vom 25. Januar 1943 (RGBl. 1943 I, S. 69).

[596] Giemulla/Schmid, LuftVG, § 50, Rn. 1ff. ; Kadletz, Zur Versicherungspflicht bei internationalen Luftbeförderungen, ZLW 1995, S. 284 (286).

[597] Chung, Die verschuldensunabhängige Haftung, Diss., S. 159.

[598] Giemulla/Schmid, LuftVG, § 50, Rn. 2.; Chung, Die verschuldensunabhängige Haftung, Diss., S. 163.

[599] In Österreich entsprach die Rechtslage im wesentlichen der des deutschen LuftVG (Kadletz, Zur Versicherungspflicht bei internationalen Luftbeförderungen, ZLW 1995, S.284 (286)).

[600] Art. 914 cod.nav. v. 30. März 1942.

weitergehender gesetzlicher Zwang zur Versicherung der Haftpflicht bestand in den genannten Ländern lange Zeit nicht, vielmehr wurde der durch die obligatorische Passagier-Unfallversicherung gewährte Schutz gegenüber den Fluggästen als ausreichend beurteilt. Anders erwies sich die Gesetzeslage in den USA. Hier bestand im nationalen Recht ein Zwang zum Nachweis einer Haftpflichtdeckung bis zu einer Höhe von 300.000 US-Dollar pro Passagier[602]. In der gleichen Höhe musste eine Versicherungsdeckung in Kanada nachgewiesen werden[603], und auch in Belgien kannte das Gesetz eine Zwangshaftpflichtversicherung des Luftfrachtführers[604].
Auch auf europäischer Ebene wurde der Gedanke der Erhöhung des Verbraucherschutzes zu einem das Recht immer stärker beeinflussenden Moment. Diese Entwicklung wirkte sich auf viele Rechtsgebiete aus, unter anderem auch auf die Versicherungssystematik des Luftfrachtführers. Am 23. Juli 1992 erließ der Rat der Europäischen Union die Verordnung (EG) Nr. 2407/92 über die Erteilung von Betriebsgenehmigungen an Luftfahrtunternehmen[605]. Die Verordnung bestimmt in Art. 7 ausdrücklich, dass ein innerhalb der Europäischen Union tätiges Luftfahrtunternehmen gegen die im Rahmen seiner Haftpflicht zu ersetzenden Schäden, die insbesondere bei Fluggästen, an Gepäck, an Fracht, an Post und Dritten durch Unfälle entstehen können, versichert sein muss. Weiterhin bestimmt die Verordnung (EG) Nr. 2407/92 in ihrer Präambel, dass zum Schutz des Verbrauchers und anderer Betroffener es sicherzustellen gilt, dass die Luftfahrtunternehmen ausreichend haftpflichtversichert sind. Damit wurde erstmals für die gesamte Europäische Union eine Zwangshaftpflichtversicherung in der Luftfahrt nicht nur für Drittschäden, sondern auch für Passagierschäden gesetzlich verpflichtend vorgeschrieben. Insoweit wurde die Differenzierung zwischen dem Drittschadensbereich und dem Transportkundenbereich im Rahmen der gesetzlichen Verpflichtung zum Abschluss einer Haftpflichtversicherung aufgegeben und nunmehr einheitlich beurteilt.

---

[601] Gesetz vom 26.9.1941 mit Erlass vom 8.5.1942.

[602] 14 C.F.R. part 205.3-205.5.

[603] Air Transport Regulation 1988, sec. 7 (1) (a).

[604] Kadletz, Zur Versicherungspflicht bei internationalen Luftbeförderungen, ZLW 1995, S. 284 (287) m.w.N.

[605] ABl. EG Nr. L 240, 24.8.1992, S.1 ; inkraftgetreten am 1. Januar 1993. Beachtlich ist, dass eine Konkretisierung der Versicherungspflicht des Halters, der ein Luftfahrtunternehmen der Gemeinschaft ist, in der Verordnung (EG) 2407/92 unterblieben ist. Erst die ergänzende Verordnung (EG) 785/2004 vom April 2004 (ABl. L 138, S. 1) holte dieses Versäumnis insbesondere hinsichtlich des Umfangs und der Höhe der Versicherungsdeckung nach. Danach hat ein Luftfahrtunternehmen der Gemeinschaft Versicherungsschutz einzudecken, dessen Mindestversicherungssummen gestaffelt sind entsprechend dem beim Abflug zugelassenen Höchstgewicht des Flugzeugs.

Beeinflusst durch diese nationalen und regionalen Tendenzen der vereinheitlichten Beurteilung des Schutzbedürfnisses von Dritten und Passagieren, setzte sich auch im internationalen Luftrecht eine einheitliche Bewertung der Sicherheitsbedürfnisse durch. Ihre Entsprechung fand diese Beurteilung im Völkerrecht durch das Montrealer Übereinkommen von 1999. Der Art. 50 MÜ legt erstmals im vereinheitlichten internationalen Lufttransportrecht den Abkommensstaaten die Verpflichtung auf, dafür Sorge zu tragen, dass ihre Luftfrachtführer ausreichenden Versicherungsschutz zur Abdeckung ihrer aus dem Abkommen entstehenden Haftung eindecken. Damit ist völkerrechtlich, auf internationaler Ebene eine Regelung geschaffen worden, die zwar die Ausgestaltung der Haftpflichtversicherung in ein gewisses Ermessen des Vertragsstaates stellt, die eigentliche Deckung der Haftung aber durch eine obligatorische Haftpflichtversicherung vorschreibt. Von der Einführung einer Passagierunfallversicherung im Rahmen des Art. 50 MÜ wurde abgesehen[606]. Damit ist eine Unterscheidung in der Bewertung zwischen den Sicherheitsbedürfnissen von Dritten und Passagieren zugunsten einer umfassenden Sicherung der allgemeinen Verbraucherinteressen auch im international vereinheitlichenden Lufttransportrecht grundsätzlich aufgegeben worden.

b) Übertragung der Zwangshaftpflichtversicherung auf die vertragliche Personenbeförderung in der Seefahrt

Die allgemeine Stärkung der Verbraucherinteressen und das damit verbundene gesteigerte Bedürfnis nach erhöhten Sicherungsmaßnahmen für die Ansprüche von Passagieren gegenüber dem Beförderer entwickelte sich auch im internationalen Seerecht zu einem entscheidenden Grundsatz im Rahmen der Modifikation des Athener Übereinkommens 1974 durch das Protokolls 2002. Die unterschiedliche Beurteilung von Dritten und Passagieren in den Versicherungsanforderungen war nicht mehr zeitgemäß und wiedersprach der allgemeinen, gesellschaftlichen Rechtsauffassung der erhöhten Berücksichtigung des Verbraucherschutzes. Die Entwicklung die sich in diesem Bereich im Luftrecht zeigt, ist keine luftrechtspezifische Neuorientierung, sondern bereichsübergreifend eine verbraucherschützende Tendenz, die ihre Wirkung im gesamten internationalen Transportrecht entfalten muss, insbesondere wenn die Anerkennung des gesteigerten Bedürfnisses der Gesellschaft nach einem erhöhten Verbraucherschutz das erklärte Ziel der neuen Regelungsstrukturen darstellt. Dementsprechend konnte das internationale Seebeförderungsrecht

[606] Kadletz/Benkö, Unfallhaftpflicht in Luftverkehrssachen, S. 108.

sich vor diesen Entwicklungen nicht verschließen. Orientiert an den entsprechenden luftrechtlichen Modifikationen[607] und an den drittschützenden Vorschriften des internationalen Seerechts[608], wurde die Zwangshaftpflichtversicherung des Beförderers für seine Haftung aus dem Beförderungsvertrag als ein Sicherungsinstrument für Passagieransprüche angesehen, dass den Verbraucherschutzinteressen in einem Maße gerecht wird, wie es von der allgemeinen Rechtsauffassung in der heutigen Zeit gefordert wird[609]. Im Vergleich zu der bisherigen Rechtslage in der internationalen Personenbeförderung auf See wurden dabei einer Zwangshaftpflichtversicherung für die Befördererhaftung aus dem Vertragsverhältnis verschiedene, die Verbraucherinteressen stärkende Hintergründe zugerechnet, die eine entsprechende Einführung einer Zwangshaftpflichtversicherung zwingend erforderlich erscheinen ließen.

Einerseits wurde in der Einführung einer Zwangshaftpflichtversicherung der verbraucherschützende Vorteil gesehen, dass der Geschädigte innerhalb des vertraglichen Beförderungsverhältnisses Ersatz erlangen kann, auch wenn die haftende Partei durch einen maritimen Schadensfall in ihrem Kapital so stark belastet wird, dass sie zahlungsunfähig ist. Der Gefahr der Insolvenz eines Schiffeigners kommt in der heutigen Zeit für einen geschädigten Passagier besondere Bedeutung zu. Viele Schiffseigentümer tragen die Organisationsform sogenannter Einschiffsgesellschaften („One-ship companies"), also Firmen, in deren Eigentum nur ein einzelnes Schiff steht, und die als eigenständige juristische Person unabhängig von dem Vermögen der Personen oder Firmen stehen, die sie gegründet haben[610]. Durch diese Unabhängigkeit des haftbaren Firmenvermögens unter anderem bei Schadensersatzansprüchen, und durch die Tatsache dass die Firmen durch ihr Eigentum an nur einem Schiff eine sehr begrenzte Kapitalkraft besitzen, werden die Einschiffsgesellschaften

---

[607] Hier insbesondere Art. 50 MÜ.

[608] Maßgeblich Art. 12 HNS-Übereinkommen 1996 sowie Art. VII Ölhaftungsübereinkommen 1969 und 1992.

[609] Vgl. auch: Gaskell, Revision of the Athens Convention, in: Liability to Pay Damages under Greek and International Maritime Law, S. 155 (159ff) ; Informationsschreiben Bundesministerium der Justiz, 24. Januar 2002, Geschz.: III A 4-9322-3-3426/2002, S. 5.

[610] Das Phänomen der „One-Ship-Companies" entwickelte sich maßgeblich nach der Erarbeitung der International Convention for the Unification of Certain Rules relating to the Arrest of Seagoing Ships, 1952, welche erstmalig im internationalen Recht den „Schwesterschiffarrest" vorsah. Diese Form von Arrest erlaubte nicht nur ein bestimmtes Schiff eines Schuldners, sondern auch jedes Schwesterschiff zu arrestieren. Viele Reeder die vorher ihre Flotte in einer Eigentümer-Gesellschaft organisiert hatten, wechselten daraufhin in die Form von mehreren „One-Ship-Companies", in der jedes Schiff eine eigene Gesellschaft als Eigentümer hatte. Jede einzelne der „One-Ship-Companies" wurde in ihrem Vermögen unabhängig von den frühren „Schwesterschiffen". Ein Schwesterschiffarrest konnte so vielfach verhindert werden (vgl. Hare, Shipping Law, S. 77).

zugleich sehr verwundbar gegenüber finanziellen Schadensersatzforderungen. Dieses birgt insbesondere dann eine Gefahr für geschädigte Passagiere, wenn eine hohe Zahl an Ansprüchen von den entsprechenden Firmen gedeckt werden müssen, welche die Kapitalkraft der Firma leicht erschöpfen und den Passagier als Folge in seinen Ansprüchen unbefriedigt belassen könnten. Durch eine gesetzliche Zwangshaftpflichtversicherung wird einer solchen Gefahr begegnet[611]. Verbunden mit dieser Sicherheit, die dem Passagier durch das Modell der Zwangshaftpflichtversicherung geboten wird, besteht der Vorteil, dass dem Geschädigte die Belastung genommen werden kann, den eigentlichen Beförderer ausfindig zu machen, um einen Anspruch gegen ihn durchzusetzen. Denn die Zwangshaftpflichtversicherung bietet die Möglichkeit, die entsprechende Versicherung mit einem Direktanspruch des Geschädigten gegen den Versicherer zu verbinden. Durch einen solchen Direktanspruch ist ein Geschädigter nicht darauf angewiesen, den Beförderer, der eventuell in einer entlegenen Gerichtsbarkeit ansässig ist, ausfindig zu machen. Vielmehr besteht für den Geschädigten im Rahmen eines Direktanspruchs die Möglichkeit, direkt gegen den Versicherer vorzugehen, unabhängig ob der Beförderer für den Geschädigten erreichbar ist oder nicht[612].

Andererseits ist ein weiterer Vorteil der Einführung einer Zwangshaftpflichtversicherung des Beförderers im vertraglichen Verhältnis in dem Umstand zu sehen, dass die Versicherungspflicht dazu beitragen kann, dass der generelle Sicherheitsstandard auf Passagierschiffen verbessert, zumindest aber eingehalten wird. Der Beförderer wird durch eine Zwangshaftpflichtversicherung schon aus eigenem, ökonomischen Interesse veranlasst sein, den Sicherheitsstandards zu entsprechen, um seine Versicherungsprämien auf einem niedrigen Niveau zu halten[613].

---

[611] Dieses gilt insbesondere, wenn die Zwangshaftpflichtversicherung mit einem Direktanspruch gegen den Versicherer verknüpft wird.

[612] Rosaeg, Compulsory Maritime Insurance, in: SIMPLY, Yearbook 2000, S. 179 (181f.).

[613] Bei den größten Seeschiffversicherern, den P&I Clubs, werden Schiffe, die durch die Clubs versichert werden sollen, bei Vertragsbeginn oder –erneuerung auf haftpflichtträchtige Gefahrenquellen und die Möglichkeit ihrer Beherrschung und Reduzierung hin untersucht. Die Beiträge besonders schadensträchtiger Mitglieder können nachträglich oder bei den regelmäßigen Vertragserneuerungen durch die P & I Clubs erhöht werden. Zusätzlich wirken die P&I Clubs in der Rolle der Versicherer mit an den Betriebsinstruktionen für die Mannschaft und nehmen auch sonst an allen Sicherungsbelangen der Schifffahrt unmittelbar Anteil. Insofern wirkt es sich auf die Versicherungsprämien reduzierend aus, wenn der Beförderer einen hohen Sicherheitsstandard pflegt. (Basedow, der Transportvertrag, S. 491 f.; Cotton, The Changing Role of P&I, Safety at Sea 1981, S. 37 (40f.); Kebschull, Grundsätze der P&I -Versicherung, ZVersWiss 1970, S. 561 (625); vgl. auch: Rosaeg, Compulsory Maritime Insurance, in: SIMPLY, Yearbook 2000, S. 179 (182); Steven Shavell: On the Social Function and The Regulation of Liability Insurance (Harvard Law School Discussion Paper No. 278, Cambridge, MA 2000), *http://www.law.harvard.edu/programs/olin_center/papers/278_shavell.php* (11.02.2005)).

Neben diesen Vorteilen, die eine Zwangshaftpflichtversicherung den Passagieren bietet, ergeben sich aus diesem Versicherungsmodell auch Vorteile für die Schifffahrtsindustrie. Eine allgemeine, international geregelte Zwangshaftpflichtversicherung garantiert den Beförderern ein einheitliches Versicherungssystem, dass ausgleichende Verhältnisse im Wettbewerb schafft. Durch eine allgemeine Versicherungspflicht der Haftung des Beförderers aus dem Beförderungsvertrag besteht nicht mehr die Möglichkeit, ein Schiff ohne eine solche Versicherung zu betreiben, um so einen finanziellen Vorteil gegenüber anderen im Wettbewerb stehenden Beförderern durch Einsparung von Versicherungsprämien zu gewinnen[614]. Vielmehr findet eine Vereinheitlichung des Verkehrs und des Wettbewerbes statt, der sowohl im Interesse des verantwortungsbewussten Beförderers liegt, als auch im Interesse der Passagiere.
Trotz dieser erkannten Förderlichkeiten für die Passagier- und Beförderinteressen, wurde die Einführung einer Zwangshaftpflichtversicherung von den in der IMO über eine Neuregulierung des Athener Übereinkommen beratenden Delegationen zunächst nicht einheitlich als vorteilhaft bewertet. Vielmehr sprachen sich einige Delegationen während der Erarbeitung des Protokolls 2002, anstelle der Übertragung der Zwangshaftpflichtversicherung aus dem Drittschutzbereich auf das vertragliche Verhältnis zwischen Beförderer und Passagier, für die Einführung einer obligatorischen Passagier-Unfallversicherung aus[615]. Dieses Versicherungsmodell wurde gegenüber der Einführung einer Zwangshaftpflichtversicherung zum Teil als den Passagierinteressen besser gerecht werdendes Schutzmodell bewertet, da es von der Haftung des Beförderers unabhängig sei und somit der Passagier schneller Ersatz erlangen könne. Eine solche Unabhängigkeit bot nicht nur den Vorteil der schnellen Entschädigung, vielmehr wären die Haftungsregelungen insgesamt einem Einfluss der Versicherung, beispielsweise auf eine eventuelle Präventivwirkung der Haftungsregeln, entzogen.

aa) Obligatorische Passagier-Unfallversicherung

Das CMI präsentierte auf der 77. Sitzung des Rechtsausschusses der IMO einen entsprechenden Vorschlag, von einer Übertragung der Zwangshaftpflichtversicherung abzusehen und stattdessen eine obligatorische Passagierunfallversicherung in das Protokoll 2002 einzuarbeiten[616]. Durch die Passagier-Unfallversicherung, die der Beförderer für den Fahrgast hätte

[614] Rosaeg, Compulsory Maritime Insurance, in: SIMPLY, Yearbook 2000, S. 179 (183).
[615] IMO Doc. LEG 77/4/2, 17. März 1988 ; IMO Doc. LEG 78/11/18, 2. November 1998.
[616] IMO Doc. LEG 77/4/2, 17. März 1988.

abschließen müssen, sollte gewährleistet werden, dass Passagiere im Fall einer Körperverletzung oder im Fall des Todes des Reisenden seine Hinterbliebenen eine Versicherungssumme erhalten, ohne das zuvor eine Schadenersatzpflicht festgestellt werden müsste. Die zu zahlende Schadenssumme sollte entweder durch die nationalen Gerichte der Vertragsstaaten von Fall zu Fall festgelegt werden, oder im Rahmen einer vereinbarten Tarifliste mit vorbestimmten Summen für Schadensfälle Festlegung finden[617]. Nach eingehenden Untersuchungen des englischen und des amerikanischen Versicherungsmarktes stellte sich zwar einerseits die Bestimmung der Schadenssummen im Rahmen einer festgelegten Tarifliste als kostengünstig heraus, andererseits wurde aber erkannt, dass bei einer Festlegung auf Schadenssummen für bestimmte Verletzungsarten international keine einheitliche Lösung zu finden war, da die unterschiedlichen, nationalen Rechtsordnungen in der Festlegung der Höhe von Schadenssummen für spezielle Verletzungsarten sehr stark differierten[618]. Trotz dieser auftretenden Schwierigkeiten bot die obligatorische Passagier-Unfallversicherung im Vergleich zu der Einführung einer gesetzlich vorgeschriebenen Zwangshaftpflichtversicherung des Beförderers zunächst für die Passagierinteressen einige Vorteile. Durch die Unabhängigkeit der Unfallversicherung von der eigentlichen Haftung des Beförderers ist der Passagier bei der Geltendmachung der Unfallversicherung keinen haftungsbedingten Verteidigungsmöglichkeiten des Versicherers ausgesetzt[619]. Auch bestimmte, seefahrtspazifische Regelungen der Seeversicherer, hier insbesondere der P&I Clubs, die im Rahmen einer Zwangshaftpflichtversicherung Wirkung entfalten können, würden bei der Unfallversicherung keine Geltung haben[620]. Weiterhin gewährt eine Passagier-Unfallversicherung für die gerichtliche Durchsetzung der aus

[617] Gaskell, Revision of the Athens Convention, in: Liability to Pay Damages under Greek and International Maritime Law, S. 155 (163ff).

[618] Gaskell, a.a.O., S. 155 (163, Fn. 19).

[619] Insbesondere der sog. „wilful misconduct-defense“ würde unter der Unfallversicherung keine Anwendung finden. Da eine obligatorische Unfallversicherung selbstständig und unabhängig neben einer Haftung des Beförderers steht, kommt es bei der Durchsetzung eines Anspruchs aus einer Unfallversicherung auf Verschuldensvoraussetzungen nicht an. Auch wenn ein Beförderer in der Absicht handelt, einen Schaden herbeizuführen, bleibt dem Passagier die Unfallversicherung erhalten. Insofern haben auch unter einer Haftpflichtversicherung mögliche Einwände des Versicherers, der Beförderer hätte vorsätzlich gehandelt, auf die Auszahlung der Versicherungssumme keinen Einfluss.

[620] Die meisten P&I Clubs, bei denen praktisch die gesamte Welthandelsflotte versichert ist, sehen intern die „pay to be paid“-Regelung vor, welche bedeutet, dass der P&I Club eine Versicherungsleistung nur auf schon ausbezahlten Schadenersatz durch das Clubmitglied erbringt (anerkannt wurde diese Regelung in einem Urteil des House of Lords, *Firma C-Trades SA v. Newcastle Protection and Indemnity Association, The Fanti and The Padre Island* [1990] 2 Lloyds Law Report S. 191 (202); [1991] 2 AC 1). Eine entsprechende Regelung findet im Rahmen einer Unfallversicherung keine Geltung.

ihr entstehenden Ansprüche dem Passagier einen gegenüber der Zwangshaftpflichtversicherung zeitlichen Vorteil, da eine entsprechende Geltendmachung der Ansprüche aus einer Unfallversicherung wesentlich einfacher und schneller durch Gerichte entschieden werden kann, wiederum weil Haftungsfragen – und damit teilweise langwierige Beweisfindungen – keine Berücksichtigung finden. Neben diesen Vorteilen des Versicherungsmodells der obligatorischen Passagier-Unfallversicherung bestehen im Vergleich zu einer Zwangshaftpflichtversicherung jedoch auch Nachteile, die das Ziel einer umfassende Sicherung der Verbraucherinteressen nur bedingt unterstützen.
Soll es dem Passagier nicht selbst überlassen sein, eine Unfallversicherung abzuschließen, müsste dem Beförderer im Rahmen einer obligatorischen Passagier-Unfallversicherung gesetzlich die Pflicht auferlegt werden, für alle auf seinem Schiff beförderten Passagiere eine entsprechende Versicherung abschließen. Dieser Umstand bedeutet für den Beförderer zunächst die Entstehung von zusätzlichen Kosten für den entsprechenden Einkauf der Versicherungsdeckung. Dabei bleibt es für den Seebeförderer nicht nur bei der Finanzierung der eigentlichen Deckungssumme, vielmehr würde den Beförderer durch die Einführung einer obligatorischen Unfallversicherung ein erheblicher Mehraufwand treffen, da eine Unfallversicherung im bisherigen Seerecht keine Entsprechung findet, und so ein gänzlich neues System Eingang in die Rechtssystematik finden würde. Die Umsetzung dieses Systems würde, insbesondere auf der Seite des Beförderers, im internen Arbeitsbereich zusätzliche Kosten verursachen, die ebenfalls Deckung finden müssten. Finanziert der Beförderer somit die Versicherungsdeckung und sämtliche anfallenden Zusatzkosten, so wird dieses zwangsläufig zur Folge haben, das die entstandenen Kosten auf den Passagier umgesetzt werden, maßgeblich durch Weiterleitung der entstandenen Mehrkosten im Rahmen einer Fahrpreiserhöhung für die Beförderung auf einem Schiff. Die Kosten für eine Passagier-Unfallversicherung werden somit zu einem Teil des Wettbewerbs, dem der Beförderer unterliegt. Da der Wettbewerb aber grundsätzlich den Preis bestimmt, sind einer Weiterleitung der Versicherungskosten an den Passagier durch die Erhöhung des Fahrpreises enge Grenzen gesetzt. Will der Beförderer wettbewerbsfähig bleiben, kann der Fahrpreis nicht beliebig angehoben werden. Wie der ökonomische Trend in der Schifffahrt zeigt, geht die Ausrichtung des Personentransports in der Seefahrt immer mehr in die Richtung eines Massentransports[621]. Daraus lässt sich gleichzeitig folgern, dass einer Umwälzung von entstehenden Kosten auf den Passagier im Rahmen eines erhöhten Beförderungspreises nur bis zu einer bestimmten Grenze möglich ist, die auf das Ziel des „Massentransports“

[621] Vgl. in dieser Arbeit: § 1, B, II, 2, b) und c).

Rücksicht nehmen muss, um dem Beförderer eine wirtschaftlich gewinnbringende Beförderung zu garantieren. Damit sind Preiserhöhungen für den Beförderer nur im geringen Rahmen möglich. Dem aus diesem Umstand entstehenden Anreiz für den Beförderer, an einer Versicherung zu sparen, könnte zwar dadurch begegnet werden, dass eine Unfallversicherung obligatorisch sein würde, trotzdem würden die Kosten dieser Versicherung zu einem Teil des Wettbewerbs des Beförderers. Leitgedanke einer Versicherungslösung ist aber gerade das umfassende Sicherheitsbedürfnis der Verkehrsnutzer und die effiziente Sicherung ihrer Ansprüche. Es würde diesem Leitgedanken widersprechen, würde man die Sicherung von Passagieransprüchen den Gesetzen des Wettbewerbs überlassen.
Die Sicherung von Ansprüchen der Passagiere gegen den Beförderer im Rahmen einer Zwangshaftpflichtversicherung bietet hingegen die Möglichkeit, die Einbeziehung des ökonomischen Wettbewerbs in die Versicherungsdeckung größtenteils zu umgehen. Maßgebend ist dabei die Einbeziehung der Zwangshaftpflichtversicherung in das System der P&I Clubs, den größten Versicherern in der Seefahrt. Die P&I Clubs sind Versicherungsvereine, die auf dem Prinzip der gegenseitigen Versicherung durch ihre Mitglieder beruhen (sog. Mutual Assurance Associations), international tätig sind und bei denen praktisch die gesamte Welthandelsflotte versichert ist[622]. Die Mitglieder der Clubs sind im Rahmen der gegenseitigen Versicherung zugleich Versicherungsnehmer und Teil des Versicherers. Die Mitglieder der Clubs zahlen einen sogenannten „Advanced Call", der zugleich Mitgliedsbeitrag und Versicherungsprämie ist und den die Manager der Clubs anhand der für das kommende Jahr erwarteten Schadensbelastung kalkulieren[623]. Entsteht eine Lücke zum tatsächlichen Schadensverlauf, wird diese durch eine Nachzahlungspflicht der Mitglieder, dem sogenannten „Suplementary Call" geschlossen[624]. Die P&I Clubs arbeiten auf der Geschäftsgrundlage des Verzichts

[622] Alleine in der sogenannten „International Group" sind ca. 95 % der Welthandelsflotte versichert. Die „International Group" ist ein Zusammenschluss von derzeit 19 P&I-Clubs, unter anderem der American P&I, Britannia, GARD, Japan Club, Liverpool & London Club, London Club, North of England, Skuld, SMP, Standard, Steamship Mutual, Swedish Club, UK Mutual und West of England. (Vgl. Rosaeg, The Impact of Insurance Practices, Marius Nr. 283, 2001, S. 115 (119); Pant, P&I Clubs, S. 22; Schwampe, Versicherung der gewerblichen Seeschifffahrt, TranspR 2006, S. 55 (60)).

[623] Kebschull, Grundsätze der P&I-Versicherung, ZVersWiss 1970, S. 561 (615ff.); Schwampe, Versicherung der gewerblichen Seeschifffahrt, TranspR 2006, S. 55 (60).

[624] Bei der Nachschusspflicht der Mitglieder der P&I Clubs handelt es sich um die den Mitgliedern auferlegte Verpflichtung, einen Fehlbetrag zwischen den vereinnahmten Beträgen und den diese Summe übersteigenden Schäden, Kosten und Auslagen des Versicherungsjahres zu ersetzen, und zwar anteilig im Verhältnis der beim Club versicherten Tonnage (vgl. Kebschull, Grundsätze der P&I-Versicherung, ZVersWiss 1970, S. 561 (626f.)).

auf Gewinnerzielung[625]. Dadurch stehen die P&I Clubs weitgehend außerhalb eines eigenen marktorientierten Wettbewerbs und können eine weitaus größere Neutralität des Versicherungssystems gegenüber ökonomischen Wettbewerbseinflüssen bieten.
Eine Versicherung im Rahmen der P&I Clubs wird aufgrund des Prinzips der Gegenseitigkeit für alle in diesen Clubs versicherten Passagierbeförderer zu gleichen Konditionen gelten, jedenfalls soweit ein übereinstimmender Sicherheitsstandard vom Beförderer eingehalten wird. Der Mitgliedsbeitrag als Versicherungsprämie wird nicht der Gefahr eines „Price-Dumpings" unterliegen, wie es auf den wettbewerbsorientierten offenen Versicherungsmärkten bestehen kann. Vielmehr wird die Höhe der zu zahlenden Versicherungsprämien im Rahmen eines Mitgliedsbeitrages nach der Schadensträchtigkeit des Beförderers bemessen werden, sowie nach den auf einem Schiff getroffenen Sicherheitsmaßnahmen zur Schadensprävention. Damit wird eine Zwangshaftpflichtversicherung innerhalb der P&I Clubs weitaus weniger dem wirtschaftlichen Wettbewerb unterstellt sein, als dies im Rahmen der Passagier-Unfallversicherung der Fall sein kann. Auch wird durch die Gegenseitigkeit, also dadurch das alle Mitglieder der Clubs alle Ansprüche gegen ein einzelnes Mitglied gemeinsam tragen, eine optimale Umsetzung der Versicherungspflicht garantiert. Dadurch dass jeder Anspruch Einfluss auf die Höhe der zu zahlenden Mitgliederbeiträge der Clubs hat, und somit direkte Auswirkungen für jedes einzelne Mitglied entfaltet, wird es im Interesse eines jeden Mitgliedes liegen, dass die Versicherungsanforderungen von jedem Beförderer in optimaler Weise erfüllt werden. Durch das Prinzip der Risikostreuung werden die Versicherungsanforderungen nicht nur Auswirkungen für Personenbeförderer haben, sondern auf sämtliche Schifffahrtsbereiche ausgedehnt. Damit liegt es im Interesse eines jeden Mitglieds, dass eine aktive Schadensprävention betrieben wird. Insofern wird nicht nur die Umsetzung der eigentlichen Versicherung auf ihre optimale Wirkung von den P&I-Clubs gefördert werden, vielmehr wird auch das Bewusstsein für eine Schadensprävention erhöht, um schon dem Entstehen von Ansprüchen vorzubeugen, und die Mitgliederbeiträge entsprechend niedrig zu halten, beziehungsweise nachträgliche „Suplementary Calls" zu vermeiden. Durch die Integration einer Versicherung in das bestehende P&I-Club-System kann dem Passagier somit einen Schutz geboten werden, den der normale, durch wirtschaftliche Interessen gelenkte, kommerzielle Versicherungsmarkt nicht im gleichen Ausmaß gewähren kann. Die Versicherungskapazität der offenen Märkte unter-

[625] Soweit nach Abschluss eines Versicherungsjahres ein Überschuss festgestellt wird, wird dieser entweder unter den Mitgliedern aufgeteilt oder einem Katastrophenfonds zugewiesen.

liegt im Gegensatz zu der Kapazität der P&I-Clubs, einer ständigen Fluktuation. Die Kapazität expandiert oder nimmt ab unter dem Einfluss der Menge an gezahlten Raten und der Anzahl von Ansprüchen, die aus den Versicherungen befriedigt werden[626]. Damit besteht für den Passagier die Gefahr, dass eine Versicherungssumme nur bis zum ersten, größeren Schadensfall besteht, danach eine Versicherung von den offenen Märkten jedoch nicht mehr gedeckt werden kann und die Versicherer sich aus der Deckung bestimmter Schäden zurückziehen[627], oder eine Versicherung nur noch zu erhöhten Raten anbieten. Wird der Passagierschutz im Rahmen einer Versicherung somit dem offenen, kommerziellen Markt überlassen, besteht die Möglichkeit, dass sowohl die Konditionen um eine entsprechende Versicherung zu erlangen, als auch die Breite der Schadensdeckung abhängig von ökonomischen Interessen sind und damit dem Passagier keinen optimalen Schutz mehr bieten können. Ein solches Problem wird weitgehend ausgeschlossen, soweit eine Zwangshaftpflichtversicherung vorgesehen ist, die innerhalb des P&I-Club-Systems gedeckt wird, da innerhalb der P&I-Clubs die Mitglieder zugleich Versicherer und Versicherungsnehmer sind und die Versicherung auf dem Prinzip der Gegenseitigkeit beruht. Einem Rückzug der P&I-Clubs aus dem Versicherungsverhältnis aufgrund zu hoher Schadensforderungen wird durch das System der Nachschusspflichten der Mitglieder entgegengewirkt, die einen Fehlbetrag zwischen den vereinnahmten Beträgen und den diese Summe übersteigenden Schäden des Versicherungsjahres ersetzen.

Durch die Deckung einer Zwangshaftpflichtversicherung im Rahmen des P&I-Club-Systems wird neben den genannten Vorteilen gegenüber der Einführung einer obligatorischen Passagier-Unfallversicherung ein weiterer, praktischer Vorteil offenbar, nämlich die Möglichkeit auf ein bereits bestehendes und über die Jahre bewährtes System der Schadensregulierung zurückgreifen zu können. Die P&I-Clubs entstanden im 19. Jahrhundert in England und entwickelten sich aus den „Shipowner's Mutual Hull Underwriting Associations“[628]. Seit dieser Zeit entwickelten sich die

[626] Vgl. IMO Doc. LEG/CONF.13/13/26, 12. September 2002.

[627] Ein solcher Vorgang konnte insbesondere in der Luftfahrt beobachtet werden, als die Versicherer der offenen Märkte sich unter dem Eindruck der Unglücke am 11. September 2001 nicht mehr imstande sahen, bestimmte Risiken durch eine Versicherung zu decken. Die Folge war eine allgemeine Erhöhung der Versicherungsraten und der Rückzug vieler Versicherer aus der Deckung bestimmter Schäden. Vielmehr mussten auf staatlicher Ebene die einzelnen Regierungen als Garantiegeber eintreten, um weiterhin einen Flugverkehr mit „Versicherungsdeckung“ zu ermöglichen. (vgl. auch: OECD Economic Outlook 71, 2002, Kapitel IV, S. 118, 123f).

[628] Einen maßgeblichen Impuls zur Bildung der P&I Clubs gab der englische Versicherungsmarkt, auf dem Mitte des 19. Jahrhunderts Kollisionshaftungsrisiken nur mit 75 Prozent des Schiffswertes versichert werden konnten. Als Reaktion auf diesen Umstand

(Fortsetzung der Fußnote auf nächster Seite)

Clubs zu den bedeutensden Seeversicherern, bei denen heute praktisch die gesamte Welttonnage für diverse Schadensrisiken und -szenarien Versicherungsschutz genießt[629]. Unter Anderem wird den Versicherungsnehmern auch eine volle Versicherungsdeckung der Haftung für Passagierschäden geboten[630], allerdings ohne dass zu deren Abschluss für den Beförderer bisher eine gesetzliche Verpflichtung bestand. Vielmehr wurden die Mitglieder der P&I-Clubs auf freiwilliger Basis gegen entsprechende Schadensrisiken durch ihre Mitgliedschaft in den Clubs automatisch mitversichern. Allerdings war jedes Mitglied nach den Clubregeln in jedem Fall verpflichtet, in den Beförderungsverträgen die Haftungsfreizeichnung, im Rahmen der gesetzlichen Zulässigkeit, voll auszuschöpfen[631]. Verstößt ein Mitglied gegen diese Regel, so erhält es vom Club nur denjenigen Betrag ersetzt, den das Mitglied bei Verwendung der zulässigen Freizeichnungsklausel hätte aufbringen müssen[632]. Die P&I-Clubs haben so über die Jahrzehnte weitreichende Erfahrung auch auf dem Gebiet der Passagieransprüche gesammelt. Dabei zeigten sich die P&I-Versicherungen stets als anpassungsfähig, und nicht als starres System. Dieses findet insbesondere Ausdruck in der teilweisen Außerkraftsetzung von Verteidigungsmöglichkeiten aus den Versicherungspolicen der Clubs, für einen schnellen und zweckdienlichen Ausgleich der Passagieransprüchen[633].

Aufgrund dieser Vorteile der Zwangshaftpflichtversicherung gegenüber einer obligatorischen Passagier-Unfallversicherung, und insbesondere

schlossen sich die Reeder zu sogenannten Mutual Clubs zusammen, und versicherten entsprechende Risiken unter voller Deckung auf der Basis des Prinzips der Versicherung auf Gegenseitigkeit (Schwampe, Versicherung der gewerblichen Seeschifffahrt, TranspR 2006, S. 55 (60); Hare, Shipping Law, S. 755ff.; Kebschull, Grundsätze der P & I-Versicherung, ZVersWiss 1970, S. 561 (626f.); Coghlin, P&I Clubs, LMCLQ 1984, S. 403 (403)).

[629] Zur historischen Entwicklung der P&I Clubs und den durch die Clubs abgedeckten Risiken, vgl. die ausführlichen Darstellungen bei Hare, Shipping Law, S. 755ff.; Kebschull, Grundsätze der P & I-Versicherung, ZVersWiss 1970, S. 561ff., sowie Schwampe, Versicherung der gewerblichen Seeschifffahrt, TranspR 2006, S. 55 (60)).

[630] Coghlin, P&I Clubs, LMCLQ 1984, S. 403 (405); Pant, P&I Clubs, S. 91; Kebschull, Grundsätze der P & I-Versicherung, ZVersWiss 1970, S. 561 (657).

[631] Vgl. z.B. The Britannia Steam Ship Insurance Association Limited Rules of Class 3, Protection & Indemnity, Britannia-Rule 19 (2); auch: Pant, P&I Clubs, S. 92.

[632] Vgl. z.B. The Britannia Steam Ship Insurance Association Limited Rules of Class 3, Protection & Indemnity, Britannia-Rule 27 (1); auch: Pant, a.a.O., S. 92.

[633] So geschehen z.B. im Rahmen der Schadenersatzansprüche der Passagiere nach dem Unfall der „Estonia" und der „Herald of Free Enterprise" , bei denen deutlich höhere Summen an die verunglückten Passagiere bzw. deren Hinterbliebenen gezahlt wurden, als dieses von dem Athener Übereinkommen oder den internen „Club-Rules" vorgeschrieben war. (Vgl. IMO Doc. LEG/CONF.13/15/4, 18. September 2002 ; IMO Doc. LEG/CONF.13/10 Annex 2, S. 2, 22. August 2002; außerdem: Anders Björkmann, Disaster Investigation, Part 3.20, *http://heiwaco.tripod.com/epunkt320.htm* (11.02.2005)).

aufgrund der Nutzungsmöglichkeit der im Umgang mit Passagieransprüchen erfahrenen P&I-Clubs als Versicherer, deren Einbeziehung im Rahmen der Einführung einer obligatorischen Passagierunfallversicherung ausgeschlossen wäre, sind die Grundsätze der Zwangshaftpflichtversicherung als den Ansprüchen an einen modernen Verbraucherschutzes und der erhöhten Berücksichtigung der Passagierinteressen im Seerecht am besten gerecht werdend zu beurteilen.

Mit der Einführung der Zwangshaftpflichtversicherung im Rahmen des Protokolls 2002 folgt das Seerecht den Entwicklungen, die sich schon in der luftrechtlichen Versicherungssystematik zeigten. Auch hier setzte sich die Zwangshaftpflichtversicherung gegenüber einer alleinig geltenden, obligatorischen Passagier-Unfallversicherung durch, aufgrund der geänderten Bewertung der Schutzbedürftigkeit von Passagieren gegenüber Drittgeschädigten[634]. Wurde die obligatorische Passagier-Unfallversicherung lange Zeit von vielen Staaten als ausreichendes Sicherungsmittel der Verbraucherinteressen betrachtet, führte im Luftrecht die allgemeine Stärkung der Passagierrechte zunächst im nationalen und regionalen Räumen zur Einführung einer Zwangshaftpflichtversicherung des Luftfrachtführers, bis schließlich deren Abschluss durch das Montrealer Übereinkommen auch völkerrechtlich vorgeschrieben wurde[635].

bb) Präventionswirkung der Haftung im Passagierverkehr

Bildet die Einführung einer Zwangshaftpflichtversicherung gegenüber dem Modell einer obligatorischen Passagierunfallversicherung ein dem Verbraucherschutz besser gerecht werdendes System für das internationale Seerecht, um Ansprüchen von Passagieren eine weitestgehende Siche-

---

[634] Vgl. in dieser Arbeit: § 2, B, II, 1, a); für Deutschland vgl. Begründung des Bundesministeriums der Justiz: Zweites Gesetz zur Änderung schadensrechtlicher Vorschriften, S. 61ff.

[635] Selbst im deutschen Luftrecht, wo schon früh das Erfordernis einer obligatorischen Passagier-Unfallversicherung erkannt wurde und im Luftverkehrsgesetz eine entsprechende Pflicht zum Abschluss einer solchen Versicherung eingeführt wurde (vgl. in dieser Arbeit: § 2, B, II, 1, a), gilt heute – nach dem Erlass der entsprechenden europäischen Vorschriften und einer Modifizierung des deutschen Rechts, nicht mehr die obligatorische Passagier-Unfallversicherung als alleiniges Sicherungsmittel für den Passagier eines Flugzeugs, sondern ein System der Koexistenz von Zwangshaftpflichtversicherung und obligatorischer Passagier-Unfallversicherung. Dabei bildet die Zwangshaftpflichtversicherung die Grundlage der Versicherungspflicht des Luftfrachtführers, die obligatorische Passagier-Unfallversicherung garantiert darüber hinaus, dass ein geschädigter Passagier einen schnellen und unkomplizierten Unfallausgleich erfährt, der auf den Schadenersatzanspruch angerechnet wird.

rung zu gewähren, ergibt sich aus der grundsätzlichen Entscheidung für die Einführung einer Zwangshaftpflichtversicherung im Verhältnis zu den Haftungsregelungen des Beförderers jedoch die Möglichkeit, dass eine potentielle Präventivwirkung der Haftung zur Schadensverhütung durch die Versicherungspflicht des Beförderers aufgehoben wird, und so, trotz des eigentlichen Ziels der erhöhten Integration der Verbraucherinteressen im internationale Seetransportrecht, der Verbraucherschutz indirekt eine Schwächung erfährt.

Die Schadensverhütung stellt sich zunächst als eine öffentliche Aufgabe dar, die unmittelbar von einem bestimmten Staat wahrgenommen wird. Diese geschieht in erster Linie durch Polizei- und Ordnungsvorschriften und durch die Strafrechtspflege. Ob daneben den zivilrechtlichen Haftungsvorschriften eine Rolle in der Schadensprävention in dem Sinne zukommt, dass sie einen Anreiz zur Schadensverhütung bieten, wird nicht einheitlich beurteilt[636]. Vielmehr ist mangels empirischer Untersuchungen bisher praktisch ungeklärt, ob und inwieweit ein potentieller Präventionseffekt drohender Haftung entfällt, wenn der Haftpflichtige durch eine entsprechende Versicherung gedeckt ist, und ein Haftungsfall sich allenfalls nachteilig auf die zu zahlenden Versicherungsprämien auswirkt, nicht aber auf die Kapitalkraft des Haftpflichtigen[637]. Insofern sind Aussagen über die Rolle, die zivilrechtliche Haftung bei der Schadensprävention spielt, zumeist hypothetischer Natur[638]. Im Rahmen einer Kosten-Nutzenanalyse der Risikozuweisung der Haftungsnormen kann der Frage des Bestehens eines Präventivgedankens von Haftungsregelungen – auch bei einer hypothetischen Annahme einer solchen Existenz - jedoch durchaus ein bestimmter Einfluss zukommen, vornehmlich bei der Entscheidung über eine Belastungsverteilung zwischen Schädiger und Geschädigtem.

---

636 Teilweise werden zivilrechtlichen Schadensnormen nicht nur eine kompensatorische Wirkung zugerechnet, vielmehr wird in ihnen auch ein präventiver Reflex erkannt. Eine solche Präventivwirkung wird darin gesehen, dass zivilrechtliche Schadensnormen einen Nachteil für ein bestimmtes Handeln in Aussicht stellen, und so einen Anreiz schaffen, dieses Handeln zu unterlassen (etwa Wüstendörfer, Zur Haftung für Feuerschaden an Bord, MDR 1949, S. 450 (515); ausführliche Zusammenstellung des Meinungsstandes in Weyers, Unfallschäden, S. 425ff. m.w.N.; siehe auch Horn, Zur ökonomischen Rationalität des Privatrechts, AcP 1976, S. 307 (324 ff.); kritisch zur Präventivwirkung des Haftpflichtrechts etwa: Weyers, Unfallschäden, S. 452ff.; Tunc, Introduction I/11 (Torts) I.E.C.L., S. 79f. und 89ff.; Fleming, The Law of Torts, S. 8 und 11.)

637 Weyers, a.a.O., S. 456ff, 472 ; Basedow, Der Transportvertrag, S. 487; v.Hippel, Haftungsersetzung durch Versicherungsschutz in: Fleming/v. Hippel/Hellner, S. 40 (67), m.w.N.

638 Vgl. die Beurteilung bei Weyers, a.a.O., S. 456ff, 472; Basedow, a.a.O., S. 487f.; Ramberg, The Law of Carriage of Goods, European Transport Law 1974, S. 39.

Im Bereich des Transportrechts kann der Beurteilung der Auswirkung der Haftung auf die Schadensverhütung jedenfalls dann eine ausschlaggebende Bedeutung zukommen, wenn andere Einflussfaktoren als die Haftung, die in die selbe Richtung wie Haftungsnormen wirken, fehlen[639]. Wird jedoch ein umfassendes System der Sicherheit geboten, durch eine Vielzahl von Sicherheitsvorschriften und staatlichen Sanktionsmöglichkeiten im Falle eines Fehlverhaltens, und besteht gleichzeitig ein wettbewerbsorientiertes Streben nach einer „guten" Reputation auf dem Wirtschaftsmarkt und nach erhöhten Marktanteilen, welches gleichzeitig die Furcht vor hohen finanziellen Belastungen und dem Schwinden der eigenen Kapitalkraft in einem Schadensfall verstärkt, kommt einer präventiven Wirkung von Haftungsnormen nur noch geringe Bedeutung zu.
Die Unfallprävention aller Verkehrsträger wird im nationalen, wie auch im internationalen Bereich bestimmt durch ein breites Netz an Sicherheitsvorschriften, Verkehrsregeln sowie Mindestqualifikationsvoraussetzungen und Sanktionsmöglichkeiten. Insbesondere die Personenbeförderung unterliegt einer solchen, fast lückenlosen rechtlichen und ökonomischen Regulierung. Neben der Haftung des Beförderers besteht eine Vielfalt von Einflussfaktoren, die den Beförderer veranlassen sollen, präventive Maßnahmen zur Schadensverhütung zu treffen[640]. Erfüllt ein Beförderer nicht die Anforderungen an eine präventive Schadensverhütung, bestehen verschiedene Möglichkeiten, ihn mit Sanktionen zu belegen, welches für den Beförderer unter anderem die Konsequenz haben kann, dass er den Betrieb seiner Beförderung einstellen muss. Diese weitgefächerten Maßnahmen und Kontrollmechanismen vermitteln so unmittelbare und starke Verhaltensansprüche an die Verkehrsteilnehmer, dass eine Haftungsandrohung keinen spürbaren Anreize zur Schadensverhütung mehr vermittelt[641].
Eine Präventionswirkung der Haftung könnte für das Transportrecht jedoch in den Bereichen erkannt werde, wo Sanktionen nicht an ein momentanes Versagen beispielsweise des Verkehrsteilnehmers anknüpfen, sondern wo Entscheidungen aufgrund sorgfältiger Abwägungen getroffen werden und der Planung zugänglich sind, wie etwa bei den von *Basedow* angeführten Beispielen der Produktionsstätten, der Trassierung von Ver-

---

[639] Basedow, Der Transportvertrag, S. 488; ähnlich auch Weyers, Unfallschäden, S. 471f. und 479f.

[640] Für den Seeverkehr besteht z.B. die „International Convention for Safety of Life at Sea" (SOLAS) 1974 mit ihren diversen Modifikationen, welche dem Verkehr auf See ein breites Spektrum an Maßnahmen zur Schadensverhütung vorschreibt. Ergänzend gelten der ISM-Code und der ISPS-Code die sich der Schiffsicherheit annehmen.

[641] Vgl. dazu: v.Hippel, Haftungsersetzung durch Versicherungsschutz in: Fleming/v. Hippel/Hellner, S. 40 (66f.) m.w.N; Basedow, Der Transportvertrag, S. 488f.; Weyers, Unfallschäden, S. 471f. und 479f., m.w.N.

kehrswegen, oder der Verkehrslenkung[642]. Allerdings ist, wie *Basedow* richtig aufzeigt, zwischen diesen Bereichen des Transportrechts und der Befördererhaftung kein maßgebender Zusammenhang zu erkennen, da es auf die privatrechtliche Zuweisung von Schäden an die Parteien eines Transportvertrages nicht ankommt[643].

In der Passagierbeförderung besteht somit kein entscheidender, von der Haftung des Beförderers ausgehender Anreiz zur Schadensprävention, vielmehr wird der Beförderer durch eine Vielzahl von Regelungen und Maßnahmen außerhalb der Haftung aus dem Transportvertrag zu einem schadensverhütenden Verhalten veranlasst. Damit wirkt die Einführung einer Zwangshaftpflichtversicherung in diesem Sinne für den Passagier auch nicht beeinträchtigend, eine indirekte Schwächung des Verbraucherschutzes ist nicht zu erkennen.

Vielmehr wird in dem Moment, wo ein Versicherer eine gewisse Kontrolle gegenüber dem versicherten Beförderer vornimmt, und eine Möglichkeit der Einflussnahme auf die vom Beförderer getroffenen Schadensverhütungsmaßnahmen besteht, indem der Versicherer die Prämien für den Versicherungsschutz in ihrer Höhe von den getroffenen Schadensverhütungsmaßnahmen abhängig machen kann, eine Unterstützung des Verbraucherschutzes und eine Stärkung der Passagiersituation offenbar[644]. Im Rahmen des Seetransports werden Schiffe, die durch die P&I - Clubs versichert werden sollen, bei Vertragsbeginn oder –erneuerung auf eine Haftpflicht auslösende Gefahrenquellen und die Möglichkeit ihrer Beherrschung und Reduzierung hin untersucht. Die Beiträge besonders schadensträchtiger Mitglieder können nachträglich oder bei den regelmäßigen Vertragserneuerungen durch die P & I Clubs erhöht werden[645]. Zudem wirken die P&I Clubs in der Rolle der Versicherer mit an verschiedenen Schulungs- und Einführungsmaßnahmen für die Mannschaft und nehmen auch sonst an Sicherungsbelangen der Schifffahrt unmittelbar Anteil[646]. Vor diesem Hintergrund wirkt es sich auf die Versicherungsprämien oder den Mitgliedsbeitrag reduzierend aus, wenn der Beförderer auf seinem Schiff einen hohen Sicherheitsstandard pflegt. Der

642 Basedow, a.a.O., S. 488f. (mit weiteren Beispielen); ebenso v.Hippel, a.a.O., S. 40 (66f.)m.w.N.; Weyers, a.a.O., S. 647; Tunc, Introduction I/11 (Torts) I.E.C.L., S. 90f.

643 Basedow, Der Transportvertrag, S. 489.

644 Vgl. Steven Shavell: On the Social Function and The Regulation of Liability Insurance (Harvard Law School Discussion Paper No. 278, Cambridge, MA 2000), *http://www.law.harvard.edu/programs/olin_center/papers/278_shavell.php* (01.02.2007).

645 Kebschull, Grundsätze der P & I-Versicherung, ZVersWiss 1970, S. 561 (625); Basedow, der Transportvertrag, S. 491 f.

646 Basedow, der Transportvertrag, S. 492; Cotton, The Changing Role of P & I, Safety at Sea 1981, S. 37 (40f.).

Seebeförderer wird durch eine Zwangshaftpflichtversicherung schon aus eigenem, ökonomischen Interesse veranlasst sein, den Sicherheitsstandards zu entsprechen, um seine Versicherungsprämien auf einem niedrigen Niveau zu halten. Damit wird einerseits der Beförderer zu einem schadensverhütenden Verhalten angeregt, und andererseits dem Passagier eine entsprechende Sicherheit geboten. Im seerechtlichen Passagiertransport lässt sich somit erkennen, dass die Auswirkungen einer Zwangshaftpflichtversicherung keinen reduzierenden Einfluss auf schadensverhütende Maßnahmen des Beförderers haben, sondern vielmehr zu deren verstärkten Berücksichtigung führen, welches gleichzeitig dem Passagier zu Gute kommt.

c) Zusammenfassende Feststellungen zu dem Modell der Zwangshaftpflichtversicherung in der vertraglichen Beförderer-Passagier-Beziehung

Durch die Einführung des Modells einer Zwangshaftpflichtversicherung des Passagierbeförderers in der Seefahrt im Rahmen des Art. 4 a AÜP folgt das internationale Seerecht einer Entwicklung, die sich in vielen Rechtsbereichen als befriedigende Schutzmaßnahme für Verbraucher- und Drittinteressen bewährt hat. Insbesondere in der rechtlichen Ausgestaltung der Personenbeförderung in der Luftfahrt entwickelte sich die Einführung von obligatorischen Haftpflichtversicherungen zu einem rechtlichen Mindeststandard, der den Passagier- und Verbraucherinteressen gemessen an der Schutzbedürftigkeit, die den Verkehrsteilnehmern in der heutigen Zeit zukommt, einen weitreichenden Schutz bietet und ihre Ansprüche entsprechend zu sichern vermag. Wie das Luftrecht in seiner Entwicklung zeigt, ist es nicht mehr zeitgemäß den Schutzinteressen von Drittgeschädigten gegenüber der Schutzbedürftigkeit von Passagieren einen rechtlichen Vorteil zu gewähren. Vielmehr kann insbesondere im Luftrecht erkannt werden, dass eine Berücksichtigung des Verbraucherschutzes erhöhter Aufmerksamkeit in modernen Rechtssystemen bedarf. Einer solchen Entwicklung kann sich das Seerecht nicht verschließen. Das System der Anspruchsicherung durch eine obligatorische Haftpflichtversicherung bietet dabei einen modernen Rechtsstandard, der sich schon außerhalb des Seerechts als sehr effektiver Weg zur Unterstützung von Verbraucherrechten erwiesen hat. Durch die Übertragung des Modells der Zwangshaftpflichtversicherung in die rechtliche Regulierung der internationalen Personenbeförderung auf See passt sich das Seerecht nicht nur der Tendenz einer Stärkung des Verbraucherschutzes an, auch auf praktischer Seite wird eine Versicherungssystem eingeführt, dass durch die bestehende Infrastruktur der Seeversicherer – nämlich der P&I-

Clubs – bedient werden kann. Damit bietet sich für die Passagierinteressen der Vorteil, dass die Versicherungspflicht in ein System integriert wird, welches über Jahrzehnte Erfahrungen auf dem Gebiet der Beurteilung und Bearbeitung von Passagieransprüchen gesammelt hat, und welches sich stets als flexibel und wirksam erwiesen hat. Aber auch für den Beförderer bietet die Integration der Versicherungspflicht in die Strukturen der P&I-Clubs wesentliche Vorteile. Durch die Nutzung des bestehenden P&I-Club-Systems können interne Zusatzkosten für den Beförderer weitestgehend vermieden werden, und gleichzeitig erhält der Beförderer die Sicherheit, dass die meisten Konkurrenten auf dem Markt den gleichen Bedingungen innerhalb der P&I-Clubs unterliegen werden. Dadurch kann der Einfluss des wirtschaftlichen Wettbewerbs auf die Versicherung maßgeblich verringert werden, welches dem Beförderer wie auch dem Passagier zu Gute kommt.
Durch die Einführung des Grundsatzes der Zwangshaftpflichtversicherung erreicht das Protokoll 2002 somit eine erhebliche Stärkung des Passagierschutzes, ohne den Beförderer übermäßigen Belastungen auszusetzen.

2. Ausgestaltung der gesetzlichen Zwangshaftpflichtversicherung im Protokoll 2002

Das Seerecht folgt mit der Einführung der Zwangshaftpflichtversicherung in Art. 4 a AÜP dem Grundsatz der Erhöhung des Verbraucherschutzes, wie er schon in der luftrechtlichen Entwicklung Ausdruck in den entsprechenden Neuregelungen gefunden hat. Dabei bildet für den luftrechtlichen Bereich die völkerrechtliche Vorschrift des Art. 50 MÜ eine entscheidende Norm, welche den Vertragsstaaten vorschreibt, „ihre“ Luftfrachtführer zu einer Deckung der Luftfrachtführerhaftung nach dem Montrealer Übereinkommen durch eine angemessen Versicherung zu verpflichten. Auf eine weitere Spezifizierung der Versicherungspflicht verzichtet das Montrealer Übereinkommen. Vielmehr wird den Vertragsstaaten überlassen, in welcher Weise und Intensität die Ausgestaltung der Versicherungspflicht erfolgen soll, solange sie nicht dem Erfordernis der „Angemessenheit“ widerspricht. Allerdings lässt das Montrealer Übereinkommen undefiniert, wann eine Versicherung als angemessen zu bewerten ist[647]. Auch im Rahmen der Kontrolle einer bestehenden Versiche-

[647] Eine Versicherung im Rahmen des Art. 50 MÜ wird wohl zumindest dann als angemessene zu bewerten sein, wenn sie sich wenigstens auf die Deckungssumme der erste Haftungsstufe des Luftfrachtführers nach dem Montrealer Übereinkommen bezieht, somit eine Summe von 100 000 SZR durch die Zwangshaftpflichtversicherung Deckung erfährt.

rungsdeckung wird den Vertragsstaaten des Montrealer Übereinkommen lediglich das allgemeine Recht zuerkannt, einen entsprechenden Nachweis verlangen zu können. Auf eine weitergehende Spezifizierung dieser Kontrollmöglichkeit und des Inhaltes eines Versicherungsnachweises verzichtet Art. 50 MÜ.

Das Protokoll 2002 bedient sich zur Regelung der Zwangshaftpflichtversicherung in der seerechtlichen Personenbeförderung schon auf völkerrechtlicher Ebene einer wesentlich präziseren Ausgestaltung. Dabei folgt das Protokoll 2002 zunächst den im Jahr 1999 durch die IMO erlassenen „Guidelines on Shipowners' responsibility in respect of maritime claims“[648], in denen es in Art. 4 a Abs. 2 AÜP einen den „Guidlines“ entsprechenden Inhalt des auf dem Schiff mitzuführenden Versicherungsdeckungszertifikats festlegt. Weiterhin bestimmt das Protokoll 2002 in Art. 4 a Abs. 10, dass der geschädigte Passagier einen Schadensersatzanspruch unmittelbar gegen den Versicherer oder eine andere finanzielle Sicherheit leistende Person geltend machen kann. Dabei kann der Versicherer gegenüber dem Anspruchsteller nur solche Einreden geltend machen, welche auch der Beförderer hätte geltend machen können. Zusätzlich wird die Einrede des sogenannten „wilful misconduct“ gewährt, wonach der Versicherer von seiner Leistungspflicht befreit ist, soweit ein Schaden durch absichtliche Verfehlung des Versicherten verursacht wurde. Desweiteren legt Art. 4 a Abs. 1 AÜP die Deckungsgrenze der Zwangshaftpflichtversicherung auf 250.000 SZR fest, welche im Rahmen des Direktanspruchs gemäß Art. 4 a Abs. 10 AÜP gegen den Versicherer auch dann einschlägig ist, wenn der Beförderer in der Summe unbegrenzt haftet. Damit entsprich die Deckungsgrenze der Versicherung der Haftungsgrenze der strikten Befördererhaftung des Art. 4 Abs. 1 AÜP.

Eine Versicherung der weitergehenden Haftung des Beförderers wird im Rahmen des Protokolls 2002 nicht vorgesehen[649]. Es wurde jedoch zusätzlich zum Protokoll 2002 eine IMO-Resolution erlassen, die ein Ersuchen an die Hauptversammlung der IMO stellt, Richtlinien zur Versicherungsdeckung der Befördererhaftung bei Personenschäden zu entwickeln, ausgehend von der Summe von 250.000 SZR bis zur Höchsthaftungssumme des Art. 6 Abs. 1 AÜP von 400.000 SZR, um sicherzustellen, dass alle Beförderer für den vollen Betrag ihre Haftung Versicherungsde-

[648] IMO Assembly Resolution A.898(21) 1999: Guidelines on Shipowners' responsibility in respect of maritime claims.

[649] Für die Haftung des Beförderers nach Art. 3 AÜP, die eine Summe von 250 000 SZR übersteigt bis zu einer Summe von 400 000 SZR (Art. 6 Abs. 1 AÜP) bzw. für die Möglichkeit der Einführung einer unbegrenzten Haftung gemäß Art. 6 Abs. 2 AÜP, besteht keine Versicherungspflicht.

ckung besitzen[650]. Allerdings werden entsprechende Richtlinien nur den Charakter einer Empfehlung besitzen, nicht jedoch eine zusätzliche Versicherungspflicht begründen.
Mit dem Protokoll 2002 vergleichbare Regulierungen der Ausgestaltung einer Zwangshaftpflichtversicherung, finden sich in den internationalen Passagiertransportrechten anderer Verkehrsträger nur sehr begrenzt. Im internationalen Eisenbahnrecht sind weder im bisher geltenden COTIF-Übereinkommen noch in dem dieses Übereinkommen ergänzenden Vilnius-Protokoll[651] Versicherungsanforderungen für den Beförderer vorgeschrieben worden. Auch im internationalen Luftrecht findet sich im völkerrechtlichen Montrealer Übereinkommen wie beschrieben lediglich der Art. 50, jedoch keine weitere Spezifizierung der Versicherungspflicht des Luftfrachtführers. Im nationalen und regionalen Bereich der Ausgestaltung der Luftfrachtführerhaftpflichtversicherung des Art. 50 MÜ finden sich in der Europäischen Union und in den USA zum Teil weiterführende und speziellere Regelungsansätze der entsprechenden Versicherungspflicht. Auch die Regelungen der Europäischen Union stellen an den Luftfrachtführer zunächst nur die Anforderung, gegen die im Rahmen seiner Haftpflicht zu ersetzenden Schäden versichert zu sein[652], ohne jedoch spezifizierte Kriterien, Voraussetzungen oder Höchstsummen zu nennen, die von den jeweils zuständigen Behörden bei der Erteilung oder Aufrechterhaltung von Betriebsgenehmigungen durch die Mitgliedstaaten an in der Gemeinschaft niedergelassene Luftfahrtunternehmen zu beachten sind. Erst durch die Verordnung (EG) 2027/97[653] wurde die Versicherungspflicht des Art. 7 der EG-VO Nr. 2407/92 für die Haftung des Luftfrachtführers bei Passagierschäden dahingehend konkretisiert, dass bis zu einer Höhe von 100.000 SZR, sowie für einen darüber hinausgehenden Betrag in angemessener Weise, eine Versicherungsdeckung bestehen muss[654]. Unter dem Eindruck des Montrealer Übereinkommens und der damit verbundenen Erhöhung der Berücksichtigung der Verbraucherinteressen wurde ergänzend durch die „European Civil Aviation Conference“

---

[650] IMO Conference Resolution on Framework of Good Practice with Respect to Carriers Liability, IMO Doc LEG/CONF 13/22, 11. November 2002, S. 4 ; IMO Doc. LEG/CONF 13/DC/4, 1. November 2002.
[651] Protokoll vom 3. Juni 1999 (Vilnius-Protokoll) zur Änderung des COTIF, bisher noch nicht in Kraft getreten.
[652] Art. 7 der Verordnung (EG) Nr. 2407/92 des Rates vom 23. Juli 1992 über die Erteilung von Betriebsgenehmigungen an Luftfahrtunternehmen; ABl Nr. L 240 vom 24.08.1992 S. 1.
[653] Verordnung (EG) Nr. 2027/97 über die Haftung von Luftfahrtunternehmen bei Unfällen; ABl Nr. 285 vom 17.10.1997 S. 1.
[654] Art. 3 Abs. 1b Verordnung (EG) Nr. 2027/97 i. V. m. Art. 7 Verordnung (EG) Nr. 2407/92.

(ECAC) im Dezember 2000 eine Resolution erlassen[655], welche die Mindesthöhe der Zwangshaftpflichtversicherung des Luftfrachtführers beziehungsweise der Luftfahrtunternehmen - die in die und innerhalb der E-CAC-Länder[656] tätig sind - für Passagier- sowie Drittschäden genau festlegte. Die Resolution ECAC/25-1 empfiehlt den Mitgliedsstaaten der Gemeinschaft in Art. 2 die Mindesthöhe der zu versichernden Haftung für Passagierschäden auf eine Pro-Kopf-Summe von 250.000 SZR[657] festzusetzen. Diese Mindesthöhe wurde auch von der Europäischen Kommission und dem Europäischen Parlament dem Europäischen Rat als Vorschlag zur Entscheidung über eine Neuregulierung der Mindestvoraussetzungen der Zwangshaftpflichtversicherung des Luftfrachtführers und der Luftfahrtunternehmen der Gemeinschaft für Passagierschäden vorgelegt[658] und inzwischen durch Art. 6 der Verordnung (EG) Nr. 785/2004 über Versicherungsanforderungen an Luftfahrtunternehmen und Luftfahrzeugbetreiber[659] als Mindestversicherungssumme hinsichtlich der Haftung für Fluggäste übernommen. Eine Regulierung die über eine Festlegung der Mindestversicherungssumme hinaus geht, findet sich aber auch in diesen europäischen Bestrebungen nicht. Innerhalb der Ausgestaltung der Versicherungsverhältnisse wird dem geschädigten Passagier weder ein Direktanspruch gegenüber den Versicherern gewährt, noch finden sich Beschränkungen von Einreden eines Versicherers innerhalb der luftrechtlichen Regulierung.

Vor dem Hintergrund der europäischen Entwicklungen im Bereich des Luftrechts hatte auch Deutschland sein nationales Recht den entsprechenden Maßstäben und völkerrechtlichen Entwicklungen angepasst. Neben der Anhebung der Haftungshöchstgrenzen wurde in diesem Sinne auch eine obligatorische Haftpflichtversicherung in das deutsche Luftver-

---

655 Resolution ECAC/25-1 on Minimum Level of Insurance Cover for Passenger and Third-Party Liability.

656 Die folgenden 38 Staaten sind Mitglieder der ECAC: Albanien, Armenien, Belgien, Bulgarien, Kroatien, Dänemark, England, Estland, Finnland, Frankreich, Deutschland, Griechenland, Island, Irland, Italien, Lettland, Litauen, Luxemburg, Malta, Mazedonien, Moldawien, Monaco, Niederlande, Norwegen, Österreich, Polen, Portugal, Rumänien, Slowakei, Slowenien, Spanien, Schweden, Schweiz, Türkei, Tschechische Republik, Ukraine, Ungarn und Zypern.

657 Ca. 291.662 Euro.

658 Vorschlag der Europäischen Kommission für eine Verordnung des Europäischen Parlaments und des Rates über Versicherungsanforderungen an Luftfahrtunternehmen und Luftfahrzeugbetreiber, KOM (2002) 521 endg., 2002/0234 (COD), 24.09.2002.

659 Verordnung (EG) Nr. 785/2004 des Europäischen Parlaments und des Rates über Versicherungsanforderungen an Luftfahrtunternehmen und Luftfahrzeugbetreiber vom 21. April 2004, ABl. L 138/1, 30. April 2004.

kehrsgesetz integriert[660]. Nach dem durch das Zweite Gesetzes zur Änderung schadensrechtlicher Vorschriften vom 19. Juli 2002 geänderten deutschen Luftverkehrsgesetz (LuftVG) und der ebenfalls geänderten Luftverkehrs-Zulassungs-Ordnung (LuftVZO) haftet der Luftfrachtführer nunmehr bei nationalen Beförderungen im Falle der Tötung oder Verletzung einer beförderten Person bis zu einer maximalen Summe von 600.000 Euro, wobei diese Summe gleichzeitig die Höchstgrenze der Deckung der Zwangshaftpflichtversicherung des Luftfrachtführers darstellt[661]. Bis auf eine teilweise Spezifizierung des erforderlichen Inhaltes des Versicherungsvertrages und der Versicherungsbescheinigung werden aber auch in der LuftVZO keinerlei weitere Einschränkung gegenüber bestehenden Einreden des Versicherers gemacht, auch ein Direktanspruch des Passagiers gegenüber dem Haftpflichtversicherer findet sich nicht. Allerdings besteht in Deutschland die Besonderheit, dass neben der Zwangshaftpflichtversicherung auch die bisher geltende obligatorische Passagier-Unfallversicherung im Sinne des § 50 Abs. 1 LuftVG beibehalten wurde, welche bei Geltendmachung auf die zu zahlende Schadensersatzsumme angerechnet wird. Dabei gewährt § 106 Abs. 2 LuftVZO dem Versicherten oder dem Anspruchsberechtigten das Recht, den Anspruch auf die Versicherungssumme selbstständig gegen den Versicherer geltend zu machen. Im Rahmen der Unfallversicherung besteht im deutschen Recht somit die Möglichkeit für den Passagier, einen Direktanspruch gegen den Versicherer geltend zu machen. Allerdings steht die Passagierunfallversicherung in keinem Zusammenhang mit den Haftungsregelungen des Luftfrachtführers, und auch im Rahmen der Regulierung der obligatorischen Passagier-Unfallversicherung werden keine Ausschlüsse von Einreden des Versicherers normiert.
In den USA wird dem Luftfrachtführer eine Mindestversicherungsdeckungssumme von 300.000 US-Dollar pro Kopf für seine Haftung für Passagierschäden vorgeschrieben, wobei diese Summe bezogen auf das ganze Flugzeug eine Begrenzung erfährt, da die Maximalversicherungssumme sich errechnet aus 300.000 US-Dollar multipliziert mit 75 Prozent der eingebauten Sitzplätze des Flugzeuges[662]. Dieser Versicherungsdeckungsverpflichtung kann dabei seitens des Luftfrachtführers durch ein Selbstversicherungsplan nachgekommen werden, der keinerlei Deckung

---

660 § 50 Abs. 2 LuftVG (in der Fassung des Art. 6 Nr. 5 b) Zweites Gesetzes zur Änderung schadensrechtlicher Vorschriften vom 19. Juli 2002 (BGBl. 2002 I Nr. 50 S. 2674ff.)).

661 § 103 LuftVZO i.V.m. § 46 Abs. 1 LuftVG (in der Fassung des Art. 6 Nr. 4 und Art. 7 Nr. 2 c) des Zweiten Gesetzes zur Änderung schadensrechtlicher Vorschriften vom 19.Juli 2002).

662 14 C.F.R. § 205.5 (b) (2).

durch externe Versicherungsgeber verlangt[663]. Desweiteren werden Einreden eines Versicherers nur in geringem Umfang begrenzt, und auch nur im Rahmen der Mindestdeckungsgrenze, wodurch den Luftfahrtversicherern die Möglichkeit gegeben wird, bei Beträgen über 300.000 US-Dollar alle Einreden aus einer Versicherungspolice geltend zu machen[664].
Der Vergleich der Normierung einer Versicherungspflicht des Beförderers innerhalb der unterschiedlichen Transportrechtssysteme zeigt, dass die Personentransportrechte der Verkehrsträger Eisenbahn und Flugzeug – soweit sie Versicherungsregeln vorsehen- in ihren Regulierungen gegenüber den entsprechenden Normierungen im Protokoll 2002 sehr allgemein gehalten sind. Sie bieten den Staaten sowie den Beförderern und Versicherern viel Ausgestaltungsspielraum innerhalb der Versicherungspflicht. Insbesondere im Vergleich mit dem Luftrecht zeigt sich, dass das Protokoll 2002 in dem rechtlichen Regelungsbereich der Ausgestaltung der Zwangshaftpflichtversicherung eine sehr viel detailliertere und weitreichendere Normierung vornimmt. Gründe für diesen weitergehenden Regelungsansatz des Seetransportrechts lassen sich darin erkennen, dass das Protokoll 2002 sich zwar bei der Wahl des Versicherungssystems an den Grundsätzen des Montrealer Übereinkommens orientiert, bei der eigentlichen Ausgestaltung der Versicherungsregulierung jedoch hauptsächlich seerechtliche Konventionen aus dem Bereich der Drittschadenregulierung einen entscheidenden Einfluss ausgeübt haben. Im Rahmen der Ölhaftungs-Übereinkommen von 1969 und 1992, sowie in dem HNS-Übereinkommen 1996 und dem Bunkeröl-Übereinkommen 2001 wurden für den Drittschadenbereich Zwangshaftpflichtversicherungssysteme entwickelt, die in ihrer Ausgestaltung ein vorbildliches und in der praktischen Umsetzung erfolgreiches und bewährtes Konzept boten, welches in seinen Grundsätzen als übertragbar auf den Passagiertransport der Seefahrt eingeschätzt wurde. Insbesondere die Gewährung eines direkten Anspruchs des Geschädigten gegen den Versicherer[665] und die Beschränkung der Verteidigungsmöglichkeiten des Versicherers gegenüber einer solchen „direct action“ wurden als vorbildliche Ausgestaltungsregel einer Zwangshaftpflichtversicherung betrachtet, da eine solche Normierung die rechtliche Position eines Geschädigten schon unter der Geltung der entsprechenden Drittschadens-Übereinkommen erheblich zu stärken vermochte[666], und ein vergleichbarer Schutzeffekt auch dem Passagier eines

---

[663] 14 C.F.R. § 205.3 (a).
[664] 14 C.F.R. § 205.6 (a) ; vgl. auch IMO Doc. LEG/CONF.13/14, S. 2f., 18. September 2002.
[665] Art. 12 Abs. 8 HNS-Übereinkommen 1996; Art. VII Abs. 8 Ölhaftungsübereinkommen 1969; Art. 7 Abs. 10 Bunkeröl-Übereinkommen (noch nicht inkraftgetreten).
[666] Vgl. Hwang, Reederhaftung für Ölverschmutzungsschäden, S. 114.

Seeschiffs zu Gute kommen sollte[667]. Auch die Gewährung der Verteidigungsmöglichkeit des Versicherers im Rahmen des „wilful misconduct" findet seine Entsprechung in den Drittschadenskonventionen[668].
Durch die Orientierung und Übertragung der Ausgestaltungsprinzipien einer Zwangshaftpflichtversicherung des Ölhaftungs-Übereinkommen von 1969 / 1992, sowie in dem HNS-Übereinkommen 1996 und des Bunkeröl-Übereinkommen 2001 erreicht das Protokoll 2002, dass gegenüber der Regulierung anderer Verkehrsträger ein weitaus höherer Rechtsstandard geschaffen wird und setzt so für den internationalen Passgiertransport neue Maßstäbe. Allerdings beinhalten die insich differenzierten Versicherungsregeln sowie deren Interaktion mit den neu geschaffenen Haftungsregelungen des Protokolls 2002 sehr unterschiedliche Auswirkungen für die Passagiere, die Beförderer sowie für die Versicherer der Personenbeförderung in der Seefahrt, die an eine Umsetzung der Versicherungsausgestaltung in der Praxis des Passagiertransports erhebliche Anforderungen stellen.

a) Direktanspruch des Geschädigten gegenüber dem Versicherer („direct action")

Aus Art. 4 a Abs. 10 AÜP wird ersichtlich, dass jeder geschädigte Passagier im Rahmen der Zwangshaftpflichtversicherung des Beförderers unmittelbar dem Versicherer und dem Sicherheitsgeber gegenüber seinen Anspruch auf Schadensersatz geltend machen kann. Das Modell eines solchen unmittelbaren Klagerechts des Geschädigten entstammt den Zwangshaftpflichtversicherungsregelungen der Drittschadenskonventionen des Seerechts[669]. Als erste Konvention führte das Ölhaftungsübereinkommen von 1969[670] eine entsprechende Regelung in das internationale Seerecht ein. In dem Ölhaftungsübereinkommen ist vorgesehen, dass ein „Certificate of Financial Responsibility" („COFR") an Bord eines Seeschiffes - das mehr als 2000 Tonnen Öl als Bulkladung befördert - mitgeführt werden muss, und den Bestand von einer den Voraussetzungen des Übereinkommens entsprechenden Versicherung, sowie Details über den Namen und die Adresse des Versicherers zertifizieren muss. Artikel VII Abs. 8 des Übereinkommens sieht weiterhin ein unmittelbares Klagerecht

[667] Mitteilung der Europäischen Kommission – Erhöhung der Sicherheit von Fahrgastschiffen in der Gemeinschaft, KOM(2002) 158 endg., S.13; International Chamber of Shipping, Doc. ICS (02) 53, 04.11.2002, S. 1.
[668] Art. 12 Abs. 8 HNS-Übereinkommen 1996; Art. VII Abs. 8 Ölhaftungsübereinkommen 1969; Art. 7 Abs. 10 Bunkeröl-Übereinkommen 2001.
[669] Siehe vorherige Fn. 668.
[670] Entsprechend fortgeführt durch das Ölhaftungsübereinkommen von 1992.

des Geschädigten einer Ölverschmutzung gegenüber dem Versicherer vor, und beschränkt gleichzeitig die Einreden des Versicherers, die einem solchen Anspruch entgegengehalten werden könnten. Hintergrund des Art. VII Abs. 8 Ölhaftungsübereinkommen war der Gedanke, dass ein Geschädigter bei Ölverschmutzungen in seiner Rechtsstellung durch eine entsprechende Sicherung seiner Ansprüche gestärkt werden müsse[671], insbesondere da er als Drittgeschädigter dem Öltransport und einem daraus resultierenden Schaden völlig schutzlos gegenübersteht[672], und weil sich durch das verstärkte Auftreten von sogenannten Einschiffsgesellschaften zunehmend die Gefahr intensivierte, dass sich ein Geschädigter bei der Durchsetzung eines rechtmäßigen Anspruchs außerstande sieht, den Schiffseigner ausfindig zu machen[673], oder ein Schiffseigentümer eine Schadensersatzanspruch des Geschädigten wegen Insolvenz nicht befriedigen kann. Durch die Übertragung der Last des Verteidigens und Beilegens eines Rechtsstreits von dem Schiffseigner auf den Versicherer im Rahmen der Einführung einer „direct action" konnte diesen Missständen entgegengewirkt werden[674]. Solange der Geschädigte ein unmittelbares Klagerecht gegen den Versicherer erhält, kommt es auf eine Erreichbarkeit des Schiffseigners bei der Durchsetzung eines Schadensersatzanspruchs nicht mehr an.

Diese Grundsätze erfahren durch ihre Einführung in Art. 4 a Abs. 10 AÜP erstmals in der Entwicklung des Seerechts eine Anwendung, die außerhalb der internationalen Konventionen für Umweltschäden liegt. In der Entwicklung der vereinheitlichten Beurteilung der Schutzbedürftigkeit von Drittgeschädigten und Verkehrsmittelnutzern[675], wurde der rechtlichen Sicherung von Ansprüchen geschädigter Passagiere eine Schlüsselfunktion für die geforderten Erhöhung des Verbraucherschutzes zugesprochen[676]. Wie schon der Drittgeschädigte steht ein geschädigter Passagier innerhalb des vertraglichen Transportverhältnisses den selben Problemen und Gefährdungen bei der Durchsetzung eines Schadensersatzanspruchs gegenüber. Auch in der internationalen Passagierbeförderung auf See existieren Einschiffsgesellschaften und auch hier besteht die

---

[671] Hwang, Reederhaftung für Ölverschmutzungsschäden, S. 114.

[672] Vgl. in dieser Arbeit: § 2, B, II, 1.

[673] Dabei kann es vorkommen, dass ein Schiffseigner im örtlichen Sinne nicht ausfindig gemacht werden kann, oder dass ein rechtmäßiger Anspruch des Geschädigten an dem Aufenthaltsort oder Geschäftssitz des Schiffseigners in einer ausländischen Gerichtsbarkeit nicht anerkannt wird und ein Anspruch für den Geschädigten somit wertlos ist.

[674] Rosaeg, Compulsory Maritime Insurance, in: SIMPLY, Yearbook 2000, S. 179 (181); IMO Doc. LEG/CONF 13/17, 2. Oktober 2002, S. 3; IMO Doc. LEG 83/4/9, 6. September 2001.

[675] Vgl. in dieser Arbeit: § 2, B, II, 1, a) und b).

[676] Vgl. Mitteilung der Europäischen Kommission – Erhöhung der Sicherheit von Fahrgastschiffen in der Gemeinschaft, KOM(2002) 158 endg., S. 13.

Gefahr, dass der Passagier den Beförderer nicht ausfindig machen kann, oder der Beförderer insolvent ist und ein Anspruch geschädigter Passagiere nicht durchgesetzt werden kann. Das Rechtsinstrument der „direct action“ kann diesen Nachteilen begegnen und wurde aufgrund der Erfahrung mit dem unmittelbaren Klagerecht bei Drittschäden auch für die Passagierbeförderung als wichtiges und der Erhöhung des Verbraucherschutzes und Stärkung der Rechtsstellung des Passagiers förderliches Mittel bewertet[677]. Neben der die Passagierinteressen stärkenden Wirkung dieses Rechtsinstruments ergeben sich durch die Einführung einer „direct action“ im Personentransport der Seefahrt aber parallel Auswirkungen für die Versicherer, die das Verfahren der Gewährung von Versicherungsschutz unter der Geltung des Protokolls 2002 komplizieren.

Die größten Versicherer in der Seefahrt sind die P&I-Clubs, deren Struktur und Versicherungsleistung - aufgrund der Erfahrung, und den Vorteilen die sich aus dem Prinzip der Gegenseitigkeit sowohl für den Passagier als auch für die Schifffahrtsindustrie ergeben - auch unter der Geltung des neuen Protokolls 2002 weiterhin für die Beförderer nutzbar bleiben sollen[678]. Seit der Gründung der P&I-Clubs existiert als wesentlicher Bestandteil des Prinzips der Gegenseitigkeit der Versicherung in nahezu allen P&I Clubs die interne Maßgabe, dass ein versichertes Mitglied zunächst selber alle Schadensersatzforderungen befriedigen muss, bevor er Rückerstattung der Kosten im Rahmen der Versicherungsdeckung von den P&I-Clubs verlangen kann[679]. Grundsätzlich widerspricht damit das

---

[677] Soyer, Considerations on the Draft Protocol to the Athens Convention, JMLC 2002, S. 519 (526f.); Mitteilung der Europäischen Kommission – Erhöhung der Sicherheit von Fahrgastschiffen in der Gemeinschaft, KOM(2002) 158 endg., S.13; B. Kröger, Same Rights as airline passengers? CMI Yearbook 2001 S. 244 (250); Rosaeg, Compulsory Maritime Insurance, in: SIMPLY, Yearbook 2000, S. 179 (182).

[678] Vgl. in dieser Arbeit: § 2, B, II, 1, b), aa).

[679] Diese sog. „pay-to-be-paid“-Regelung (z.B. GARD's Rule 87.) wurde von den P&I Clubs insbesondere dem englischen Third Parties (Right Against Insurers) Act 1930 in Fällen entgegengesetzt, in denen ein Mitglied der Clubs insolvent wurde und somit einen Anspruch nicht selber befriedigen konnte. Die interne „pay-to-be-paid“-Regelung wurde 1990 durch eine englische Gerichtsentscheidung des House of Lords in ihrer Gültigkeit bestätigt (*„The Fanti and the Padre Island“* [1990] 2 Lloyd's Law Report S. 191). Nachdem zunächst das englische Court of Appeal festlegte, dass die interne „pay-to-be-paid“-Regelung im Falle der Insolvenz eines Mitglieds einen Geschädigten nicht davon abhalten könne einen Direktanspruch gegen einen P&I Club wirksam geltend zu machen (*„The Fanti and the Padre Island“* [1987] 2 Lloyd's Law Report S. 299 (CA)), wurde die Entscheidung im Jahre 1990 vom House of Lords revidiert. Das Gericht entschied, dass ein Dritter nicht in einer besseren Position als der Versicherte selbst stehen könne. Der Versicherte habe nur ein bedingtes Recht gegen den P&I Club und dieses bedingte Recht sei es, das auf den anspruchstellenden Dritten übertragen werde. Der Dritte solle dabei in keiner besseren Rechtsposition stehen, als der Versicherte. Folglich wurde die Gültigkeit der „pay-to-be-paid“-Regelung gegenüber einem Direktanspruch eines Dritten gegen den P&I Club bestätigt. Der Richterspruch von Lord Goff enthält diesbezüglich die folgende Sek-

(Fortsetzung der Fußnote auf nächster Seite)

System der P&I-Clubs dem Rechtsinstitut des unmittelbaren Klagerechts eines Geschädigten gegen den Versicherer. Unter der Geltung des Versicherungssystems des Ölhaftungsübereinkommens zeigte sich jedoch, dass das unmittelbare Klagerecht des Geschädigten gegenüber den P&I-Clubs, die ein Haftung aus dem Ölhaftungsübereinkommen versichern, das System der Gegenseitigkeit der Clubs nicht gefährdete, sondern faktisch befriedigende Ergebnisse für Geschädigten und Versicherer liefert[680]. In der Praxis der Schadensregulierung zeigte sich, dass trotz der internen „pay to be paid"-Regelung die P&I-Clubs in vielen Fällen direkt an den Anspruchsberechtigten leisteten, da sie entweder eine Garantie über die Deckung der Verpflichtungen des Clubmitgliedes ausgestellt hatten oder eine entsprechende Vereinbarung ausdrücklich oder stillschweigend getroffen wurde, wobei sich die grundlegende Verpflichtung der Clubs das jeweilige Mitglied zu entschädigen durch solche Vereinbarungen nicht veränderte[681]. Aufgrund dieser praktischen Erfahrung der P&I-Clubs mit einer „direct action" und der Parallele des Protokolls 2002 mit den übrigen seerechtlichen Haftungskonventionen, die ebenfalls ein unmittelbares Klagerecht vorsehen, sowie aufgrund der Anerkennung eines verstärkten Bedürfnisses der Passagiere nach mehr Sicherheit, erklärten sich die P&I-Clubs bereit, unter der Geltung des Protokolls 2002 sich bis zu einem gewissen Maß einem unmittelbaren Klagerecht auszusetzen[682]. Zur Voraussetzung für einer solchen Garantieleistung[683] zugunsten der Passagiere unter der Geltung des Protokolls 2002 machten die P&I-Clubs jedoch eine Limitierung der Deckungssumme der „direct action", auf einen Betrag von 100.000 SZR[684].

Eine weitergehende Belastung der Versicherer mit einer „direct action" die einen höheren Betrag oder die ganze Haftungssumme des Beförderers

tion: „In a mutual insurance association such as a P&I-Club, it is essential that members should be able to assume the financial probity of other members, because all of them are insurers as well as assured. To that end, it is customary to require each member to discharge his own liability before he can be indemnified against it by the club. Each member is, after all, running his own business; it is up to him to make sure that a claim against him is well founded, and the best way of ensuring that is to require him first to pay the claim before seeking indemnity from the club. I must confess that I was much attracted by this submission." (*„The Fanti and the Padre Island"* [1990] 2 Lloyd's Law Report S. 191 (202)).

680 IMO Doc. LEG/CONF.13/17, 2.October 2002, S. 5.

681 IMO Doc. LEG/CONF.13/17, 2.October 2002, S. 3, 5; IMO Doc. LEG/CONF 13/18, 17. Oktober 2002; IMO Doc. LEG/CONF 13/13, 12. September 2002, S. 4.

682 IMO Doc. LEG/CONF 13/18, 17. Oktober 2002.

683 Innerhalb der Clubs wird die „direct action" oft als „up-front guarantee" (vorweggenommene Garantie) bezeichnet (Rosaeg, The Impact of Insurance Practices, Marius Nr. 283, 2001, S. 115 (113)).

684 IMO Doc. LEG/CONF/13/18, 17. Oktober 2002; IMO Doc. LEG/CONF 13/11, 30. August 2002, S. 1.

unter der Geltung des Protokolls 2002 umfasst, wurde von den P&I-Clubs mit dem Argument abgelehnt, dass höhere Summenbeträge mit dem System der P&I-Versicherung, insbesondere dem Prinzip der Versicherung auf Gegenseitigkeit, nicht vereinbar seien. Die Einführung einer „direct action" bedeutet für den Versicherer, dass er Garantien zu stellen hat, die in einem Schadensfall Ansprüche von geschädigten Passagieren decken. Diese Garantien können bei einem unlimitierten oder in der Summe sehr hoch angesetzten, unmittelbaren Klagerecht gegenüber dem Versicherer erhebliche Größenordnungen erreichen, welche die Eigenkapitals- und Liquiditätslage der Versicherer stark belasten, und damit auch die finanzielle Kapazität und Deckungsmöglichkeit auf den Versicherungsmärkten einschränken. Werden auf dem größten Passagierschiff eine Zahl von 5400 Personen befördert, konzentriert sich ein sehr hohes Versicherungsrisiko schon auf ein einzelnes Schiff. Um das Versicherungsrisiko möglichst auf breiter Ebene zu streuen, wurde durch die P&I-Clubs eine Versicherungsstruktur entwickelt, die ein solches Risiko auf alle Schiffseigner innerhalb des Clubs im Wege der Versicherung auf Gegenseitigkeit verteilt. Besteht eine „direct action", die in der Summe unlimitiert oder deren Limitierung sehr hoch angesetzt ist, ergibt sich die Gefahr für das System der P&I-Clubs, dass ihre interne Versicherungsstruktur sich von einem Versicherer, der sein Mitglied erst nach dessen selbstständiger Auszahlung von Ansprüchen entschädigt, zu einer Subspezies von Passagier-Unfallversicherern entwickelt, der einer schwer kalkulierbaren Vielzahl von Drittansprüchen gegenüberstehen würde[685]. Im Gegensatz zu Schadenersatzansprüchen unter der Geltung der Umweltschaden-Konventionen, die in der Anzahl der Schadenfälle und damit auch in ihrem Versicherungsrisiko überschaubar sind und dem Geschädigten einen in der Summe unlimitierten Direktanspruch gegen den Versicherer bietet, werden weltweit jährlich 675 Millionen Passagiere mit Schiffen befördert, deren Transportkapazität bei mehreren tausend Personen liegt. Werden einer entsprechend potentiell hohen Zahl an Passagieren im Schadensfall unlimitierte und dazu unmittelbare Klagerechte gegen den Versicherer zugesprochen, ist ein Versicherungsrisiko nicht mehr kalkulierbar und bewegt sich in Größenordnungen, die das Versicherungssystem der P&I-Clubs intern in ein Ungleichgewicht bringen können[686]. Während im Rahmen des Ölhaftungsübereinkommen die Limitierung der Haftung der Schiffseigners bei einer Summe von 59.7 Millionen

---

[685] IMO Doc. LEG/CONF/13/18, 17. Oktober 2002; IMO Doc. LEG/CONF 13/13, 12. September 2002, S. 4.

[686] IMO Doc. LEG/CONF 13/15, 18. September 2002, S. 1; B. Kröger, Same Rights as airline passengers? CMI Yearbook 2001 S. 244 (250f); IMO Doc. LEG/CONF 13/13, 12. September 2002, S. 4; IMO Doc. LEG/CONF/13/18, 17. Oktober 2002.

SZR liegt (ca. 69.6 Millionen Euro), würde schon eine Summe von 100.000 SZR pro Passagier im Rahmen einer „direct action“ bedeuten, dass die P&I-Clubs im Falle eines Unglücks eines großen Passagierschiffes mit eine Beförderungskapazität von 3000 Personen, einer Gesamtsumme von 300 Millionen SZR (ca. 349 Millionen Euro) gegenüberstehen könnten. Schon durch eine Limitierungssumme von 100.000 SZR setzen somit die Passagierbeförderer die P&I-Clubs einem höheren Entschädigungsrisiko aus, als andere Mitglieder der Clubs. Zudem betreffen Ansprüche aus den Umweltschaden-Konventionen potentiell eine sehr große Anzahl an Mitgliedern der P&I-Clubs[687], Passagierbeförderer hingegen repräsentieren innerhalb der Clubs nur einen Tonnageanteil, der unter fünf Prozent im Verhältnis zu der im Rahmen der P&I-Clubs versicherten Gesamttonnage liegt[688]. Trotz dieses geringen Mitgliederanteils würden die Passagierbeförderer bei einer unlimitierten oder in der Summe höher als 100.000 SZR angesetzten „direct action“ den gesamten P&I-Club, und damit alle Mitglieder, einem Entschädigungsrisiko aussetzen, welches das Gleichgewicht innerhalb der Clubs gegenüber den nicht in der Passagierbeförderung tätigen Clubmitglieder außer Verhältnis setzen würde[689]. Ohne eine Limitierung der Summe der „direct action“ auf 100.000 SZR bestünde im Gegensatz zu den Umweltschaden-Konventionen somit eine wesentlich größere, potentielle Belastung des auf dem Prinzip der Versicherung auf Gegenseitigkeit beruhenden P&I-Club-Systems. Die Folge einer solchen Belastung der Grundstrukturen der P&I-Clubs könnte entweder eine innerhalb der Clubs vorgenommene Beschränkung der angebotenen Versicherungsdeckungssumme sein[690], oder die P&I-Clubs könnten beschließen, aufgrund des hohen Versicherungsrisikos der Passagierschifffahrt einen Ausschluss der Passagierbeförderer aus den P&I Clubs zu erwägen[691]. Ein solcher Umstand würde

[687] Die P&I-Clubs setzen sich aus Mitgliedern zusammen, die in allen Bereichen des Seetransports tätig sind, z.B. Tankerreedern, Containerschiffen oder Schiffen die Chemikalien transportieren.

[688] IMO Doc. LEG/CONF 13/13, 12. September 2002, S. 4; Rosaeg, Compulsory Maritime Insurance, in: SIMPLY, Yearbook 2000, S. 179 (187).

[689] Vgl. IMO Doc. LEG/CONF 13/13, 12. September 2002, S. 4; IMO Doc. LEG/CONF.13/17, 2.October 2002, S. 5 ; IMO Doc. LEG/CONF 13/15, 18. September 2002, S. 1ff; IMO Doc. LEG/CONF/13/18, 17. Oktober 2002.

[690] IMO Doc. LEG/CONF/13/18, 17. Oktober 2002.

[691] Ein P&I-Club, der Mitglied der „International Group“ ist, hat bereits beschlossen Passagierbeförderern aufgrund des unverhältnismäßigen Versicherungsrisikos, das von Passagierbeförderern gegenüber den übrigen Clubmitgliedern ausgeht, eine Versicherungsdeckung innerhalb des Clubs zu versagen (IMO Doc. LEG/CONF.13/17, 2.Oktober 2002, S. 4; Rosaeg, Compulsory Maritime Insurance, in: SIMPLY, Yearbook 2000, S. 179 (187); vgl. auch: James Brewer, Experts warn of passenger liability chaos, Lloyds List, 31. Oktober 2002, S. 1, 6).

bedeuten, dass eine weitergehende oder die gesamte Versicherungsdeckung der „direct action“ auf dem offenen, kommerziellen Versicherungsmarkt gesucht werden müsste[692]. Unabhängig von dem Vorhandensein einer Versicherungsdeckung für eine unlimitierte oder in der Summe den Wert von 100.000 SZR übersteigende „direct action“-Regelung auf dem offenen Markt[693] sollte ein solches Ergebnis jedoch gerade vermieden werden, da das Versicherungssystem der P&I-Clubs als vorteilhaft für den Passagier wie auch für den Beförderer gesehen wurde, und eine Versicherungsdeckung innerhalb der Clubs angestrebt werden sollte[694], um einer kommerziellen, aus ökonomischen Interessen des Versicherer heraus gesteuerten Versicherungsdeckung entgehen zu können.
Zudem ergab sich aus einer Statistik, welche die International Group[695] stellvertretend für die P&I-Clubs erstellt hat, dass in einer zehn Jahresperiode (von 1992 bis 2002) von der International Group aus allen weltweit aufgetretenen Passagier-Schadensersatzklagen auf sämtlichen Passagiertransportschiffen (Fähren wie Kreuzfahrtschiffen) eine durchschnittlich Gesamtschadenssumme pro Jahr von 21.737 US-Dollar an geschädigte Passagiere ausgezahlt wurde. Ein englischer P&I-Club, der den größten englischen Fährbetreiber versichert, errechnete in Bezug auf Passagierklagen für Körperverletzungen in England für den selben Zeitraum (1992 bis 2002), dass 83 Prozent der aufgrund der Klagen gezahlten Schadensersatzsummen unter 10.000 US-Dollar lagen (mit einer durchschnittlichen Zahlung von 2.608 US-Dollar), 14 Prozent der gezahlten Schadensersatzsummen lagen in der Höhe zwischen 10.000 US-Dollar und 100.000 US-Dollar (mit einer durchschnittlichen Zahlung von 23.117 US-Dollar), und nur drei Prozent der Schadenssummen überstiegen einen Betrag von 100.000 US-Dollar[696]. Eine Limitierungsgrenze der „direct action“, die eine Summe von 100 000 SZR überschreitet, wurde von den Versicherern vor diesem Hintergrund nicht nur als unverträglich mit dem System der Versicherung auf Gegenseitigkeit beurteilt, sonder vielmehr als unnötig betrachtet, da die Praxis der Befriedigung von Passagieransprüchen zeigte, das in nur drei Prozent aller Versicherungsfällen die Summe von 100.000 SZR überschritten wurde.

---

[692] Rosaeg, The Impact of Insurance Practices, Marius Nr. 283, 2001, S. 115 (134).
[693] Auf der Londoner Konferenz wurde der offene Versicherungsmarkt vertreten durch die „International Union of Maritime Insurance“ (IUMI), welche zum Ausdruck brachte, dass soweit die P&I-Clubs eine Summe oberhalb von 100 000 SZR für eine „direct action“ nicht decken könnten, auch auf dem offenen Versicherungsmarkt eine Deckung für eine entsprechend höhere Summe höchstwahrscheinlich nicht zu erreichen sei (vgl. James Brewer, Defence case made on Athens Convention, Lloyds List, 5. November 2002, S. 5).
[694] Vgl. in dieser Arbeit: § 2, B, II, 1, b), aa).
[695] Vgl. zur sog. „International Group” FN. 622.
[696] IMO Doc. LEG/CONF 13/11, 30. August 2002 S. 2.

Durch die in Art. 4 a Abs. 1 i.V.m. Abs. 10 AÜP gleichzeitig festgelegte Höchstsumme von 250.000 SZR für die Zwangshaftpflichtversicherung und die Limitierungssumme der „direct action“ wurde durch die Londoner Konferenz[697] für das Protokoll 2002 ein Summenregulierung beschlossen, die weit über den von den P&I-Clubs vorgeschlagenen Werten liegt. Verschiedene, auf der Londoner Konferenz erörterte Lösungsansätze, für die Rechtsinstitute der Zwangshaftpflichtversicherung und der „direct action“ eine weitergehende und den Interessen der Versicherer entgegenkommendere Ausgestaltung zu erarbeiten, um eine optimale Durchsetzung des Protokolls 2002 in der praktischen Umsetzung zu gewährleisten, fanden unter den beratenden Staaten in der IMO keine Mehrheit[698]. In der theoretischen Wirkung der „direct action“ bedeutet die entsprechende Festlegung der Limitierungssumme auf 250.000 SZR einen wesentlichen Schritt zur Erhöhung des Passagierschutzes. Für alle Schadensarten[699] und bis zur Summengrenze der eigentlichen Zwangshaftpflichtversicherung steht jedem geschädigten Passagier nunmehr das Recht zu, einen Anspruch direkt gegen den Versicherer geltend zu machen. Gefahren die für Passagieransprüche von einer eventuellen Unerreichbarkeit des Beförderers oder dessen Insolvenz ausgingen, werden durch die „direct action“ begegnet, und führen insoweit den Schutz der Verkehrsmittelnutzer and die Standards des Drittschutzes auf eine ausgeglichene Ebene. Damit wird dem Passagier eines Seeschiffs ein Schutzrahmen gewährt, der über die bestehenden Regelungen des Passagierschutzes in anderen Verkehrsrechtsgebieten hinausgeht; das internationale Luftrecht wie auch das internationale Eisenbahnrecht kennen keine entsprechende Regelung eines unmittelbaren Klagerechts des Geschädigten gegen den Versicherer. Insofern wird durch die Einführung der „direct action“ und deren Begrenzung auf eine Summe von 250.000 SZR der

---

[697] International Conference on the Revision of the Athens Convention relating to the Carriage of Passengers and their Luggage by Sea 1974, abgehalten in London, 21. Oktober – 1. November 2002 ; (im Folgenden: “Londoner Konferenz”).

[698] Ein Vorschlag beinhaltete die Einführung einer zweiten Summengrenze für die „direct action“ des Art. 4 a Abs. 10 AÜP, welche niedriger als die eigentliche Summenbegrenzung der Zwangshaftpflichtversicherung sein sollte. Der Ansatz fand jedoch auf der Londoner Konferenz keine Mehrheit. Ein weiterer Gedanke der Ausgestaltung der „direct action“ , der auf eine Initiative der Delegation der USA und der nichtstaatlichen Organisation “International Council of Cruise Lines” (ICCL) zurückging, sah eine Gewährung des unmittelbaren Klagerechts des Geschädigten nur in solche Fälle vor, in denen ein „shipping incident“ vorliegt und in denen der Geschädigte eines unmittelbaren Klagerechts gegenüber den Versicherern auch faktisch bedurfte, nämlich wenn der Beförderer für ihn unerreichbar oder insolvent ist (Vgl. IMO Doc. LEG/CONF 13/16 Annex 2 (LEG 83/4/9); IMO Doc. LEG/CONF 13/15, S. 3). Keiner dieser Vorschläge fand auf der Londoner Konferenz eine Mehrheit unter den beratenden Staaten.

[699] Für „Shipping incidents“ und „non-shipping incidents“.

Gedanke eines optimalen Passagierschutzes, wie er schon in der Ausgestaltung der Haftungsregelungen[700] des Protokolls 2002 und der Wahl des Versicherungssystems[701] zum tragen kam, auch in der Ausgestaltung der Zwangshaftpflichtversicherung fortgeführt.

Die praktische Wirkung der „direct action"-Regelung unterscheidet sich vor dem beschriebenen Hintergrund jedoch von den bisher um einen Interessenausgleich bemühten Neuregulierungen des Protokolls 2002. Durch die Festlegung der Summe von 250.000 SZR als Limitierung des unmittelbaren Klagerechts besteht die Gefahr, dass die P&I-Clubs eine Versicherungsdeckung im Wege einer „direct action" nicht für Passagierbeförderer anbieten, wodurch die Befördererhaftpflichtversicherung auf den offenen Märkten gedeckt werden müsste, welches indirekt, durch die kommerzielle Ausrichtung dieser Versicherungsmärkte, Nachteile für den Passagierschutz bedeuten könnte. Alleine aus der höheren Ausgestaltung der Obergrenze der „direct action" und der damit überschrittenen Summenvorstellung der P&I-Clubs kann jedoch noch nicht auf einen endgültigen Rückzug der P&I-Versicherer aus dem Passagiertransport geschlossen werden. Zum einen ist die von den P&I Clubs auf der Londoner Konferenz vorgeschlagene Summe von 100.000 SZR nicht als endgültige, unabänderbare Limitierungsgrenze zu betrachten. Die Erfahrungen der Vergangenheit zeigen, dass die P&I Clubs oftmals in der Lage waren, die jeweils beschlossenen Höchstsummen trotz vorher geäußerter Bedenken zu versichern. Ausschlaggebend ist hierbei der Umstand, dass die in der IMO beschlossenen völkerrechtliche Regelungswerke in ihrer Gesamtheit betrachtet werden müssen. Werden an einer Stelle hohe Haftungssummen festgelegt, findet sich zumeist an anderer Stelle ein ausgleichender Interessenkompromiss, der wiederum ein Zugeständnis an die P&I Versicherer enthält. So verhält es sich auch mit den Regelungen des Protokolls 2002. Die Festlegung der Limitierungssumme der „direct action" auf 250.000 SZR stellt eine Teilentscheidung der Londoner Konferenz dar, die im Rahmen eines Kompromissvorschlages erarbeitet wurde, der bemüht ist, sowohl den Passagierinteressen zu entsprechen, als auch eine übermäßige Belastung der Beförderer, sowie ihrer P&I Versicherer zu vermeiden. Dieser Kompromissvorschlag schließt neben der Limitierung der „direct action" auch die Haftungshöchstsumme der Art. 4 AÜP, die absolute Haftungsgrenze des Art. 6 Abs. 1 AÜP, die „opt-out"-Klausel des Art. 6 Abs. 2 AÜP und die „wilful misconduct" Einrede des Art. 4 a Abs. 10 AÜP ein[702].

---

[700] Vgl. in dieser Arbeit: § 2, B, I, 2.
[701] Vgl. in dieser Arbeit: § 2, B, II, 1.
[702] Vgl. IMO Doc. LEG/CONF 13/CW/WP.10 29. Oktober 2002.

Die Limitierungssumme der „direct action“ und ihre Auswirkungen auf die P&I Clubs ist insofern in einem Gesamtzusammenhang mit den übrigen Regelungen des Protokolls 2002 zu sehen, insbesondere mit den weiteren Haftungssummen und den übrigen Ausgestaltungen der Versicherungspflicht des Beförderers. Das Protokoll 2002 stellt in diesem Zusammenhang eine Paketlösung dar, deren einzelne Bestandteile zwar getrennt von einander betrachtet werden können, in ihren praktischen Auswirkungen aber im Ganzen bewertet werden müssen[703]. Eine interessenausgleichende Wirkung kommt in diesem Sinne insbesondere der Einführung der „wilful misconduct“ Einrede zu.

b) „Wilful misconduct“ des Beförderers

Da einem geschädigte Passagier im Wege des Direktanspruchs des Art. 4 a Abs.10 AÜP das Recht zuerkannt wird, seine Ansprüche unmittelbar gegen den Versicherer geltend zu machen, kann der beklagte Versicherer jede Einwendung, die der Beförderer gegenüber dem klagenden Geschädigten erheben kann, auch selbst erheben, mit Ausnahme der Fälle der Liquidation des Unternehmens oder des Konkurses des Beförderers. Ferner ist eine Haftung des Versicherers gegenüber Dritten bei einer direkten Inanspruchnahme durch den Geschädigten wie die Haftung des Beförderers auf einen Betrag von 250.000 SZR beschränkt. Eine solche Haftungsbeschränkung gilt für den Versicherer selbst dann, wenn der Beförderer zu einer Haftungsbeschränkung aufgrund von Verschulden nicht berechtigt ist.
Einreden aus dem Verhältnis zwischen dem Versicherer und dem Beförderer finden gegenüber dem Geschädigten keine Geltung und dürfen grundsätzlich nicht vom Versicherer gegenüber dem Geschädigten benutzt werden. Einzige Ausnahme zu diesem Grundsatz stellt die Einrede des Versicherers gegenüber dem Geschädigten dar, dass ein Schaden durch „wilful misconduct“ des Beförderers eingetreten ist[704]. Der Begriff des „wilful misconduct“ entstammt dem englischen Versicherungsrecht[705], und gilt auf dem Versicherungsmarkt als übliche Klausel[706], ist in seiner Bedeutung jedoch zum Teil unklar, da der English Marine Insurance Act 1906 keine weiteren Ausführungen zu der Definition von „wil-

[703] Siehe zu der Gesamtwirkung des Protokolls 2002 in den folgenden Gliederungspunkten sowie in den Schlussfolgerungen.
[704] Art. 4 a Abs. 10 S. 4 AÜP.
[705] English Marine Insurance Act 1906, section 55 (2) (a).
[706] Feldhaus, Haftung beim Seetransport, S. 95 ; Hwang, Reederhaftung für Ölverschmutzungsschäden, S. 115; vgl. auch Herber, Haftung für Schäden durch Ölverschmutzung, RabelsZ 34, 1970, S. 223 (246).

ful misconduct" enthält[707]. Vielmehr haben englische Gerichte eine Ausgestaltung des Begriffs gefunden, welches Verhalten als „wilful misconduct" zu verstehen ist. Danach soll der Begriff „wilful" bedeuten, dass ein Fehlverhalten bewusst absichtlich begangen wird, in Abgrenzung zu einem gedankenlosen, spontanen Verhalten[708]. Bewusste und mutwillige Handlungen sollen von „wilful misconduct" umfasst sein, nicht jedoch Handlungen, die unter den Begriff „negligent act" (fahrlässige Handlung) fallen, da hier ein Bewusstsein über das Risiko eines Schadenseintritts keine zwingende Voraussetzung ist[709]. Im kontinentalen Rechtsdenken wird der Begriff „wilful misconduct" von der herrschenden Meinung als „vorsätzliches Verschulden" verstanden, allerdings werden im Gegensatz zur englischen Interpretation auch bestimmte Fahrlässigkeitsformen im Rahmen von „wilful misconduct" berücksichtigt[710].

---

[707] Zum Beispiel beschreibt Alfred Dennis (zit. in: Drion, Limitations of Liabilities, S. 197f. und S.203) den Begriff "wilful misconduct" als: „wilful misconduct means acts committed deliberately or acts of carelessness without any regard for the consequence…". Im Fall *Horobin v. British Overseas Airways Corp.* [1952] 2 Lloyd's Rep. S. 450 (450ff.) Q.B., wird der Begriff definiert als: "wilful misconduct is misconduct to which the will a party, and it is wholly different in kind from mere negligence or carelessness, however gross that negligence or carelessness may be". Teilweise wird der Begriff "wilful misconduct" beschrieben, als entspreche er etwa den Gesamterfordernissen des Art. 25 des Warschauer Abkommens des Luftrechts in der Fassung von 1955, der vorsieht, „die schädliche Handlung, entweder in der Absicht, Schaden herbeizuführen, oder leichtfertig und in dem Bewusstsein begangen wurde, dass ein Schaden mit Wahrscheinlichkeit entstehen werde" (Kropholler, Internationales Einheitsrecht, S. 319ff.; Beaumont, Warsaw Convention, Journ. Air L & Com 1955, S. 414 (418); ähnlich auch Schleicher/Reymann/Abraham, Recht der Luftfahrt, Bd. 1, S. 367).

[708] Lord Loreburn , *Johnson v. Marshall, Sons & Co. Ltd.* [1906] A.C. 409 (H.L.), S. 411; vgl. auch Soyer, Considerations on the Draft Protocol to the Athens Convention, JMLC 2002, S. 519 (529).

[709] „Deliberate" und „reckless acts" sollen von wilful misconduct umfasst sein, aber nicht „negligent acts" (Soyer, Considerations on the Draft Protocol to the Athens Convention, JMLC 2002, S. 519 (529) ; *Nat'l Oilwell (UK) Ltd. v. Davy Offshore Ltd.* [1993] 2 Lloyds Law Report 582 (Q.B.); *Wood v. Assoc. Nat'l Ins. Co. Ltd.* [1984] 1 Q.R. 507*; Horobin v. British Overseas Airways Corp.* [1952] 2 Lloyd's Rep. 450 Q.B.*;* ebenso entschieden amerikanische Gerichte, vgl.: *Koirala v. Thai Airways Int'l. Ltd,* 126 F.3d (CA9 1997), S. 1205 (1209f.), *Adkisson v. Seattle, 42 Wn.* (2d) 676 (682), 258 P.(2d) 461 [1953]; vgl. auch: Hill/Messent, CMR: Contracts for International Carriage of Goods by Road, S. 233; Clarke, International Carriage of Goods by Road, S. 381f., 390.).

[710] Die amtliche Übersetzung des Art. VII Abs. 8 Ölhaftungsübereinkommens 1969 interpretiert „wilful misconduct als „vorsätzliches Verschulden". (Schaps/Abraham, Seerecht, Anh. II § 485 S. 152). Dabei wird „wilful misconduct" verstanden als ein vorsätzliches oder arglistiges Fehlverhalten (oder Unterlassen). Es soll jedoch nicht nur ein vorsätzliches Handeln umfassen, sondern auch ein Handeln, das mit einer besonders leichtfertigen Fahrlässigkeit vorgenommen wird, entweder in Kenntnis, dass darin eine Pflichtverletzung liegt, oder in der Kenntnis, dass damit wahrscheinlich pflichtwidrig ein Schaden zugefügt wird, oder rücksichtsloser Außerachtlassung solcher Folgen. Wesentlich ist, dass der Täter bewusst riskant handelt, wobei aber der Begriff „wilful misconduct" wesentlich

(Fortsetzung der Fußnote auf nächster Seite)

Die Gewährung der „wilful misconduct" Einrede des Versicherers gegenüber dem Geschädigten im Rahmen des Protokolls 2002 entstammt, wie schon das grundsätzliche Rechtsinstrument der „direct action", den Drittschadenskonventionen des Seerechts[711]. Schon im Rahmen der Erarbeitung des Ölhaftungsübereinkommens von 1969, wo die „wilful misconduct" Einrede erstmals im Zusammenhang mit einer „direct action" im Seerecht eingeführt wurde, waren sich die beratenden Staaten uneinig, ob dem Versicherer Einreden aus seinem Verhältnis mit dem Eigentümer eines Seeschiffs gegenüber einem Geschädigten zuerkannt werden sollten. Die große Mehrheit der Delegationen forderte bei den Beratungen über das Ölhaftungsübereinkommen 1969, dass Einwendungen aus dem Innenverhältnis insgesamt abgeschnitten werden müssten[712]. Im Rahmen einer Kompromisslösung, insbesondere auf Drängen der englischen Delegation, wurde jedoch die Einrede des „wilful misconduct" für den Versicherer gegenüber einem Geschädigten in das Übereinkommen integriert, da das Risiko bestand, dass ohne eine solche Einrede eine dem Ölhaftungsübereinkommen entsprechende Versicherung in England – dem für die internationale Seefahrt größten und wichtigsten Versicherungsmarkt - nicht zu erhalten sei[713]. Auch im Rahmen der Aufnahme der „wilful misconduct" Einrede in das Protokoll 2002 wurde die Gewährung einer solchen Einwendung für den Versicherer gegenüber dem geschädigten Passagier nicht einheitlich beurteilt. Insbesondere die australische und die norwegische Delegation wollten dem geschädigten Passagier auch im Falle des „wilful misconduct" des Beförderers einen Versicherungsschutz gewähren, da in diesen Fällen der Passagier besonders schutzwürdig sei, und ein Ausschluss des Versicherungsschutzes im Sinne der „wilful misconduct" Einrede den Passagierschutz zu sehr einschränken würde[714]. Das Bedürfnis für eine Versicherung des Passagiers auch bei vorsätzli-

strengeren Anforderungen unterliegt, als die Begriffe „actual fault" oder „privity" (Schleicher/Reymann/Abraham, Recht der Luftfahrt, Bd. 1, S. 367; Shawcross/ Beaumont/ Browne, Air Law , S. 344 m.w.N.; Hwang, Reederhaftung für Ölverschmutzungsschäden, S. 115ff; Feldhaus, Haftung beim Seetransport, S. 95; Pant, P&I Clubs, S. 115; vgl. auch: Goldhirsch, The Warsaw Convention Annotated, S. 121; zur Abgrenzung zwischen "wilful misconduct" und "privity" vgl. *Compania Maritima San Basilio S.A. v. The Oceanus Mutual Underwriting Association (Bermuda), Ltd.* (The "Eurysthenes") [1976] 2 Lloyds Law Report S. 171 (179ff)). Auch französische Gerichte sehen das Konzept der groben Fahrlässigkeit (faut loured / gross negligence) als gleichwertig gegenüber vorsätzlichem Verhalten und damit als von dem Begriff „wilful misconduct" umschlossen an (Cass. 8.1.74, ETL 1974.314; Cass. 29.1.85, BT 1985.345 sowie ND 1986.27 SH.).

[711] Art. 12 Abs. 8 HNS-Übereinkommen 1996 ; Art. VII Abs. 8 Ölhaftungsübereinkommen 1969 ; Art. 7 Abs. 10 Bunkeröl-Übereinkommen.

[712] Herber, Haftung für Schäden durch Ölverschmutzung, RabelsZ 34, 1970, S. 223 (246).

[713] Herber, Haftung für Schäden durch Ölverschmutzung, RabelsZ 34, 1970, S. 223 (246).

[714] IMO Doc. LEG/CONF 13/9, 30. Oktober 2002, S. 1; IMO Doc. LEG 83/4/7, 11. September 2001.

chem Verschulden des Beförderers ergebe sich schon aus dem Umstand, dass es in der internationalen Passagierschifffahrt kein Lizenzierungssystem für die Zulassung eines Beförderers gebe (mit Ausnahme der Sicherheitskontrollmöglichkeiten), und so die Gefahr bestünde, dass Beförderer auf den Markt drängen, die nicht den Anforderungen eines ordentlichen Passagiertransports entsprechen. Außerdem sei der Passagier ohne jegliche Einflussmöglichkeit auf ein Verhalten des Beförderers, und damit besonders schutzwürdig, welches sich auch in den Versicherungsanforderungen widerspiegeln müsste[715].

Wäre die „wilful misconduct" Einrede im Rahmen des Direktanspruchs des geschädigten Passagiers gegen den Versicherer nicht in die Regelungen des Protokolls 2002 aufgenommen worden, wäre der Schutzrahmen, der einem Passagier durch die Pflichtversicherung des Art. 4 a AÜP gewährt wird, erhöht worden. Der Passagier hätte ohne die Integration der „wilful misconduct" Einrede auch bei vorsätzlichem Verhalten des Beförderer neben diesem auch direkt den Versicherer für Schadensersatzleistungen in Anspruch nehmen können. Besteht die Möglichkeit für einen Versicherer, sich eines Direktanspruches des Geschädigten durch die „wilful misconduct" Einrede zu entziehen, bleibt der Passagier als unschuldiges Opfer schutzlos bei vorsätzlichen Schadenshandlungen des Beförderers. Durch einen Ausschluss der „wilful misconduct" Einrede wäre jedoch die Regelung der „direct action" mit dem Versicherungssystem der P&I-Clubs nicht mehr vereinbar gewesen. Die P&I-Clubs sind Versicherungsgesellschaften, die auf den Grundsätzen des englischen Rechts beruhen und entsprechend diese Grundsätze in die internen Club-Regeln integriert haben[716]. Im englischen Recht besteht der Grundsatz, dass der Versicherer nicht haftbar zu machen ist für jeglichen „wilful misconduct" des Versicherungsnehmers[717]. Getragen von dem Prinzip der

[715] IMO Doc. LEG/CONF 13/9, 30. Oktober 2002, S. 3.

[716] Zum Beispiel Gard-Rule 72. "Conduct of member":
"The Association shall not cover any liabilities, losses, costs or expenses arising or incurred in
circumstances where there has been wilful misconduct on the part of the Member, such misconduct being an act intentionally done, or a deliberate omission by the Member, with knowledge that the performance or omission will probably result in injury, or an act done or omitted in such a way as to allow an inference of a reckless disregard of the probable consequences".

[717] English Marine Insurance Act 1906, Section 55 (2) (a) : „The insurer is not liable for any loss to the wilful misconduct of the assured...". Dieser Grundsatz findet nicht nur in England Geltung, vielmehr haben eine Reihe von Nationen die Einrede des "wilful misconduct" in ihr nationales Recht integriert (so z.B. Norwegen im Rahmen des norwegischen Seeversicherungsplans 1996, §3-32 : „Hat der Versicherte einen Unglücksfall absichtlich herbeigeführt, hat er keinen Anspruch gegen den Versicherer").

Versicherung auf Gegenseitigkeit[718] gilt innerhalb der P&I-Clubs der Grundsatz, dass alle Mitglieder der Clubs anteilig auf jeden rechtmäßigen Anspruch zahlen, der gegen den Club vorgebracht wird. Verantwortungsbewusste und sich innerhalb der Rechtsregeln bewegende Clubmitglieder werden nicht für ein anderes, konkurrierendes Clubmitglied anteilig auf einen Schadensersatzanspruch leisten, soweit von diesem ein Schaden vorsätzlich verschuldet wurde. In diesem Sinne besteht für „wilful misconduct" eines Beförderers aufgrund der Organisationsstruktur und aufgrund der den P&I-Clubs zugrundeliegenden Rechtsregeln keine Möglichkeit, im Rahmen einer P&I-Versicherung eine Versicherungsdeckung zu erreichen[719]. Auch würde eine Versicherbarkeit des Beförderers gegen die Konsequenzen eines eigenen vorsätzlichen Verschuldens allgemeinen, internationalen Rechtsgrundsätzen widersprechen. Den Hintergrund der „wilful misconduct" Einrede bildet der allgemeine Grundsatz, dass ein Schädiger nicht von eigenen vorsätzlich-schadenherbeiführenden Handlungen profitieren soll[720]. Würde einem Beförderer bei vorsätzlichem Verschulden eines Schadens ein Versicherungsschutz gewährt werden, würde dieser Rechtsgrundsatz in sein Gegenteil verkehrt werden.

Es zeigt sich, dass der Passagierschutz durch einen Ausschluss der „wilful misconduct" Einrede eine weitere Stärkung erfahren würde, jedoch ohne mit dem Versicherungssystem der P&I-Clubs und mit der allgemeinen Rechtsauffassung vereinbar zu sein. Aufgabe und Ziel des Protokolls 2002 ist es, dem Passagier eines Seeschiffs bei einer internationalen Beförderung einen adäquaten Schutzrahmen zu bieten, nicht aber jegliches Risiko auf den Versicherer zu legen[721]. Zudem dürfte eine vorsätzliche Schadensherbeiführung durch einen Beförderer sehr selten vorkommen[722]. Einem Passagier, der sich hiergegen schützen möchte, ist der

---

[718] Vgl. in dieser Arbeit: § 2, B, II, 1, b, aa), und 2, a).

[719] IMO Doc. LEG/CONF 13/11, 30. August 2002, S. 4; IMO Doc. LEG/CONF 13/13, 12. September 2002, S. 5.

[720] IMO Doc. LEG/CONF 13/9, 30. Oktober 2002, S. 3; IMO Doc. LEG/CONF 13/11, 30. August 2002, S. 4; IMO Doc. LEG/CONF 13/13, 12. September 2002, S. 5.

[721] IMO Doc. LEG 83/4/9, 6. September 2001, S. 3.

[722] Das offensichtlichste Beispiel für eine vorsätzliche Schadensherbeiführung durch einen Beförderer ist ein vorsätzliches Zerstören des Schiffskörpers, um den Erlös aus einer Schiffskörperversicherung zu erlangen. Ein solches Beispiel ist im Rahmen einer Passagierbeförderung eher theoretischer Natur. Eine andere Möglichkeit des Auftretens von „wilful misconduct" des Beförderers sind Passagierschäden die durch überladene Schiffe (hier insbesondere Fähren) auftreten können. Damit der Versicherer die „wilful misconduct" Einrede gebrauchen kann, ist in solchen Fällen jedoch beachtlich, dass der Versicherer nicht nur die vorsätzliche Schädigung nachweisen muss, sondern auch eine Begünstigung des Beförderers, die aus einem solchen Schadensfall entsteht. Der Beweisstandard im Fall einer „wilful misconduct" Einrede richtet sich für den Versicherer nach der Schwere der behaupteten Beschuldigungen, und wird in einem Fall der Überladung eines Schiffs mit Passagieren einem strafrechtlichen Beweisstandard gleichkommen.
(Fortsetzung der Fußnote auf nächster Seite)

Abschluss einer Unfallversicherung zuzumuten, die auch diesen Fall einschließt.
Eine den Drittschadenskonventionen des Seerechts entsprechende Aufnahme der „wilful misconduct" Einrede in die Regelungen des Protokolls 2002 ist somit schlüssig und verkürzt den Passagierschutz nicht in unangemessener Weise. Vielmehr ist auch in diesem Punkt das Protokoll 2002 als ein Gesamtpaket zu sehen. Wurde für die „direkt action" eine Summe von 250.000 SZR eingeführt, und damit die Maßgabe der P&I-Clubs übertroffen, bildet die Einführung der „wilful misconduct" Einrede in der Versicherung des Passagierbeförderers ein Zugeständnis an das P&I-System, um dessen Versicherungsleistung für die Passagierbeförderung nicht auszuschließen und die Vorteile der P&I-Clubs als Seeversicherer für das Protokoll 2002 weiterhin nutzbar zu halten. Mit der Übernahme der „wilful misconduct" Einrede bleibt das Protokoll 2002 nicht nur innerhalb der Versicherungsgrundsätze und der Versicherungspraxis des Seerechts, im Vergleich mit dem Luftrecht zeigt sich vielmehr, dass der Passagierschutz durch die Beschränkung der Einreden des Versicherers auf die einzig-erlaubte „wilful misconduct" Einrede, eine erheblich weitergehende Stärkung erfährt, als dieses in der Luftfahrt üblich ist. Eine der „wilful misconduct" Einrede entsprechende Regelung ist im Montrealer Übereinkommen 1999 nicht vorgesehen, allerdings sieht das Luftrecht insgesamt von einer Festlegung eines unmittelbaren Klagerechts des Passagiers gegen den Versicherer ab, und verzichtet auch auf eine entsprechende völkerrechtliche Definition des Umfangs der Versicherungsdeckung. In der Praxis der Luftfahrt ist es vielmehr üblich, das Versicherer gegenüber einem Beförderer eine Vielzahl von Einwendungen geltend machen können, die den Passagierschutz indirekt wesentlich stärker einschränken, da ein Passagier in einem Schadenfall einem Beförderer gegenüberstehen kann, dessen Versicherungsschutz nicht mehr besteht[723].

Damit bedarf der Versicherer erheblicher Beweisanstrengungen, um die „wilful misconduct" Einrede in einem solchen Fall gebrauchen zu können (Soyer, Considerations on the Draft Protocol to the Athens Convention, JMLC 2002, S. 519 (529); *Houghton (R.A.) and Mancon Ltd. V. Sunderland Mar. Mut. Ins. Co. Ltd. (The "Ny-Easteyer")* [1988] 1 Lloyds Law Report S. 60 (62) [Hamilton, Q.C.]).
Zudem betrifft die „wilful misconduct" Einrede nur den Versicherten, nicht jedoch das Verhalten der Mannschaft oder des Kapitäns eines Passagierschiffs. Diese sind vielmehr von den P&I-Versicherungen gedeckt und damit auch von der „direct action" umfasst. Die „wilful misconduct" Einrede wird somit nur selten in der Praxis auftreten, und nur in wenigen Fällen dem Passagier einen Direktanspruch gegen den Versicherer verwehren (IMO Doc. LEG/CONF 13/13, 12. September 2002, S. 5.).

[723] Die Standard-Haftpflichtversicherungspolice für Flugzeuge von der Lloyd's-Versicherung (Form AVN1A) enthält unter anderem folgende Ausschlüsse der Versicherungsdeckung: (1) unlawful use of the aircraft, or for any purpose other than stated in the policy declarations; (2) use outside the prescribed operating limitations of the air-
(Fortsetzung der Fußnote auf nächster Seite)

Insofern biete das Protokoll 2002 dem Passagier ein sehr hohes Schutzniveau, welches durch die Einführung der „wilful misconduct“ Einrede nicht unzumutbar eingeschränkt wird und im Vergleich mit anderen Transportrechten immer noch einen wesentlich weiteren Schutzbereich gewährt.

3. Verhältnis der gesetzlichen Zwangshaftpflichtversicherung zu den Haftungsausschlüsse des Art. 4 Abs. 1 a) und b) AÜP

Gemäß Art. 4 Abs. 1 AÜP haftet der Beförderer nach den Grundsätzen der Gefährdungshaftung für den durch ein Schifffahrtsereignis[724] verursachten Verlust infolge des Todes oder der Körperverletzung eines Reisenden, soweit der Verlust in Bezug auf den betreffenden Reisenden bei einem Vorfall nicht die Summe von 250.000 SZR überschreitet. Diese Haftung unterliegt - wie bereits aufgezeigt - der allgemeinen Versicherungspflicht des Art. 4a AÜP. Weist der Beförderer nach, dass das schadensverursachende Ereignis gemäß Art. 4 Abs.1 a) AÜP infolge von Kriegshandlungen, Feindseligkeiten, Bürgerkrieg, Aufstand oder einem außergewöhnlichen, unvermeidbaren und unabwendbaren Naturereignis eingetreten ist, oder gemäß Art. 4 Abs.1 b) AÜP ausschließlich durch ein vorsätzliches Verhalten dritter Personen begangen wurde, entfällt eine Beförderhaftung und entsprechend auch eine Versicherungspflicht[725].
Auf der Londoner Konferenz zur Erarbeitung des Protokolls 2002 wurde insbesondere von den Delegationen der Seeversicherer[726] darauf hingewiesen, dass ohne einen zusätzlichen, ausdrücklichen Haftungsausschluss im Rahmen des Art. 4 Abs.1 a) AÜP bei Vorliegen eines Sachverhaltes, der von „act of terrorism“ (Schäden verursacht durch eine terroristische Handlung) umfasst ist, keine dem Protokoll 2002 entsprechende Versicherungsdeckung auf den weltweiten Primär- sowie Rückversicherungsmärkten bereitgestellt werden könne. Die Vertreter der P&I Clubs erklärten, dass die Seeversicherer grundsätzlich eine Versicherung von durch terroristische Handlungen entstanden Schäden ausschließen. Die Formu-

craft's flight manual; (3) operation in violation of the pilot's certificate or medical credential; (4) operation in violation of the civil aviation regulations with the carrier's knowledge; (5) operation absent a current airworthiness certificate or inconsistent therewith; (6) when the number of passengers exceeds the declared maximum; (7) when the aircraft is operated by any person other than the pilot listed in the policy declarations.

[724] „Shipping incident“.

[725] Vgl. in dieser Arbeit: § 2, A, II, 1.

[726] Als Vertreter für die P&I-Clubs trat eine Delegation der „International Group“ auf, die Transportversicherer des kommerziellen, offenen Marktes waren durch die IUMI repräsentiert.

lierung des Art. 4 Abs. 1 b) AÜP enthalte jedoch nur dann einen Haftungsausschluss für den Beförderer, wenn ein Schaden ausschließlich[727] durch ein vorsätzliches Verhalten dritter Personen herbeigeführt worden ist. Diese Formulierung führe dazu, dass jede auch nur geringfügige Mitverantwortung an einem Personenschaden durch auch nur leichte Nachlässigkeiten des Beförderers, der Besatzungsmitglieder an Bord eines Schiffes oder an einem Terminal eine volle Haftung – und damit eine entsprechende Versicherungspflicht – des Beförderers für Schäden aus terroristischen Aktivitäten auslösen kann[728]. Ein solches mitverantwortliches Verhalten müsse nicht unbedingt auf Fahrlässigkeit beruhen, es müsse lediglich mitursächlich sein und könne somit schon in einer sehr geringen Mitursächlichkeit liegen. So könne beispielsweise eine kurzer Stromausfalle in der Bordelektronik den Eingang einer rechtzeitigen Warnmeldung an den Kapitän, dass das Schiff Ziel eines terroristischen Angriffs sein könnte, verhindern, dass vorbeugende Maßnahmen an Bord getroffen werden und so als mitursächliches Verhalten zu werten sein. Die Vertreter der P&I Clubs erklärten, dass aufgrund des grundsätzlichen, unabhängig von einem eventuellen Mitverschulden eines Beförderers geltenden Ausschlusses einer Versicherungsdeckung für Schäden verursacht durch terroristische Aktivitäten innerhalb der Versicherungsregelungen der meisten Primär- und Rückversicherer, kein den Anforderungen des Protokoll 2002 entsprechendes Versicherungszertifikat auf den weltweiten Versicherungsmärkten ausgestellt werden könne. Die praktische Wirkung der Haftungsausschlussregelungen des Protokolls 2002 ergebe vor dem Hintergrund der fehlenden Versicherungsdeckungsmöglichkeiten auf den internationalen Versicherungsmärkten, dass sich das Protokoll 2002 nicht umsetzen lasse.
Die staatlichen Delegationen der Londoner Konferenz stimmten trotz dieser Bedenken der Seeversicherer gegen eine ausdrückliche Aufnahme des Begriffs „act of terrorism“ in Art. 4 Abs. 1 a) AÜP, da sie terroristische Handlungen als genügend berücksichtigt unter Art. 4 Abs. 1 b) AÜP ansahen. Dabei stützten sich die staatlichen Delegationen maßgeblich auf das Argument, dass auch andere internationale Konventionen einen über den in Art. 4 Abs. 1 b) AÜP hinausgehenden Haftungsausschluss nicht vorsehen, eine Versicherung durch die P&I-Clubs aber trotzdem gewährt würde[729]. Auch ein weiterer Vorschlag der Seeversicherer, die Haftungs-

[727] Die englische Originalfassung des Protokolls 2002 nennt den Begriff „wholly“.
[728] IMO Doc. LEG/CONF 13/11, 30. August 2002, S. 3.
[729] Art. 7 Abs. 2 (b) HNS-Übereinkommen 1996 ; Art. III Abs. 2 (b) Ölhaftungsübereinkommen 1969 sowie Art. 3 Abs. 3 (b) des Bunkeröl-Übereinkommen (noch nicht inkraftgetreten) sehen keine ausdrückliche Nennung von „act of terrorism“ in den Haftungsausschlüssen vor, sondern beschränken sich auf den gleichen Wortlaut wie Art. 4 Abs. 1 b AÜP. Eine Versicherung durch die P&I-Clubs wird trotz dieses Wortlautes
(Fortsetzung der Fußnote auf nächster Seite)

ausschlüsse des Art. 4 Abs. 1 a) und b) AÜP auch in Art. 4 Abs. 2 AÜP einzufügen und damit für Fälle der „non-shipping incidents" Anwendung finden zu lassen, fand auf der Londoner Konferenz keine Mehrheit, da argumentiert wurde, dass es sich in dem benannten Fall um eine Verschuldenshaftung handele und die Beweislast in diesen Fällen beim Geschädigten liege, somit eine Integration von Haftungsausschlüssen unnötig sei.

Wird vor diesem Hintergrund dem derzeitigen Wortlaut der Art. 4 Abs. 1 a) und b) des Protokolls 2002 gefolgt, haftet der Beförderer für Schäden, die durch eine terroristische Handlung - welche nicht den Haftungsausschlüssen des Art. 4 Abs. 1 a) zugeordnet wird - entstehen, soweit ein entsprechender Schaden nicht „ausschließlich" auf ein vorsätzliches Verhalten dritter Personen zurückgeführt werden kann. Durch die Möglichkeit einer solchen Befördererhaftung muss diese auch in vollem Umfang im Rahmen der vorgeschriebenen Zwangshaftpflichtversicherung gedeckt sein, wobei auch in einem solchen Fall ein direkter Anspruch eines Geschädigten gegen den Versicherer oder den Sicherheitsgeber im Sinne des Art. 4a Abs. 10 AÜP besteht. Aus dieser am Wortlaut des Protokoll 2002 orientierten Interpretation der Art. 4 Abs. 1 a) und b) ergeben sich erhebliche Problematiken im Rahmen der praktischen Umsetzung dieser neuen Rechtsregeln im Bezug auf die Versicherbarkeit der Befördererhaftung. Da das Bestehen der Versicherung durch ein Zertifikat des Flaggenstaates nachgewiesen werden muss, ohne dessen Vorlage der Betrieb eines Schiffes nicht erlaubt werden darf, hat die Versicherbarkeit der im Protokoll 2002 normierten Haftpflichten eine hohe Bedeutung für den praktischen Schiffsbetrieb. Die Problematiken entstehen insbesondere aus der Struktur der Seeversicherungsmärkte sowie dem internen Versicherungssystem der P&I Clubs. Sie soll zum besseren Verständnis nachstehend kurz dargestellt werden.

a) Entwicklungen der Versicherung von Kriegs- und Terrorismusrisiken

Die Seeversicherungsmärkte teilen sich maßgeblich in vier unterschiedliche Bereiche auf. Zum einen besteht die Protection und Indemnity (P&I)

gewährt, allerdings unter Ausschluss der Versicherung von Terrorismusschäden in den Versicherungspolicen der Clubs, welches jedoch bisher kein Hindernis für die Wirksamkeit einer P&I-Versicherung unter der Geltung der entsprechenden Übereinkommen darstellt.

Versicherung, welche als Haftpflichtversicherung dient[730] und überwiegend von den auf dem Prinzip der Versicherung auf Gegenseitigkeit beruhenden P&I-Clubs bedient wird[731]. Außerhalb diese Versicherungszweiges steht die Schiffskaskoversicherung (Hull & Machinery Insurance), die traditionell Schäden am Schiffskörper versichert, aber unter anderem auch Haftpflichtschäden, die sich aus einer Kollision mit anderen Schiffen ergeben[732]. Die Schiffskaskoversicherungspolice enthält üblicher Weise einen zwischen dem Versicherungsgeber und dem Versicherungsnehmer vereinbarten Wert des Schiffes, durch welchen die Maximalsumme festgelegt wird, die der Versicherungsnehmer im Falle eines Schadens am Schiff beziehungsweise eines Totalverlustes des Schiffes von dem Versicherer erhalten soll[733]. Bedient werden die Hull & Machinery Versicherungen insbesondere von den kommerziellen Versicherungsmärkten. Hier ist maßgeblich der Londoner Versicherungsmarkt beteiligt[734], wobei Lloyd's of London[735] ungefähr ¾ dieses Marktes be-

---

[730] Anders als bei einer Kaskoversicherung handelt es sich bei der P&I-Versicherung nicht um eine Versicherung gegen alle Gefahren, sondern um eine Versicherung spezieller, in den Versicherungsbedingungen ausdrücklich genannter Gefahren. Üblicher Weise von P&I Clubs versicherte Risiken sind Schadenshaftungen wie z.B. Kollisionsschäden die nicht von der H&M-Versicherung gedeckt sind, jegliche Schäden an Dritteigentum die nicht durch Kollision entstanden sind, Verlust oder Beschädigung der Ladung, Wrackbeseitigung soweit der Reeder einer gesetzliche Beseitigungsverpflichtung unterliegt (wurde ein Schiff noch nicht zum Wrack erklärt, trägt der Kaskoversicherer die Kosten einer Beseitigung), Schleppkosten, bestimmte Bergungskosten sowie bestimmte Kosten der Grossen Havarie und als wohl maßgeblichster Teil der P&I Versicherung die Haftung des Reeders für Verschmutzungen die vom Schiff verursacht wurden (statt vieler: Schwampe, Versicherungen der gewerblichen Seeschifffahrt, TranspR 2006, S. 55 (60ff.)).

[731] Die P&I Clubs sind die hauptsächlichen Anbieter von P&I Versicherungen in der Seefahrt und versichern über 95 Prozent der weltweiten Tonnage (vgl. zum internen Aufbau und zur Struktur der P&I Clubs in dieser Arbeit: § 2, B, II, 1, b), aa)).

[732] In Kollisionsfällen besteht jedoch eine ¾ zu ¼ Teilung der Versicherungsdeckung des Kaskoversicherers mit dem jeweiligen P&I Club des Versicherungsnehmers, vgl. hierzu ausführlich: Hare, Shipping Law, S. 749.

[733] Eine über den Schiffswert hinausgehende Versicherungspolice kann teilweise bei bestimmten Versicherern vom Versicherungsnehmer zusätzlich erkauft werden. Einige Märkte beschränken dabei diesen gesteigerten Versicherungswert auf höchstens 25% des festgelegten Wert des Schiffes, es finden sich aber auch gesteigerte Versicherungswerte von bis zu 50% des vereinbarten Schiffswertes.

[734] Der Londoner Versicherungsmarkt bedient ungefähr 25% des weltweiten Schiffskaskoversicherungsmarktes, mit einem Prämienaufkommen von 600 Millionen US-Dollar pro Jahr. Neben dem Londoner Markt stellen Japan, Frankreich, Amerika, Norwegen und Deutschland bedeutende Kaskoversicherungsmärkte dar.

[735] Lloyd's of London ist nicht als eigenständiger Versicherer zu sehen, sondern vielmehr als ein „Marktplatz" auf dem Versicherungen und Rückversicherungen ausgehandelt werden können. Investoren (die früher insbesondere wohlhabende Privatleute waren, heutzutage sind 80 % der Investoren Unternehmen), die das eigentliche Kapital stellen, finden sich in sogenannten Syndikaten zusammen, die jeweils einen „Underwriter" (eine

(Fortsetzung der Fußnote auf nächster Seite)

dient, ¼ fällt kommerziellen Versicherern unter der Schirmherrschaft der „International Underwriter Association" (IUA) zu. Neben diesen Versicherern der „offenen Märkte" existieren auch spezialisierte „Hull-Clubs", welche sich wie die P&I Clubs nach dem Prinzip der Versicherung auf Gegenseitigkeit aufbauen und spezialisiert auf Schiffskaskoversicherungen sind[736].

Neben der P&I Versicherung und der Schiffskaskoversicherung besteht die „Freight, Demurrage- and Defence-Versicherung" (FD&D), welche den Versicherungsnehmer gegen Uneinbringlichkeiten seiner Forderungen, gegen die Gefahr der Inanspruchnahme auf Zahlung eines Liegegeldes[737] und als Rechtsschutzversicherung unabhängig von der der Haftpflichtversicherung immanenten Rechtsschutzfunktion bei der Durchsetzung von Ansprüchen, bei Rechtsstreitigkeiten schützen und unterstützen[738]. Diese Versicherungsart wird maßgeblich von spezialisierten FD&D Clubs angeboten[739].

Diese drei Versicherungssektoren werden ergänzt durch den eigenständigen Versicherungsbereich der sogenannten „War-Risk-Insurance", welche den Versicherungsnehmern Schutz gegen Kriegsgefahren bietet. Aufgrund des zunehmend als steigende Gefahr eingeschätzten Kriegsschadenrisikos und dem diesem innewohnenden, hohen Kumulrisikos entwickelte sich diese Subspezies von Versicherungen Ende des neunzehnten Jahrhunderts. Kriegsrisikenversicherer bieten Versicherungsdeckungsmöglichkeiten, die „normale" maritime Risiken[740] und Kriegsrisiken, zumeist durch Ausschlussklauseln in der Versicherungspolice für maritime Risiken[741], voneinander trennen. Kriegsrisiken werden separat

---

Art Versicherungsagenten) von Lloyd's anstellen, welcher im Interesse und im Namen seiner Investoren entscheidet, welche Risiken zu welchen Konditionen und zu welchen Prozentverteilungen innerhalb eines Syndikates akzeptiert werden. Dabei sind die Investoren selten beschränkt auf maritime Versicherungen, vielmehr wird üblicherweise in eine Bandbreite von Risiken investiert, von denen ein Teil im maritimen Bereich angesiedelt sein kann. So werden z.B. neben maritimen Versicherungen auch ein großer Teil der Luftfahrtversicherungen über Lloyd's bzw. dessen Syndikate abgeschlossen.

736 Die größten Hull-Clubs sind der „Norwegian Hull Club", welcher 30% des Norwegischen Schiffskaskomarktes bedient, der „Swedish Club", welcher sowohl P&I als auch Hull-Vericherungen anbietet, sowie der „Marine Shipping Mutual Insurance", der an den Englischen „North of England P&I Club" angegliedert ist.

737 Vereinbart für den Fall, dass das Schiff z.B. wegen Verzögerung des Ladens länger als vereinbart im Hafen liegen muss.

738 Hare, Shipping Law, S. 764.

739 In Deutschland wird der FD&D Bereich z.B. vom Schutzverein Deutscher Rheder V.a.G bedient.

740 Wie z.B. Strandung des Schiffs, Feuer auf dem Schiff, Zusammenstöße von Schiffen etc.

741 Die Standardversicherungspolice bildete ursprünglich die „Shipping Goods Policy" (S.G. Form), welche zumeist durch die „Free of Capture & Seizure Clause" (f.c. & s.

(Fortsetzung der Fußnote auf nächster Seite)

von maritimen Risiken durch eine „War-Risk-Insurance“ versichert, die zumeist durch eine vereinbarte Deckungsgrenze das Risiko für den Versicherer kalkulierbar macht.
Ähnlich der Kaskoversicherung wird der Markt der Kriegsrisiken-Versicherung von verschiedenen Versicherern bedient. Zum einen spielen die Syndikate von Lloyd's of London eine wichtige Rolle, es finden sich aber auch normale, kommerzielle Kriegsrisiken-Versicherungsunternehmen sowie – angelehnt an die Struktur der P&I Clubs – auf dem Prinzip der Versicherung auf Gegenseitigkeit beruhende War-Risk Clubs[742]. Ein Schiffseigentümer versichert Kriegsrisiken zusätzlich zu seiner Hull- und P&I-Versicherung mit entsprechenden War-Risk-Versicherern, zumeist bis zu einer in der Versicherungspolice festgelegten Höchstsumme die dem Wert des Schiffes entspricht.
Aus der historisch gewachsenen Trennung von maritimen Risiken und Kriegsrisiken ergeben sich weitreichende Konsequenzen sowohl für die Schiffskasko- als auch für die P&I-Versicherungen. Kriegsrisiken, Streik, Terrorismus und ähnliche Risiken werden heutzutage im Rahmen der Versicherungspolicen der Schiffskaskoversicherer nahezu immer vom Kaskoversicherungsschutz ausgenommen und dem War-Risk-Versicherungssektor überlassen. Diese Ausschlüsse von der Versicherungsdeckung beziehen sich nicht nur auf Schäden in Kriegssituationen sondern schließen zumeist ebenfalls kriegsähnliche Situationen in Friedenszeiten ein, in denen Schäden beispielsweise durch „aufgegebene“ Mienen oder Waffen entstehen. Ähnlich den Schiffskaskoversicherungspolicen wurden Kriegs- und kriegsähnliche Schäden regelmäßig auch im Rahmen der P&I Versicherungen ausgeschlossen[743] und wie bei den

Clause) ergänzt wurde, wodurch das zu den allgemeinen Kriegsrisiken zählende “Capture and Seizure” von der normalen Versicherungsdeckung ausgeschlossen wurde. Dieses ausgeschlossene Risiko wurde dann über einen entsprechenden Kriegsrisikenversicherer unter weiteren vertraglichen Garantien und Ausschlüssen versichert. Die f.c & s. Klausel wurde jedoch aufgrund ihrer komplizierten Anwendungsvoraussetzungen 1980 durch eine Reihe von eigenständigen Klauseln weitgehend ersetzt, die eine eindeutigere Trennung zwischen maritimen Risiken und Kriegsrisiken zuließen.

[742] So z.B. die Norwegische „Norwegian Shipowners' Mutual War Risk Association“ (DNK), die Griechische „Hellenic Mutual War Risk Association Ltd. („The Hellenic“)“ sowie der „Standard War Risk Club“.

[743] Die P&I Clubs bestimmen ihre Versicherungsbedingungen durch die sogenannten Club-Rules. Sowohl für das versicherungsrechtliche als auch für das körperschaftliche Verhältnis zwischen Club und Mitglied sind gesetzliche wie vertragliche Regelungen maßgebend. Grundlegend ist die in den „Rules“ einheitlich getroffene Bestimmung, wonach für beide Rechtsverhältnisse das Heimatrecht des jeweiligen Clubs maßgeblich sein soll (z.B. Rule 33 The United Kingdom). Für die in England ansässigen Clubs ist somit z.B. der Marine Insurance Act (MIA) von 1906 in Verbindung mit dem subsidiären „Case Law“ maßgebend. Da der MIA für vertragliche Regelungen Raum lässt, kommen daneben und im Hinblick auf ihre praktische Bedeutung für das Versicherungsverhältnis zwischen
(Fortsetzung der Fußnote auf nächster Seite)

kommerziellen Versicherern dem War-Risk-Markt überlassen. Im Jahr 1988 entwickelten die P&I-Clubs[744] eine neue Versicherungsstrategie und entschlossen sich, ihren Mitgliedern zusätzlich zu der traditionellen P&I-Versicherung auch eine in der Summe begrenzte Deckung für Kriegsrisiken anzubieten. Diese Deckung wurde zunächst begrenzt auf 50 Millionen US-Dollar, und konnte nur beansprucht werden, soweit ein Schaden die Obergrenze des Wertes eines Schiffes der primären Kriegsrisikenversicherer überschreitet. Nur in einem solchen Fall sollte diese zusätzliche, von den P&I-Clubs bediente War-Risk-Versicherung in Anspruch genommen werden können. Die zunächst festgelegte Obergrenze von 50 Millionen US-Dollar wurde im Lauf der Zeit auf 200 Millionen US-Dollar gesteigert und schließlich auf den Wert von 500 Millionen US-Dollar angehoben[745], welches heute die allgemein gültige, maximale Limitierungsstufe für Kriegsrisikenversicherungen der P&I-Clubs darstellt[746]. Diese P&I Deckung für Kriegsrisiken greift jedoch grundsätzlich nur ein, soweit der von dem Primär-Kriegsrisikenversicherer bereitgestellte Betrag in der Höhe des Schiffswertes in einem Schadensfall überschritten wird[747].
Ähnlich den Kriegsrisiken wird auch das Risiko von Terrorismusschäden sowohl im Rahmen der Schiffskaskoersicherungen als auch durch die „Rules" der P&I-Clubs von einer Versicherungsdeckung für „normale" maritime Risiken ausgeschlossen. Einer der Hauptgründe für diesen Ausschluss ist in dem Umstand zu sehen, dass die Rückversicherer der P&I Clubs eine Deckung für Terrorismusschäden in der Regel ebenfalls ausdrücklich ausschließen[748]. Maßgeblichen Einfluss auf die Entscheidung der Rückversicherer auch in ihren Verträgen von einer Deckung von Ter-

Club und Mitglied in erster Linie vertragliche Anwendungen in Form der „Rules" zur Geltung (Sec. 85 Abs. II MIA: „The provisions of this Act...may be modified by the agreement of the parties...").
Im Rahmen dieser P&I Club-Rules wird von den Clubs traditionell jegliche Versicherung von Kriegsrisiken ausgeschlossen.

744 Maßgeblich die P&I Clubs, welche sich in der International Group zusammengeschlossen haben.

745 Diese Erhöhung gilt für die P&I Clubs der „International Group". Eine Anhebung der Versicherungsdeckungssumme auf US $ 400 Millionen erschien den P&I Clubs unter dem Eindruck des von den USA erlassenen Terrorism Risk Insurance Act 2002 sowie dem terroristisch motivierten Anschlag auf den Tanker „Limburg" im Jemen im September 2002 nötig. Alsdann wurde die Summe auf die heute geltende Obergrenze von US $ 500 Millionen festgesetzt.

746 IMO LEG 88/12/2, 19 März 2004, S. 2; statt vieler vgl. auch GARD Circular No. 8/2005.

747 Vgl. z.B. GARD Circular No. 6/2003.

748 Vgl. insbesondere die Rückversicherungs-Ausschlussklauseln NMA2918-08/10/01 und NMA2919-08/10/01.

rorismusrisiken abzusehen, nahmen die tragischen Ereignisse des 11. September 2001 in den USA.

Vor den Anschlägen auf das World Trade Center in New York und das Pentagon in Washington D.C. waren Ausschlussklauseln für Terrorismusrisiken weitestgehend unbekannt in den Versicherungspolicen der Primär- und Rückversicherer. Lediglich für Kriegsrisiken fanden sich die beschriebenen Haftungs- und Deckungsausschlüsse. Die hauptsächlichen Gründe für diese Außerachtlassung von Ausschlussklauseln für Terrorismusrisiken im Rahmen der Versicherungsbedingungen finden sich zum einen in der Beurteilung der Wettbewerbsstellungen der einzelnen Versicherungsunternehmen untereinander auf dem internationalen Versicherungsmarkt, zum anderen in der fehlenden versicherungsmathematischen Berechnung einer „worst-case" Maximalhaftung der Versicherungsunternehmen bei einem durch terroristische Aktivitäten verursachten Großschadens im Ausmaß der Anschläge am 11. September[749]. Nachdem sowohl der Präsident der Vereinigten Staaten als auch verschiedene Mitglieder des amerikanischen Kongress die Anschläge auf das World Trade Center ausdrücklich als „act of war" definierten[750] und dem globalen Terrorismus ausdrücklich „den Krieg" erklärten, eröffnete sich auf inter-

---

[749] Vgl. Terror Insurance Availability: Anhörung zur Versicherung von Terrorismusschäden vor dem US-Senate, Commission on Banking, Housing and Urban Affairs, 107th Cong. (2001) WL 26187268: Erklärung von *Ron E. Ferguson*, Chairman, General Re Corporation, "Before September 11 the threat of terrorism within our borders seemed remote. Because of that, no insurance or reinsurance premiums were collected for terrorism coverage, and no assets or reserves were allocated to terrorism exposures." ; Erklärung von *John T. Sinnott*, Chairman und CEO of Marsh Inc., "The problem with what happened on September 11 is that it presented a risk that no one could conceive would happen. When the buildings were built, loss scenarios did contemplate the impact of one Boeing 707 [dem größten kommerziellen Flugzeug seiner Zeit], however the idea of two, fully fueled 767s hitting both towers was unimaginable". Siehe auch: Blackest Day as Insurers Fear for Staff, Ins. Day (London), Sept. 12, 2001, S. 1 ("The unprecedented events of yesterday are generally not even found in the 'worst case scenarios' run by some firms."); Richard A. Fogel, Sept. 11: Risk Management Lessons Learned, N.Y. Law Journal, Nov. 2, 2001, S. 1 (6), ("Most commercial property insurance policies contain a standard war risk exclusion. Cases interpreting this exclusion, mostly as a result of litigation ensuing from the 1993 attack on the Twin Towers, limits its applicability."); Walter Updegrave, How Strong Is the Safety Net?, Money, Nov. 2001, S. 130, (134 f.), ("Many [insurers] routinely run an RDS (realistic disaster scenario), such as two jumbo jets colliding over a large city or a major earthquake hitting Los Angeles, to determine their PML (probable maximum liability). But no one envisioned a catastrophe like the one that occurred on Sept. 11.").

[750] "The deliberate and deadly attacks, which were carried out yesterday against our country, were more than acts of terror. They were acts of war", Stellungnahme des Präsident der Vereinigten Staaten *George W. Bush* am Ende des "Cabinet Room Meeting" mit dem National Security Team (Sept. 12, 2001), Text abgedruckt in: Washington Post, Sept. 13, 2001, A3.

nationaler Ebene die Diskussion, ob Versicherer nunmehr, aufgrund der fehlenden Ausschlussklauseln für Terrorismusschäden, die üblichen Ausschlussklauseln bezüglich Kriegsrisiken auch bei durch terroristische Aktivitäten verursachten Großschäden aktivieren könnten[751]. Vor diesem Hintergrund richteten sich Mitglieder des amerikanischen „House Financial Services Committee" und des „Insurance Subcommittee" mit einer Stellungnahme an die amerikanische „National Association of Insurance Commissioners" (NAIC)[752], in der angeführt wurde, dass die Kriegsrhetorik des amerikanischen Präsidenten als eine reine Reflektion der „Leidenschaft und Entschlossenheit" der Vereinigten Staaten zu verstehen sei, und nicht als rechtliche Analyse der Ereignisse am 11. September[753]. Ferner wurde in der Stellungnahme zum Ausdruck gebracht, dass jeder Versuch von Versicherern und Rückversicherern, sich der Pflicht zur Schadensdeckung durch Inanspruchnahme von Kriegsrisikenausschlussklauseln basierend auf den Äußerungen des Präsidenten der Vereinigten Staaten zu entziehen, keine Unterstützung finden würde und als unpatriotisch zu bewerten sei[754].

Eine Reihe von Primärversicherern und Rückversicherern verzichteten entsprechend in der dem 11. September folgenden Schadenabwicklung auf die Möglichkeit der Inanspruchnahme von eventuellen Ausschlussklauseln[755]. Die genauen Beweggründe der Versicherungsunternehmen

---

[751] Vgl. zu dieser Diskussionen z.B. Randy J. Maniloff, The War Risk Exclusion – Looking Beyond the Events of September 11th, Mealy Publications, Dec. 3, 2001; James G. Rizzo, Tragedy's Aftermath: The Impact of 9/11 on the Insurance Industry, 46 B. B.J. 10, 13 (Jan.-Feb. 2002).

[752] Die NAIC ist eine nationale Organisation der Vereinigten Staaten, die sich aus den sog. "chief state insurance regulatory officials" der fünfzig Staaten, dem Distrikt Columbia und verschiedenen weiteren amerikanischen Territorien zusammensetzt; vgl. die NAIC-Webseite: *http://www.naic.org/1misc/aboutnaic/about/about01.htm* (05.01.2005).

[753] Stellungnahme von Rep. *Michael G. Oxley*, Chairman, House Committee on Financial Services, an *Kathleen Sebelius*, Präsidentin der National Association of Insurance Commissioners (17. September 2001), (*http:// www.naic.org/1news/releases/rel01/doc/091801lt.pdf*) (05.01.2005), siehe auch die Veröffentlichung der Stellungnahme in: Insurance Journal, Congressional leaders urge industry to fulfill, 20.11.2001, *http://www.insurancejournal.com/news/national/2001/09/20/14323.htm* (01.02.2007).

[754] Freie Übersetzung des Autors, für den Originaltext der Stellungnahme in Englisch siehe FN. 753.

[755] Unter anderem die Versicherungsunternehmen Northwestern Mutual, Chubb Corp., Swiss Re, Hartford Financial Services Group, Ace Ltd., Met Life Inc., Prudential Financial, and CIGNA (vgl. Lee Bergquist, NML to Honor All Attack Claims; Insurer Won't Cite "Acts of War" Exclusion, Milwaukee J. Sentinel, Sept. 15, 2001, 1D (Northwestern Mut. Life Ins. Co.); Tamara Loomis, Crisis Management: Terrorist Actions Prompt Laudable Responses, N.Y. Law J., Sept. 20, 2001, S. 5 (Chubb Corp., Swiss Re, und Hartford Financial Services Group); Christopher Oster, Ace Joins Insurers That Won't Invoke Act-of-War Clause, Wall Street Journal, Sept. 20, 2001, B2 (Ace Ltd.); David Pilla, Life
(Fortsetzung der Fußnote auf nächster Seite)

auf eine Inanspruchnahme der Ausschlussklauseln für Kriegsrisiken trotz der immensen Schadenssummen zu verzichten, können nicht präzise belegt werden. Maßgeblich bei dieser Entscheidung werden jedoch zwei Faktoren gewesen sein. Zum einen sahen fast alle Versicherungspolicen lediglich eine Ausschlussklausel für „act of war“, also spezielle Kriegsrisiken vor, nicht jedoch ausdrückliche Ausschlussklauseln für Schäden verursacht durch terroristische Aktivitäten. Da die Rechtsage bei der Unterscheidung von Kriegsrisiken und terroristischen Aktivitäten nicht eindeutig beurteilt wird, wären im Falle eines Berufens auf Ausschlussklauseln für „act of war“ langwierige Gerichtsprozesse zu erwarten gewesen, die nicht im Interesse der Versicherungsunternehmen lagen. Zum anderen - und dieses ist wohl als wichtigster Faktor für die Entscheidung gegen eine Berufung auf eventuelle Ausschlussklauseln zu sehen - hätte ein solches Vorgehen aufgrund der starken nationalen wie internationalen Emotionen, welche die Ereignisse am 11. September 2001 begleiteten, für die verschiedenen Versicherungsunternehmen zu einem spürbaren Verlust an Ansehen und Vertrauen bei Geschäftspartnern und in der Öffentlichkeit geführt.

Als direkte Folge der Ereignisse des 11. September 2001 erklärten jedoch die meisten Rückversicherer ab dem 1. Januar 2002 Terrorismusschäden ähnlich den Kriegsrisiken für zukünftige Schadensereignisse aus ihren Rückversicherungsverträgen auszuschließen, da die Kapitalkraft der internationalen Versicherungsmärkte für die Deckung eines weiteren Schadensereignisses in der Größenordnung der Folgen der Anschläge am 11. September 2001 als nicht ausreichend beurteilt wurde[756]. Entsprechend entwickelten auch die Primärversicherer neu definierte Ausschlussklauseln für Terrorismusrisiken um weiterhin in der Lage zu sein, wirksame Rückversicherungsverträge abschließen zu können. Ohne eine entsprechende Ausschlussklausel in den Versicherungsverträgen und somit ohne eine Rückversicherung konnte eine Deckung der Risiken von den Erst-

---

Insurers Dismiss War Exclusion, Best's Ins. News, Sept. 18, 2001, 2001 WL 24724943 (Met Life Inc., Prudential Financial, und CIGNA).

[756]America's Insurance Industry, Keeping the Promise: Hearing on the Impact of the September 11, 2001 Terrorist Attacks on America's Insurance System Before the House Commission on Financial Services, 107th Cong. 25 (2001), Stellungnahme von *Kathleen Sebelius*, Präsidentin der National Association of Insurance Commissioners: "We know the insurance industry cannot withstand multiple events of this magnitude without harm to all consumers", *http:// www.house.gov/financialservices/107-45.pdf* (05.01.2005); siehe weiterhin: Michael Schroeder, Senate Panel Is Set to Offer Bill to Back Terrorism Insurance, Wall Street Journal, 26 Oktober 2001, S. A4 (der berichtet, dass das Versicherungsunternehmen Zurich Financial Services' Zurich Global Energy, welches hauptsächlich Firmen aus der Öl-, Gas- und Stromindustrie versichert, seinen Versicherungsnehmern mitteilte, dass eine Deckung von Terrorismusrisiken zukünftig nicht mehr angeboten werden würde).

versicherern nicht bereitgestellt werden. Dieser Umstand wurde besonders für die maritimen P&I-Versicherer deutlich, als am 26 November 2002 der Terrorism Risk Insurance Act (TRIA) in den USA in Kraft trat, welcher vorsah, dass jeder Versicherer - also auch die P&I-Clubs - seinen Mitgliedern eine Versicherung für „acts of terrorism“ in den USA anbieten musste, die in der Summe den „normalen“ Versicherungsdeckungen entsprechen sollten. Damit waren die P&I Clubs in der Pflicht, eine Versicherung für Terrorismusrisiken in einer Gesamthöhe von ca. 4.5 Milliarden US-Dollar bereitzustellen. Diese Summe war für die P&I Clubs weder im Rahmen eines „Pools“ zu integrieren, noch in irgendeiner Form auf den Märkten rückzuversichern. Allerdings beließ der TRIA den P&I Clubs zweierlei Möglichkeiten, mit dieser neuen Versicherungspflicht umzugehen. Ein Mitglied der P&I Clubs konnte entweder dem Club eine schriftliche Genehmigung erteilen, die Ausschlussklausel für Terrorismusrisiken wieder in seine Versicherungspolice aufzunehmen, wodurch für den P&I Club eine Verpflichtung zur Versicherung für Terrorismusrisiken im Rahmen der normalen P&I Versicherung entfällt[757], oder aber das Mitglied musste eine wesentlich erhöhte Versicherungsprämie für das nunmehr neu abzudeckende Terrorismusrisiko zahlen. Aufgrund der fehlenden Rückversicherungsmöglichkeiten der Clubs waren die zu zahlenden Versicherungsprämien für diese neue Deckung in der Summe jedoch so hoch[758], dass eine Versicherung auf dieser Basis in aller Regel aus wirtschaftlichen Gründen ausschied, mit der Folge, dass die Ausschlussklauseln von den Mitgliedern nachträglich genehmigt wurden[759].

Unter dem Eindruck der fehlenden Rückversicherungsmöglichkeiten, die maßgeblich nach den Ereignissen am 11. September 2001 entstanden und in der maritimen Versicherungswirtschaft insbesondere durch die amerikanische TRIA-Gesetzgebung aufgezeigt wurden, wird nunmehr von nahezu allen P&I Clubs eine Deckung von Terrorismusrisiken im Rah-

---

[757] Durch die Genehmigung der Ausschlussklausel wird automatisch, soweit ein Mitglied ebenfalls eine P&I Kriegsrisikenversicherung abgeschlossen hat, das Risiko von Terrorismusschäden bis zu der erwähnten Deckungsgrenze von US Dollar 400 Millionen über dem vereinbarten Schiffswert (der von der H&M Versicherung gedeckt wird) versichert.

[758] Die zusätzliche Prämie die in einem solchen Fall von einem Mitglied zu zahlen wäre, wurde zum Beispiel von dem SKULD P&I Club für einen Schiffseigner auf eine Summe von US Dollar 12 Millionen pro Schiff und für einen Charterer auf US Dollar eine Millionen pro Eintrag für Handelsgeschäfte mit den Vereinigten Staaten festgelegt, unter dem Vorbehalt, dass diese Prämie weiter erhöht würde, je weniger Mitglieder des Clubs eine entsprechende Deckung zeichnen. (vgl. z.B. SKULD-Club Circular, 29 November 2002, US Terrorism Insurance Act 26. November 2002 – Exclusion of Terrorism Risk).

[759] Vgl. zum TRIA und seinen Auswirkungen auf die P&I Clubs und deren Mitglieder z.B. SKULD Circular 22. November 2002; SKULD Circular 29. November 2002; Standard Group Circular 22. November 2002; UK P&I Club Circular 4/04; Swedish Club, Addendum to Circular P&I 2405/2001, 19. April 2002.

men der Club-Rules ausdrücklich ausgeschlossen[760]. Die entsprechenden Ausschlussklauseln sowohl der P&I Clubs als Primärversicherer, als auch von deren Rückversicherern treffen dabei keine Unterscheidung zwischen Schäden, die „direkt“ oder „indirekt“, beziehungsweise „ausschließlich“ oder „zum Teil“ durch ein terroristisches Verhalten verursacht wurden. Vielmehr werden insgesamt Terrorismusrisiken von einer P&I Versicherung sowie einer diesbezüglichen Rückversicherung ausgenommen.

b) Wirkung der Haftungsausschlüsse auf die Versicherbarkeit der Befördererhaftung

Bezogen auf die Interpretation der Art. 4 Abs. 1 a) und b) AÜP zeigt sich, dass eine den Voraussetzungen des Protokolls 2002 entsprechende Versicherungsdeckung faktisch, aufgrund fehlender Rückversicherungsmöglichkeiten, nicht durch die P&I Clubs im Rahmen der „normalen“ maritimen Versicherung gedeckt werden kann. Da nach dem Willen der im Rahmen der Londoner Konferenz beratenden staatlichen Delegationen Terrorismusrisiken nicht als Kriegsereignis („act of war“) im Sinne des Art. 4 Abs. 1 a) AÜP ausgeschlossen sein sollen, sondern lediglich unter Art. 4 Abs. 1 b) AÜP Berücksichtigung finden, setzt das Protokoll 2002 immer dann eine Versicherung von Terrorismusschäden voraus, soweit diese nicht „ausschließlich“ durch eine Handlung oder Unterlassung verursacht wurden, die von einem Dritten in der Absicht, das Ereignis zu verursachen, begangen wurde. Eine entsprechende Versicherungsdeckung wird von den P&I Clubs - wie beschrieben - nicht angeboten.
Die Gefahren von Terrorismusschäden im Bereich der Seeschifffahrt sind jedoch nicht gänzlich unversicherbar. Aufgrund der Verwandtschaft von Terrorismus- und Kriegsrisiken bieten sowohl die kommerziellen Märkte der Kriegsrisikenversicherer als auch die spezialisierten War-Clubs Deckungsmöglichkeiten für Terrorismusschäden im Rahmen von Kriegsrisikenversicherungen[761]. Allerdings begegnet die Einbindung von Kriegsrisikenversicherern in das System der Zwangshaftpflichtversicherung des Protokolls 2002 und der durch das Protokoll geforderten Ausstellung eines Versicherungszertifikates erheblichen Bedenken, da die Struktur

---

[760] Zum Beispiel Gard Rule 58 a, Änderung Januar 2002, Gard-Circular Nr. 8/2001. Auch andere Versicherungsunternehmen schließen eine Deckung von Terrorismusschäden in ihren Vertragsbedingungen ausdrücklich aus (vgl. Beispiele entsprechender Ausschlussklauseln: XL2001/002-16/11/01; IUA-G51A-10/01; MM Klausel No. 2239-14. August 2002; IAU-G55; JL2002/002-17/01/02; JC2001/056; NMA2918-08/10/01; NMA2919-08/10/01; NMA2920-08/10/01, *http://folk.uio.no/erikro/WWW/corrgr/insurance/terror.pdf* (27.09.2004)).
[761] Vgl. z.B. GARD Circular, No. 1/2004, März 2004.

von Kriegsrisikenversicherungen grundsätzlich nicht den Anforderungen der Regelungen des Protokolls 2002 entspricht. Gegen eine Einbeziehung von Kriegsrisikenversicherer sprechen vornehmlich vier Gründe.
Zum einen beinhalten Kriegsrisiken-Versicherungspolicen fast ausnahmslos Klauseln, die es dem Versicherer gestatten innerhalb einer zumeist kurzen Frist nach Eintritt eines Kriegsereignisses die Versicherungsdeckung zu kündigen[762], wobei eine entsprechende Kriegsrisikenversicherung nach einer solchen Kündigung entweder gar nicht mehr zur Verfügung steht, oder nur zu zumeist wesentlich erhöhten Versicherungsraten und im Regelfall wiederum nur befristet. Das im Rahmen des Protokolls 2002 geforderte Versicherungszertifikat, das vom Flaggenstaat des Schiffes zu bestätigen ist, ist jedoch nicht auf eine kurzfristige Kündigungsmöglichkeit angelegt. Zum anderen sind die üblichen Summenlimitierungen der Kriegsrisiken-Versicherungen nicht einheitlich geregelt sondern unterliegen erheblichen Schwankungen und entsprechen in der Summe nicht den vom Protokoll 2002 geforderten Beträgen für Passagierschäden. Dieses ergibt sich zum einen aus der Tatsache, dass die von den Kriegsrisikenversicherern festgelegten Maximaldeckungsgrenzen sich zumeist nach dem Wert des Schiffes berechnen, zum anderen, weil eine über diese Grenze hinausgehende Versicherungsdeckung wie sie von den P&I War-Clubs angeboten wird, ebenfalls keiner einheitlichen Summenregelung unterliegt sondern Schwankungen aufweist und bei Katastrophenrisiken die Obergrenze des Protokolls 2002 nicht erreicht[763]. Zum anderen wird diese P&I Kriegsrisiken-Versicherung nur dann aktiviert, wenn der mit dem Primär-Kriegsrisikenversicherer festgelegte Deckungswert überschritten wird[764]. Die nachgeschalteten P&I Kriegsrisiken-Versicherungen stellen insoweit nur eine Überschussdeckung dar, nicht jedoch eine garantierte Versicherungsdeckung über einen gesamten Schaden - vorgeschaltet ist immer der eigentliche Primär-Kriegsrisikenversicherer. Da die P&I Clubs nicht die Effizienz und Arbeitsweise der vorgeschalteten, zumeist den Regeln des kommerziellen Marktes unterliegenden Primärversicherern garantieren oder kontrollieren

[762] Vgl. z.B. die „English Institute Protection and Indemnity War Strike Clauses Hulls – Time“, die eine solche Kündigungsfrist auf sieben Tage nach dem Eintritt eines Kriegsereignisses festlegt (Klausel 7). Unter bestimmten Umständen erlischt die Versicherungsdeckung sogar sofort.
[763] Die International Group bietet eine maximale Summenlimitierung von 400 Millionen US-Dollar an, wobei die britischen War Risk Clubs bis zu einer Obergrenze von 500 Millionen US-Dollar Kriegsversicherungsdeckung anbieten, allerdings nur für britische Reeder. Der *Hellenic War Risk Club* biete eine Kriegsrisiken-Versicherungsdeckung bis zu einer Höchstsumme von 400 Millionen US-Dollar an, aber beschränkt auf den griechischen Markt.
[764] Vgl. z.B. UK P&I Club Rule 5E.

können, erscheint diese Kombination aus verschiedenen Versicherungsdeckungen ungeeignet gegenüber dem eigentlichen Ziel des Protokolls 2002, dem Passagier einen erhöhten und in den Haftungs- wie Versicherungssummen garantierten Schutz zu bieten, der vom Flaggenstaat des Schiffes zu bestätigen wäre.

Weiterhin unterliegt die Versicherungsdeckung, die im Rahmen des Art. 4 Abs. 1 b) AÜP für Schäden die nicht ausschließlich durch Dritte verursacht wurden, allen Voraussetzungen der Zwangshaftpflichtversicherung des Art. 4a AÜP. Das bedeutet, eine entsprechende Versicherung unterliegt auch dem in Art. 4a Abs. 10 AÜP geregelten Direktanspruchs des Geschädigten gegen den entsprechenden Versicherer. Ein solcher Direktanspruch ist im Rahmen von Kriegsrisiken-Versicherungen des offenen Marktes jedoch größtenteils unbekannt und wird sich auf den entsprechenden Versicherungsmärkten, insbesondere bei Beteiligung mehrerer Versicherer nach Einschätzung der Beteiligten der Londoner Konferenz nur im Ausnahmefall umsetzen lassen[765].

Ein weiterer Grund, dass eine übliche Kriegsrisikenversicherung nicht den Versicherungsvoraussetzungen des Protokolls 2002 entspricht, lässt sich in den Ausschlussklauseln der P&I Clubs und der kommerziellen Versicherungsmärkte für Schäden verursacht durch biologische und chemische Waffen finden. Sowohl im Rahmen der normalen P&I Versicherung für maritime Risiken, als auch in den Versicherungsbedingungen der War-Clubs für Kriegsrisiken finden sich Ausschlussklauseln, die eine Versicherungsdeckung für Schadenshaftungen ausschließen, welche direkt oder indirekt durch chemische, biologische, bio-chemische oder elektromagnetische Waffe verursacht werden[766]. Trotz teilweiser Unsicherheiten über den weiten Anwendungsbereich dieser Klausel innerhalb der P&I Clubs[767], haben zumindest alle Clubs der International Group

---

[765] IMO Doc. LEG/CONF 13/13, 12. September 2002, S.2f; IMO Doc. LEG/CONF 13/11, 30. August 2002, S. 3 ; IMO Doc. LEG/CONF 13/ 18, 17. Oktober 2002.

[766] Institute radioactive contamination, chemical, biological, bio-chemical and electromagnetic weapons exclusion clause (z.B. CL 370, November 2003; MM Clause No. 2249 (a), 20. Februar 2003): „In no case shall this insurance cover loss damage liability or expense directly or indirectly caused by or contributed to by or arising from...any chemical, biological, bio-chemical, or electromagnetic weapon".

[767] Vgl. z.B. die zitierte Stellungnahme der International Group zur „Bio-chem. Clause" in dem P&I Club-Circular, März 2003, The Shipowners' Mutual Protection and Indemnity Association: „It is our understanding that the phrase 'any chemical, biochemical...weapon' was intended by Underwriters to exclude neurological or viral agents such as sarin, mustard gas, anthrax, smallpox etc. It is not intended to refer to explosives, or methods of their detonation or attachment. Nor does it refer to the use of a vessel or its cargo as a means of inflicted harm, unless such cargo is itself a chemical or bio-chemical weapon within the scope of the clause. We understand the phrase 'electromagnetic weapon' to refer to highly sophisticated devices designed to disable computer software and not to methods of detonation or attachment of explosives".

wie auch die meisten War-Clubs und deren Rückversicherer diese Ausschlussklausel nach den terroristischen Angriffen im September 2001 in ihre Versicherungsbedingungen aufgenommen. Eine Ausnahme besteht lediglich für Schäden der Schiffsbesatzung und in diesem Zusammenhang entstehenden Prozesskosten, für welche die P&I Clubs[768] trotz der Ausschlussklausel eine Deckung von maximal 20 Millionen US-Dollar pro Schiff und Ereignis anbieten[769]. Ereignet sich beispielsweise ein direkter Angriff mit biologischen oder chemischen Waffen auf ein Schiff, besteht die Möglichkeit, dass - soweit ein solcher Angriff nicht einem Kriegsereignis im Sinne des Art. 4 Abs. 1 a) AÜP zuzurechnen ist - eine terroristische Handlung im Sinne der Art. 4 b) AÜP vorliegt. In einem solchen Fall würde unabhängig davon, ob Terrorismusrisiken überhaupt von den P&I Clubs versichert werden, sowohl die normale P&I-Versicherungsdeckung als auch eine P&I-Kriegsrisikenversicherungsdeckung schon aufgrund der „Bio-Chem-Ausschlussklausel" nicht bestehen[770]. Die Deckungsgrenze von 20 Millionen US-Dollar für Schäden der Schiffsbesatzung und Prozesskosten stellt nur einen Bruchteil der Summe dar, die im Rahmen der Geltung des Protokolls 2002 nötig wäre, um eine umfassende Versicherungsdeckung für die Passagiere eines großen Kreuzfahrtschiffes zu gewähren. Weiterhin kann auch diese Deckung nach den Club-Rules in einem Zeitraum von 48 Stunden nach dem Eintritt eines Ereignisses gekündigt werden, wodurch dieselben Probleme im Zusammenhang mit dem Protokoll 2002 entstehen würden, wie im Rahmen der oben genannten Möglichkeit der Kündigung von Kriegsrisikenversicherungen.

Im Zwischenergebnis kann somit zunächst festgehalten werden, dass in Folge der Wirkung der Haftungsausschlüsse der Art. 4 Abs. 1 a) und b) AÜP auf die Versicherbarkeit der Befördererhaftung, ein den Voraussetzungen des Protokoll 2002 entsprechendes Versicherungszertifikat nicht durch die P&I Clubs ausgestellt werden kann, da die clubinternen Versicherungsbedingungen eine Haftung der P&I Clubs für Terrorismusrisiken

---

768 Zumindest die Clubs der International Group.

769 Eine beispielhafte Formulierung entsprechender Klauseln, in denen sich ein P&I Club dazu verpflichtet:

(1) to pay damages, compensation or expenses in consequence of the personal injury to or illness or death of any seaman, and
(2) for the legal costs and expenses incurring solely for the purpose of avoiding or minimising any other P&I liability arising from a Bio-Chem event.

(vgl. GARD Circular, No. 1/2004, März 2004).

770 Eine vergleichbare Situation besteht, wenn nicht ein direkter Angriff mit entsprechenden Waffen gegeben ist, sondern Passagiere verletzt oder getötet werden durch eine unbeabsichtigte Explosion einer solchen Waffe.

generell ausschließen, während Art. 4 Abs. 1 b) einen Versicherungsschutz im Sinne des Art. 4a AÜP für die Beförderererhaftung fordert, soweit ein Schaden aufgrund eines terroristischen Ereignisses entsteht, welches nicht ausschließlich durch die vorsätzliche Handlung eines Dritten verursacht wurde. Den P&I Club-Rules entsprechende Deckungsausschlüsse gelten auch für Versicherungen der kommerziellen Märkte. Diese Deckungslücke im Versicherungsschutz durch die Einbeziehung der üblichen kommerziellen Kriegsrisikenversicherer oder spezialisierter War-Clubs zu schließen, begegnet erheblichen Bedenken, da grundsätzlich Kriegsrisikenversicherungen weder in ihrer Struktur noch in ihrer Deckungssummenlimitierung den Voraussetzungen des vom Protokoll 2002 vorgeschriebenen Versicherungsschutzes entsprechen. Wird dem Wortlaut der Haftungsausschlüsse des Protokolls 2002 gefolgt, ist einem Flaggenstaat somit zunächst die Möglichkeit genommen, ein den ausdrücklichen Regelungen des Protokolls 2002 entsprechendes Versicherungszertifikat auszustellen.

c) Lösungsansätze zur Überwindung der Problematik der Versicherbarkeit der Beförderererhaftung unter der Geltung der Art. 4 Abs. 1 a) und b) AÜP

Wie bereits aufgezeigt bildet eine entscheidende Grundlage des von dem Protokoll 2002 verfolgten Zieles der Erhöhung des Passagier- und Verbraucherschutzes die Bereitstellung der vom Protokoll 2002 vorausgesetzten Versicherungsdeckung durch die P&I Clubs. Maßgeblich beruht diese Entscheidung auf dem Umstand, dass die P&I Clubs, aufgrund ihrer auf dem Prinzip der gegenseitigen Versicherung beruhenden internen Struktur, dem kommerziellen Versicherungsmarkt nur über die Rückversicherung angeschlossen sind. Die P&I Clubs bieten ein ausgewogenes und über Jahrzehnte bewährtes System der gegenseitigen Versicherung, dass aufgrund seiner Stabilität und der weitgehenden Unabhängigkeit von den kommerziellen Märkten als ein dem Passagierschutz förderliches Versicherungssystem bewertet wird. Die Struktur der P&I Clubs bietet jedoch nicht nur Vorteile, sondern kollidiert zum Teil mit Vorschriften des Protokolls 2002, insbesondere der Interpretation der Art. 4 Abs. 1 a) und b) AÜP. Um trotz der Schwierigkeiten im Zusammenspiel der Versicherungsdeckung durch die P&I Clubs und den Haftungsausschlüssen des Beförderers durch Art. 4 Abs. 1 AÜP einen wirkungsvollen, in das System der P&I Clubs integrierbaren Weg der Versicherung der Beförderererhaftung im Sinne des Protokolls 2002 zu finden, wurden in der IMO verschiedene Lösungsmöglichkeiten diskutiert. Nach der

Verabschiedung des Protokolls 2002 auf der Londoner Konferenz wurde aufgrund der faktischen Umsetzungsprobleme der neuen Regelungen des Protokolls 2002 im Rechtsausschuss der IMO eine Arbeitsgruppe unter der Führung von Norwegen eingesetzt, deren Aufgabe es war, ein Lösungsmodell für die Versicherungsproblematik des Protokolls 2002 im Hinblick auf das Zusammenspiel zwischen den Befördererhaftungs- und Versicherungsregelungen für Terrorismusrisiken zu erarbeiten.
Auf der 92ten Sitzung des Rechtsausschusses der IMO im Herbst 2006, vier Jahre nach Verabschiedung des Protokolls 2002, wurde schließlich eine Kompromisslösung erarbeitet, die nunmehr das Protokoll 2002 ergänzet und die Versicherungsproblematik lösen soll. Im Folgenden werden zunächst verschiedene alternative Lösungsansätze diskutiert und anschließend der im Rahmen der Rechtsausschusssitzung der IMO beschlossene Kompromiss dargestellt und kritisch gewürdigt.

aa) Einflussnahme auf Rückversicherer

Eine Möglichkeit der Konsolidierung der Gewährung von Versicherungsschutz unter der Geltung des Protokolls 2002 durch die P&I Clubs wurde in einer staatlichen Einflussnahme der Vertragstaaten des Protokolls 2002 auf die Rückversicherungsmärkte gesehen. Unter der Geltung des Ölhaftungsübereinkommens, welches die gleichen Haftungsausschlüsse und gesetzlichen Versicherungsvoraussetzungen[771] vorschreibt wie das Protokoll 2002, haben P&I Clubs und deren Rückversicherer in der Vergangenheit eine Co-Operationsmöglichkeit gefunden, die es den P&I Clubs erlaubt, eine Versicherungsdeckung auch für Terrorismusrisiken anzubieten und gleichzeitig eine entsprechende Rückversicherung zu erhalten. Die Gewährung dieser Versicherungsdeckung für Terrorismusrisiken wird dabei im Rahmen der clubinternen Rules durch eine Ausnahmeregelung zu den eigentlichen Kriegsrisiken-Ausschlussklauseln ermöglicht[772]. Aufgrund der wörtlichen Übereinstimmung sowohl der Haftungsausschlussbestimmungen als auch der Versicherungsanforderungen des Ölhaftungsübereinkommen und des Protokolls 2002 wurde im Rahmen der Diskussionen in der IMO angeregt, eine ähnliche Vereinbarung zwischen Rückversicherern und P&I Clubs wie sie im Rahmen der Versicherungsdeckung des Ölhaftungsübereinkommen getroffen wurde, auch für das Protokoll 2002 zu erarbeiten. Da die Rückversicherer bisher eine Deckung von Terrorismusrisiken im Zusammenhang mit der Haftung des

[771] Art. III Abs. 2 (b) sowie Art. VII Ölhaftungsübereinkommen 1969/92.
[772] Vgl. z.B. GARD Rule 58.1 a) und 58.2 b); Assuranceforeningen GARD's Circular No. 5/2003.

Beförderers für Passagierschäden in ihren Rückversicherungsverträgen ausdrücklich ausschließen, wurde ein Vorschlag durch eine IMO-Arbeitsgruppe unterbreitet, der vorsah, dass den Rückversicherern eine gesetzliche Verpflichtung zur Versicherung von Terrorismusrisiken unter der Geltung des Protokolls 2002 aufgeben wird[773]. Eine entsprechende Verpflichtung sollte nach diesem Vorschlag in dem jeweiligen nationalen Recht der einzelnen Vertragstaaten des Protokolls 2002 als Vorraussetzung für eine Lizenzerteilung an die Rückversicherer vorgeschrieben werden.

Dieser Ansatz verkennt die ökonomische Realität der Rückversicherungsmärkte. Der Versuch einer „künstlichen" Bereitstellung von Rückversicherungen durch eine Einführung von gesetzlichen Verpflichtungen im Rahmen nationaler Lizenzgesetze bietet keine sachgerechte Lösung des Problems der Bereitstellung von Versicherungsdeckungen für Terrorismusrisiken unter der Geltung des Protokolls 2002. Der internationale Rückversicherungsmarkt ist maßgeblich ausgerichtet an ökonomischen Gesichtspunkten, insbesondere dem Grundsatz der Gewinnerzielung. Ein gesetzlicher Zwang durch eine Verpflichtung der Rückversicherer im Rahmen nationaler Lizenzen zur garantierten Deckung bestimmter Risiken wird die grundsätzliche Beurteilung von versicherbaren oder nicht zu versichernden Risiken eines Rückversicherers nicht ändern. Erscheint einem Rückversicherer die Abwägung zwischen Risiko und Versicherbarkeit als profitabel, wird ein Rückversicherer sich von selbst darum bemühen, dieses Risiko in sein Versicherungsportfolio aufzunehmen. Hingegen wird ein Rückversicherer kein Risiko versichern, für dass auf den kommerziellen Märkten keine Deckungsmöglichkeit besteht oder die Kapitalkraft des Rückversicherers übersteigt. Selbst wenn sich ein Zwang auf nationaler Gesetzesebene einheitlich in mehreren Staaten formulieren lassen sollte, würde ein solcher Umstand an der Risikoeinschätzung sowie der vorhandenen Kapitalkraft der Rückversicherungsmärkte keine Änderung bewirken. Ein nationaler Zwang zur Deckung von Terrorismusrisiken geht entsprechend an der Realität der globalen Versicherungsmärkte vorbei, zumal für ein globales Risiko auch auf globaler Ebene eine Versicherungslösung gesucht werden muss, nicht aber auf nationaler Ebene.

Zudem zeigt sich, dass die Gewährung einer Rückversicherung unter der Geltung des Ölhaftungsübereinkommen vor einem Hintergrund gewährt wurde, der im Rahmen des Protokolls 2002 ein gänzlich unterschiedlicher ist. Eine Rückversicherungen der Terrorismusrisiken im Rahmen des Ölhaftungsübereinkommen besteht schon seit dessen Inkrafttreten im Jahre 1969, ohne dass es jemals zu einem Schadensfall gekommen wäre,

---

[773] Vgl. IMO Doc. LEG 89/6/2 und IMO Doc. LEG 89/16, S. 26f.

der die Rückversicherer bezüglich terroristischer Risiken in nennenswerter Höhe in Anspruch genommen hätte. Die Einschätzung des potentiellen Risikos durch die Rückversicherer fand vielmehr, zumindest bis zu den Schadenereignissen am 11. September 2001, vor einem zur heutigen Einschätzung der relativ hohen Wahrscheinlichkeit eines durch terroristische Handlungen verursachten Schadens gegensätzlichen Hintergrund statt. Aufgrund der in der heutigen Zeit potentiell hohen Wahrscheinlichkeit eines entsprechenden Schadeneintritts kann nicht mit Sicherheit vorausgesagt werden, ob die Rückversicherer auch in der nächsten Versicherungsperiode ihre Deckungsgarantien unter der Geltung des Ölhaftungsübereinkommens erneuern werden. Vor diesem Hintergrund ist auch zu berücksichtigen, dass die Maximalhaftungssumme nach dem Protokoll 1992 zum Ölhaftungsübereinkommen bei 59,7 Millionen SZR liegt und damit erheblich unter der potentiellen Maximalhaftungsgrenze des Beförderers eines großen Kreuzfahrschiffes im Rahmen des Protokolls 2002. Das Risiko eines Rückversicherers ist somit unter dem Ölhaftungsübereinkommen geringer und damit das Deckungsrisiko kalkulierbarer als im Rahmen des Protokolls 2002.
Insofern bietet der Versuch einer „künstlichen" Bereitstellung von Rückversicherungen basierend auf nationalen Gesetzesinitiativen keinen sachgerechten Lösungsansatz.

bb) Schiffseigentümerpool für Versicherungszertifikate

Eine weitere Möglichkeit der Bereitstellung einer lückenlosen Versicherungsdeckung unter der Geltung des Protokolls 2002 wurde in der Schaffung eines internationalen „Pools" für Versicherungszertifikate gesehen. Die Arbeitsgruppe der IMO regte an, dass Schiffseigentümer, die im Rahmen des Protokolls 2002 oder einer der ebenfalls vom Ausschluss des Terrorismusrisikos in den Versicherungs- und Rückversicherungsbedingungen betroffenen Konventionen keine den Konventionen entsprechende Versicherungsdeckung durch die P&I Clubs oder die kommerziellen Märkte erlangen können, in einem gesetzlich verbindlich festgeschriebenen Pool organisiert werden sollten, der durch Prämien seiner Pflichtmitglieder – den jeweiligen Schiffseigentümern – finanziert und mit einer entsprechend hohen Deckungsbereitschaft ein Versicherungszertifikat in Verbindung mit einer „Blue Card" des jeweiligen P&I-Clubs[774] ausstellen könnte. Der Pool sollte nach dem Vorbild der Struktur der P&I Clubs auf dem Prinzip der gegenseitigen Versicherung beruhen. Es wurde vorge-

[774] Sog. Blue Cards werden von P&I-Clubs als Nachweis über eine bestehende Versicherung ausgestellt.

schlagen den Aufbau eines solchen Pools entweder den Schiffseigentümern selbst zu überlassen, oder aber in staatliche Hände zu geben. Die Finanzierung des Pools sollte ausschließlich durch das Prämienaufkommen seiner Pflichtmitglieder getragen werden. Eine Pflicht zur Mitgliedschaft sollte durch eine entsprechend neu zu schaffende Gesetzgebung erreicht werden.
Dieser Ansatz verkennt, dass ein entsprechender Pool im Falle eines Schadenseintritts unter der Geltung des Protokolls 2002 einer Haftungssumme von ungefähr 750 Millionen SZR ausgesetzt sein könnte[775]. Eine solche Summe erfordert, auch wenn ein entsprechender Pool durch staatliche Hilfe errichtet wird, zwingend eine Rückversicherungsmöglichkeit. Ohne eine entsprechende Rückversicherung wäre es nahezu unmöglich eine solche Summe bereitzustellen. Allerdings zeigte sich schon bei den P&I Clubs, dass für eine Summe von 750 Millionen SZR keine Rückversicherung auf den Märkten zur Verfügung steht, insbesondere nicht ohne einen Ausschluss von Terrorismusrisiken in den Versicherungs- und Rückversicherungsbedingungen. Schon die P&I Clubs der International Group versuchten eine Deckung des Risiko der Bio-Chem-Ausschlüsse im Rahmen eines Pools zusammenzufassen, hierbei ergab sich jedoch, dass lediglich eine Summe von 20 Millionen US-Dollar rückversicherbar war, und diese auch nur für Ansprüche der Schiffsbesatzung und entstehende Prozesskosten zur Verfügung steht. Eine der Summe von ca. 750 Millionen SZR entsprechende Rückversicherungsdeckung für Passagierschäden verursacht durch terroristische Handlungen wird, wenn diese schon nicht durch die P&I Clubs erreicht werden konnte[776], auch nicht für einen Schiffseigentümerpool für Versicherungszertifikate auf den Märkten zu erlangen sein. Kann eine Rückversicherung auf den Märkten somit nicht erreicht werden, müsste der jeweilige Mitgliedsbeitrag eines Schiffseigentümers für den entsprechenden Pool in der Summe so hoch angesetzt werden, dass sich eine Gesamtdeckung des Risikos alleine aus diesen Beiträgen ergibt. Dadurch würde eine Finanzbelastung der einzelnen Schiffseigentümer als Mitglied des Pools entstehen, die vergleichbar ist mit den Beiträgen, die unter der Geltung des Amerikanischen TRIA von den P&I Clubs errechnet wurde. Somit könnte nach vorsichtiger Schätzung ein Mitgliedsbeitrag eines Schiffseigentümers von 12 Millionen US-Dollar pro Schiff entstehen, unter dem Vorbehalt, dass diese Prämie weiter erhöht werden müsste, je weniger Mitglieder eine entspre-

[775] Zum Beispiel wenn bei einem Unglück eines Kreuzfahrtschiffs 3000 Passagiere zu Schaden kommen und die jeweilige Pro-Kopf-Maximalhaftungssumme von 250 000 SZR pro Passagier einschlägig ist.
[776] Der Rückversicherungsvertrag der International Group über Ansprüche, die eine Summe von US-Dollar 30 Millionen überschreiten, gilt als weltgrößter Rückversicherungsvertrag.

chende Deckung zeichnen beziehungsweise je weniger Schiffseigentümer Mitglied in dem Versicherungspool werden. Vor dem Hintergrund, dass im Rahmen der gesamten Welttonnage Passagierschiffe nur ca. fünf Prozent bilden und nicht damit zu rechnen ist, dass sich an einem entsprechenden Pool auch andere, nicht in der Passagierbeförderung tätige Schiffseigentümer beteiligen würden, entstünde aus dem zu erwartenden Mitgliedsbeitrag für die Eigentümer von Passagierschiffen eine außer Verhältnis stehende, finanzielle Belastung. Der Vorteil der Risikostreuung, den die P&I Clubs – insbesondere die Clubs der International Group – ihren Mitgliedern durch verschiedene Risiko- und Poolgrenzen bieten[777], und durch die gegenseitige Versicherung verschiedenster Risikobereiche, könnte durch einen Pool für Versicherungszertifikate, der keine Rückversicherung besitzt und ausschließlich Eigentümer von Passagierschiffen beteiligt, nicht erreicht werden.

cc) Staatliche (Rück-)Versicherung der Befördererhaftung

Ein weiterer Lösungsansatz, um den Versicherungsproblemen von Terrorismusrisiken unter der Geltung des Protokolls 2002 zu begegnen, könnte in einer Einführung eines staatlich garantierten Versicherungssystems gesehen werden. Die Regierungen aller Vertragstaaten des Protokolls 2002 müssten sich bei diesem Lösungsmodel auf internationaler Ebene einheitlich verpflichten, Terrorismusrisiken gegen eine Versicherungsprämie im Wege einer Staatsgarantie als Rückversicherer zu decken[778].
Der Gedanke, dass Regierungen die Rolle von Rückversicherern übernehmen, soweit auf den Versicherungsmärkten aufgrund von finanziellen Kapazitätsengpässen eine Deckung für außerordentliche Risiken nicht bereit gestellt werden kann, orientiert sich maßgeblich an verschiedenen staatlichen Rückversicherungsmodellen, die viele Nationen in den vergangenen Jahrzehnten, hauptsächlich aber nach den Ereignissen am 11. September 2001 auf nationaler Ebene errichtet haben. In England wurde

[777] Das System der International Group baut sich auf einer Struktur auf, in der zunächst jeder einzelne P&I Club bis zu einer Summe von US-Dollar 5 Millionen für die von ihm versicherten Schäden einsteht. Gehen Ansprüche über diese Grenze hinaus, werden diese bis zu einer Summe von US-Dollar 30 Millionen von allen Clubs der International Group zu gleichen Teilen bedient. Somit bilden die im Rahmen der International Group zusammengeschlossenen P&I Clubs eine gegenseitige Rückversicherung für jeden einzelnen Club und vergrößern die Risikostreuung innerhalb der International Group erheblich. Alle über US-Dollar 30 Millionen hinausgehenden Ansprüche sind auf den „offenen Märkten" durch einen einzigen Vertrag rückversichert bis zu einer Grenze von US-Dollar 1,5 Milliarden (bei Ölhaftungen bis US-Dollar 500 Millionen).
[778] IMO Doc. LEG 89/6/2.

1993, als Reaktion auf eine Reihe von terroristischen Anschlägen der IRA, durch die englische Regierung die „Pool Reinsurance Company Limited“ (Pool Re) gegründet. Nachdem Terrorismusrisiken auf dem kommerziellen Versicherungsmarkt in England vermehrt von einer Deckung ausgenommen wurden, stellt die staatliche „Pool Re“ eine Rückversicherung bei entsprechenden Risiken für seine (freiwilligen) Mitglieder bereit, wobei die englische Regierung die „Pool Re“ ihrerseits unlimitiert rückversichert. In einem Schadenfall tritt „Pool Re“ ab einer Grenze von 100.000 englischen Pfund ein, finanziert durch das Prämienaufkommen seiner Mitglieder mit der Möglichkeit von zusätzlichen Nachzahlungen der Mitglieder, wenn eine hohe Summe ausgezahlt werden muss. Diese Nachzahlungen sind limitiert auf 10 Prozent des jährlichen Mitgliedsbeitrages. Die englische Regierung rückversichert unlimitiert alle Ansprüche, die die finanzielle Kapazität von „Pool Re“ übersteigen. Von dem „Pool Re“ Versicherungssystem ausgenommen sind Deckungen einer Haftpflicht für Drittschäden. Geographisch ist die Rückversicherungsdeckung auf England, Wales und Schottland begrenzt, mit der Ausnahme der territorialen Gewässer. Zwischen 1993 und 2002 betrug die Gesamtausschüttung von „Pool Re“ für Schäden verursacht durch Terrorakte 612 Milliarden englische Pfund[779].

In Spanien wurde schon 1941 ein staatlicher Entschädigungsfond (CCS[780]) gegründet, der heute eine Reihe von sogenannten „außerordentlichen“ Risiken - einschließlich Terrorismusrisiken - deckt. Die Versicherungsprämien werden durch einen Zuschlag auf alle Versicherungspolicen in speziellen Risiko-Kategorien veranschlagt. Der CCS-Entschädigungsfond trat ursprünglich nicht als Rückversicherer auf, sondern hatte nur die Funktion eines Garantiegebers, der eine subsidiäre Versicherungsdeckung nur in Fällen angeboten hat, in denen ein Versicherungsunternehmen sich als zahlungsunfähig erklärte. Nach dem 11. September 2001 stellte der CCS-Entschädigungsfond auch eine Rückversicherungsdeckung für Kriegs- und Terrorismusrisiken zu Verfügung, allerdings nur in den Fällen einer Drittschadenshaftpflicht. Inzwischen tritt der CCS auch als Direktversicherer auf. Für den Fall, dass der CCS einen Schaden aus Kapazitätsgründen nicht decken kann, besteht zusätzlich eine Staatsgarantie.

In Frankreich existiert seit Dezember 2001 der in staatlichem Besitz stehende Entschädigungsfond „Caisse Centrale de Réassurance“, welcher im Rahmen von staatlichen Garantien Personen- und Sachschäden verursacht durch terroristische Handlungen unlimitiert rückversichert. Dabei greift

---

[779] Cooke, The Coverage of Terrorism Risks, in: OECD (Hrsg.), Terrorism Risk Insurance, S.231 (256).

[780] Consorcio de Compensación de Seguros.

die staatliche Rückversicherung erst ab einer Summe von 1.75 Milliarden Euro, unterhalb dieser Summengrenze obliegt es den privaten Primär- und Rückversicherern der offenen Märkte eine Deckung für entsprechende Risiken bereit zu stellen[781].

In Süd Afrika wurde 1979 ein dem französischen Modell sehr ähnlicher, staatlicher Rückversicherungspool (SASRIA[782]) gegründet, indem die 15 größten Versicherungsgesellschaften, rückversichert durch die südafrikanische Regierung, eine Versicherungsdeckung für „politische Risiken", einschließlich Terrorismusrisiken anbieten. In Israel existiert der staatliche „Property Tax and Compensation Fund", welcher durch eine nationale Grundsteuer finanziert wird und eine Deckung für Versicherungsansprüche für Schäden verursacht durch terroristische Aktivitäten bereitstellt. In den Vereinigten Staaten ist seit dem Jahr 2002 der TRIA in Kraft, nach dem der Staat 100 Milliarden US-Dollar bereitstellt, und damit Deckung für einen Teil der Terrorismusschäden oberhalb einer bestimmten Gesamtsumme gewährt[783]. In Deutschland wurde in der Folge des 11. Septembers 2001 in Zusammenarbeit zwischen der Bundesregierung und dem Gesamtverband der Deutschen Versicherungswirtschaft am 3. September 2002 die Extremus Versicherungs-AG gegründet, die sich auf Großrisiken[784] in Deutschland durch Terroranschläge spezialisiert hat. Die Extremus Versicherungs-AG versichert als Primär- und Rückversicherer Sachschäden sowie Betriebsunterbrechungsschäden verursacht durch Terroranschläge bei allen, auf das Gebiet der Bundesrepublik begrenzten Sachrisiken, deren Versicherungswert oberhalb von 25 Millionen Euro liegt. Unterhalb dieser Summenschwelle wird das Risiko allein von den Privatversicherern getragen. Im Rahmen der Extremus-Versicherung werden von der Versicherungsbranche eine Kapazität von insgesamt 3 Milliarden Euro zu Verfügung gestellt, wobei die ersten 1,5 Milliarden Euro von deutschen Primärversicherern getragen werden, und

[781] Der staatlichen Rückversicherung vorgeschaltet ist der sogenannte GAREAT-Pool (Gestion de l'Assurances et de la Reassurance des Risques attentats et actes de terrorisme), in dessen Rahmen zunächst eine Summe von 400 Millionen Euro durch private Primärversicherer gedeckt werden, gefolgt von Rückversicherern des globalen Marktes, die einen Schaden oberhalb dieser Summe bis zu der Grenze von 1,1 Milliarden Euro decken. Schadenssummen oberhalb von 1,5 Milliarde Euro werden von den Pool-Mitgliedern – geführt durch Swiss Re - durch einen staatlich gedeckten Finanzvertrag um weitere 250 Millionen Euro ergänzt. Der staatliche Rückversicherer Caisse Centrale de Réassurance deckt unlimitiert alle Schäden oberhalb der Grenze von 1,75 Milliarden Euro mit Staatsgarantien.

[782] South African Special Risk Insurance Association.

[783] Die Gesamtsumme ist ansteigend organisiert, von 10 Mrd. US-Dollar im Jahr 2003 auf 15 Mrd. US-Dollar im Jahr 2005.

[784] Von der versicherten Risiken ausgeschlossen sind Kriegsrisiken und kriegsähnliche Ereignisse, sowie Schäden verursacht durch biologische und chemische Waffen.

die zweiten 1,5 Milliarden Euro durch internationale Versicherungsunternehmen rückversichert werden. Überschreitet ein Schaden die Summe von 3 Milliarden Euro, garantiert der Staat eine weitere Versicherungsdeckung bis zu einer Summe von 10 Milliarden Euro. Die Maximalentschädigung pro Einzelrisiko liegt bei jährlich 1,5 Milliarden Euro[785]. Auch andere Länder wie beispielsweise Australien, Sri Lanka, Taiwan, Japan, Österreich, Finnland, Holland und die Schweiz haben staatliche Versicherungssysteme für „Katastrophensituationen" entwickelt, die teilweise spezielle Deckungen von Terrorismusrisiken enthalten. In manchen dieser Länder werden zurzeit entsprechende Staatsgarantien diskutiert.
Neben diesen allgemeinen, zumeist auf einen nationalen Anwendungsbereich beschränkten staatlichen Rückversicherungskonzepten entwickelte sich insbesondere in dem Versicherungswesen des Transportsektors Luftverkehr eine ähnliche, auf staatlichen Garantien basierende temporär begrenzte Rückversicherungsmöglichkeit für Terrorismusrisiken. Die Terroranschläge vom 11. September 2001 in den USA und der geschätzte Schadenumfang[786] führten auf den internationalen Versicherungsmärkten zu einer Änderung des Haftpflichtversicherungsschutzes von Luftfahrtunternehmen und anderen Dienstleistern bei Personen- und Vermögensschäden im Fall von Kriegsrisiken und Terrorismusrisiken. Vor den tragischen Ereignissen des 11. September 2001 wurden im Luftverkehr von den normalen „all risk" Versicherern Kriegs und Terrorismusrisiken entweder über die Aufnahme einer Standardklausel, der sogenannten „War,

---

[785] Das Interesse der deutschen Wirtschaft an Terrorversicherungen ist derzeit geringer als erwartet. Die Extremus Versicherungs-AG rechnete für 2003 mit Beitragseinnahmen von 120 bis 140 Mio. Euro, ein Verlust von zehn Mio. Euro zu den erwarteten Summen. Bereits im Vorjahr lief das Geschäft mit den Terrorversicherungen schleppend an. Im September 2002 musste die „Extremus" einen Verlust von 680.000 Euro verbuchen. (Lina Panitz, Terrorversicherung als Ladenhüter, Die Welt, 1. April 2003, vgl. zur Begründung des bisher verhaltenen Erfolges der Extremus AG zudem: Cooke, The Coverage of Terrorism Risks, in: OECD (Hrsg.), Terrorism Risk Insurance, S. 231 (247 ff)).

[786] Aufgrund der Komplexität der Schadenzusammenhänge und verschiedener, bisher rechtlich noch nicht entschiedener Fragen (unter anderem, ob die Anschläge auf das World Trade Center versicherungsrechtlich als ein oder mehrere Ereignisse zu werten sind) kann der Schadenumfang der Ereignisse am 11. September 2001 bisher nur geschätzt werden. Diese Schätzungen belaufen sich auf ca. 30-56 Milliarden US-Dollar für Sach- und Eigentumsschäden, $ 2 Milliarden US-Dollar für Haftpflichten, sowie 3-6 Milliarden US-Dollar für sogenannte „ workers' compensation losses". Die Schätzungen beinhalten nicht die Auswirkungen auf Lebensversicherungen und andere Schäden, zeigen aber, welchen Einfluss die Ereignisse des 11. September auf die Versicherungswirtschaft nehmen, insbesondere wenn diese Zahlen mit dem bisher größten bekannten Schadenfall - dem Hurrikan „Andrew" - verglichen werden, der die Versicherungswirtschaft insgesamt ca. 20 Milliarden US-Dollar gekostet hat. (Indep. Ins. Agents of America., Inc., The Insurance Implications of Terrorist Attacks 3-4 (2001), IIAA Virtual University, *http://vu.iiaa.net/WTC/* (19. April 2004); Everett, The "War" on Terrorism, Alb. L. Rev. Vol. 54:1, (2002), S. 175 (176, Fn. 13).

Hijacking and Other Perils Exclusion Clause (Aviation)", oder über eine geographisch ausgerichtete Klausel, der sogenannten „AVN 48B", aus den Versicherungsdeckungen ausgeschlossen. Die entsprechenden Risiken konnten aber über spezielle Kriegsrisikenversicherer abgedeckt werden. Kurz nach den Ereignissen des 11. September 2001 entschloss sich der Versicherungsmarkt, die angebotene Deckung wesentlich zu begrenzen. Während der Fluggast-Haftpflichtschutz unvermindert weiter galt, gewährte der internationale Versicherungsmarkt einschließlich der Kriegsrisikenversicherer ab dem 24. September 2001 um Mitternacht Luftfahrtunternehmen keinen Versicherungsschutz vor kriegs- und terrorismusbedingten Haftpflichtrisiken für Personen- und Vermögensschäden Dritter über 50 Millionen US-Dollar. Außerdem verweigerten die Versicherer anderen Dienstleistern im Luftfahrtsektor, die nicht unmittelbar im Eigentum eines gewerblichen Luftfahrtunternehmens standen, jeglichen Versicherungsschutz vor kriegs- und terrorismusbedingten Haftpflichtrisiken und beschränkten die entsprechende Haftungsdeckung auf 10 Millionen US-Dollar. Da die meisten Leasinggeber und Verkehrsbehörden von Luftfahrtunternehmen einen Nachweis über einen Versicherungsschutz von weit mehr als 50 Millionen US-Dollar verlangten[787], hätten die Flugzeuge ab dem 24. September 2001 um Mitternacht nicht mehr betrieben werden können. In vielen Ländern besteht die gesetzliche Möglichkeit, dass die Regierungen für in ihren Ländern ansässige Luftfahrtunternehmen eine staatliche Versicherung für Kriegsrisiken anbieten können, soweit eine angemessene Versicherungsdeckung von dem internationalen Versicherungsmarkt nicht mehr angeboten wird[788]. Aufgrund der Limitierung der Kriegs- und Terrorismusrisikenversicherung durch den internationalen Versicherungsmarkt bestätigten in der Folge der Entwicklungen nach dem 11. September 2001 Regierungen in über 58 Staaten, einschließlich England, den Vereinigten Staaten, Kanada, Singapur, Hong Kong, Australien, Deutschland und Holland die Übernahme einer Garantie für Drittschadenshaftpflichten bei Schäden aus kriegerischen und terroristischen Handlungen, um der Nichtverfügbarkeit dieser Versicherungsprodukte abzuhelfen. Ziel war es, die Lücke beim Versicherungsschutz zwischen den zuvor geltenden Deckungssummen und den nunmehr geltenden geringeren Deckungssummen zu schließen und auf diese Weise die Höhe des Versicherungsschutzes aufrechtzuerhalten[789]. Ent-

---

[787] In Hongkong-China wird beispielsweise eine Mindestdeckungssumme von 1 Mrd. US-Dollar verlangt.

[788] Zum Beispiel der „Marine and Aviation Insurance (War Risk) Act 1952 (England), sowie Titel 49, U.S. Code, § 44301 (Vereinigte Staaten).

[789] Vgl. auch Wolgast, Global Terrorism and the Insurance Industrie, in: Thomann/von der Schulenburg (Hrsg.),
War, Terrorism and Insurance in Europe after September 11, 2001, S. 52 (60).

sprechende deutsche Regelungen umfassten beispielsweise eine unmittelbar vom Staat übernommene Garantie auf der Grundlage einer Haushaltslinie mit einem Umfang von ursprünglich höchstens 20 Milliarden Deutsche Mark[790]. Die Deckungssummen der deutschen Garantieübernahmeregelungen wurden in der Folgezeit verschiedentlich in ihrem Deckungsumfang verändert[791].
Ursprünglich wurden diese Versicherungszusagen für einen Zeitraum von einem Monat erteilt (bis zum 25. Oktober 2001). Die deutschen Behörden verlängerten jedoch mit Zustimmung der Europäischen Kommission die Staatsgarantien zunächst bis zum 31. Dezember 2001, und anschließend bis zum 31. Oktober 2002[792]. Einer entsprechenden Verlängerung der Staatsgarantien schlossen sich unter anderem auch die Regierungen von Frankreich und Italien an, während Luxemburg, Dänemark und Schweden keine Verlängerung anstrebten und die Versicherungen ihre nationalen Luftfahrunternehmen für Terrorismusrisiken dem kommerziellen Markt überließen. Die englische Regierung kündigte ihre Staatsgarantien zum 1. November 2002. Am 31. Oktober 2002 versagte die Europäische Kommission eine weitere Verlängerung von Genehmigungen für Beihilferegelungen der Luftfahrtunternehmen der Europäischen Gemeinschaft in der Form von Staatsgarantien. Japan stellte seine staatlichen Beihilfeleistungen am 1. Dezember 2003 ein. Mehrere Staaten haben jedoch das Konzept der Bereitstellung von staatlichen Garantien beibehalten und unterstützen so immer noch ihre nationalen Luftfahrtunternehmen[793]. Die

---

[790] Der Garantieübernahmeregelung der Deutschen Bundesregierung wurde durch eine Erklärung gegenüber Vertretern der Luftfahrtbranche Wirkung verliehen. Rechtsgrundlage für die Garantieübernahme bildete § 12 Nr. 2 des deutschen Haushaltsgesetzes 2001.

[791] Die Garantieübernahmeregelungen der Bundesregierung bezüglich Luftfahrtunternehmen sahen einen
Versicherungsschutz vor für Schäden in einer Höhe zwischen:
a) ab 50 Mio. US-Dollar je Flugzeug, je Schadenereignis und jährlich insgesamt, wofür ab dem 25. September 2001 Versicherungsschutz auf dem gewerblichen Versicherungsmarkt geboten wurde, bis zum 31. Juli 2002. Die Mindestversicherungssumme wurde zum 1. August 2002 auf 150 Mio. US-Dollar angehoben; unterhalb dieser Schwelle mussten die Versicherung auf dem gewerblichen Versicherungsmarkt kontrahiert werden. Die Mindestdeckung wurde zum 1. August 2002 für Luftfahrtunternehmen mit mehr als 100 000 Fluggästen auf 150 Mio. US-Dollar angehoben; und
b) dem Gesamtbetrag der Drittschadenhaftpflicht, die für jede einzelne vom Versicherer vor dem 25. September 2001 abgeschlossene Police galt, mit einer Obergrenze von 2 Mrd. US-Dollar, bis zum 31. Juli 2002. Die Obergrenze für die Drittschadenhaftpflicht einschließlich Fluggastschäden je Flugzeug und Schadenereignis wurde danach auf 1,5 Mrd. US-Dollar herabgesetzt.

[792] Vgl. Europäische Kommission Dok. C(2003)3104, Brüssel, 20.08.2003.

[793] Als einer der wichtigsten Luftverkehrsmärkte stellen insbesondere die Vereinigten Staaten weiterhin staatliche Garantien zur Deckung von Passagier- und Drittschadenshaftungen sowie Kriegsrisiken für ihre nationalen Luftverkehrsunternehmen zur Verfügung.
(Fortsetzung der Fußnote auf nächster Seite)

Luftfahrtindustrie ist mittlerweile in der Lage, von ein paar wenigen Versicherern Versicherungsdeckung für Kriegs- und Terrorismusrisiken zu erlangen. Einige Versicherungsunternehmen sehen sich inzwischen in der Lage, eine entsprechende Deckung anzubieten. Hintergrund für das Vorhandensein einer solchen Deckung für Terrorismusrisiken ist maßgeblich die im Vergleich zum seerechtlichen Bereich unter der Geltung des Protokolls 2002 relativ geringe und kalkulierbare Maximaldeckungssumme.
Neben den staatlichen Garantieleistungen und Fondkonzepten haben sich für den versicherungsrechtlichen Bereich des Sektors Luftverkehr verschiedene Konzepte gebildet, die eine leistungsstarke und langfristige Versicherungsmöglichkeit für Terrorismusrisiken schaffen sollen. Nachdem die meisten staatlichen Garantieleistungen für Versicherungsdeckungen im Luftverkehr aufgrund ihrer zeitlichen Wirkungsbegrenzung ausgelaufen waren, zeigte sich, dass der kommerzielle Versicherungsmarkt auch wenige Jahre nach den Ereignissen am 11. September 2001 nur schwerlich in der Lage war, eine über die Summe von 50 Millionen US-Dollar hinausgehende Versicherungsdeckung für Terrorismusrisiken anzubieten[794]. Von der ICAO wurde daraufhin das sogenannte „Globaltime"-Konzept entworfen. „Globaltime", in der rechtlichen Gestalt einer Non-Profit-Organisation, hat zur Aufgabe eine Versicherungsdeckung für Kriegs- und Terrorismusrisiken zu gewähren, oberhalb einer Summengrenze von 50 Millionen US-Dollar bis zu einer Maximaldeckungsgrenze von 1,5 Milliarden US-Dollar pro Schadenereignis und einem durch Regierungen von an der Organisation mitwirkenden Staaten[795] gewährten Rückversicherungsanteil von 80 Prozent im ersten Jahr, der sich im dritten Jahr auf 45 Prozent minimieren soll. Allerdings hat „Globaltime" bisher nicht die nötige Zustimmung gefunden, um in Kraft zu treten, da insbesondere die wichtigen Luftverkehrsmärkte der Vereinigten Staaten und Japan sich einer Zustimmung zu diesem Versicherungskonzept ent-

---

Auch Kanada, Brasilien, China, Malaysia, Neuseeland, Pakistan, Qatar und Saudi Arabien unterstützen weiterhin ihre Luftfahrtunternehmen mit staatlichen Garantien.

[794] Die Luftfahrtindustrie ist mittlerweile in der Lage, von einigen wenigen Versicherern (AIG, Ge Frankona, AXIS und nur für größere Luftfahtunternehmen zugänglich auch Berkshire Hathaway) Versicherungsdeckung für Kriegs- und Terrorismusrisiken zu erlangen. Hintergrund für das Vorhandensein einer solchen Deckung für Terrorismusrisiken ist maßgeblich die im Vergleich zum seerechtlichen Bereich unter der Geltung des Protokolls 2002 relativ geringe und kalkulierbare Maximaldeckungssumme. Gemessen an einer Beförderungskapazität eines vollbesetzten Boing747-Flugzeugs und den Versicherungsregelungen des Montrealer Übereinkommens 1999 errechnet sich eine Circa-Maximaldeckung von rund 60 Millionen US-Dollar. Diese Berechnung berücksichtigt nicht die Europäischen Regelungen wie beispielsweise die Verordnung (EG) Nr. 785/2004.

[795] Vorgesehen als Mitglieder des Globaltime-Konzepts sind solche Staaten, die Vertragsparteien des Chicago Abkommens von 1944 sind.

halten. Mittlerweile wird „Globaltime" von der ICAO aufgrund der geringen staatlichen Beteiligung als nicht mehr durchführbar bewertet[796].
Neben dem „Globaltime"-Konzept existiert ein ähnlicher Entwurf in den Vereinigten Staaten. Nach den Entwicklungsplänen der Air Transport Association of America soll im Rahmen des sogenannten „Equitime"-Konzepts eine der „Globaltime" ähnliche Organisation Versicherungsdeckungen bis zu einer Maximaldeckungsgrenze von 1,5 Milliarden US-Dollar für Passagier- und Drittschadenshaftpflichtversicherungen bei Kriegs- und Terrorismusrisiken bereitstellen[797]. Die ersten 300 Millionen US-Dollar sollen dabei durch die „Equitime"-Organisation selber getragen werden, alle über diese Summen hinausgehenden Ansprüche werden von der Regierung der Vereinigten Staaten rückversichert. Als Mitglieder von „Equitime" sind alle Luftfahrtunternehmen, die sich innerhalb der American Transport Association organisiert haben, sowie die Mitglieder der Regional Airline Association vorgesehen. Auch das „Equitime"-Konzept ist noch nicht im operativen Geschäft tätig, maßgeblich aufgrund der neuen TRIA-Gesetzgebung in den Vereinigten Staaten, die eine staatlich garantierte Versicherungsdeckung für Terrorismusrisiken vorsieht[798].
Auf europäischer Ebene wurde zeitgleich unter dem Namen „Eurotime" ein vergleichbares Rückversicherungskonzept entwickelt. Es baut sich ähnlich den zwei vorgenannten Konzepten auf. Auch hier besteht „Eurotime" aus einer eigenständigen Versicherungsorganisation, die rückversichert wird von an diesem Entwurf partizipierenden Staaten. „Eurotime" sollte eine durch die Mehrheit der ECAC-Staaten[799] garantierte Deckung

---

[796] Hoeven, Current State of the Coverrage for War and Terrorism Risks in the Aviation Sector, in: Catastrophic Risks, OECD (Hrsg.), S. 73 (76 f.); siehe auch die Eröffnungsrede von *Giovanni Bisignani*, IATA Director General & CEO, auf der „McGill Worldwide Conference on Current Challenges in International Aviation", 25.09.2004, *http://www.iata.org/pressroom/speeches/2004-09-25-01.htm* (20.01.2005); Weber, Aviation Schemes, in: Terrorism Insurance - Pools and Market Solutions in Europe, PartnerRe 2004, S. 41, (44f.).

[797] Vgl. auch: "DOT, ATA Working Out Details Of Equitime Plan," Airline Financial News, 11. März 2002;
Brendan McKenna, "Airlines to form own insurance company to cover terrorism," *www.insure.com*, 7. März
2002, *http://www.insure.com/business/airlines302.html* (20.01.2005); Barbara De Lollis, "Airlines plan to create insurance company, coverage," USA Today, 7. März 2002; "U.S. Carriers to Create Insurer for Terrorism," Los Angeles Times, 5. März 2002.

[798] Caplan, War and Terrorism Insurance, Air & Space Law, Vol. XXIX/1, (Februar 2004), S. 3 (4, Fn. 2).

[799] Die folgenden 38 Staaten sind Mitglieder der ECAC („European Civil Aviation Conference"): Albanien, Armenien, Belgien, Bulgarien, Kroatien, Dänemark, England, Estland, Finnland, Frankreich, Deutschland, Griechenland, Island, Irland, Italien, Lettland, Litauen, Luxemburg, Malta, Mazedonien, Moldawien, Monaco, Niederlande, Norwegen, Ös-
(Fortsetzung der Fußnote auf nächster Seite)

ab einer Summe von 50 Millionen US-Dollar bis zu einer Grenze von einer Milliarde US-Dollar pro Flugzeug und Schadenereignis gewähren, die sich unter bestimmten Voraussetzungen auf 1,5 Milliarden US-Dollar erhöhen kann[800]. Auch das „Eurotime"-Konzept ist nicht über die Planungsphase hinausgekommen, da zum einen als Voraussetzung für ein Inkrafttreten die Mehrheit der ECAC-Staaten hätte dem Konzept beitreten müssen, welches jedoch nicht erreicht werden konnte, und zum anderen das „Eurotime"-Konzept als unvereinbar mit der Langzeitstrategie der Europäischen Union zu Stabilisierung des Versicherungsmarktes bei Kriegs- und Terrorismusrisiken bewertet wurde[801].

Die drei Mischkonzepte des Luftverkehrs aus vorgeschalteten Primärversicherern und staatlich getragenen Rückversicherungsmöglichkeiten auf einer Public-Private-Partnership Basis, aber auch die zumeist auf nationaler Ebene maßgeblich von staatlicher Hand rückversicherte Deckung für Terrorismusrisiken durch Fondkonzepte zeigen deutlich, dass bisher eine allein dem kommerziellen Versicherungsmarkt überlassene Versicherung von Terrorismusrisiken wenig erfolgversprechend ist. Am Beispiel des Luftverkehrs lässt sich erkennen, dass der private Versicherungsmarkt ohne staatliche Hilfe nur eine in der Summe geringe Deckung garantiert[802]. Einzelne Initiativen durch Zusammenschlüsse von privaten Rückversicherern eine größere Deckungskapazität zu erreichen sind verschiedentlich gescheitert[803]. Aus dem alleinigen Umstand, dass private Versi-

---

terreich, Polen, Portugal, Rumänien, Slowakei, Slowenien, Spanien, Schweden, Schweiz, Türkei, Tschechische Republik, Ukraine, Ungarn und Zypern.

800 Zu den speziellen Voraussetzungen und einem detaillierten Vergleich von „Gobaltime" und „Eurotime", siehe: Europäische Kommission, Commission Staff Working Paper, SEC (2002) 1030, 27.09.2002, sowie Mitteilung der Kommission, KOM (2002) 320 endg., 02.07.2002, 'Insurance in the Air Transport sector following the terrorist attacks of 11 September 2001 in the United States'.

801 Vgl. Mitteilung der Kommission, KOM (2002) 320 endg., 02.07.2002, 'Insurance in the Air Transport sector following the terrorist attacks of 11 September 2001 in the United States'; Caplan, War and Terrorism Insurance, Air & Space Law, Vol. XXIX/1, (Februar 2004), S. 3 (4, Fn. 2).

802 Der Drittschadenbereich wird von den kommerziellen Versicherungsmärkten der Luftfahrt nur bis zu einer Gesamtschadensumme von 50 Millionen US-Dollar gedeckt.

803 Nicht nur die deutsche Extremus AG steht rückläufigen Prämienaufkommen gegenüber (siehe FN. 785), schon die im Juni 2002 im Rahmen einer Zusammenarbeit der Allianz, Zürich Financial Services, XL Capital Ltd., Swiss Re, Scor und Hannover Re gegründete Versicherungsgesellschaft 'Special Risk Insurance and Reinsurance Luxembourg SA', welche spezielle Versicherungsdeckungen für Terrorismusrisiken anbot, musste bereits ein Jahr später ihre Geschäftstätigkeit aufgrund eines zu geringen Prämienaufkommens wieder einstellen. Desweiteren scheiterte im Mai 2002 trotz intensiver Vorbereitungen der Versuch eines Zusammenschluss Deutscher Industrieunternehmen zu einem Rückversicherungsunternehmen für Terrorismusrisiken. Auch ein zwischen der Allianz und Berkshire Hathaway erarbeitetes Konzept zur Bereitstellung von Rückversicherungen für Terrorismusrisiken wurde im Jahr 2004 beendet (vgl. Wolgast, Global

(Fortsetzung der Fußnote auf nächster Seite)

cherer aufgrund von zu geringen Kapitalbeträgen auf den globalen Versicherungsmärkten keine, beziehungsweise in der Summe geringe Deckungen für Terrorismusrisiken anbieten können, kann aber nicht gleichzeitig geschlossen werden, dass eine Versicherung von Terrorismusrisiken grundsätzlich nicht möglich oder nötig ist.

Die Existenz von Versicherungen haben generell einen positiven „spill-over" Effekt auf wirtschaftliche Aktivitäten, insbesondere auf das Eingehen von unternehmerischen Risiken, die notwendig für Innovation, strukturelle Veränderungen und ein wirtschaftliches Wachstum sind. Dies gilt besonders für den Wirtschaftsbereich des internationalen See- und Luftverkehrs, und damit auch für die Versicherung von Terrorismusrisiken. Durch eine staatliche Intervention auf dem Versicherungsmarkt wird zwar das Risiko geschaffen, dass eine schnelle Anpassung des kommerziellen Marktes an die insbesondere nach dem 11. September 2001 geänderten Deckungsmöglichkeiten für Terrorismusrisiken vielleicht nicht verhindert, wohl aber verzögert wird, jedoch ist die Bereitstellung einer entsprechenden Versicherungs- und Rückversicherungsdeckung von so hohem Wert für den Transportsektor, dass ein solches Risiko eingegangen werden kann. Eine staatliche (Rück-)Versicherung der Befördererhaftung bietet einen Ansatz, der zunächst einen angemessene Lösung der Versicherungsproblematik im Rahmen des Protokolls 2002 darstellt, und zudem im Rahmen der staatlichen Intervention auch die tragende Rolle berücksichtigen würde, die einem Staat bei der Versicherung von entsprechenden Großrisiken insbesondere in der heutigen Zeit zukommt.

Die „klassische" Rolle eines Staates, auch in einem marktwirtschaftlichen Umfeld, ist die des Garanten für politische Stabilität, dass die Rechtstaatlichkeit einen adäquaten Rahmen für ein wirtschaftliches Wachstum privater Unternehmen bildet und eine effiziente Zuteilung der Ressourcen durch die privatwirtschaftlichen Märkte gewährleistet ist. Dabei bildet die Stabilität eines Staates sowohl im Außenverhältnis als auch im inneren Verhältnis zu seinen Bürgern in der Form eines weitestgehend gewährleisteten Schutzes und Respekts des privaten Eigentums und eines bestmöglich gewährleisteten Schutzes gegen Gewalttätigkeiten das grundsätzliche Fundament einer Marktwirtschaft[804].

Terrorism and the Insurance Industrie, in: Thomann/von der Schulenburg (Hrsg.), War, Terrorism and Insurance in Europe after September 11, 2001, S. 52 (66, Fn. 27); Hoeven, Current State of the Coverrage for War and Terrorism Risks in the Aviation Sector, in: Catastrophic Risks, OECD (Hrsg.), S. 73 (75)).

[804] Vgl. Wolgast, Global Terrorism and the Insurance Industrie, in: Thomann/von der Schulenburg (Hrsg.), War, Terrorism and Insurance in Europe after September 11, 2001, S. 52 (69); Buchanan, The Limits of Liberty; Hayek, Die Verfassung der Freiheit, S. 46 ff.

Werden diese Voraussetzungen zum Beispiel durch kriminelle Aktivitäten verletzt, kann zwar der Staat als Garant der Rechtstaatlichkeit nicht für Schäden oder Verluste haftbar gehalten werden, die dadurch entstehen, dass diese Basisprinzipien einer Marktwirtschaft in der Praxis nicht vollständig und fehlerfrei umsetzbar sind. Allerdings muss ein Staat bemüht sein, Abweichungen von dem Prinzip der externen und internen Stabilität weitestgehend zu minimieren und im Idealfall zu vermeiden. Hierzu zählt auch eine Minimierung der Risiken, die im Zusammenhang mit dem globalen Terrorismus stehen. Dabei ist eine staatliche Intervention in der Form einer Hilfe bei dem Aufbau eines funktionierenden Versicherungssystems für Terrorismusrisiken durch die Bereitstellung staatlich finanzierter Deckungsgarantien als direkte Verwirklichung der Aufgaben eines Staates als Garant der internen wie externen Stabilität zu sehen. In Ländern wie etwa Nord-Irland oder Israel, die über die letzten Jahrzehnte häufig terroristischen Aktivitäten ausgesetzt waren, wurde dieser Grundsatz insoweit verwirklicht, als dass rein staatliche Konzepte den Versicherungsschutz für Terrorismusrisiken übernommen haben, finanziert durch verschiedene Steuermodelle. Hat sich in der heutigen Zeit der Terrorismus von national-orientierten Gewalttätigkeiten zu einem internationalen Phänomen entwickelt, muss sich auch die Garantenrolle eines individuellen Staates an die geänderten Umstände anpassen. Entsprechend sollte ein Staat nicht auf nationaler Ebene sondern durch internationale Zusammenarbeit und Zusammenschlüsse mit anderen Staaten – beispielsweise durch die Erarbeitung eines internationalen, von staatlicher Hand mitgetragenen Versicherungsfonds - eine Lösung der versicherungsrechtlichen Problematiken suchen, um seiner nationalen Garantenrolle gerecht zu werden.
Eine entsprechende Entscheidung für ein staatlich garantiertes, international einheitliches Versicherungssystem liegt naturgemäß im Ermessen der einzelnen Regierungen und beruht letztendlich auf politischen Motivationen. Aus diesem Umstand ergeben sich jedoch auch Bedenken gegen einen von staatlicher Hand getragenen, internationalen Versicherungsfond beziehungsweise einer international einheitlichen Rückversicherung durch Staatsgarantien. Um den Rückversicherungsproblemen von Terrorismusrisiken im Rahmen des Protokolls 2002 in dem Bereich der Passagierbeförderung auf See durch die Einführung eines staatlich garantierten Versicherungssystems zu begegnen, muss ein solches System zunächst erarbeitet werden. Dabei ist als langfristige Lösung eine Parallelentwicklung zu den auf dem Prinzip von „Public-Private-Partnership“ beruhenden „Globaltime“, Equitime“ oder „Eurotime“-

Konzepten denkbar[805]. Im Rahmen eines solchen Lösungsansatzes könnte unter anderem das Problem umgangen werden, welches durch eine rein staatliche Übernahme von Versicherungsdeckungen entstehen könnte. Ist nämlich allein der Staat zuständig für einen Ausgleich von Schadenersatzansprüchen gegenüber einer – in diesem Fall staatlichen - Versicherung, müsste der Staat auch geeignete Instrumente und Behörden bereitstellen, die einer solchen Aufgabe gewachsen sind. Ein Staat wird aber in den meisten Fällen wenig Erfahrung mit dem reibungslosen, schnellen und professionellen versicherungsrechtlichen Ausgleich von Schadenersatzforderungen haben. Übertragen auf eine internationalen Wirkungsbereich würde sich diese Problematik weiter potenzieren. Den Globaltime", Equitime" oder „Eurotime"-Konzepten entsprechend würde sich eine Form von „Public-Private-Partnership" anbieten, durch welche Staaten auch auf internationaler Ebene auf privatwirtschaftliche Strukturen und Erfahrungen zurückgreifen könnten. Das Globaltime-Konzept sowie die regionalen Zwillingskonzepte basieren auf dem Gedanke einer solchen Zusammenarbeit von privatwirtschaftlichen und staatlichen Strukturen auf internationaler oder regionaler Ebene. Alle drei Konzeptansätze sehen als Organisations- und Verwaltungsorgan eine eigenständige Organisation vor, die regional oder global tätig wird. Die von diesen Konzepten vorgesehene Versicherungsdeckung setzt sich aus einer Mischform aus vorgeschalteten Privatversicherern und nachgesetzten Staatsgarantien zusammen. Ein weitergehendes, rein staatlich finanziertes Garantiekonzept ohne Beteiligung der privaten Versicherungswirtschaft zum Beispiel in der Form von ausschließlichen Staatsgarantien, wie sie in den Jahren nach dem 11. September 2001 für den Bereich des Luftverkehrs von verschiedenen Staaten gewährt wurden, würde voraussichtlich schon faktisch an der Bereitschaft aber auch teilweise an der finanziellen Möglichkeit vieler Regierungen zur Bereitstellung der nötigen Kapitalmittel scheitern[806]. Aber auch der Entwicklungsprozess eines Konzeptes für den

[805] Ein weiterer interessanter Lösungsweg, der sich nicht auf einen Rechtsbereich beschränkt sondern eine globale Lösung andenkt, wird von *Harold Caplan* in seinem Artikel „War and Terrorism Insurance", Air & Space Law, Vol. XXIX/1, (Februar 2004), S. 3 (9ff.) vorgeschlagen. *Caplan* stellt hier einen internationale Konventionsentwurf zur globalen, staatlichen Terrorismusrisikodeckung vor, der maßgeblich durch die G8-Staaten (Kanada, Frankreich, Deutschland, Italien, Japan, Russland, England und die Vereinigten Staaten) getragen werden soll [von *Caplan* bezeichnet als „Convention for the unification of certain rules relating to responsibility for and insurance of the consequences of acts by or against States"]. Dieser Ansatz soll in dieser Arbeit jedoch nicht weiter untersucht werden.

[806] Angesichts des fast vollständigen Rückzugs der nach dem 11. September 2001 gewährten Staatsgarantien der Regierungen im Luftverkehr erscheint es unwahrscheinlich, dass entsprechend weitergehende Staatsgarantien als solche der Global-, Equi- und Eurotime-Konzepte im Seeverkehr zur Anwendung kommen könnten.

Seeverkehr, welches „Globaltime", „Eurotime" oder „Equitime" entspricht, steht einigen Bedenken gegenüber. So bedarf ein entsprechendes Konzept einer langfristigen Planung und in einigen Ländern auch neuer Gesetzgebung und würde in der Folge ein Inkrafttreten des Protokolls auf Jahre, wenn nicht sogar Jahrzehnte hinaus verzögern. Zudem ist beachtenswert, dass weder das Globaltime-Konzept noch Equitime oder Eurotime sich bisher im Bereich des Luftverkehrs durchsetzen konnten und keines der Konzepte operativ tätig ist. Der Hauptgrund dafür ist in der Zurückhaltung der Staaten zu sehen, die sich im Luftverkehrsbereich bisher nicht mehrheitlich für die Mitwirkung in einem globalen oder regionalen Versicherungskonzepts für Terrorismusrisiken entscheiden konnten. Ausschlaggebend für diese zögerliche Haltung sind dabei die teilweise wesentlichen Unterschiedlichkeiten, die sich in den verschiedenen nationalen Fondkonzepten zur Versicherung von Terrorismusrisiken erkennen lassen, welche eine international gültige Gleichschaltung von Versicherungs- und Rückversicherungsmöglichkeiten für Terrorismusrisiken erschweren. Nicht nur, dass zum Teil rein staatlich finanzierte Versicherungsmodelle anderen Fondkonzepten, die auf einer Zusammenarbeit zwischen privaten und staatlichen Versicherungen aufbauen, gegenüberstehen. In einigen Ländern wie unter anderem Deutschland oder England wird eine Mitgliedschaft in solchen Versicherungsfonds auf freiwilliger Basis gewährt, während in Ländern wie Frankreich eine Pflicht zur Mitgliedschaft besteht. Weiterhin sind in einigen Ländern die staatlich garantierten Deckungssummen limitiert, während in anderen Ländern von den Regierungen eine in der Summe unlimitierte (Rück-)Versicherung garantiert wird[807]. Eine Angleichung dieser unterschiedlichen Konzepte auf internationaler Ebene wird ein langwieriges und kompliziertes Verfahren sein. Im Luftverkehrsbereich hatte eine entsprechende Angleichung der Versicherungsstandards bisher keinen Erfolg. Eine geänderte Haltung der Staaten im Bereich des Seeverkehr zu erwarten, wäre ein mehr als optimistischer Ansatz. Solange aber auf internationaler Ebene keine zeitnahe, einheitliche Lösung der Versicherungsdeckung von Terrorismusrisiken unter staatlicher Beteiligung zu erwarten ist, vermag das Modell einer staatlich getragenen (Rück-) Versicherungsmöglichkeit kein hinreichendes Konzept im Rahmen der Versicherungsregelungen des Protokolls 2002 zu bilden. Ausschlaggebend für die Stärkung des Verbraucherschutzes durch das Protokoll 2002 bleibt unter anderem der Zeitfaktor des Inkrafttretens des Protokolls. Hier muss eine möglichst zeitnahe Ratifikation durch die einzelnen Staaten erreicht werden, um die Passagiere dem Schutz der neuen Rechtsregelungen unterstellen zu kön-

[807] In Deutschland sind die staatlichen Garantien beispielsweise auf 10 Milliarden Euro limitiert. In England und Frankreich hingegen besteht keine Limitierung.

nen. Ein auf Jahre hinaus verzögertes Inkrafttreten würde dem Passagierschutz und den Interessen der Staatengemeinschaft zuwider laufen.

dd) Nachträgliche Definition des Art. 4 Abs. 1 a) AÜP durch die Vertragsstaaten

Schon auf der Londoner Konferenz zur Erarbeitung des Protokolls 2002 wurde der Vorschlag unterbreitet, dass der Begriff „act of terrorism" - wegen der Ähnlichkeit einer terroristischen Handlung sowie dem daraus resultierenden Schadensbild - entweder zu den Tatbeständen des Art. 4 Abs. 1 a) AÜP hinzugefügt oder aber durch eine festgelegte ausdrückliche Definitionsfindung insbesondere von den Tatbeständen „act of war" und „hostilities" von diesen mit umfasst werden sollte[808]. Dieser Vorschlag wurde von der Mehrheit der staatlichen Delegationen auf der Londoner Konferenz abgelehnt und nicht in das Protokoll 2002 aufgenommen. Ausschlaggebender Grund für die Nichtannahme dieses Vorschlags war der vorherrschende Gedanke, dass die Terroranschläge des 11 September 2001 ein einzelnes, seltenes Ereignis darstellten. Die Staatengemeinschaft war der Ansicht, dass der nach dem 11. September 2001 grundsätzlich vorherrschende Rückzug der Versicherer aus einer Deckung von Terrorismusrisiken sich innerhalb der folgenden Jahre einstellen würde und wieder genügend Versicherer die nötigen Deckungskapazitäten bereitstellen würden[809]. Auf dieser Grundlage erachteten die Staaten trotz von den Vertretern der Versicherer und der Schifffahrtsindustrie geäußerten Bedenken eine strikte Beförderererhaftung verbunden mit einer Pflichtversicherung für terroristische Handlungen terroristische Handlungen als angemessen und berechtigt.
Auch nach der Verabschiedung des Protokolls 2002 wurde der Vorschlag einer Aufnahme des Begriffs „act of terrorism" in die Ausschlusstatbestände des Art. 4 Abs. 1 a) AÜP insbesondere von den Vertretern der Schifffahrtsindustrie und der Seeversicherer aufrechterhalten und zur weiteren Diskussion im Rechtsausschuss der IMO gestellt. Dabei verwiesen die Delegationen insbesondere darauf, dass auch nach dem 11. September 2001 die Gefahr von terroristischen Aktivitäten andauere, wie die Anschläge auf Bali, in Madrid, London, Ägypten und anderen Tourismuszentren zeigten.
In formeller Hinsicht beruhte dieser weitergeführte Vorschlag auf einer nachträglichen Interpretation des Protokolls 2002 durch eine übereinstimmende Interpretationserklärung zwischen seinen Mitgliedstaaten. Die

[808] IMO Doc. LEG/CONF/13/18 und LEG/CONF/13/11, S. 3.
[809] Vgl. International Chamber of Shipping Circular MLC(05)20, S. 3.

Rechtsgrundlage für eine solche Übereinkunft bildet Art. 31 (3) der Wiener Vertragsrechtskonvention[810] von 1969, wonach alle Vertragstaaten des Protokolls 2002 eine nachträgliche, übereinstimmende Interpretation über die Auslegung oder Anwendung der Bestimmungen des völkerrechtlichen Vertrages rechtlich bindend vereinbaren können, welche in die jeweiligen nationalen Durchführungsgesetze zu dem Übereinkommen übernommen werden müssten. Neben dieser rein formellrechtlichen Möglichkeit einer nachträglichen Ergänzung des Protokolls 2002 als völkerrechtliches Rechtsinstrument ist es maßgeblich die materiellrechtliche Nähe des Begriffs „act of terrorism" zu den Tatbeständen „act of war" sowie „hostilities" des Artikel 4 Abs. 1 a) AÜP, die eine rechtliche Gleichstellung der Begrifflichkeiten im Rahmen der Haftungsausschlüsse rechtfertigt und dieses Lösungsmodell als gangbaren Alternative zur Lösung der Versicherungsproblematik unter der Geltung des Protokolls 2002 darstellte.

Der Tatbestand „act of war" hat im Laufe der letzten Jahrzehnte insbesondere im Versicherungsrecht durch englische und amerikanische Gerichte eine weitreichende Ausformulierung gefunden. Die Rechtsprechung hatte in den maßgeblichen Entscheidungen zumeist Sachverhalte zu beurteilen, die sich hauptsächlich aus Streitigkeiten über Versicherungsbedingungen als auch über Klauseln im Rahmen von Charterverträgen - hier insbesondere die „Institute War Clause (Cargo) " - ergaben. Der Begriff „act of war" (Kriegsereignis) wurde dabei häufig in der Kurzform „war" (Krieg) bezeichnet, ist jedoch als gleichartiger Begriff im Sinne der Definition zu verstehen. Trotz der Fülle von Rechtsprechung waren die Gerichte zunächst zurückhaltend, eine feste Definitionsform für den Begriff „Krieg" zu finden. Die frühe Rechtsprechung – insbesondere in Amerika in der Zeit vor dem Zweiten Weltkrieg - orientierte sich bei einer Definitionsfindung zunächst an einer eher technischen Auslegung des Begriffes „Krieg", mit der maßgeblichen Voraussetzung einer formellen Kriegserklärung durch den amerikanische Kongress[811]. Stimmen der heutigen Literatur definieren „Krieg" als ein Ereignis, welches die Verwendung von Gewalt zwischen zwei Staaten oder gebietskörperschaftlichen Einheiten, welche wenigstens de facto die Charakteristiken eines Staates aufweisen, beinhaltet, ohne eine formale Kriegserklärung

---

[810] Wiener Übereinkommen über das Recht der Verträge vom 23.5.1969, inkraftgetreten am 27. Januar 1980, (United Nations, Treaty Series, Vol. 1155, S.331; BGBl. 1985 II S. 926).

[811] Siehe U.S. Constitution Art. 1, § 8, cl. 11; Crain, War Exclusion Clauses, 39 Tenn. L. Rev. S. (1972), S. 328 (332ff.); *Beley v. Pennsylvania Mutual Life Insurance Co.*, 95 A.2d, S. 202 (Pa. 1953); *West v. Palmetto State Life Ins. Co.*, 25 S.E.2d, (S.C. 1943), S. 475 (477).

zur Annahme eines Kriegszustandes vorauszusetzen[812]. Auch die heutige herrschende Meinung in der Rechtsprechung hat sich von der technischen Betrachtung des Begriffes „Krieg“ gelöst, und sieht nunmehr als maßgebliches Kriterium einer entsprechenden Definitionsfindung den „gesunden Menschenverstand“ (common sense meaning), wonach der Begriff „Krieg“ so verstanden werden soll, wie ihn ein neutraler und durchschnittlicher Unternehmer im Zusammenhang mit den Beförderungsdokumenten verstehen würde[813]. Gleichzeitig legten die Gerichte in Abänderung der frühen amerikanischen Rechtsprechung nunmehr ausdrücklich fest, dass eine formale Kriegserklärung oder ein Auflösen von diplomatischen Beziehungen zwischen den streitbaren Kriegsparteien zur Feststellung eines Kriegszustandes im Sinne des Versicherungsrechtes kein Tatbestandsmerkmal mehr sei. Ferner wurde durch das House of Lords in dem Fall *Pesqueriasj Secadevos de Bacalao de Espana SA v. Beer*[814] entschieden, dass der Begriff „Krieg“ auch den Begriff „civil war“ [815] beinhaltet, und somit Ausschlussklauseln für Kriegsereignisse auch bei Bürgerkriegssituationen Anwendung finden können.
Mit der Zeit entwickelte die internationalen Rechtsprechung eine engere Definitionsform für Kriegsereignisse, die heutzutage ausdrücklich verschiedene Eckpunkte einer Definition des Begriffs „Krieg“ festlegt. Ein entscheidendes Urteil bildet dabei der Fall *Pan American World Airways, Inc. v. The Aetna Casualty & Surety Co*[816], in welchem die angerufenen amerikanischen Gerichte über die Anwendbarkeit einer Ausschlussklausel für Kriegsereignisse in verschiedenen Versicherungsbedingungen zu entscheiden hatten. In diesem Rechtsstreit wurde eine Boing-747 Linienmaschine der Pan American Fluggesellschaft durch zwei Mitglieder der Popular Front for the Liberation of Palestine (PFLP) in Amsterdam entführt und gezwungen nach Beirut zu fliegen. Hier wurde von Mitgliedern der PFLP Sprengstoff an Bord des Flugzeuges gebracht, welches anschließend weiter nach Ägypten geflogen und, nachdem alle Passagiere von Bord gebracht waren, durch eine Explosion vollständig zerstört wurde. Die Passagiermaschine war versichert durch eine „all-risk“ Versiche-

[812] Vgl. z.B. Hudson/Allen, The Institute Clauses Handbook, S. 188.
[813] "...[I]n the particular context in which the word 'war' is found in this charter-party, the word must be construed, having regard to the general tenor and purpose of the document, in what my be called a commonsense way". *Kawasaki Kisen Kabushiki Kaisha v. Bantham Steamship Company Limited* [1938] 1 KB 805; [1939] 2 KB 544; so auch: Miller, Marine War Risks, S. 1.; Marshall, The War Clauses, 4 Utah L. Rev., (1954), S. 120 (125); Simon, The Dilemma of War Clauses, 19 Am. Bus. L. J., (1981), S. 31 (41).
[814] 1 All ER [1949] S. 845ff.; vgl. auch: Spinney (1948) Ltd v Royal Insurance Co Ltd [1980] 1 Lloyd's Rep S. 406 ff.
[815] Der Begriff "civil war" (Bürgerkrieg) beschreibt einen Kriegszustand zwischen Staatsangehörigen des selben Landes.
[816] 505 F.2d, S. 989 ff., (2d Cir. 1974).

rung mit einer Ausschlussklausel für Kriegsrisiken. Das angerufene Gericht sollte entscheiden, ob diese entsprechenden Kriegsrisikenausschlussklauseln Anwendung finden konnten und die Versicherung von einer Schadensersatzpflicht in Höhe einer Gesamtsumme von 9,8 Millionen US-Dollar befreit war. Sowohl das erstinstanzliche Gericht als auch das Berufungsgericht entschieden, dass die Kriegsrisikenausschlussklauseln in diesem Fall keine Anwendung finden. Dabei bestätigte das Gericht nicht nur entscheidende Richtlinien für die Definition von Kriegsereignissen, sondern legte gleichzeitig fest, dass terroristische Aktivitäten nicht unter den Anwendungsbereich von Kriegsrisikenausschlussklauseln fallen. Dabei wurde in dem Urteil entschieden, dass der Tatbestand eines Kriegsereignisses[817], unabhängig davon, ob eine formale Kriegserklärung vorliegt, nur zwischen zwei souveränen oder quasi-souveränen Rechtssubjekten im Sinne von gebietskörperschaftlichen Einheiten[818] zur Anwendung kommen kann, die in Feindseligkeiten verwickelt sind[819]. Nach der Ansicht der entscheidenden Gerichte konnte ein „act of war“ im Sinne der Ausschlussklauseln für Kriegsereignisse nicht durch eine terroristische Gruppe begangen werden, die nicht wenigstens de facto eine Regierung, Staatsform oder eine gebietskörperschaftlichen Einheiten darstellt oder im Auftrag einer solchen handelt, wobei eine rein finanzielle Unterstützung einer terroristischen Vereinigung durch einen souveränen Staat kein ausreichendes Indiz der Souveränität einer terroristischen Vereinigung darstelle[820]. Da in dem *Pan American* Fall die PFLP niemals den Status eines souveränen Staates beziehungsweise einer Regierung beansprucht hatte, sondern vielmehr als eine radikal-politische Vereinigung auftrat, entschieden die Gerichte, dass die Handlungen der Gruppierung nicht unter den Begriff Kriegsereignis definiert werden konnte[821]. Seit dieser *Pan American* Entscheidung haben sich die wenigen Gerichte, die einen ähnlichen Sachverhalt zu entscheiden hatten, der beschriebenen Meinung angeschlossen und terroristische

---

817 In diesem Fall in der englischen Sprache beschrieben als „war“.

818 In der englischen Sprache beschrieben als „sovereign or quasi-sovereign entities“.

819 *Pan American World Airways, Inc. v. The Aetna Casualty & Surety Co*, 505 F.2d, S. 989 (1005), (2d Cir. 1974); ähnlich auch schon: *New York Life Ins. Co. v. Bennion*, 158 F.2d, S. 260 (264), (10th Cir. 1946); *Vanderbilt v. Travelers' Ins. Co.*, 184 N.Y.S. (1920), S. 54 (55).

820 „A guerrilla group must have at least some incidents of sovereignty before activity can properly be styled ‚war'“ (*Pan Am*, 505 F.2d, S. 989 (1013, 1115); vgl. auch schon: *Welts v. Conn. Mut. Life Ins. Co.*, 48 N.Y., (1871), S. 34 (40).

821 “The cases establish that war is a course of hostility engaged in by entities that have at least significant attributes of sovereignty. Under international law, war is waged by states or state-like entities . . . and includes only hostilities carried on by entities that constitute governments at least de facto in character” (*Pan Am*, 505 F.2d, S. 989 (1012)).

Aktivitäten nicht unter den Begriff „act of war“ definiert[822]. Unter anderem entschied ein Gericht in einer späteren Entscheidung, dass ein Status der Souveränität und Quasi-Souveränität einer terroristischen Vereinigung nur dann zuerkannt werden könne, wenn diese Vereinigung bestimmte Territorien „abstecke“, kontrolliere und über einen Zeitraum beanspruche, verbunden mit entsprechenden Erklärungen der Unabhängigkeit und Souveränität, nicht aber alleine dadurch festgestellt werden könne, dass die terroristische Vereinigung Territorien innerhalb eines anderen souveränen States mit Zustimmung von dessen Regierung beanspruche, auch wenn die Regierung der terroristischen Vereinigung weitreichende Kontroll- und Autonomierechte zuerkennt[823].
Ähnlich der Interpretation von „act of war“ haben Gerichte auch den Begriff „hostilities“ (Feindseligkeiten) im Zusammenhang mit Haftungsausschlussklauseln ausgelegt. Nach der internationalen Rechtsprechung definieren sich feindselige Handlungen im Sinne des Begriffs „hostilities“ als tatsächliche Kriegshandlungen, die sowohl offensiver oder defensiver Natur seien können, wobei die feindselige Handlung nicht notwendiger Weise die offene Verwendung einer Waffe voraussetzt, die ihrerseits geeignet ist einen Schaden zuzufügen[824]. Durch die Anlehnung des Begriffs „Feindseligkeiten“ an die Interpretation von „Kriegsereignissen“ gelten indirekt auch bei der Feststellung der Voraussetzungen von „hostilities“ die Vorgabe der Rechtsprechung, dass eine souveräne oder quasi-souveräne Gruppierung eine schadenauslösende Handlung vornimmt. Damit werden Handlungen einer terroristischen Vereinigung wie schon im Rahmen der von der internationalen Rechtssprechung erarbeiteten der Definition von „act of war“ nicht dem Anwendungsbereich des Begriffs „hostilities“ zugerechnet werden können.
Im Gegensatz zu den Begriffen „act of war“ und „hostilities“ lässt sich eine ausformulierte und international gültige Definition von „act of terrorism“ in der Rechtsprechung oder in internationalen Konventionen kaum finden[825]. Dies mag seine Erklärung in der Struktur von terroristischen

---

[822] Zum Beispiel: *Holiday Inns, Inc. v. Aetna Insurance Co.*, 571 F. Supp., S. 1460 (S.D.N.Y. 1983); *American Fire & Casualty Co. v. Sunny South Aircraft Services, Inc.*, 151 So. 2d 276 (Fla. 1973).

[823] *Holiday Inns, Inc. v. Aetna Insurance Co.*, 571 F. Supp., (S.D.N.Y. 1983), S. 1460 (1500), in dem das Gericht speziell die „Natur“ der P.L.O. diskutiert.

[824] “Actual operations of war, either offensive, defensive or protective…[and] the hostile act need not involve the overt use of a weapon which is in itself, capable o inflicting harm.” (*Int'l Dairy Eng'g Co. v. Am. Home Assurance Co.,* 352 F. Supp. (N.D. Cal. 1970), S. 827 (829); bestätigt in 474 F.2d (9th Cir. 1973), S. 1242ff.).

[825] Im Mai 2002 traf sich die “Association of Southeast Asian Nations (ASEAN) in Kuala Lumpur um die Notwendigkeit einer internationalen Definitionsfindung für “act of terrorism” zu diskutieren, allerdings ohne ein endgültiges Ergebnis zu erreichen. Die Vereinten Nationen haben am 28. September 2001 die Resolution 1373 „Measures for the Preventi-

(Fortsetzung der Fußnote auf nächster Seite)

Aktivitäten finden, die sich in den letzten Jahrzehnten und insbesondere seit den Anschlägen am 11. September 2001 stark gewandelt hat. Während in den Jahren zwischen 1960 und 1970 der Begriff „Terrorismus" allgemeinbräuchlich den Tatbestand der vorsätzlichen, zumeist politisch motivierten Tötung einzelner Personen oder eines isolierten und politisch motivierten Sprengstoffanschlages beschrieb, herrschte Ende der Siebziger und Anfang der Achtziger Jahre insbesondere in England die weitverbreitete Ansicht vor, dass der Begriff „Terrorismus" Anschläge einzelner, kleiner Zellen zumeist unter Benutzung von Autobomben in Innenstädten beschrieb[826]. In Deutschland organisierte sich in den siebziger Jahren die „Rote Armee Fraktion" (RAF), die regional auf die Bundesrepublik begrenzt ebenfalls terroristische Ziele verfolgte und zur Durchsetzung ihrer staatsfeindlichen Ziele eine Vielzahl von unterschiedlichen Anschlägen verübte[827]. Alle diese terroristischen Aktivitäten hatten einen nationalen oder regionalen Charakter, geographisch beschränkt auf ein abgrenzbares Staatsgebiet und zumeist verbunden mit national- oder regional-politischen Motivationen. Nach den präzise geplanten und entsprechend ausgeführten Anschlägen am 11. September 2001 und den Folgeanschlägen in Bali am 12. Oktober 2002, in Madrid am 11. März 2004 sowie weiteren Anschlägen in der Türkei, London und Ägypten ist eine solche Beschreibung eines terroristischen Sachverhaltes inzwischen nicht mehr zeitgemäß. Der Begriff „Terrorismus" umschreibt in der heutigen Zeit ein globales Phänomen, welches gebietsübergreifende Ziele verfolgt und entsprechend globale Auswirkungen trägt. Der neuzeitliche Terrorismus kann nicht mehr auf einzelne Motivationen oder Bereiche beschränkt werden, sondern beschreibt eine allgegenwärtige Gefahrensituation.

Entsprechend schwierig gestaltet sich eine Definition von Terrorismus und terroristischen Aktivitäten. Im seerechtlichen Bereich sind es maßgeblich die Versicherungsbedingungen des kommerziellen Primär- und

---

on of Terrorist Acts" verabschiedet, welche unter anderem die Einrichtung des Counter-Terrorism Committee (CTC) zur Folge hatte. Das CTC bereitete einen Entwurf zu einer internationalen Konvention über internationalen Terrorismus vor, welche derzeit in der Generalversammlung diskutiert wird und unter anderem eine Definition von „act of terrorism" enthalten soll. Die Arbeiten an der Konvention sind noch nicht abgeschlossen (vgl. UN Doc. A/57/100; Working Group A/C.6/57/L.9; Report of the Sixth Committee (A/57/567)).

[826] Vgl. Griffin, Terrorism from an Underwriter's Point of view, S. 3ff.; Marangos, Legal Aspects of Reinsuring Terrorism, in: War, Terrorism and Insurance in Europe after September 11, 2001, S. 32 (37f.).

[827] In ihrem Selbstverständnis betrachtete sich die RAF-Gruppe als kommunistische Stadtguerillia nach südamerikanischem Vorbild wie etwa den Tupamaros in Uruguay (vgl. Stellungnahme der RAF „Das Konzept Stadtguerillia", *http://www.rafinfo.de/archiv/raf/konzept_stadtguerilla.php* (30.11.2006)).

Rückversicherungsmarktes sowie die Rules der P&I Clubs, welche sich um eine Beschreibung von terroristischen Handlungen bemüht haben. Die gewählten Definitionsformulierungen im Rahmen der Versicherungsbedingungen versuchen alle, den veränderten Tatbestand von Terrorismus in seiner Gesamtheit zu erfassen, unterscheiden sich dabei aber in teilweise erheblichem Maße. So wird teilweise im Rahmen der Ausformulierung der Klauseln der Fokus auf die terroristische Aktivität und die dahinter stehende Absicht der Schadenszufügung gelegt, während andere Formulierungen sich wiederum mehr auf das Resultat der terroristischen Aktivitäten konzentrieren. In einigen Ausschlussklauseln findet sich eine Beschreibung von Terrorismus als eine Handlung einer (oder mehrerer) Person(en) oder Organisation(en), die Verletzungen/Beschädigungen verursacht, mit solchen drohen oder einer Entstehung beihelfen oder diese fördern durch jegliches Verhalten; oder aber die Öffentlichkeit oder einen Teil der Öffentlichkeit in Angst versetzen, in Umständen, in denen es begründet erscheint, dass die Absicht der Person(en) oder Organisation(en) ganz oder teilweise politischer, religiöser, ideologischer oder ähnlicher Natur sind[828]. Es finden sich aber auch Definitionen von „act of terrorism", die eine Verbindung der handelnden Person zu einer terroristischen Organisation voraussetzen und im Rahmen der Absicht der Schadensherbeiführung einen Vorsatz bezüglich eines Umsturzes oder einer Einflussnahme auf eine Regierung fordern[829]. Wiederum andere Klauseln fordern eine rein politische Motivation des Täters[830]. Außerhalb von Versicherungsbedingungen finden sich in der Struktur ähnliche Definitionen

---

[828] "Joint Excess Loss Committee Terrorism Exclusion Clause", 16.11.2001, XL2001/002:
For the purpose of this clause, "terrorism" means any act(s) of any person(s) or organisation(s) involving:

(i) the causing, occasioning of threatening of harm of whatever nature and by whatever means;

(ii) putting the public or any section of the public in fear,

in circumstances in which it is reasonable to conclude that the purpose(s) of the person(s) or organisation(s) concerned are wholly or partly of a political, religious, ideological or similar nature.
Eine ähnliche Formulierung findet sich in der "War, Civil war, Political Risk and Terrorism Exclusion Clause", 10/01, IUA-G51A und G57, die nach den Ereignissen am 11. September 2001 von der International Underwriting Association entwickelt wurde.

[829] UK Terrorism Exclusion Clause , IRMA/IUA-G55 und NMA2751, welche sich maßgeblich an der Definition des englischen „ Reinsurance (Acts of Terrorism) Act 1993" orientiert, der „act of terrorism" beschreibt als: „acts of persons acting on behalf of, or in connection with, any organisation which carries out activities directed towards the overthrowing or influencing, by force or violence, of Her Majesty's government in the United Kingdom or any other government de jure or de facto".

[830] Termination of Transit Clause, JC2001/056; ähnlich auch die „War and Terrorism Exclusion", 17/01/02, JL2002/002.

von Terrorismus. Eine der in den Vereinten Nationen diskutierte Definitionsform sieht vor, dass „act of terrorism“ eine Vornahme oder Drohung mit einer Handlung zur Beeinflussung einer Regierung oder Einschüchterung der Öffentlichkeit ist, und dass die Anwendung oder Drohung in der Absicht einer Förderung von politischen, religiösen oder ideologischen Gründen vorgenommen wird. Zusätzlich muss sich aus der Handlung eine schwere Gewalt gegen eine Person oder schwere Schäden an Eigentum ergeben, oder es muss ein ernsthaftes Risiko für die Gesundheit oder die Sicherheit der Öffentlichkeit entstehen, oder die Handlung muss ein elektronisches System wesentlich beeinflussen oder unterbrechen[831]. Der amerikanische TRIA definiert wiederum „act of terrorism“ als einen gewalttätigen Akt oder einen Akt, der das menschliche Leben, Eigentum oder Infrastrukturen gefährdet und Schäden innerhalb oder außerhalb der Vereinigten Staaten verursacht und von einer Person oder Personen, die für eine ausländische Person oder für ausländische Interessen tätig sind, begangen wird, als Teil einer Nötigung der zivilen Bevölkerung der Vereinigten Staaten oder zur Beeinflussung der Politik oder des Verhaltens der Regierung der Vereinigten Staaten durch Gewalt[832]. Die OECD hat nach einer Analyse der in ihren Mitgliedstaaten gebräuchlichen Definitionen von Terrorismus zwischenzeitlich eine Empfehlung veröffentlicht, welche die Mittel und Effekte von Terrorismus als „eine Handlung einschließlich aber nicht beschränkt auf die Drohung mit oder Nutzung von Zwang oder Gewalt, unter Verursachung von schweren Schäden an menschlichem Leben, an materiellen oder immateriellen Gütern“ be-

[831] United Nations (Anti-Terrorism Measures) Ordinance: “the use or threat of action to influence a government or intimidate the public, and that the use or threat is made for the purpose of advancing a political, religious or ideological cause. In addition, the action must involve serious violence against a person or serious damage to property or create a serious risk to the health or safety of the public or seriously interfere with or disrupt an electronic system”.

[832] Terrorism Risk Insurance Act 2002, Nov. 26. 2002 [15 USC 6701 note.] Public Law 107-297, 107th Congress, Title I, Sec. 102.:

“An "act of terrorism" means any act that is certified by the Secretary of Treasury, in concurrence with the Secretary of State and the Attorney General:

(1) to be an act of terrorism

(2) To be a violent act or an act that is dangerous to (a) human life, (b) property, or (c) infrastructure

(3) To have resulted in damage in the US or outside the US in case of (a) an air carrier or vessel or

(b) the premises of a US mission, and

(4) to have been committed by an individual or individuals acting on behalf of any foreign person

or foreign interest, as part of an effort to coerce the civilian population of the US to or influence

the policy or affect the conduct of the US Government by coercion”.

schreibt, und zusätzlich die Intention terroristischen Handelns als „vorsätzliche Beeinflussung oder Destabilisierung einer Regierung oder öffentlichen Einrichtung und/oder die Provokation von Angst und Unsicherheit in der gesamten oder in Teilen der Bevölkerung, und in Unterstützung eines politischen, religiösen, ethnischen, ideologischen oder eines ähnlichen Zieles" definiert[833].

Werden diese unterschiedlichen, bisher existierenden Definitionsformen von „act of terrorism" zusammengefasst, ergeben sich verschiedene Hauptelemente, die den Sachverhalt einer terroristischen Handlung umschreiben. Alle Definitionen kategorisieren eine bestimmte Täterperson. Einige Definitionen umschreiben den Täter als eine Person oder Organisation, die für oder zur Unterstützung einer terroristischen Vereinigung oder für ausländische Interessen arbeiten. Auch wenn nicht alle Definitionen eine direkte Zusammenarbeit mit einer Organisation voraussetzen, so wird doch meistens auf ein Zusammenhang zwischen Täter und einer terroristischen Vereinigung abgestellt. Hingegen ist es generell nicht notwendig, dass der Täter in Zusammenhang mit einer ausländische Regierung steht. Damit entsteht der erste und zugleich maßgeblichste Unterschied zu der Definition von Kriegshandlungen und Feindseligkeiten, die im Rahmen der Interpretation durch die Rechtsprechung ausdrücklich fordern, dass die Schadenhandlung von einer Person oder Organisation vollzogen wird, die entweder in sich eine souveräne oder quasisouveräne gebietskörperschaftliche Einheit im Sinne eines Staates oder zumindest de facto einer Regierung bildet oder aber im Auftrag einer solchen handelt.

Desweiteren zeigt sich, dass ein wesentliches Element der Definition von „act of terrorism" die Voraussetzung einer bestimmten Motivation des Täters ist. Im Gegensatz zu den Definitionen von Kriegsereignissen und Feindseligkeiten, bei denen die Motivation der Kriegsparteien im Wesentlichen unbeachtet bleibt, spielt bei der rechtlichen Einordnung der schadenverursachenden Handlungen im Rahmen der Definitionen einer terroristischen Handlung die Motivation des Täters eine entscheidende Rolle, wenn auch das Motiv innerhalb der verschiedenen Definitionsformen von „act of terrorism" unterschiedlich beurteilt wird. Während einige Definitionsformen als Motiv eine Destabilisierung, Beeinflussung oder einen angestrebten Sturz einer Regierung fordern, begnügen sich andere Definitionsformen mit einem Motiv der Einschüchterung der Bevölkerung und der Verwendung einer Drohung, in der Absicht einer Förderung von politischen, religiösen oder ideologischen Hintergründen.

---

833 Freie Übersetzung des Autors nach den Angaben in: OECD (Hrsg.), Summary of Conclusions, in: Terrorism Risk Insurance in OECD Countries, S.9 (14).

Ein weiterer Unterschied zu der Feststellung des Vorliegens eines Kriegsereignisses oder einer Feindseligkeit und einer terroristischen Handlung ist, dass in verschiedenen Ländern ein „act of terrorism" durch die jeweilige Landesregierung ausdrücklich festgestellt werden muss. Sowohl das französische als auch das englische Recht fordern, dass ein Schadenereignis von Regierungsministern zunächst als „act of terrorism" zertifizieren oder ausdrücklich bestimmt werden muss, bevor eine rechtliche Beurteilung im Rahmen von Ausschlussklauseln vorgenommen werden kann. Auch alle amerikanischen Definitionen von terroristischen Handlungen fordern eine entsprechende Zertifizierung entweder durch den „Secretary of the Treasury" oder den „Secretary of Commerce". In Nord-Irland muss ein entsprechender Anspruch auf Schadenersatz durch den „Chief Constable of the Royal Ulster Constabulary" bestätigt werden. Ein vergleichbares Erfordernis besteht im Rahmen der Definition von Kriegsereignissen und Feindseligkeiten nach der geltenden Rechtsprechung und den einschlägigen Gesetzen nicht.
Es zeigt sich im Ergebnis, dass der Begriff „act of terrorism" einen Sachverhalt beschreibt, der nicht von den Begriffen „act of war" oder „hostilities" mit umfasst ist. Die internationale Rechtsprechung, welche maßgeblich die rechtliche Ausgestaltung dieser Begrifflichkeiten vornahm, hat insoweit eindeutige Definitionsvorgaben erarbeitet. Allerdings sind die Grenzen einer eindeutige Abgrenzung zwischen Kriegsereignissen und terroristischen Aktivitäten in der heutige Zeit immer fließender, eine klare Trennung von Terrorismus und Krieg lässt sich nur noch schwer führen. Dieser Umstand wird insbesondere vor dem Hintergrund der jüngsten, massiven terroristischen Handlungen des 11. September 2001 und den daraus hervorgegangenen Schäden deutlich. Als Auftraggeber der terroristischen Anschläge des 11. September 2001 wird die terroristische Organisation „Al-Qaida" angesehen, mit der Person Usama bin Laden als politischem Anführer und mutmaßlichem hauptsächlichem Finanzgeber der Gruppe[834]. Unterstützung hat die Al-Qaida-Gruppierung in Afghanistan und dem ehemaligen Führungsregime der Taliban gefunden. Auch wenn die Taliban-Führung von vielen Staaten –unter anderem den Vereinigten Staaten - nie als offizielle Regierung Afghanistans anerkannt wurden, so würde vor einem Gericht, welches die Souveränität der Taliban-Führung beurteilen müsste, eine solche wohl zumindest de facto anerkannt werden[835]. Inwieweit eine Verbindungen der Person Usama bin

[834] Vgl. statt vieler: Bundesministerium des Inneren, Verfassungsschutzbericht 2004, S. 195.
[835] Schon 1997 wurde durch den damaligen Präsidenten der Vereinigten Staaten, *William J. Clinton*, den Taliban zumindest ein faktischer Regierungsstatus in Afghanistan eingeräumt : „the Term 'the Taliban' means the political/military entity headquartered in Khandahar, Afghanistan that as of the date of this order exercises de facto control over
(Fortsetzung der Fußnote auf nächster Seite)

Ladens und der Al-Qaida Gruppe zu dem Taliban-Regime nachgewiesen werden könnte, um einen Souveränitätsstatus auch für die Al-Qaida Gruppe durch Gerichte feststellen zu lassen, kann zwar nicht eindeutig beurteilt werden, es besteht aber zumindest eine Möglichkeit, dass Gerichte auch der Al-Qaida-Gruppierung eine Quasi-Souveränität zuerkennen könnten, da die Verbindungen und die gegenseitigen Unterstützungsleistungen zwischen Taliban und Al-Qaida als sehr eng eingeschätzt werden[836]. Die Gerichte in dem *Pan American* Urteil begründeten ihre Entscheidung für die Annahme, dass eine terroristische Handlung kein Kriegsereignis darstelle, unter anderem auf die Feststellungen, dass die terroristische Gruppierung PLFP lediglich eine kleine, ohne nennenswerte Unterstützung von souveränen Staaten agierende, kriminelle Vereinigung darstellte und deren Handlungen maßgeblich dem Zweck der Propaganda dienten[837]. Diese Feststellungen müssten, soweit ein Gericht heutzutage über terroristischen Handlungen ausgehend von etwa der Al-Qaida-Gruppierung entscheiden würde, in Kontrast mit der Größe der Organisation, ihrer Internationalität, ihren Beziehungen zu und der gegenseitigen Unterstützung durch die Taliban-Regierung[838], den jeweils präzise geplanten Anschlägen, sowie dem Umstand, dass Al-Qaida den Vereinigten Staaten mehrmals und ausdrücklich „den Krieg" erklärt hat, in Kontrast gesetzt werden. Viele dieser Hintergründe sprechend dafür,

---

the territory Afghanistan…", William J. Clinton, Executive Order: „Blocking Property and Prohibiting Transactions with the Taliban", 4. July 1997.

[836] Die Person *Usama bin Laden* war ursprünglich ein Staatsangehöriger Saudi Arabiens und es wird vermutet, dass die ihm unterstehende Gruppierung *Al-Qaida* in mehr als 60 verschiedenen Ländern in Form von separaten Zellen existiert. Die Zusammenhänge zwischen *Usama bin Laden*, der *Al-Qaida* und dem Taliban-Regime in Afghanistan werden heute als sehr eng eingeschätzt und es wird weitestgehend akzeptiert, dass *Usama bin Laden* nicht nur maßgeblicher Finanzier der Taliban, sondern neben dem geistlichen Oberhaupt *Mullah Mohammed Omar* und *Dr. Ayman Al-Zawahiri* auch deren faktischer politischer Führer ist (vgl. z.B. Bundesministerium des Inneren, Verfassungsschutzbericht 2004, S. 195; Newsweek, „Helping Hand: Where did the Taliban come from? How did they finance the drive to impose an Islamic State?", 13. Oktober 1997; siehe auch die Feststellung eines Zusammenhangs zwischen der Taliban-Regierung und der Person *Usama bin Laden* in: William J. Clinton, Executive Order: „Blocking Property and Prohibiting Transactions with the Taliban", 4. July 1997, welche Finanztransaktionen mit den Taliban verbietet: „…for allowing territory under its control in Afghanistan to be used as a safe haven and base of operations for *Usama bin Ladin* and the *Al-Qaida* organization who have committed and threaten to continue to commit acts of violence against the United States and its nationals.").

[837] *Pan Am*, 505 F.2d, S. 989 (1115).

[838] Nach Zusammenbruch der gefestigten Führungsposition des Taliban-Regimes in Afghanistan wird vermutet, dass die Taliban und die Basis der *Al-Qaida* sich nunmehr maßgeblich auf die territorialen Gebiete von Pakistan, Nord-Irak, Iran, Südostasien und die Arabische Halbinsel verteilt haben (Bundesministerium des Inneren, Verfassungsschutzbericht 2005, S. 200).

die Al-Qaida Gruppe nicht als eine unorganisierte Vereinigung krimineller Elemente, sondern als eine militärische Organisation zu betrachten[839], deren terroristische Handlungen nahe der Definition von Kriegsereignissen stehen.
Unabhängig davon, ob einer Organisation wie etwa der Al-Qaida jemals ein souveräner oder quasi-souveräner Status zuerkannt werden könnte, zeigt dieses Beispiel, wie nahe sich die Definitionen von „act of war“ und „act of terrorism“ in der heutigen Zeit des globalen Terrorismus stehen. Beide Begriffe beschreiben Umstände, die zumindest im versicherungsrechtlichen Sinne ein unkalkulierbares, unvorhersehbares und potentiell hohes[840] Schadenrisiko darstellen. Eine Gleichstellung von Terrorismus- und Kriegsrisiken erscheint jedoch nicht nur im Rahmen einer versicherungsrechtlichen Risikoanalyse als möglich und nötig. Auch aus einer sozial- und rechtspolitischen Sicht ist es vertretbar, in den Strukturen des Seerechts auf völkerrechtlicher Ebene einen Beförderer und damit auch seine Versicherer von einer Versicherungspflicht für Terrorismus- und Kriegrisiken gleichermaßen zu entbinden. Kriegs- und Terrorismusereignisse bilden Risiken, welche nicht zu den spezifisch maritimen Risiken wie etwa Schiffbruch, ein Zusammenstoß von Schiffen oder deren Strandung gezählt werden können. Schäden und Gefahren, welche von terroristischen Handlungen ausgehen, beruhen vielmehr auf einem vorsätzlichen Verhalten Dritter und liegen in ihrer Struktur in einem dem Beförderer nicht zurechenbaren Bereich. Terrorismusrisiken sind weitestgehend nicht vorhersehbar oder kontrollierbar. Eine gleiche Bewertung ergibt sich bei Kriegsrisiken, die regelmäßig außerhalb des Beeinflussungsbereichs eines Beförderers liegen und die einem Beförderer entsprechend

[839] Die Aktions- und Organisationsstruktur der *Al-Qaida* befindet sich nach dem Verfassungsschutzbericht 2005 des Bundesministeriums des Inneren derzeit in einem Wandel hin zu einer Struktur die geprägt ist von kleineren, selbstständig agierenden Zellen mit terroristischen Motiven, welche sich zum Teil nur anlassbezogen zusammenfinden und ihre Ziele in eigener Abschätzung ihrer Handlungsmöglichkeiten auswählen. Dabei erfüllt nach Einschätzung des Bundesministeriums des Inneren die *Al-Qaida* aber auch weiterhin die Funktion eines identitätsstiftenden und handlungsleitenden Ideals und gibt in erheblichem Umfang Impulse für terroristische Aktionen. Die terroristisch motivierte Organisation *Al-Qaida* verfügt durch diesen Aufbau über ein weltweites Netzwerk von „Jihadisten“, die einen persönlichen Treueschwur auf die Person *Usama Bin Laden* geleistet haben und aktiv oder ideologisch unterstützend für die Organisation tätig sind (Bundesministerium des Inneren, Verfassungsschutzbericht 2005, S. 198 ff.).

[840] Seit 1968 wurden weltweit über 14.000 Anschläge mit terroristischem Hintergrund verübt (vgl. Rizzo, Tragedy's Aftermath: The Impact of 9/11 on the Insurance Industry, 46 Boston B. J. (2002), S. 10 (12)). Alleine der von Versicherern zu deckende Gesamtschaden verursacht durch die Anschläge in New York und Washington D.C. am 11. September 2001 wird auf eine Höhe von fast 60 Milliarden US-Dollar geschätzt (Claire Wilkinson, Final Cost from WTC 'Could Exceed $70bn,' Ins. Day (London), Nov. 7, 2001, abrufbar über LEXIS, News Library, Ins.day File)

nicht zurechenbar sind. Eine solche Parallelbewertung und Gleichstellung von Kriegsrisiken und Terrorismusrisiken wurde inzwischen nicht nur von dem Sicherheitsrat der Vereinten Nationen im Rahmen von verschiedenen Resolutionen bestätigt[841], sondern unter anderem auch von der United Nations Commission on International Trade Law (UNCITRAL) in den Entwurf einer neuen internationalen Konvention über ein neues Seefrachtrecht eingearbeitet[842]. Auch die OECD kommt im Rahmen ihrer Untersuchungen der Versicherungen von Terrorismusrisiken in ihren Mitgliedstaaten unter anderem zu dem Ergebnis, dass aus einer versicherungsrechtlichen Perspektive terroristische Handlungen aus heutiger Sicht einem Kriegsereignis gleichstehen[843]. Der haftungsrechtliche Verantwortungsbereich für Terrorismusrisiken und –schäden wurde zudem jüngst durch deutsche Gerichte entsprechend beurteilt. Das Landgericht Hannover hat in einem kürzlich entschiedenen Fall die Haftung eines Reiseveranstalters für Schäden aus terroristischen Aktivitäten, die während einer Pauschalreise entstanden sind, mit dem Hinweis auf das für entsprechende Risiken geltende Prinzip eines allgemeinen Lebensrisikos ausdrücklich abgelehnt[844]. Sowohl rechtssystematisch als auch sozial- und rechtspolitisch können somit die von Krieg und Terrorismus beschriebenen Sachverhalte als ein gleichartiges und rechtlich gleichgestelltes Risiko bewertet werden, welches dem Bereich der von jedem Menschen selbst zu tragenden allgemeinen Lebensrisiken zugeordnet werden kann[845]. Dieser

---

[841] Vgl. z.B. die Security Council Resolution 1373 (2001); Security Council Resolution 1377 (2001); Security Council Resolution 1452 (2002); Security Council Resolution 1450 (2002); Security Council Resolution 1440 (2002); Security Council Resolution 1438 (2002); Security Council Resolution 1535 (2004).

[842] Siehe Art. 6.1.3. (i) des UNCITRAL 'Preliminary Draft Instrument on the Carriage of Goods by Sea', der im Rahmen einer Verschuldenshaftung, nicht einer Gefährdungshaftung den Begriff Terrorismus den Begriffen Krieg und feindselige Handlungen gleichstellt: "Notwithstanding the provisions of article 6.1.1, if the carrier proves that loss of or damage to the goods or delay in delivery has been caused by one of the following events it is presumed, in the absence of proof to the contrary, that neither its fault nor that of a performing party has caused or contributed to cause that loss, damage or delay… (i) [Act of God], war, hostilities, armed conflict, piracy, terrorism, riots and civil commotions" (UNCITRAL Dokumente: A/CN.9/WG.III/WP.32; A/CN.9/572).

[843] Cooke, The Coverage of Terrorism Risks, in: OECD (Hrsg.), Terrorism Risk Insurance, S.231 (269).

[844] Landgericht Hannover, Az.: 13 O 114/04, Urteil vom 27. Oktober 2004, RRa 6/2004, S. 261 ff.: „Terroristische Einzelakte, die nicht auf bürgerkriegsähnlichen Unruhen in einem Staat beruhen, sind Teil des von jedem Menschen selbst zu tragenden allgemeinen Lebensrisikos, und zwar auch dann, wenn hinter den Anschlägen Terrororganisationen stehen, die weltweit tätig sind". Das Urteil wurde von der Berufungsinstanz durch das OLG Celle bestätigt (OLG Celle, Az.: 11 U 297/04, Urteil vom 22. September 2005).

[845] In Deutschland wird derzeit auch eine Diskussion um die Einführung eines Luftsicherheitsgesetzes geführt, in welchem der Abschuss von mit Passagieren besetzten Flugzeugen bei terroristischer Gefahr vorgesehen war. Nachdem das deutsche Bundesverfas-

(Fortsetzung der Fußnote auf nächster Seite)

Entwicklung entsprechend wurde auch auf völkerrechtlicher Ebene in dem Annex VI des Umweltschutzprotokolls zum Antarktisvertrag einem Betreiber (Operator) im Zusammenhang mit seiner hierin festgelegten strikten Haftung für Umweltschäden durch Art. 8 Abs. 1 c des Protokolls eine Enthaftungstatbestand bei Vorliegen einer schadensstiftenden, terroristischen Handlung gewährt[846]. Weiterhin deklarierte der Europäische Rat in seiner Erklärung vom 25. März 2004 den globalen Terrorismus als eine Gefahr für alle und einen Terrorakt als eine gewalttätige Handlung gegen einen Staat, der die internationale Gemeinschaft insgesamt betrifft[847].

Im Ergebnis liegen die Elemente des internationalen Terrorismus in ihrer rechtlichen Bewertung wesentlich näher an den Begriffen „Kriegsereignis“ und „Feindseeligkeiten“, als an den Tatbeständen der „shipping incidents“, die unter der Geltung des Protokolls 2002 für den Seebeförderer eine strikte Haftung auslösen. Eine Freistellung des Beförderers von einer Schadenshaftung und einer Versicherungspflicht für Terrorismusrisiken durch eine ausdrückliche Aufnahme des Begriffes „act of terrorism“ in Art. 4 Abs. 1 a) AÜP wäre diesem Ansatz entsprechend eine mit der internationalen formellen Rechtslage sowie der rechtspolitischen Situation

---

sungsgericht Anfang 2006 das Gesetz wegen seiner Unvereinbarkeit insbesondere mit Art. 1 Grundgesetz für verfassungswidrig erklärte, gab der derzeitige Bundesinnenminister *Schäuble* gegenüber der Süddeutschen Zeitung nunmehr an, dass ein weiterer Vorschlag auf Regierungsebene diskutiert werde, der eine Grundgesetzänderung im Rahmen einer Ergänzung der Definition „Verteidigungsfall“ um einen „Quasi-Verteidigungsfall“ vorsähe. Im Falle der Feststellung eines solchen „Quasi-Verteidigungsfalls“ sollen nach *Schäubles* Ansicht die Regeln des Kriegsvölkerrechts Anwendung finden, maßgeblich das Genfer Abkommen über den Schutz der Opfer bewaffneter Konflikte (Heribert Prantl, Quasi-Verteidigungsfall – Schäuble: Bei Abschuss gilt das Kriegsrecht, Süddeutsche Zeitung, 01.01.2007; vlg. auch: Spiegel Online – 01.01.2007, Schäuble will Abschuss von Passagierjets bei Terrorgefahr erlauben (*http://www.spiegel.de/politik/deutschland/0,1518,457291,00.html*)). Diese Diskussion zeigt, dass auch auf Regierungsebene in Deutschland keine eindeutige Trennung der Begriffe Krieg und Terrorismus vorherrscht.

846 Das im Oktober 1991 unterzeichnete Umweltschutzprotokoll zum Antarktisvertrag enthält die schärfsten und umfangreichsten umweltschützenden Regelungen, die jemals für eine Weltregion in einem internationalen Abkommen erarbeitet wurden. Ein Zustimmungsgesetz, das das Umweltschutzprotokoll in die nationale Rechtsordnung einführen soll, und ein Ausführungsgesetz, das alle Tätigkeiten in der Antarktis erfasst, die von deutschem Staatsgebiet aus organisiert werden oder ausgehen, wurden vom Deutschen Bundestag und Bundesrat im Juni 1994 verabschiedet. Mit der Verabschiedung der beiden Gesetze wurden die Voraussetzungen für die Ratifikation des Antarktis-Umweltschutzprotokolls durch Deutschland geschaffen und am 25. November 1994 mit der Hinterlegung der Ratifikationsurkunde beim Verwahrer USA vollzogen. Das Protokoll ist am 14. Januar 1998 nach Ratifikation durch die 26 Konsultativstaaten in Kraft getreten.

847 Europäischer Rat, Erklärung zum Kampf gegen den Terrorismus, Brüssel, 25. März 2004, (Original in englischer Sprache).

in Einklang stehende Lösung der versicherungsrechtlichen Problematik der Bereitstellung von Versicherungsdeckungen für Terrorismusrisiken unter Geltung des Protokolls 2002. Eine ausdrückliche Aufnahme des Begriffs „act of terrorism" in den Tatbestand des Art. 4 Abs. 1 a) AÜP im Wege einer nachträglichen Ergänzung des Protokolls 2002 durch eine übereinstimmende Interpretationserklärung zwischen seinen Vertragstaaten unter der Schirmherrschaft der IMO , basierend auf der Rechtsgrundlage des Art. 31 (3) der Wiener Vertragsrechtskonvention, hätte einer solchen im Einklang mit der Rechtssystematik und der rechtspolitischen Bewertung von Terrorismusrisiken stehenden Betrachtung entsprochen. Auf eine ausformulierte Definition des Begriffs „act of terrorism" innerhalb des Protokolls 2002 hätte im Interesse der internationalen Rechtseinheit verzichtet werden können, und die Definitionsfindung, wie schon bei den Begriffen „act of war" und „hostilities", der internationalen Rechtsprechung, oder einer speziellen, von den Vereinten Nationen auf internationaler Ebene übereinstimmend und bereichsübergreifend festgelegten Terrorismuskonvention mit einer entsprechenden, ausformulierten Definition überlassen werden können.

ee) Nachträgliche Definition des Art. 4 Abs. 1 b) AÜP durch die Vertragsstaaten

In einer Stellungnahme Norwegens wurde als ein weiterer Lösungsweg der sich aus dem Wortlaut des Haftungsausschlusses des Art. 4 Abs. 1 b) AÜP ergebenden Versicherungsproblematik angedacht, die Verpflichtungen des Beförderers beziehungsweise der Reederei bei der Terrorismusabwehr über eine gemeinsame Interpretationserklärung der Vertragstaaten des Protokolls 2002 auf diejenigen Verpflichtungen zu begrenzen, die der sogenannte ISPS-Code[848] verlangt. Die formelle Rechtsgrundlage für eine entsprechende Interpretationserklärung bildet, wie schon bei dem

---

[848] Auf einer Diplomatischen Konferenz der IMO vom 9. bis 12. Dezember 2002 in London stimmten die Vertragsstaaten der „International Convention for the Safety of Life at Sea" (SOLAS) der Änderung und Ergänzung dieser Konvention (New Chapter XI-2) und dem „International Ship and Port Facility Security Code" (ISPS-Code) zu. Hintergrund dieser Maßnahme waren die Forderungen der USA, auch für die Seeschifffahrt international verbindliche Regeln zur verbesserten Gefahrenabwehr hinsichtlich terroristischer Aktivitäten zu entwickeln. Die USA stellten die Weltgemeinschaft vor die Wahl, entweder ihren Forderungen und Vorstellungen hinsichtlich eines Bekämpfungsregimes für Terrorismus nachzukommen oder einseitige von den Vereinigten Staaten entwickelte Maßnahmen zu akzeptieren. Die IMO hat darauf einen Vorschlag der USA Ende 2001 aufgenommen und diesen durch die Entwicklung von SOLAS Anlage XI-2 und des ISPS-Code weiterentwickelt und umgesetzt. Die Maßnahmen sind mit Wirkung vom 01. Juli 2004 in Kraft getreten.

oben dargestellten Lösungsansatz, der Artikel 31 (3) der Wiener Vertragsrechtskonvention[849]. Materiellrechtlich sollte nach diesem Lösungsansatz der Beförderer, wenn er ein dem ISPS-Code entsprechendes ISS-Zertifikat[850] erhalten hat, von einer Haftung im Sinne des Art. 4 Abs. 1 b) AÜP freigestellt sein. Solange der Beförderer den Voraussetzungen des ISPS-Codes entspricht, sollte gleichzeitig immer die gesetzliche Vermutung bestehen, dass im Falle eines Schadens im Sinne des Art. 4 Abs. 1 b) AÜP, dieser „ausschließlich" durch ein vorsätzliches Verhalten dritter Personen herbeigeführt worden ist.

Dieser Lösungsansatz über eine Interaktion zwischen dem ISPS-Code und den Haftungsausschlüssen des Protokolls 2002 begegnet verschiedenen Bedenken, die eine entsprechende Anwendung des ISPS-Codes und des ISS-Zertifikates im Rahmen des Art. 4 Abs. 1 b) AÜP als nicht sachgerecht und faktisch ungeeignet zur Lösung der versicherungsrechtlichen Problematik der Nichtgewährung einer Versicherungsdeckung für Schäden aus terroristischen Ereignissen erscheinen lassen.

Der ISPS-Code regelt Gefahrenabwehrmaßnahmen für Seeschiffe und Hafenanlagen, und verfolgt die Zielvorstellung, dass das Transportmittel Schiff nicht zum Träger terroristischer Aggression missbraucht werden kann und somit kein Terrorist ein Schiff als Waffe oder als Transportmedium für Waffen verwendet. Damit dieses Ziel erreichbar wird, ist eine Einbeziehung der Schnittstelle zur landseitigen Ladungsumschlaganlage notwendig. Die wesentlichen im ISPS-Code vorgesehenen Maßnahmen liegen im Bereich der Zugangs- und Ladungskontrolle. Während die Zugangskontrolle zumeist physisch erfolgt, wird die Ladungskontrolle in den Häfen mehr oder weniger durch eine Papierkontrolle abgedeckt. Die vom ISPS-Code vorgeschriebenen Kontrollmaßnahmen sind vielschichtig und binden mehrere Personen und Organisationen ein, wie etwa privates Wachpersonal, Terminalmitarbeiter, die Schiffsbesatzungen und Behörden. Zugangskontrollen finden sowohl an Bord der Schiffe, als auch im Eingangsbereich der Hafenanlage sowie innerhalb der wasserseitigen Hafenflächen statt. Kerninstrumente der Gefahrenabwehrmaßnahmen, insbesondere für Schiffe, sind die Risikobewertung und das Erstellen eines Gefahrenabwehrplans[851]. Während die Risikobewertung die Art und Weise, aber auch die Intensität der Abwehr erkennbar macht, beschreibt

---

[849] Vgl. FN. 810.

[850] Das vom ISPS-Code geforderte Zertifikat nennt sich „International Ship Security Certificate" und zählt zu den sogenannten Trading Certificates, ohne die ein Schiff nicht betrieben werden darf.

[851] Vgl. Deutscher Bundestag – 15. Wahlperiode, Drucksache 15/1780, Gesetzesentwurf der Bundesregierung, Entwurf eines Gesetzes zur Änderung des Internationalen Übereinkommens von 1974 zum Schutz des menschlichen Lebens auf See und zum Internationalen Code für Gefahrenabwehr auf Schiffen und in Hafenanlagen, 20.01.2003.

der Gefahrenabwehrplan die Umsetzung der zuvor herausgefundenen Maßnahmen. Der Gefahrenabwehrplan legt zudem Verantwortlichkeiten innerhalb der Hafenanlage und der Schifffahrtsunternehmen fest, so dass durch klare Strukturen auch eindeutige Kompetenzabgrenzungen hergestellt werden. Die Gesamtheit der im Rahmen des ISPS-Codes vorgesehenen Sicherheits- und Gefahrenabwehrmaßnahmen insbesondere für Seeschiffe ist vielschichtig. Hierzu gehören beispielsweise die Erstellung von Risiko-, Sicherheits- und Auffälligkeitsanalysen, das Erstellen und Umsetzen von Sicherheitsplänen, die Einführung eines automatischen Informationssystems (AIS) sowie eines Lebenslaufs und einer unveränderlichen Identifikationsnummer für das jeweilige Schiff und die Benennung von beauftragten Personen für die Gefahrenabwehr für das Schiff (Ship Security Officer – SSO), für die Reederei (Company Security Officer – CSO) und für die Hafenanlage (Port Facility Security Officer – PFSO). Aus der Fülle der für die Umsetzung der ISPS-Vorschriften verantwortlichen Personen ergeben sich erste Bedenken gegen eine Interaktion zwischen dem ISPS-Code und den Haftungsausschlüssen des Protokolls 2002 im Rahmen des Art. 4 Abs. 1 b) AÜP. Die Verantwortlichkeit für die Umsetzung des ISPS-Codes muss nicht zwangsläufig bei dem Beförderer im Sinne des Protokolls 2002 liegen. Vielmehr kann diese Verantwortlichkeit zum Beispiel bei dem ausführenden Beförderer liegen, während dem vertraglichen Beförderer möglicherweise keine Verpflichtungen unter dem ISPS Code entstehen müssen. Dieser Umstand könnte zu einer Enthaftungsmöglichkeit des vertraglichen Beförderers führen, da ihm bei einer Schadensituation im Sinne des Art. 4 Abs. 2 AÜ keinerlei Sicherheitsverpflichtungen des ISPS-Codes entstanden sein könnten. Weiterhin wird die Umsetzung der ISPS-Vorschriften für jedes Schiff durch den Erhalt eines entsprechenden Zertifikats nachgewiesen[852]. Diese sogenannten ISS-Zertifikate weisen jedoch nicht nach, dass in einer konkreten Situation kein fahrlässiges Verhalten des Beförderers, der Besatzungsmitglieder eines Schiffes oder kein Organisationsverschulden einer Reederei vorgelegen hat, sondern lediglich, dass die Vorschriften des ISPS-Codes bei dem letzten externen Audit eingehalten wurden, wobei die Maximalgültigkeit des ISS-Zertifikates bei einer Dauer von fünf Jahren liegt[853]. ISS-Zertifikate stellen somit nur ein allgemeines Dokument der Einhaltung von Sicherheitsregelungen beziehungsweise des Bestehens einer vom ISPS-Code vorgeschriebenen Sicherheitsinfrastruk-

---

[852] Vgl. SOLAS / Conf. 5/34, Annex 1, Conference Resolution 2 (12. Dezember 2002), Adoption of the International Code for the Security of Ships and Port Facilities, Paragr. 2, sowie ISPS-Code, Part A, Section 19.2.1.

[853] Spätestens nach Ablauf des fünfjährigen Zeitraums wird ein externer Audit zur Erneuerung des Zertifikates durchgeführt, allerdings mit einer vorgeschriebenen Zwischenbesichtigung nach 2,5 Jahren.

tur an Bord eines Schiffes für einem Zeitraum von fünf Jahren dar, nicht jedoch einen endgültigen, schlüssigen Nachweis für fehlerfreies, nicht-fahrlässiges Verhalten in einer konkreten Situation, der zur Freistellung von einer Befördererhaftung geeignet wäre. Zudem bilden die internationalen Regelungen des ISPS-Codes keine abschließende Liste von Maßnahmen zur Verhütung von terroristischen Aktivitäten, oder von Verhaltensregelungen um einen Schaden in einer konkreten Gefahrensituation zu vermeiden. Die Regelungen des ISPS-Codes können nur einen ersten Hinweis geben, ob allgemein das Seeschiff und seine Besatzung auf die Möglichkeit des Eintritts eines Schadens verursacht durch vorsätzliche terroristische Handlungen Dritter vorbereitet war. Auf einen insich abgeschlossenen Nachweis des fehlerfreien, nicht fahrlässigen Verhaltens in einer konkreten Schadenssituation im Sinne eines Haftungsausschlusses sind die Regelungen des ISPS-Codes sowie das ISS-Zertifikat nicht ausgelegt. Dies zeigt sich unter anderem auch an dem weiten Ermessensspielraum, der Flaggenstaaten bei dem für die Ausstellung des ISS-Zertifikates maßgeblichen externen Audits durch den ISPS-Code gewährt wird. Zeigt sich auf der Grundlage der ISPS-Regelungen im Rahmen eines solchen externen Audits, dass das Sicherheitssystem eines Schiffes einen Mangel aufweist, ist die Konsequenz, dass die Ausstellung des ISS-Zertifikates verweigert wird. Auf ausdrücklichen Hinweis der IMO sollen dabei auch geringfügige Mängel ausschlaggebend sein, die das Gefahrenabwehrsystem eines Schiffes in seiner Funktion nicht beeinträchtigen[854]. Damit besteht die Möglichkeit, dass in Ländern, die eine strenge Durchsetzung des ISPS-Codes verfolgen, selbst relative Lappalien wie etwa ein fehlender Türaufkleber mit dem Hinweis „Restricted Area“ oder eine für wenige Minuten unbewachte Gangway zu einem Verstoß gegen den ISPS-Code und damit zur Verweigerung der Ausstellung eines ISS-Zertifikates führen können[855]. Einheitliche Standards für Gründe, die einen Verstoß darstellen, definiert der ISPS-Code hingegen nicht. Lediglich die SOLAS-Regelungen bestimmen, dass Kontrollmaßnahmen dem

[854] „Certificates should not be issued in cases where minor deviations from the approved plan or the requirements of SOLAS chapter XI-2 and part A of the ISPS-Code existed, even if these deviations did not comprise the ship's ability to operate at security level 1 to 3“. (IMO Guidance relating to the implementation of SOLAS chapter XI-2 and the ISPS Code, MSC/Circ. 1097, Ref. T2-NAVSEC/2.11, Annex, 06.06.2003, S. 2).

[855] Vgl. Grey, Michael: Zero tolerance and no delay on ISPS Code, Lloyd's List, 25.11.2003, S. 14; Grey, Michael: Time running out, Lloyd's List, 24.11.2003, S. 7; Grey, Michael: Alarm bells ringing over ISPS, Lloyd's List, 23.02.2004, S. 5; Roolvink, Maritime Terrorabwehrmaßnahmen und ihre Auswirkungen auf die internationale Handelsschifffahrt, (Diplomarbeit Fachhochschule Oldenburg, 2004), S. 80.

Grundsatz der Verhältnismäßigkeit entsprechen sollen[856]. Damit steht den Flaggenstaaten ein nicht unerheblicher Spielraum zu, einen Verstoß gegen ISPS-Vorschriften selbst zu definieren und die Erteilung eines ISS-Zertifikates entsprechend zu verweigern. Dabei zeigt sich gleichzeitig, dass der durch das ISS-Zertifikat belegte Nachweis der Konformität eines Seeschiffs mit dem ISPS-Code nur schwerlich schlüssige Aussage über ein konkretes (Fehl-)Verhalten des Beförderers, der Schiffsbesatzung oder der Reederei in einer schadenauslösenden Situation treffen kann. Ob ein fehlender Türaufkleber als Nachweis für ein fahrlässiges Verhalten bei der Vermeidung eines konkreten terroristischen Angriffs gewertet werden könnte, erscheint zumindest zweifelhaft.

Abgesehen von diesen Bedenken verkennt der Lösungsansatz der Interaktion zwischen ISPS-Code und dem Protokoll 2002 dass eigentlichen Hauptproblem, welches aus der derzeitigen Fassung des Art. 4 Abs. 1 b) entsteht, nämlich die generell nichtvorhandene Versicherungsdeckung für Terrorismusrisiken durch die P&I Clubs und die Schwierigkeiten einer Anpassung der Kriegsrisikenversicherer an die vom Protokoll 2002 geforderte Versicherungsstruktur. Selbst wenn sich die neuen ISPS-Regelungen und das ISS-Zertifikat als praktikabler Standard zur Überprüfung von Fahrlässigkeitskriterien eines Beförderers in einem konkreten Schadenfall mit terroristischen Hintergrund beweisen sollten, so ändert ein solcher Umstand nichts an der Tatsache, dass im Rahmen der P&I Versicherungen eine Deckungsmöglichkeit für Terrorismusrisiken nicht besteht. Ist ein Beförderer in Besitz eines gültigen ISS-Zertifikates und würde er somit als generell frei von einer Haftung im Sinne des Art. 4 Abs. 1 b) AÜP gelten, soweit es zu einem durch vorsätzliche Handlung eines Dritten verursachten Schaden kommt, entstehen einer Versicherung des Beförderers zunächst keinerlei Deckungsverpflichtungen. Tritt jedoch eine Situation ein, in der ein Beförderer kein gültiges ISS-Zertifikat besitzt[857], und kommt es in einem solchen Fall zu einem Schaden mit terroristischem Hintergrund, würde dem Beförderer eine fahrlässige Mitverursachung zugerechnet werden und der Schaden wäre nicht „ausschließlich" im Sinne des Art. 4 Abs. 1 b) AÜP von einem Dritten verursacht worden. Damit wäre der Beförderer haftbar für den entstandenen Schaden, und diese Haftung würde in vollem Umfang der Versicherungsverpflichtung des Protokolls 2002 unterliegen. Wie oben dargestellt besteht

[856] SOLAS Amendments 2001 und 2002, Annex, Amendments to the International Convention for the Safety of Life at Sea, 1974 as amended, Chapter XI-2, Regulation 9, Paragraph 9.1.

[857] In Anbetracht der Möglichkeit, dass schon geringfügige Mängel, die das Gefahrenabwehrsystem eines Schiffes in seiner Funktion nicht beeinträchtigen, ausschlaggebend sein können für die Verweigerung der Ausstellung eines ISS-Zertifikates, erscheint der Eintritt einer entsprechenden Situation als durchaus realistisch.

jedoch gerade für diese Versicherungspflicht keinerlei Deckungsmöglichkeit innerhalb der P&I Versicherung des Beförderers, da Terrorismusschäden – unabhängig davon, ob ein entsprechender Schaden ausschließlich oder nur teilweise auf eine terroristische Handlung zurückzuführen sind - von Primär- und Rückversicherern nicht versichert werden. Damit könnte die Einbeziehung des ISPS-Codes zwar zur Feststellung von Fahrlässigkeitstatbeständen in der Person eines Beförderers im Sinne des Art. 4 Abs. 1 b) AÜP genutzt werden, dem Problem der Deckungsmöglichkeiten von Terrorismusereignissen vermag dieser Lösungsansatz jedoch nicht zu begegnen.

ff) Nachträglicher Implementierungsvorbehalt und Ratifikationsrichtlinien

Im Rahmen der mehrjährigen Diskussionen im IMO Rechtsausschuss zur Erarbeitung eines Lösungsmodells für die Versicherungsproblematik des Protokolls 2002 im Hinblick auf das Zusammenspiel zwischen den Befördererhaftungs- und Pflichtversicherungsregelungen für Terrorismusrisiken zwischen den staatlichen Delegationen, den Vertretern der P&I-Clubs, der offenen Versicherungsmärkte und den Vertretern der Schifffahrtsindustrie wurde deutlich, dass die Mehrheit der staatlichen Delegationen keinen der bisherig erörterten Lösungsvorschläge, insbesondere nicht eine vollständige Enthaftungsmöglichkeit des Beförderers durch Aufnahme des Begriffs „act of terrorism“ in die Tatbestände des Art. 4 Abs. 1 a) AÜP unterstützte. Hierbei spielten rechtspolitische Motivationen eine entscheidende Rolle. Aus Sicht der überwiegenden Zahl der beteiligten Staaten war es politisch nicht gewollt, den Beförderer aus einer Einstandspflicht bei Terrorismusrisiken vollständig zu befreien, solange wenigstens teilweise eine Kriegsrisikenversicherung bestand, die es ermöglichte Terrorismusrisiken zu decken[858]. Dem stand jedoch gegenüber, dass eine Versicherungsdeckung auf den globalen Versicherungsmärkten nach der Aussage aller Versicherer – sowohl der P&I Clubs als auch der offenen Märkte - für die vom Protokoll 2002 vorausgesetzte Befördererhaftung und Pflichtversicherung von Terrorismusrisiken nicht bereitgestellt werden konnte. Wegen dieser faktischen Einschränkungen verabschiedete die Generalversammlung der IMO im De-

[858] Vgl. Report of the Legal Committee on the work of its ninety-first session, IMO Doc. LEG 91/12, 9. Mai 2006, Rn. 143.

zember 2005 die Resolution A.988(24) [859], in welcher diese Einschränkungen ausdrücklich anerkannt wurden und den Mitgliedstaaten angeraten wurde, das Protokoll 2002 schnellst möglich mit einem völkerrechtlichen Vorbehalt („reservation“)[860] zu ratifizieren. Durch einen solchen Vorbehalt sollten sich die das Protokoll 2002 ratifizierenden Staaten das Recht vorbehalten, Versicherungszertifikate mit entsprechenden, dem derzeitigen Versicherungsmarkt angepassten Ausnahme- und Limitierungsklauseln, unter Geltung des Protokolls 2002 auszustellen und gegenseitig zu akzeptieren. Gleichzeitig wurde die Arbeitsgruppe des Rechtsausschusses der IMO angewiesen, den Wortlaut eines entsprechende Vorbehaltes und weitere Richtlinien zu dessen Durchführung zu erarbeiten. Die Richtlinien sollten aufgrund des weiten Ermessenspielraumes der Staaten im Rahmen eines völkerrechtlichen Vorbehaltes zusteht, zu einer Vereinheitlichung der Rechtsanwendung beitragen.
Im Rahmen der folgenden Diskussion und Suche nach einer Kompromisslösung fand sich schließlich ein englisches Versicherungsmaklerunternehmen des offenen Versicherungsmarktes, welches eine Möglichkeit anbot, eine Deckungssumme von maximal 500 Millionen US-Dollar zu garantieren, um die unter dem Protokoll 2002 bestehenden Befördererhaftung für Terrorismusrisiken zu versichern[861]. In Zusammenarbeit mit diesem Maklerunternehmen wurde im Rahmen der IMO-Arbeitsgruppe von verschiedenen staatlichen und nichtstaatlichen Delegationen[862] eine neue rechtliche Regelungsstruktur erarbeitet, die es zumindest in der Theorie erlaubt, die Versicherungsproblematiken des Protokolls 2002 zu überwinden.
Das neue Regelungsmodel wurde im Herbst 2006 vom IMO Rechtsausschuss in seiner 92ten Sitzung angenommen. Es verbindet durch einen

---

[859] IMO Assembly Resolution A.988(24) „Protocol of 2002 to the Athens Convention: Reservation concerning the issue and acceptance of insurance certificates with spezial exceptions and limitations“, angenommen am 1. Dezember 2005.

[860] Der Begriff „Vorbehalt“ bedeutet im völkerrechtlichen Sinne nach Art. 2 Abs. 1 d Wiener Übereinkommen über das Recht der Verträge vom 23.5.1969 (vgl. FN 810) „eine wie auch immer formulierte oder bezeichnete, von einem Staat bei der Unterzeichnung, Ratifikation, Annahme oder Genehmigung eines Vertrags oder bei dem Beitritt zu einem Vertrag abgegebene einseitige Erklärung, durch die der Staat bezweckt, die Rechtswirkung einzelner Vertragsbestimmungen in der Anwendung auf diesen Staat auszuschließen oder zu ändern“.

[861] Als Versicherungsmaklerunternehmen trat die Firma *Marsh Limited* auf. Die meisten übrigen Versicherungsunternehmen zeigten im Laufe der Diskussionen abermals an, dass eine Versicherung für Terrorismusrisiken unter der Geltung des Protokolls 2002 nicht bereit gestellt werden könnte (vgl. auch IMO Doc. LEG 92/5, 11. August 2006).

[862] Entscheidend wirkten an der Erarbeitung des entsprechenden Versicherungs- und Vorbehaltsmodells die Delegationen von Norwegen und England sowie die nichtstaatlichen Delegationen des International Council of Cruise Lines, des International Chamber of Shipping und der International Group der P&I Clubs mit.

völkerrechtlichen Vorbehalt in Kombination mit Richtlinien zur Implementierung des Protokolls 2002 die Haftung des Beförderers für Terrorismusrisiken mit der Versicherbarkeit dieser Risiken und den derzeit für diese Risiken geltenden Marktkonditionen auf den globalen Versicherungsmärkten. In formeller Hinsicht bildet Abschnitt 2 (Art. 19 bis 23) der Wiener Vertragsrechtskonvention 1969 die Rechtsgrundlage für die Anbringung und die Rechtswirksamkeit eines Vorbehaltes zu einem völkerrechtlichen Übereinkommens. Nach Art. 21 Abs. 1 Wiener Vertragsrechtskonvention 1969 ändert ein bestehender Vorbehalt für einen den Vorbehalt anbringenden Staat im Verhältnis zu der anderen Vertragspartei die Vertragsbestimmungen, auf die sich der Vorbehalt bezieht, in dem darin vorgesehenen Ausmaß. Gemäß Art. 21 Abs. 2 Wiener Vertragsrechtskonvention 1969 ändert der Vorbehalt die Vertragsbestimmungen für die anderen Vertragsparteien untereinander nicht. Vor diesem Hintergrund ist es das Ziel des Vorbehaltes, dass möglichst von jedem das Protokoll 2002 ratifizierenden Staat auch der Vorbehalt in Kombination mit den Implementierungsrichtlinien angenommen wird, um eine international einheitliche Rechtsanwendung zu gewährleisten[863].
Materiellrechtlich ergänzen der Vorbehalt in Kombination mit den Richtlinien den durch das Protokolls 2002 neu eingeführten Art. 4 a und erweitert diesen um zusätzliche Ausnahmeregelungen zu den Erfordernissen der gesetzlichen Zwangshaftpflichtversicherung des Beförderers. Die materiellrechtliche Basis des Vorbehaltes bildet eine Teilung der zu versichernden Risiken unter gleichzeitiger Teilung der unter der Geltung des Protokolls 2002 erforderlichen Versicherungsdeckungszertifikate. Die Richtlinien sehen vor, dass zwei Versicherungszertifikate von zwei verschiedenen Versicherern ausgestellt werden, wobei eine Teilung zwischen der Kriegsrisikenversicherung („war risk insurance") und einer Nicht-Kriegrisikenversicherung („non-war risk insurance") festgelegt wird, und jeder Versicherer nur für seinen zu deckenden Risikobereich haftbar gehalten werden kann[864]. Die „Nicht-Kriegrisikenversicherung" gilt für alle Risiken, die der Pflichtversicherung im Rahmen des Art. 4 a AÜP iVm Art. 4 AÜP unterliegen[865] und soll in der Praxis durch die P&I Clubs gedeckt werden. Von dieser durch den Vorbehalt als „non-war insurance" bezeichnete Versicherung werden verschiedene Ausnahmeklauseln festgelegt, unter anderem wird eine Deckung für Terrorismusrisiken[866] vollständig aus dieser Deckung ausgeschlossen[867]. Durch diese

[863] Nach Nummer 1.13 der Richtlinien sind die Richtlinien und der Vorbehalt zu einem völkerrechtlichen Rechtsinstrument verbunden und stehen zueinander in einem interaktiven Verhältnis.
[864] Nummer 2 der Richtlinien.
[865] Nummer 2.3 iVm Nummer 2.1 der Richtlinien.
[866] Nummer 2.3 iVm Nummer 2.2 der Richtlinien.

Regelung soll gewährleistet werden, dass die P&I Clubs die „üblichen“ Versicherungsdeckungen für maritime Risiken bereitstellen können, unter gleichzeitiger Anerkennung, dass die Clubs keine Deckung für bestimmte, insbesondere durch terroristische Handlungen hervorgerufene Schäden gewähren. Die P&I Clubs sollen für den von ihnen gedeckten Versicherungsbereich eine Deckungsgarantie in Form eines Versicherungszertifikates (der sog. „Blue Card“) ausstellen. Gegenüber dieser Versicherung wird durch den Vorbehalt eine zweite, als „war risk insurance“ bezeichnete Versicherung von Kriegsrisiken einschließlich der Terrorismusrisiken[868] festgelegt, welche durch einen anderen, von den P&I Clubs unabhängigen Versicherer bedient wird, der ebenfalls ein eigenes Versicherungszertifikat nur für den in den Richtlinien bezeichneten Kriegsrisikenbereich ausstellt. Die Ausgestaltung dieser Kriegsrisikenversicherung orientiert sich an den Vorgaben, die das englische Versicherungsmaklerunternehmen, welches sich bereit erklärt hat eine Deckung für Terrorismusrisiken anzubieten, angegeben hat. Das Versicherungsmaklerunternehmen bestätigte dem IMO Rechtsausschuss auf seiner 92ten Sitzung, dass es mit führenden Londoner Versicherern[869] ein Versicherungsprodukt entwickelt habe, welches es einem Beförderer unter der Geltung des Art. 4 a AÜP ermögliche, eine Versicherungsdeckung für Terrorismusrisiken, einschließlich eines Direktanspruchs des Passagiers gegen diesen Versicherer im Schadensfall, zu erlangen[870]. Die Garantie des Bestandes einer solchen Versicherungsdeckung könne nach Aussage des Versicherungsmaklerunternehmens durch eine „Blue Card“ zertifiziert werden. Zu

---

867 Zusätzlich werden unter Anderem die folgenden Ausschlussklauseln für die Nicht-Kriegsrisikenversicherung fetsgelegt: Institute Clause No. 370 (Insitute Radioactive Contamination, Chemical, Biological, Bio-chemical and Electromagnetic Weapons Exclusion Clause), Institute Clause No. 380 (Institute Cyber Attack Exclusion Clause).

868 Die Bezeichnung „Kriegsrisikenversicherung“ bzw. „war risk insurance“ in dem Vorbehalt und den Richtlinien dient nur der Unterscheidung der „normalen“ Versicherung für „übliche“ maritime Risiken gegenüber einer Versicherung für Terrorismusrisiken und bezeichnet die Versicherung, welche für Schäden verursacht durch terroristischen Handlungen bestehen muss. Zwar fallen nach dem Wortlaut der Richtlinien unter diese Kriegsrisikenversicherung auch die in Art. 4 Abs. 1 AÜP genannten Kriegsrisiken, für diese besteht eine Haftung des Beförderers aber schon nach dem Protokoll 2002 nicht (Art. 4 Abs. 1 a AÜP), eine Versicherung für diesen Bereich ist völkerrechtlich somit nicht vorgeschrieben. Die Bezeichnung innerhalb der Richtlinien dient nur der Klarstellung und Abgrenzung.

869 Das Versicherungsmaklerunternehmen legte die Beteiligungsverhältnisse an der vorgeschlagenen Versicherungsstruktur nicht offen sondern beschränkte sich auf die Angabe, dass es sich um Versicherer handele, die im Rahme von Lloyd's of London organisiert seien (vgl. zu Lloyd's of London FN. 735).

870 IMO Doc. LEG 92/5/2, 15. September 2006.

diesem Zweck würde ein eigenes Unternehmen[871] gegründet werden, welches sich einer solchen Spezialversicherung annehmen würde und als Garantiegeber auftreten könne. Aufbau und Gestaltung einer solchen Spezialversicherung sollen sich maßgeblich an den Strukturen der Versicherungsunternehmen orientieren, die unter der Geltung des amerikanischen Oil Polution Acts 1990 (OPA 90) zum Zweck der Ausstellung der „Certificates of Financial Responsibility" (COFRs), entwickelt wurden[872]. Allerdings könne nach Angaben des Versicherungsmaklerunternehmens eine Versicherung von Terrorismusrisiken unter der Geltung des Protokolls 2002 nur unter der Voraussetzung gewährt werden, dass eine Summenlimitierung einer solchen Versicherung eingeführt würde, da die Deckungskapazität des derzeitigen Marktes auf eine Maximalsumme von 500 Millionen US-Dollar pro Schadensfall begrenzt sei[873]. Zudem sei weitere Voraussetzung, dass den Versicherern von Kriegs- und Terrorismusrisiken das ausdrückliche Recht zuerkannt wird, die Versicherungsdeckung innerhalb von dreißig Tagen nach dem Schadensereignis kündigen zu können, sowie die Anerkennung der automatischen Beendigung einer Versicherungsdeckung in bestimmten Kriegssituationen[874].
Die Staatengemeinschaft akzeptierte in der 92ten Sitzung des IMO Rechtsausschusses diese Voraussetzungen. Der Implementierungsvorbehalt und die Richtlinien sehen entsprechend vor, dass sowohl die Haftung des Beförderers nach Art. 4 Abs. 1 und 2 AÜP als auch die Voraussetzungen der Zwangshaftpflichtversicherung des Art. 4 a Abs. 1 AÜP für den Fall einer Schadensverursachen durch eine terroristische Handlung auf eine Maximalsumme von 340 Millionen SZR - die einer Summe von etwa 500 Millionen US-Dollar entspricht - begrenzt wird[875]. Bis zu die-

---

[871] In der Stellungnahme des englischen Versicherungsmaklerunternehmen bezeichnet als „spezial purpose vehicle", vgl. IMO Doc. LEG 92/5/2, 15. September 2006.

[872] Für des Geltungsbereich des OPA 90 wurden seinerzeit von der Versicherungsbranche eigene Unternehmen gegründet, die in der Lage sind, die vom OPA 90 vorausgesetzten COFRs auszustellen. Das weltweit führende Unternehmen, welches in diesem Rahmen als Garantiegeber auftritt, ist derzeit „The Shipowners Insurance and Guaranty Company Ltd." mit Sitz in Bermudas, die einen Marktanteil von ca. 65 % hält. Die nächstgrößere in diesem Bereich tätige Gesellschaft ist die „Shoreline Mutual", mit einem Marktanteil von ca. 25 %.

[873] IMO Doc. LEG 92/5/2, 15. September 2006.

[874] Sog. „War Risk 30 Days Cancellation Notice"; „Automatic Termination and Exclusion of Cover Clause". Die sonst in den Versicherungsbedingungen von Kriegsrisikenversicherern übliche Kündigungsmöglichkeit innerhalb von sieben Tagen wurde auf Druck der Staatengemeinschaft in eine 30-Tage-Periode geändert.

[875] Nummer 1.2 und 1.6 der Richtlinien. Ein zuvor diskutierter Ansatz, die Haftungs- und Versicherungshöchstsummen nach dem System des Londoner Haftungsübereinkommens in der Fassung des Protokolls 1996 durch eine Pro-Kopf Summe von 175.000 SZR multipliziert mit der Beförderungskapazität des Schiffes zu limitieren, erwies sich gegenüber
(Fortsetzung der Fußnote auf nächster Seite)

sem Betrag gilt die Pro-Kopf Haftungssumme von 250.000 SZR des Protokolls 2002[876]. Wird die Maximalhaftungsgrenze von 340 Millionen SZR überschritten, wird diese Summe auf die Anzahl der verletzten Passagiere zu gleichen Teilen verteilt[877]. Die so festgelegte Haftungs- und Zwangshaftpflichtversicherungslimitierung gilt nur für den Bereich der Kriegsrisikenversicherung des Vorbehaltes– also nur für Schäden verursacht durch terroristische Handlungen – nicht aber für die parallel bestehende „normale“ Versicherung, die von den P&I Clubs gedeckt werden soll. Der Begriff „terroristische Handlung“ wird von den Richtlinien bewusst weit gefasst und in der englischen Originalfassung definiert als „act of any terrorist or any other person acting maliciously or form a political motive and any action taken to prevent or counter such risk“[878]. Die zweite Versicherung für „normale“ maritime Risiken bleibt – bis auf die zusätzlich eingeführten Ausschlusstatbestände - unverändert und richtet sich nach den Regelungen und Summenlimitierungen des Protokolls 2002. Zudem enthält der Vorbehalt eine Klausel, die es dem Rechtsausschuss der IMO erlaubt, bei Bedarf die Ausgestaltung der Richtlinien nach Abstimmung durch die Mitgliedstaaten zu ändern[879]. Da innerhalb der Richtlinien die Haftungs- und Versicherungslimitierung zugleich an die derzeitige Situation der Versicherungsmärkte gekoppelt ist, wird eine Anpassung der Richtlinien an veränderte Gegebenheiten dieser Märkte (zum Beispiel höhere Deckungssummenkapazitäten) in der Zukunft offen gehalten und durch Erlass einer einfachen Resolution im Rechtsausschuss der IMO möglich[880].

Mit der Verabschiedung des Vorbehaltes und der Richtlinien zur Implementierung des Protokolls 2002 ist eine der größten Hürden zur Ratifizierung des Protokolls 2002 durch die Staatengemeinschaft beseitigt. Rein rechtlich wird nunmehr gewährleistet, dass einem Passagier in einem Schadensfall mit terroristischem Hintergrund zumindest eine Teilsumme an Schadensersatz zusteht, die er gegenüber dem Teilversicherer des Beförderers direkt geltend machen kann. Durch die Teilung der Pflichtversicherung in Kriegs- und Nicht-Kriegsrisikenversicherung und die somit erreichte Auslagerung der Versicherung für Terrorismusrisiken in einen Spezialversicherungszweig der offenen Märkte wird erreicht, dass die

der allgemeinen Summenlimitierung auf 340 Millionen SZR als überflüssig und wurde in die finale Fassung des Vorbehaltes und der Richtlinien nicht mehr aufgenommen.

[876] Die Summe von 500 Millionen US-Dollar garantiert eine vollständige Pro-Kopf Deckung in Höhe 250.000 SZR für 1.350 Passagiere.

[877] Nummer 2.2.2 der Richtlinien.

[878] Nummer 2.2 der Richtlinien.

[879] Nummer 1.13 der Richtlinien.

[880] Nummer 1.13 und Nummer 2 der Richtlinien.

P&I Clubs dem festgelegten Pflichtversicherungssystem des Protokolls 2002 entsprechen können. Damit bleiben dem Passagier wie auch dem Beförderer die Vorteile des Versicherungssystems der P&I Clubs unter der Geltung des Protokolls 2002 erhalten, ohne dass ein Passagier aber auch ebenso der Beförderer im Falle eines Schadensereignisses mit terroristischen Hintergrund im versicherungsrechtlichen Sinne schutzlos belassen wird. Mit diesem Ansatz wird eine weitere rechtliche Steigerung des Verbraucherschutzes und eine Stärkung der Passagierinteressen gegenüber dem Beförderer und seinen Versicherern erreicht.
Der mit dem Vorbehalt und den Richtlinien beschrittene Weg begegnet aber auch Bendenken, die eine erfolgreiche Umsetzung des Vorbehaltes und der Richtlinien, und damit der neu gestalteten Versicherungssystematik in Frage stellen. Zunächst stellen der Vorbehalt und die Richtlinien keinen integrierten Teil des völkerrechtlichen Protokolls 2002 dar, sondern lediglich eine freiwillige Ergänzung eines völkerrechtlichen Vertrages. Eine Annahme des Vorbehaltes und der Richtlinien ist keine zwingende Voraussetzung zur Ratifizierung des Protokolls 2002, sondern vielmehr eine Maßnahme deren Annahme und Umsetzung in das Ermessen eines jeden Vertragsstaat gestellt ist. Es ist rechtstheoretisch durchaus denkbar, dass ein Staat zwar das Protokoll 2002 ratifiziert, von der Möglichkeit der Annahme des Vorbehaltes und der Umsetzung der Richtlinien aber keinen Gebrauch macht. Ein solcher Vorgang hätte zur Folge, dass in diesem Staat das Protokoll 2002 ohne die zusätzlichen Versicherungsvereinbarungen des Vorbehaltes und der Richtlinien Anwendung findet[881]. Von der Möglichkeit, den Vorbehalt und die Richtlinien zu einer zwingenden Voraussetzung des Protokolls 2002 zu machen, beispielsweise durch die Aufnahme einer Klausel, welche die Anwendung des Protokolls 2002 unter die Voraussetzung der gleichzeitigen Annahme des Vorbehaltes und der Richtlinien stellt, wurde kein Gebrauch gemacht. In diesem freiwilligen Charakter des Vorbehaltes und der Richtlinien liegt entsprechend gleichzeitig die Gefahr der uneinheitlichen Rechtsanwendung und der internationalen Rechtszersplitterung, wie sie schon über Jahrzehnte im Luftrecht vorherrschend ist. Die damit einhergehende Gefahr der Rechtsunsicherheit wirkt in Bezug auf das Ziel des Protokolls, den Verbraucherschutz international einheitlich zu stärken, kontraproduktiv. Zudem wird durch eine international uneinheitliche Rechtsanwendung eines völkerrechtlichen Rechtsinstrumentes das sogenannte „Forum-Shopping" unterstützt. Die Tatsache, dass eine den ausschließlichen Regelungen des Protokolls 2002 – ohne Ergänzung durch den Vorbehalt - entsprechende Versicherungsdeckung faktisch auf den globalen Märkten momentan nicht vorhanden ist, begrenzt jedoch die Möglichkeit eines

[881] Nummer 2.1.4 der Richtlinien.

Vertragsstaates, das Protokoll 2002 ohne den entsprechenden Vorbehalt zu ratifizieren, da der Vertragsstaat das nötige Versicherungszertifikat nicht ausstellen könnte und sich somit das Protokoll 2002 ohne eine entsprechende Versicherungsmöglichkeit nicht umsetzen lassen würde. Es bleibt jedoch die Frage offen, warum die Staatengemeinschaft in der IMO den Vorbehalt nicht schon auf der Londoner Konferenz in das Protokoll 2002 als für die ratifizierenden Staaten völkerrechtlich verbindliches Rechtsinstrument eingearbeitet hat. Eine Erklärung mag die Entwicklung der Versicherungsstruktur und der Versicherungsmärkte nach Verabschiedung des Protokolls 2002 geben. Zur Zeit der Londoner Konferenz war der globale Versicherungsmarkt nicht in der Lage, eine den Regelungen des Protokolls 2002 entsprechende Versicherungsdeckung zu gewähren. Von staatlicher Seite wurde jedoch vermutet, dass sich innerhalb der nächsten Jahre eine Möglichkeit der Versicherbarkeit auf den Märkten entwickeln würde. Nach vier Jahren intensive Diskussionen konnte dieser Vermutung entsprechend einen Lösungsweg erreicht werden, in dessen Rahmen sich zumindest ein englisches Versicherungsmaklerunternehmen gefunden hat, dass nach eigenen Angaben zu den beschriebenen Konditionen des Vorbehaltes eine Versicherung für Terrorismusrisiken bereitstellen kann. Dies ist als eine den Zielen des Protokolls 2002 förderliche Entwicklung zu bewerten. Gleichzeitig bleibt abzuwarten, inwieweit das Versicherungsmaklerunternehmen in der Lage ist, eine langfristig wirkungsvolles und nachhaltiges Unternehmen aufzubauen, welches eine umfassende Versicherungsdeckung für Terrorismusrisiken unter der Geltung des Protokolls 2002 über Jahre hinaus gewährleisten kann, und ob eine entsprechende Deckung auch noch nach einem ersten größeren Schadensfall Bestand haben wird. Die faktische Umsetzung des Vorbehaltes und der Richtlinien in der Praxis hängt wesentlich davon ab, ob es dem Unternehmen des offenen Versicherungsmarktes gelingen wird, die in der Sitzung des IMO Rechtsausschusses versprochene Versicherungsleistung zu gewähren. Die Aufbau- und Organisationsstruktur dieses künftigen Unternehmens wurde den staatlichen Delegationen von dem englischen Versicherungsmaklerunternehmen nicht näher erläutert und steht bisher noch in Frage. Eine langfristige Bestandskraft der versprochenen Versicherungsdeckung für Terrorismusrisiken bis zu einer Maximalsumme von 500 Millionen US-Dollar wurde ebenfalls nur versprochen, eine genaue Strukturanalyse wurde auch diesbezüglich nicht schriftlich im IMO Rechtsausschuss eingereicht. Mit dem Vorbehalt und den Richtlinien ist somit nur ein rechtlicher Rahmen geschaffen worden, der zunächst durch eine praktische Umsetzung der Versicherungswirtschaft ausgefüllt werden muss, damit das Protokoll 2002 nach seiner Ratifizierung und seinem Inkrafttreten vollständig angewendet werden kann.

Da die Richtlinien in Nummer 1.13 und Nummer 2 aber vorsehen, dass die Versicherungsregelungen des Vorbehaltes sich an dem jeweiligen Stand des globalen Versicherungsmarktes orientieren und entsprechend zu dessen Verhältnissen und Kapazitäten angepasst werden können, bleibt der Vorbehalt und die Richtlinien fähig, auf neue Umstände im Versicherungsmarkt durch Verabschiedung einer Resolution im IMO Rechtsausschuss zu reagieren. Hierdurch kann die Summenlimitierung der Zwangsversicherung flexibel an Veränderungen angepasst werden. Damit bleibt gewährleistet, dass der Vorbehalt und die Richtlinien auch an einen Umstand angepasst werden könnten, bei dem sich herausstellt, dass die derzeitigen Regelungen doch nicht oder nicht langfristig zu gleichbleibenden Konditionen vom Versicherungsmarkt bedient werden können.

Weitere rechtliche Bedenken gegenüber dem Vorbehalt und den Richtlinien ergeben sich aus der durch den Vorbehalt und den Richtlinien neu eingeführten Summenlimitierung von 340 Millionen SZR für die „Kriegsrisikenversicherung“ und der gleichzeitigen Rechtswirkung des Londoner Haftungsbeschränkungsübereinkommen 1996. Da Art. 19 AÜ nicht vom Protokoll 2002 geändert wird, bleibt das Londoner Haftungsbeschränkungsübereinkommen und seine Protokolle für die jeweiligen Vertragsstaaten anwendbar, wodurch auch unter der Geltung des Protokolls 2002 eine globale Haftungslimitierung nach dem Haftungsbeschränkungsübereinkommen besteht[882]. Nach dem Protokoll 1996 zum Londoner Haftungsbeschränkungsübereinkommen wird eine Haftungshöchstgrenze, wie sie in den Vorgängerversionen des Übereinkommens noch bestand, ausdrücklich aufgehoben. Einzige nach dem Protokoll 1996 vorgesehene globale Limitierungsgrundlage bildet die Summe von 175.000 SZR multipliziert mit der möglichen, autorisierten Passagierbeförderungskapazität des Schiffs. Der Vorbehalt in Kombination mit den Richtlinien legt hingegen eine maximale Haftungslimitierung des Beförderers für Terrorismusrisiken auf eine Summe von 340 Millionen SZR fest[883]. Überschreitet nun aber ein Gesamtschaden die durch den Vorbehalt und die Richtlinien festgelegte Limitierungssumme, ist eine Situation denkbar, in der sich aus dem Londoner Haftungsbeschränkungsübereinkommen in der Fassung des Protokolls 1996 eine in der Summe höhere Haftungsbegrenzung ergibt, als sie vom Vorbehalt und den Richtlinien vorgesehen ist. In der praktischen Umsetzung würde hierdurch eine Lücke im Versicherungsschutz entstehen, da eine Versicherungsdeckung nur bis zu einer Summe von 340 Millionen SZR besteht. Zudem hätte ein solcher Umstand zur Folge, dass der Vorbehalt und die Richtlinien gegen

[882] Vgl. in dieser Arbeit: § 1, A, I, 8.
[883] Nummer 1.2 iVm Nummer 2 der Richtlinien.

das Londoner Haftungsbeschränkungsübereinkommen in der Fassung des Protokolls 1996 verstoßen würden, da dieses eine niedrigere Haftungsbegrenzung als die im Protokoll 1996 festgelegte nicht zulässt. In einem solche Fall könnte bei Anwendung des Vorbehaltes und der Richtlinien rechtstheoretisch ein Verstoß gegen das Londoner Haftungsbeschränkungsübereinkommen vorliegen. Dem steht jedoch das Argument gegenüber, dass auch im Völkerrecht der allgemeine Grundsatz der unzulässigen Rechtsausübung bei widersprüchlichem Verhalten und bestehendem Vertrauensschutz (venire contra factum proprium) Geltung hat[884]. Nach diesem Grundsatz ist eine Rechtsausübung innerhalb einer rechtlichen Sonderbeziehung unzulässig und unwirksam, wenn der Berechtigte selbst eine tatsächliche Situation geschaffen hat, auf deren Bestand der andere Teil vertrauen durfte und vertraut hat[885]. Nehmen nun zwei Staaten, die sowohl das Protokoll 2002 als auch das Londoner Haftungsbeschränkungsübereinkommen 1996 ratifiziert haben, bei der Ratifizierung des Protokolls 2002 den Vorbehalt mit den Richtlinien an, hätten hierdurch beide Staaten die maximale Haftungslimitierungssumme von 340 Millionen SZR für Terrorismusrisiken ausdrücklich anerkannt. Würde sich alsdann einer der zwei Staaten auf eine Verletzung der Limitierungssummen des Londoner Haftungsbeschränkungsübereinkommens 1996 durch den anderen Staat berufen, wäre ein solches Vorgehen ein zu der vorherigen Anerkennung des Vorbehaltes und der Richtlinien widersprüchliches Verhalten, auf dass sich dieser Staat aufgrund des Verbotes des „venire contra factum proprium“ nicht berufen könnte. Eine Kollision des Vorbehaltes und der Richtlinien mit dem Londoner Haftungsbeschränkungsübereinkommen 1996 ist folglich in der praktischen Rechtsumsetzung ausgeschlossen[886]. Zur Klarstellung dieses grundsätzlichen Verhältnisses

---

[884] Das Verbot des „venire contra factum proprium“ wird von der deutschen Rechtsprechung unter Treu und Glauben, in England als Teil der equity-Rechtsprechung unter dem Rechtsbegriff des „estoppel“ behandelt. Zur Anerkennung des „venire contra factum proprium“ als allgemeiner Grundsatz des internationalen Völkerrechts vgl. statt Vieler: International Court of Justice, North Sea Continental Shelf Case, 20.02.1969, separate Meinung des Richters Judge Fouad Ammoun, ICJ Rep. 1969, S. 1, 100ff (120-121); England, Court of Exchequer: Cave v. Mills (1862) 7 Hurlstone & Norman, S. 913 (927); Verdross / Simma, Universelles Völkerrecht, § 615, S. 393; Dickstein, Revitalizing the International Law, 5/6 Int'l Tax & Bus.Lawy. 1987/88, S. 54 (81); Ferrari, Das Verhältnis zwischen den Unidroit-Grundsätzen und den allgemeinen Grundsätzen internationaler Einheitsprivatrechtskonventionen, JZ 1998, S. 9 (12). Siehe auch hinsichtlich des Vertrauensgrundsatzes im internationalen Kaufrecht : Art. 16 Abs. 2 und Art. 29 Abs. 2 United Nations Convention on Contracts for the International Sale of Goods (CISG).

[885] Vgl. statt vieler: Heinrichs, in: Palandt, BGB, 65. Aufl., § 242, Rn. 38ff.

[886] Eines Rückgriffs auf den Grundsatz „venire contra factum proprium“ bedarf es hingegen nicht, wenn zwischen zwei Staaten einer von der Annahme des Vorbehaltes und den Richtlinien abgesehen hat und nur das Protokoll 2002 sowie das Londoner Haftungsbeschränkungsübereinkommen 1996 ratifiziert, der zweiten Staat aber den Vorbehalt ange-

(Fortsetzung der Fußnote auf nächster Seite)

wäre die Möglichkeit zu erwägen, eine ausdrückliche, dieses Verhältnis anerkennende Klausel in das Londoner Haftungsbeschränkungsübereinkommen 1996 zu integrieren, oder aber eine entsprechenden Anerkennungsklausel in den Vorbehalt und die Richtlinien aufzunehmen. Der Rechtsausschuss der IMO hat von einer solchen Möglichkeit bislang keinen Gebrauch gemacht.

gg) Zusammenfassende Feststellungen zu den Lösungsansätze zur Überwindung der Problematik der Versicherbarkeit der Beförderer-haftung unter der Geltung der Art. 4 Abs. 1 a) und b) AÜP

Im Ergebnis ist der auf der 92ten Sitzung des IMO Rechtsausschusses beschlossene Vorbehalt und die Richtlinien zur Ratifizierung des Protokolls 2002 als eine Kompromisslösung der Versicherungsproblematik unter der Geltung der neuen Regelungen des Protokolls 2002 zu bewerten, die zwischen den Beförderer- und den Passagierinteressen ausgleichende Wirkung entfaltet. Durch die Versicherungspflicht auch für Terrorismusrisiken erfährt der Passagierschutz eine weitere Stärkung, während dem Beförderer die notwendige Versicherungsmöglichkeit solcher Risiken durch die Schaffung einer speziell für diesen Bereich zuständigen Versicherungsgesellschaft gewährt wird. Gleichzeitig garantieren der Vorbehalt und die Richtlinien durch die vorgesehene Anpassungsmöglichkeit der Haftungs- und Versicherungsregelungen für Terrorismusrisiken an die jeweiligen Marktverhältnisse des globalen Versicherungsmarktes, dass auf eventuelle zukünftige Schwankungen in den Deckungskapazitäten der Märkte flexibel durch den IMO-Rechtsausschuss reagiert werden kann[887].
Ob das mit dem Vorbehalt und den Richtlinien beschlossene Rechtskonzept auch langfristig ein wirkungsvollen Mechanismus zur Versicherung von Terrorismusrisiken in der Passagierbeförderung auf See als völkerrechtliche Verpflichtung im Rahmen des Protokolls 2002 darstellt, muss zunächst abgewartet werden und kann aus heutiger Sicht noch nicht abschließend bewertet werden. Bedenken gegen den vom IMO-Rechtsausschuss gewählten Weg der Regelung und Ausformulierung der Pflichtversicherung für Terrorismusrisiken ergeben sich jedoch bereits heute, insbesondere aus dem Umstand, dass die Staatengemeinschaft

---

nommen hat. In diesem Rechtsverhältnis kommt zwischen den zwei Staaten der Vorbehalt schon aufgrund des Art. 21 Abs. 2 Wiener Vertragsrechtskonvention 1969 nicht zur Anwendung, es gelten die Summenlimitierungen des Protokolls 2002 und des Londoner Haftungsbeschränkungsübereinkommens 1996.

[887] Vgl. Nummer 1.13 und Nummer 2 der Richtlinien.

einzig aufgrund der – im Detail sehr unpräzisen - Aussage eines einzelnen Versicherungsmaklerunternehmens eine völkerrechtliche Ergänzung zu dem Protokoll 2002 unter Beibehaltung der Haftung und Pflichtversicherung eines Beförderers für Schäden aus terroristischen Aktivitäten geschaffen hat, während der gesamte übrige Versicherungsmarkt zu erkennen gab, dass eine entsprechende Versicherungsdeckung aufgrund fehlender Deckungskapazitäten und dem als sehr hoch bewerten Kumulrisikos[888] von Personenschäden auf Passagierschiffen nicht bereitgestellt werden könne. Wie der Aufbau, die Struktur und die praktischen Umsetzungsmöglichkeiten des von dem englischen Versicherungsmaklerunternehmen neu zu schaffenden Versicherungsunternehmens zur Bereitstellung und Zertifizierung von Deckungen für Terrorismusrisiken unter der Geltung des Protokolls 2002 in Zukunft gestaltet wird, ist bislang eine offene Frage, die vom IMO-Rechtsausschuss nicht im Detail geklärt und von der Staatengemeinschaft insgesamt der Versicherungswirtschaft überlassen wurde. Allerdings lässt die Erfahrung der Vergangenheit grundsätzlich den Schluss zu, dass der kommerzielle Versicherungsmarkt bei dem Aufbau und der Gestaltung von neuen Versicherungsgesellschaften, die ausschließlich einem speziellen, auf völkerrechtlicher Ebene neu geschaffenen Rechtszweck dienen, generell verlässlich und anpassungsfähig ist. Dies zeigt insbesondere die Erfahrung mit dem Aufbau der Versicherungsunternehmen unter der Geltung des amerikanischen Oil Pollution Act 1990 zur Bereitstellung von Versicherungsdeckungen und Ausstellung der „Certificates of Financial Responsibility“ (COFRs). Dieser Markt wird maßgeblich von zwei Gesellschaften bedient, deren Aufbau und Struktur eine stabile und den rechtlichen Anforderungen gerecht werdende Deckung garantieren[889].

Insoweit ist es unter rechtspolitischer Betrachtung überzeugend, auf völkerrechtlicher Ebene einen entsprechend formulierten Vorbehalt mit

[888] Das Kumulrisiko wird auch als Katastrophenrisiko bezeichnet und definiert einen Teil des versicherungstechnischen Risikos. Gemeint ist das Risiko, dass ein einziges auslösendes Ereignis (beispielsweise ein Erdbeben oder ein Wirbelsturm) zu einer Häufung von Schadenfällen führt.

[889] Vgl. auch FN. 872. Beachtenswert im Rahmen des Systems der Bereitstellung von COFRs ist allerdings, dass die Versicherungsunternehmen, welche im Rahmen des OPA 90 als Garantiegeber tätig werden, vor der Aufnahme einer Versicherungstätigkeit zunächst einem strengen Auswahlverfahren durch das National Pollution Funds Center der U.S. Coast Gard unterzogen werden. Die Versicherungsunternehmen sind dabei auf eine Zustimmungsgenehmigung dieser Behörde angewiesen, welche unter anderem die Kapitalstruktur, die Geschäftsstruktur sowie die Rückversicherungsprogamme der einzelnen Versicherungsunternehmen überprüft und nur bei Übereinstimmung mit bestimmten Standards eine Zulassungsgenehmigung erteilt. Ein entsprechendes Prüfungsprogramm ist im Rahmen des Protokolls 2002 bzw. des Vorbehaltes und der Richtlinien nicht vorgesehen.

Richtlinien zu beschließen, auch wenn die langfristige Tragfähigkeit des dahinterstehenden Versicherungskonzeptes noch nicht abschließend gesichert beurteilt werden kann. Unter dem Gesichtspunkt der Erhöhung des Verbraucherschutzes sind der Vorbehalt und die Richtlinien zumindest auf kurzfristige Sicht als ein geeigneter, die Passagierinteressen stärkender Ansatz zu bewerten.
Wird der nachträglich zum Protokoll 2002 beschlossene Vorbehalt und die Richtlinien rein rechtssystematisch betrachtet, ergibt sich hingegen ein Ansatzpunkt für Kritik an dem gewählten Lösungsweg. Wie oben dargestellt stehen sich die rechtlichen Definitionen von einem Kriegsereignis und einem Ereignis mit terroristischem Hintergrund in rechtssystematischer Hinsicht sehr nahe. In der heutigen Zeit des globalen Terrorismus sind die Definitionsgrenzen zwischen den beiden Rechtsbegriffen fließend. Eine klare Trennung beider Wortbedeutungen und der von den Begriffen beschriebenen Schadenumstände lässt sich nicht mehr ohne weiteres führen. Aus dieser Annährung von Terrorismus- und Kriegsrisiken folgt, dass beide Tatbestände rechtssystematisch unter der Geltung des Protokolls 2002 gleich behandelt werden können, somit sowohl kriegerisch als auch terroristisch motivierte Ereignisse einen Ausschluss der Haftung des Beförderers im Rahmen des Art. 4 Abs. 1 a) AÜP rechtfertigen können. Die Beibehaltung des Haftungsausschlusstatbestandes des Art. 4 Abs. 1 a) AÜP für Kriegsereignisse ohne einen entsprechend formulierten Ausschlusstatbestand für Terrorismusrisiken hingegen widerspricht dieser Rechtssystematik[890]. Seine Begründung findet diese Argumentation nicht nur in der rechtlichen Annährung der Definitionen beider Tatbestände, sondern auch in der Natur der Umstände einer terroristischen Schadenshandlung und der Rolle eines Staates in diesem Zusammenhang.
Terroristische Aktivitäten richten sich gegen einen Staat, eine Regierung, eine Gesellschaftsform, eine Religion oder, wie zunehmend in der heutigen Zeit, gegen das westliche Wertesystem und seine Gesellschaft als Ganzes. Daraus folgt, dass terroristische Aktivitäten und der Umgang mit durch terroristische Handlungen ausgelösten Schäden zunächst und hauptsächlich eine nationale, regionale oder sogar globale Sicherheitsfrage darstellen. Gleichzeitig kann die rechtliche Bewertung der Ziele und Motivationen eines terroristischen Anschlags nicht alleine auf ein Transportmittel beschränkt bleiben. Das Schiff, Flugzeug oder ein Zug als Transportmittel, welches Ziel eines terroristisch motivierten Anschlages

[890] Zudem findet sich in dem Vorbehaltes und den Richtlinien eine abermals neue und mit den zahlreichen bisherigen Definitionsversuchen von Terrorismus nicht übereinstimmende Definition des Begriffs „terroristische Handlung", die einer internationalen und sektorenübergreifenden Vereinheitlichung des Rechtsbegriffs zuwiderläuft.

wird, ist lediglich Mittel zum Zweck für die Täter. Die Motivation und Zielrichtung terroristischen Handelns erwächst vielmehr aus Hintergründen, die sich zumeist an der nationalen politischen Ausrichtung oder der außenpolitischen Handlungsweise eines Staates oder eines regionalen Staatenbundes als Ganzes orientieren[891]. Eine terroristische Handlung kann vor diesem Hintergrund nicht ausschließlich als Sicherheits- und Haftungsfrage eines Transportsektors betrachtet werden, wie beispielsweise der Flugzeug- oder Schifffahrtsindustrie. Vielmehr sind einzelne Staaten oder die Staatengemeinschaft gefordert, dem Terrorismus durch geeignete Maßnahmen entgegenzutreten. Sind aber selbst staatliche Einrichtungen wie etwa die national und international tätigen Sicherheitsdienste nicht in der Lage einen terroristischen Anschlag zu verhindern, erscheint es vor einem solchen Hintergrund verfehlt, die jeweilig betroffene Transportindustrie für etwaige Schadensfolgen aus terroristischen Handlungen haftbar zu halten. Dies gilt zumindest in Umständen, in denen dem jeweiligen Beförderer kein fahrlässiges Verhalten vorwerfbar ist. Eine entsprechende Argumentationslinie liegt der Integration eines Haftungsausschlusses zugunsten eines Beförderers für Kriegsereignisse zugrunde und kann in der Zeit des globalen Terrorismus und der deutlichen Annährung der Begriffe Krieg und Terrorismus nicht mehr eine rechtliche Bewertung rechtfertigen, in der ein Beförderer für terroristische Ereignisse haftbar gehalten wird, nicht aber für Kriegsereignisse.

Auch unter dem Gesichtspunkt, dass dem Verbraucherschutz eine besonders hervorgehobene, rechtspolitisch Rolle zukommt und Passagiere eines Seeschiffes dem weitestgehenden Schutz rechtlicher Regelungen unterstellt sein sollen, rechtfertigt sich eine Enthaftungsmöglichkeit des Beförderers für terroristisch motivierte Schadensereignisse, da – wie die neueste deutsche Rechtsprechung darlegt- zumindest im Rahmen des Schadensersatzrechts terroristische Einzelakte Teil ein von jedem Menschen selbst zu tragenden allgemeinen Lebensrisikos sind[892]. Soll die Lücke, welche durch einen entsprechenden Haftungsausschluss zuguns-

---

[891] So beschreibt beispielsweise der Verfassungsschutzbericht 2005 des Bundesministeriums des Inneren, dass zum Kern der Ideologie verschiedener, dem terroristisch motivierten Spektrum zuzuordnender Organisationen, die Behauptung gehört, Staatsgewalt dürfe nicht dem menschlichen Willen entspringen, sondern gehe von Allah aus, dessen Wille die alleinige Wahrheit für alle Menschen darstelle. Dieser Absolutheitsanspruch stehe in unauflösbarem Widerspruch zu den obersten Wertprinzipien der freiheitlich demokratischen Grundordnung, etwa dem Grundsatz der Volkssouveränität, dem Mehrheitsprinzip oder dem Recht auf Bildung und Ausübung parlamentarischer Opposition. Die sich auf diesen Grundsatz berufenden Gruppierungen stellten eine besondere Gefahr für den inneren Zusammenhalt der Gesellschaft eines demokratischen Staates dar (Verfassungsschutzbericht 2005 des Bundesministeriums des Inneren, S. 193f.).

[892] Landgericht Hannover, Az.: 13 O 114/04, Urteil vom 27. Oktober 2004, RRa 6/2004, S. 261 ff.

ten eines Beförderers im Passagierschutz entsteht, trotzdem geschlossen werden, läge es in der staatlichen Verantwortung, gegenüber seinen Bürgern ein staatlich getragenes System des Schadensausgleiches zu schaffen. Ein solches System kann zum einen durch den Eintritt eines Staates in die Rolle eines direkten Garantiegebers verwirklicht werden, zum anderen dadurch, dass der entsprechende Staat oder die Staatengemeinschaft einen Pool schafft, der aus gesonderten Kapitalmittel finanziert wird und sich einer Entschädigung der Verbraucher beziehungsweise Passagiere im Falle eines terroristisch motivierten Schadensereignisses annimmt. In mehreren Staaten wurde ein auf diesen Gedanken beruhendes System der staatlichen Versicherung von auf den kommerziellen Versicherungsmärkten unversicherbaren Terrorismusrisiken bereits auf nationaler Ebene anerkannt und für Opfer terroristisch motivierter Anschläge insoweit umgesetzt, als dass die entsprechenden Staaten direkt oder durch staatliche Beteiligungen an verschiedenen Versicherungspoolmodellen an einer Entschädigung beteiligt sind[893].

Vor diesem Hintergrund sollte die Versicherung und Entschädigungsmöglichkeit von Terrorismusrisiken als Teil des Portfolios der politischen Maßnahmen zur Bekämpfung von Terrorismus betrachtet werden, da eine Entschädigung von staatlicher Seite zu einer Reduzierung der Auswirkungen eines terroristischen Anschlages beitragen könnte. Eines der strategischen Langzeitziele eines terroristisch motivierten Schadensereignisses kann in der ökonomischen Destabilisierung eines Staates oder einer Region gesehen werden, zusammen mit der Erzeugung von Unsicherheit und Angst in der Bevölkerung sowie der Einwirkung auf staatliche Politik durch eine Spaltung zwischen dem Staat und seiner Bevölkerung[894].

---

[893] Als Beispiele für direkte, staatlich getragene Entschädigungslösungen bei terroristisch motivierten Anschlägen lassen sich unter anderem der amerikanische „September 11 Victim Compensation Fund of 2001", welcher als Folge der Anschläge am 11.September 2001 gegründet wurde nennen, sowie einige andere nationale Entschädigungsmechanismen, bei denen zumeist bestimmte Voraussetzungen zu deren Eingreifen erfüllt sein müssen, wie u.a. das österreichische Verbrechensopfergesetz, das deutsche Opferentschädigungsgesetz, das schweizerische Opferhilfegesetz, der französische „Compensation Fund for the Victims of Terrorist Action and other Offences" (Fonds de garantie pour les victimes d'actes de terrorisme et d'autres infraction – FGTI), das englische sog. „Criminal Injuries Compensation Scheme" und auf europäischer Ebene die „European Convention on compensation for victims of violent crimes" vom 24. November 1983. Für eine detaillierte Analyse der einzelnen nationalen wie regionalen Systeme vergleiche: Koch/Strahwald, Compensation Schemes for Victims of Terrorism, in: Koch (Hrsg.), Terrorism, Tort Law and Insurance, S. 260 ff. Bezüglich der staatlichen (Rück-)Versicherungsmodelle vergleiche in dieser Arbeit: § 2, B, II, 3, c, cc.

[894] Dixon/Reville, National Security and Compensation Policy for Terrorism Losses, in: Catastrophic Risks, OECD (Hrsg.), S. 59 (60), vergleiche auch: Bruce Hoffmann, Inside Terrorism, New York: Columbia University Press 1998; Bruce Hoffmann, The Logic of

(Fortsetzung der Fußnote auf nächster Seite)

Basierend auf dem Solidaritätsprinzip könnte durch staatlich getragene Schadensersatz- und Versicherungskonzepte einer solchen Destabilisierung und Erzeugung von Unsicherheit zumindest im wirtschaftlichen Sinne entgegengewirkt werden, indem der allgemeinen Wirtschaft wie auch der Bevölkerung eine finanzielle Unterstützung zu Überwindung der unmittelbaren Schadensfolgen gesichert wird[895]. Ein solcher Ansatz würde der Rolle eines Staates als eigentlichem Adressat eines terroristisch motivierten Anschlages und als generellem Vertreter der bedrohten Bevölkerungsgemeinschaft gerecht werden[896].
Gegenüber einer Versicherung für Terrorismusrisiken, die alleine – ohne staatliche Beteiligung - aus den kommerziellen Versicherungsmärkten bedient wird, hält eine staatliche Versicherung entsprechender Risiken einen weiteren, gravierenden Vorteil für den Verbraucher beziehungsweise Passagier. Während die Deckungskapazitäten des kommerziellen Versicherungsmarktes im Bereich terroristischer Risiken zurzeit stark begrenzt sind, wird ein Staat zumeist die nötigen Kapitalmittel zur Verfügung haben, um eine hohe Deckungssumme garantieren zu können. Dies ergibt sich insbesondere aus der Möglichkeit eines Staates, das Risiko auf die gesamte Bevölkerung durch steuerliche Mehrbelastungen zu diversifizieren und gleichzeitig Verluste auf zukünftige Generationen von Steuerzahlern zu übertragen[897]. Hierdurch kann ein Staat eine nachhaltigere, langfristige Versicherungslösung gegenüber seiner Bevölkerung garantieren, die der kommerzielle Markt durch seine Kapazitätsgrenzen bei Terrorismusrisiken derzeit nicht erreichen wird.
Wie oben beschrieben wird vor diesem Hintergrund der Ansatz einer Gleichstellung zwischen Kriegsereignissen und terroristischen Ereignissen im Rahmen von Enthaftungstatbeständen bereits in Studien und Vorschlägen verschiedener internationaler und regionaler Organisationen und Initiativen sowie in einige internationale Völkerrechtsübereinkommen beziehungsweise in deren neueren Entwürfen anerkannt[898]. Dass das Protokoll 2002 hier einen gegensätzlichen Weg beschreitet, wirkt zumindest aus rechtssystematischer Sicht verfehlt und wird der Rolle, die einem Staat und der Staatengemeinschaft bei dem praktischen wie rechtlichen Umgang mit terroristischen Handlungen zukommt, nicht hinreichend

Suicide Terrorism, in: The Atlantic Monthly, Vol. 291, Nr. 5, Juni 2003, (*http://www.theatlantic.com/doc/200306/hoffmann* ;18.12.2006).

[895] Dixon/Reville, National Security and Compensation Policy for Terrorism Losses, in: Catastrophic Risks, OECD (Hrsg.), S. 59 (61 ff.).

[896] Vgl. auch Koch, Comparative Analysis of Liability for Acts of Terrorism, in: Koch (Hrsg.), Terrorism, Tort Law and Insurance, S. 282 (296).

[897] Kunreuther, Insurability of (Mega-)Terrorism Risk: Challenges and Perspectives, in: OECD (Hrsg.), Terrorism Risk Insurance in OECD Countries, S. 107 (126).

[898] Vgl. in dieser Arbeit: § 2, B, II, 3, c, dd.

gerecht. Demgegenüber steht jedoch der zeitliche Faktor, der für das Inkrafttreten des Protokolls 2002 und damit für eine Stärkung des Passagierschutzes hohe Priorität besitzt. Wie schon die verschiedenen Bestrebungen in der Luftfahrt zeigten, sind global wie regional ausgerichtete Versicherungskonzepte unter staatlicher Beteiligung wie etwa Equitime, Globaltime oder Eurotime geprägt von langwierigen Verhandlungen und werden aufgrund der Unterschiedlichkeiten nationaler staatlicher Beteiligungskonzepte auf globaler Ebene als nahezu undurchführbar bewertet[899]. Der bisherige Misserfolg dieser Konzepte unterstreicht eine solche Bewertung. Eine Erarbeitung eines den luftrechtlichen Versicherungskonzepten entsprechenden Modells der staatlich-privatwirtschaftlichen Zusammenarbeit für die internationale Fahrgastschifffahrt würde ein Inkrafttreten des Protokolls 2002 auf Jahre hinaus verzögern und damit eine wesentliche Schwächung des Passagierschutzes bedeuten.
Da sich während der Verhandlungen um den Vorbehalt und die Richtlinien zur Ergänzung des Protokolls 2002 nunmehr eine Versicherungslösung für eine Haftung des Beförderers für Schäden aus terroristischen Handlungen eröffnet hat, die – wenn auch mit begrenzter Deckungskapazität – ausschließlich vom kommerziellen Versicherungsmarkt getragen wird, kann unter dem zeitlichen Gesichtspunkt von einer Erarbeitung eines staatlichen Beteiligungskonzeptes abgesehen werden. Die Ungewissheit, wie stabil der Bestand einer durch das neu zu gründende Versicherungsunternehmen garantierten Versicherungsdeckung für Terrorismusrisiken auf langfristige Sicht sein wird und ob auch nach einem größeren Schadensfall weiterhin eine Deckung zu den im Vorbehalt und den Richtlinien vorgesehenen Konditionen möglich ist, kann hinter dem zeitlichen Vorteil des zügigen Inkrafttretens des Protokolls 2002 für Passagiere zunächst zurücktreten. Zudem zeigt sich, dass der kommerzielle Markt zunehmend in der Lage ist, sich zumindest mit begrenzten Deckungskapazitäten den neunen Herausforderungen der Versicherung von Terrorismusrisiken zu stellen und auch ohne staatliche Beteiligung Konzepte für eine solche Versicherung unter der Geltung des Protokolls 2002 zu entwickeln. Wenn auch rechtssystematisch Bedenken gegen den von der Staatengemeinschaft im IMO-Rechtsausschuss gewählten Weg des Beibehaltens einer Haftung und Pflichtversicherung des Beförderers für Terrorismusrisiken bestehen, so erfährt der Passagierschutz durch diesen Ansatz eine wesentliche Stärkung gegenüber dem unter der Geltung des Athener Übereinkommen 1974 entwickelten Systems, der den Beschluss des Vorbehaltes und der Richtlinien aus praktischer Sicht rechtfertigt.

---

[899] Vgl. in dieser Arbeit: § 2, B, II, 3, c, cc.

III. Haftungshöchstsummen des Protokolls 2002

Im Zusammenhang mit den Neuregelungen der Haftungsstrukturen des Beförderers, der Einführung einer gesetzlichen Zwangshaftpflichtversicherung sowie dem Recht des Geschädigten, einen Anspruch unmittelbar gegenüber dem Versicherer geltend zu machen, führt das Protokoll 2002 für die Beförderung von Reisenden und ihrem Gepäck auf See neue Höchstsummenregelungen ein. Art. 4 Abs. 1 AÜP setzt die Höchstsumme der Gefährdungshaftung des Beförderers bei „shipping incidents" auf eine Summe von 250.000 SZR fest. Eine darüber hinausgehende Haftung des Beförderers für Körperverletzungen oder Tod eines Passagiers bei „shipping incidents", sowie insgesamt die Beförderershaftung bei „non-shipping incidents" werden durch Art. 6 Abs. 1 AÜP auf eine absolute Pro-Kopf-Höchstgrenze von 400.000 SZR beschränkt. Zusätzlich gewährt Art. 6 Abs. 2 AÜP einem Vertragstaat die Möglichkeit, nach eigenem Ermessen eine höhere Summengrenze als die des Abs. 1 einzuführen, oder auf eine Limitierung der Haftung insgesamt zu verzichten. Weiterhin beschränkt das Protokoll 2002 das unmittelbare Klagerecht des Geschädigten gegen den Versicherer gemäß Art. 4 a Abs. 1 i.V.m. Abs. 10 AÜP auf eine Summe von 250.000 SZR, welche gleichzeitig gemäß Art. 4 a Abs. 1 AÜP die Mindestdeckungsgrenze für die Zwangshaftpflichtversicherung des Beförderers darstellt. Eine darüber hinausgehende Versicherungsdeckung der Haftung wird gesetzlich nicht vorgeschrieben[900].

Im Vergleich mit den Höchstsummen des Athener Übereinkommen 1974 zeigt sich, dass die Haftungssummen einen deutlichen Anstieg durch die Summengrenzen des Protokolls 2002 erfahren haben[901]. Dabei setzt das Protokoll 2002 mit diesen neuen Haftungshöchstgrenzen nicht nur für die Passagierbeförderung auf See neue Summenstandards, vielmehr bietet

---

[900] Es wurde jedoch zusätzlich zum Protokoll 2002 eine IMO-Resolution erlassen, die ein Ersuchen an die Hauptversammlung der IMO stellt, Richtlinien zur Versicherungsdeckung der Beförderershaftung bei Personenschäden zu entwickeln, ausgehend von der Summe von 250 000 SZR bis zur Höchsthaftungssumme des Art. 6 Abs. 1 AÜP von 400 000 SZR, um sicherzustellen, dass alle Beförderer für den vollen Betrag ihre Haftung Versicherungsdeckung besitzen. Allerdings werden entsprechende Richtlinien nur den Charakter einer Empfehlung besitzen, nicht jedoch eine zusätzliche Versicherungspflicht begründen. (IMO Conference Resolution on Framework of Good Practice with Respect to Carriers Liability, IMO Doc LEG/CONF 13/22, 11. November 2002, S. 4; IMO Doc. LEG/CONF 13/DC/4, 1. November 2002.)

[901] Vergleicht man die Pro-Kopf Haftungshöchstsumme des Athener Übereinkommen von 46 000 SZR mit der absoluten Haftungshöchstgrenze von 400 000 SZR des Art. 6 Abs. 1 AÜP, so zeigt sich das die Summe um den achtfachen Wert erhöht wurde.

das Protokoll 2002 durch seine neuen Summenregulierungen im Vergleich mit anderen internationalen Rechtsregelungen von Verkehrsträgern eine in den Gesamtbeträgen angepasste und größtenteils sogar wesentlich höhere Haftungssummenregulierung. Dieses zeigt sich insbesondere im Vergleich der Haftungssummen des Protokolls 2002 mit solchen im Rahmen der internationalen Personenbeförderung durch die Eisenbahn und auf der Straße. Die Haftungssummen von 250.000 SZR des Art. 4 Abs. 1 AÜP als Begrenzung der Gefährdungshaftung sowie die absolute Haftungsgrenze von 400.000 SZR durch Art. 6 Abs. 1 AÜP stehen einer im internationalen Eisenbahnrecht noch geltenden Mindesthaftungshöchstsummen von 70.000 SZR bei Tod oder Körperverletzung eines Reisenden gegenüber[902]. Auch das bisher noch nicht inkraftgetretenen Protokoll vom 3. Juni 1999 (Protokoll von Vilnius) zur Änderung des COTIF[903] sieht lediglich eine Summe von 175.000 SZR als Höchsthaftungsgrenze des Beförderers vor. Die Haftungshöchstsumme für Tod oder Körperverletzung eines Passagiers im Rahmen einer internationalen Personenbeförderung auf der Straße liegt bei 83.333 SZR[904].
Wie schon bei den übrigen durch das Protokoll 2002 eingeführten Neuregulierungen übten auch bei der Festsetzung der neuen Haftungshöchstsummen für den Seebeförderer maßgeblich die Neuregulierungen des internationalen Luftrechts im Rahmen des Montrealer Übereinkommen 1999 Einfluss aus. Bildeten schon die Haftungsgrundsätze des Luftrechts das Vorbild für die rechtliche Ausgestaltung des Art. 4 AÜP[905], so orientierten sich die auf der Londoner Konferenz zur Erarbeitung des Protokolls 2002 beratenden Staaten auch im Rahmen der Summenfestsetzung des Art. 4 Abs. 1 AÜP zunächst an der im Luftrecht beschlossenen Haftungshöchstgrenze von 100.000 SZR für die Gefährdungshaftung des Beförderers. Allerdings wurde im Rahmen der Londoner Konferenz bei

[902] Art. 30 §2 der Einheitlichen Rechtsvorschriften für den Vertrag über die internationale Eisenbahnbeförderung von Personen und Gepäck (CIV), Anhang A zum Übereinkommen über den internationalen Eisenbahnverkehr. (Die Haftungshöhe im CIV bestimm sich gemäß Art. 30 § 2 S. 1 zunächst nach dem jeweilig einschlägigen Landesrecht. Art. 30 § 2 S. 2 CIV setzt die vorgesehen Haftungshöchstgrenze an die Stelle einer etwa niedrigeren in der landesrechtlichen Regelung. (vgl. Czerwenka/Heidersdorf/Schönbeck, Eisenbahnbeförderungsrecht, 87, CIV Art. 30.)).

[903] Übereinkommen über den internationalen Eisenbahnverkehr.

[904] Die „Convention on the Contract for the international Carriage of Passengers and Luggage by Road" (CVR) legte 1973 eine Haftungshöchstsumme für Tod und Körperverletzungen von Personen im Rahmen des Art. 13 Abs. 1 von 250 000 Franc fest. 1978 wurde diese Summe durch ein die CVR entsprechend ergänzendes Protokoll (Protocol to the Convention on the Contract for the international Carriage of Passengers and Luggage by Road, 5. Juli 1978) in 83 333 SZR umgerechnet.

[905] Vgl. zum Einfluss des Montrealer Übereinkommens 1999 auf die Haftungsgrundsätze des Protokolls 2002 in dieser Arbeit: § 2, B, I, 1.

der Festlegung des Begrenzungsbetrages der Gefährdungshaftung des Beförderers im Seerecht die Summe von 100.000 SZR als Mindestsumme zugrundegelegt, welche ihrerseits im Verhältnis zu den Summen des Protokolls vom 29. März 1990 zur Ergänzung des Athener Übereinkommens von 1974 stehen sollte. Das Protokoll 1990 hatte unter anderem zum Ziel, die Zahl der Ratifikationen des Athener Übereinkommens durch Anpassung der Haftungshöchstsummen an die zwischenzeitlich veränderte Anschauung vom Verbraucher- und Passagierschutz zu erhöhen. Im Rahmen dieser Bestrebungen wurde der ursprüngliche Haftungshöchstbetrag von 46.666 SZR des Athener Übereinkommen 1974 auf eine Summe von 175.000 SZR erhöht[906]. Die Beratungen auf der Londoner Konferenz ergaben, dass die neuregulierte luftrechtliche Haftungshöchstsumme des Montrealer Übereinkommen von 100.000 SZR in ein Verhältnis zu der im Protokoll 1990 für das Seerecht festgelegten Höchstgrenze gesetzt werden musste und die Summe von 175.000 SZR möglichst nicht unterschreiten sollte. Nachdem sich auf der Londoner Konferenz zeigte, dass die genaue Höhe der Höchstsummen trotz der Orientierung an den Summen des Montrealer Übereinkommens und des Protokolls 1990 von den staatlichen und nichtstaatlichen Delegationen sehr unterschiedlich beurteilt wurde[907], konnte im Rahmen eines Kompromissvorschlags des Vorsitzenden der Konferenz, der nicht nur die Summe der Haftungsbegrenzung der Gefährdungshaftung, sondern auch die Höchstsummen des Art. 6 Abs. 1 AÜP, des Art. 4 a AÜP sowie die Einbeziehung des Art. 6 Abs. 2 und der „wilful misconduct“ Einrede betraf [908], die Festlegung der Begrenzung der Gefährdungshaftung auf 250.000 SZR beschlossen werden, wodurch die als Vorbild dienende luftrechtliche Summenbegrenzung in ihrem Wert um das Anderthalbfache überschritten wird.

Deutlicher an den luftrechtlichen Summenentwicklungen orientiert stellt sich die Festlegung der Höchstdeckungsbetrags der Zwangshaftpflichtversicherung des Beförderers unter der Geltung des Art. 4 a AÜP dar. Unter dem Eindruck des Montrealer Übereinkommens wurde durch die

---

[906] Vgl. in dieser Arbeit: § 2, B, II, 1, c, dd.

[907] Insbesondere England, Australien, Norwegen, Schweden und Japan setzten sich für eine in der Summe hohe Begrenzung der Gefährdungshaftung ein, welche im Wert bei 350 000 SZR liegen sollte, während andere Delegationen (insbesondere China, Korea, Kroatien, Italien und Spanien) sich für „moderatere“ Limitierungen aussprachen. Die Vertreter der Versicherer hingegen sahen eine Gefährdungshaftungslimitierung auf einen Betrag von 100 000 SZR - entsprechend dem Montrealer Übereinkommen - für ausreichend an, unter anderem um eine Ungleichbehandlung von See- und Luftpassagieren zu vermeiden. (IMO Doc. LEG/CONF 13/11, 30. August 2002; IMO Doc. LEG/CONF 10, 22. August 2002; International Chamber of Shipping Doc. [ICS (02) 53] 4. November 2002, S. 2).

[908] IMO Doc. LEG/CONF 13/CW/WP. 10.

„European Civil Aviation Conference“ (ECAC) im Dezember 2000 eine Resolution verabschiedet[909], welche die Mindesthöhe der Zwangshaftpflichtversicherung des Luftfrachtführers und der Luftfahrtunternehmen - die in die und innerhalb der ECAC-Länder tätig sind - für Passagier- sowie Drittschäden festlegt. Die Resolution ECAC/25-1 empfahl den Mitgliedsstaaten der Gemeinschaft in Art. 2 die Mindesthöhe der zu versichernden Haftung für Passagierschäden auf eine Pro-Kopf-Summe von 250.000 SZR festzusetzen. Diese Mindesthöhe wurde von der Europäischen Kommission und dem Europäischen Parlament dem Europäischen Rat als Vorschlag zur Entscheidung über eine Neuregulierung der Mindestvoraussetzungen der Zwangshaftpflichtversicherung des Luftfrachtführers und der Luftfahrtunternehmen der Gemeinschaft für Passagierschäden vorgelegt[910], und durch die Verordnung (EG) Nr. 785/2004 über Versicherungsanforderungen an Luftfahrtunternehmen und Luftfahrzeugbetreiber mittlerweile in europäisches Recht übernommen[911] . Eine diesen europäischen Entwicklungen entsprechende Summenregulierung der Zwangshaftpflichtversicherung auch auf den seerechtlichen Bereich der internationalen Passagierbeförderung zu übertragen, erschien den beratenden Staaten der Londoner Konferenz schlüssig und wünschenswert, insbesondere ausgehend von der Überlegung, dass mindestens die Haftung des Beförderers im Rahmen der Gefährdungshaftung bis zu der beschlossenen Höchstsumme von 250.000 SZR einer Deckung durch eine Pflichtversicherung unterliegen sollte. Vor diesem Hintergrund wurde die Mindestversicherungsdeckungssumme von 250.000 SZR aus den Entwicklungen des europäischen Luftrecht in das Protokoll 2002 übertragen, und gleichzeitig als Höchstgrenze für einen Direktanspruch des Geschädigten gegenüber dem Versicherer des Beförderers i.S.d. Art. 4 a Abs. 10 AÜP festgesetzt[912].

Obwohl somit auch bei den Haftungshöchstsummenfestsetzungen eine grundsätzliche Orientierung des Protokolls 2002 an luftrechtlichen Grundsätzen feststellbar ist, findet sich im Rahmen der Neuregulierung der seerechtlichen Grundsätze zur Passagierbeförderung aber ein wesentlicher Unterschied zu den Bestimmungen des Montrealer Übereinkom-

---

[909] Resolution ECAC/25-1 on Minimum Level of Insurance Cover for Passenger and Third-Party Liability.

[910] European Commission Proposal for a Regulation of the European Parliament and of the Council on insurance requirements for air carriers and aircraft operators, COM (2002) 521 final, 2002/0234 (COD), Brüssel 24.9.2002.

[911] Verordnung (EG) Nr. 785/2004 des Europäischen Parlamentes und des Rates vom 21. April 2004 über Versicherungsanforderungen an Luftfahrtunternehmen und Luftfahrzeugbetreiber, Abl. EG Nr. L 138/1 vom 30.4.2004.

[912] Vgl. zur Festsetzung der Summe von 250 000 SZR als Limitierung der „direct action“ des Geschädigten gegen den Versicherer in dieser Arbeit: § 2, B, II, 2, a.

men von 1999. Im Montrealer Übereinkommen bezeichnet die Limitierung der Gefährdungshaftung lediglich die Grenze zwischen den Haftungsmodellen der strikten Haftung und der Haftung für vermutetes Verschulden. Übersteigt ein Schaden die Summe von 100.000 SZR, haftet der Beförderer zwar nicht mehr nach den Grundsätzen der Gefährdungshaftung sondern für vermutetes Verschulden, eine Limitierung dieser weiterführenden Haftung besteht nach den luftrechtlichen Grundsätzen jedoch nicht[913]. Damit haftet der Luftfrachtführer nach den Grundsätzen des Montrealer Übereinkommen in der Summe unbegrenzt. Das internationale Luftrecht folgt mit diesem Verzicht auf eine generell geltende Summenlimitierung der Befördererhaftung der völkerrechtlichen Anerkennung des allgemeinen, fundamentalen Prinzips des Schadensersatzrechts, dass Schäden nach dem Grundsatz des vollen Ausgleichs kompensiert werden sollen. Nach diesem Prinzip soll - soweit möglich - derjenige, welcher zum Schadensersatz verpflichtet ist, den Zustand herstellen, der bestehen würde, wenn der zum Ersatz verpflichtende Umstand nicht eingetreten wäre. Wurde ein Verlust voll ausgeglichen, wurde die wiederherstellende Funktion des Schadensersatzrechts erfüllt[914].
Im Gegensatz zu den Haftungsregulierungen des Montrealer Übereinkommen 1999 beschränkt das Protokoll 2002 gemäß Art. 6 Abs. 1 AÜP ausdrücklich jegliche Haftung des Beförderers bei Tod oder Körperverletzung eines Reisenden auf einen Betrag von 400.000 SZR pro Kopf für jeden einzelnen Vorfall. Ergänzend zu dieser zwingenden Mindesthaftungssumme gewährt das Protokoll 2002 in Art. 6 Abs. 2 einem jeden Vertragsstaat das Recht, durch besondere innerstaatliche Vorschriften höhere Haftungssummen festzulegen oder ganz auf eine Limitierung zu verzichten[915]. Obwohl das Protokoll 2002 eine entsprechende Einflussnahme der Vertragstaaten auf die Höchstsummenregulierung bei Tod und Körperverletzung eines Reisenden ermöglicht, schreibt es als völkerrechtliches Rechtsinstrument jedoch zunächst eine Limitierung der Befördererhaftung vor, die nur durch eine Eigeninitiative eines Vertragsstaates für dessen regionalen Bereich geändert werden kann. Macht ein Vertragsstaat von der Möglichkeit, für seinen Rechtswirkungskreis eine andere Limitierungssumme vorzusehen, keinen Gebrauch, ist die Summe von 400.000 SZR als Haftungshöchstgrenze für jegliche Haftung des Beförderers bei Tod oder Körperverletzung eines Reisenden gemäß Art. 6 Abs. 1 AÜP verbindlich[916]. Das Protokoll 2002 führt somit auf internationaler,

---

[913] Mit Ausnahme der in Art. 21 Abs. 2 MÜ genannten Enthaftungsgründe.
[914] Vgl. zu den Grundsätzen des Schadensersatzrechts: Wetterstein, Principles of Limitation and Sharing of Liability, Marius Nr. 283, 2001, S. 93 (95).
[915] Sog. „Opt-out“ Klausel.
[916] Ein derzeitiger Entwurf der Europäischen Kommission für eine Verordnung zur Überführung des Protokolls 2002 in europäisches Recht sieht beispielsweise in Art. 2 einen
(Fortsetzung der Fußnote auf nächster Seite)

völkerrechtlicher Ebene eine in der Summe auf 400.000 SZR limitierte Haftung des Beförderers ein, während im internationalen Luftrecht schon durch das Montrealer Protokoll 1999 eine unlimitierte Haftung vorgesehen ist. Damit steht die globale Haftungsbeschränkung des Protokolls 2002 zunächst im Widerspruch zu dem im Luftrecht umgesetzten Grundsatz des vollen Ausgleichs, und damit im Widerspruch zu einer der tragenden Entwicklungen zur Stärkung des Verbraucherschutzes im Luftrecht. Für das Festhalten an dem generellen Prinzip der Haftungslimitierung in der Personenbeförderung auf See, trotz einer gegenteiligen Entwicklung im Luftrecht und dem allgemeinen Widerspruch einer Haftungslimitierung zu dem beschriebenen Grundprinzip des Schadensersatzrechts, finden sich Gründe, die sich aus verschiedenen historischen, rechtlichen sowie faktischen Besonderheiten des internationalen Seerechts ableiten lassen. Im internationalen Seerecht ist die Limitierung der Haftung auf bestimmte Höchstgrenzen ein seit langer Zeit weit verbreitetes Konzept, das im modernen Seeverkehr als ein die Basis für die Stabilität der Seewirtschaft bildendes Prinzip beurteilt wird[917]. Seit den Anfängen der Seefahrt wurde die Limitierung der Haftung als Rechtsinstrument gerechtfertigt, dass bei Katastrophenfällen eine vernünftige Aufteilung der Haftungsbelastungen garantiert und so die Seeverkehrswirtschaft fördert[918]. Im Rahmen eines Vergleichs des Prinzips der Haftungsbeschränkung auf bestimmte Höchstsummen im Personentransport auf See mit dessen Entwicklung im Personentransport in der Luftfahrt zeigt sich jedoch, dass die Begründungen für eine summenmäßige Haftungsbeschränkung größtenteils nicht mehr den heutigen Ansprüchen an einen gestärkten Verbraucherschutz gerecht werden und nur begrenzt Geltung finden können. Einzig die faktische Anwendbarkeit und Umsetzung der Rechtsregeln des Protokolls 2002 in der Gegenwart und Zukunft der Personenbeförderung auf See lassen sich im Hinblick auf die Versicherbarkeit der Haftung des Seebeförderers im Gegensatz zur faktischen Umsetzung und Versicherbarkeit der Haftung des Luftfrachtführers als rechtfertigendes Moment für eine weiterhin in der Summe beschränkte Befördererhaftung finden.

---

ausdrücklichen Verzicht auf die „Opt-out-Klausel" vor, womit den Mitgliedstaaten die Möglichkeit einer höheren Summenfestsetzung genommen wird und für den europäischen Geltungsbereich einzig die Summenlimitierungen des Protokolls 2002 Anwendung finden sollen (Vorschlag für eine Verordnung des Europäischen Parlaments und des Rates über die Haftung von Beförderern auf See und im Binnenverkehr bei Unfällen, KOM(2005) 592 – C6-0057/2006 – 2005/241(COD) (Ratsdok. 6827/06), bisher noch nicht veröffentlicht). Vgl. zu dem Verordnungsentwurf im Folgenden in dieser Arbeit: § 3, C.

[917] Hare, Shipping Law, S. 380.

[918] Donovan, Limitation of Shipowners' Liability, 53 Tulane Law Review 1979, S. 999 (999).

1. Historische Begründung der Haftungslimitierung

Die Entwicklung der Limitierung der Haftung auf eine bestimmte Summengrenze im Seerecht ist geprägt und maßgeblich beeinflusst von politisch-protektionistischen Hintergründen. Die Ansicht, dass ein Reeder nicht insgesamt für einen durch sein Schiff verursachten Schaden haftbar gehalten werden soll, begründete sich ursprünglich in der weit verbreiteten, gesellschaftlichen Anschauung, dass das Geschäft der Seefahrt zu Gunsten eines internationalen Handels wirtschaftlich wie rechtlich gefördert werden müsse[919]. Das Seerecht und die Seewirtschaft nahm in ihrer historischen Entwicklung im Rahmen der Limitierung der Reeder- und Befördererhaftung gegenüber anderen Transportmitteln eine Sonderrolle ein. Der Reeder, welcher schon durch den Bau und den Erwerb des Transportmittels Schiff hohe finanzielle Aufwendungen zu leisten hatte, sollte möglichst wenigen weiteren finanziellen Belastungen ausgesetzt werden. Insbesondere im Vergleich zu anderen Transportmitteln, wie der Eisenbahn oder dem Gütertransport durch Kraftfahrzeuge, betrieb der Eigentümer eines Seeschiffs sein Geschäft in einer weitaus gefährlicheren und unkalkulierbareren Umgebung. Auf hoher See war ein Schaden an dem Schiff und der beförderten Ware weitaus wahrscheinlicher als bei einem Warentransport auf dem Land. Risiken entstehend aus dem Element der See waren schwer zu kalkulieren und noch schwerer zu kontrollieren. Die Limitierung der Befördererhaftung erschien als ein diesen Umständen gerecht werdendes Rechtsinstrument, welches einen Ausgleich zwischen den einzelnen Parteien eines Seetransports zu schaffen vermochte. Basierend auf dem Gedanken, dass sowohl der Beförderer als auch alle anderen in den maritimen Transport involvierten Parteien ein gemeinsames Risiko mit der Benutzung des Transportmittels Seeschiff eingingen, wurde die Haftungslimitierung als ein faires und ausgleichendes Rechtsmittel betrachtet, welches diesen seefahrtspezifischen Risiken gerecht wurde[920].

---

[919] Hare, Shipping Law, S. 381.

[920] Mit der Bewertung der Haftungslimitierung als ein die Risiken der Seefahrt verteilendes und ausgleichendes Rechtsinstrument verwirklichte sich ein Grundgedanke, der das Seerecht bis heute prägt. Das maritime Handelsgeschäft unter der Berücksichtigung der spezifischen Risiken, die sich aus der Benutzung von Schiffen und dem Element der hohen See ergeben, ist geprägt von der Ansicht, das sich bei dem Transport insbesondere von Gütern auf einem Schiff eine Gefahrengemeinschaft zwischen allen involvierten Parteien bildet. Die Verkörperung der fairen Aufteilung entsprechender Risiken der Seefahrt findet sich insbesondere in dem Konzept der „Grossen Haverei“ (General Average), welche in ihren Grundzügen auf dem bis in die Antike zurück reichenden Rechtsgedanken

(Fortsetzung der Fußnote auf nächster Seite)

Einige der ersten Hinweise auf die Entstehung einer Haftungslimitierung werden von den Autoren *Sanborn* und *Marsden* im Seerecht des Mittelalters und in den Handelsverträgen der Reeder und Kaufleute im Mittelmeerraum des Vierzehnten Jahrhunderts gesehen[921]. Unter der Geltung dieser Verträge war die Haftung des Reeders bei Vertragsabschlüssen zwischen seinem Agenten und Dritten auf den Wert des Schiffs beschränkt[922]. Teilweise wird der Ursprung des Modells der limitierten Haftung auch aus dem Römischen Recht – im Speziellen aus der Doktrin des *noxae deditio* abgeleitet[923], wonach sich ein Eigentümer von seiner Haftung befreien konnte, indem er einen Sklaven oder eine Sache, von dem oder der ein Schaden ausging, an den Geschädigten übergab. Allerdings erscheint eine entsprechende Ableitung zweifelhaft, da unter der Geltung des Römischen Rechts der Schädiger, ob „ex delicto“ oder „ex contractu“, vollen Schadensersatz zu leisten hatte („in solidum“), sogar soweit anderer Leute Sklaven zu schaden kamen[924].
Die maritime Praxis der Haftungslimitierung des Vierzehnten Jahrhunderts wurde bestätigt in den *Consols de la Mar* von Barcelona[925]. Wesentliche Verbreitung fand das entsprechende Modell der Haftungslimitierung Anfang des siebzehnten Jahrhunderst in weiten Teilen Europas und entwickelte sich in den folgenden Jahrzehnten zu einem allgemeinen Rechts-

der Gefahrengemeinschaft basiert, bei der außergewöhnliche Aufwendungen und Opfer zur Abwendung einer allen Beteiligten einer Seereise drohenden Gefahr auch von allen gemeinsam getragen werden müssen und nicht nur vom zufällig unmittelbar Betroffenen allein (siehe dazu ausführlich: Grau, Havarie-grosse, TranspR 1998, S.279ff. m.w.N.; Prüßmann/Rabe, Seehandelsrecht, vor §700, S. 788, Buchst. B.; Hare, Shipping Law, S. 381, 768ff.).

921 Sanborn, Origins of the early English maritime Law, S. 120ff.; Marsden, Collision at Sea, S. 167ff. (Einer der frühesten Nachweise einer Haftungslimitierung des Schiffseigners findet sich in den Amalfi-Verzeichnissen („Tables of Amalfi“) der Italienischen Republik Amalfi aus dem elften Jahrhundert (Donovan, Limitation of Shipowners' Liability, 53 Tulane Law Review 1979, S. 999 (1001); Tetley, Shipowners' Limitation of Liability, JMLC 1992, S. 585 (587); Seward, The Insurance Viewpoint, in: The Limitation of Shipowners' Liability, S. 161 (161)).

922 Haddon-Cave, Limitation against passenger claims, CMI-Yearbook 2001, S. 234 (235), vgl. auch Symmers, Limitation of Shipowners liability, in: Papers on marine insurance, S. 1 (4).

923 Siehe z.B. Holmes, Common Law, S. 6ff. ; Donovan, Limitation of Shipowners' Liability, 53 Tulane Law Review 1979, S. 999 (1000) (zitiert Holmes Diskussion über die Doktrin 'noxae deditio' : "The ship [is] not only the source, but limit of liability") vgl. auch: Stone, The Limitation of Liability Act, JMLC 2001, S. 317, (318).

924 Haddon-Cave, Limitation against passenger claims, CMI-Yearbook 2001, S. 234 (235). Ähnlich auch: Sanborn, Origins of the early English maritime Law, S. 120.; Marsden, Collision at Sea, S. 167.

925 Sanborn, Origins of the early English maritime Law, S. 120., der in den *Consols de la Mar* schon alle wesentlichen Vorschriften der heutigen Doktrin der Haftungslimitierung erkennt.

standard[926]. Den ausschlaggebenden Hintergrund der Einführung und Verbreitung der Haftungslimitierung im Seerecht bildete dabei der oben beschriebene Gedanke, den Seehandel zu unterstützen und zu fördern und den Reeder sowie die hinter ihm stehenden Investoren vor übermäßigen, finanziellen Belastungen zu bewahren[927]. Insbesondere im englischen Seerecht kam dieser politisch-protektionistisch motivierte Gedanke deutlich zum Ausdruck. Bis zum Jahr 1733 fand das Recht der Haftungslimitierung im englischen Rechtskreis keine Anerkennung, vielmehr hafteten Reeder in vollem Umfang. Dieser Umstand zeigte sich maßgeblich an dem Fall *Boucher v. Lawson*[928], in welchem ein Reeder unlimitiert für den Verlust von Goldmünzen haften sollte, die der Schiffskapitän gestohlen hatte, obwohl dem Reeder kein Verschulden nachzuweisen war (der angeklagte Reeder wurde jedoch aus prozessualen Gründen in der Berufung „freigesprochen“)[929]. Konfrontiert mit der Entscheidung im Fall *Boucher v. Lawson* befürchteten englische Reeder, dass ohne eine Limitierung ihrer Haftung, sich Investitionen in den maritimen Handel rückläufig entwickeln könnten, da die Gefahr bestand, dass die Reeder durch einen einzigen Zwischenfall einer sehr hohen, ihre wirtschaftliche Tragfähigkeit übersteigenden Haftung gegenüberstehen könnten und dadurch Investoren im maritimen Handelsgeschäft abgeschreckt werden könnten. Der maritime Handel war im frühen achtzehnten Jahrhundert von größter wirtschaftlicher Bedeutung, und es war von hohem staatlichen Interesse, den Handel mit Schiffen zu fördern, Kapital für diesen Wirtschaftsbereich zu finden und die Größe der Handelsflotte stetig auszubauen. Es war somit von vitalem staatlichen Interesse, Kaufleute zu ermutigen, trotz

---

[926] Das Prinzip der Limitierung der Haftung findet sich z.B. in den Hamburger Statuten von 1603, in den Hanseatischen Verordnungen von 1614 und 1644, im Seerecht von Charles II von Schweden 1667 und in den Seerechtsverordnungen von Louis XIV aus dem Jahre 1681 (L'Ordonnance de la Marine), welche das Seerecht in Frankreich kodifizierten und als Vorlage für die maritime Gesetzgebung in den Niederlanden (Verordnungen von Rotterdam 1721), Venedig, Spanien und Preußen dienten (Haddon-Cave, Limitation against passenger claims, CMI-Yearbook 2001, S. 234 (235) ; Donovan, Limitation of Shipowners' Liability, 53 Tulane Law Review 1979, S. 999 (1003); Stone, The Limitation of Liability Act, JMLC 2001, S. 317, (318)).

[927] Gaskell, The Zeebrugge Disaster, NLJ 1987, S. 285 (384) ; Lord Mustill, Ships are different, LMCLQ 1993 S. 490 (491ff.) ; McGilchrist, Limitation of liability, LMCLQ 1975, S.256 (258ff.); Popp, Limitation of Liability JMLC 1993, S. 335 (336f.); Haddon-Cave, Limitation against passenger claims, CMI-Yearbook 2001, S. 234 (235f.); Basedow, Der Transportvertrag, S. 466; Symmers, Limitation of Shipowners liability, in: Papers on marine insurance, S. 1 (4).

[928] *Boucher v. Lawson* (Cas. Temp. Hardw. 85. [1734] ; 95 ER 73 (KB)).

[929] Haddon-Cave, Limitation against passenger claims, CMI-Yearbook 2001, S. 234 (235); Lord Mustill, Ships are different, LMCLQ 1993 S. 490 (496); Stone, The Limitation of Liability Act, JMLC 2001, S. 317, (321); Hare, Shipping Law, S. 384.

bestehender Risiken[930] in den maritimen Handel zu investieren, wobei eine Beschränkung der Haftung als geeignetes Rechtsinstrument zur Gewährung einer entsprechenden Sicherheit und Förderung der Handelsinteressen angesehen wurde[931]. Das protektionistische Interesse der englischen Regierung an der Förderung der maritime Wirtschaft durch Haftungslimitierungen fand schließlich Ausdruck in dem Erlass des „Responsibility of Shipowners Act“ im Jahre 1733, welcher erstmals für den englischen Rechtskreis eine Limitierung der Reederhaftung einführte[932]. Ein Reeder konnte nach dem nunmehr geltenden Gesetz für den Verlust oder für Schäden an der beförderten Ware nur in einem durch den Wert des Schiffs und den Wert der Ware begrenzten Rahmen haftbar gehalten werden[933].

Im folgenden Jahrhundert wurde die seerechtliche Haftungslimitierung in England weiter ergänzt und in ihrem Umfang 1854 durch den „Merchant Shipping Act“ auch auf die Haftung des Beförderers für Tod und Körperverletzungen von Passagieren ausgedehnt. Hintergrund der ausdrücklichen Beschränkung der Haftung des Beförderers für Tod und Körperverletzungen von Passagieren durch den “Merchant Shipping Act“ von 1854 war der „Fatal Accidents Act“ (Lord Campbell’s Act) von 1846, welcher eigentlich Anwendung auf Personenschäden im Eisenbahntransport finden sollte, jedoch durch eine unglückliche Wortwahl auch geschädigten Personen bei einer Schiffsbeförderung ein Klagerecht gewährte. In der Mitte des neunzehnten Jahrhunderts verzeichnete auch der Passagierbeförderungsmarkt der Seefahrt ein sehr hohes Wachstum, insbesondere durch steigende Auswandererzahl[934]. Die britische Regierung wollte nunmehr auch diesen Verkehrsmarkt unterstützen und den Reedern Schutz vor hohen finanziellen Forderungen bei Schadenfällen bieten. Um den Investoren und Reedern die gleichen finanziellen Sicherheiten zu gewähren wie schon im Rahmen der Frachtbeförderung, wurde auch die

930 Unabhängig von rechtlichen Haftungsfragen war der maritime Handel im frühen achtzehnten Jahrhundert ein risikoreiches Geschäft, da der Reeder oft über Monate keinen Kontakt zu seinem Schiff hatte, und eine Kontrolle des Kapitals somit fast unmöglich war.

931 McGilchrist, Limitation of liability, LMCLQ 1975, S. 256 (259).

932 Der protektionistische Gedanke der englischen Regierung wird besonders hervorgehoben in der Präambel des „Responsibility of Shipowners Act”, (7 Geo 2c 15 (1734)): “[An Act]…of the greatest consequence and importance to this kingdom, to promote the increase of number of ships and vessels, and to prevent any discouragement to merchants and others from being interested and concerned theirein…which will necessarily tend to the prejudice of trade and navigation of this kingdom.” (vgl. Haddon-Cave, Limitation against passenger claims, CMI-Yearbook 2001, S. 234 (236) ; Hare, Shipping Law, S. 384).

933 Lord Mustill, Ships are different, LMCLQ 1993 S. 490 (496f.).

934 Vgl. in dieser Arbeit: § 1, B, II, 2, b).

Haftung des Beförderers für Passagierschäden im Rahmen des „Merchant Shipping Act" auf den Wert des Schiffs und der beförderten Ware beschränkt[935].

Vor dem selben Hintergrund wie in England gestaltete sich auch die Einführung und stetige Ausgestaltung der Haftungslimitierung in den übrigen europäischen Staaten. Auch hier bildete der wirtschaftliche Schutz und die Subventionierung der Reeder den maßgeblichen Hintergrund der Haftungslimitierung im Seerecht[936]. Im beginnenden neunzehnten Jahrhundert existierten in Europa aufgrund dieser Entwicklungen drei wesentliche Systeme der Haftungsbeschränkung im Seerecht, die sich in ihrer Ausgestaltung jedoch teilweise unterschieden. In Deutschland und ähnlich auch in den skandinavischen Ländern wurden die Reeder von einer persönlichen Haftung insgesamt befreit, der Zugriff des Gläubigers erstreckte sich nur auf ein Sondergut, nämlich das Schiff und die verdiente Frachtforderung, die sogenannte „fortune de mer", wobei die Haftungsbeschränkung ipso iure eintrat[937]. In Frankreich hatte sich ein System der „Preisgabe" (Abandon)[938] entwickelt, unter dessen Geltung der Reeder zwar persönlich haftete, einer entsprechenden Haftung aber durch die Preisgabe des Schiffs und der beförderten Fracht an den Anspruchsteller entgehen konnte[939]. Allerdings war für eine solche Beschränkung eine

---

935 Stone, The Limitation of Liability Act, JMLC 2001, S. 317, (322) ; Haddon-Cave, Limitation against passenger claims, CMI-Yearbook 2001, S. 234 (236) ; Lord Mustill, Ships are different, LMCLQ 1993 S. 490 (498).

936 Vgl. hierzu das Zitat von Grotius 2.11.13 [De Jure Belli ac Pacis, 1738 Übersetzung] in Hare, Shipping Law, S. 383, Fn. 19 : "...(I)t is very ill done of the Roman laws to make every man to whom the ship belongs become wholly responsible for whatever the master does. For this is neither agreeable to natural equity, which is satisfied, if everyone be bound for what concerns himself, nor is it advantageous to the State, for men would be discouraged from sending ships to sea, if they were afraid of being...infinitely accountable for what the master of the vessel did. In so much that in Holland where merchandise has of a long time mightily flourished, this Roman law, neither formerly, nor now, is in force...The whole company in general shall be answerable no farther than the value of the ship and of the goods that are in it, amount to."

937 Tetley, Shipowners' Limitation of Liability, JMLC 1992, S. 585 (587); Stone, The Limitation of Liability Act, JMLC 2001, S. 317, (322); Rein, Concepts of Limitation of Liability, 53 Tulane Law Review 1979, S. 1259 (1261f.); Wolfensberger, Beschränkung der Haftung für Personenschäden, S. 10; vgl. auch: Richter, Das Recht der beschränkten Reederhaftung, S. 88.

938 Im Französischen als „*Droit de l'abandon*" bezeichnet.

939 Das Prinzip des "Abandon" beruhte auf den Regelungen der 'L'Ordonnance de la Marine 1681' von Louis XIV, kodifiziert durch Art. 216 des Code de Commerce, der inzwischen aufgehoben wurde *(vgl. United Africa Co., Ltd. v. Tolten*, 79 Lloyd's List Law Report 349 (Ct. App. 1946): "The principle of limitation was given operative effect by the droit de l'abandon – the right if the shipowner to acquit himself of all the 'creance du voyage' by abandoning his ship to his creditors, with a view to the ship being realized by the Court and the proceeds distributed rateably among the creditors in accordance with

(Fortsetzung der Fußnote auf nächster Seite)

Erklärung des Reeders nötig, sie trat also nicht ipso iure ein, welches den wesentlichen Unterschied zum „deutschen“ System ausmachte[940]. In England haftete der Reeder zwar nach dem System der Limitierung der Haftung mit seinem ganzen Vermögen, jedoch beschränkt auf den Wert des Schiffsvermögens, welcher vor dem Schaden errechnet wurde[941]. Im Jahr 1862 wurde dieses englische Haftungssystem geändert in ein Summenhaftungssystem, nachdem die Haftung des Reeders nach einer festen Summe berechnet wurde, die sich nach einem bestimmten Betrag je Tonne, vervielfacht mit der Zahl der englischen Registertonne errechnete[942]. Diesen europäischen Bestrebungen entsprechend wurde auch in Amerika ein erhöhter Schutz und eine Förderung des maritimen Handels als notwendige Maßnahme erachtet[943]. Im Jahr 1851 verabschiedete der amerikanische Kongress den U.S. Limitation of Liability Act[944], welcher ähnlich den europäischen Vorbildern eine Haftung des Reeders *in personam* auf den Wert des Schiffs und seiner Fracht limitierte[945]. Ein entsprechendes Haftungslimitierungssystem galt auch in Russland und wurde - allerdings mit wesentlichen Abweichungen - durch das Seegesetz vom 28. 2. 1958 auch in Griechenland eingeführt[946].

---

the several priorities of their privileges" (zit. nach: Stone, The Limitation of Liability Act, JMLC 2001, S. 317, (323, Fn. 38). Neben Frankreich galt dieses System auch in Spanien, Italien, Griechenland, Türkei, Ägypten, Portugal, Belgien, Niederlande, Rumänien, in den Lateinamerikanischen Ländern und in Japan (Richter, Das Recht der beschränkten Reederhaftung, S. 89)).

940 Wolfensberger, Beschränkung der Haftung für Personenschäden, S. 11.

941 Das Schiffsvermögen setzte sich zusammen aus dem Wert des Schiffes und dem Wert der schwebenden Fracht (pending freight). (Stone, The Limitation of Liability Act, JMLC 2001, S. 317, (322), Lord Mustill, Ships are different, LMCLQ 1993 S. 490 (497); Richter, Das Recht der beschränkten Reederhaftung, S. 89; Wolfensberger, Beschränkung der Haftung für Personenschäden, S. 11).

942 Richter, Das Recht der beschränkten Reederhaftung, S. 89.

943 Die Notwendigkeit eines erhöhten Schutzes der Reeder zeigte sich insbesondere anhand des Falls *New Jersey Steam Navigation Co. v. The Merchants' Bank of Boston* („The Lexington“), 47 U.S. (6 How.) 344 (1848), in dem der U.S. Supreme Court einen Reeder für den Verlust von Gold- und Silbermünzen, die aufgrund eines Feuers an Bord des Schiffs vernichtet wurden, in voller Höhe haften ließ. Die amerikanischen Reeder forderten daraufhin eine gesetzliche Haftungslimitierung, um nicht Gefahr zu laufen, aufgrund von hohen Schadensersatzforderungen insolvent zu werden (Rodriguez/Jaffe, An overview of U.S. Law of Shipowners' Limitation of Liability, IDM 1992, S.629 (630); Symmers, Limitation of Shipowners liability, in: Papers on marine insurance, S. 1 (4f.); Stone, The Limitation of Liability Act, JMLC 2001, S. 317, (322)).

944 Act. Mar. 3, 1851, Ch. 43, 9 Stat. 35 (1851), 46 U.S.C. Sec. 181 (die amerikanischen Bundesstaaten Massachusetts und Main hatten schon vor dem Erlass des Limitation of Liability Act eigene Limitierungsgesetze erlassen, 1818 Mass. Acts Ch. 122 (1819) [aufgehoben 1902] und 1821 Me. Acts Ch. 14 §§ Sec. 7-10).

945 Stone, The Limitation of Liability Act, JMLC 2001, S. 317, (324) ; Lord Mustill, Ships are different, LMCLQ 1993 S. 490 (497).

946 Richter, Das Recht der beschränkten Reederhaftung, S. 89.

Der sowohl in Europa als auch in Amerika zum Ausdruck kommende und lange vorherrschende Gedanke, eine Industrie durch die Einführung einer Haftungslimitierung zu schützen, blieb nicht nur auf das Seerecht beschränkt. Eine analoge Entwicklung der Begründung einer Limitierung der Haftung findet sich in ähnlicher Ausgestaltung in den ersten internationalen Übereinkommen des Luftrechts – maßgeblich im Warschauer Abkommen - , hier allerdings zeitversetzt aufgrund der späten, erst zu Beginn des zwanzigsten Jahrhunderts einsetzenden Evolution der Flugtechnik. Hierbei haben die zur Zeit der Abfassung des Warschauer Abkommens bereits seit langer Zeit bestehenden seerechtlichen Regelungen über die Haftung des Schiffseigentümers die Ausarbeitung und Gestaltung eines internationalen luftrechtlichen Haftungssystems stark beeinflusst[947]. Auch in den Anfängen der Luftfahrt, als die Transporttechnologie noch keinen ausgereiften Sicherheitsstandard bieten konnte und die Luftfahrtindustrie wirtschaftlich für Investoren hohe Risiken barg, wurde es als wichtig erachtet die Luftfahrt finanziell zu unterstützen und ihr im rechtlichen Rahmen eine wirtschaftliche Sicherheit zu bieten, damit die Luftfahrtindustrie und das Flugzeug als Verkehrsträger sich zu einem eigenen Wirtschaftszweig entwickeln konnte[948]. Für die Luftfrachtführer bestand in den Anfängen der Luftfahrt ein ähnliches Risiko wie für die Beförderer in den Anfängen der Seefahrt im achtzehnten Jahrhundert. Aufgrund der noch nicht ausgereiften Technologie der Flugzeuge war die Wahrscheinlichkeit eines Schadenseintritts sehr hoch. Da die Luftfahrtindustrie am Anfang ihrer Entwicklung stand, hatten die Luftfrachtführer wenig finanzielle Rücklagen, um eventuelle Schadensforderungen befriedigen zu können[949]. Das bedeutete, ein Luftfrachtführer lief bei einem Schadenseintritt Gefahr, durch eine oder mehrere hohe Schadensersatzforderungen wirtschaftlich nicht mehr existenzfähig zu sein[950]. Ein sol-

---

[947] Tobolewski, Monetary Limitations of Liability S. 76; Schobel, Die Haftungsbegrenzung des Luftfrachtführers, S. 107; vgl. auch Wolfensberger, Beschränkung der Haftung für Personenschäden, S. 73ff.

[948] Haddon-Cave, Limitation against passenger claims, CMI-Yearbook 2001, S. 234 (241); McGilchrist, Limitation of liability, LMCLQ 1975, S.256 (259ff.); Basedow, Der Transportvertrag, S. 463; Schobel, Die Haftungsbegrenzung des Luftfrachtführers, S. 107; Dolan, Warsaw Convention Liability Limitations, Northwestern Journal of Int. Law & Business, Vol. 6, 1984-85, S. 896 (905).

[949] Aufgrund des hohen Unfallrisikos zur Zeit der Anfänge der Luftfahrtindustrie und dem kaum entwickelten Unfallversicherungssystems war es für die Fluggesellschaften nahezu unmöglich, sich gegen Unfallrisiken zu versichern. Gleichzeitig war es durchaus möglich, dass ein einziger Schadensfall, der neben dem Verlust des Flugzeugs hohe Schadensersatzforderungen mit sich bringen konnte, eine Fluggesellschaft in den wirtschaftlichen Ruin bringen würde (Schobel, Die Haftungsbegrenzung des Luftfrachtführers, S. 108; Rosenfield, The Warsaw Convention: Work Paper, S. 16.)

[950] Flynn, The Interpretation of the Warsaw Convention, Fordham International Law Forum, Vol. 3, 1979-80, S. 71 (75).

cher Umstand wirkte kontraproduktiv für einen Wirtschaftszweig, der abhängig von und auf der Suche nach „risikobereite" Investoren war, um sich gewinnbringenden zu entwickeln. Aufgrund dieses Umstandes wurde es als im volkswirtschaftlichen Interesse liegend bewertet, die Luftfahrtindustrie staatlich zu fördern[951]. Durch die Einführung einer Haftungsbeschränkung im Warschauer Abkommen wurde entsprechend das Ziel verfolgt, einerseits die Luftfrachtführer vor einem hohen Haftungsrisiko schützen zu können, um die noch junge Luftfahrtindustrie vor ruinösen finanziellen Folgen von Schadensersatzansprüchen zu bewahren, und andererseits durch eine Haftungslimitierung gleichzeitig einen Anreiz für Investoren zu schaffen, die ansonsten ihr Kapital wahrscheinlich Industriezweigen mit weniger hohem Schadensrisiko zugeführt hätten[952]. Die traditionell bestehende Haftungsbegrenzung des Schiffseigentümers wurde somit – aufgrund eines den seerechtlichen Interessen gleichgestellten Subventionsbedürfnisses der Luftfahrtindustrie – Ausgangspunkt für das im Rahmen des Warschauer Abkommens neu zu schaffenden luftrechtlichen Haftungssystem.

In der heutigen Zeit ist die wirtschaftliche und rechtspolitische Situation der Seefahrtindustrie und der Luftfahrtindustrie vor einem veränderten Hintergrund zu betrachten. Im Ganzen ist der Gedanke, die Entwicklung von Unternehmen durch Haftungsbegrenzungen fördern zu müssen, heute überwunden durch die Einsicht, dass die Risiken der mit dem Betrieb des Unternehmens verbundenen Unfälle diesem als Kosten zur Last fallen müssen[953]. Eine wichtige Rolle im Rahmen dieser Entwicklung spielt das gesteigerte soziale Schutzbedürfnis der Menschen und die damit gewachsene Empfindsamkeit für Ausgleichsnotwendigkeiten oder Ausgleichswürdigkeiten eingetretener Schäden[954]. Im Gegensatz zu früheren Überlegungen, in deren Mittelpunkt zumeist das dem Schädiger vorwerfbare Verhalten stand, ist es heute das Unfallopfer, welches im Mittelpunkt der Rechtsregeln steht, wobei dessen Bereitschaft zur Hinnahme von Nachteilen oder auch von „Unglück" sich gewandelt hat in ein Streben nach sozialer Absicherung gegen Unfallrisiken[955]. Die Entschädigung des Unfallopfers bildet das eigentliche Anliegen des Rechts und ist zu einer gesellschaftlichen Aufgabe geworden, der die Haftungsregeln neben an-

---

[951] Basedow, Der Transportvertrag, S. 463.

[952] Flynn, The Interpretation of the Warsaw Convention, Fordham International Law Forum, Vol. 3, 1979-80, S. 71 (75); Schobel, Die Haftungsbegrenzung des Luftfrachtführers, S. 107; Lowenfeld/Mendelsohn, The United States and the Warsaw Convention, Harv. L. Rev. 80 (1966/67) S. 497 (499).

[953] v. Caemmerer, Verschuldensprinzip, RabelsZ 1978, S. 5 (9).

[954] Leser, Delikts- und Gefährdungshaftungsrecht, AcP 1983, S. 568 (569).

[955] Basedow, Der Transportvertrag, S.431 m.w.N.

deren Instrumenten nur noch funktional zugeordnet sind[956]. Entsprechend folgert *Basedow* überzeugend, dass das oberste Ziel heutiger Entschädigungsregelungen als Gewährleistung sozialer Sicherheit unter Gewährung eines optimalen Ausgleichs für entstandene Schäden beschrieben werden kann[957]. Vor diesem rechtspolitischen Hintergrund, vor welchem sich Entschädigungsregeln in der heutigen Gesellschaft darstellen, zeigt sich im Vergleich der historischen Begründung einer Haftungslimitierung sowohl in der Seefahrt als auch in der Luftfahrt, dass der protektionistische Grundgedanke auf dem die Einführung einer Haftungslimitierung in beiden Verkehrsbereichen beruhte, auf die heutige, insbesondere wirtschaftliche Stellung der Verkehrsträger Flugzeug und Seeschiff, keine Anwendung mehr finden kann. Sowohl das Flugzeug, als auch das Seeschiff haben sich als Verkehrsmittel auf den jeweiligen Transportmärkten fest etabliert, und lassen sich beide dem Umfeld des Massentransports zuordnen[958]. Einer staatlichen Protektion der Luftfahrt- oder Seefahrtindustrie in Form einer Subventionierung durch die Aufrechterhaltung einer Haftungslimitierung bedarf es nicht mehr, da beide Verkehrsbereiche aus eigener wirtschaftlicher Kraft heraus ihren Fortbestand sichern können, ohne dass die Befördererhaftung als isoliertes Element eine existentielle Bedrohung für den jeweiligen Wirtschaftsbereich darstellt. Selbst wenn insbesondere in der Luftfahrt der wirtschaftliche Druck auf die Luftfrachtführer infolge der Deregulierung des Luftverkehrs und des damit verbundenen Preiszerfalls gestiegen ist, kann die Behauptung heute nicht mehr gelten, es handle sich bei der Luftfahrtindustrie um einen finanzschwachen Wirtschaftszweig, welcher des Schutzes in Form von Haftungsbeschränkungen bedürfe[959]. Die Rechtfertigung einer Haftungslimitierung durch die Gefahr, das der Beförderer finanziell ruinösen Folgen bei einer unlimitierten Haftung ausgesetzt sein könnte und somit aus einem Wirtschaftbereich gedrängt werden könnte, findet in der heutigen

---

[956] Basedow, a.a.O., S.431, m.w.N.; v. Hippel, Haftungsersetzung durch Versicherungsschutz, S. 40 (57).

[957] Basedow, a.a.O., S.431, m.w.N.

[958] Vgl. zur ökonomischen Entwicklung und heutigen Stellung der Verkehrsträger in dieser Arbeit: § 1, B, II, 2.

[959] Die Luftfahrtindustrie stellt in der heutigen Zeit einen Wirtschaftszweig dar, welcher Gewinne im Multi-Milliarden-Dollarbereich erzielt. Beispielsweise verzeichnete die „Pan American World Airways“ (Pan Am) im Jahr 1964 einen Gewinn von 37.140.000 US-$ alleine im internationalen Luftverkehr und die Fluggesellschaft Eastern Airlines besaß 1982 ein Gesamtvermögen von 3.607.981.000 US-$ (Schneider, Haftung und Haftungsbeschränkung im Lufttransport, 3. Kapitel, § 19 II, 1 ; Schobel, Die Haftungsbegrenzung des Luftfrachtführers, S. 108 ; Saad, The Revised Warsaw Convention Cumberland Law Review, Vol. 8, 1978, S. 764 (769 Fn. 23) ; Johnson, Warsaw Convention Limitations on Aircarrier Liability, University of Miami Inter-American Law Review, Vol. 17, 1986, S. 577 (592, Fn. 82)).

Zeit größtenteils keine Geltung mehr, zumal Handelsgeschäfte überwiegend von Gesellschaften abgewickelt werden, die in ihrer Haftung auf ein bestimmtes Vermögen beschränkt sind und Kaufleute selten persönlich mit ihrem Privatvermögen haften[960]. Vor diesem Hintergrund könnte sich allerdings ein aus den historischen Zusammenhängen übertragenes Argument für eine Haftungslimitierung ergeben, da es gegen das volkswirtschaftliche Interesse sprechen könnte, ein Unternehmen welches eine Vielzahl von Arbeitsplätzen bietet, dem Risiko einer unlimitierten Haftung, und damit dem Risiko der finanziellen Leistungsunfähigkeit durch einen einzigen, großen Schadensfall auszusetzen und so die Existenz der Arbeitsplätze zu gefährden. Jedoch würde eine solche Sichtweise den Effekt der Haftungslimitierung auf die Anspruchsteller ignorieren, welches gegen die Schutzrichtung des Schadensersatzrechts sprechen würde.
Die Abschaffung einer limitierten Befördererhaftung durch das Montrealer Übereinkommen im Luftrecht zeigt deutlich, dass im globalen Zusammenhang nicht mehr die Beförderinteressen im Vordergrund des rechtlichen Regelungsinteresses stehen, sondern der Verbraucherschutz den Hintergrund der Schadensersatzregulierung bildet[961]. Diese Änderung der rechtspolitischen Hintergründe einer Haftungslimitierung, die nicht nur auf das Transportrecht beschränkt ist, sondern in der heutigen Zeit in viele Rechtsbereichen Anerkennung findet, hebt die ursprüngliche historische Begründung der Einführung einer Haftungslimitierung für den Beförderer auf. Die Abschaffung der Haftungslimitierung im Luftrecht lässt ebenfalls erkennen, dass eine Limitierung des Rechts des Verbrauchers, Schäden nach dem Prinzip des vollen Ausgleichs kompensieren zu können, von der allgemeinen Rechtsauffassung im Passagiertransport nicht mehr als gerechtfertigt angesehen wird[962]. Durch die Anerkennung der Zielsetzung des Schadensersatzrechtes, dass derjenige, welcher zum Schadensersatz verpflichtet ist, den Zustand herstellen muss, der bestehen würde, wenn der zum Ersatz verpflichtende Umstand nicht eingetreten wäre, kann eine Beschränkung der Befördererhaftung aufgrund von wirtschaftspolitisch-protektionistischen Motivation nicht mehr rechtfertigen. In der heutigen Zeit sollen Risiken, die von mit dem Betrieb eines Unternehmens zusammenhängenden Unfällen ausgehen, diesem als Kosten auch zur Last fallen[963]. Zudem unterliegen insbesondere im seerechtli-

[960] Gaskell, The Zeebrugge Disaster, NLJ 1987, S. 285 (384).
[961] Vgl. in dieser Arbeit: § 1, B, II, 2, a).
[962] In der luftrechtlichen Entwicklung zeigte sich diese Tendenz zunächst deutlich in den „freiwilligen“ und regionalen Maßnahmen, die außerhalb des Völkerrechts getroffen wurden. Diesem Einfluss konnte sich auch das internationale Recht nicht entziehen und gab das Modell der limitierten Haftung schließlich im Rahmen des Montrealer Übereinkommen auf (vgl. dazu in dieser Arbeit: § 1, B, II, 1, c) und d)).
[963] v. Caemmerer, Verschuldensprinzip, RabelsZ 1978, S. 5 (9).

chen Bereich die Beförderer in diesem Jahrhundert nicht mehr den selben finanziellen Risiken, wie in den Anfangszeiten der wirtschaftlichen Entwicklung des Seeverkehrs. Die Wagnisse, welche ein Reeder im siebzehnten Jahrhundert mit dem Betrieb eines Schiffes einging, werden heute durch ein breites System der Versicherungsdeckung geschützt. Die ursprüngliche Begründung der Einführung und Beibehaltung des Grundsatzes der limitierten Befördererhaftung aufgrund eines Subventionierungsbedürfnisses der Seefahrt- und Luftfahrtindustrie kann somit in der heutigen Zeit keinen Rechtfertigungsgrund für eine Haftungslimitierung durch Höchstsummen mehr bilden.

2. Vermeidung unnötiger Prozesse

Findet die historische Begründung der Haftungslimitierung keine Geltung mehr, werden in dem Konzept der Beschränkung der Befördererhaftung auf gesetzlich festgelegte Summen jedoch auch unter anderen Gesichtspunkten bestimmte Vorteile gesehen, die den Bestand einer Haftungslimitierung rechtfertigen sollen. Insbesondere im Luftrecht wurde das Beibehalten einer Limitierung der Befördererhaftung vor der Erarbeitung des Montrealer Übereinkommens lange Zeit mit auf den Gedanken gestützt, dass durch sie nicht nur eine unsichere Rechtslage transparenter gemacht, sondern vor allem unnötige Gerichtsprozesse vermieden werden können[964]. Für beklagte Fluggesellschaften sowie für die Geschädigten sollte durch die Haftungslimitierung ein Anreiz geschaffen werden, Streitigkeiten außergerichtlich beizulegen[965]. Ähnlich wurde der Bestand einer Haftungslimitierung im Seerecht beurteilt, in welchem der Haftungsbeschränkung die Wirkung einer Erleichterung des Prozesses der Klageführung und Streitbeilegung zuerkannt wurde, und die Befürchtung bestand, dass ein Aufgeben des Limitierungsstandards eine Zunahme von Schadensersatzklagen zur Folge haben könnte[966]. Das Argument der Vermeidung unnötiger Prozesse durch eine gesetzliche Haftungslimitierung kann jedoch aus heutiger Sicht als Rechtfertigung einer Limitierung der Beför-

---

[964] Haddon-Cave, Limitation against passenger claims, CMI-Yearbook 2001, S. 234 (242); Drion, Limitation of liabilities, S. 36ff.; Schneider, Haftung und Haftungsbeschränkung im Lufttransport, 3. Kapitel, § 19 II, 1; Oesch, Freizeichnung, S. 44; Cohen, C.A.B. Agreement, Air Law 1982, S. 74 (76); Schobel, Die Haftungsbegrenzung des Luftfrachtführers, S. 135; Dolan, Warsaw Convention Liability Limitations, Northwestern Journal of Int. Law & Business, Vol. 6, 1984-85, S. 896 (904f., 919).

[965] Schobel, Die Haftungsbegrenzung des Luftfrachtführers, S. 135.

[966] Gaskell, The Zeebrugge Disaster, NLJ 1987, S. 285 (385); Gaskell, Revision of the Athens Convention, in: Liability to Pay Damages under Greek and International Maritime Law, S. 155 (173).

dererhaftung keine Geltung mehr finden. Zwar kann für Ersatzforderungen ein Prozessrisiko durch eine gesetzliche Haftungslimitierung eingeschränkt werden[967], dem Geschädigten stehen aber in den eine Haftungslimitierung des Passagierbeförderers vorschreibenden Übereinkommen sowohl im Luftrecht unter der Geltung des Warschauer Abkommens[968] als auch im Seerecht im Rahmen des Athener Übereinkommens[969] die Möglichkeit zu, durch den Nachweis bestimmter Sachverhalte vollständigen Ersatz zu erlangen. Durch diese Möglichkeit der Durchbrechung des Grundsatzes der beschränkten Haftung wird der Effekt der Prozessminimierung durch eine Haftungsbegrenzung aufgehoben, da Geschädigte bestrebt sein werden, die Gelegenheit des Ersatzes des gesamten Schadens zu erstreiten[970]. Eine ausschlaggebende Vermeidungswirkung von unnötigen Prozessen kann den Grundsätzen der Haftungslimitierung somit nicht in dem Maße zugerechnet werden, dass sich daraus eine Rechtfertigung für ein Beibehalten einer Haftungsbegrenzung auf bestimmte Höchstsummen ergibt.

3. Haftungslimitierung als Ausgleich für eine strenge Befördererhaftung

Unabhängig von dem Vorhandensein einer generellen Haftungsobergrenze legt sowohl das Protokoll 2002 als auch das Montrealer Übereinkommen gesetzlich fest, dass der Beförderer unter bestimmten Voraussetzungen im Rahmen einer Gefährdungshaftung für Personenschäden haftet[971]. Im Montrealer Übereinkommen ist eine solche Gefährdungshaftung auf 100.000 SZR beschränkt, im Protokoll 2002 wird für das Seerecht eine

---

[967] Im internationalen Luftrecht zeigte sich eine solche Minimierung des Prozessrisikos durch den Bestand von Haftungslimitierungen insbesondere darin, dass Fluggesellschaften bei Ersatzforderungen, die sich innerhalb der Haftungshöchstsummen bewegten, kaum je versuchten, sich durch die Maßnahmen des Art. 20 WA/HP zu exkulpieren oder Schadensersatzforderungen gestützt auf Art. 21 WA/HP zu reduzieren (Schneider, Haftung und Haftungsbeschränkung im Lufttransport, 3. Kapitel, § 19 II, 1).

[968] Art. 25 WA/HP.

[969] Art. 13 Abs. 1 AÜ.

[970] Speziell im Luftrecht gab es in der Zahl viele Versuche, die Haftungslimitierung auszumanövrieren und ebenso zahlreich und hartnäckig setzten sich die beklagten Luftfrachtführer gegen die Sanktion der unbeschränkten Haftung zur Wehr (Schneider, Haftung und Haftungsbeschränkung im Lufttransport, 3. Kapitel, § 19 II, 1; Schobel, Die Haftungsbegrenzung des Luftfrachtführers, S. 135ff. m.w.N.). Allgemein lässt sich unter der Geltung von Haftungslimitierungen ein Anwachsen von Rechtsstreitigkeiten verzeichnen (Haddon-Cave, Limitation against passenger claims, CMI-Yearbook 2001, S. 234 (242)).

[971] Art. 17 Abs. 1 i.V.m. Art. 21 Abs. 1 MÜ und Art. 4 Abs. 1 AÜP (Im Protokoll 2002 ist beachtlich, dass die Gefährdungshaftung nur für „shipping incidents“ einschlägig ist).

Summe von 250.000 SZR als Grenze der strikten Haftung festgelegt. Eine diese Summengrenzen überschreitende Haftung des Beförderers richtet sich nach dem Modell der Haftung für vermutetes Verschulden, wobei sowohl im Montrealer Übereinkommen als auch im Protokoll 2002 die Beweislast umgekehrt ist und beim Beförderer selbst liegt[972]. Aus dieser Gesetzessystematik könnte, speziell im Rahmen der Limitierung der Gefährdungshaftung in Luft- und Seerecht, ein Rechtfertigungsargument der summenmäßige Begrenzung der Ersatzpflicht des Beförderers aus dem Gedanken gefolgert werden, die summenmäßige Begrenzung der Befördererhaftung schaffe einen Ausgleich für die dem Beförderer auferlegte, strenge Haftung. Die Haftungsbegrenzung der ersten Stufe des Montrealer Übereinkommens und des Protokolls 2002 im Rahmen der Haftung für „shipping incidents" könnte als Interessenausgleich zwischen den Unternehmerrisiken des Beförderers einerseits, und den Beförderungsinteressen seiner Passagiere andererseits gewertet werden. Haftet der Beförderer im Luft- und Seerecht nach den Grundsätzen der Gefährdungshaftung, welches dem Passagier einen weiträumigen Schutz gewährt, bietet eine Summenbegrenzung der verschuldensunabhängige Haftung dem Beförderer den Vorteil, dass für ihn seine Haftung trotz ihres strengen und absoluten Charakters kalkulierbar bleibt. Die Beschränkung der Gefährdungshaftung privilegiert den Beförderer somit nachträglich. Damit könnte eine Limitierung der Gefährdungshaftung als Ausgleich für die strikte Haftung des Beförderers in dem Sinne betrachtet werden, als dass für den Vorteil, der einem Geschädigter durch die Geltung der strengen Befördererhaftung anstelle des Modells der Verschuldenshaftung gewährt wird, die Befördererinteressen durch eine Limitierung der Gefährdungshaftung gewahrt werden, und so ein Interessenausgleich erreicht wird.

Allerdings wiederspricht ein solcher Gedanke dem allgemein von der wohl überwiegenden Meinung[973] vertretenen Ansatz, dass Verschuldens- und Gefährdungshaftung auf gleichrangigen Prinzipien der Schadenszurechnung im Rahmen des Kerngedankens der personalen Verantwortung beruhen. Beide Haftungsformen lassen sich auf die selben Grundsätze zurückführen, nämlich der Verantwortlichkeit des Verursachers des Schadens für sein Tun[974]. Sowohl bei der Gefährdungs- als auch bei der

---

[972] Art. 17 Abs. 1 i.V.m. Art. 21 Abs. 2 MÜ und Art. 4 Abs. 1 S. 2 AÜP.

[973] Statt vieler: Taschner, Begrenzung der Gefährdungshaftung in: Zum Deutschen und Internationalen Schuldrecht, S. 75 (82) m.w.N.; Kötz, Gefährdungshaftung, in: Gutachten und Vorschläge zur Überarbeitung des Schuldrechts, Band II, S. 1779 (1786, besonders Anm. 5 und die darin aufgeführte Literatur); v.Caemmerer, Reform der Gefährdungshaftung; Esser/Weyers, Schuldrecht, Band II BT, S. 266ff.; Larenz/Canaris, Schuldrecht, Bd. II 2, S. 608f.; Will, Quellen erhöhter Gefahr, S. 309f.

[974] Larenz/Canaris, Schuldrecht, Bd. II 2, S. 608.

Verschuldenshaftung geht es im Wesentlichen um die gerechte Zuordnung von Risiken, auch wenn der Gesetzgeber die Haftungsmodellen aus unterschiedlichen Gründen anordnet[975]. Sind in diesem Sinne Verschuldens- und Gefährdungshaftung als „gleichgestellt" zu bewerten, so folgert *Taschner* daraus überzeugend, dass trotz der Unterschiedlichkeit, dass bei der Verschuldenshaftung sorgfältiges Verhalten die Haftung für einen Schadens abwehrt, bei der Gefährdungshaftung eine solche Möglichkeit jedoch nicht besteht, hinsichtlich des Umfangs der Schadensersatzleistung im Rahmen der zwei Haftungsmodelle kein Unterschied gemacht werden kann[976]. Durch die Anerkennung, das die Gefährdungshaftung auf echter Verantwortlichkeit beruht, erfährt der Grundsatz der Gefährdungshaftung eine „Gleichstellung" mit der Verschuldenshaftung, die eine Privilegierung des Haftenden im Rahmen der Gefährdungshaftung durch Haftungshöchstsummen aufgrund des Wesens der Gefährdungshaftung rechtsdogmatisch nicht rechtfertigen kann. Haftungshöchstsummen bei einer Gefährdungshaftung können somit nicht als Ausgleich betrachtet werden, das durch sie ein durch den Beförderer eingegangenes Risiko tragbar wird. Zwar ließe sich gegen eine solche Betrachtung der von *Taschner* beschriebene Einwand führen, dass in der Einführung eines Haftungshöchstbetrages ebenfalls eine Art Zuordnung des Risikos gesehen werden könnte, die aufgeteilt, bis zur Grenze des Höchstbetrages vom Schadensverursacher, und von dort an als unabänderlicher Schicksalsschlag vom Geschädigten selbst getragen werden müsse[977]. Ein solcher Ansatz würde aber übersehen, dass der Grundgedanke der Gefährdungszurechnung als echte Verantwortlichkeit entweder generell richtig oder generell verfehlt ist. Die Gefährdungshaftung kann nicht bis zu einem bestimmten Betrag berechtigt sein und für jeden, diese Summengrenze überschreitenden Schaden ihre Berechtigung wieder verlieren[978]. Werden die Voraussetzungen der Gefährdungshaftung von einem Beförderer erfüllt, findet sich keine Rechtfertigung aus der Natur oder dem Wesen der Gefährdungshaftung, den Beförderer im Nachhinein durch eine summenmäßige Beschränkung seiner Ersatzpflicht zu privilegie-

---

975 Taschner, a.a.O., S. 75 (82).
976 Taschner, a.a.O., S. 75 (82).
977 Taschner, a.a.O., S. 75 (82).
978 *Karl Oftinger* formulierte in der Schweizer Diskussion um dieses Thema: "der Grundgedanke [der Gefährdungshaftung als echte Verantwortlichkeit] ist entweder generell richtig oder generell verfehlt; er kann nicht bis zu einem Personenschaden von beispielsweise 100 000 Franken oder einem Sachschaden von 30 000 Franken sinnvoll und von da an unrichtig sein"; Oftinger, Gefahr für die Gefährdungshaftung, SJZ 1956, S.1 (3); so auch Will, Quellen erhöhter Gefahr, S. 310; Taschner, Begrenzung der Gefährdungshaftung in: Zum Deutschen und Internationalen Schuldrecht, S. 75 (82); Schneider, Haftung und Haftungsbeschränkung im Lufttransport, 3. Kapitel, § 19 II, 1.; Wolfensberger, Beschränkung der Haftung für Personenschäden, S. 76ff.

ren[979]. Bekennt sich der Gesetzgeber zur Richtigkeit der Gefährdungshaftung, und wird diese auch eingeführt, kann eine solche Gefährdungshaftung entweder nur durchgehend ohne eine summenmäßige Haftungsbeschränkung gelten, oder sie ist bei Fehlen ihrer Voraussetzungen vollständig abzulehnen[980]. Aus dem Wesen der Gefährdungshaftung kann sich somit keine Rechtfertigung einer Haftungslimitierung als Interessenausgleich zwischen einem Beförderer und seinen Passagieren ableiten, vielmehr verlangt die Gefährdungshaftung aus rechtsdogmatischer Sicht eine Unbeschränktheit der Haftung. Wird die Gefährdungshaftung und ihr Zusammenhang mit einer Haftungsbeschränkung jedoch aus rechtspolitischer Sicht betrachtet, ergibt sich ein weiteres Argument zur Rechtfertigung einer Limitierung der Befördererhaftung, entstehend aus der faktischen Umsetzung der Rechtsregeln in der ökonomischen Praxis der Seeverkehrsmärkte und deren gleichzeitige Abhängigkeit von der Möglichkeit des Beförderers, Versicherungsschutz für seine Haftung zu erlangen.

4. Versicherbarkeit der Haftung

Obwohl der Gedanke der Rechtfertigung einer Haftungslimitierung aufgrund eines Subventionierungsbedürfnisses der Seefahrtindustrie in der heutigen Zeit nicht mehr einschlägig ist, und sich in einer Haftungsbeschränkung im internationalen Passagiertransport im Luft- und Seerecht weder eine ausschlaggebende Wirkung einer Prozessvermeidung, noch eine ausgleichende Bedeutung für eine strenge Befördererhaftung im rechtsdogmatischen Sinne erkennen lässt, bedeutet dieser Umstand nicht gleichzeitig, dass protektionistischen Hintergründen bei der Rechtfertigung einer Haftungslimitierung keine Rolle mehr spielen.
Dem Gedanken der Übertragung einer unlimitierten Befördererhaftung entsprechend den luftrechtlichen Grundsätzen des Montrealer Übereinkommens 1999 steht im Seerecht das Argument gegenüber, dass in Wahrnehmung der kommerziellen Realität ein Anspruchsberechtigter keinen unlimitierten Schadensersatz von einem Beförderer erlangen wird, dessen Haftung in der Summe außer Verhältnis zu seinem Aktivvermögen und zur Möglichkeit der Erlangung von Versicherungsdeckung für Haftungsregelungen steht[981]. Insbesondere aufgrund der modernen Veränderungen im Rahmen der Struktur der Eigentümerverhältnisse an Seeschiffen und dem anhaltenden Trend, Handelsflotten in Einschiffsgesell-

[979] Schneider, Haftung und Haftungsbeschränkung im Lufttransport, 3. Kapitel, § 19 II, 1.; Will, Quellen erhöhter Gefahr, S. 320.
[980] Wolfensberger, Beschränkung der Haftung für Personenschäden, S. 77.
[981] McGilchrist, Limitation of liability, LMCLQ 1975, S. 256 (261).

schaften zu organisieren, verstärkt sich zunehmend die Gefahr für einen Anspruchsberechtigten, dass ein Schiffseigentümer nur eine begrenzte Zahl von Forderungen mit seinem Aktivvermögen decken kann. Wird ein Beförderer im Schadensfall mit einer sehr hohen Schadensersatzforderung konfrontiert, besteht die Möglichkeit, dass der Beförderer aufgrund einer sein Aktivvermögen übersteigenden Forderung in die Insolvenz gehen muss und offene Ansprüche gar nicht oder nur zu einem geringen Teil befriedigen kann. Stehen einem Geschädigten zwar die Vorteile einer unlimitierten Befördererhaftung zu, trägt eine solche unlimitierte Haftung aber gleichzeitig die Gefahr insich, dass dem Geschädigten ein in der Summe sehr hohe Schadensersatzanspruch zwar zugesprochen werden kann, dieser sich in der Praxis der Schadensabwicklung aufgrund einer Zahlungsunfähigkeit des Beförderers jedoch nicht durchsetzen lässt[982]. Diesem Missstand wird im Seetransportbereich maßgeblich mit der Einführung des Systems der gesetzlichen Pflichtversicherung einer Befördererhaftung und einem Direktanspruch des Geschädigten gegen den Versicherer in internationalen Seerechtskonventionen begegnet, welche im Interesse eines Geschädigten eine Zahlungsfähigkeit des Beförderers im Schadensfall sichern und im Wesentlichen von den P&I Clubs bedient werden. Durch die Einführung einer entsprechenden Pflichtversicherung auch im Bereich der Passagierbeförderung auf See tritt damit als Folge ein neues Moment zu den Überlegungen um eine Rechtfertigung der Limitierung der Befördererhaftung, nämlich dass die Möglichkeit des Beförderers, eine Versicherungsdeckung für seine Haftung zu erlangen, durch die bestehende Kapazität der Versicherungsmärkte, und hier insbesondere der Deckungskapazität der P&I Clubs, begrenzt ist.
Dabei wird in der Regel einem einzelnen Schadenersatzanspruch eines einzelnen Passagiers der im Rahmen einer Seebeförderung zu Schaden oder zu Tode gekommen ist, keine ausschlaggebende Bedeutung in Bezug auf die Kapazität der Versicherungsmärkte zukommen. Anders verhält es sich bei großen Schadenereignissen wie beispielsweise dem Untergang eines modernen Kreuzfahrtschiffes, in deren Rahmen eine Vielzahl von Passagieren zu Schaden kommt und Schadenersatzansprüche geltend macht. Hier birgt eine unlimitierte Befördererhaftung die Gefahr, dass durch einen einzigen Schadenfall die Deckungskapazitäten der P&I Clubs aufgebraucht oder sogar überschritten werden und die P&I Clubs

[982] Insbesondere im Zusammenhang um die Diskussion einer limitierten Befördererhaftung im Luftrecht wurde bezüglich der Versicherbarkeit der Befördererhaftung das Argument geführt, dass es für einen Anspruchsteller vorteilhafter wäre, einen in der Summe limitierten Anspruch gegen den Schädiger zu besitzen, bei dem ein Schadensersatz aufgrund einer Versicherung ausgezahlt werden kann, als einen in der Summe unlimitierten Schadensersatzanspruch gegenüber einem insolventen Schädiger zu besitzen (vgl. Drion, Limitation of Liabilities, S. 21).

dementsprechend keine oder nur eine in der Summe begrenzte Deckung für Passagierbeförderer anbieten.
Dieses Missverhältnis zwischen Versicherungsdeckungskapazität und unlimitierter Beförderehaftung lässt sich anhand eines einfachen Beispiels darstellen. Wäre die Haftung eines Seebeförderers sowohl in der Pro-Kopf-Summe als auch in der Gesamtsumme unlimitiert, bestünde die Möglichkeit, dass ein Gericht jedem zu Schaden gekommenen Passagier eines verunglückten Kreuzfahrtschiffs zum Beispiel eine Summe von einer Millionen SZR als Schadenersatz zuerkennt[983]. Angenommen das verunglückte Schiff hätte die Größenordnung eines modernen Kreuzfahrtschiffs mit einer der durchschnittlichen Beförderungskapazität von 3500 Passagieren entsprechenden Zahl von Fahrgästen an Bord, könnte in einem solchen Fall der Beförderer - beziehungsweise sein Versicherer im Wege eines Direktanspruchs - alleine für die Passagierschäden einer Gesamthaftungssumme von 3,5 Milliarden SZR (ca. 5,32 Milliarden US-Dollar) gegenüberstehen. Die derzeitige absolute Obergrenze der durch die P&I Clubs angebotenen Versicherungsdeckungskapazität liegt bei 4,25 Milliarden US-Dollar für alle versicherten Ansprüche, wobei ab einer Grenze von 30 Millionen US-Dollar nur die Summe bis 2,03 Milliarden US-Dollar von den P&I Clubs auf den internationalen Märkten rückversichert ist. Alle darüber hinausgehenden Ansprüche werden bis zur Maximalgrenze von 4,25 Milliarden US-Dollar im Rahmen von den sogenannten „supplementary calls" durch die Mitglieder der Clubs gedeckt. Allein die Passagierschäden aus einem einzigen Unglück würden in diesem Beispiel die Deckungsmöglichkeiten der P&I Clubs erschöpfen, ohne das weitere regelmäßig auftretende Ansprüche im Rahmen eines Schiffsunglücks berücksichtigt wären[984]. Eine solche Haftung würde nicht durch die P&I Clubs versicherbar sein und auch auf den kommerziellen Versicherungsmärkten besteht derzeit kein Versicherungsmodell, dass eine unlimitierte Beförderehaftung für Passagierschäden in einer solchen Größenordnung decken könnte. Aber nicht nur Pro-Kopf-Schadensummen in Millionenhöhe zeigen, dass eine unlimitierte Haftung

---

[983] Vgl. die Ausführungen bei: Gaskell, Revision of the Athens Convention, in: Liability to Pay Damages under Greek and International Maritime Law, S. 155 (172ff.), der unter anderem für England eine Schadenersatzsumme von einer Millionen englischen Pfund (ca. 800.000 SZR) für ein Unfallopfer als mögliche Schadenersatzsumme errechnet und für den gesamten europäischen Raum eine Summe von 650.000 € als durchschnittlich realistische Schadenersatzsumme beziffert.

[984] So bleiben in diesem Beispiel bisher unberücksichtigt eventuelle Schadenersatzforderungen der Crew (bei einer Beförderungskapazität von 3500 Passagieren werden ca. 1000 Crewmitglieder an Bord sein), eventuell auftretende Ölverschmutzungsschäden durch austretendes Bunkeröl sowie Kollisionshaftungen, falls die Ursache eines solchen Unglück eine Kollision sein sollte, die jeweils ebenfalls von den P&I Clubs versichert werden.

im Bereich von Passagierbeförderungen auf See durch die P&I Clubs nicht versichert werden können. Schon die im Rahmen des Protokoll 2002 eingeführte Haftungs- und gleichzeitig Zwangsversicherungsgrenze von 250.000 SZR pro Passagier bereitet den P&I Clubs erhebliche Schwierigkeiten, eine Versicherungsdeckung für Passagierbeförderer anzubieten. Dabei liegt das Problem weniger in einer nicht vorhandenen Deckungskapazität, als vielmehr in der internen Struktur der P&I Clubs.
Mit der Pro-Kopf-Summengrenze des Protokolls 2002 von 250.000 SZR[985] ergibt sich im Falle eines Unglücks eines modernen Kreuzfahrtschiffes mit einer Beförderungskapazität von durchschnittlich 3500 Passagieren eine von den P&I Clubs zu deckende Gesamthaftungssumme von ca. 1,02 Milliarden Euro welche in etwa 1,32 Milliarden US-Dollar entspricht[986], die im Wege eines Direktanspruchs gegen die P&I Clubs geltend gemacht werden kann. Damit liegt die Gesamthaftungssumme zunächst innerhalb der Deckungsmöglichkeiten der P&I Clubs. Auch wenn der Beförderer seine gesamte Haftung bis zu der Maximalhaftungssumme des Art. 6 Abs. 1 AÜP von 400.000 SZR pro Passagier durch seinen P&I Club versichert hat, würde - soweit alle 3500 Passagiere diese Summe in Anspruch nehmen - die entstehende Gesamtschadensumme von ca. 1,63 Milliarden Euro[987] immer noch innerhalb der Kapazitätsgrenze der P&I Versicherer von 4,25 Milliarden US-Dollar liegen. Allerdings zeigt sich, dass schon ein einziger Unglücksfall mit einem Kreuzfahrtschiff in der Größe einer Beförderungskapazität von 3500 Passagieren alleine durch die Pro-Kopf-Summe von 250.000 SZR als Direktanspruch gegen den Versicherer ein Viertel der Deckungskapazität der P&I Clubs beansprucht, mit weiteren eventuellen Ansprüche der Crewmitglieder, die bei einem modernen Kreuzfahrtschiff dieser Größe ca. 1000 Mann stark sein wird, wie auch eventuelle Ölhaftungen durch beispielsweise auslaufendes Bunkeröl sowie Schäden aus eventuellen Kollisionen, die ebenfalls von den P&I Clubs versichert werden und zu der Gesamtsumme hinzugerechnet werden müssen[988]. Damit bewegt sich die potentielle Gesamthaftungssumme eines Passagierbeförderers unter der Geltung des Protokoll 2002 in einer Größenordnung, die disproportional zu den auf dem Prinzip der gegenseitigen Versicherung beruhenden

[985] Ca. 291.670 € / 379.950 $ US.
[986] 857 Millionen SZR.
[987] Ca. 2,12 Milliarden $ US / 1,4 Milliarden SZR.
[988] Ansprüche von verunglückten Crew-Mitgliedern wären nicht nach dem Athener Übereinkommen / dem Protokoll 2002 zu bestimmen, sondern würden sich in der Summe nach Art. 6 Londoner Haftungsübereinkommen 1976 bzw. 1996 richten. Für entsprechende Ansprüche besteht die Möglichkeit, dass sie gemäß Art. 3 Londoner Haftungsübereinkommen 1976 bzw. 1996 in der Summe unlimitiert sein können, soweit das auf den Arbeitsvertrag anzuwendende Recht eine solche Summenlimitierung verbietet.

Grundsätzen einer P&I Versicherung steht. Der Grund für diese Disproportionalität liegt in dem geringen Anteil, den Passagierbeförderer im Rahmen der gesamten P&I Club-Mitglieder haben. Passagierbeförderer bilden gegenüber frachttragenden Schiffen weniger als fünf Prozent der von den P&I Clubs versicherten Tonnage. Trotz dieses geringen Anteils zeigen die Haftungssummen, dass Passagierbeförderer ein sehr hohes potentielles Haftungsrisiko darstellen.
Die P&I Clubs garantieren Versicherungsdeckung auf dem Prinzip der Gegenseitigkeit. Traditionell stellen dabei die Clubs Versicherungsdeckungen im Rahmen ihres Poolsystems für jeden Schiffseigentümer zur Verfügung, wobei die eigentliche Versicherung durch die Mitglieder selbst getragen wird, wodurch die P&I Clubs eine sehr große Risikostreuung schaffen. Tritt nun ein spezielles, nur wenige Mitglieder betreffendes Risiko auf, das in der Summe aber einen sehr hohen Anteil der Deckungskapazität der Clubs beansprucht, wird das Prinzip der Gegenseitigkeit aufgehoben, da ein solches Risiko überproportionale Belastungen der restlichen Mitglieder der Clubs fordert. Entsprechende Randrisiken werden meistens von den P&I Clubs aus einer Versicherungsdeckung ausgenommen, wie etwa nukleare Risiken oder Risiken, die aus bestimmten operativen Tätigkeiten von Spezialschiffen entstehen, wie zum Beispiel Baggerschiffe und Kabelverlegungsschiffe.
Schon im Vorfeld der Londoner Konferenz zur Erarbeitung des Protokolls 2002 erläuterten die P&I Clubs mehrfach, dass bei Passagierbeförderern eine Pro-Kopf-Haftungssumme die über einem Wert von 175.000 SZR liegt, von den Clubs nicht zu versichern sei[989]. Diese Summenlimitierungsvorstellung erwies sich als eine unrealistische Größe, da schon das Protokoll 1990 zum Athener Übereinkommen diese Limitierungsstufe vorsah, jedoch nicht in Kraft trat, da den meisten Staaten schon 1990 diese Summengrenze zu niedrig erschien. Die Entscheidung der auf der Londoner Konferenz zur Erarbeitung des Protokolls 2002 beratenden Staaten für wesentlich höhere Haftungshöchstsummen als die von den P&I Versicherern vorgeschlagenen ist aber nicht als generelle Entscheidung gegen die P&I Clubs zu werten. Die durch das Protokoll 2002 neu vorgesehenen Haftungssummen stellen vielmehr Teilentscheidungen der Londoner Konferenz dar, die im Rahmen eines Kompromissvorschlages erarbeitet wurde, welcher neben der Limitierung des Direktanspruches eines Geschädigten gegen den Versicherer auf eine Summe von 250.000 SZR auch die Haftungshöchstsummen des Art. 4 AÜP, die absolute Haftungsgrenze des Art. 6 Abs. 1 AÜP, die „opt-out"-Klausel des Art. 6 Abs.

[989] IMO Doc. LEG/CONF/13/11, 30. August 2002; Gaskell, Revision of the Athens Convention, in: Liability to Pay Damages under Greek and International Maritime Law, S. 155 (177).

2 AÜP, die „wilful misconduct“ Einrede des Art. 4 a Abs. 10 AÜP sowie eine Auslagerung der Versicherung für Terrorismusrisiken auf einen anderen Versicherer umfasst[990]. Im Rahmen dieser vom Protokoll 2002 angestrebten Gesamtlösung wurde versucht, den Interessen der P&I Clubs durch die Inkorporation der Einredemöglichkeit des Art. 4 a Abs. 10 AÜP zu entsprechen und gleichzeitig den Passagierinteressen durch hohe Haftungssummen entgegenzukommen. Dabei wurde von den staatlichen Delegationen bei dem Beschluss der über die Vorstellung der P&I Clubs hinausgehende Haftungssummen des Protokolls 2002 gehofft, dass der Versicherungsmarkt generell in der Lage sei, sich an die neuen Haftungslimitierungen anzupassen, und es entsprechend zu keinen Kapazitätsengpässen im Versicherungsmarkt für Passagierbeförderer kommen würde. Die Wirkung der neuen Haftungsgrenzen auf das System der P&I Clubs wurde dabei allerdings nicht berücksichtigt. Durch das hohe Schadenpotential, das mit Passagierschiffen zusammenhängt und maßgeblich ausgelöst wird durch die neuen Haftungssummen des Protokoll 2002 und die realistische Möglichkeit von Passagieransprüchen, die über die rückversicherte Summe von 2,03 Milliarden US-Dollar hinausgeht und so zu von den Mitgliedern der Clubs refinanzierten Deckungen führen kann, sind die P&I Clubs derzeit in Diskussionen mit ihren Mitgliedern, ob Passagierschiffe wegen ihrer Disproportionalität zu den anderen Mitgliedern insgesamt aus dem P&I Poolsystem ausgeschlossen werden sollen, oder ob zumindest die von den Clubs angebotene Versicherungsdeckung für Passagierschiffe auf einen bestimmten Betrag begrenzt werden müsse[991]. Ein ähnliches Vorgehen beschlossen die P&I Clubs als Reaktion auf den amerikanischen Oil Pollution Act 1990 und den mit diesem verbundenen unlimitierten Direktanspruch gegen den jeweiligen Versicherer, indem die Clubs eine Ausstellung der „Certificates of Financial Responsibility“ (COFRs) versagten und eine clubinterne Maximalversicherungsgrenze für Ölschäden von 500 Millionen US-Dollar pro Schiff und Scha-

[990] Vgl. IMO Doc. LEG/CONF 13/CW/WP.10, 29. Oktober 2002.

[991] Derzeit hat die International Group für die durch sie organisierten P&I Clubs signalisiert, dass eine Versicherungsdeckung für Schiffe zur Passagierbeförderung nur bis zu einer maximalen Beförderungskapazität von bis zu 3.600 Passagieren unter der Geltung des Protokolls 2002 angeboten werden könne. Eine darüber hinausgehende Deckung könne aufgrund fehlender Deckungskapazitäten und dem internen Clubsystem nicht gewährt werden. Dabei werde diese Deckung nicht von allen P&I Clubs angeboten, vielmehr hätten verschiedene Clubs aufgrund der Unvereinbarkeit des potentiell hohen Risikos von Passagieransprüchen bereits Passagierschiffe vollständig aus ihren Deckungen ausgeschlossen (vgl. IMO Doc. Draft Report of the Legal Committee on the Work of its Ninety-Second Session, LEG 92/WP.7, Abs. 5.22, 19. Oktober 2006; International Chamber of Shipping Doc. MLC(06)14-Annex 1, Doc. ICS(06)27 und Doc. MLC(06)10).

denereignis einführten[992]. Unterstützt wird die ablehnende Haltung der P&I Clubs gegenüber den neuen Passagierbefördererhaftungssummen noch zusätzlich durch die im Rahmen des Art. 6 Abs. 2 AÜP neu eingeführte „Opt-Out“-Klausel, welche es einzelnen Vertragsstaaten gestattet, im nationalen Wirkungskreis wesentlich höhere Haftungslimitierungen einzuführen, beziehungsweise ganz auf eine Limitierung der Haftung zu verzichten. Eine unlimitierte Haftung ist aber, aufgrund der begrenzten Deckungskapazität der Clubs und dem hohen Schadenrisiko eines modernen Kreuzfahrtschiffs, wie aufgezeigt nicht von den P&I Clubs versicherbar. Zwar wurde teilweise auf der Londoner Konferenz zur Erarbeitung des Protokolls 2002 vermutet, dass es den P&I Clubs möglich wäre, soweit nur eine geringe Anzahl von Staaten von einer Erweiterung oder Abschaffung der Haftungslimitierungen im Sinne des Art. 6 Abs. 2 AÜP Gebrauch macht, trotzdem eine wirkungsvolle Versicherungsdeckung bereitzustellen, auf Seiten der P&I Clubs unterstützt die „Opt-Out“-Klausel jedoch die Argumente für eine clubinterne Limitierungsregelung bei Passagierschäden.

Einer clubinterne Limitierung der Passagierbefördererhaftung entsprechend einer Limitierung, wie die Clubs sie schon im Rahmen der Ölhaftungen eingeführt haben, ist jedoch für die P&I Clubs und ihre Mitglieder trotz der Disproportionalität der Passagierbeförderer im Rahmen der gegenseitigen P&I Versicherung nicht nur vorteilhaft. Zwar ließe sich durch eine interne Limitierung eine in der Summe hohe Inanspruchnahme der Clubs im Schadenfall eines großen Kreuzfahrtschiffs vermeiden, gleichzeitig würde eine entsprechende Limitierung jedoch nicht nur die prozentual geringe Anzahl an Passagierbeförderern betreffen, sondern Auswirkungen gegenüber allen Mitglieder der P&I Clubs entwickeln, da alle Mitglieder dem Risiko gegenüberstehen, mit einem Passagierschiff zu kollidieren. Eine Limitierung von Passagieransprüchen im Rahmen der P&I Versicherungsdeckung würde in einem solchen Fall für alle Mitglieder die Versicherungsdeckung begrenzen. Im Kollisionsfall mit einem Passagierschiff ist somit das Risiko eines Passagierbeförderers ein dem Gegenseitigkeitsprinzip der Clubs entsprechendes Risiko. Weiterhin beruht die eigentliche Effektivität des P&I Poolsystems auf der größtmöglichen gegenseitigen Akzeptanz von vielen verschiedenen maritimen Risiken durch eine Vielzahl von unterschiedlichen Schiffseignern. Viele der im Rahmen eines P&I Clubs versicherten Risiken haben den Charakter von Einzelrisiken, die nur wenige der Mitglieder betreffen. Erst durch die Gesamtstreuung dieser Risiken auf alle Mitglieder erreichen die P&I Clubs ihre Stärke und Stabilität. Je größer die Tonnage auf die Einzelrisi-

[992] Im Versicherungsjahr 1999-2000 wurde diese Limitierungsgrenze von den P&I Clubs auf 1000 Millionen US-Dollar erhöht.

ken innerhalb der Clubs verteilt werden können, desto niedriger sind die effektiven Versicherungskosten für ein jedes Mitglied der Clubs. Es liegt somit im Interesse der Mitglieder eines P&I Clubs, eine große Anzahl von Risiken in einem P&I Pool zusammenzufassen. Werden Passagieransprüche clubintern limitiert, birgt ein solcher Schritt für die Clubs die Gefahr, dass dieses System in sich geschwächt wird. Eine clubinternen Limitierung von Passagieransprüchen entgegen der traditionell unlimitierten Gewährung von Versicherungsdeckung der P&I Clubs gegenüber ihren Mitgliedern könnte die Folge mit sich tragen, dass die Clubmitglieder auch für andere Risiken, die ebenfalls nur einen geringen Teil der Clubmitglieder betreffen, eine Neubewertung im Sinne einer Übereinstimmung der Risiken mit dem Prinzip der Gegenseitigkeit fordern[993]. Ein Ausschluss oder eine interne Limitierung von solchen Risiken würde aber für die P&I Clubs eine Schwächung ihres auf breite Risikostreuung angelegten Versicherungssystems bedeuten. Durch eine Begrenzung der Risiken würde die Möglichkeit der Clubs, über einer Summe von 2,03 Milliarden US-Dollar durch ihre Mitglieder im Wege von „supplementary calls" eine Deckung bis zu 4,25 Milliarden US-Dollar zu gewähren, maßgeblich abnehmen und entsprechend für jedes einzelne Mitglied eine deutliche finanzielle Mehrbelastung bedeuten.

Trotz dieser Bedenken tendieren die P&I Clubs derzeit für die Einführung einer internen Limitierung ihrer angebotenen Versicherungsdeckung auf Schiffe mit einer Beförderungskapazität bis zu 3.600 Passagieren. Für Schiffe mit einer höheren Passagierbeförderungskapazität sollen wird von den P&I Clubs voraussichtlich keine Versicherungsdeckung mehr angeboten werden[994]. Auch auf den kommerziellen Versicherungsmärkten hat sich bislang kein den Voraussetzungen des Protokolls 2002 entsprechendes Versicherungsmodell gebildet, welches in geeigneter Weise einen weitreichenden Passagierschutz zu sichern vermag. Um trotz dieser Versicherungsproblematik ein schnelles Inkrafttreten des Protokolls 2002 zu erreichen wurde von Norwegen in der IMO ein Vorschlag vorgelegt, der vorsieht, das kumulierte Haftungsrisiko des Protokolls 2002 durch eine globale Haftungsbeschränkung des Londoner Haftungsübereinkommen von 1976 in der Fassung des Protokolls von 1996 zu begrenzen[995]. Diese globale Haftungsgrenze soll zeitlich limitierte Geltung haben, um den

---

993 Beispiele für andere P&I Clubmitglieder, die ein der Passagierbeförderung ähnlich hohes Schadenrisiko bei geringer Mitgliederanzahl darstellen sind unter anderem Tanker die nicht-persistentes Öl befördern, Gastanker sowie Chemikalientanker.

994 IMO Doc. Draft Report of the Legal Committee on the Work of its Ninety-Second Session, LEG 92/WP.7, Abs. 5.22, 19. Oktober 2006; International Chamber of Shipping Doc. MLC(06)14-Annex 1, Doc. ICS(06)27 und Doc. MLC(06)10.

995 Vgl. IMO Doc. LEG 89/16, 4. November 2004; IMO Doc. LEG 88/WP.1, 22. April 2004.

Versicherungsmärkten Gelegenheit zu bieten, Versicherungsprodukte zu entwickeln, die dem Haftungsvolumen des Protokolls 2002 entsprechen. Eine Anwendbarkeit des Londoner Haftungsbeschränkungsübereinkommen neben dem Athener Übereinkommen und dem Protokoll 2002 wird durch Art. 19 AÜ ermöglicht, der auch unter dem Protokoll 2002 unverändert Geltung behält. Durch Art. 19 AÜ wird festgelegt, dass das Athener Übereinkommen nicht die in internationalen Übereinkommen über die Beschränkung der Haftung der Eigentümer von Seeschiffen vorgesehenen Rechte und Pflichten des Beförderers, des ausführenden Beförderers und ihrer Bediensteten und Beauftragten beschränkt[996]. Damit gelten neben den Haftungsbegrenzungen des Athener Übereinkommens wie auch denen des Protokolls 2002 jegliche Beschränkungen des Londoner Haftungsübereinkommens. Der norwegische Vorschlag sieht vor, dass alle Staaten die das Protokoll 2002 ratifizieren, zeitgleich auch das Protokoll von 1996 zum Londoner Haftungsbeschränkungsübereinkommen von 1976 ratifizieren, wobei die Vertragstaaten eine bindende Erklärung abgeben müssten, in der die Staaten klarstellen, dass sie für die Übergangszeit von der in Art. 15 Abs. 3 *bis*. des Londoner Haftungsübereinkommens 1976 in der Form des Protokolls 1996 vorgesehenen Möglichkeit der Abwählbarkeit der globalen Summenbegrenzung keinen Gebrauch machen. So könnte sichergestellt werden, dass nicht die Pro-Kopf-Summengrenze von 400.000 SZR als maximale Entschädigungsgrenze[997] gilt, sondern die globale Haftungsbeschränkung von 175.000 SZR multipliziert mit der Beförderungskapazität eines Passagierschiffs die Haftungshöchstgrenze bei Passagierschäden bildet[998], ohne jedoch für einen einzelnen Unglücksfall die durch das Protokoll 2002 neu festgelegten Höchstsummen zu beeinflussen. Kommen nur wenige Passagiere bei einem Unglücksfall zu Schaden, bleiben die Haftungshöchstsummen des Protokolls 2002 anwendbar, und damit die Maximalhaftung von 400.000 SZR pro Passagier. Lediglich im Falle eines Unglücks, bei dem viele Passagiere zu Schaden kommen, würde die so geltende globale Haftungsbeschränkung limitierende Auswirkungen auf Passagieransprüche haben. Da die Versicherungsproblematik nicht durch einzelne Ansprüche entsteht, sondern erst sobald ein großer Schadenfall auftritt, kann durch eine entsprechende Geltung der globalen Haftungsbeschränkung garantiert werden, dass alle zu Schaden gekommenen Passagiere zumindest einen Teil ihrer Schäden im Wege eines Direktanspruchs gegen den Ver-

---

[996] Vgl. schon die Ausführungen zu Art. 19 AÜ in dieser Arbeit: § 1, A, I, 8.

[997] Im Unglücksfall eines Passagierschiffs mit einer Beförderungskapazität von 3500 Passagieren würde sich, multipliziert mit der Pro-Kopf-Limitierung von 400 000 SZR, eine Summe von 1,4 Milliarden SZR ergeben.

[998] Wird die Summengrenze von 175 000 SZR mit einer Befördungskapazität von 3500 Passagieren multipliziert, ergibt sich eine Gesamthaftungssumme von 612.500.000 SZR.

sicherer ersetzt bekommen. Eine Limitierung im Rahmen der globalen Haftungsbeschränkung des Londoner Haftungsübereinkommen von 1976 in der Fassung des Protokolls von 1996 würde für ein Passagierschiff mit einer Beförderungskapazität von 3500 Passagieren eine Maximalhaftung von 612,5 Millionen SZR[999] garantieren, welches eine Pro-Kopf-Summe von 250.000 SZR für zumindest 70 Prozent der Passagiere gewährleisten würde. Gleichzeitig wäre eine entsprechende Haftungsbegrenzung durch die P&I Clubs ohne größere Schwierigkeiten versicherbar[1000]. Da eine solche Lösung nur temporären Charakter haben soll, bis sich die Versicherungsmärkte auf die neu geltenden Summenregelungen des Protokolls 2002 eingestellt haben und entsprechende Versicherungsprodukte anbieten können, ist es hinnehmbar, dass für diesen Zeitraum der Passagierschutz bei Großschäden zunächst eine Einschränkung erfährt. Zumindest könnte über diesen Weg sichergestellt werden, dass die restlichen dem Passagier zugute kommenden Rechtsänderungen des Protokolls 2002 schnelle Wirkung entfalten können. Zur Zeit wird jedoch aufgrund der derzeitigen Diskussionen innerhalb der P&I Clubs davon auszugehen sein, dass die P&I Clubs eine interne Limitierung für Passagieransprüche insoweit einführen, als dass eine Versicherungsdeckung nur bis zu einer Beförderungskapazität eines Schiffs bis zu 3600 Passagieren angeboten werden wird.

Wie schon bei der Entscheidung zwischen dem Modell der obligatorischen Passagier-Unfallversicherung und der Zwangshaftpflichtversicherung war ein wichtiges Element der Beratungen über die Haftungslimitierung des Protokolls 2002, das Versicherungssystem für die Beförderer-haftung im Rahmen der P&I Club-Strukturen zu halten, um so möglichst weitgehend eine Einbeziehung der Versicherung in den ökonomischen Wettbewerbsdruck unter dem ein Beförderer steht, zu vermeiden. Aus dieser Entscheidung ergeben sich weitreichende Auswirkungen für den seerechtlichen Bereich der Passagierbeförderung. Insbesondere zeigt sich, dass ein wesentlicher Unterschied der Regelungen des Protokolls 2002 zu den luftrechtlichen Regulierungen darin besteht, dass derzeit die Seeversicherungsmärkte die Einführung einer mit dem Montrealer Übereinkommen vergleichbaren unlimitierten Haftung für einen Passagierbeför-

[999] Ca. 714,6 Millionen Euro / 930,9 Millionen US-Dollar.

[1000] Die Europäischen Union ist derzeit bestrebt, den Vorschlag Norwegens in europäisches Recht umzusetzen. Die Europäische Kommission hat einen bisher nicht veröffentlichen Entwurf einer Richtlinie über die zivilrechtliche Haftung und finanzielle Sicherheit von Schiffseigentümern erarbeitet, der vorsieht, dass sämtliche Mitgliedstaaten das Londoner Haftungsübereinkommen 1996 ratifizieren und das Übereinkommen in europäisches Recht transformiert wird. Der Entwurf wird zur Zeit im Europäischen Parlament diskutiert.

derer auf internationaler Ebene nicht zulassen. Während im Luftrecht eine Versicherungsdeckung für eine unlimitierte Befördererhaftung auf den kommerziellen Märkten von den Versicherern angeboten wird, besteht eine solche Möglichkeit auf den Seeversicherungsmärkten derzeit nicht. Dies liegt zum einen an der Struktur der P&I Clubs, deren Prinzip der gegenseitigen Versicherung nur schwer vereinbar ist mit dem kumulierten Haftungsrisiko des Protokolls 2002 sowie dem geringen Anteil, den Passagierbeförderer unter den Mitgliedern der P&I Clubs zukommt. Zum anderen können die P&I Clubs eine Versicherungsdeckung nur bis zu der Maximalgrenze von 4,25 Milliarden US-Dollar anbieten. Darüber hinausgehende Ansprüche können sowohl von den P&I Clubs als auch von den kommerziellen Märkten nicht gedeckt werden, insbesondere weil eine über diese Summe hinausgehende Rückversicherung nicht vorhanden ist. Aufgrund der hohen Beförderungskapazität moderner Kreuzfahrtschiffe besteht jedoch das Risiko, dass unter der Geltung eines unlimitierten Haftungssystems diese Summe durch einen einzigen Schadenfall nicht nur aufgebraucht, sondern erheblich überschritten wird. Für eine solches Schadenszenario sind die derzeitigen Seeversicherungsmärkte nicht vorbereitet und können dementsprechend keine ausreichende Versicherungsdeckung gewähren. Durch die im Luftverkehr weitaus geringeren Passagierbeförderungszahlen pro Flugzeug besteht auch ein wesentlich geringeres Kumulrisiko in einem Schadenfall. Bei einer Beförderungskapazität von ca. 600 Flugpassagieren ist das Risiko einer unlimitierten Haftung für die Versicherungsmärkte wesentlich besser berechenbar und entsprechend auch unter den derzeitigen Entwicklungen in den Versicherungsmärkten versicherbar. Zudem beruht der Flugversicherungsmarkt nicht auf einem den P&I Clubs vergleichbaren System der gegenseitigen Versicherung verschiedener Beförderer, sondern wird maßgeblich von den kommerziellen Märkten bedient[1001]. Dadurch entfallen im Luftverkehr die Schwierigkeiten, die sich aus dem Zusammenwirken von hohen Kumulrisiken und der Struktur der P&I Versicherungen ergeben. Allerdings entfällt für den Flugzeugpassagier ebenfalls der Vorteil der Stabilität und Funktionssicherheit der P&I Clubs, wie auch der Vorteil eines Direktanspruchs gegen den Versicherer, wodurch ein zu Schaden gekommener Passagier mit seinem Schadenersatzanspruch un-

---

[1001] Der Versicherungsmarkt für das Luftverkehrswesen wird hauptsächlich durch Lloyd's of London sowie normalen, kommerziellen Versicherungsunternehmen bedient. Dabei existieren eine Reihe von Zusammenschlüssen dieser beiden Marktsegmente, z.B. im Rahmen der Lloyd's Aviation Underwriters Association (LAUA), der Aviation Insurance Office Association (AIOU), dem Joint Technical and Clauses Committee (JTCC), dem Lloyd's Aviation Claim Center (LACC) sowie der International Union of Aviation Insurers (IUAI). Großrisiken werden fast ausnahmslos sowohl von Lloyd's als auch dem kommerziellen Versicherungsmarkt zu gleichen Teilen versichert.

abhängig von einer Zahlungsfähigkeit eines Beförderers ist. Der Vorteil, der sowohl einem Beförderer als auch einem Passagier durch das seerechtliche Pflichtversicherungssystem des Protokolls 2002 gewährt wird, bildet damit gleichzeitig auch eine Rechtfertigung für eine Summenbegrenzung der seerechtlichen Befördererhaftung.

§ 3 Die Zukunft des Protokolls 2002: Eine globale Vereinheitlichung des Rechts der Personenbeförderung auf See?

Durch die Erarbeitung der über vier Jahre einer Ratifikation des Protokolls 2002 entgegenstehenden Lösung des strukturellen Problems der Versicherung der Befördererhaftung bei terroristischen Handlungen durch den Beschluss des Vorbehaltes und der Richtlinien auf der 92ten Sitzung des IMO-Rechtsausschusses, kann das Protokoll 2002 nunmehr als neues Rechtsinstrument für die Personenbeförderung auf Seeschiffen in den Vorgang der Ratifizierung durch die Staatengemeinschaft eintreten. Eines der erklärten Ziele der Londoner Konferenz ist es, durch die Erarbeitung des Protokolls 2002 ein international einheitliches System der Haftung des Seebeförderers zu schaffen, das den Verbraucherschutz gegenüber den Regelungen des Athener Übereinkommen 1974 nicht nur durch eine Anpassung der Haftungsstrukturen an die moderne Rechtsentwicklung steigert, sondern - ähnlich der vom luftrechtlichen Montrealer Übereinkommen 1999 erreichten, hohen Ratifizierungszahl und Beteiligung der wichtigsten Luftverkehrsmärkte - global eine breite Anerkennung erfährt und entsprechend den verbesserten Verbraucherschutz in der Passagierbeförderung zu einem international einheitlich geltenden Rechtsstandard entwickelt.

Eine präzise Vorhersage über das Ausmaß der internationalen, staatlichen Beteiligung am Ratifizierungsprozess des Protokolls 2002 lässt sich derzeit noch nicht treffen. Es lassen sich jedoch Tendenzen einzelner Nationen und Regionen erkennen, die eine breit gestreute internationale Anerkennung der neuen Rechtsgrundsätze in Frage stellen. Dabei kommt den Vereinigten Staaten, dem asiatischen Raum sowie der Europäischen Union eine gesteigerte Bedeutung zu.

Der Weltmarkt des Kreuzschifffahrtverkehrs konzentriert sich maßgeblich auf den nordamerikanischen Raum[1002]. Europa bildet in diesem

[1002] Alleine die Vereinigten Staaten erfassen etwa 67 Prozent des Weltmarktes, wobei dem Kreuzfahrtmarkt für das Jahr 2001 die Erwirtschaftung eines Gesamtertrages von 17.9 Milliarden US-Dollar zugeschrieben wurde, mit mehr als 257,000 von der amerika-
(Fortsetzung der Fußnote auf nächster Seite)

Transportbereich etwa 22 Prozent des Weltmarktes, mit einer stetig steigenden Wachstumsrate[1003]. Dem europäischen Weltmarktanteil bei der Passagierbeförderung auf Kreuzfahrtschiffen folgt der asiatische Raum, dem im internationalen Vergleich ein Marktanteil von etwa 10 Prozent zuzurechnen sind. Im internationalen Fährverkehr hat der europäische Raum insbesondere in der Nord- und Ostsee die höchsten Passagierbeförderungszahlen, gefolgt von asiatischen Ländern wie China, Makao, Indonesien und Singapur. Im inländischen Fährverkehr weist Japan mit 120 Millionen beförderten Passagieren im Jahr 2000 die höchsten Beförderungszahlen auf.

A. Ratifikationsbereitschaft der USA

Obgleich der Bedeutung des amerikanischen Kreuzfahrtmarktes ist eine Ratifikationsbereitschaft der Vereinigten Staaten für das Protokoll 2002 derzeit eher unwahrscheinlich. Schon im Rahmen der Diskussionen um die Erarbeitung des Protokolls 2002 brachte die amerikanische Delegation zum Ausdruck, dass die vorgesehenen Änderungen des Haftungssystems nicht den Interessen der Vereinigten Staaten entsprechen[1004]. Die meisten Regelungen des Protokolls 2002 werden von der „Maritime Law Association of the United States“ als unvereinbar mit dem nationalen Recht der Vereinigten Staaten bewertet und eine Ratifikation des Protokolls 2002 ausdrücklich abgelehnt[1005]. Auch das amerikanische „International Council of Cruise Lines“ (ICCL) sowie das “American Institute of Marine Underwriters“ empfehlen der amerikanischen Regierung aufgrund ähnlicher Bewertungen von einer Ratifikation des Protokolls 2002

---

nischen Kreuzfahrtindustrie abhängigen Arbeitsplätzen und einem Gesamtumsatz von 8,7 Milliarden US-Dollar in Arbeitslöhnen (Jahresbericht 2001 des International Council of Cruise Lines (ICCL), The Contribution of the North American Cruise Industry to the U.S Economy in 2000, S. 3, (Business Research & Economic Advisors, Oktober 2001, The Contribution of the North American Cruise Industry to the U.S Economy in 2000, *http://www.iccl.org/resources/econstudy00.pdf* [08.02.2005]; vgl. auch B. Kröger, Same rights as airline passengers?, CMI Yearbook 2001, S. 244 (246); Sudhölter, DVB Group, The global cruise industry, 4/2001, S. 4).

[1003] Im europäischen Raum hat England den größten Marktanteil, gefolgt von Deutschland mit einer im Jahr 2003 im Vergleich zum Vorjahr um 25 % gestiegenen Beförderungsrate, auf insgesamt 537.000 Passagiere. In Italien stieg die Zahl der beförderten Passagiere auf Kreuzfahrtschiffen im Jahr 2002 im Vergleich zum Vorjahr um 18 % auf 300.000, Spanien verzeichnete eine Wachstumsrate von 14% (Sandra Spears, European cruise potential is ‘enormous’ says PSA, Lloyd’s List, 16. Juni 2003, S. 14.; Katrin Berkenkopf, German cruise Firms see record turnover, Lloyd’s List, 19. März 2004).

[1004] Vgl. IMO Doc. LEG 83/4/8, 11. September 2001.

[1005] Maritime Law Association of the US, Position Paper on the Proposed Protocol to the 1974 Athens Convention, 16. July 2001, *http://www.mlaus.org* (20.02.2005).

abzusehen. Die amerikanischen Hauptkritikpunkte an dem Protokoll 2002 bilden das System der Gefährdungshaftung und ihrer Summenlimitierungen, die Unvereinbarkeit der umgekehrten Beweislast mit dem zivilrechtlichen Gerichtssystem der Vereinigten Staaten, die geänderten Verjährungsfristen sowie die „opt-out“ Klausel des Art. 6 Abs. 2 AÜP.
Das nationale Recht der Vereinigten Staaten wird vor diesem Hintergrund als unvereinbar mit den entsprechenden Regelungen des Protokolls 2002 bewertet. Auch die im Rahmen des Vorbehaltes und der Richtlinien gefundenen Regelungen von Limitierungssummen der Versicherung für terroristischer Schäden werden von den Vereinigten Staaten mit dem Argument abgelehnt, dass eine Limitierungssumme in diesem Bereich nicht akzeptiert werde. Eine ähnlich ablehnende Bewertung findet das Protokoll 2002 auch durch Stimmen der amerikanischen Literatur[1006].
Entsprechend ist davon auszugehen, das die Regierung der Vereinigten Staaten - wie schon im Rahmen des Athener Übereinkommen 1974 - von einer Ratifizierung des Protokolls 2002 zunächst absehen wird. Durch eine solche Enthaltung wäre das Ziel der internationalen Einheitlichkeit des Rechtssystems des Protokolls 2002 ernsthaft in Frage gestellt, da der größte Markt für Kreuzfahrbeförderungen von den Neuregelungen nicht erfasst wird. Allerdings wäre auch im Fall einer Nichtratifizierung eine Rechtswirkung des Protokolls 2002 in den Vereinigten Staaten nicht gänzlich ausgeschlossen, da die neuen Rechtsgrundsätze durch eine ausdrückliche Aufnahme in den Beförderungsvertrag oder in das Beförderungsticket für eine Passagierbeförderung zwischen zwei ausländischen Häfen Geltung erlangen können[1007], vorausgesetzt dass keine der Regelungen gegen die nationale „public policy“ verstößt[1008].

[1006] Siehe z.B. Peltz/Warger, Amendments to the Athens' Convention Threaten US Maritime Law, [2001] 2 Int'l Trade L.J., S. 170; William Dorsey III, The Proposed Protocol to the Athens Convention relating to the Carriage of Passengers by Sea, *http://www.houstonmarineseminar.com/pdfs/2001/Dorsey_speech.pdf* (08.02.2005).

[1007] So entschieden im Fall *Becantinos v. Cunard Line Ltd.*, 1991 WL 64187 (S.D.N.Y. 18. April 1991).

[1008] Vgl. z.B. den Fall *Chan v. Society Expeditions*, Inc., 123 F. 3d 1287, 1997 AMC 2713 (9th Cir. 1997), in welchem die Gerichte entschieden, dass bestimmte auf Tickets enthaltene Regelungen einer Limitierung ungerechtfertigter Körperverletzungsansprüche mit Todesfolge aufgrund eines Verstoßes gegen die nationale „public policy“ keine Anwendung finden. Auch im Fall *Mills v. Renaissance Cruise Inc.,* 1993 AMC 131 (N.D. Cal. 1992) entschied das angerufene Gericht, dass entsprechende Limitierungen für Körperverletzungsansprüche nicht anwendbar seien.

B. Ratifikationsbereitschaft der asiatischen Staaten

Eine den Vereinigten Staaten ähnliche Haltung kann von den meisten asiatischen Staaten erwartet werden, auch wenn die Gründe einer Enthaltung im asiatischen Raum zu denen der Vereinigten Staaten einer unterschiedlichen Bewertung bedürfen. Schon bei der Ratifizierung des Athener Übereinkommens 1974 zeigte sich, dass die meisten asiatischen Länder – mit der Ausnahme von China - wenig Interesse an einer Geltung der Rechtsregeln für eine Passagierbeförderung auf See in ihrem Rechtskreis hatten. Die Enthaltung der Mehrheit der asiatischen Länder lässt sich insbesondere auf die Höhe der Haftungssummen des Athener Übereinkommen zurückführen, sowie auf die Tatsache, dass eine Passagierbeförderung auf See in unterschiedlichen Teilen der Welt verschiedenartige soziale und politische Zielsetzungen erfüllt. Im asiatischen Raum wird insbesondere der Fährverkehr bestimmt von in staatlichem Eigentum oder zumindest unter staatlicher Kontrolle stehenden Unternehmen. Die von Passagieren zu zahlenden Beförderungsentgelte variieren erheblich, werden teilweise aus politischen Gründen subventioniert, und decken oft nicht einmal die Betriebs- und Sicherheitskosten der Verkehrsträger[1009]. Haftungslimitierungen der Beförderer auf hohe Summenbeträge finden in diesen Ländern entsprechend wenig Anerkennung. Auf eine geänderte Haltung dieser Staaten bezüglich der Ratifizierung eines Rechtsinstrumentes zu hoffen, das neben einer erheblichen Erhöhung der Haftungshöchstsummen des ursprünglichen Athener Übereinkommen von 1974 auch die Einführung einer Gefährdungshaftung und einer Zwangsversicherung mit der Möglichkeit eines Direktanspruchs des Geschädigten gegen den Versicherer vorsieht, wäre nicht realistisch. Es ist vielmehr davon auszugehen, dass ein Großteil der Passagierbeförderung im asiatischen Fährverkehr, und damit ein wesentlicher Anteil der Passagiere im internationalen Fährverkehr, weiterhin ohne den Schutz sowohl des Athener Übereinkommen 1974, als auch des neuen Protokolls 2002 bleiben wird.

C. Ratifikationsbereitschaft und rechtliche Entwicklungen in der Europäischen Union

Durch die entsprechend zu erwartende Enthaltung der zwei wichtigsten Verkehrsmärkte für die Passagierbeförderung auf See im Rahmen des

[1009] Müller, Should the Athens Convention 1974 be modified?, CMI Yearbook 2000, S. 665 (668).

Ratifikationsprozesses ist zweifelhaft, ob das Protokoll 2002 zu einer nennenswerten internationalen Rechtsvereinheitlichung beitragen wird. Zumindest die Europäische Union zeigt deutliche Bestrebungen das Protokoll 2002 zu ratifizieren. Das europäische Interesse an einer Neuregulierung der Haftungsstruktur eines Seebeförderers verdeutlichte sich schon während des Erarbeitungsprozesses des Protokolls 2002. Noch vor der Londoner Konferenz zur Ausarbeitung des Protokolls 2002 kündigte die Europäische Kommission in einer Mitteilung zur Verbesserung der Sicherheit von Fahrgastschiffen in der Europäischen Gemeinschaft an, dass innerhalb der Europäischen Union die Vorschriften über eine angemessene Entschädigung von Seereisenden einer Neuregelung bedürften und in naher Zukunft im europäischen Recht umgesetzt werden sollen[1010]. In der Mitteilung wurden wesentliche Elemente angeführt, die Teil einer praktikablen Haftungsregelung bezüglich Passagierbeförderern sein sollten. Die Kommission skizzierte darin substantielle Fragen, unter anderem Art und Umfang einer Neuregelung der Haftung von Beförderern sowie Mindestversicherungspflichten, die in der Fassung des Athener Übereinkommen von 1974 als unzureichend geregelt bewertet wurden. Die Ausgestaltung einer auf europäischer Ebene beschlossenen Neuregulierung orientierte sich dabei an dem Fortgang der Diskussionen in der IMO. Die Umsetzung eines internationalen Rechtsregimes in europäisches Recht wurde einer allein auf den europäischen Raum begrenzten Neuregulierung bevorzugt, im Ergebnis jedoch davon abhängig gemacht, ob die Resultate der Arbeiten der IMO den Interessen der Europäischen Union entsprechen würde.

Nach dem Beschluss des Protokolls 2002 durch die Staatengemeinschaft auf der Londoner Konferenz in der IMO teilte die Europäische Kommission mit, dass das Protokoll 2002 allen europäischen Anforderungen zur Vereinheitlichung und Verbesserung der Haftungsregelungen für Seereisende in der Europäischen Gemeinschaft entspricht und auf europäischer Ebene im Rahmen des „Maritime Safety Package 2004“ durch eine Verordnung, welche die Bestimmungen des Protokolls 2002 in das Gemeinschaftsrecht übernehmen wird, vervollständigt werden soll[1011]. Die Europäische Kommission regte in diesem Zusammenhang an, dass die Gemeinschaft dem Protokoll 2002 zu einem möglichst frühen Zeitpunkt beitreten und das Protokoll 2002 von den Mitgliedstaaten bis Ende 2005

[1010] Mitteilung der Kommission - Erhöhung der Sicherheit von Fahrgastschiffen in der Gemeinschaft, KOM(2002) 158 endg., 25.03.2002.

[1011] Vorschlag der Kommission für einen Beschluss des Rates über den Abschluss durch die Europäische Gemeinschaft des Protokolls von 2002 zum Athener Übereinkommen von 1974, Brüssel, 24.06.2003, KOM(2003) 375 endgültig, 2003/0132 (AVC); European Commission Directorate General for Energy and Transport, Maritime Safety Package 2004, Brüssel, 05.05.2004, TREN/G/D(2004) 7668, S.4.

ratifizieren werden solle. In der Folge wurde jedoch der Ratifikationsprozess des Protokolls 2002 auf internationaler Ebene, insbesondere aufgrund der bis in das Jahr 2006 im IMO-Rechtsausschuss diskutierten Problematik der Wirkung der Haftungs- und Versicherungsregelungen des Protokolls 2002 auf die Versicherbarkeit der Befördererhaftung in Bezug auf terroristische Handlungen, erheblich verzögert. Keiner der europäischen Mitgliedstaaten verfolgte in dieser Zeit eine aktive Ratifikation des Protokolls 2002.
Im Jahr 2005 legte daraufhin die Europäische Kommission auf der Grundlage ihrer Mitteilung über die Erhöhung der Sicherheit von Fahrgastschiffen in der Gemeinschaft und dem „Maritime Safety Package 2004" den Entwurf einer Verordnung über die Haftung von Fahrgastreedereien im internationalen Verkehr und auf Binnenwasserstraßen im Fall von Unfällen[1012] dem Europäischen Parlament und dem Rat vor, die das Protokoll 2002 zeitnah in europäisches Recht und damit auch in das nationale Recht der Mitgliedstaaten transformieren soll.

I. Entwurf der EU-Kommission für eine Verordnung über die Haftung von Fahrgastreedereien

Der Entwurf der Europäischen Kommission für eine Verordnung über die Haftung von Fahrgastreedereien im internationalen Verkehr und auf Binnenwasserstraßen im Fall von Unfällen hat in erster Linie zum Ziel, das in der IMO für die internationale Passagierbeförderung auf See beschlossenen Protokoll 2002 in allen Mitgliedstaaten der Europäischen Union einheitlich umzusetzen. Unter Anwendung der Rechtsgrundlagen des Art. 71 Abs. 2 und Art. 80 Abs. 2 EG-Vertrag nimmt die Kommission in ihrem Verordnungsentwurf bezüglich der Ausübung ihrer Kompetenzen gegenüber den Mitgliedstaaten dahingehend Stellung, dass die Gemeinschaft in dem rechtlichen Bereich des Passagierseetransports gegenüber den Mitgliedstaaten keine exklusive Kompetenz besitze, eine durch die europäischen Institutionen erlassenen Regulierung diese Bereiches aber eine europaweit einheitliche Anwendung, Implementierung und Interpretation der Neuregelungen auf alle Passagiertransporte von Fahrgastreedereien sowie eine einheitliche Umsetzung des Protokolls 2002 in den Mitgliedstaaten garantiere. Ein entsprechend einheitlichen Ansatz könne aufgrund der Gefahr divergierender Standards und der Möglichkeit eines

[1012] Vorschlag für eine Verordnung des Europäischen Parlaments und des Rates über die Haftung von Beförderern auf See und im Binnenverkehr bei Unfällen, KOM(2005) 592–C6-0057/2006 – 2005/241(COD) (Ratsdok. 6827/06), bisher noch nicht veröffentlicht, (im Folgenden: Verordnungsvorschlag).

daraus resultierenden unfairen Wettbewerbes innerhalb der Gemeinschaft nicht ausreichend durch ein ausschließliches Tätigwerden der Mitgliedstaaten gewährleitstet werden.
Inhaltlich übernimmt der Verordnungsentwurf zunächst überwiegend wortgleich sämtliche Regelungen, die im Rahmen des Protokoll 2002 in der IMO beschlossen wurden. Hinsichtlich der Umsetzung der Verordnung erklärt die Kommission in ihrem Vorschlag, dass der frühest mögliche Zeitpunkt eines in Kraft treten der europäischen Verordnung angestrebt werden soll, dass aber aufgrund des Umstandes, dass sowohl die Europäische Gemeinschaft als auch die einzelnen Mitgliedstaaten Vertragsparteien des Protokolls 2002 werden sollen, ein simultanes in Kraft treten des Protokolls 2002 und der europäischen Verordnung bevorzugt wird.

Ergänzend zu der wort- und inhaltsgleichen Transformation der Normen des Protokolls 2002 in europäisches Recht, sieht der Verordnungsentwurf gleichzeitig verschiedenen Neuregelungen auf europäischer Ebene vor, die von dem Wortlaut des völkerrechtlichen Protokolls 2002 abweichen.

1. Vorauszahlungspflicht der Fahrgastreederei

Zum einen wird in Art. 5 des Verordnungsvorschlags eine Vorauszahlungspflicht der Reederei im Schadensfall an den jeweiligen Anspruchsteller eingeführt. Im Falle eine Unglücks, bei dem ein Passagier zu Schaden kommt, ist die Reederei im Rahmen dieser von den völkerrechtlichen Normen des Protokolls 2002 abweichenden Regelung verpflichtet, unabhängig davon, ob ein Anspruch berechtigt ist oder nicht, nach Identifizierung des Anspruchstellers an diesen eine Vorauszahlung in Höhe von mindestes 21.000 Euro zu leisten.

2. Informationspflicht

Zum anderen wird mit Art. 6 des Verordnungsvorschlags eine ebenfalls von den völkerrechtlichen Normen abweichende Verpflichtung von Reedereien und darüber hinaus auch von „Tour Operatoren“ eingeführt, Passagiere vor Abfahrt eines Schiffs über ihre möglichen Ansprüche aus dem Protokoll 2002 und der künftigen europäischen Verordnung in einem Schadensfall zu informieren. Die Regelung sieht vor, dass speziell Informationen über alle Haftungshöchstsummen, den Direktanspruch gegen den Versicherer sowie über die Vorauszahlungsverpflichtung des Beförderers erteilt werden sollen.

3. Ersatzanspruch für Schäden an Rollstühlen und ähnlichen Hilfsmitteln

Des Weiteren werden die Regelungen des Protokolls 2002 durch eine in Art. 4 Abs. 2 des Verordnungsvorschlags normierte Sonderregelung um einen Schadensersatzanspruch für Schäden an Rollstühlen und ähnlichen Hilfsmitteln erweitert, der die Maximalhaftungssumme für solche Schäden auf den Wiederbeschaffungswert entsprechender Hilfsmittel begrenzt.

4. Nationale Fahrgastschifffahrt

Zusätzlich sieht der Verordnungsvorschlag der Europäischen Kommission in Art. 2 vor, die für die internationale Passagierbeförderung geschaffenen Regelungen des Protokolls 2002 auf nationale Passagierbeförderungsmärkte des europäischen Raumes mit Seeschiffen auszudehnen und auch die Binnenschifffahrt in sämtlichen Mitgliedstaaten in die Regelungen einzubeziehen.

II. Bewertung des Entwurfs der EU-Kommission für eine Verordnung über die Haftung von Fahrgastreedereien

Der Vorschlag der EU-Kommission, das in der IMO durch die Staatengemeinschaft für den internationalen Passagierverkehr beschlossenen Protokoll 2002 in allen Mitgliedstaaten der Europäischen Union in Kraft zu setzen, fördert die Ziele des Protokolls 2002 einen einheitlichen Rechtsrahmen für die Passagierbeförderung auf See in möglichst vielen Staaten zu schaffen. Es führt auf europäischer Ebene zu einheitlichen Rahmenbedingungen für den internationalen Fährverkehr und darüber hinaus zu einheitlichen Wettbewerbsbedingungen für die Kreuzfahrtmärkte in Europa, jedenfalls soweit die Beförderungsverträge innerhalb der Europäischen Gemeinschaft geschlossen werden. Die Konsequenz der Transformation des Protokolls 2002 in europäisches Recht ist - im Vergleich zu den in Europa derzeit überwiegend auf den Regelungen des Athener Übereinkommens 1974 beruhenden Rechtsstandards – eine erhebliche Steigerung des Passagierschutzes durch die Anhebung der Haftungssummen der Reedereien auf das durch das Protokoll 2002 festgelegte Niveau, verbunden mit einer Zwangshaftpflichtversicherung, der Einführung einer Gefährdungshaftung für „shipping incidents“ und der Möglichkeit einer direkten Inanspruchnahme des Versicherers durch den Geschädigten. Im Vergleich mit anderen Transportmitteln wie etwa dem

Flugzeug, der Bahn oder dem Bus bieten damit die Regelungen der Passagierschifffahrt im Seeverkehr das derzeit höchste finanzielle Schutzniveau für Passagiere. Der aus den Neuregelungen für die im direkten Wettbewerb mit den übrigen Transportmitteln stehenden Reedereien[1013] erwachsende Nachteil des Einkaufs eines höheren Versicherungsschutzes und die damit verbundenen Möglichkeit einer Belastung des Wettbewerbes ist vor dem Hintergrund des Bedürfnisses nach einem gesteigerten Verbraucherschutzes gerechtfertigt.

Hinsichtlich der Ratifizierung, Umsetzung und einheitlichen Anwendung des Protokolls 2002 im europäischen Rechtsraum gibt die Europäische Gemeinschaft mit dem Verordnungsvorschlag zu erkennen, das zwei verschiedene Wege parallel beschritten werden sollen. Zum einen soll eine im Wesentlichen gleichzeitige Ratifikation des Protokolls 2002 durch alle Mitgliedstaaten und die Europäische Gemeinschaft als regionale Organisation zur wirtschaftlichen Integration innerhalb einer Frist vorgenommen werden, zum anderen soll das Protokoll 2002 durch Übernahme seines Wortlautes in eine europäische Verordnung in europäisches Recht transformiert werden. Hintergrund dieser Zweiteilung des Ratifikations- und Umsetzungsprozesses ist die völkerrechtliche Natur des Protokolls 2002. Als internationales, völkerrechtliches Übereinkommen schafft das Protokoll 2002 völkervertragliche Bindungen zwischen den ratifizierenden Staaten. Diese Bindungen beschränken sich nicht auf den europäischen Raum, sondern gelten auch für und gegenüber Staaten außerhalb Europas. Diesem Charakter und entsprechend auch der Zielsetzung des Protokolls 2002, auf internationaler Ebene einen einheitlichen Rechtsrahmen für die Passagierbeförderung auf See zu schaffen und so eine international umfassende Passagierschutzsteigerung zu erreichen, kann nur dadurch entsprochen werden, dass alle europäischen Mitgliedstaaten und zusätzlich die Europäische Gemeinschaft[1014] einzeln Vertragspartein des Protokolls 2002 werden.

Würde das Protokoll 2002 allein über den Erlass einer europäischen Verordnung in europäisches Recht umgesetzt, ohne dass die Mitgliedstaaten

[1013] Insbesondere im Kurzstreckenverkehr stehen das Fährschiff und die Bahn zumeist in einem direkten Konkurrenzverhältnis.

[1014] Die Europäische Gemeinschaft muss neben den europäischen Mitgliedstaaten Vertragspartei des Protokolls 2002 werden, da ihr von den Mitgliedstaaten zum Teil ausschließliche Zuständigkeiten übertragen wurden. Mit Artikeln 11 AÜP wird im Protokoll 2002 die gerichtliche Zuständigkeit und Anerkennung und Vollstreckung von Urteilen geregelt. In diesem Bereich hat die Europäische Gemeinschaft entsprechend der Verordnung (EG) Nr. 44/2001 die ausschließliche Zuständigkeit, so dass die Mitgliedstaaten insoweit keine diesbezüglichen völkerrechtliche Verpflichtungen gegenüber Drittstaaten mehr eingehen können. Im Rahmen des Protokolls 2002 besteht somit eine „gemischte Kompetenz“ von Mitgliedstaaten und Gemeinschaft (vgl. in dieser Arbeit § 2, A, VIII).

und die Europäische Gemeinschaft eigenständig dem Protokoll 2002 als Vertragsparteien beitreten würden, wären die Mitgliedstaaten völkerrechtlich nicht an das Protokoll 2002 gebunden. Dies wiederum könnte für solche Mitgliedstaaten, die das Athener Übereinkommen 1974 ratifiziert haben, gegen Art. 7 und Art. 14 des Athener Übereinkommens 1974 verstoßen, da für diese Staaten abweichende Haftungsregelungen geschaffen würden. Zudem würden für Drittstaaten, die Vertragspartei des Protokolls 2002 sind, gegenüber den europäischen Mitgliedstaaten in einem solchen Fall keine völkerrechtlichen Verpflichtungen entstehen. Auch ein Beitritt der europäischen Mitgliedstaaten und der Europäischen Gemeinschaft zum Protokoll 2002 unter Verzicht auf den Erlass einer europäischen Verordnung erscheint nicht geeignet, um eine einheitliche Umsetzung des Protokolls 2002 im europäischen Rechtsraum zu garantieren. Zumindest könnte in einem solche Fall nicht ausgeschlossen werden, dass einzelne europäische Mitgliedstaaten von der ihnen durch Art. 6 Abs. 2 AÜP gewährten Möglichkeit Gebrauch machen, höhere als die derzeit im Protokoll 2002 vorgesehenen Haftungssummen festzulegen. Würden aber im europäischen Rechtsraum zwischen den Mitgliedstaaten unterschiedliche Haftungssummen gelten, bestünde die Gefahr einer Verzerrung des europäischen Binnenmarktes[1015].
Zudem ist zu berücksichtigen, dass das Protokoll 2002 im Rahmen der Haftung und Versicherung von Terrorismusrisiken durch einen völkerrechtlichen Vorbehalt und Richtlinien ergänzt wurde, die ebenfalls von jedem Ratifikationsstaat einzeln angenommen werden müssen, um gegenüber den übrigen Vertragstaaten auf internationaler Ebene Wirkung zu entfalten. Vor diesem Hintergrund zeigt sich, dass eine Einzelratifikation durch die europäischen Mitgliedstaaten die völkerrechtlich zwingende und den Grundsätzen der globalen Rechtsvereinheitlichung entsprechende Ratifikationsmethodik ist[1016]. Dass zusätzlich zu diesem Weg der Einzelratifikation das Protokoll 2002 auch als Verordnung in europäisches Recht integriert werden soll, hat zwar in diesem Zusammenhang

---

[1015] Vgl. auch: Lagoni, Die Haftung des Beförderers im Binnenverkehr, ZEuP 2007, S. 1079 (1087).

[1016] Der derzeitige Verordnungsentwurf, der zeitlich vor dem IMO-Beschluss des Vorbehaltes und der Richtlinien zur Ratifizierung des Protokolls 2002 im Hinblick auf die Versicherung von Terrorismusrisiken erarbeitet wurde, sieht noch keine ausdrückliche Integration des Vorbehaltes und der Richtlinien in die Verordnungsregelungen vor. Die andauernden Diskussionen im Europäischen Parlament zeigen aber, dass der Vorbehalt und die Richtlinien durch eine entsprechende Klausel voraussichtlich wortgleich in die Verordnung aufgenommen werden sollen (vgl. unter anderem: European Parliament, Committee on Transport and Tourism, Draft Report Paolo Costa, 30.10.2006, PE-380.780v01-00, S. 10).

keine weiteren wirtschaftlichen Auswirkungen, es unterstützt aber die beschriebene Vereinheitlichung des europäischen Binnenmarktes.
Entsprechend ist der parallele Weg des einzelstaatlichen Beitritts der europäischen Mitgliedstaaten und der Europäischen Gemeinschaft zu dem Protokoll 2002 und die gleichzeitige Umsetzung des Protokolls 2002 durch eine europäische Verordnung in europäisches Recht als notwendig zu bewerten, um eine einheitliche innereuropäische Anwendung des völkerrechtlichen Rechtsinstrumentes unter gleichzeitiger völkerrechtlicher Bindung der Mitgliedstaaten gegenüber Drittstaaten zu gewährleisten.
Vor diesem Hintergrund überzeugt der von der Europäischen Kommission gewählte Weg des Entwurfs einer Verordnung zum Protokoll 2002.
Neben der dem Ziel der europäischen wie internationalen Rechtsvereinheitlichung und Steigerung des Passagierschutzes als förderlich zu bewertenden Transformation des Protokolls 2002 in europäisches Recht, ergibt sich aber auch ein Ansatzpunkt für Kritik an dem Verordnungsvorschlag der Europäischen Kommission. Vor dem Hintergrund des völkerrechtlichen Charakters des Protokolls 2002 und seinem auf globale Rechtsvereinheitlichung in der internationalen Passagierbeförderung auf See ausgelegten Rechtsrahmen zeigt sich, dass die in dem Verordnungsentwurf vorgesehenen, zusätzlichen und über den Standard des Protokolls 2002 hinausgehenden europäischen Neuregelungen mit dem Wortlaut und dem Sinn des Protokolls 2002 als Völkerrechtsvertrag nicht nur schwer zu vereinbaren sind, sondern zum Teil als Verstoß gegen die vom Protokoll 2002 festgelegten Völkerrechtsregeln bewertet werden können.

1. Vorauszahlungspflicht der Fahrgastreederei

Eine über die Regelungen des Protokoll 2002 hinausgehende Verpflichtung findet sich unter anderem im Rahmen der in Art. 5 des Verordnungsvorschlag geregelten Vorauszahlungspflicht von Fahrgastreedereien zur Deckung der unmittelbaren wirtschaftlichen Bedürfnisse bei Tod oder Körperverletzung eines Reisenden. In dieser Verpflichtung könnte zunächst eine zu dem Protokoll 2002 zusätzliche Haftungsregelung gesehen werden. Entsprechend zusätzliche oder über die Regelungen des Protokolls 2002 hinausgehende Normen sind durch das Regelungsregime des Protokolls 2002 in ihrer Wirksamkeit begrenzt. Zusätzliche Haftungsnormen sind nur in dem durch Art. 7 Abs. 2 in der Fassung des Art. 6 AÜP festgelegten Rahmen zulässig. Danach ist eine Erhöhung der Haftungshöchstsummen für Beförderer nur bedingt möglich. Höhere als die im Protokoll 2002 festgelegten Haftungssummen dürfen nur in Bezug auf nationale Beförderer eingeführt werden, und zusätzlich nur hinsichtlich der Haftungshöchstsumme von 400.000 SZR bei Tod oder Körperverletzung eines Reisenden. Da der Entwurf der europäischen Verordnung nach seinem Art. 2 aber auch Anwendung auf Beförderungen findet, bei denen das befördernde Schiff nicht die Flagge eines Mitgliedstaates führt, aber der Beförderungsvertrag in einem Mitgliedstaat abgeschlossen wurde oder deren Ausgangs- oder Bestimmungsort gemäß dem Beförderungsvertrag in einem Mitgliedstaat liegt, könnte durch die Vorauszahlungspflicht somit ein gegen Art. 6 Abs. 2 AÜP verstoßendes, strengeres Haftungsregime gegen nicht national Beförderer geschaffen werden[1017]. Es erscheint indes fraglich, ob die Rechtsprechung zu einer vergleichbaren Beurteilung gelangen würde, denn der Europäische Gerichtshof hat in einer Entscheidung zum Luftrecht Ausgleichs- und Unterstützungsleistungen für Flugpassagiere bei Nichtbeförderung und Annullierung sowie großer Verspätung des Fluges als mit dem völkerrechtlichen Montrealer Übereinkommen vereinbar angesehen[1018]. Eine entsprechende Pflicht soll nach dem EuGH außerhalb des Anwendungsbereiches des völkerrechtlichen Montrealer Übereinkommen stehen. Eine ähnliche Argumentation ließe sich auch im Rahmen des Protokolls 2002 und dem europäischen Verordnungsvorschlag führen. Aber selbst bei Befürwortung dieser Ansicht ist zu berücksichtigen, dass von der Integration einer Vorauszahlungsverpflichtung des Beförderers in die Normsystematik des Protokolls 2002 bewusst von den auf der Londoner Konferenz beratenden Staaten abgesehen wurde. Dieser ausdrückliche Verzicht auf eine entsprechende völkerrechtliche Regelung erklärt sich aus dem Verhältnis der Regelungen des Protokolls 2002 zum Luftrecht, in dem die eigentliche Vorauszahlungsverpflichtung ihre Wurzeln hat.

In Art. 28 des Montrealer Übereinkommens 1999 wird auf völkerrechtlicher Ebene ein Luftfrachtführer verpflichtet, für den Fall, dass er nach nationalem Recht des jeweiligen Vertragsstaates Vorauszahlungen leisten muss, diese unverzüglich vorzunehmen. Art. 28 MÜ legt in diesem Rahmen fest, dass eine Vorauszahlung keine Haftungsanerkennung darstellt und mit späteren Schadensersatzleistungen des Luftfrachtführers verrechnet werden kann. Im Geltungsbereich des europäischen Luftverkehrsrechts wurde ergänzend zu Art. 28 MÜ eine Vorauszahlungsverpflichtung für Luftfrachtführer in Art. 5 der Verordnung über die Haftung von Luftfahrtunternehmen bei Unfällen[1019] integriert. Die Verordnung gilt nur für

---

[1017] So auch: Lagoni, Die Haftung des Beförderers im Binnenverkehr, ZEuP 2007, S. 1079 (1087).

[1018] EuGH, Urteil vom 10.01.2006, Rs. C-344/04 (International Air Transport Association u.a.), Slg. 2006, 7.

[1019] Verordnung (EG) Nr. 2027/97 des Rates vom 9. Oktober 1997 über die Haftung von Luftfahrtunternehmen bei Unfällen, ABl. Nr. L 285 vom 17.10.1997, S. 1. in der geänderten Fassung der Verordnung (EG) Nr. 889/2002 des Parlaments und des Rates vom 13. Mai 2002 zur Änderung der Verordnung (EG) Nr. 2027/97 des Rates über die Haftung

(Fortsetzung der Fußnote auf nächster Seite)

solche Luftfrachtführer, die unter die Definition des Art. 2 Abs. 1 der Verordnung fallen[1020], und bestimmt, dass sich die Vorauszahlung auf einen Mindestbetrag von 16.000 SZR je Fluggast im Todesfall belaufen muss.
Eine vergleichbare Vorauszahlungsregelung und völkerrechtliche Verpflichtung zur unverzüglichen Leistung kennt das Protokoll 2002 für die Passgierbeförderung auf See nicht. Zwar wurde auf der Londoner Konferenz zur Erarbeitung des Protokolls 2002 eine solche Regelung diskutiert, ein Antrag auf Integration einer Vorauszahlungsverpflichtung wurde auf der Diplomatischen Konferenz jedoch mehrheitlich ausdrücklich von der Staatengemeinschaft mit dem Argument abgelehnt, dass die Einführung einer Gefährdungshaftung für sogenannte „shipping incidents" in Verbindung mit einer Zwangshaftpflichtversicherung und einem Direktanspruch gegen den Versicherer insgesamt ein ausreichend hohes Schutzniveau für Passagiere biete und eine Vorauszahlungsverpflichtung der Beförderer schon aus diesem Grund unnötig sei. Insbesondere die Regelung eines Direktanspruches gegenüber dem Versicherer, die im Montrealer Übereinkommen keinen Eingang in den Vertragstext gefunden hat, wurde als ausreichende Schutznorm für den Passagier bewertet, die einen Vorauszahlungsanspruch im Protokoll 2002 im Vergleich zum Luftrecht unnötig mache.
Diese sich gegen eine Integration einer entsprechenden Verpflichtung in die Regelungen des Protokolls 2002 aussprechende Ansicht findet – trotz der Anerkennung, dass die Regelung einer Vorauszahlungsverpflichtung im Luftrecht grundsätzlich als eine vernünftige verbraucherorientierte Hilfestellung für einen Reisenden zu bewerten ist[1021] - eine zusätzliche Rechtfertigung durch das Argument, dass das Protokoll 2002 im Unterschied zum Luftrecht nicht nur eine Gefährdungshaftung mit einer kombinierten Haftung für vermutetes Verschulden ab einer bestimmten Haftungssumme kennt, sondern zusätzlich für die Passagierbeförderung auf See eine Verschuldenshaftung für den Bereich der sogenannten „non-shipping incidents" einführt. Wie oben ausgeführt bildet die rechtliche Bewertung der eigenverantwortlichen Nutzung bestimmter Schiffsbereiche durch den Passagier den Hintergrund der Differenzierung zwischen Gefährdungs- und Verschuldenshaftung[1022]. Soweit eine Haftung des Beförderers auf Verschulden basiert, muss ein Verschulden entsprechend

von Luftfahrtunternehmen bei Unfällen, ABl. Nr. L 140/2 vom 30.05.2002; im Folgenden: Verordnung (EG) Nr. 2027/97.
[1020] Zur Definition des Luftfrachtführers im Geltungsbereich des Rechts der Europäischen Gemeinschaft vgl. in dieser Arbeit: § 1, B, II, 1, c, kk.
[1021] So auch Schmidt, Vorauszahlungspflicht des Luftfrachtführers, TranspR 2005, S. 346 (348).
[1022] Vgl. in dieser Arbeit: § 2, A, II., 2. und B, II, 1.

der Beweislastverteilung des Protokolls 2002 im Einzelnen nachgewiesen werden. Vorauszahlungen ohne Rücksicht auf einen solchen Nachweis widersprechen den Prinzipien des Schadensersatzrechts und dem hinter den Haftungsregelungen des Protokolls 2002 stehenden Gedanken, dass ein Beförderer in dem Bereich der „non-shipping incidents“ nur wenig Kontrollmöglichkeiten des Passagierverhaltens hat und es zunächst dem Passagier obliegt, sich selber vor einem Schaden zu schützen. Eine Übertragung der Vorauszahlungsverpflichtung des Luftrechts auf den Bereich der durch das Rechtskonzept der Verschuldenshaftung bestimmten „non-shipping incidents“ würde die Unterscheidung des Protokolls 2002 zwischen den Haftungsgrundsätzen für „shipping incidents“ und „non-shipping incidents“ aufheben, und entsprechend den Grundgedanken der Haftungsstrukturen des Protokolls 2002 zuwider laufen. Vorauszahlungsverpflichtungen ließen sich allenfalls im Rahmen der Gefährdungshaftung eines Passagierbeförderers bei den „shipping incidents“ rechtfertigen. Eine solche Verpflichtung wurde aber von der Staatengemeinschaft auf der Londoner Konferenz zur Erarbeitung des Protokolls 2002 mehrheitlich ausdrücklich abgelehnt, da dem geschädigten Passagier im Gegensatz zum Luftrecht bereit auf völkerrechtlicher Ebene ein Direktanspruch gegen den Versicherer zusteht[1023].

Der vor diesem Hintergrund deutlich werdende Widerspruch der im Verordnungsvorschlag der Europäischen Kommission in Art. 5 vorgesehenen Vorauszahlungsverpflichtung zu den
völkerrechtlichen Regelungen des Protokoll 2002 bewirkt, dass die Vorauszahlungsverpflichtung auf völkerrechtlicher Ebene nicht gegenüber Schiffen und Passagierbeförderern anderer Vertragsstaaten des Protokolls 2002 eingeführt werden kann. Die Regelung einer Vorauszahlung könnte völkerrechtlich nur gegenüber eigenen Schiffen oder eigenen Staatsangehörigen durchgesetzt werden. Eine solche Differenzierung würde aber gerade dem Ziel der globalen Harmonisierung des Haftungsrechts und der Haftungsbedingungen in der Passagierbeförderung auf See widersprechen und damit ein wesentliches Ziel des Protokolls 2002 verfehlen. Der Ver-

---

[1023] Einen Verzicht auf eine Vorauszahlungsverpflichtung im Rahmen des Verordnungsentwurfs würde zudem in der praktischen Rechtsumsetzung keinen wesentlicher Nachteil für den Passagierschutz bedeuten, da zumindest die P&I Clubs der International Group als Versicherer der jeweiligen Beförderer bei größeren Unglücksfällen mit Passagierschäden in der Vergangenheit selbstständig gegenüber den Geschädigten Vorauszahlungen vornahmen, so unter anderem bei den Schiffsunglücken der *Estonia*, *Herald of Free Enterprise*, *Scandinavian Star* und der *Express Samina* (vgl. Stellungnahme der International Group of P&I Clubs zum Entwurf einer Verordnung der Europäischen Kommission über die Haftung von Beförderern auf See und im Binnenverkehr bei Unfällen, (16.01.2007), *http://www.igpandi.org/downloadables/submissions/EU%20updated%20passenger%20comments.pdf*.

gleich mit den luftrechtlichen Regelungen des Montrealer Übereinkommens zeigt, das im luftrechtlichen Bereich schon auf völkerrechtlicher Eben eine Vorauszahlungsverpflichtung gewürdigt wurde und dem nationalen Gesetzgeber ausdrücklich die Möglichkeit gegeben werden sollte, in seinem Rechtskreis eine Vorauszahlungsverpflichtung einzuführen, allerdings unter Verzicht auf die Integration eines Direktanspruches gegen den Versicherer. Hingegen lässt sich aus den Regelungen des Protokolls 2002 und den Diskussionen der Londoner Konferenz zur Revision des Athener Übereinkommens 1974 erkennen, dass eine Übertragung dieser Vorauszahlungsgrundsätze auf den Bereich der Seebeförderung von der Staatengemeinschaft nicht befürwortet wird, da bereits das Protokoll 2002 ausreichende Schutzwirkung für geschädigte Passagiere entfaltet.
Zudem lassen sich am Beispiel der rechtlichen Umsetzung der Regelung der Vorauszahlungsverpflichtung des Art. 5 der Verordnung (EG) Nr. 2027/97 im europäischen Luftrecht Lücken erkennen, die eine effektive verbraucherschützende Wirkung dieser Regelung und damit auch eine Übertragung dieser Verpflichtung auf den seerechtlichen Bereich in Frage stellen. Der Ansatzpunkt für Kritik findet sich in der weder durch Art. 28 MÜ noch durch die Verordnung (EG) Nr. 2027/97 geregelte Darlegungs- und Beweislast des Anspruch eines Geschädigten auf unverzügliche Vorauszahlung der festgelegten Summe im Schadensfall. Da Art. 28 MÜ lediglich die Verpflichtung zur unverzüglichen Zahlung, nicht aber einen eigenen materiellen Anspruch enthält, richtet sich der Anspruch auf Vorauszahlung nach dem nationalen Recht des Vertragsstaates, in der Europäischen Union nach den Vorschriften der Verordnung (EG) Nr. 2027/97. Als eigener Anspruch, der neben dem Schadensersatzanspruch steht, hat der Anspruchsteller die Voraussetzungen des Vorauszahlungsanspruchs darzulegen und zu beweisen. Da weder Art. 28 MÜ noch die Verordnung (EG) Nr. 2027/97 eine vereinfachte Darlegung der Anspruchsvoraussetzungen im Rahmen einer Glaubhaftmachung vorsieht, muss der Anspruchsteller sämtliche Voraussetzungen der Haftung[1024], den Schaden zumindest dem Grunde nach sowie die Berechtigung zur Schadensforderung darlegen[1025]. Ferner hat der Anspruchsteller darzulegen, dass und in welchem Umfang er unfallbedingt unmittelbare wirtschaftliche Bedürfnisse hat, da sich hieran die Anspruchshöhe be-

[1024] Tötung, Körperverletzung oder Gesundheitsschädigung des Passagiers durch Unfall an Bord des Flugzeugs oder beim Ein- und Aussteigen, Schaden und Kausalität.
[1025] Schmidt, Vorauszahlungspflicht des Luftfrachtführers, TranspR 2005, S. 346 (348) m.w.N.

misst[1026]. Zu Recht weisen *Schmidt*[1027] und *Bollweg*[1028] vor diesem Hintergrund darauf hin, dass der Zweck des Art. 28 MÜ, dem Geschädigten eine schnelle finanzielle Hilfe im Schadensfall zu garantieren, von den europäischen Regelungen überwiegend verfehlt wird, da dem in Anspruch genommenen Luftfrachtführer die Möglichkeit verbleibt, jede Anspruchsvoraussetzung zu bestreiten und gegebenenfalls zeitintensiv zu prüfen, von Darlegungs- und Beweiserleichterungen oder einer erleichterten prozessualen Durchsetzbarkeit des Vorauszahlungsanspruchs abgesehen wurde und die Vorauszahlungsverpflichtung in der Folge nur ein bedingt taugliches Instrument zur Steigerung des Verbraucherschutzes darstellt.

Aufgrund des Widerspruchs der Bestimmung des Art. 5 des Verordnungsentwurfes zu den Haftungsprinzipen, dem völkerrechtlichen Charakter des Protokolls 2002, dem ausdrücklichen Willen der an der Konferenz zur Erarbeitung des Protokolls 2002 beteiligten Staatengemeinschaft und dem im Protokoll 2002 schon durch den Direktanspruch des Geschädigten gegen den Versicherer gewährten weiten Schutzrahmens, aber auch aufgrund der schon im Luftrecht deutlich werdenden, bedingten Wirksamkeit einer entsprechenden Vorauszahlungsverpflichtung im Hinblick auf eine Steigerung des Verbraucherschutzes sollte, unabhängig von der Bewertung, dass in der Einführung einer entsprechenden Pflicht ein Verstoß gegen Art. 6 Abs. 2 AÜP gesehen werden kann, von der Einführung der Bestimmungen des Art. 5 des Verordnungsentwurfes abgesehen werden.

2. Informationspflicht

Eine der Regelung des Art. 6 des Verordnungsentwurfes entsprechende Verpflichtung von Reedereien, Passagiere vor der Abfahrt eines Schiffs über ihre möglichen Schadensansprüche aus dem Protokoll 2002 und der künftigen europäischen Verordnung zu informieren, wird ebenfalls nicht in dem Protokolls 2002 geregelt. Gleichzeitig schließt das Protokoll 2002 die Einführung einer solchen Informationspflicht im nationalen Recht eines Vertragsstaates aber auch nicht aus. Die Regelung liegt vielmehr außerhalb des Regelungsbereiches des Protokolls 2002. Trotz dessen

---

[1026] So Schmidt, a.a.O., S. 348, mit Verweis auf Bollweg, Die Vorauszahlungspflicht in der Luftverkehrshaftung, in: Müller-Rostin/Schmidt (Hrsg.), Das Luftverkehrsrecht vor neuen Herausforderungen, Festgabe für Edgar Ruhwedel, S. 57 ff.
[1027] Schmidt, a.a.O., S. 348
[1028] Bollweg, a.a.O., S. 63.

bestehen Zweifel gegenüber der Einführung einer entsprechenden Norm im europäischen Rechtskreis. Im Hinblick auf neuere, verstärkte Tendenzen der Deregulierung im europäischen Rechtsraum und dem von der Europäischen Kommission zunehmend angestrengten Verfahrens der sogenannten Gesetzesfolgenabschätzung zum Bürokratieabbau und zur Entlastung der europäischen Bevölkerung und der Wirtschaft, sowie aufgrund eines nur bedingt erkennbaren Aufklärungsbedürfnisses eines Passagier hinsichtlich gesetzlicher Anspruchstatbestände wirkt die Umsetzung einer entsprechenden Informationsverpflichtung kontraproduktiv.
Sowohl die Regelungen des Protokolls 2002 wie auch die mit dem Entwurf der Europäischen Kommission vorgeschlagene Verordnung sind in ihrer Natur gesetzliche Regelungen, die auf jede Passagierbeförderung Anwendung finden, die in dem von ihnen festgelegten Rechtsrahmen ausgeführt wird. Anders als bei vertraglichen Klauseln und allgemeinen Geschäfts- und Beförderungsbedingungen müssen diese Normen zur Entfaltung ihrer Rechtswirksamkeit nicht gesondert und ausdrücklich einem Vertragspartner zur Kenntnis gebracht werden. Soll einem gesteigerten Passagierschutz durch eine erhöhte Aufklärung über gesetzliche Tatbestände und Ansprüche Geltung verliehen werden, wäre es vor diesem Hintergrund gerechtfertigt, einen Hinweis auf die einschlägigen Rechtsvorschriften - somit auf das Protokoll 2002 und die europäische Verordnung – zum Beispiel auf den Beförderungsschein aufzudrucken. Grundsätzlich wird zwar davon auszugehen sein, dass bei einer großen Anzahl von Passagieren ein Wissen darüber vorliegt, dass Verträge gesetzlichen Regelungen unterliegen, jedoch wird selten ein Passagier die einzelnen Gesetzeswerke kennen, die eine Beförderung regeln. Ein entsprechender Hinweis wäre vor diesem Hintergrund, aufgrund eines erhöhten Informationsinteresses der Verbraucher vertretbar und würde dem Verbraucherschutz in angemessener Weise eine zusätzliche Stärkung verleihen.
Ob gegenüber Passagieren im Seeverkehr zusätzlich eine über den Hinweis auf einschlägige Rechtsnormen hinausgehende vorvertragliche Fürsorgepflicht gesetzlich geschaffen werden soll, mit dem Inhalt, sie über ohnehin geltende gesetzliche Regelungen im Detail zu informieren, erscheint hingegen zweifelhaft. Für die Reedereien als Beförderer würde eine solche gesetzliche Verpflichtung einen erheblichen bürokratischen und wirtschaftlichen Mehraufwand bedeuten, der gemessen an dem Informationsbedürfnis der Passagiere vor einem Antritt der Beförderung als außer Verhältnis stehend bewertet werden kann. Einem Passagier ist es zuzumuten, dass er bei Informationsbedarf hinsichtlich seiner Rechte und einem entsprechenden Hinweis auf die einschlägigen Rechtsregelungen in den Beförderungspapieren, diese selbst als Informations- und Aufklärungsquelle heranzieht. Ein Zugang zu allen Rechtsquellen steht in der

heutigen Zeit jedermann offen, insbesondere aufgrund der parallel in Druckform als auch in elektronischer Form im Internet abrufbaren und allgemein zugänglichen Veröffentlichungen der Gesetzestexte. Auch vor dem Hintergrund, dass sowohl das Protokoll 2002 als auch die europäischen Rechtsvorschriften rechtliche Mindeststandards formulieren, von denen ein Vertrags- oder europäischer Mitgliedstaat weder auf internationaler noch auf europäischer Ebene zuungunsten von Passagieren rechtlich abweichen kann, lässt sich nur bedingt ein über das normale Maß hinausgehendes Schutz- und Informationsbedürfnis von Passagieren feststellen, das eine wirtschaftliche Mehrbelastung der Beförderer durch eine gesetzlich geschaffene vorvertragliche Fürsorgepflicht gegenüber den Passagieren rechtfertigt.

Weiterhin würde ein Verzicht auf die Informationspflicht des Art. 6 des Verordnungsentwurfes oder zumindest eine Begrenzung des Wortlautes der Verpflichtung auf eine Angabe der einschlägigen Rechtsnormen in den Beförderungsdokumenten den derzeitigen Bestrebungen der europäischen Institutionen entsprechen, im Rahmen der sogenannten Gesetzesfolgenabschätzung einen Bürokratieabbau zu fördern und eine Entlastung der europäischen Wirtschaft durch eine moderne Gesetzgebung zu schaffen[1029]. Auf europäischer Ebene wird bei der Europäischen Kommission im Rahmen einer Strategie zum Bürokratieabbaus seit 2003 ein neues Verfahren zur sogenannten Gesetzesfolgenabschätzung angewandt. Dabei werden Folgenabschätzungen als ex-ante Evaluation neuer europäischer Regelungsvorhaben auf Grundlage der drei Dimensionen Wirtschaft, Soziales und Umwelt durchführt. Ziel dieser europäischen Strategie ist es, eine europäische Gesetzgebung zu schaffen, die den Bedürfnissen der Bürger gerecht wird, den Unternehmen aber keine unnötigen Lasten auferlegt[1030]. Ein vergleichbarer Ansatz wurde auch von der derzeitigen Bundesregierung in ihrem Koalitionsvertrag vereinbart[1031]. Ein Verzicht

---

[1029] Schon am 22. Juli 2005 kündigte EU-Industriekommissar Günter Verheugen an, er wolle eine Vielzahl von bürokratischen Vorschriften beseitigen. Betroffen hiervon seien vor allem die Bereiche Autoindustrie, Bau- und die Abfallwirtschaft.

[1030] Vgl. europäische Presseerklärung zum Bürokratieabbau in den europäischen Institutionen und der Strategie der Europäischen Kommission: Weniger Bürokratie für europäische Unternehmen bis 2012, Brüssel 14.11.2006, *http://ec.europa.eu/deutschland/press/pr_releases/index_6709_de.htm* (17.01.2007); vgl. zudem EU-Dok. „Bessere Rechtssetzung", Brüssel 27.09.2005, MEMO/05/340; EU-Dok. „Weniger Bürokratie bei Verträgen und Finanzhilfen", Brüssel 12.08.2005, IP/05/1257; EU-Dok. „A corner stone of better regulation: Simplification" Brüssel 11.11.2006, MEMO/06/426.

[1031] In dem Koalitionsvertrag wird ausgeführt, dass eines der Ziele der Politik der Bundesregierung ist, den Abbau von Bürokratie und unnötiger Regulierung zu fördern, eine Entlastung von Bürgern, Wirtschaft und Behörden von einem Übermaß an Vorschriften und der damit einhergehenden Belastung durch bürokratische Pflichten und Kosten zu

(Fortsetzung der Fußnote auf nächster Seite)

auf die Regelung einer Informationspflicht im Sinne des Art. 6 des Verordnungsentwurfs oder zumindest eine Reduzierung dieser Pflicht auf eine Angabe der einschlägigen Rechtsvorschriften würde dieser Strategie entsprechen und gleichzeitig einen bürokratischen und wirtschaftlichen Mehraufwand der Fahrgastschifffahrtsindustrie in Europa vermeiden. Gemessen an der daraus resultierenden, geringen Einschränkung der Passagierinteressen, erscheint es vertretbar, einem Passagier zuzumuten, sich in eigener Initiative Informationen über die einzelnen Tatbestände seiner Rechte und Pflichten im Rahmen der einschlägigen Gesetze zu verschaffen.

3. Ersatzanspruch für Schäden an Rollstühlen und ähnlichen Hilfsmitteln

Auch der Vorschlag der Europäischen Kommission, den Ersatzanspruch für Schäden an Rollstühlen und ähnlichen Hilfsmittel einer besonderen Regelung im europäischen Rechtsraum zu unterwerfen, begegnet Bedenken. Während der Vorschlag wirtschaftlich betrachtet eher als Randproblem erscheint, können sich in rechtlicher Hinsicht aus der Interpretation des Art 4 Abs. 2 des Verordnungsvorschlags Auswirkungen ergeben, die mit den Regelungen des Protokolls 2002 nicht im Einklang stehen.
Nach den Vorschriften des Protokolls 2002 steht einem Passagier, dessen Rollstuhl oder ähnliches Hilfsmittel während einer Beförderung beschädigt wird, ein Anspruch auf Ersatz des entstandenen Schadens entweder unter der Definition des Rollstuhls oder Hilfsmittels als „Gepäck“ oder als „Kabinengepäck“, und je nach dem welcher Umstand, der einen Schaden verursacht hat, auf der Basis einer Gefährdungshaftung des Beförderers für „shipping incidents“ oder einer Verschuldenshaftung für „non-shipping incidents“ zu. In allen Varianten ist ein Rollstuhl oder ein ähnliches Hilfsmittel von einer der Gepäckdefinitionen mitumfasst. Wird vor diesem Hintergrund die Vorschrift des Art. 4 Abs. 2 des Verordnungsvorschlags dahingehend verstanden, dass mit ihr eine gesetzliche Wertfestsetzung speziell für die genannten Gegenstände definiert wird, gleichgültig in welchem aktuellen Erhaltungszustand sich die Krankenhilfsmittel zum Schadenszeitpunkt befunden haben, wäre dies eine rechtlich zulässige Interpretation der Regelungen des Protokolls 2002.

---

erreichen und sowohl beim Bund als auch in der EU sämtliche Aufgaben und die Verwaltungsabläufe auf ihre Notwendigkeit zu überprüfen (vgl. Koalitionsvertrag der Bundesregierung, Presse- und Informationsamt der Bundesregierung 2007, (17.01.2007), *http://www.bundesregierung.de/Webs/Breg/DE/Bundesregierung/Koalitionsvertrag/koalitionsvertrag.html* .

Wird hingegen die Vorschrift des Art. 4 Abs. 2 des Verordnungsvorschlags dahingehend verstanden, dass die in ihr genannten Hilfsmittel eine zu den Regelungen des Protokolls 2002 zusätzliche, eigenständige Gepäckkategorie definieren sollen, außerhalb der für „Gepäck" und „Kabinengepäck" im Übrigen vorgesehenen Haftungshöchstgrenzen des Protokolls 2002, wäre hierin eine unzulässige Abweichung von den völkerrechtlichen Rechtsregeln zu sehen.
Eine solche Interpretation wäre mit dem Protokoll 2002 nicht vereinbar und würde als zusätzliche Haftungsregelung einen Verstoß gegen Art. 7 Abs. 2 in der Fassung des Art. 6 AÜP darstellen. Gegen eine entsprechend zusätzliche, über den Regelungsbereich des Protokolls 2002 hinausgehende Regelung spricht zudem der vom Protokoll 2002 unverändert fortgeführte Art. 14 des Athener Übereinkommen 1974 (Art. 14 AÜP), nach dem eine Schadensersatzklage gegen einen Beförderer nur auf der Grundlage des völkerrechtlichen Übereinkommens erhoben werden kann. Gegen diesen Grundsatz würde in völkerrechtswidriger Weise verstoßen, würde der Verordnungsvorschlag eine zu den Regelungen des Protokolls 2002 zusätzliche Haftungskategorie schaffen.
Von der Einführung der Bestimmungen des Art. 4 Abs. 2 des Verordnungsentwurfes sollte entsprechend aufgrund der Abweichung der Bestimmung zu den Grundsätzen und dem rechtsvereinheitlichenden, völkerrechtlichen Charakter des Protokolls 2002 abgesehen werden. Jedenfalls wäre die Schaffung einer zusätzlichen Haftungsnorm für eine im Protokoll 2002 nicht geregelte Gepäckkategorie als ein Verstoß gegen die genannten Normen des Protokolls 2002 zu bewerten.

4. Nationale Fahrgastschifffahrt

Der Verordnungsentwurf der Europäischen Kommission will zusätzlich die Regelungen des Protokolls 2002, welche für internationale Passagierbeförderungen auf Seeschiffen erarbeitet wurden, auf nationale Fahrgastmärkte mit Seeschiffen ausdehnen und auch die Binnenschifffahrt der Mitgliedstaaten in die Regelungen mit einbeziehen. Eine entsprechend umfassende Ausdehnung des Regelungsbereiches des Protokolls 2002 begegnet verschiedenen Bendenken. Zweifel an der rechtlichen Umsetzung bestehen schon aufgrund des Subsidiaritätsgrundsatzes und Verhältnismäßigkeitsprinzips, da mit der Regelung von nationalen See- und Binnenschifffahrtsmärkten gegenüber den Mitgliedstaaten rein innerstaatliche Sachverhalte durch europäisches Recht geregelt werden sollen. Gemäß Art. 5 Abs. 2 EG-Vertrag habe die Organe der Gemeinschaft bei der Ausübung der Gemeinschaftskompetenzen gegenüber den Mitgliedstaaten das Prinzip der Subsidiarität zu beachten, soweit die Kompetenzausübung der Organe nicht in dem Bereich der ausschließlichen Zuständigkeit liegt. Das Prinzip der Subsidiarität folgt dem allgemeinen Grundsatz, dass „die größere Einheit niemals Aufgaben übernehmen darf, die die kleinere Einheit zufriedenstellend erfüllen kann“ [1032]. Rechtlich bildet das Subsidiaritätsprinzip des Art. 5 Abs. 2 EG-Vertrag eine Kompetenzausübungsschranke, mit der Folge, dass die Gemeinschaft die ihnen grundsätzlich zugewiesenen Kompetenzen nur insoweit wahrnehmen darf, als die hinter ihnen stehenden Ziele „auf der Ebene der Mitgliedstaaten nicht ausreichend erreicht werden können und daher wegen des Umfangs oder ihrer Wirkung besser auf Gemeinschaftsebene erreicht werden können“ [1033].

Die Europäische Kommission begründet ihre Kompetenzausübung im Bereich der Ausdehnung des Protokolls 2002 auf inländische Seeschiffsverkehre und die Binnenschifffahrt in der Europäischen Union mit dem Argument, dass sowohl aus Sicht der Schifffahrtsindustrie als auch aus dem Blickwinkel der Passagiere kein entscheidender Unterschied zwischen einem internationalen und einem inländischen Fahrgastverkehr mit Schiffen bestehe. Es sei für alle involvierten Parteien des Seeverkehrs von hohem Interesse, ein europaweit einheitliches und in seinen Strukturen klares Rechtssystem für die Beförderung von Passagieren in der Europäischen Gemeinschaft zu schaffen. Divergierende nationale Rechtsstandards könnten in diesem Transportsektor zu einem unfairen Wettbewerb zwischen nationalen Beförderern führen und eine unausgewogene Behandlung zwischen den Bürgen verschiedener Mitgliedstaaten, die innerhalb der Gemeinschaft befördert werden, als Folge haben. Vor diesem Hintergrund sei die Erarbeitung einheitlicher rechtlicher Rahmenbedingungen in der Gemeinschaft ein Anliegen, dem die Mitgliedstaaten alleine nicht gerecht werden könnten[1034].

Diese Bewertung der Europäischen Kommission begegnet dahingehend Bedenken, als dass eine Erforderlichkeit der Einbeziehung von Inlandverkehren nicht hinreichend begründet wurde. Ein mögliches Interesse von Passagieren an einer einheitlichen Regelung dieser Verkehrssektoren vermag für sich eine Kompetenzverlagerung auf die Gemeinschaft nicht

---

[1032] Geiger, EUV/EGV, Art. 5, Rn. 5.

[1033] Streinz, Europarecht, Rn. 166. Obwohl ein Protokoll zum Amsterdamer Vertrag die „Anwendung der Grundsätze der Subsidiarität und des Verhältnismäßigkeitsgrundsatzes“ konkretisiert, sind die Umsetzung und die Bestimmung der Reichweite dieser Grundsätze noch nicht abschließend bestimmt (kritisch Kenntner, Subsidiaritätsprotokoll zum Amsterdamer Vertrag, NJW 1998, S. 2871, zur Justiziabilität: Pipkorn, Subsidiaritätsprinzip, EuZW 1992, S. 697).

[1034] Vorschlag für eine Verordnung des Europäischen Parlaments und des Rates über die Haftung von Beförderern auf See und im Binnenverkehr bei Unfällen, KOM(2005) 592, S. 7 f., bisher noch nicht veröffentlicht.

hinreichend zu stützen. Die Annahme, aus Sicht der Schifffahrtsindustrie als auch aus dem Blickwinkel der Passagiere sei kein entscheidender Unterschied zwischen einem internationalen und einem inländischen Fahrgastverkehr mit Schiffen gegeben, verkennt in ihrer Bewertung die faktischen Verhältnisse und Risikopotentiale dieser Verkehre. Schon aufgrund der nautischen Rahmenbedingungen, die sich im Seeverkehr erheblich von solchen im Binnenverkehr unterscheiden und im Seeverkehr ein deutlich höheres Gefährdungspotential darstellen, als im Verkehr mit Binnenschiffen, erscheint eine unangepasste Übertragung der Rechtsgrundsätze des Protokolls 2002 mit dem bisher höchsten Haftungs- und Versicherungsvolumen auf die Binnen- und Inlandschifffahrt verfehlt. Die nationale Fahrgastschifffahrt unterliegt gegenüber den internationalen Standards vor dem Hintergrund der divergierenden Risikopotentiale beider Verkehre auch im Rahmen der anwendbaren Sicherheits- und Qualifizierungsvorschriften für das Transportmittel und seine Besatzung zahlreichen Besonderheiten[1035]. Auch eine Gleichstellung der Haftungshöchstgrenzen für Schäden bei der Beförderung von Reisenden im See- und Binnenschiffsverkehr mit den internationalen Standards des Protokolls 2002 trägt diesen unterschiedlich hohen Gefährdungspotentialen nicht hinreichend Rechnung. In der deutschen Binnenschifffahrt wird der Unterschied der Risikolage von einer solchen im internationalen Verkehr vor dem Hintergrund deutlich, dass Havarien mit mehreren getöteten Passagieren in den letzten Jahrzehnten nicht bekannt sind. In Deutschland ist die Haftung für Personenschäden in der Binnenschifffahrt nach dem internationalen Straßburger Übereinkommen über die Beschränkung der Haftung in der Binnenschifffahrt (CLNI) vom 4. November 1988 in Verbindung mit dem Zustimmungsgesetz vom 6. August 1998[1036] auf maximal zwölf Millionen SZR limitiert, welches der Regelung des § 5k BinSchG entspricht. Bisher sind keine Fälle bekannt geworden, in denen dieser Betrag zur Befriedigung der Ansprüche von Geschädigten nicht ausreichte. Der Schutz von Reisenden auf Binnenschiffen bei rein innerstaatlichen Sachverhalten wird in der Bundesrepublik über die Regelun-

[1035] Vgl. z.B. für den Zugang zum Beruf und Anerkennung der Schiffspatente in der Binnenschifffahrt die gegenüber den internationalen Rechtsstandards unterschiedlichen europäischen Richtlinien 87/540/EWG (ABl. L 322, 12.11.1987 S. 20), 91/672/EWG (ABl. L 373, 31.12.1991 S. 29), 96/50/EG (ABl. L 235, 17.09.1996 S. 31) und zu den europäischen Technik- und Sicherheitsvorschriften die Richtlinien 76/135/EWG (ABl. L 021, 29.01.1976 S. 10), 82/714/EWG (ABl. L 322, 12.11.1987 S. 1), 2006/87/EG (ABl. L 389, 30.12.2006 S. 1), 2006/137/EG (ABl. L 389, 30.12.2006 S. 261).

[1036] BGBl. 1998 II S. 1643.

gen des § 664 HGB und § 77 BinSchG gewährt[1037], die derzeit noch den Stand des Athener Übereinkommens 1974 wiedergeben. Eine Anpassung steht dem nationalen Gesetzgeber nach den nationalen Gesetzgebungsverfahren offen. In Deutschland wie auch in verschiedenen europäischen Mitgliedstaaten wird die nationale Fahrgastschifffahrt mit See- und Binnenschiffen durch mittelständische Unternehmen mit kleinen und mittelgroßen Fahrgast- und Fährschiffen durchgeführt. Sie bedienen in Deutschland den Nahverkehr zwischen dem Festland und den ost- und nordfriesischen Inseln und entsprechende Inselverkehre in der Ostsee sowie kurze saisonale Touristenverkehre in den Feriengebieten von Nord- und Ostsee. In der deutschen Binnenpassagierschifffahrt werden die meisten Fahrgäste auf Fähren und im Stadtverkehr der Seehäfen transportiert. Für längere Strecken werden Binnenpassagierschiffe fast ausschließlich im Kreuzfahrttourismus eingesetzt. Die Risikoeinschätzung der jeweiligen Verkehre, zum Beispiel im Vergleich zwischen Mittelmeerverkehren und solchen in der Nord- und Ostsee, sollten den jeweiligen Mitgliedstaaten überlassen bleiben, da eine undifferenzierte Übertragung des Protokolls 2002 nicht ohne besondere Prüfung der jeweiligen regionalen und nationalen Besonderheiten erfolgen sollte. Zudem ist für den Bereich der Binnenschifffahrt ausschlaggebend, dass die in diesem Verkehrsbereich tätigen Versicherungsmärkte mit solchen der internationalen Seeschifffahrt nicht übereinstimmen und von ihrer Struktur und Deckungskapazität als höchst unterschiedlich zu bewerten sind. Eine solche Differenzierung wurde bislang in dem Verordnungsvorschlag nicht berücksichtigt. Die mit der Anhebung der Haftungshöchstsummen der Binnenschifffahrt auf das Niveau des Protokolls 2002 verbundenen Mehrbelastungen durch voraussichtlich deutlich steigende Versicherungsprämien der überwiegend mittelständischen, im Bereich der Binnenschifffahrt tätigen Unternehmen, würde zu erheblichen wirtschaftlichen Belastungen führen, die angesichts der tatsächlichen Risikolage im inländischen See- und Binnenschifffahrtsverkehr als nicht gerechtfertigt erscheinen.

Des Weiteren wird aus dem Verordnungsvorschlag der Europäischen Kommission nicht deutlich, aus welchen Gründen es zu einer Verzerrung des Wettbewerbes führe, wenn rein innerstaatliche Sachverhalte durch die jeweiligen Mitgliedstaaten selber geregelt werden. Die Europäische Kommission hat in einem Vorschlag für eine Verordnung über die Rechte und Pflichten der Fahrgäste im grenzüberschreitenden Eisenbahnver-

[1037] Gesetz betreffend die privatrechtlichen Verhältnisse der Binnenschiffahrt (BinSchG) vom 15. Juni 1895 (RGBl. S. 301) zuletzt geändert durch Gesetz vom 12. Juli 2006 (BGBl. I S. 1461).

kehr[1038] für durch die Eisenbahn beförderte Passagiere eine Beschränkung von europäischen Rechtsregelungen auf grenzüberschreitende Fahrten vorgesehen. Eine Ungleichbehandlung des Bereiches der nationalen Fahrgastschifffahrt mit dem Bereich des Schienenverkehrs rechtfertigt sich vor dem aufgezeigten Hintergrund nicht. Von einer Ausdehnung des Anwendungsbereiches des Protokolls 2002 auf nationale See- und Binnenschiffsverkehre sollte entsprechend abgesehen werden und die Regelungskompetenz bezüglich des Bereiches der Passagierbeförderung in den nationalen Seeverkehren und in der Binnenschifffahrt entsprechend in dem Zuständigkeitsbereich der jeweiligen Mitgliedstaaten belassen werden.
Aufgrund der unterschiedlichen Risikopotentiale der internationalen und nationalen Schiffsverkehre und den unterschiedlichen wirtschaftlichen und versicherungsrechtlichen Strukturen dieser Märkte bedarf der Bereich der nationalen Passagierbeförderung mit See- und Binnenschiffen einer eigenen, an die in diesen Verkehrssektoren vorherrschenden unterschiedlichen Rahmenbedingungen angepassten Regelung. Eine bloße Übertragung der für die internationale Passagierbeförderung mit Seeschiffen erarbeiteten Grundsätze des Protokolls 2002 wird diesen Bedürfnissen nicht hinreichend gerecht.

D. Zusammenfassende Feststellungen zur Zukunft des Protokolls 2002

Eine präzise Vorhersage über das Ausmaß der internationalen, staatlichen Beteiligung am Ratifizierungsprozess des Protokolls 2002 lässt sich derzeit nur bedingt treffen. Sowohl in den Vereinigten Staaten als auch im asiatischen Raum ist eine Tendenz erkennbar, sich einer Ratifikation des Protokolls 2002 zu enthalten. Hingegen kann aufgrund des angekündigten Ratifizierungsinteresses sowohl der Europäischen Union als auch ihrer Mitgliedstaaten erwartet werden, dass das Protokoll 2002 unter den Voraussetzung des Art. 20 AÜP bereits in den nächsten Jahren in Kraft treten könnte. Da auf europäischer Ebene zurzeit die Haftung von Beförderern von Seereisenden keinen vollständig harmonisierten Vorschriften unterliegt, und der Schutz von Seereisenden je nach Mitgliedstaat unterschiedlich gestaltet und davon abhängig ist, welche völkerrechtlichen Übereinkommen und welche Änderung dieser Übereinkommen von dem jeweiligen Staat ratifiziert wurde, wodurch unter anderem die Höchstentschädigungssummen für Tod und Körperverletzung eines Seepassagiers zwi-

[1038] KOM(2004) 143 endg., Ratsdok. 7149/04.

schen den europäischen Mitgliedstaaten erheblich schwanken, wird ein Inkrafttreten und eine Inkorporation des Protokolls 2002 in innereuropäisches Recht zumindest auf europäischer Ebene eine wesentliche Rechtsvereinheitlichung gewährleisten[1039].

Durch die Ratifizierung des Protokolls 2002 durch die Europäische Union und ihrer Mitgliedstaaten und dem damit garantierten Inkrafttreten des völkerrechtlichen Regelungswerkes wird, auch wenn sich die Vereinigten Staaten sowie die Mehrheit der asiatischen Staaten von einer Umsetzung des Protokolls 2002 enthalten, der Hauptteil der Passagierbeförderung mit Fähren sowie ein bedeutender Bereich des Kreuzfahrtmarktes den neuen Rechtsgrundsätzen unterliegen. Vor diesem Hintergrund sollte eine Überführung des Protokolls 2002 in europäisches Recht, wie sie in dem Verordnungsvorschlag der Europäischen Kommission vorgesehen ist, nicht als rechtspolitischer Endpunkt der rechtlichen Neugestaltung der Passagierbeförderung auf See betrachtet werden. Die Europäische Kommission und die Mitgliedstaaten sollten einvernehmlich die Übernahme des Protokolls 2002 in das europäische Recht mit diplomatischen Aktivitäten gegenüber anderen, insbesondere für Kreuzfahrten wichtigen Märkte außerhalb der Europäischen Union nutzen, um auch dort für eine Ratifikation des Protokolls 2002 und eine globale Rechtsvereinheitlichung zu werben. Dies würde nicht nur gleichartige Wettbewerbsbedingungen auf diesen Märkten fördern und europäische Reedereien vor einer wirtschaftlichen Kostenbelastung gegenüber dem internationalen Wettbewerb schützen, sondern insbesondere eine internationale Rechtsvereinheitlichung zugunsten europäischer Passagiere ergeben, die in der Folge auch auf diesen Märkten mit dem hohen Schutzstandard der neuen Regelungen

---

[1039] In Deutschland wurden im Rahmen eines Entwurfs zu einem Gesetzes zur Änderung der Haftung für Bunkerölverschmutzungsschäden und Passagierschäden in der Schifffahrt (Entwurf des Bundesministerium der Justiz, BMJ III A 4 – 3503/2 – 35 834/2004, 2. Februar 2005 sowie BMJ III A 4 - 9322/4, 25. Januar 2005) bereits im Jahr 2005 diskutiert, ob die in der Anlage zu § 664 HGB enthaltenen Regelungen schon vor einer Ratifizierung der neuen Völkerrechtsregeln an das Protokoll 2002 angepasst werden sollten. Der Entwurf sah vor, sowohl die neuen Haftungsstrukturen, als auch die neuen Höchstsummenregelungen des Protokolls 2002 direkt in deutsches Recht zu übernehmen, allerdings unter Ausschluss der Regelungen der Zwangshaftpflichtversicherung, da diese noch in dem Rechtsausschuss der IMO insbesondere hinsichtlich ihrer Wirkung auf die Befördererhaftung für terroristische Handlungen diskutiert wurde. Diese nationalen Bestrebungen Deutschlands wirkten aufgrund der von der Europäischen Union angestrebten und angekündigten Vereinheitlichung der durch den Gesetzesentwurf berührten Rechtsregeln verfrüht, insbesondere vor dem Hintergrund, dass auf internationaler Ebene ein Zusammenwirken der Vorschriften des Protokolls 2002, des Londoner Haftungsbeschränkungsübereinkommen 1976/1996 und der faktischen Versicherbarkeit der Befördererhaftung noch nicht abschließen geklärt war. Von der deutsche Gesetzesinitiative wurde daraufhin abgesehen und die Regelungen um Passagierschäden in der Schifffahrt aus dem Entwurf herausgenommen.

des Protokolls 2002 rechnen könnten. Vor diesem Hintergrund bleibt jedoch beachtlich, dass europäische Sonderregelungen, die von den Normen des Protokolls 2002 und damit von dem international beschlossenen Rechtsstandard abweichen, mit einem entsprechenden Vorgehen auf internationaler Ebene nur schwer vereinbar wären. Von europäischen Zusatzregelungen zu dem Protokoll 2002 sollte insoweit zugunsten einer internationalen Rechtsvereinheitlichung abgesehen werden.

§ 4 Zusammenfassung und Ergebnis

Mit der Revision des Athener Übereinkommen 1974 durch die Erarbeitung und Verabschiedung des neuen Protokolls 2002 werden die Völkerrechtsregeln der Beförderung von Reisenden und ihrem Gepäck auf See grundlegend geändert. Beeinflusst durch die Entwicklung des Haftungs- und Schadenersatzrechts in der Luftfahrt verfolgt die Staatengemeinschaft mit den neuen Regelungen des Protokolls 2002 das Ziel, unter der Wahrnehmung der allgemein gewachsenen Bedeutung des Verbraucherschutzes und der gesellschaftlichen Forderung, die wichtige Stellung des Verbraucherschutzes in völkerrechtlichen Rechtsinstrumenten verstärkt zum Ausdruck zu bringen, den Passagierschutz gegenüber den Regelungen des Athener Übereinkommen von 1974 den modernen Rechtsentwicklungen anzupassen und einem Passagier auf einem Seeschiff einen adäquaten Schutzrahmen durch ein international einheitliches Rechtssystem zu bieten. Insbesondere vor dem Hintergrund der luftrechtlichen Neuregulierung der Beförderehaftung durch das Montrealer Übereinkommen von 1999 zeigt sich, dass das durch das Athener Übereinkommen von 1974 eingeführte System der Regulierung der Beförderung von Reisenden und ihrem Gepäck auf See nicht mehr den Anforderungen entspricht, die ein moderner rechtlicher Verbraucherschutz fordert. Die bisher einschlägige Pro-Kopf-Haftungshöchstsumme des Athener Übereinkommen 1974 in Höhe von 46.666 SZR für Tod oder Körperverletzungen eines Reisenden zeigt im Vergleich mit anderen Rechtsgebieten, dass die Interessen des Passagiers nicht mehr genügend Berücksichtigung in den veralteten Rechtstrukturen finden. Sämtliche den Bereich internationaler Verkehrsträger normierende Regelungen begrenzen eine Beförderehaftung auf im Vergleich zum Athener Übereinkommen 1974 höhere Haftungssummen, das Luftrecht führt auf völkerrechtlicher Ebene sogar eine unlimitierte Beförderehaftung ein. Entsprechende Tendenz zeigen auch verschiedene nationale und regionale Initiativen unter anderem in England, Deutschland, Belgien, Dänemark, Norwegen, Finnland,

Schweden sowie in den USA, die sich maßgeblich in der Zeit nach der Erarbeitung des Athener Übereinkommen von 1974 entwickelten. Auch in diesen Rechtskreisen wurden wesentlich höhere Haftungssummen für Passagierbeförderungen auf See festgelegt, als es die Regelungen des ursprünglichen Athener Übereinkommens vorsehen. Dabei ist das Bestreben nach einem gesteigerten Schutzbedürfnis von Passagieren und Verbrauchern nicht auf den Transportsektor begrenzt. Vielmehr lässt sich in allen Rechtsbereichen erkenne, dass hohe Haftungssummen oder aber eine Abschaffung von Haftungslimitierungen insgesamt als ein wirkungsvolles Instrument betrachtet wird, um den Verbraucherschutz zu stärken.

Vor diesem Hintergrund wird ein Anpassungsbedürfnis der Haftungshöchstsummen des Athener Übereinkommen 1974 an die modernen Rechtsentwicklungen insbesondere in der niedrigen internationalen Akzeptanz des Athener Übereinkommens deutlich. Im Gegensatz zum Montrealer Übereinkommen, das schon sechs Jahre nach dessen Erarbeitung von mehr als 71 Staaten gezeichnet wurde, ist das seerechtliche Athener Übereinkommen bis heute von nur 26 Staaten ratifiziert worden ist, wobei die Staaten insgesamt nur ein Drittel der gesamten Welttonnage repräsentieren. Es hat fast dreizehn Jahre gedauert, bis das 1974 beschlossene Athener Übereinkommen in Kraft trat, wobei wichtige Seeverkehrsmärkte des Personentransports wie etwa die Vereinigten Staaten wegen der als zu niedrig empfundenen Haftungslimitierungen dem Übereinkommen nicht beitraten.

Aber nicht nur die Haftungshöchstsummen bei der Beförderung von Reisenden auf See unter der Geltung des Athener Übereinkommens 1974 wirken im Vergleich mit den Rechtssystemen anderer Verkehrsträger und verschiedenen nationalen Rechtstendenzen als unzureichend. Im Transportrecht lässt sich allgemein ein erstarktes Bestreben nach einer Verbesserung der Position des Passagiers erkennen, welches insbesondere im Luftrecht deutlich im Rahmen der Entwicklung der „freiwilligen“ Maßnahmen zum Ausdruck kommt und in diesem Transportsektor durch das Montrealer Übereinkommen von 1999 auf völkerrechtlicher Ebene, insbesondere durch die Einführung einer Gefährdungshaftung des Beförderers bis zu einer Summe von 100.000 SZR und einer sich dieser Summengrenze anschließenden unlimitierten Beförderhaftung für vermutetes Verschulden umgesetzt wurde.

Vor dem Hintergrund eines wirtschaftlichen Wachstums und einer steigenden Beförderungskapazität von Passagierschiffen, durch die sich der Verkehrsträger Seeschiff ähnlich dem Flugzeug als ein Massenverkehrsmittel zumindest im Tourismusbereich qualifizieren lässt, wird deutlich, dass ein weitestgehender Schutz der Passagierinteressen nicht nur in veränderten Haftungshöchstsummen, sondern insgesamt eine erhöhte Berücksichtigung in den Regelungsstrukturen der Seefahrt finden muss. Trat in der Luftfahrt, als sich das Flugzeug zu einem unverzichtbaren Verkehrsträger für den Langstreckenverkehr entwickelte, die soziale Dimension der Unfallentschädigung immer stärker in den Vordergrund der rechtspolitischen Regelungsinteressen, so fordert die heutige teilweise parallele ökonomische Wachstumsentwicklung der Seeverkehrsmärkte auch im Seetransportrecht eine entsprechend gesteigerte Wahrnehmung der Passagierinteressen und des Verbraucherschutzes. Die über lange Zeit zwischen den luftrechtlichen und seerechtlichen Regelungssystemen vorherrschenden Divergenzen, die sich maßgeblich auf den unterschiedlichen historischen, politischen und ökonomischen Entwicklungen in den beiden Transportsektoren begründeten, werden durch die teilweise Angleichung der ökonomischen Verhältnisse im heutigen Luft- und Seeverkehr sowie der insbesondere in der historischen Entwicklung des Luftrechts erkennbaren und inzwischen bereichsübergreifend vorherrschenden modernen gesellschaftliche Forderung nach einer gesteigerten Wahrnehmung des Verbraucherschutzes größtenteils aufgehoben. Durch diese Entwicklung wurde es nötig und möglich, die durch das Montrealer Übereinkommen im luftrechtlichen Bereich eingeführten Haftungsstrukturen auf das Seerecht zu übertragen.

Die aufgrund dieser Entwicklungen von der Staatengemeinschaft im organisatorischen Rahmen der IMO formulierten Angleichungsbestrebungen von Luft- und Seerecht im Rahmen der Passagierbeförderung, die durch die Erarbeitung des Protokolls 2002 zur Änderung des Athener Übereinkommens von 1974 ihren Abschluss gefunden haben, orientieren sich bezüglich der Haftungsmaßstäbe, der gesetzlichen Zwangshaftpflichtversicherung, der Haftungshöchstsummen und der allgemeinen Prämisse der Verbesserung des Verbraucherschutzes beim Personentransport stark an den Regelungen des für die internationale Luftfahrt geltenden Montrealer Übereinkommen von 1999 sowie an verschiedenen für den Bereich der Drittschäden entwickelten Rechtsgrundsätzen.

A. Neuregelung der Haftungsgrundsätze und der Haftungshöchstsummen

Maßgeblich durch die am luftrechtlichen Vorbild der Art. 17 und 21 MÜ angelehnte Einführung einer Gefährdungshaftung des Beförderers für „shipping incidents" gewährt das Protokoll 2002 dem Passagier das Recht, Schadenersatzansprüche schnell und effizient gegenüber einem

Beförderer durchzusetzen. Das Modell der Gefährdungshaftung sichert eine weitreichende Berücksichtigung des sozialen Schutzgedankens in den Haftungsstrukturen und räumt zugleich der finanziellen und sozialen Absicherung des Passagiers Vorrang vor den Befördererinteressen ein. Die Gefährdungshaftung bei „shipping incidents" bietet dem Passagier den größtmöglichen Schutz vor Gefahren, die außerhalb seiner Beherrschungssphäre liegen. Durch die Eröffnung des Zugangs zu der durch die „shipping incidents" beschriebenen Gefahrenquelle eines Passagierschiffes gegenüber einem breiten Publikum, geht der Beförderer gegenüber den Passagieren ein Risiko ein, welches für die Passagiere selbst im Rahmen ihres eigenverantwortlichen Handelns nur begrenzt abschätzbar ist. In diesem Sinne muss der Beförderer durch die Struktur der Haftungsregelung angehalten werden, jeglichen Schaden zu vermeiden und das Risiko und die Gefahr für die Passagiere auf ein absolutes Minimum zu begrenzen. Das im Rahmen des Athener Übereinkommen 1974 geltende Modell der Verschuldenshaftung gewährt, gemessen an der heutigen Stellung des Verbraucherschutzes, den Passagieren unter diesen Gesichtspunkten einen nicht mehr ausreichenden Schutz. Hingegen schafft die durch das Protokoll 2002 eingeführte strikte Befördererhaftung eine diesen Erfordernissen gerechtwerdende Berücksichtigung der Passagierinteressen. Die Gefährdungshaftung des Seebeförderer gegenüber Reisenden stellt in diesem Zusammenhang ein zurechenbares Haftungsmodell dar. Wie schon im Luftrecht steht durch die Einführung der Gefährdungshaftung im Rahmen des Protokolls 2002 nun auch im Personentransportrecht der Seefahrt das Unfallopfer im Mittelpunkt des rechtlichen Regelungsinteresses, der Verbraucherschutz erfährt damit in der Passagierschifffahrt eine erhebliche Stärkung gegenüber den Regelungen des Athener Übereinkommen von 1974.

Parallel zu dieser Interessenstärkung der Passagiere werden in den neuen Haftungsstrukturen des Protokolls 2002 auch die Befördererinteressen berücksichtigt, indem die Gefährdungshaftung in der Summe limitiert ist auf 250.000 SZR, und nur solche Schäden von ihr erfasst werden, die dem Bereich der „shipping incidents" zuzurechnen sind. Durch die Summenlimitierung wird die Haftung für den Beförderer vorhersehbar und kalkulierbar. Für alle Schäden die der Beherrschungssphäre des Passagiers zuzurechnen sind und auf die der Beförderer wenig bis gar keinen Einfluss nehmen kann, wird das Prinzip der Verschuldenshaftung beibehalten, limitiert auf eine Pro-Kopf-Summe von 400.000 SZR. Auch Schäden, die im Rahmen der „shipping incidents" auftreten und eine Summe von 250.000 SZR überschreiten, beurteilen sich weiterhin nach dem Prinzip der Verschuldenshaftung, wobei ein Verschulden des Beförderers in diesen Fällen vermutet wird. Auch in einem solchen Fall besteht die Globallimitierung auf eine Summe von 400.000 SZR. Eine entspre-

chende Unterscheidung in der Zurechnung einzelner Risiko- und Gefahrenbereiche des Beförderer- und Passagierverhaltens kennt das Montrealer Übereinkommen nicht. Das Luftrecht beurteilt das Beförderer- und Passagierverhalten einheitlich, ohne eine Selbstverantwortlichkeit des Passagiers für sein Verhalten im Sinne der „non-shipping incidents“ in den luftrechtlichen Haftungsstrukturen zu berücksichtigen.
Die zum Luftrecht unterschiedliche Regulierung des Bereiches der „non-shipping incidents“ im Protokoll 2002 findet ihre Begründung hauptsächlich in der rechtlichen Bewertung der Tatsache, das der Passagier eines Flugzeugs nicht die gleiche Bewegungsfreiheit im Rahmen eines selbstverantwortlichen Handelns genießt, wie der Passagier eines Seeschiffs. Für das Seerecht wird dem eigenverantwortlichen Handeln des Passagiers an Bord eines Schiffs weitaus größere Bedeutung zugerechnet, die sich rechtfertigt durch die im Vergleich zu einem Flugzeug höchst unterschiedliche Umgebung, in der sich ein Passagier auf einem Kreuzfahrtschiff oder einer Fähre bewegt. Für den vom Passagier selbstverantwortlich genutzten Bereich auf einem Seeschiff wirkt das Modell der Verschuldenshaftung des Beförderers als befriedigender Schutz der Passagierinteressen, welches die faktische Risikoverteilung zwischen Passagier und Beförderer in ein ausgeglichenes Verhältnis stellt. Eine Übertragung der im Montrealer Übereinkommen geltenden Gefährdungshaftung des Beförderers auch auf den Bereich der „non-shipping incidents“, würde den faktischen Verhältnissen an Bord eines Schiffs nicht gerecht werden und die Haftungslast einseitig zu Ungunsten des Beförderers verschieben. Insoweit stellen die in dem Protokoll 2002 gewählten Haftungsgrundsätze der Gefährdungshaftung in Kombination mit einer Verschuldenshaftung eine sowohl den Beförderer als auch den Passagier in ihren jeweiligen Interessenbereichen berücksichtigende Lösung dar.

Aus den beschriebenen, im Zusammenhang mit der umfassenden Neuregulierung der Haftungsgrundsätze des Personenbeförderers ebenfalls neu festgesetzten Haftungshöchstsummen des Protokolls 2002, ergeben sich neben dem Gedanken eines gesteigerten Verbraucher- und Passagierschutzes aber auch Bedenken, die eine Umsetzung des Protokolls 2002 in der Praxis der Seebeförderung, insbesondere vor dem Hintergrund einer Versicherbarkeit der Befördererhaftung, in Frage stellen. Im Rahmen der Festlegung der neuen Haftungshöchstsummen des Protokolls 2002 stand für die beratenden Staaten wie schon bei der Erarbeitung der Haftungsstruktur und der Zwangshaftpflichtversicherung die gesteigerte Berücksichtigung des Verbraucherschutzes im Vordergrund des rechtspolitischen Regelungsinteresses. Auf der Londoner Konferenz wurden, orientiert an verschiedenen Entwicklungen der Summenlimitierung einer Befördererhaftung im Luftrecht, die Haftungshöchstsumme von 250.000

SZR als Begrenzung der Gefährdungshaftung und gleichzeitig als Mindestdeckungssumme der Zwangshaftpflichtversicherung beschlossen, sowie die maximale Pro-Kopf-Höchstgrenze von 400.000 SZR für jegliche weitere Haftung des Seebeförderers festgelegt. Diese Summenregulierungen sind Ausdruck einer Kompromisslösung, die zwischen den Passagier- und Befördererinteressen, den Interessen der wesentlich niedrigere Limitierungsstufen fordernden Versicherer und den Interessen verschiedenen Staaten, die eine Limitierung der Befördererhaftung auf in der Summe höhere Haftungsbeträge anstrebten, Ausgleichende Wirkung entfalten sollen. Von der Einführung einer den Vorschriften des luftrechtlichen Montrealer Übereinkommen 1999 entsprechenden unlimitierten Verschuldenshaftung des Beförderers wurde im Rahmen des Protokolls 2002 abgesehen, da die derzeitigen Seeversicherungsmärkte aufgrund des hohen Kumulrisikos eines Passagierschiffes eine Versicherungsdeckung für eine unlimitierte Befördererhaftung nicht anbieten können. Vor diesem Hintergrund rechtfertigt sich die Entscheidung der Staatengemeinschaft zur Beibehaltung einer generellen Summenlimitierung, da eines der wesentlichen Elemente zur Stärkung des Passagierschutzes in der Beibehaltung des Versicherungssystems für die Befördererhaftung im Rahmen der P&I Club-Strukturen liegt, um so möglichst weitgehend eine Einbeziehung der Versicherung in den ökonomischen Wettbewerbsdruck unter dem ein Beförderer steht, zu vermeiden.

Gleichzeitig ergibt sich jedoch sich im Rahmen der faktischen Umsetzung der neuen Rechtsregeln aus der Wirkung der Haftungsbegrenzungen des Protokolls 2002 auf das Versicherungssystem der P&I Clubs, dass schon die neuen Summenlimitierungen aufgrund des hohen Kumulrisikos großer Passagierschiffe nur unter erheblichen Schwierigkeiten von den P&I Clubs bedient werden können. Als Folge werden die P&I Clubs voraussichtlich eine interne Limitierung ihrer gegenüber Passagierbeförderern angebotenen Versicherungsdeckung einführen. Nach den derzeitigen Angaben der P&I Clubs werden Passagierschiffe mit einer Beförderungskapazität, die über 3600 Passagieren liegt, unter der Geltung der Regelungen des Protokolls 2002 zukünftig nicht mehr von den P&I Clubs versichert werden. Auch der kommerzielle Versicherungsmarkt bietet derzeit kein Versicherungskonzept, welches eine volle Deckung für die Haftungssummen des Protokolls 2002 garantieren kann.

Dieser Problematik vermag der Vorschlag einer zeitlich begrenzten Zwischenlösung zu begegnen, die über Art. 19 AÜ die globale Haftungslimitierungsgrenze des Londoner Haftungsbeschränkungsübereinkommens 1976/1996 aktiviert, und Schadenersatzansprüche bei Großschäden auf eine Pro-Kopf-Höchstsumme von 175.000 SZR multipliziert mit der Beförderungskapazität eines Seeschiffs begrenzt. Die Einschränkung, die der Passagierschutz durch diesen Ansatz erfährt, rechtfertigt sich vor dem

Hintergrund, dass die Begrenzung nur so lange wirksam sein soll, bis der internationale Versicherungsmarkt sich auf die neuen Höchstsummenregelungen des Protokolls 2002 eingestellt hat. Zudem würden die übrigen Regelungen des Protokolls 2002 von der einschränkenden Wirkung des Londoner Haftungsbeschränkungsübereinkommen unbeeinflusst bleiben und könnten ihre den Verbraucherschutz erheblich steigernde Wirkung weiterhin voll entfalten. Ein geschädigter Passagier würde somit sowohl von den neuen Haftungsregelungen, als auch von der Zwangsversicherung mit Direktanspruch gegen den Versicherer profitieren können. Lediglich im Falle eines Großschadens, bei dem eine hohe Anzahl von Reisenden zu Schaden kommt, würde der Passagierschutz eine Einschränkung erfahren, die sich aufgrund des übrigen umfassend durch die Neuregelungen des Protokolls 2002 gestärkten Verbraucherschutzes rechtfertigt.

B. Einführung der gesetzlichen Zwangshaftpflichtversicherung

Neben den im Protokoll 2002 neu geregelten Haftungsstrukturen erfährt der Passagierschutz zusätzliche Stärkung durch die Einführung der gesetzlich vorgeschriebenen Haftpflichtversicherung des Beförderers bis zu einer Summe von 250.000 SZR, in deren Rahmen einem Geschädigten in gleicher Summenhöhe ein Direktanspruch gegen den Versicherer gewährt wird. Mit dieser Ausgestaltung der Zwangsversicherung wird einem geschädigten Passagier nicht nur die Unsicherheit genommen, das eine Schadensforderung aufgrund begrenzter Kapitalmittel des Beförderers keine Befriedigung finden könnte, auch ist ein Passagier nicht mehr darauf angewiesen, einen Beförderer in eventuell ausländischen Gerichtsbarkeiten ausfindig zu machen oder den „richtigen“ Beklagten bei verwickelten gesellschaftsrechtlichen Verhältnissen ermitteln zu müssen. Vielmehr kann ein Anspruch nunmehr direkt gegenüber dem Versicherer vorgebracht werden. Gleichzeitig garantiert die allgemeine, auf internationaler Ebene einheitlich geregelte Zwangshaftpflichtversicherung den Beförderern ein einheitliches Versicherungssystem, dass ausgleichende Verhältnisse im Wettbewerb schafft. Durch eine allgemeine Versicherungspflicht der Haftung des Beförderers aus dem Beförderungsvertrag besteht mit den Regelungen des Protokolls 2002 nicht mehr die Möglichkeit, ein Schiff ohne eine ausreichende Versicherung zu betreiben, um so einen finanziellen Vorteil gegenüber anderen im Wettbewerb stehenden Beförderern durch Einsparung von Versicherungsprämien zu gewinnen. Vielmehr findet insoweit eine Vereinheitlichung der Rahmenbedingungen im Wettbewerb statt, die sowohl im Interesse des verantwortungsbewussten Beförderers liegt, als auch im Interesse der Passagiere. Die wirt-

schaftliche Mehrbelastung der Beförderer, die durch eventuell steigende Versicherungsprämien für die Gewährung eines Direktanspruchs gegen den Versicherer entstehen können, ist aufgrund der gesteigerten Schutzwirkung gegenüber dem Passagier gerechtfertigt.
Aus der rechtlichen Ausgestaltung der neu eingeführten Zwangshaftpflichtversicherung und deren Zusammenhang mit den Haftungsregelungen des Protokolls 2002 ergaben sich neben dieser den Passagierschutz stärkenden Wirkung während und nach der Erarbeitung des Protokolls 2002 auch Reflexe, die sich insbesondere aufgrund ihrer Auswirkungen auf die globalen Versicherungsmärkte von den bisher um einen Interessenausgleich bemühten Neuregulierungen des Protokolls 2002 unterschieden. Die P&I Clubs als weltgrößte Seeversicherer hatten auf der Londoner Konferenz zur Erarbeitung des Protokolls 2002 zunächst betont, dass eine über die Summe von 100.000 SZR hinausgehende Summengrenze für den Direktanspruch nicht durch die Clubs versicherbar sei. Allein aus der höheren Ausgestaltung der Obergrenze des Direktanspruchs des beschlossenen Protokolls 2002 und der damit überschrittenen Summenvorstellung der P&I Clubs kann jedoch noch nicht auf einen endgültigen Rückzug der P&I Versicherer aus dem Passagiertransport geschlossen werden. Vielmehr ist die von den P&I Clubs auf der Londoner Konferenz vorgeschlagene Summe nicht als endgültige, unabänderbare Limitierungsgrenze zu betrachten. Die Erfahrungen der Vergangenheit zeigen, dass die P&I Clubs zumeist in der Lage waren, die jeweils beschlossenen Höchstsummen trotz vorher geäußerter Bedenken zu versichern. Ausschlaggebend für diese Meinungsänderungen der Versicherer ist unter anderem der Hintergrund, dass in der IMO beschlossene völkerrechtliche Regelungswerke in ihrer Gesamtheit betrachtet werden müssen. Werden in einem völkerrechtlichen Übereinkommen an einer Stelle hohe Haftungssummen festgelegt, die in ihrer praktischen Umsetzung eine Mehrbelastung für die P&I Versicherer bedeuten, findet sich zumeist an anderer Stelle ein ausgleichender Interessenkompromiss, der wiederum ein Zugeständnis an die Versicherer enthält. So verhält es sich auch mit den Regelungen des Protokolls 2002. Die Limitierungssumme des Direktanspruchs gegenüber dem Versicherer stellt eine Teilentscheidung der Londoner Konferenz dar, die im Rahmen eines Kompromissvorschlages erarbeitet wurde, der bemüht ist, sowohl den Passagierinteressen zu entsprechen, als auch eine übermäßige Belastung der Beförderer - und damit auch ihren P&I Versicherern - zu vermeiden. Dieser Kompromissvorschlag schließt neben der Limitierung des Direktanspruchs auch die Haftungshöchstsumme des Art. 4 AÜP, die absolute Haftungsgrenze des Art. 6 Abs. 1 AÜP, die „opt-out“-Klausel des Art. 6 Abs. 2 AÜP, die Abspaltung einer Pflichtversicherung für Terrorismusrisiken und Ausla-

gerung dieses Bereiches auf einen Spezialversicherer sowie die „wilful misconduct“ Einrede des Art. 4 a Abs. 10 AÜP ein.
Trotz der von verschiedenen Staaten geäußerten Bedenken hinsichtlich einer Integration der „wilful misconduct“ Einrede in die Regelungen des Direktanspruchs eines Geschädigten gegen den Versicherer wurde auf der Londoner Konferenz beschlossen, die Einrede nach dem Vorbild verschiedener seerechtlicher Drittschadenkonventionen auch in die Regelungen des Protokolls 2002 aufzunehmen. Dabei bildet die Integration dieser Einrede ein Zugeständnis an die P&I Clubs, die ohne eine solche Regelung aufgrund ihrer internen Struktur und dem Basisprinzip der Versicherung auf Gegenseitigkeit, sich nicht in der Lage gesehen hätten, einen Direktanspruch des Geschädigten im Sinne des Protokolls 2002 zu bedienen. Die durch die Festlegung der Höchstsumme des Direktanspruchs auf 250.000 SZR belasteten Interessen der P&I Clubs erfahren so einen Ausgleich durch die Regelungen des Protokolls 2002. Dabei stellt die Aufnahme der „wilful misconduct“ Einrede in den Art. 4 a AÜP zwar eine Belastung der Passagierinteressen dar, da ein Passagier ohne die Integration dieser Einrede bei vorsätzlichem Verhalten des Beförderers neben diesem auch direkt den Versicherer für Schadensersatzleistungen hätte in Anspruch nehmen können. Aufgrund der dem Passagier im übrigen gewährten hohen Limitierungssumme von 250.000 SZR im Rahmen des Direktanspruchs erscheint es aber gerechtfertigt, das in einem solchen Fall die Passagierinteressen zu Gunsten eines durch die P&I Clubs bedienten Versicherungssystems eine Einschränkung erfahren. Zudem dürfte eine vorsätzliche Schadensherbeiführung durch einen Beförderer in der Praxis der Passagierbeförderung sehr selten vorkommen. Einem Passagier, der sich hiergegen schützen möchte, ist der Abschluss einer Unfallversicherung zuzumuten, die auch diesen Fall einschließt. Die Einführung der „wilful misconduct“ Einrede ist entsprechend als ein interessenausgleichendes Rechtsinstrument zu bewerten, das zwar den Passagierschutz einschränkt, gleichzeitig aber eine Übernahme der Versicherungsdeckung durch die P&I Clubs ermöglicht.
Zudem belegt ein Vergleich des Protokolls 2002 mit dem luftrechtlichen Montrealer Übereinkommen, dass trotz der Integration der „wilful misconduct“ Einrede dem Passagier eines Seeschiffs ein wesentlich weitreichenderer Schutz durch die Gesamtgestaltung der Zwangshaftpflichtversicherung des Protokolls 2002 gewährt wird, als dies für Passagiere im Luftverkehr durch das Montrealer Übereinkommen erreicht wird. Das internationale Luftrecht, an dem sich die Neuregelungen des Protokolls 2002 maßgeblich orientierten, kennt einen völkerrechtlich bestimmten Direktanspruch gegen den Versicherer nicht. Dadurch, dass einem Passagier im Luftrecht kein mit den Regelungen des Protokolls 2002 vergleichbarer Direktanspruch gewährt wird, muss der Geschädigte im Luft-

verkehr seine Ansprüche immer gegenüber dem Beförderer geltend machen, wodurch ein Geschädigter bei der Durchsetzung von Schadenersatzansprüchen auch gleichzeitig immer von der finanziellen Fähigkeit des Beförderers abhängig ist, entsprechende Ansprüche befriedigen zu können. Ein Vergleich der Regelungen des Protokolls 2002 mit den luftrechtlichen Regelungen der Passagierbeförderung zeigt vor diesem Hintergrund, dass dem Passagier eines Seeschiffs insbesondere durch die Einführung des Direktanspruchs gegen den Versicherer trotz der Einführung der „wilful misconduct“ Einrede ein wesentlich weitreichenderer Schutzrahmen geboten wird.

Neben der Einführung der „wilful misconduct“ Einrede erwies sich nach der Verabschiedung des Protokoll 2002 auch die weitere rechtliche Ausgestaltung der neu eingeführten Zwangshaftpflichtversicherung und der Haftungsgrundsätze aufgrund des Zusammenhangs zwischen den Zwangshaftpflichtversicherungsregelungen und den faktisch begrenzten Deckungskapazitäten der Versicherungsmärkte in ihrer Wirkung als äußerst problematisch.
Nach dem Wortlaut der Haftungsausschlussregelungen der Art. 4 Abs. 1 a) und b) des Protokolls 2002 haftet der Beförderer für Schäden, die durch eine terroristische Handlung - welche nicht den Haftungsausschlüssen des Art. 4 Abs. 1 a) zugeordnet wird - entstehen, soweit ein entsprechender Schaden nicht „ausschließlich“ auf ein vorsätzliches Verhalten dritter Personen zurückgeführt werden kann. Durch die Möglichkeit einer solchen Beförderhaftung muss diese auch in vollem Umfang im Rahmen der vorgeschriebenen Zwangshaftpflichtversicherung gedeckt sein, wobei auch in einem solchen Fall ein direkter Anspruch eines Geschädigten gegen den Versicherer und Sicherheitsgeber im Sinne des Art. 4a Abs. 10 AÜP besteht. Sowohl auf dem kommerziellen Versicherungsmarkt als auch im Rahmen der P&I Versicherungen wurde zur Zeit der Verabschiedung des Protokolls 2002 eine Versicherungsdeckung, die diesen Voraussetzungen entspricht, nicht angeboten, da eine Deckung für Terrorismusrisiken aufgrund fehlender Rückversicherungsmöglichkeiten von Primärversicherern, ohne eine den Bedingungen der Haftungsausschlüsse des Protokolls 2002 entsprechende Unterscheidung zwischen „direkt“ oder „indirekt“ beziehungsweise „ausschließlich“ oder „zum Teil“ durch terroristische Handlungen verursachten Schäden zu treffen, generell ausgeschlossen wird. Die durch die Haftungsausschlüsse des Protokolls 2002 entstehende Deckungslücke im Versicherungsschutz konnte auch nicht durch kommerzielle Kriegsrisikenversicherer oder spezialisierte War-Risk-Clubs geschlossen werden, da deren Struktur und Versicherungsbedingungen den Voraussetzungen des Protokolls 2002 nicht entsprachen.

Um eine Umsetzung des Protokolls 2002 in die Praxis der Seebeförderung trotz dieser Problematik zu gewährleisten, wurden verschiedene Lösungswege im organisatorischen Rahmen der IMO diskutiert. Eine wirksam umsetzbare Lösung des Problems der nichtvorhandenen Versicherungsdeckung auf den internationalen Versicherungsmärkten konnten die einzelnen Ansätze jedoch aus unterschiedlichen Gründen nicht aufzeigen. Der Gedanke, ähnlich verschiedener Modelle des Luftverkehrssektors auf internationaler Ebene eine einheitliche Versicherungsdeckung unter staatlicher Beteiligung in der Form von staatlichen Rückversicherungsgarantien zu gestalten, verspricht aufgrund des für den Aufbau eines entsprechenden Systems nötigen Zeitrahmens und der auf vergleichbaren Tendenzen im Luftverkehrssektor basierenden Vermutung eines mangelndem staatlichen Beteiligungsinteresses keine wirksame Lösungsmöglichkeit. Einer ähnlichen Bewertung unterliegt der Ansatz der Einführung einer, durch nationale Gesetzesinitiativen der Vertragstaaten des Protokolls 2002 festgeschriebenen, gesetzlichen Verpflichtung von Rückversicherern zur Bereitstellung einer Versicherungsdeckung für Terrorismusrisiken. Auch die weiteren, in der IMO diskutierten Lösungsansätze versprechen keine wirksam umsetzbare Lösung des Problems der nichtvorhandenen Versicherungsdeckung. Weder vermag die Errichtung eines speziellen Schiffseigentümerpools für Versicherungszertifikate unter der Geltung des Protokolls 2002 eine auf den internationalen Märkten nicht vorhandene Versicherungsdeckung für Terrorismusrisiken zu erreichen, noch stellt eine Begrenzung der Verpflichtungen des Beförderers unter der Geltung des Art. 4 Abs. 1 b AÜP auf solche, die der ISPS-Codes verlang, eine befriedigende Lösung der Versicherungsdeckungsproblematik dar.
Eine rechtssystematisch überzeugende Lösung bietet hingegen der auf der Londoner Konferenz zur Erarbeitung des Protokolls 2002 von den P&I Clubs vorgestellte und mit verschiedenen internationalen sowie nationalen Initiativen übereinstimmende Ansatz, terroristische Handlungen den Kriegsereignissen gleichzustellen und entsprechend, auf der Grundlage des Art. 31 (3) der Wiener Vertragsrechtskonvention durch eine nachträgliche Interpretationserklärung der Vertragstaaten des Protokolls 2002, eine Befördererhaftung durch eine ausdrückliche Aufnahme des Begriffs „act of terrorism“ in die Haftungsausschlüsse des Art. 4 Abs. 1 a AÜP insgesamt auszuschließen. Eine solche begriffliche Erweiterung der Haftungsausschlüsse des Art. 4 Abs. 1 a AÜP durch eine Interpretationserklärung der Vertragstaaten würde nicht nur den derzeitigen Bestrebungen um eine Gleichstellung der Begrifflichkeiten im Rahmen verschiedener Resolutionen und Konventionsentwürfen des UN Sicherheitsrates und der UNCITRAL entsprechen, sondern würde sich zudem vor dem Hintergrund der durch die internationale Rechtsprechung geprägten Interpreta-

tion der Begriffe „act of war“, „hostilities“ und „act of terrorism“ und der rechtssystematischen wie auch sozial- und rechtspolitischen Verwandtschaft der Begriffe rechtfertigen, da die Risiken der von Krieg und Terrorismus beschriebenen Sachverhalte in der heutigen Zeit als ein gleichartiges und rechtlich gleichgestelltes Risiko bewertet werden können. Vor diesem Hintergrund läge es in staatlicher Verantwortung, einem Passagier unter diesen Rahmenbedingungen ein umfassender Schutz durch ein staatlich getragenes oder zumindest unter staatliche Mitwirkung finanziertes Versicherungskonzept zu gewährt, welches sich einer Versicherung vor Terrorismusrisiken in seiner Gesamtheit annimmt.
Dass das Protokoll 2002 in diesem Zusammenhang einen gegensätzlichen Weg beschreitet, wirkt zumindest aus rechtssystematischer Sicht verfehlt und wird der Rolle, die einem Staat und der Staatengemeinschaft bei dem praktischen wie rechtlichen Umgang mit terroristischen Handlungen zukommt, nicht hinreichend gerecht. Dem Lösungsansatz einer begrifflichen Integration terroristischer Handlungen in die Haftungsausschlusstatbestände des Protokolls 2002 steht jedoch der zeitliche Faktor gegenüber, der für das Inkrafttreten des Protokolls 2002 und damit für eine Stärkung des Passagierschutzes hohe Priorität besitzt. Der bisherige Misserfolg der Versicherungskonzepte unter staatlicher Beteiligung in der Luftfahrt lässt den Schluss zu, dass ein entsprechendes System in der Passagierbeförderung auf See nur geringe Erfolgsaussichten hat. Zumindest ist eine im zeitlichen Sinne schnelle Erarbeitung eines entsprechenden Konzeptes nicht zu erwarten, womit in der Folge ein Inkrafttreten des Protokolls 2002 auf Jahre hinaus verzögert und damit der Passagierschutzes eine wesentliche Schwächung erfahren würde. Vor diesem Hintergrund ist der nunmehr in dem IMO-Rechtsausschuss beschlossene Ansatz eines völkerrechtlicher Vorbehalts mit Richtlinien zur Ratifizierung des Protokolls 2002 als befriedigende Lösung der Versicherungsproblematik des Protokoll 2002 und als eine zwischen den Beförderer- als auch den Passagierinteressen ausgleichende Kompromisslösung zu bewerten.
Mit den Regelungen des Vorbehalts mit Richtlinien zur Ratifizierung des Protokolls 2002 wird die Haftung und Versicherungspflicht des Beförderers für Terrorismusrisiken auf völkerrechtlicher Ebene beibehalten, wodurch der Passagierschutz eine weitere Stärkung erfährt, während dem Beförderer die notwendige Versicherungsmöglichkeit solcher Risiken durch die Schaffung einer speziell für diesen Bereich zuständigen Versicherungsgesellschaft gewährt wird. Gleichzeitig garantieren der Vorbehalt und die Richtlinien durch die Aufspaltung der Versicherung in „normale“ Versicherungen und „Kriegsrisikenversicherung“ für Terrorismusrisiken, dass der überwiegende Teil der Versicherung unter der Geltung des Protokolls 2002 von den P&I Clubs bedient werden kann.

Da sich mit dem beschlossenen Vorbehalt und den Richtlinien zur Zwangshaftpflichtversicherung des Protokolls 2002 nunmehr eine Versicherungslösung für eine Haftung des Beförderers für Schäden aus terroristischen Handlungen eröffnet hat, die – wenn auch mit begrenzter Deckungskapazität- ausschließlich vom kommerziellen Versicherungsmarkt getragen wird, kann unter dem genannten zeitlichen Vorteil, der durch die nunmehr auch in diesem Punkt mögliche Ratifizierung und Umsetzung des Protokolls 2002 dem Passagierschutz zugute kommt, von einer Erarbeitung eines staatlichen Beteiligungskonzeptes abgesehen werden. Die Ungewissheit, wie stabil der Bestand einer durch das neu zu gründende Versicherungsunternehmen garantierten Versicherungsdeckung für Terrorismusrisiken auf langfristige Sicht sein wird und ob auch nach einem größeren Schadensfall weiterhin eine Deckung zu den im Vorbehalt und den Richtlinien vorgesehenen Konditionen möglich ist, kann zunächst hinter dem zeitlichen Vorteil eines zeitnahen Inkrafttretens des Protokolls 2002 für Passagiere zurücktreten. Wenn auch rechtssystematisch Bedenken gegen den von der Staatengemeinschaft im IMO-Rechtsausschuss gewählten Weg des Beibehaltens einer Haftung und Pflichtversicherung des Beförderers für Terrorismusrisiken bestehen, so erfährt der Passagierschutz durch diesen Ansatz eine wesentliche Stärkung gegenüber dem unter der Geltung des Athener Übereinkommen 1974 entwickelten Systems, der den Beschluss des Vorbehaltes und der Richtlinien aus praktischer Sicht rechtfertigt.

C. Gesamtbewertung des Protokolls 2002

In der Gesamtbewertung lässt sich in der Revision des Athener Übereinkommen von 1974 durch das Protokoll 2002 eine erhebliche Steigerung des Verbraucherschutzes in der Passagierbeförderung auf Seeschiffen erkennen. Weder das internationale Luftrecht noch die Rechtsgrundsätze der internationalen Personenbeförderung mit der Eisenbahn oder auf der Strasse bieten ihren Passagieren einen vergleichbar weitreichenden Schutz. Dabei wurde durch das Protokoll 2002 ein Rechtssystem erarbeitet, dass eine überwiegend insich ausgeglichene Interessenberücksichtigung aller an einer Seebeförderung beteiligten Parteien bietet. Soll das Protokoll 2002 zügig seine Wirkung entfalten, muss ein schnelles Inkrafttreten der Völkerrechtsregeln angestrebt werden. Einer solchen Umsetzung standen bis zum Beschluss des das Protokoll 2002 ergänzenden Vorbehaltes und der Ratifizierungsrichtlinien insbesondere die sich aus den Wirkungen der neuen Rechtsgrundsätze auf den Seeversicherungsmarkt, und hier insbesondere des Versicherungssystems der P&I Clubs ergebenden Problematiken gegenüber. Durch den mit dem Beschluss des

Vorbehaltes und der Richtlinien gefundenen Lösungsansatz lässt sich die bisherige Unvereinbarkeit des Protokolls 2002 mit den faktischen Gegebenheiten der Versicherungsmärkte beseitigen, ohne dass der Passagierschutz eine mit den neuen Rechtsgrundsätzen sowie der allgemeinen gesellschaftlichen Forderung nach einer verstärkten Berücksichtigung der Verbraucherinteressen unvereinbare Einschränkung erfährt.
Im Zusammenhang mit den durch das Protokoll 2002 neubeschlossenen Haftungshöchstsummen und den daraus resultierenden Problemen einer Versicherungsdeckung durch die P&I Clubs bietet eine zeitlich begrenzte Limitierung der Pro-Kopf-Haftungshöchstgrenzen durch eine nachträgliche Anwendbarkeitsfestsetzung des Londoner Haftungsbeschränkungsübereinkommen 1976/1996 eine geeignete Lösung. Die sich aus diesem Ansatz ergebenden Beschränkungen des Verbraucher- und Passagierschutzes werden durch die Beibehaltung der Versicherbarkeit des Haftungssystems des Protokolls 2002 durch die P&I Clubs aufgewogen.

Hinsichtlich des Zieles des Protokolls 2002, neben einer allgemeinen Steigerung des Verbraucher- und Passagierschutzes gleichzeitig - nach dem Vorbild des Montrealer Übereinkommens 1999 - eine globale Vereinheitlichung des Rechts der Personenbeförderung auf See zu gewährleisten, wird ein solches Bestreben voraussichtlich nur begrenzt erreichen werden. Zumindest für den europäischen Raum werden die Neuregelungen aber eine rechtsvereinheitlichende Wirkung entfalten können und einen wesentlichen Fortschritt in der Anerkennung und Stärkung des Verbraucherschutzes darstellen. Hinsichtlich des amerikanischen und asiatischen Verkehrsraumes wird sich das Protokoll 2002 jedoch aller Voraussicht nach nicht als neuer Rechtsstandard durchsetzen können. Aufgrund der europäischen Ratifikationsbereitschaft wird aber das voraussichtlich zügige Inkrafttreten des Protokolls 2002 zumindest für den europäischen Rechtskreis eine wesentlichen Steigerung des Verbraucher- und Passagierschutzes erreichen. Vor diesem Hintergrund ist die Erarbeitung des Protokolls 2002 durchaus als Erfolg zu werten, auch wenn sich seine Wirksamkeit auf den Weltmärkten der internationalen Personenbeförderung auf See hauptsächlich auf den europäischen Raum begrenzen wird.

Liliane C. Kappet
Tankerunfälle und der Ersatz ökologischer Schäden
Schriften zum Seehandelsrecht Bd. 18
LIT